Sur les chemins de

Saint-Jacques-de-Compostelle

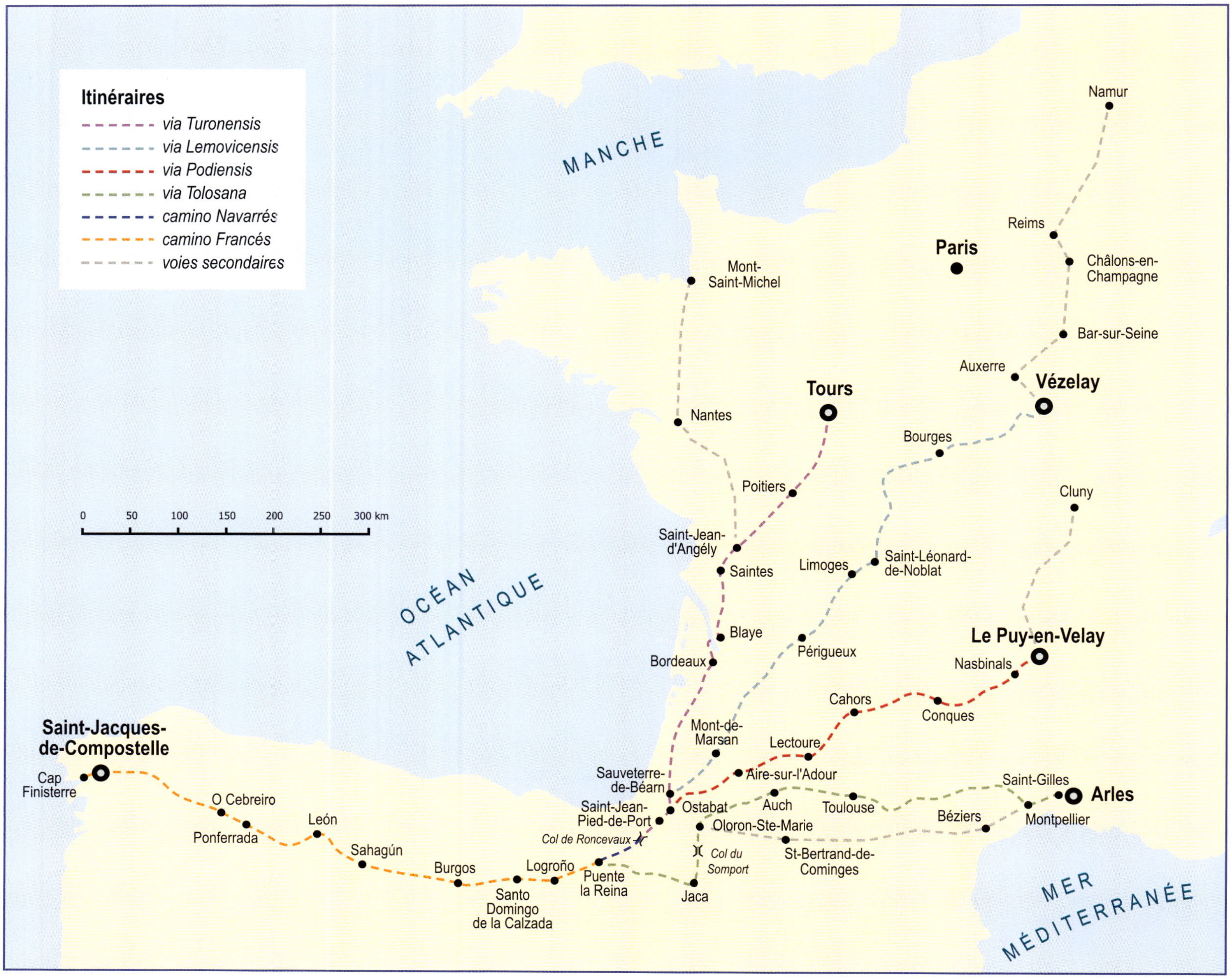

Sur les chemins de Saint-Jacques-de-Compostelle
est une publication de Sélection du Reader's Digest

Réalisation et production :
ARCHIPEL STUDIO
16, rue Claude-Tillier
75012 Paris

Direction d'ouvrage : Thomas Brisebarre

Édition : Flora Dumoulin

Recherches iconographiques : Aline Pauwels

Mise au point des textes, réécriture : Karine Louesdon

Cartographie : Emmanuelle Delebecque

Sous la direction de l'équipe éditoriale
de Sélection du Reader's Digest

Directeur des éditions livres et magazine : Éric Jouan

Directrice adjointe : Élizabeth Glachant

Responsable de l'ouvrage : Catherine Lapouille

Couverture : Didier Pavois

Lecture-correction : Béatrice Argentier-Le Squer

ISBN : 978-2-7098-2178-0

DEUXIÈME ÉDITION
Deuxième tirage

Achevé d'imprimer : décembre 2010
Dépôt légal en France : octobre 2010
Dépôt légal en Belgique : D-2010-0621-97

Imprimé par Neografia
Imprimé en Slovaquie – *Printed in Slovakia*

Préface **Yves Duteil** Texte **Danièle Bélorgey** Photographies **Yvon Boëlle**

Sur les chemins de Saint-Jacques-de-Compostelle

Sélection
READER'S DIGEST

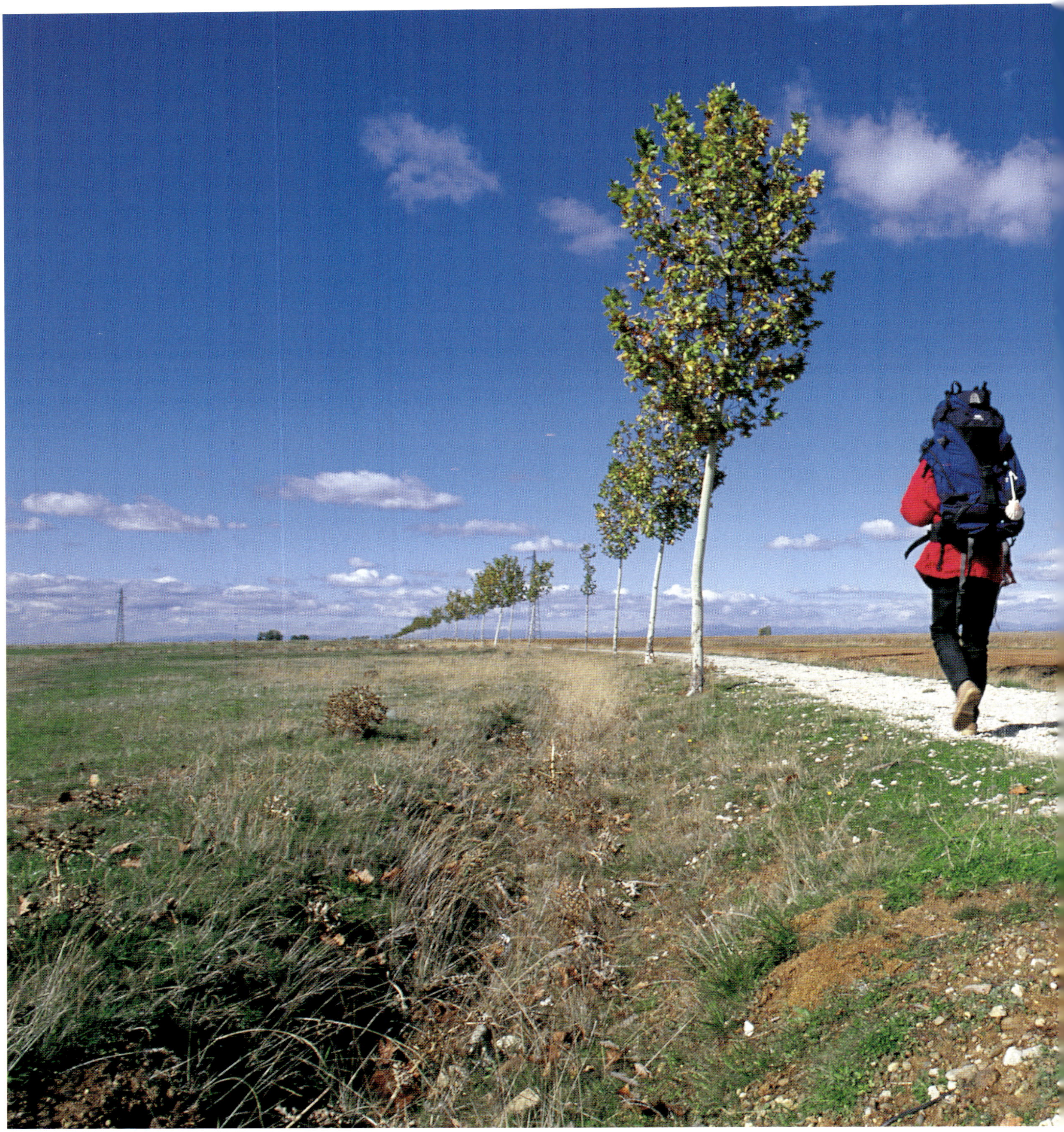

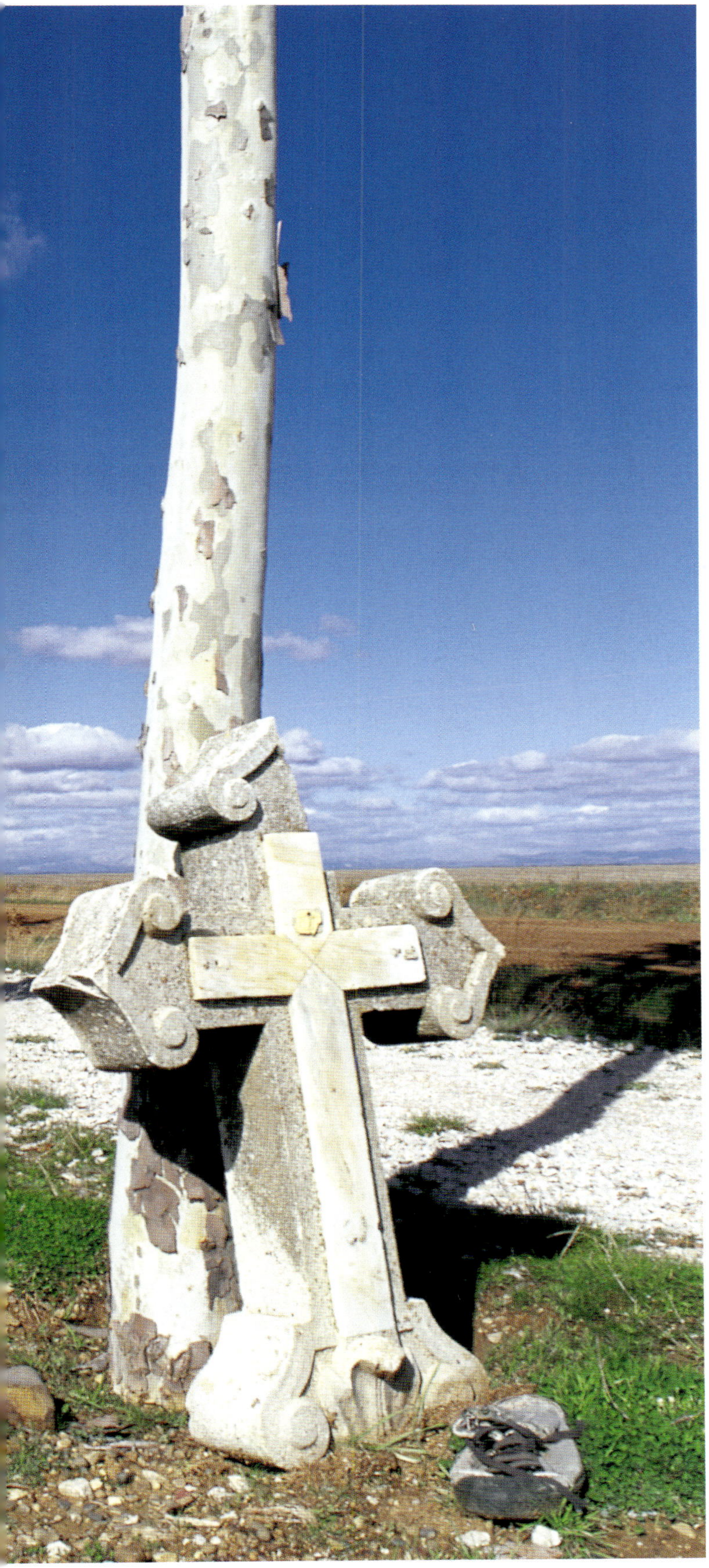

Sommaire

Préface

Dernière étape avant Saint-Jacques-de-Compostelle... En simple pèlerin, habité par les visages de ceux que j'aime, j'ai marché à travers montagnes, routes et sentiers... avec pour seul compagnon un sac à dos.
Debout au lever du jour, jamais solitude ne m'avait paru si peuplée, jamais le silence n'a résonné d'autant de voix intérieures, à l'écoute d'une multitude de signes que le tumulte quotidien occulte d'ordinaire. Seul au cœur de la forêt, vulnérable et exposé, à aucun moment la peur ne m'a effleuré. Porté par les milliers de pas qui m'avaient précédé, ni mouton ni berger, sur les traces d'une cohorte d'humains dont l'empreinte jalonnait mon passage, quelque chose d'impalpable m'accompagnait au long de cette randonnée sans équivalent.
Pourquoi vouloir s'inscrire dans une telle lignée ? De quelle nature est cette quête spirituelle, ce dépassement de soi ? Un chemin de questions dont les réponses ne viennent pas toujours là où on les attend...
Tout commence par le silence, écrin de la pensée, de la création, de la prière... Rien ne vous échappe. Seul au milieu de rien, je me sens au cœur de tout. La vie sauvage qui m'entoure n'est pas une menace. Les dizaines de grands rapaces qui survolent les promontoires rocheux, grâce et cruauté mêlées, sont un admirable spectacle aérien... On marche dans son cœur. À l'affût des signes qui flèchent le parcours, on est tout entier à l'itinéraire, car un embranchement raté peut vous valoir plusieurs kilomètres de marche pour rien. Et retour... ça m'est arrivé, bien sûr, mais sans regret puisque j'ai traversé alors des paysages imprévus d'une rare beauté. « Ne demandez pas votre chemin à quelqu'un qui le connaît, vous ne pourriez plus vous égarer... » À parcourir les sentiers de l'inutile, le superflu révèle parfois l'essentiel. C'est le temps et l'amour qu'on leur consacre qui donnent aux choses la valeur qu'on leur accorde. On perd sa vie à gagner du temps, zapper les étapes, grignoter les secondes, manger un Quick au fast-food, boire un expresso, rentrer en vitesse, faire du *speed-dating*, écouter une dépêche au 13-heures, attraper un TGV, ralentir vite pour ne pas se faire flasher. Tout est urgent et prioritaire... Mettre sur pause, arrêter tout... Ici, on laisse monter les petites voix dont le murmure s'épuise à nous hurler d'attendre, de faire germer les graines, de laisser mûrir les fruits, fermenter le cidre et vieillir le vin... On observe la chenille avec l'œil du papillon. On marche pour permettre à notre esprit de s'asseoir, de calmer le jeu, et sous la cuirasse, ouvrir ce cœur qui n'en peut plus de la fureur et du tintamarre qui l'entourent, l'enserrent et l'étouffent. Pour trouver en soi cet espace de paix qui nous servira de refuge, pour cultiver nos jardins secrets laissés trop longtemps en friche. Gabriel García Márquez nous encourage à dire « merci », « s'il te plaît », « je te pardonne », et tous ces mots que la pudeur bâillonne, mais qui libèrent, apaisent... « Nul ne se souviendra de toi pour tes pensées secrètes. »

Sous vos pas, le chemin silencieux ne cesse de s'exprimer. Seul entre ciel et terre, on est face à soi-même. La souffrance physique vous accompagne, et marque le début du dépassement de soi. Même si la route est longue, l'important est d'avancer. L'humanité elle aussi est sur le chemin de Compostelle.

On marche au-dessus de soi-même, sans esprit de compétition, on remporte un combat sans vaincu. De victoire modeste en succès personnel, on regagne l'estime de soi, on finirait même par se supporter, s'aimer davantage. Jusqu'à se pardonner peut-être ? Notre part d'ombre nous suit pas à pas. L'ombre de nous-même. Au lever du soleil, elle est d'une longueur impressionnante. Mais elle n'a aucune existence propre, elle n'est qu'un effet. Elle n'existe que par la lumière qui nous touche. Alors on peut tourner son cœur vers le soleil.

Comme à chaque carrefour du chemin, notre vie est une suite de choix qui mène vers le succès ou à l'échec. On y avance la peur au ventre ou le nez au vent. Notre instinct s'affûte. Au regard de ce que nous savons, ce qu'on ignore est la partie immergée de l'iceberg. Comment deviner où est le bon chemin ? Souvent, c'est celui que nous indique notre petite boussole intérieure, irrationnelle, mais si clairvoyante... Il est toujours temps d'apprendre à l'écouter. Le chemin de Compostelle est à cet égard riche d'enseignements. Peu de ceux qu'on y rencontre vous parlent de Dieu. Ce sujet est plutôt du registre du dialogue intérieur. Monseigneur Jean-Michel Di Falco, notre ami évêque de Gap, est sans doute l'homme d'Église qui m'a le plus rapproché de Dieu, sans jamais m'en parler. C'est qu'il y a d'autres langages que celui des mots. Nos yeux, nos visages et nos gestes nous reflètent plus fidèlement parfois que nos paroles ; l'émotion nous révèle, nous trahit, et l'humanité transpire au-delà des postures, et des impostures. Le *camino Francés* nous conduit sans cesse de la surface des choses à la profondeur de l'âme, mesurant l'immensité de notre territoire : un domaine infini. Au centre de tout, on est comme un grain de sable modeste, mais qui pèse de tout son poids dans l'Univers, un grain de conscience, une goutte d'eau dans un océan qui n'est fait que de ça, et qui peut soulever des déferlantes redoutables. Pendant ce temps, le paysage défile à la vitesse du passant qui observe. Peu à peu, un nouveau puzzle apparaît. À l'opposé de la vie courante, la vie marchante prend le temps de réfléchir à ce qu'elle traverse. On peut même fermer les yeux en avançant pour regarder le ciel du dedans.

Une pause... À l'église, je brûle un cierge à Marie. Un flot de larmes me submerge, sans l'ombre d'un chagrin. J'ignore ce que je suis venu chercher, mais je l'ai trouvé. Au bout de mon voyage, je n'ai qu'un mot à l'esprit : « Merci, merci, merci... »

Yves Duteil

Yves Duteil vient de signer et de publier son album *(Fr)agile* (éd. de l'Écritoire). Il a effectué le voyage à Compostelle pour *Terre sauvage* et *Pèlerin Magazine*.

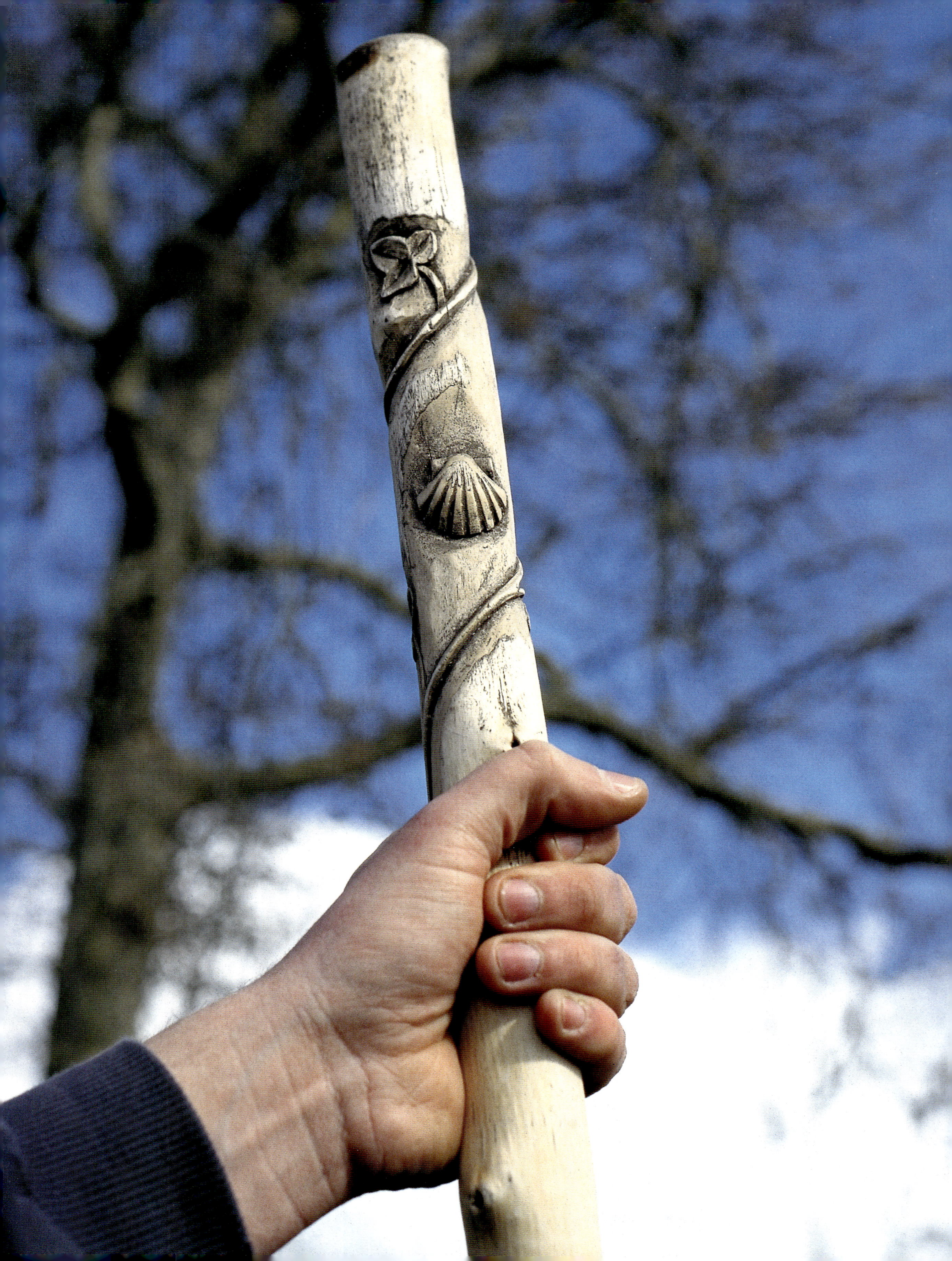

Introduction

Je ne vous dirai pas mon âge. Je n'ai pas d'âge. Je suis peut-être né en l'an 44, au moment où lui, le grand apôtre Jacques, subissait son martyre, ou bien au Moyen Âge, quand les bâtisseurs de cathédrales faisaient leur travail comme une prière. J'étais là encore lorsque d'autres hommes, emportés par les vagues de la fureur et de la haine, ont jeté à bas ces mêmes chefs-d'œuvre que leurs pères avaient construits. Et le long de ces chemins creusés par des millions de pas, tous convergeant vers le seul rendez-vous sacré, à l'extrémité de la Galice, c'est toujours moi en ce XXIe siècle ivre de découvertes qui, un beau matin, décide de me mettre en route, comme tant d'autres l'ont fait avant moi, avec au cœur la même quête, le même but, la même envie de dépassement. Quel est mon nom ? Mais je n'en ai aucun et une infinité. Je suis le pèlerin et, depuis le IXe siècle, j'emprunte les routes qui mènent à Saint-Jacques-de-Compostelle.

PAGE DE GAUCHE : principal attribut du pèlerin, le bourdon était fabriqué en chêne, en buis, en frêne ou en olivier. Il présentait deux parties : le pommeau, qui se distinguait par deux petites boules en bois à l'extrémité de la poignée, et le bâton proprement dit, équipé au bout d'une petite pointe en acier. Ici, la coquille sculptée atteste qu'il est bien l'indispensable compagnon de route vers Compostelle.

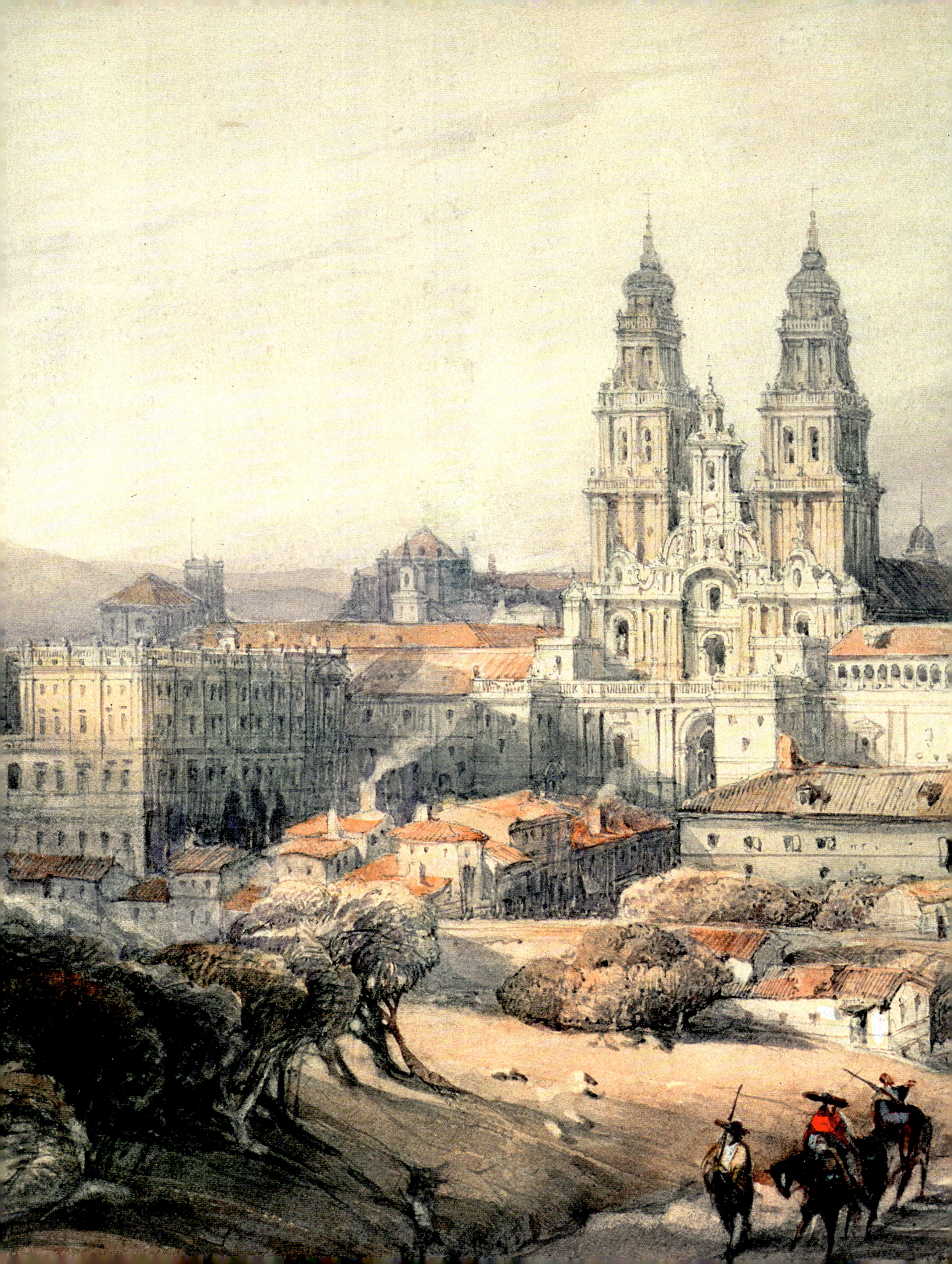

Histoire d'un pèlerinage

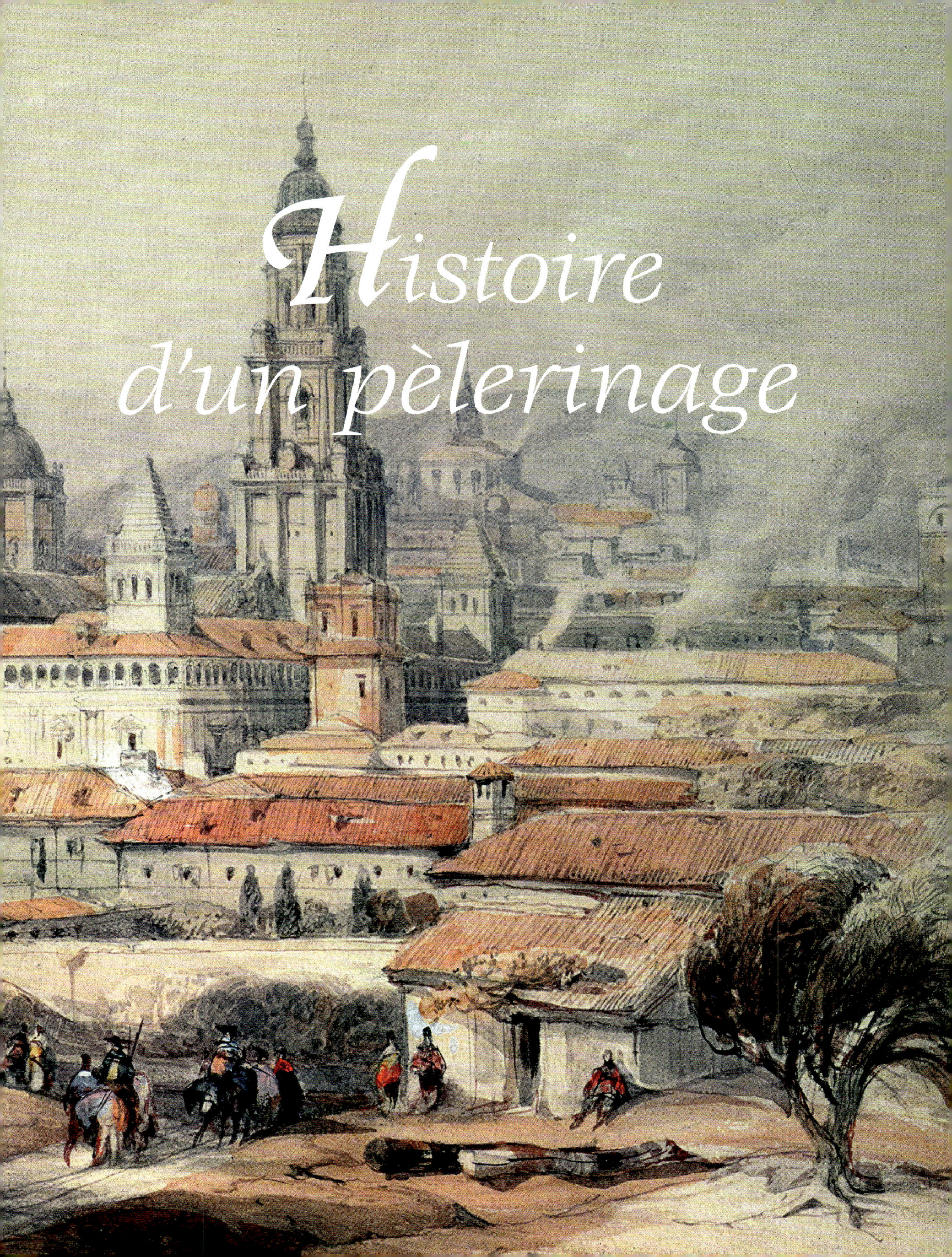

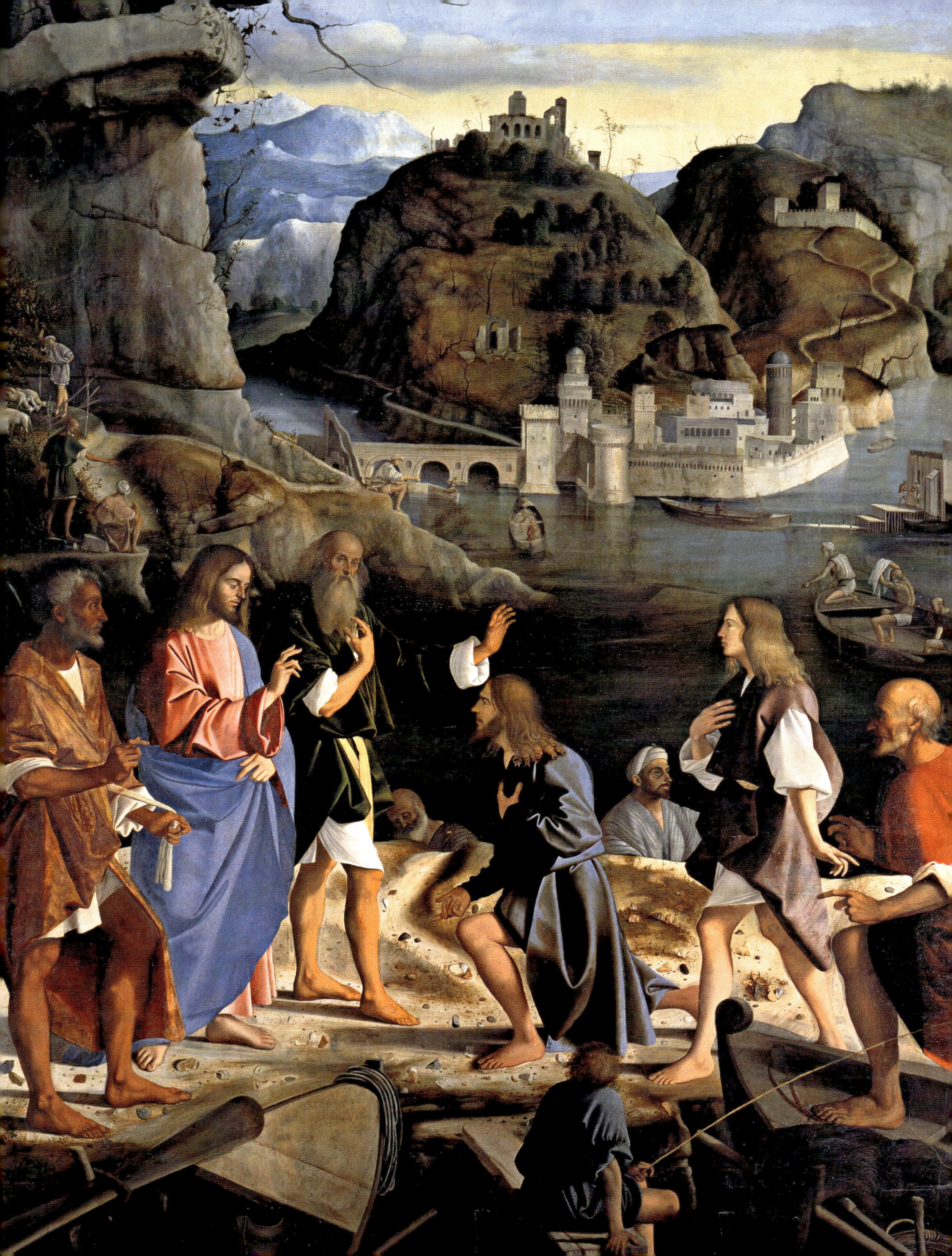

L'apôtre, son *histoire*, sa *légende*

Saint Jacques le Majeur, un pêcheur, un apôtre ou une légende ? Les trois à la fois, sans doute. Il était l'un des douze apôtres du Christ, frère de Jean l'Évangéliste, fils de Zébédée. Les deux hommes se trouvaient à Capharnaüm, au bord du lac de Tibériade, lorsque Jésus les rencontra. Ils réparaient leurs filets car ils étaient pêcheurs et ils ne se doutaient pas que cette rencontre allait bouleverser leur vie à la suite d'un simple appel. Un appel qu'ils ne prirent même pas le temps d'analyser, de discuter, de mettre en doute. Jésus leur demandait de le suivre ? Ils ne se posèrent aucune question. Ils se levèrent, abandonnèrent là leurs filets, leur bateau, leur famille, et ils le suivirent. Ils n'étaient plus seulement des pêcheurs, ils devenaient, sans le savoir encore, des apôtres.

DOUBLE PAGE PRÉCÉDENTE : la cathédrale de Saint-Jacques-de-Compostelle, but ultime de tous les jacquets depuis le début du pèlerinage, au IXe siècle. Tableau de David Roberts, 1837, Wallace Collection, Londres.

PAGE DE GAUCHE : alors qu'ils pêchaient sur les bords du lac de Tibériade, Jacques le Majeur et son frère, Jean, sont appelés par Jésus à évangéliser les peuples, devenant ainsi des « pêcheurs d'hommes ». Les fils de Zébédée sont alors témoins de la troisième apparition de Jésus après sa mort. *La Vocation des fils de Zébédée*, Marco Basaiti, XVIe siècle, Galleria dell'Accademia, Venise.

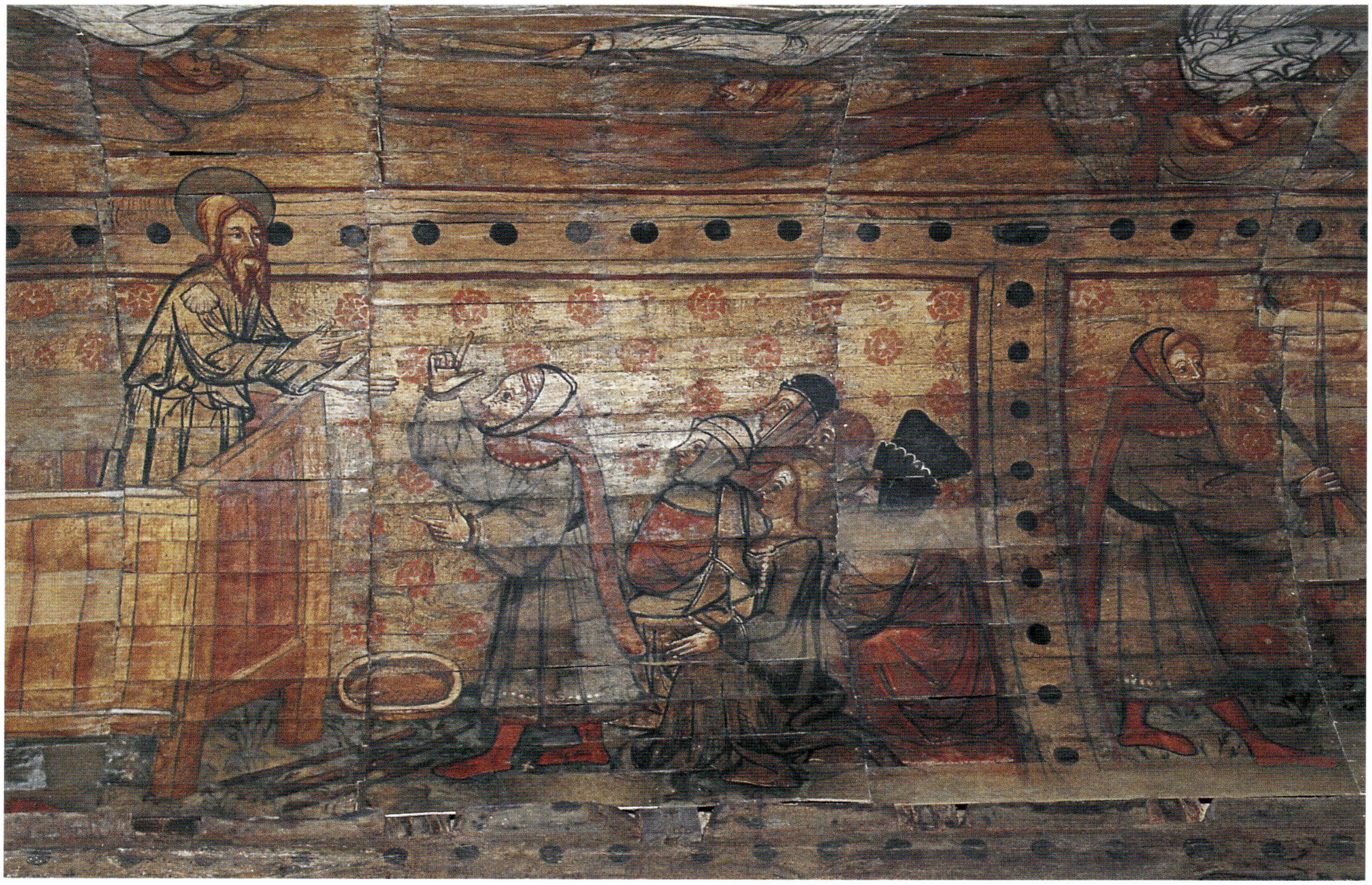

Dans les pas du Christ

Jacques le Majeur, si l'on ne veut pas mettre en doute la totalité des Évangiles, peut donc être considéré comme un personnage historique, un homme fidèle, vigoureux, voire impulsif. C'est sans doute pour cette raison que le Christ lui-même l'appellera Boanerges, « fils du Tonnerre » en grec. Son frère Jean, d'ailleurs, ne semble pas moins fougueux. Ne sont-ils pas prêts tous les deux à faire tomber le feu du Ciel sur les habitants peu charitables d'un petit village de Samarie qui se refusent à héberger Jésus pour la nuit lorsqu'il leur demande l'hospitalité? Le fils de Zébédée, malgré les reproches du Maître, peut difficilement contenir sa bouillante indignation lorsqu'on ne reconnaît pas la personne de Jésus. Il lui a voué une fois pour toutes un amour fidèle et ardent qui le conduira jusqu'au martyre. Sans relâche, Jacques le Majeur va s'attacher à mettre ses pas dans ceux du Christ, il va suivre ses enseignements, obéir à ses ordres. Il sera le Majeur dans le plein sens du terme: le plus proche familier du Christ avec son frère Jean, le premier à recevoir son appel, l'ami privilégié, à ses côtés au mont des Oliviers et pendant son agonie. Le premier encore à subir son martyre pour se donner à lui, le premier surtout à être appelé à la gloire de l'éternité. Après la Passion et la mort de Jésus, il n'oublie pas ce que ce dernier a toujours demandé à ses apôtres: répandre la bonne parole de par le monde et la faire connaître à toutes les nations. Il quitte donc la Palestine et part remplir la lourde mission dont il s'est vu chargé, à savoir convertir et évangéliser les peuples celtibères. En l'an 39 de notre ère, il aborde aux rivages de ce qui deviendra plus tard l'Espagne.

Ci-dessus : après l'appel du Christ, saint Jacques consacre sa vie à l'évangélisation des peuples et part prêcher dans la péninsule Ibérique. Lambris peint, chapelle Saint-Jacques-de-Saint-Léon, à Merléac, dans les Côtes-d'Armor, XIVe-XVe siècle.

Page de droite : l'apôtre apparaît auréolé de sa majesté, avec, au-dessus de lui, les poissons, signes que les premiers chrétiens traçaient sur le sol pour se reconnaître entre eux. Enluminure d'un manuscrit du XIIIe siècle.

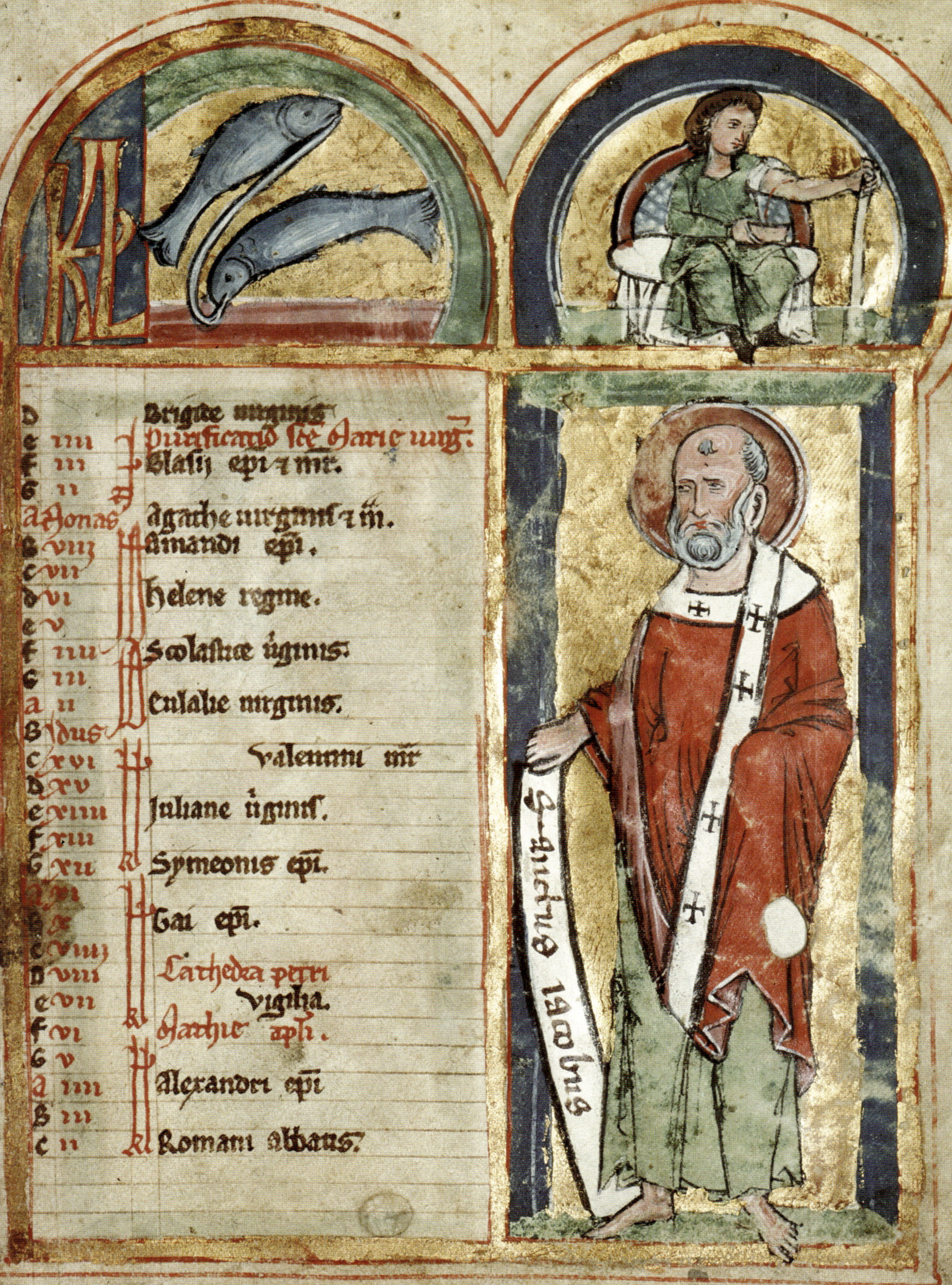
KL
D Brigide uirginis
e iiii Purificatio sce Marie uirg.
f iii Blasii epi et mr.
G ii
a Nonas Agathe uirginis et m.
B viii Amandi epi.
c vii
d vi Helene regine.
e v
f iiii Scolastice uirginis.
G iii
a ii Eulalie uirginis.
B Idus
c xvi Valentini mr
d xv
e xiiii Iuliane uirginis.
f xiii
G xii Symeonis epi.
b x Gai epi.
c viiii
d viii Cathedra petri
e vii Vigilia.
f vi Mathie apli.
G v
a iiii Alexandri epi
B iii
c ii Romani abbatis.
Sanctus Iacobus

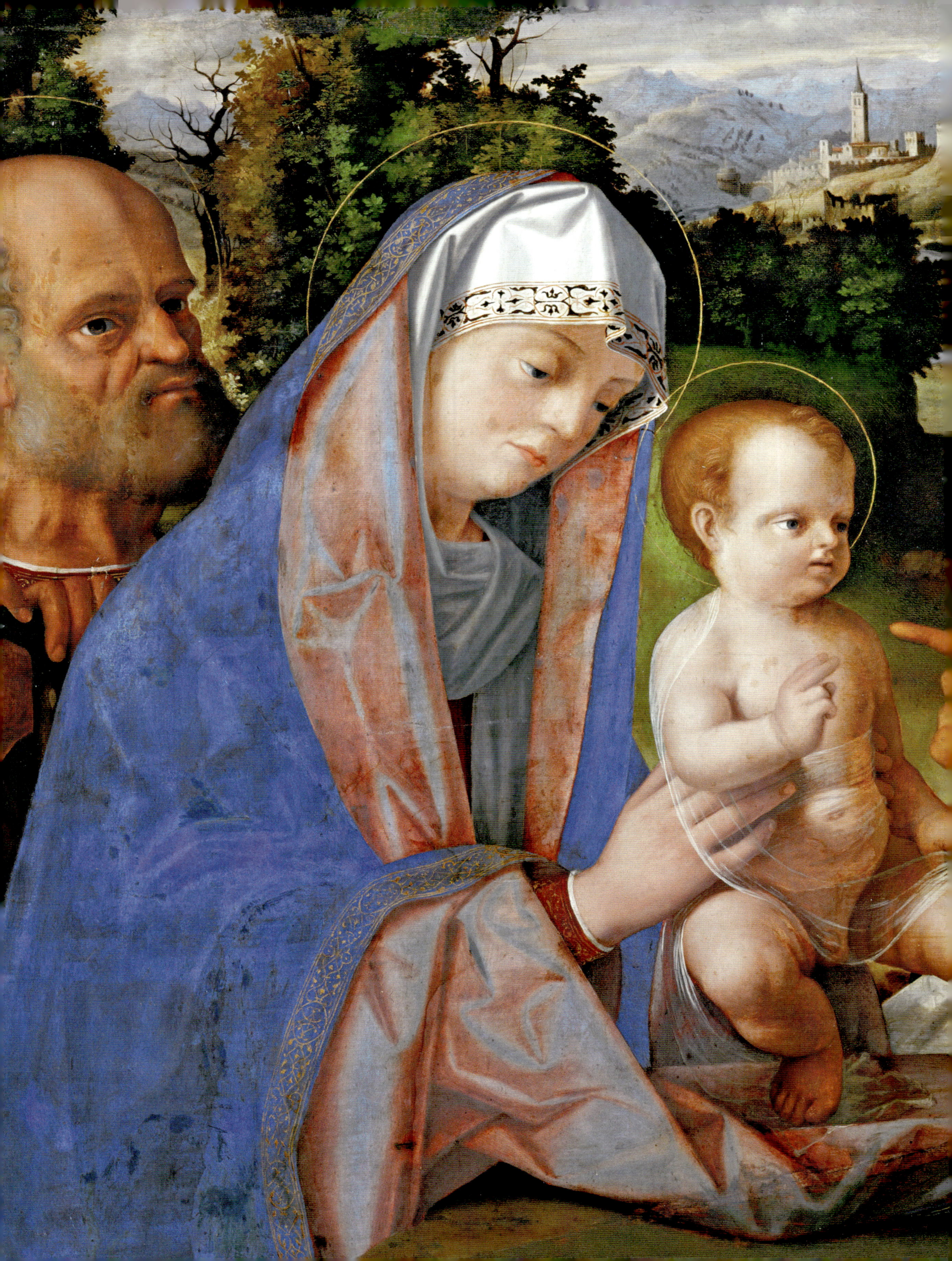

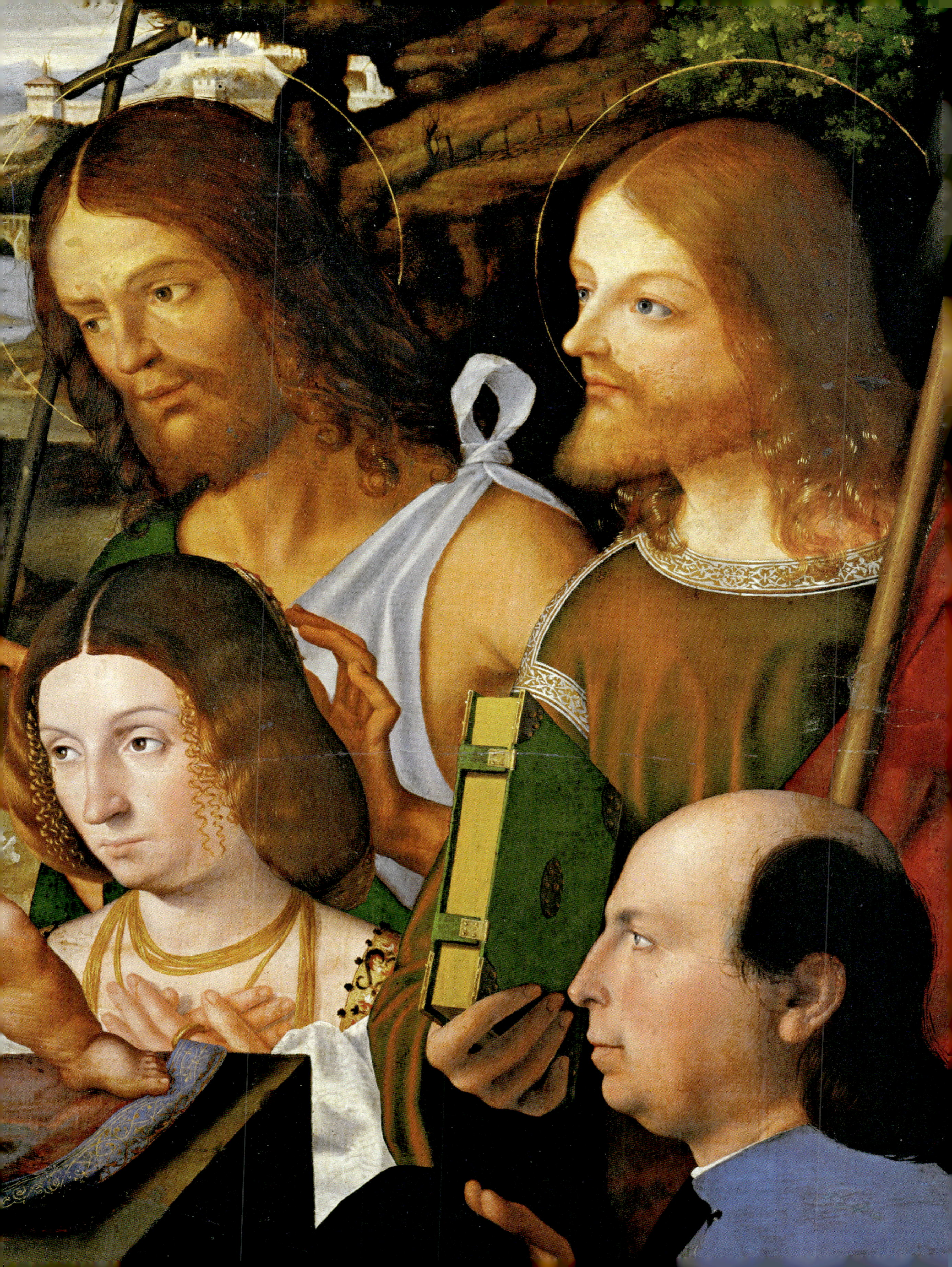

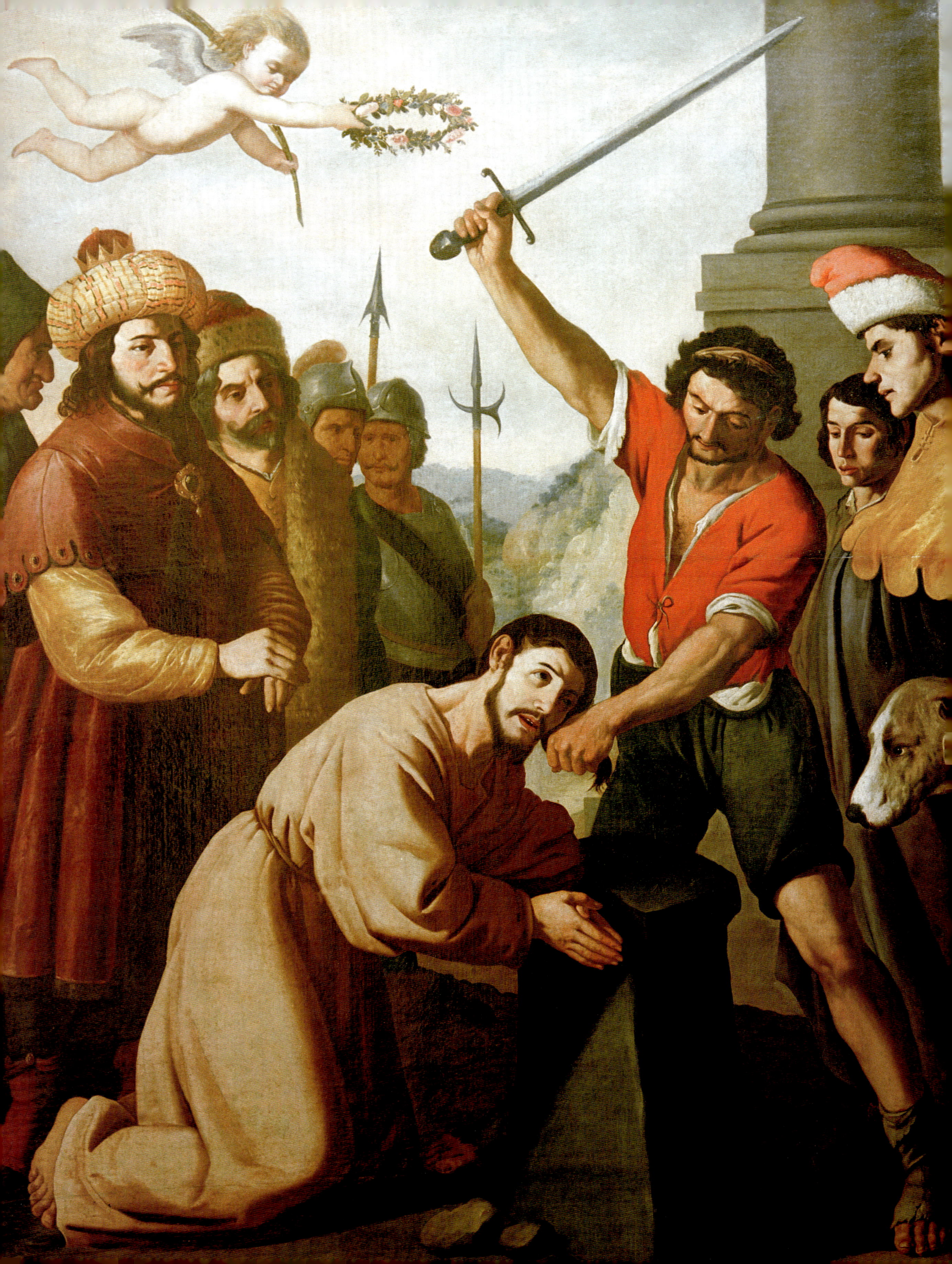

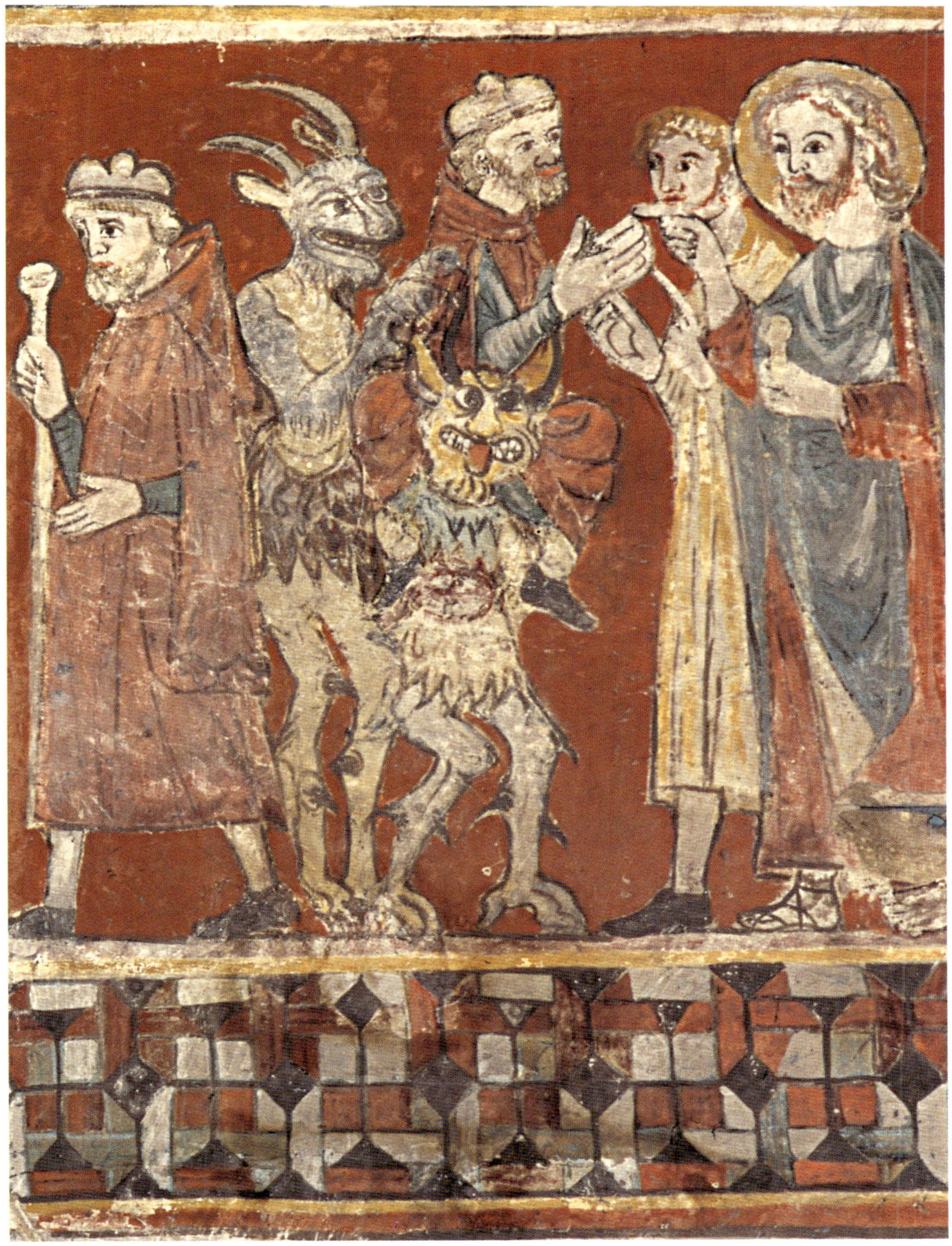

DOUBLE PAGE PRÉCÉDENTE : la Vierge et l'Enfant, entourés de saint Joseph (à gauche), de saint Jacques le Majeur et de saint Jean Baptiste (à droite), accompagnés de deux donateurs. *La Sainte Famille*, Andréa Prévitali, 1508, Kunsthistorisches Museum, Vienne.

PAGE DE GAUCHE : saint Jacques le Majeur est condamné à la décollation par le roi des juifs en l'an 44. *Le Martyre de saint Jacques*, Francisco de Zurbarán, 1639, musée du Prado, Madrid.

À DROITE : saint Jacques en face du magicien Hermogène, assisté étroitement par le démon, tous deux reconnaissables à leurs pieds fourchus. Fresque de l'église Saint-Sauveur, à Saint-Macaire, du XIVe siècle et restaurée au XIXe siècle.

Le premier des martyrs

Saint Jacques trouve en terre ibérique une écoute peu favorable, bien différente en tout cas de celle qu'il avait rencontrée en Judée et en Samarie après l'ascension du Seigneur. Ses efforts pour répandre la parole de Dieu semblent ne porter aucun fruit. Homme de terrain, il ne tarde pas à s'en rendre compte. Il laisse alors derrière lui deux de ses neuf disciples pour continuer à prêcher après son départ et s'en retourne avec les sept autres en Palestine. Désormais, sa vie va s'inscrire dans l'Histoire avant d'entrer dans la légende. Le fils du Tonnerre ne ménage pas sa peine pour garder vivante et propager la parole de Dieu. Ses prédications à Jérusalem soulèvent l'enthousiasme autour de lui. Il obtient des conversions de plus en plus nombreuses, dont celle, entre autres, du fameux magicien Hermogène, envoyé vers lui par les pharisiens afin de le confondre par l'intermédiaire d'un certain Philétus. Sa réputation commence à irriter les juifs qui, furieux, le font arrêter. Jacques le Majeur est alors conduit la corde au cou, tel un criminel, devant le roi des juifs Hérode Agrippa Ier, qui le condamne à mourir par décollation. Il subira son martyre en l'an 44 de notre ère, quelque dix ans après le Christ, et aura la tête tranchée.

Le tombeau de saint Jacques

Deux des disciples espagnols de Jacques le Majeur, Athanase et Théodore, se glissent de nuit jusqu'au lieu de son supplice. Bravant l'interdiction d'inhumer son corps décapité, ils dérobent sa dépouille au bourreau et l'embarquent secrètement accompagnés de cinq autres disciples. Guidé, semble-t-il, par un ange qui symbolise l'aide de Dieu, leur esquif les fait aborder en Espagne, au port d'Iria Flavia, devenu aujourd'hui Padrón. Ils inhument l'apôtre en ce lieu après maintes difficultés. Ici commencent à s'imbriquer étroitement l'Histoire et la légende.

La légende, elle, est déjà liée à tout ce qui entoure la conversion d'Hermogène et de Philétus, en proie tous deux aux manigances des démons. Elle se glisse encore dans l'histoire de l'embarquement de la dépouille de saint Jacques pour l'Espagne. Et elle s'affirme lorsqu'il s'agit d'arracher un lieu de sépulture à la redoutable Lupa la louve, reine du royaume de Louve, en Galice… Cette terrible femme ne confie-t-elle pas aux disciples Athanase et Théodore un attelage de taureaux sauvages pour transporter le corps du saint en espérant que les bêtes vont le mettre en miettes et tuer du même coup les deux hommes ? Mais quelle ne sera pas sa stupéfaction en voyant arriver au milieu de son palais les taureaux devenus doux comme des agneaux… Elle se convertira alors aussitôt au christianisme et transformera son palais à la gloire de saint Jacques ! L'Histoire reparaît ensuite aux côtés des deux disciples du saint, Athanase et Théodore, qui demeurent sur place pour garder le tombeau, tandis que les cinq autres s'éparpillent afin de poursuivre leur mission d'évangélisation. Les deux hommes seront ensevelis à leur mort auprès de l'apôtre. Pendant huit siècles, le tombeau de Jacques le Majeur tombe totalement dans l'oubli, dans le champ envahi par les broussailles et par les ronces qui le dissimulent aux yeux de tous. Fort heureusement d'ailleurs, si l'on pense à tous les hérétiques, les idolâtres, les pirates et les barbares qui sillonnaient à l'époque cette partie nord-ouest de la Galice.

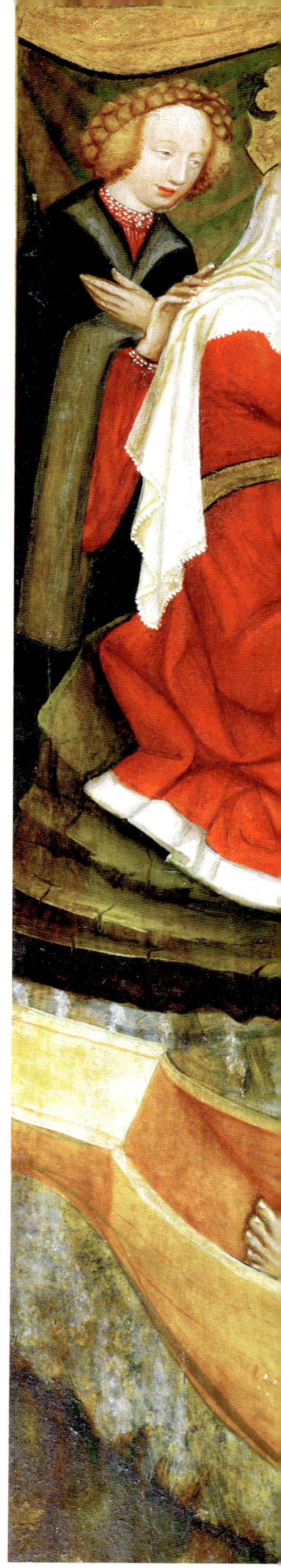

Ci-contre : le corps de saint Jacques le Majeur est ramené en barque depuis Jérusalem par ses disciples, parmi lesquels Athanase et Théodore qui veillèrent sa dépouille jusqu'à leur mort, comme l'attestent, dans le *Codex Calixtinus*, la *Traslatio Sancti Jacobi* et la lettre apocryphe du pape Léon. *Enterrement de saint Jacques le Majeur*, Master of Raigern, 1425, Kunsthistorisches Museum, Vienne.

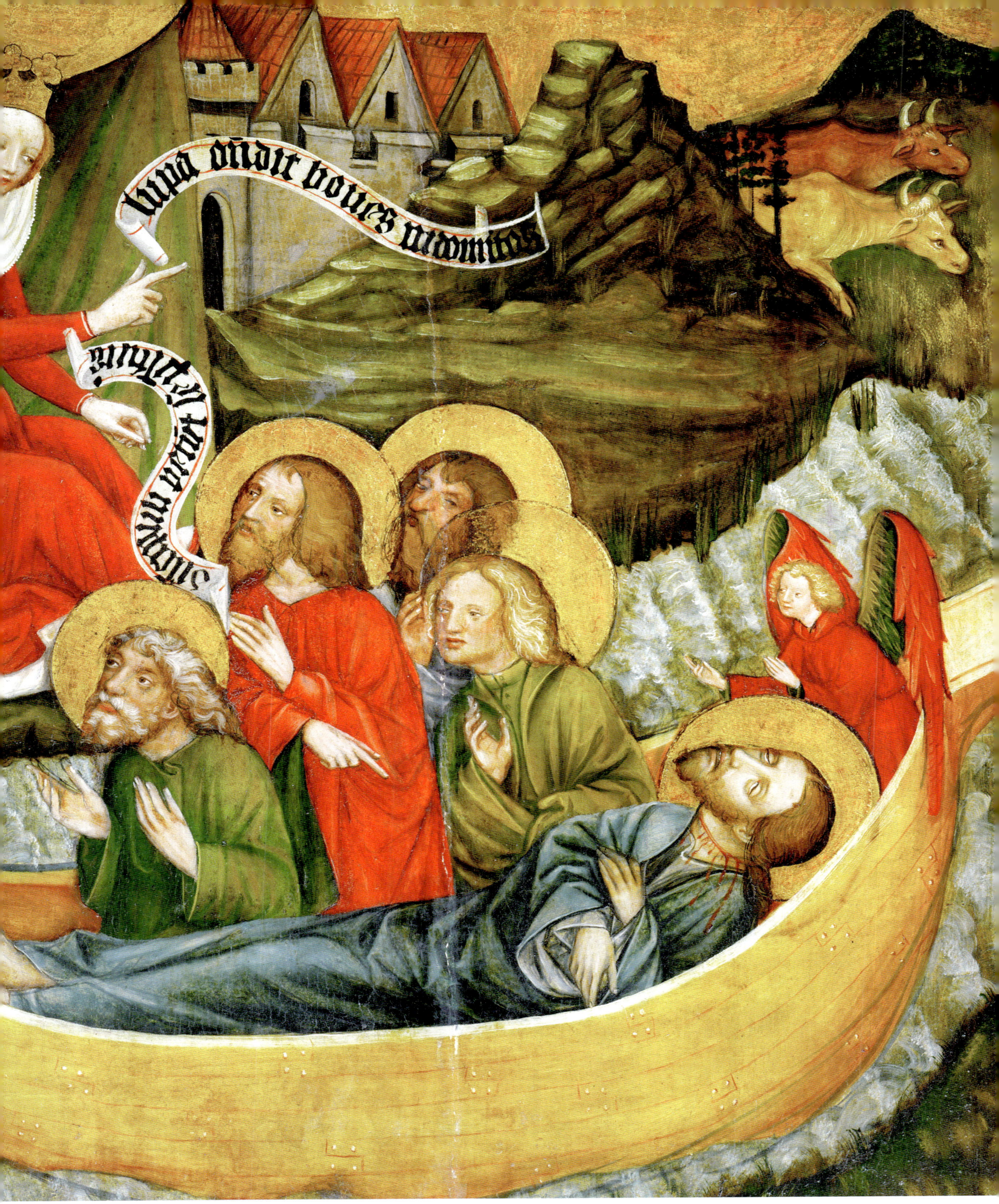
lupa ondit boves indomitas

*C*ampus stellae *devient Compostelle*

Et voilà que la légende, une fois de plus, rattrape l'Histoire. Le tombeau de saint Jacques aurait été localisé sous le règne d'Alphonse II le Chaste, sur le territoire d'Amamea, actuellement Mihia. En 813, un ermite nommé Pelayo (ou Pelagius) fut, un soir, averti par un songe que le tombeau de l'apôtre se trouvait non loin de son ermitage. Quelques jours plus tard, les fidèles de l'église San Fiz de Solovio déclarèrent avoir vu en ce même endroit une étrange lueur céleste, comme une pluie d'étoiles. Aussitôt averti du mystérieux phénomène, l'évêque du diocèse d'Iria Flavia, Théodomir, ayant découvert lui aussi la lumière céleste qui brillait au-dessus de l'endroit indiqué par Pelayo et les fidèles, fit arracher les ronces épaisses qui couvraient le lieu, sous lesquelles apparut bientôt le tombeau de Jacques le Majeur. *Campus stellae*, le « champ de l'étoile », venait de donner son nom au plus grand pèlerinage de la chrétienté : Compostelle. Bien d'autres récits vont bientôt se greffer sur cette découverte, telle l'apparition de saint Jacques, monté sur un cheval blanc, lors de la bataille de Clavijo, en 844, menée victorieusement contre les Maures par le roi Ramiro Ier : saint Jacques le Matamore, le « tueur de Maures », vient d'entrer dans la légende. On se bat désormais au cri de : « Santiago ! Santiago ! » Saint Jacques ! Saint Jacques ! La ferveur populaire grandit. On se presse, on se bouscule pour aller contempler le tombeau de l'apôtre. Il devient le symbole de la résistance à l'invasion musulmane, l'anti-Mahomet pour les musulmans comme pour les chrétiens, et Alphonse II, roi de Galice et des Asturies, en fait l'emblème de la Reconquista, la croisade contre les Maures. Bientôt, une église puis une ville se construisent autour du tombeau du saint. Une foule de pèlerins de toute la chrétienté s'y précipitent, venus de tous les horizons. Le pèlerinage de Saint-Jacques-de-Compostelle est né, et avec lui le terme jacquet, qui étymologiquement signifie « celui qui va à Compostelle ».

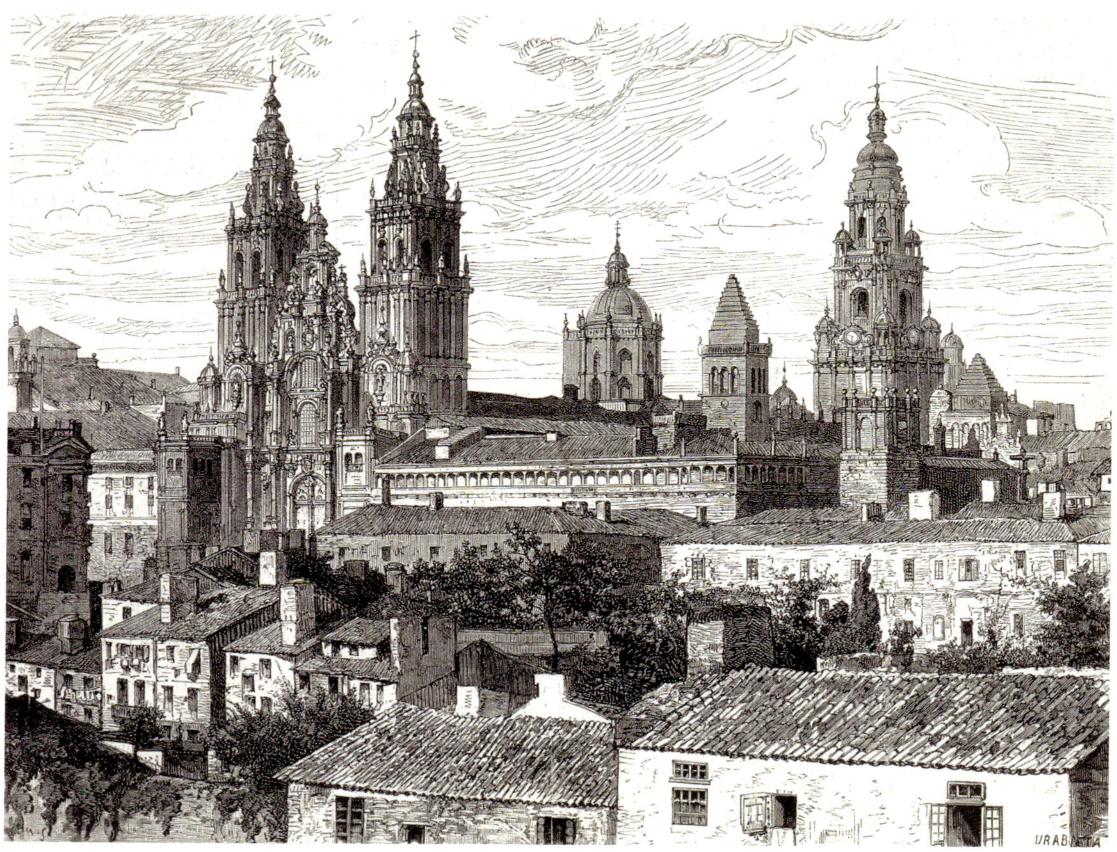

CI-CONTRE : toute une ville se construit sur le *Campus stellae*, autour du tombeau de saint Jacques. La basilique de Saint-Jacques-de-Compostelle, gravure extraite du *Petit Moniteur illustré* du 26 septembre 1886.

PAGE DE DROITE : statue de saint Jacques le Matamore, dans la collégiale de la Virgen del Manzano, à San Antón de Castrojeriz, tel qu'il était apparu aux combattants de la Reconquista (la reconquête sur les Maures), lors de la célèbre bataille de Clavijo, en 844. Monté sur son destrier blanc, il brandissait son épée contre les armées d'Al-Andaloûs, massacrant les Maures, ce qui lui valut le surnom de Matamoros, « tueur de Maures ».

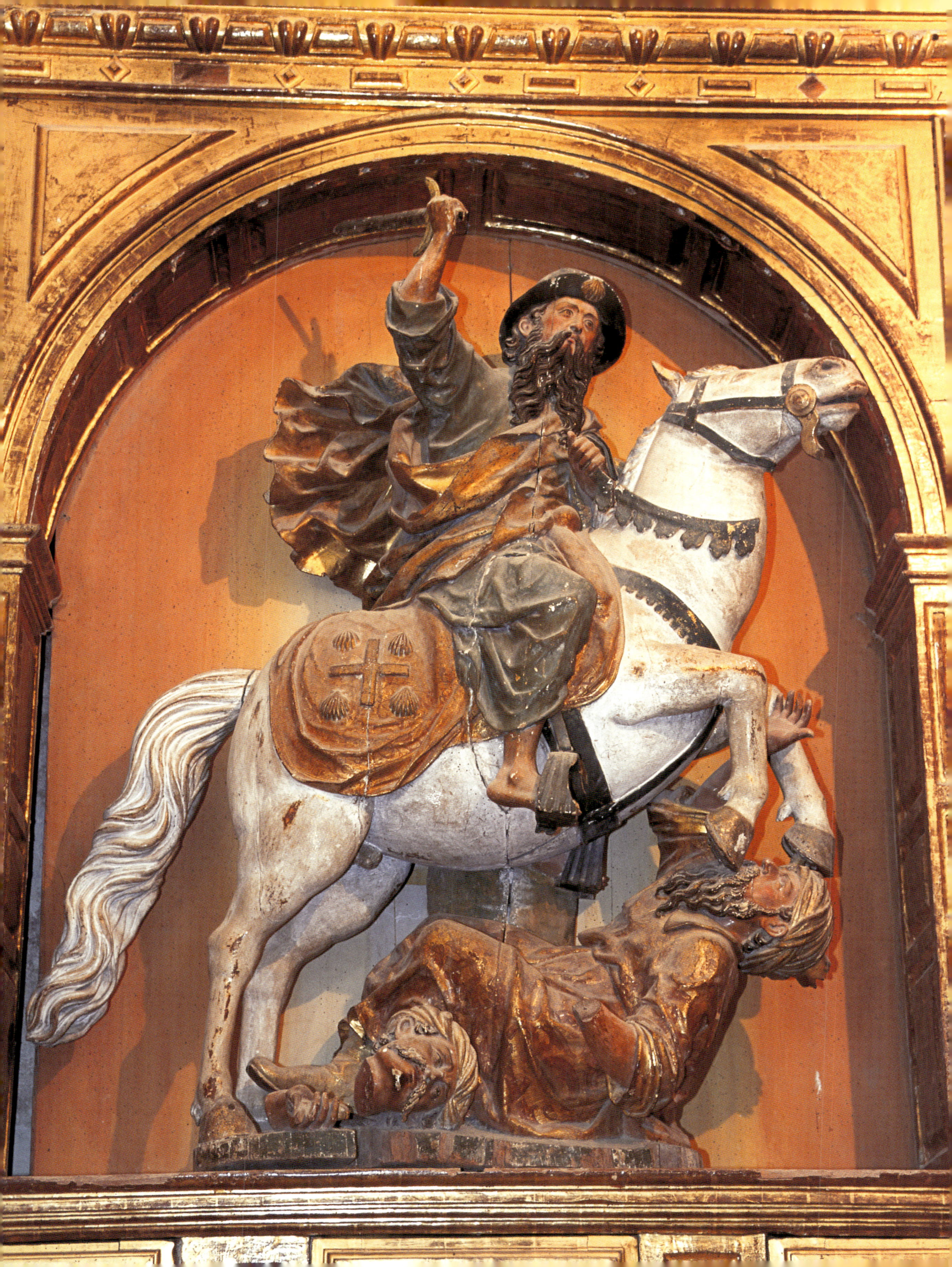

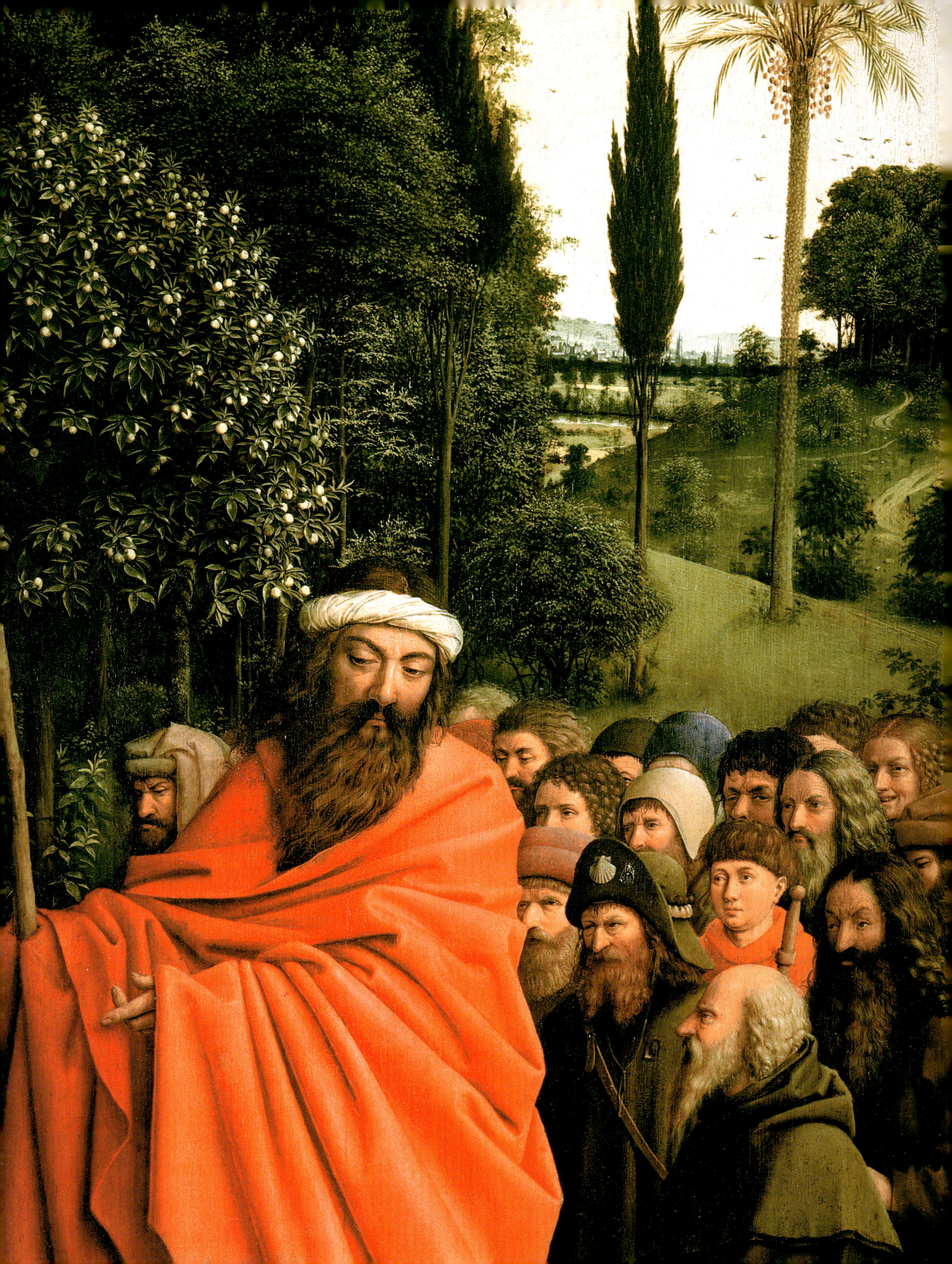

Les routes du pèlerinage

En 950, l'évêque du Puy, Godescalc, fut le premier pèlerin français à se rendre sur le tombeau de l'apôtre. La route de Compostelle devient alors le trait d'union spirituel le plus fécond qui ait jamais relié entre eux les peuples d'Occident. Aux XIe et XIIe siècles, toute la chrétienté, attirée par la renommée internationale du pèlerinage, se met en marche vers la Galice en empruntant l'une des quatre voies principales en France puis le *camino Francés* (le « chemin des Francs ») en Espagne.

En fonction de la route choisie, les pèlerins parcouraient en France entre 700 et 950 kilomètres. Ils empruntaient ensuite le *camino Francés* à partir de Puente la Reina, en Espagne, sur près de 700 kilomètres. De Paris à Compostelle, le jacquet couvrait donc une distance de 1800 kilomètres environ, le plus souvent à pied. On peut ainsi facilement imaginer le nombre d'heures de marche et le nombre de jours nécessaires à l'accomplissement de ce pèlerinage jusqu'au but sacré : Saint-Jacques-de-Compostelle...

PAGE DE GAUCHE : ce tableau exécuté par Jan Van Eyck en 1432, avec Hubert Van Eyck, traduit l'essor du pèlerinage vers Compostelle au Moyen Âge. Dès le IXe siècle, des milliers de jacquets se rendent sur le tombeau de l'apôtre. Ici, le groupe de pèlerins est mené par saint Christophe. Derrière lui, saint Jacques le Majeur que l'on reconnaît à la coquille accrochée à son chapeau.
Cathédrale Saint-Bavon, Gand.

Le Codex Calixtinus *ou* Liber Sancti Jacobi

Le *Codex Calixtinus*, ainsi appelé à cause de la lettre apocryphe du pape Calixte II, est aussi connu sous le nom de *Liber Sancti Jacobi* ou *Livre de saint Jacques*. Écrit entre 1119 et 1124 par différents auteurs, cet ouvrage est formé de cinq recueils, tous en l'honneur de saint Jacques le Majeur. Il est composé de pièces liturgiques (livre I) et de récits de miracles obtenus par l'apôtre (livre II). On y raconte aussi l'histoire de l'évangélisation de l'Espagne par saint Jacques dans le troisième recueil (livre III), ainsi que son martyre et la translation de ses cendres en Galice, là où la légende s'enracine, au futur emplacement de Compostelle. Le quatrième livre (livre IV) contient le récit légendaire de Charlemagne et de Roland, fait par l'évêque Turpin. Ce dernier attribue à l'empereur la découverte du tombeau de Jacques le Majeur à la suite d'un rêve au cours duquel l'apôtre l'enjoint vivement de libérer le pays des païens, ainsi que le chemin qui mène à son sépulcre afin de permettre son pèlerinage.

Le livre V, également appelé *Guide du pèlerin de Saint-Jacques-de-Compostelle*, est écrit par Aimery Picaud, moine poitevin de Parthenay-le-Vieux et peut être considéré comme le premier guide de voyage du Moyen Âge. Même si des études font apparaître qu'il n'a été diffusé qu'à quelques exemplaires, le bouche-à-oreille en a rapidement véhiculé l'essentiel parmi ces hommes et ces femmes qui, au XIIe siècle, entreprennent à pied ou à cheval le pèlerinage jusqu'à Compostelle. Les jacquets sont riches ou pauvres, villageois ou citadins, mariés ou célibataires, mais tous sont mus par la même foi, la même dévotion à messire saint Jacques.

C'est en pensant à eux qu'Aimery Picaud, principal ordonnateur du *Codex*, décrit avec le plus grand soin les quatre voies principales en France, qui se regroupent en un seul chemin sur le sol espagnol jusqu'à Saint-Jacques-de-Compostelle.

Fervent pèlerin lui-même, Aimery Picaud n'omet aucun détail de la route, aucun conseil, aucune recommandation. Dans son guide, chaque étape mérite une description soignée et précise. Soucieux de la santé des pèlerins, et afin de leur venir en aide, il souligne les dangers du voyage, mentionne les hospices et les haltes providentielles pour les malheureux épuisés, malades ou mourants. Les étapes étaient en effet nombreuses, destinées le plus souvent à réparer les souffrances et les fatigues du voyage. Aimery Picaud indique également les saintes reliques que tout pèlerin devait adorer, les maisons saintes qui jalonnent le chemin, les villes et les bourgs où l'on pouvait faire une halte. Il parle aussi de la richesse ou de la pauvreté des régions traversées, et il vante ou décrie la qualité de leur accueil. Son style est simple, précis, plein de verve et de remarques savoureuses au sujet des gens que rencontraient les pèlerins dans les différentes régions qu'ils traversaient.

Malheureusement, malgré les efforts de nombreux érudits et spécialistes du Moyen Âge, le précieux *Guide du pèlerin*, publié en entier pour la première fois en 1882 par le père Fita, ne fut plus édité par la suite dans son intégralité. Le plus ancien exemplaire connu est aujourd'hui conservé dans la cathédrale de Saint-Jacques-de-Compostelle. Aimery Picaud fut le premier à tracer les différents itinéraires du pèlerinage à Compostelle tels qu'ils sont encore pratiqués aujourd'hui.

PAGE DE DROITE, EN BAS : dans le dernier livre du *Codex Calixtinus*, le moine Aimery Picaud, ayant fait lui-même le pèlerinage, a consigné toutes les informations susceptibles de faciliter le voyage aux futurs pèlerins. Depuis le Moyen Âge, ce guide est la référence pour tous les pèlerins qui souhaitent se rendre à Compostelle. Aujourd'hui encore, il constitue un précieux témoignage sur les conditions du pèlerinage au XIIe siècle. Sur cette page, une enluminure représentant saint Jacques le Majeur.

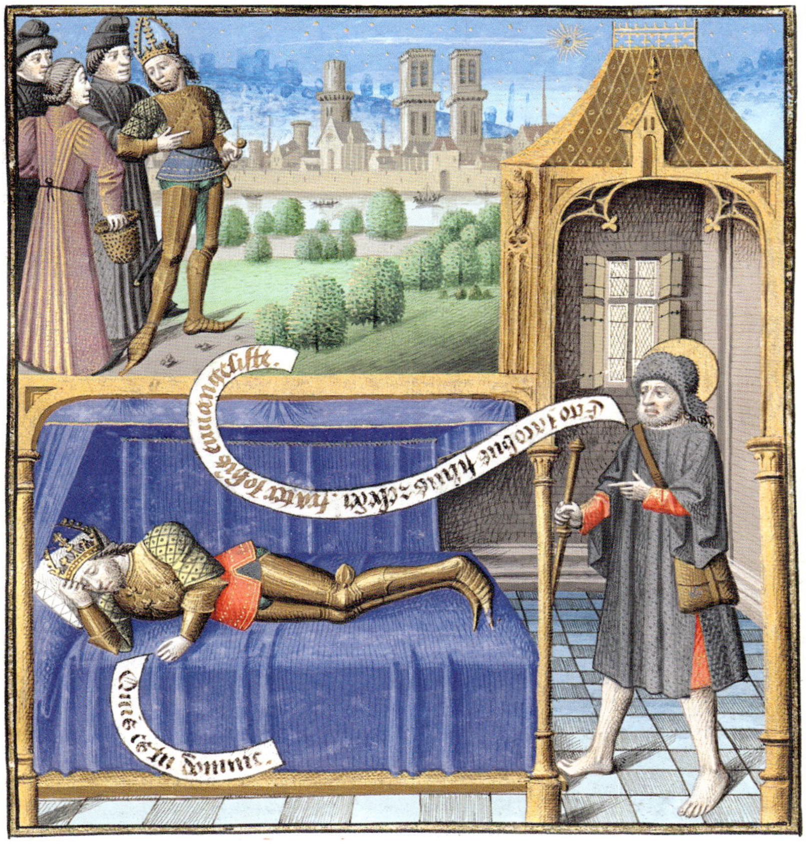

CI-CONTRE : une apparition de saint Jacques à Charlemagne. L'apôtre ordonne expressément au dormeur de partir libérer le pays des païens. L'histoire de Charlemagne et de son preux neveu Roland figure dans le livre IV du *Codex Calixtinus*. *Le Miroir historial*, Vincent de Beauvais, XVe siècle, musée Condé, Chantilly.

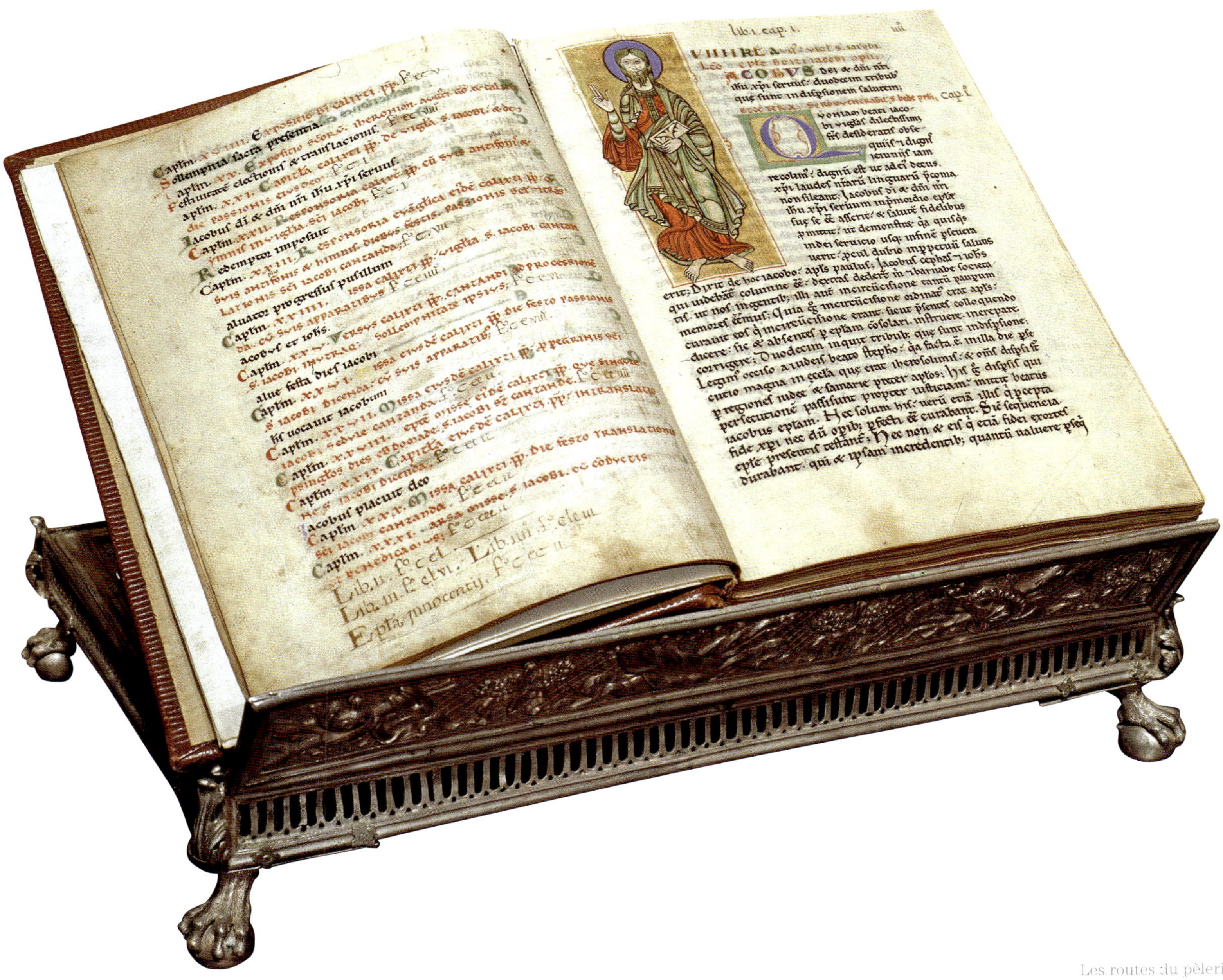

Les quatre voies principales en France

Dans le livre V du *Codex Calixtinus* écrit au XIIᵉ siècle, Aimery Picaud distingue quatre chemins à travers la France. Ces quatre voies ont chacune un point de départ différent, qui constitue le lieu de rassemblement fixé aux pèlerins venus de tous les coins de France et d'Europe. La *via Turonensis* part de Paris, la *via Lemovicensis* de Vézelay, la *via Podiensis* commence au Puy-en-Velay, et la *via Tolosana* prend son départ dans la ville d'Arles.

Les trois premières voies n'en font plus qu'une à Ostabat, au Pays basque, au carrefour de Gibraltar. De là, après avoir franchi la frontière espagnole par le col de Roncevaux, après Saint-Jean-Pied-de-Port, la route prend le nom de *camino Navarrés* jusqu'à Puente la Reina, où elle retrouve la *via Tolosana,* qui traverse les Pyrénées au col du Somport. À partir de Puente la Reina, en Espagne, un seul chemin conduit à Saint-Jacques-de-Compostelle. On l'appelle le *camino Francés.*

À ces quatre voies principales se rattachent une infinité d'autres routes qui viennent non seulement des diverses villes de France, mais aussi de toute la chrétienté. Dès le Moyen Âge, des groupes de pèlerins affluent, Allemands, Flamands, Britanniques, Scandinaves, attirés par la renommée universelle de l'apôtre. D'autres arrivent des contrées de l'est et du sud, Polonais, Hongrois, Suisses, Italiens, par voie de terre ou par mer, avec le seul et unique but de rallier les quatre grandes routes jusqu'à Puente la Reina, d'où partait l'unique chemin menant au tombeau de saint Jacques, à Compostelle.

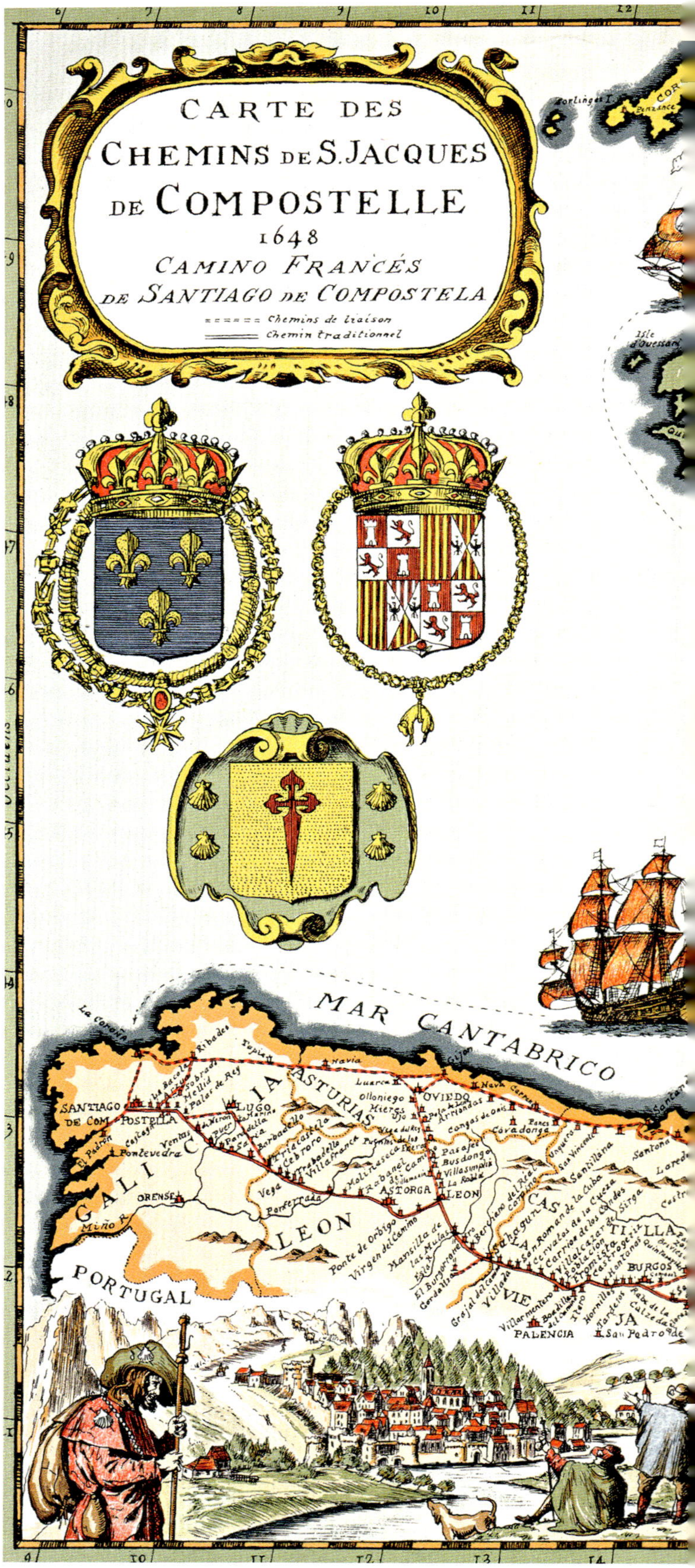

CI-CONTRE : cette carte des chemins du pèlerinage de Saint-Jacques-de-Compostelle réalisée par D. Derveaux et datée de 1648 est en réalité une gravure du XXᵉ siècle. Si la véracité des différents chemins mineurs qu'elle représente est aujourd'hui remise en question, il n'en demeure pas moins que de très nombreux chemins rejoignaient les quatre voies principales que sont la *via Podiensis*, la *via Turonensis*, la *via Lemovicensis* et la *via Tolosana*.

Pour l'anecdote, ajoutons que des reproductions de cette carte sont en vente dans les musées nationaux, qui la présentent comme un document authentique et que de nombreux guides et revues la publient en ignorant sa véritable origine.

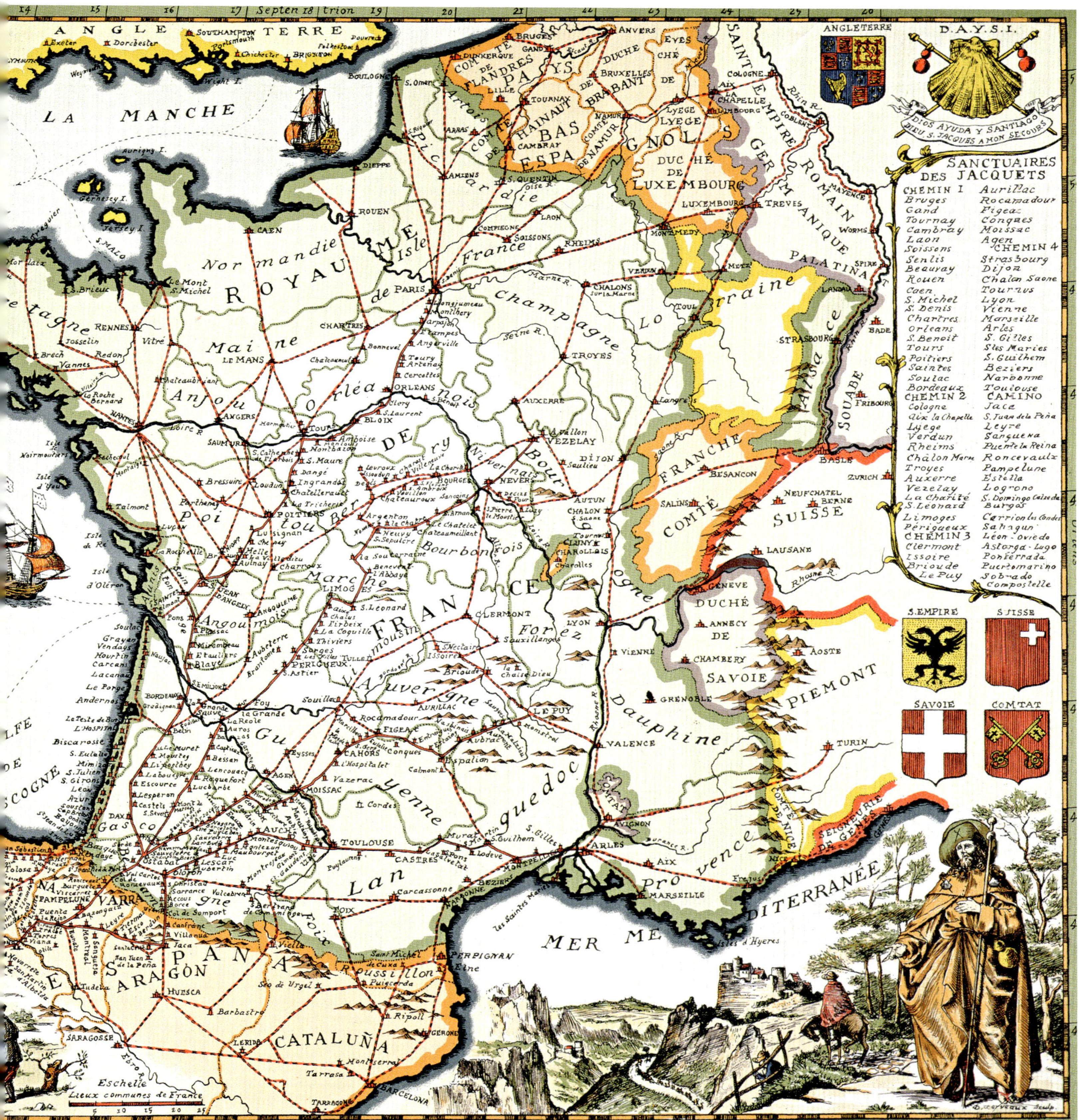

ANGLE TERRE
LA MANCHE
ANGLETERRE
D.A.Y.S.I.
DIOS AYUDA Y SANTIAGO
DIEU S. JACQUES A MON SECOURS
SANCTUAIRES DES JACQUETS
CHEMIN 1
Bruges
Gand
Tournay
Cambray
Laon
Soissons
Senlis
Beauvay
Rouen
Caen
S. Michel
S. Denis
Chartres
Orleans
S. Benoit
Tours
Poitiers
Saintes
Soulac
Bordeaux
CHEMIN 2
Cologne
Aix la Chapelle
Lyege
Verdun
Rheims
Châlon Marne
Troyes
Auxerre
Vezelay
La Charité
S. Leonard
Limoges
Périgueux
CHEMIN 3
Clermont
Issoire
Brioude
Le Puy
Aurillac
Rocamadour
Figeac
Conques
Moissac
Agen
CHEMIN 4
Strasbourg
Dijon
Chalon Saone
Tournus
Lyon
Vienne
Marseille
Arles
S. Gilles
Stes Maries
S. Guilhem
Beziers
Narbonne
Toulouse
CAMINO
Jaca
S. Juan de la Peña
Leyre
Sanguena
Puente la Reina
Roncevaulx
Pampelune
Estella
Logrono
S. Domingo Calsada
Burgos
Carrion los Condes
Sahagun
Léon - Oviedo
Astorga - Lugo
Ponferrada
Puertomarino
Sobrado
Compostelle
S. EMPIRE
SUISSE
SAVOIE
COMTAT
ROYAUME DE FRANCE
Normandie
Isle de France
Picardie
Champagne
Lorraine
Alsace
Maine
Anjou
Orléanois
Berry
Bourgogne
Nivernais
Poitou
Bourbonnois
Marche
Limousin
Auvergne
Forez
Angoumois
Guyenne
Languedoc
Gascogne
Provence
Dauphiné
FRANCHE COMTÉ
SUISSE
DUCHÉ DE SAVOIE
PIEMONT
PAYS BAS ESPAGNOLS
DUCHÉ DE BRABANT
DUCHÉ DE LUXEMBOURG
SAINT EMPIRE ROMAIN GERMANIQUE
PALATINAT
SOUABE
ESPAÑA
ARAGON
NAVARRE
CATALUÑA
Roussillon
MER MEDITERRANÉE
PARIS
ORLEANS
TOURS
POITIERS
BORDEAUX
TOULOUSE
LYON
MARSEILLE
ARLES
LE PUY
VEZELAY
LIMOGES
CLERMONT
STRASBOURG
BESANCON
GENEVE
LAUSANE
TURIN
PAMPELUNE
SARAGOSSE
BARCELONA
PERPIGNAN
Eschelle
Lieux communes de France
Septentrion
Midy

La via Turonensis

La *via Turonensis*, la « voie de Tours » en latin, fut le chemin le plus fréquenté pour rejoindre Saint-Jacques-de-Compostelle au Moyen Âge. Partant de Paris, elle est aussi la plus longue des quatre voies principales en France (plus de 950 kilomètres) et la plus ancienne. C'est la route historique du chemin de Compostelle. Tous les pèlerins venus du nord et de l'est de l'Europe se rassemblent à Paris pour entreprendre le pèlerinage en empruntant la *via Turonensis*. Celle-ci part de l'église Saint-Jacques-de-la-Boucherie (aujourd'hui, tour Saint-Jacques), à Paris, et passe par Orléans, Tours, Poitiers, Bordeaux. Elle rejoint la *via Lemovicensis* à Sauveterre-de-Béarn et la *via Podiensis* à Ostabat, au Pays basque, peu avant la frontière espagnole.

C'est la voie qu'emprunte Aimery Picaud au Moyen Âge et qu'il décrit précisément dans le *Guide du pèlerin*. Vraisemblablement parti de Parthenay, ce moine poitevin parle avec chaleur de son Poitou natal, « fertile, excellent et plein de toutes félicités », cite à peine le pays saintongeais, dont il souligne seulement « le parler rude », moins rude cependant que celui des Bordelais, où néanmoins « le vin est excellent, le poisson abondant ». Bien plus difficile lui semble la traversée des Landes bordelaises, qui demande « trois jours de marche à des gens déjà fatigués » dans « un pays désolé, où l'on manque de tout ; il n'y a ni pain, ni vin, ni viande, ni poisson, ni eau, ni source », avec, en été, « des mouches énormes qu'on appelle guêpes ou taons » et des endroits où l'on s'enfonce « rapidement jusqu'au genou dans le sable marin qui là-bas est envahissant ». Après la traversée, ô combien difficile, des Landes bordelaises, il s'étend avec complaisance sur les qualités de la Gascogne, « riche en pain blanc et en excellent vin rouge », peuplée de gens remarquablement hospitaliers envers les pauvres, bien que « légers en paroles, bavards, moqueurs, débauchés, ivrognes, gourmands, mal vêtus de haillons et dépourvus d'argent ». Il met gravement en garde le pèlerin pour la suite du voyage, lorsqu'il s'agit pour lui de franchir les gaves de Pau et d'Oloron, à cause des bateliers, cruels et voleurs, qui n'hésitaient pas à extorquer une pièce de monnaie à chaque pèlerin, qu'il fût riche ou pauvre, lorsqu'ils ne chargeaient pas trop leur barque, à dessein de la faire chavirer et de noyer ses occupants pour s'emparer ensuite de leurs dépouilles. Pas à pas, nous suivons le laborieux cheminement d'Aimery Picaud le long de la route de son pèlerinage et, lorsqu'il arrive aux alentours du port de Cize, le Pays basque lui apparaît « boisé, montueux, pauvre en pain, vin et aliments de toutes sortes », sans compter « de mauvais péagers » dans le bourg appelé Ostabat, qui étaient « franchement à envoyer au diable » car ils frappaient et injuriaient les pauvres voyageurs qui ne voulaient pas leur

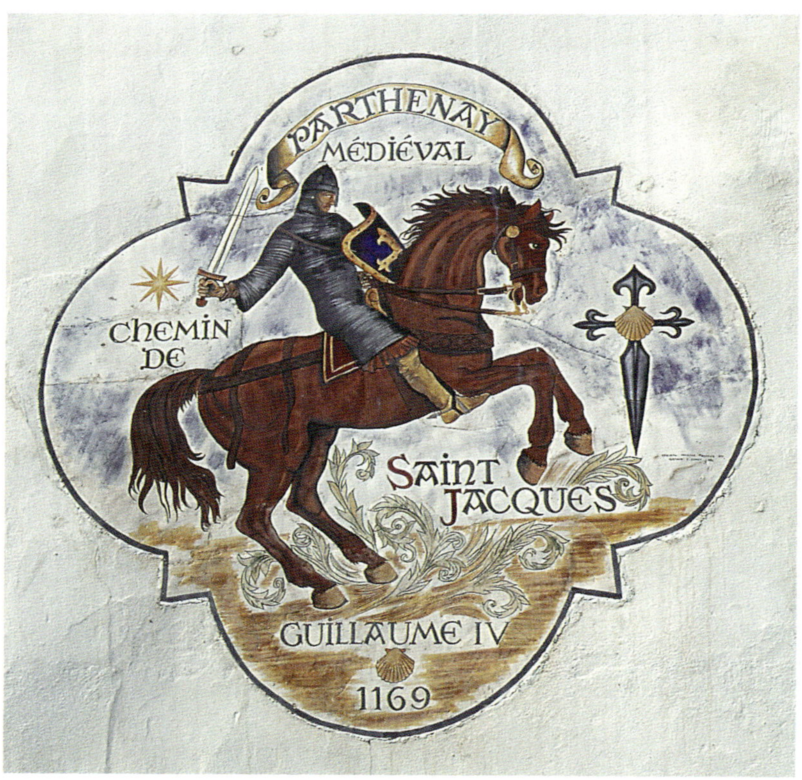

Ci-contre : ce médaillon à la gloire de Guillaume IV vante la *via Turonensis*, empruntée au XIIe siècle par Aimery Picaud, depuis Parthenay-le-Vieux, mais aussi par les chevaliers dévots à saint Jacques. Guillaume IV, le seigneur de Parthenay, se serait rendu à Compostelle en 1169.

Page de droite : la *via Turonensis* traverse les Landes, qu'Aimery Picaud, dans son *Guide du pèlerin*, décrit comme un lieu aride et peu hospitalier au Moyen Âge.

Double page suivante : paysage mythique d'Alto Biscar, sur les hauteurs de Roncevaux. C'est ici, entre les pics d'Urkulu, Leizar Atheka, Alto Biscar et Orzanzurreba, qu'eut lieu la fameuse bataille de Roncevaux, le 15 août 778, au cours de laquelle le valeureux Roland fut massacré avec ses troupes de Francs plus vraisemblablement par les montagnards basques que par des sarrasins, comme le dit la légende. Sur la borne, à gauche, la coquille stylisée jaune sur fond bleu est le logo de l'Itinéraire culturel du Conseil de l'Europe.

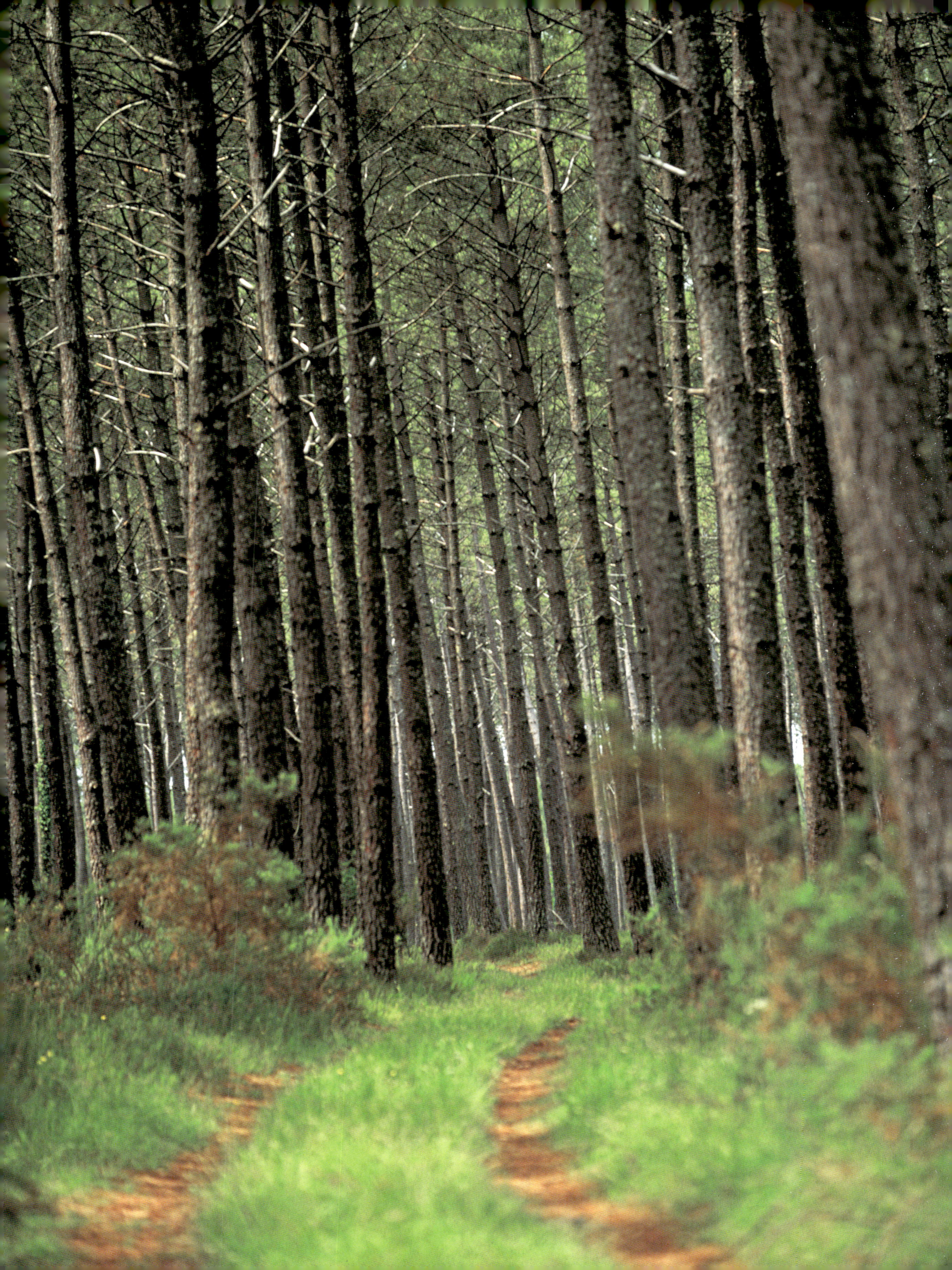

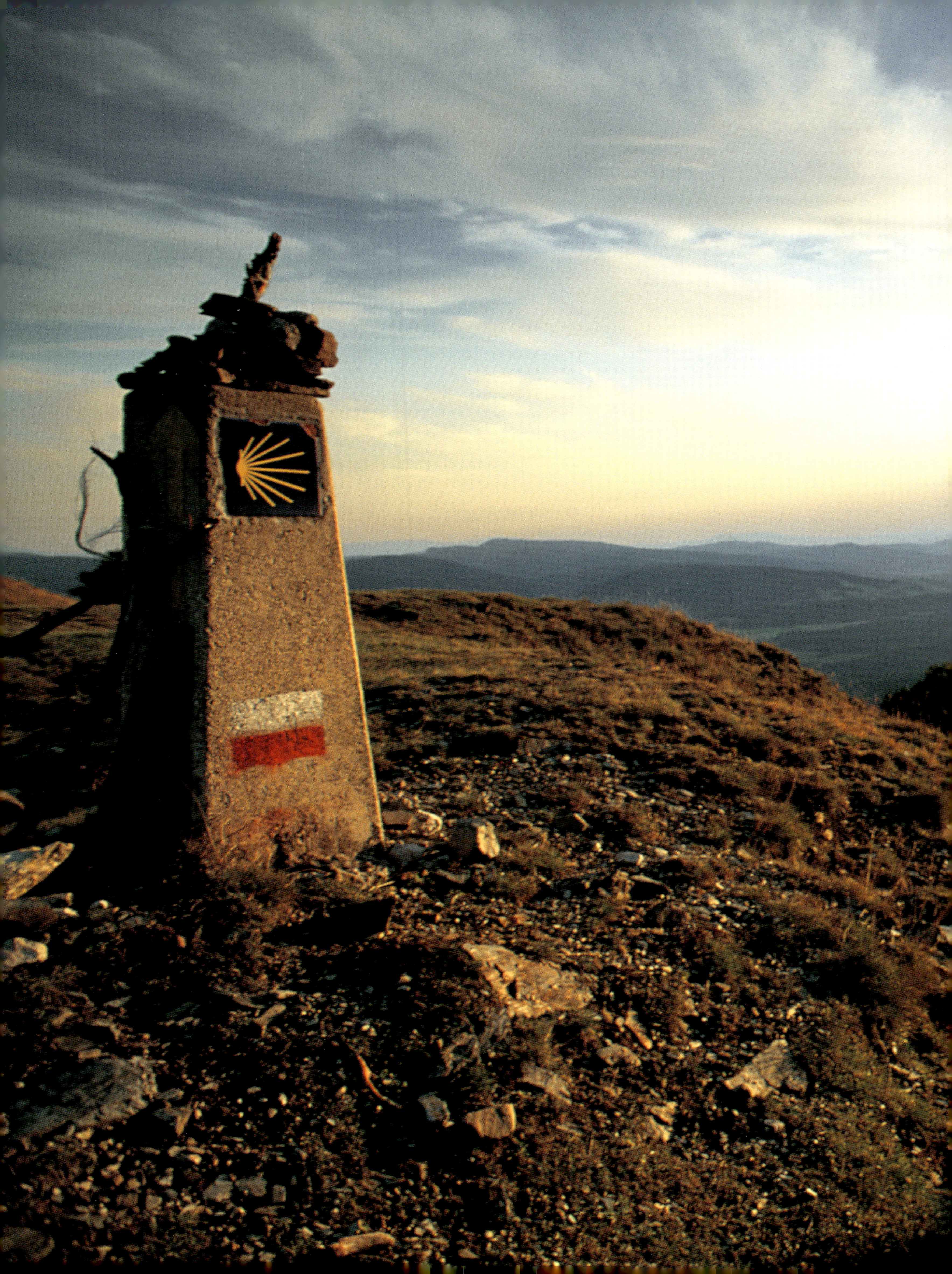

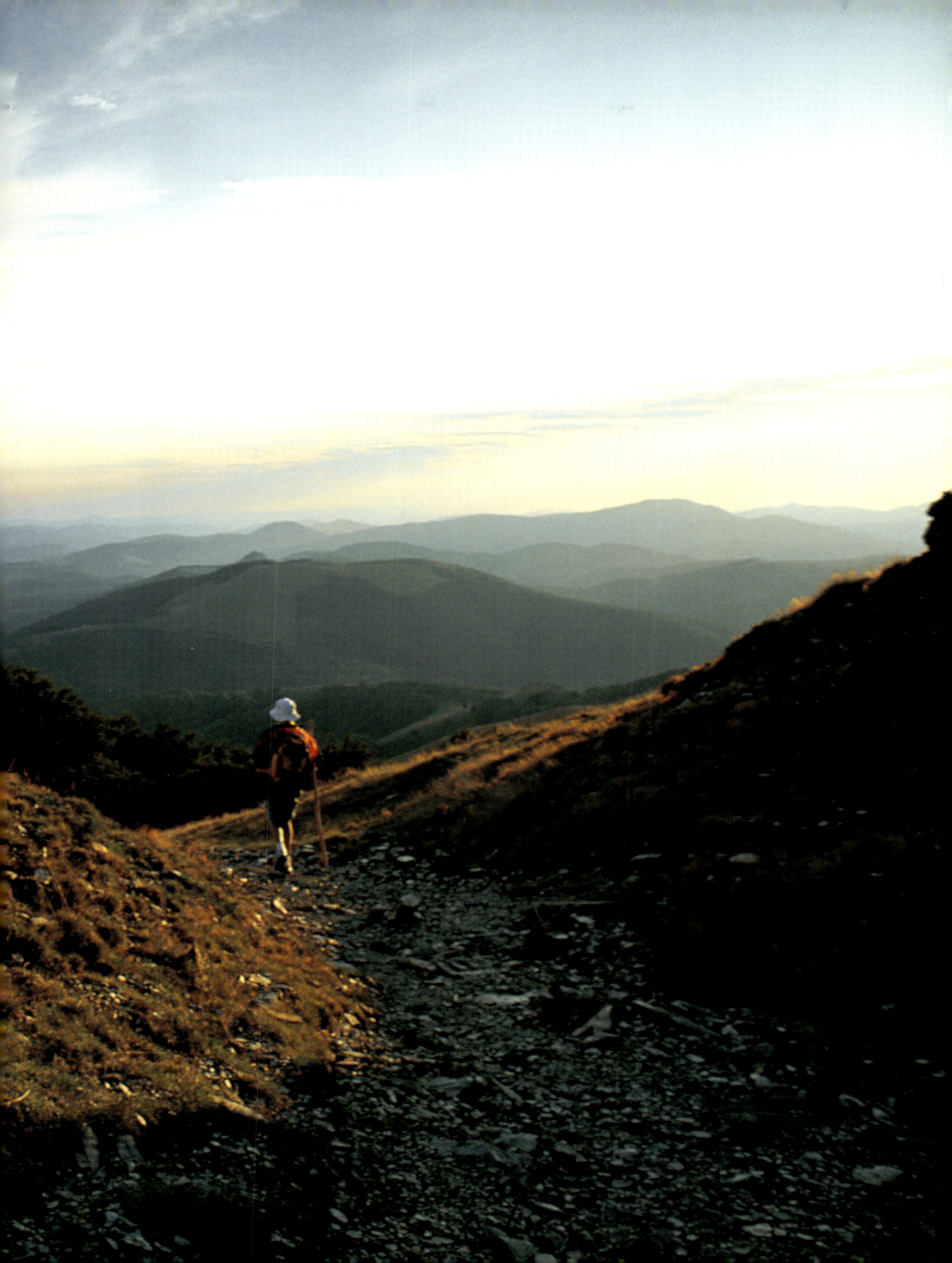

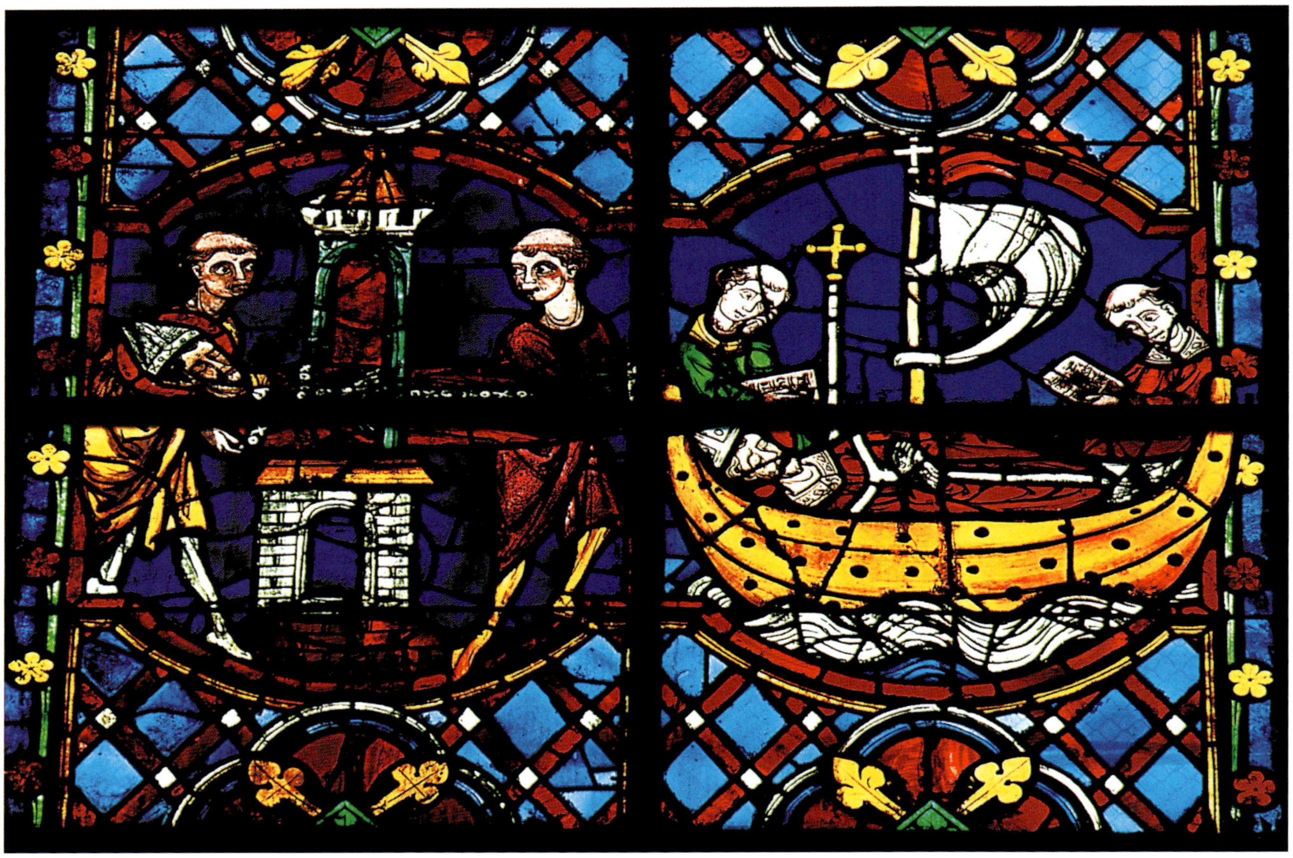

payer l'injuste tribut qu'ils leur demandaient. Ceci malgré l'obligation qui était faite aux bateliers comme aux péagers de ne percevoir aucun paiement, sauf une obole librement consentie lorsque le pèlerin était riche.
À Ostabat, les pèlerins, rejoints peu de temps auparavant par ceux de la *via Lemovicensis,* retrouvent ceux partis par la *via Podiensis*. Au lieu-dit la croix de Gibraltar, les trois voies n'en font donc plus qu'une, qui garde le nom de *via Turonensis* jusqu'au col de Cize et la frontière espagnole, où la route s'appelle le *camino Navarrés*.
Saint-Jean-Pied-de-Port doit son nom aux deux cols ou ports qui la dominent, les ports de Cize et d'Ibañeta (ou col de Roncevaux). Au Moyen Âge, sur la route du col de Cize, bien que plus difficile, de nombreux marchands transportaient leurs produits d'un pays à l'autre. D'après Aimery Picaud, « les Navarrais impies et les Basques avaient coutume non seulement de dévaliser les pèlerins [...] mais [aussi] de les chevaucher comme des ânes et de les faire périr ». Lorsque le pèlerin arrivait au pied du mont, même s'il avait échappé aux agressions, il était loin d'être au bout de ses peines. Le mont, très élevé, exigeait en effet de lui un effort considérable, car Aimery Picaud fait état de 32 kilomètres pour arriver au sommet, et autant pour en redescendre. Mais quel sommet! De là-haut, le voyageur avait l'impression de toucher le ciel et il pouvait voir au loin l'océan Atlantique et les trois frontières de la Castille, de l'Aragon et de la France. Sommet sacré par excellence puisque chaque pèlerin, comme jadis, paraît-il, l'aurait fait Charlemagne, plantait là sa croix et, tourné vers la Galice, adressait une prière à Dieu et à saint Jacques. La première station de prière sur le chemin de l'étoile.
Au terme de sa marche exténuante, harassé, affamé, le jacquet découvrait avec bonheur l'hospice de Notre-Dame-de-Roncevaux, fondé par l'évêque de Pampelune, où il recevait nourriture, soins et accueil chaleureux. Il pouvait enfin demander la protection de saint Romain à Blaye, au bord de la mer, dans la basilique où reposait le corps du bienheureux Roland. Le pèlerin, soudain, oubliait sa fatigue. Il se recueillait et se laissait porter par le souffle épique et sacré du lieu. Roncevaux, c'était tout à la fois la porte de l'Histoire, de la légende et de l'Espagne qui s'ouvrait devant lui.

CI-DESSUS : à Tours, ville qui donna son nom à la *via Turonensis*, un détail d'une verrière consacrée à la vie de saint Martin. À gauche, les attributs de l'évêque.
À droite, en remontant la Loire, le bateau transportant le corps de saint Martin aurait laissé dans son sillage une faune et une flore estivales en plein mois de novembre.

PAGE DE DROITE : Notre-Dame de Roncevaux, étincelante statue de cèdre couvert de plaques d'argent, du début du XIVe siècle, rayonne derrière le maître-autel de la collégiale royale de Roncevaux, étape obligée des *viae Turonensis, Podiensis* et *Lemovicensis*.

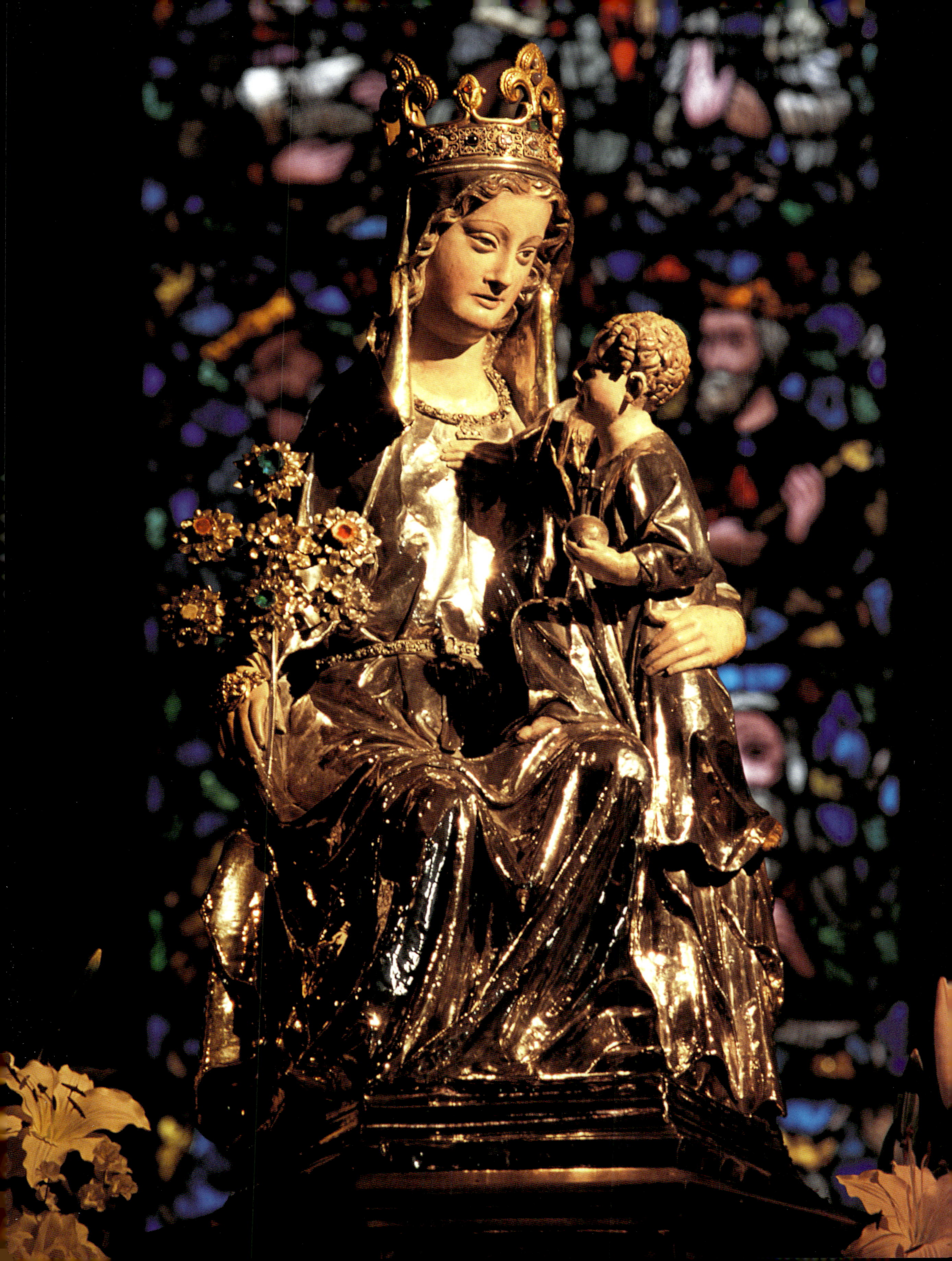

La via Lemovicensis

« Voie limousine » ou « voie de Vézelay », la *via Lemovicensis* est l'une des quatre grandes routes menant à Saint-Jacques-de-Compostelle. Elle commence à Vézelay puis s'étire sur près de 900 kilomètres jusqu'à la frontière espagnole. Elle passe par Bourges, Châteauroux, Limoges, Périgueux, Mont-de-Marsant, Ostabat, Saint-Jean-Pied-de-Port, et traverse les Pyrénées par le col de Roncevaux. Au Moyen Âge, les Bourguignons, les Allemands et les pèlerins venus des pays slaves empruntaient cette voie en se rassemblant devant la basilique Sainte-Marie-Madeleine à Vézelay, point de départ du pèlerinage. Dans son *Guide du pèlerin*, Aimery Picaud ne ménage pas ses conseils et ses recommandations pour les jacquets qui ont choisi d'emprunter cette voie. Des reliques à adorer, il y en avait tout au long de tous les chemins qui menaient à Compostelle. Sur la *via Lemovicensis*, d'après Aimery Picaud, on ne pouvait quitter Vézelay sans avoir été se recueillir sur la tombe où reposait « le très saint corps de la bienheureuse Marie Madeleine [...] à juste titre vénéré par les pèlerins », dans « la grande et très belle basilique » de la ville. À Noblat, dans le Limousin, il fallait aller se prosterner devant les restes du grand saint Léonard, sans tenir compte de ce que racontaient les moines félons de Corbigny, qui prétendaient être les détenteurs des précieuses reliques du saint. Aimery Picaud ne retient guère son indignation à leur encontre, exaltant en revanche les vertus du « bienheureux confesseur [...] du Limousin » attaché à libérer de leurs chaînes des milliers de captifs, ces mêmes chaînes, carcans, entraves et jougs de toute sorte qui « sont suspendus tout autour de la basilique » où ses restes reposent.

Et comment ne pas aller s'incliner, dans la ville de Périgueux, devant le prestigieux tombeau de saint Front, édifié « dans la basilique élevée en son nom » ? Un tombeau qui, selon le moine poitevin, « ne ressemble à aucune sépulture d'autres saints [...] construit avec soin en forme de rotonde comme le Saint-Sépulcre ». Les jacquets, mus par une foi fervente, étaient certains de recevoir là, grâce à son intercession, les bienfaits qu'ils sollicitaient.

Certains n'hésitaient pas à allonger leur route en prenant une variante du chemin pour se rendre à Sainte-Foy-la-Grande. D'autres allaient se recueillir dans l'église Saint-Jacques de Bergerac, ou à Cadouin, dans la belle basilique construite au XIIe siècle, afin d'y adorer le saint suaire du Christ rapporté d'Antioche par quelques croisés. Tant d'étapes leur paraissaient essentielles ! Il y avait l'église Saint-Pierre de La Réole, là où ils franchissaient la Garonne, ils poursuivaient jusqu'à la cité de Bazas et sa merveilleuse cathédrale gothique du XIIIe siècle, construite à l'emplacement d'un édifice roman, ils passaient par l'abbaye bénédictine de Saint-Sever, entre Landes et Gascogne. Ils arrivaient enfin à Orthez, souvent à bout de forces, bénissant le Ciel de trouver en ce lieu l'hôpital des trinitaires de la ville, qui leur prodiguaient les soins dont ils avaient besoin pour continuer leur route. Il leur restait alors à atteindre Sauveterre-de-Béarn, où, après le passage du gave d'Oloron, la *via Lemovicensis* rejoignait la *via Turonensis*.

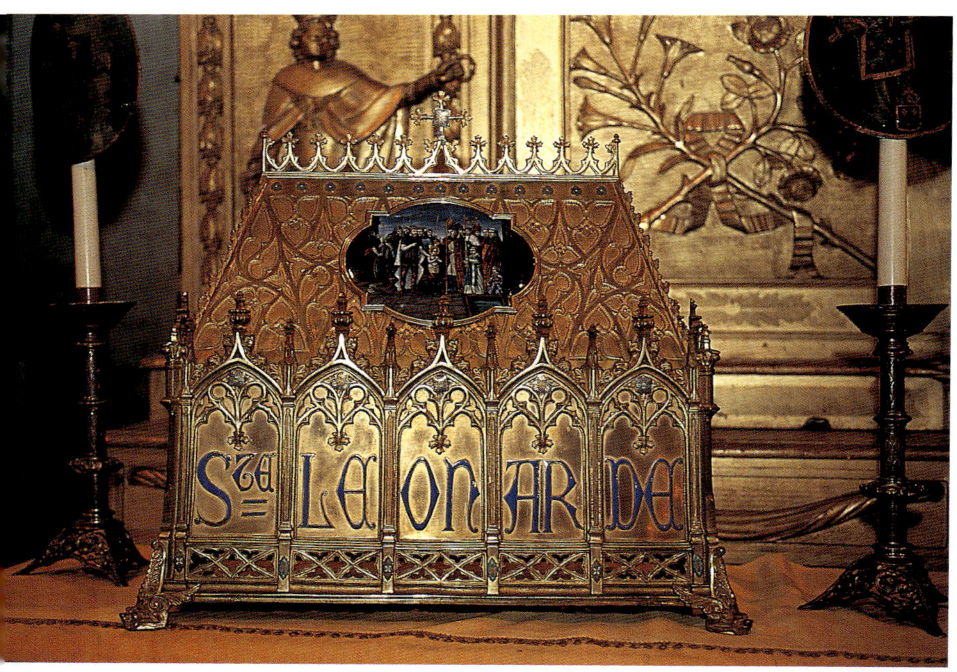

CI-CONTRE : la châsse de saint Léonard, à Noblat. Cet ermite du VIe siècle fut enseveli dans sa chapelle, remplacée en 1023 par une collégiale. Il était réputé rendre fertile des couples qui venaient l'implorer en agitant le verrou de la porte de l'église, croyance toujours vivace de nos jours.

PAGE DE DROITE : le narthex de la basilique Sainte-Marie-Madeleine de Vézelay, point de départ de la *via Lemovicensis*. Le tympan central, richement ouvragé, est un chef-d'œuvre de la sculpture romane réalisé entre 1140 et 1160. Les pèlerins viennent s'y recueillir devant les reliques de Marie Madeleine.

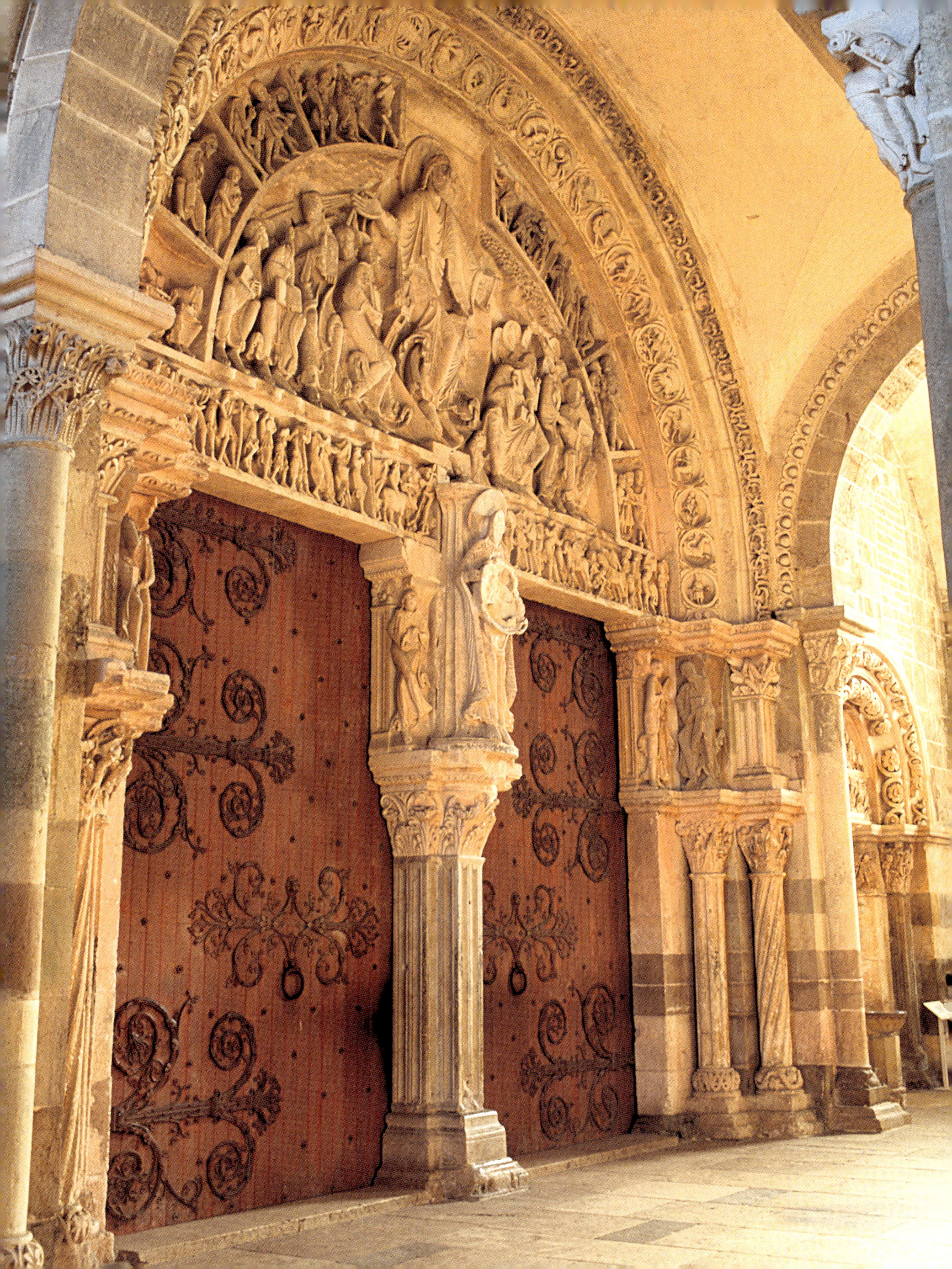

La via Podiensis

La *via Podiensis,* ou « chemin du Puy », tient son nom de son point de départ : Le Puy-en-Velay. La voie traverse le sud de la France sur près de 750 kilomètres, en passant par Conques, les monts d'Aubrac, la vallée du Lot, Moissac, Cahors, Lectoure et la Gascogne, pour atteindre Ostabat et Saint-Jean-Pied-de-Port, carrefour où la *via Podiensis* rejoint deux des autres routes vers Compostelle, la *via Turonensis* et la *via Lemovicensis.*
Au Moyen Âge, les pèlerins venus de l'est de la France, de Suisse ou d'Allemagne choisissaient la route partant du Puy-en-Velay. C'est aujourd'hui la plus fréquentée pour effectuer le pèlerinage de Saint-Jacques-de-Compostelle. Au XIIe siècle, cette route ne retient pourtant que très peu l'attention d'Aimery Picaud qui ne cite que trois hauts lieux à visiter : Notre-Dame du Puy, Sainte-Foy de Conques et Saint-Pierre de Moissac.
Là encore, les conseils qu'Aimery Picaud livre dans son *Guide du pèlerin* sont très précieux. Le moine poitevin mentionne l'obligation pour « les Bourguignons et les Teutons qui vont à Saint-Jacques par la ville du Puy » de se rendre à Notre-Dame du Puy dans la ville de départ du pèlerinage. Puis il fallait « vénérer les reliques de sainte Foy, vierge et martyre » qui, après avoir eu la tête tranchée « sur la montagne de la ville d'Agen », fut ensevelie « avec honneur par les chrétiens dans une vallée appelée vulgairement Conques ». Les jacquets ne pouvaient s'empêcher de frémir de compassion en se prosternant devant le reliquaire de l'abbatiale de Conques, où reposait la tête de cette toute jeune fille d'à peine douze ans, condamnée à être brûlée vive sur un gril pour avoir refusé d'adorer les dieux du paganisme. Un mystérieux orage ayant éteint les flammes de son supplice, elle fut finalement décapitée en 303. Elle fut bientôt rejointe par « le bienheureux Caprais, évêque de la ville d'Agen », responsable de sa conversion, qui, « trouvant le courage de supporter le martyre », courut se livrer aux bourreaux, allant même jusqu'à leur reprocher leur lenteur. Heureuse ville de Conques, rendue célèbre par ces saintes reliques dérobées à Agen en 866 par un moine conquois pour les rapporter en ses murs, où les miracles se mirent à fleurir sous les voûtes de l'abbatiale édifiée à la gloire de sainte Foy !
Aimery Picaud considère également l'abbaye Saint-Pierre de Moissac, comme une étape majeure sur les chemins de Saint-Jacques-de-Compostelle. Fondée au VIIe siècle par l'évêque de Cahors, elle fut rattachée au XIe siècle à l'abbaye de Cluny. Elle constitue un ensemble monastique de première importance durant tout le Moyen Âge.
Hôpitaux, hospices, abbayes, et sanctuaires jalonnent le chemin du Puy et sont autant de haltes pour les pèlerins qui y trouvent refuge, assistance et soins pour y passer la nuit.

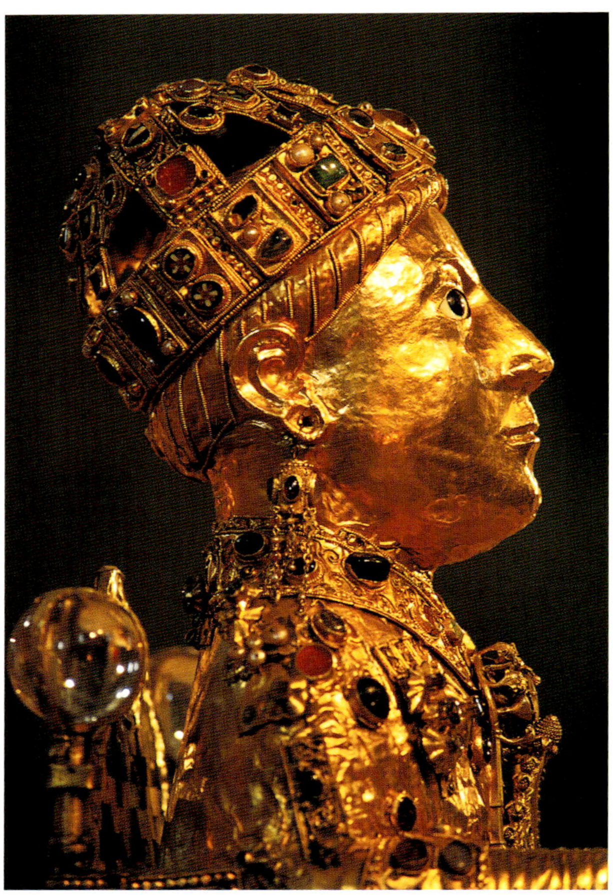

CI-CONTRE : tête de la statue reliquaire de sainte Foy de Conques, conservée dans le trésor de l'abbatiale. La statue de la jeune sainte, qui renfermait sa tête, était protégée par des grilles de fer, forgé dans les chaînes apportées à Conques par des captifs libérés de leurs entraves par l'intercession de sainte Foy.

PAGE DE DROITE : le chevet de l'abbatiale romane de Conques, commencée au XIe siècle et achevée dans le premier tiers du XIIe siècle.

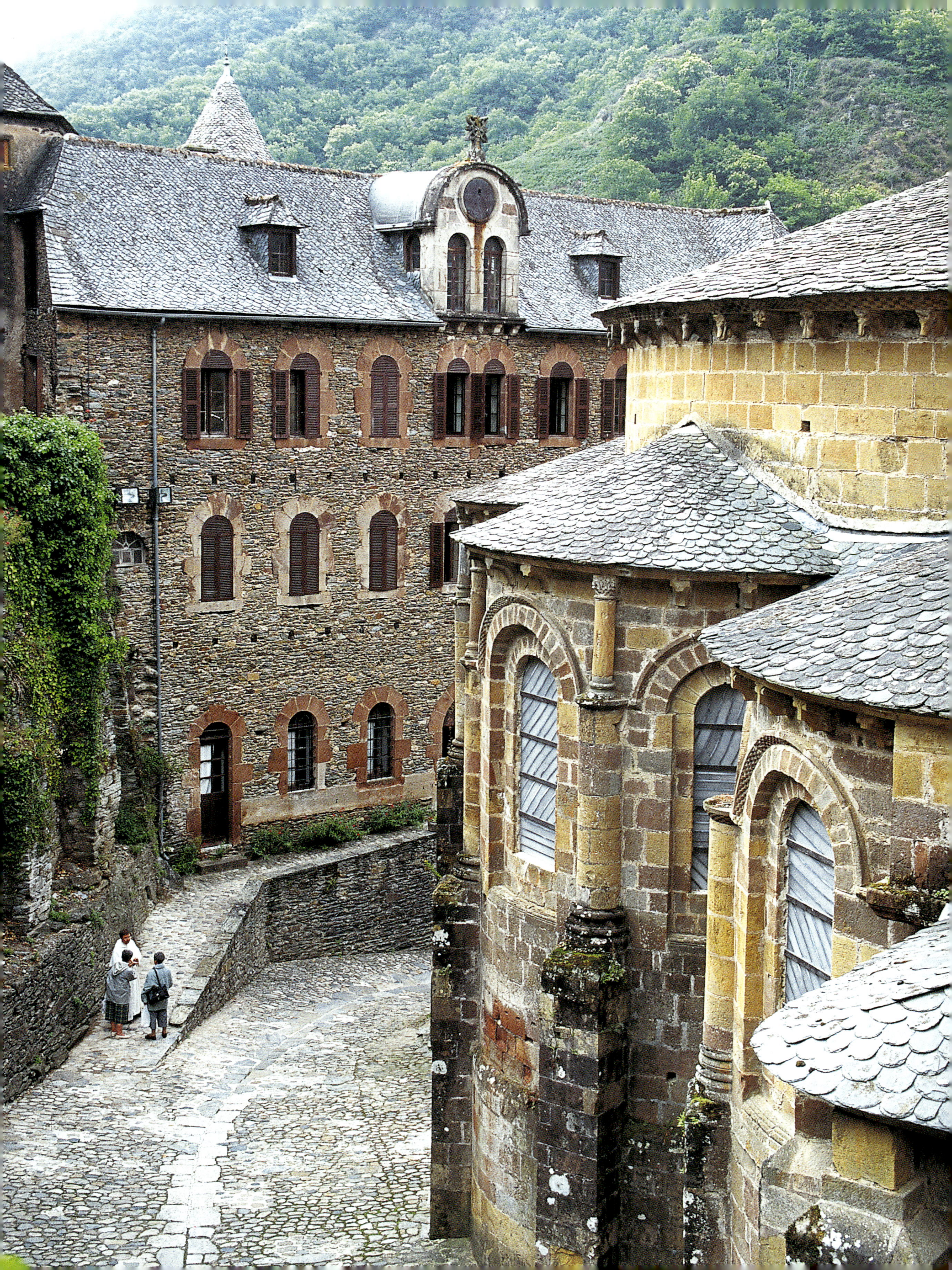

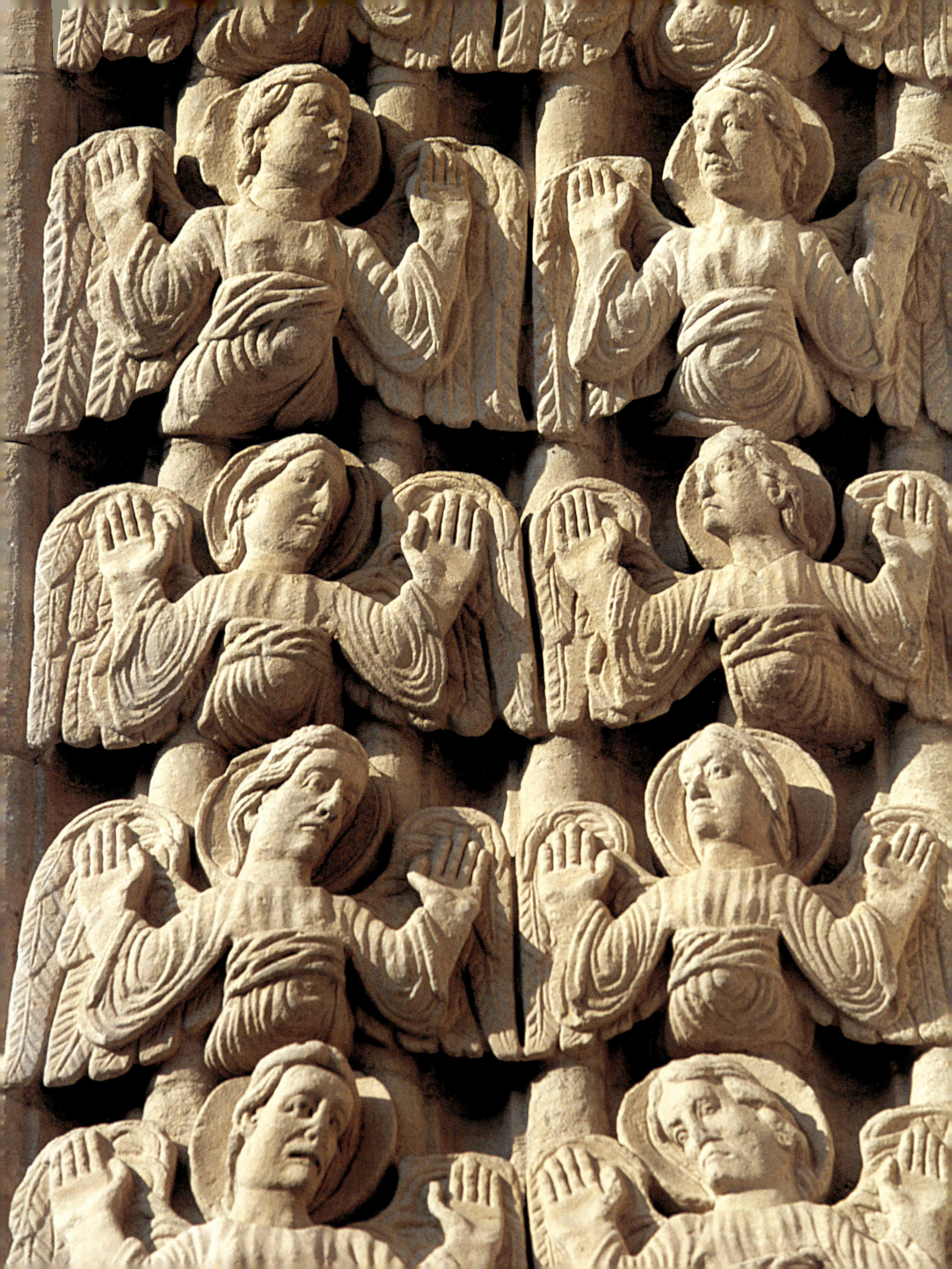

La via Tolosana

La *via Tolosana* parcourt le sud de la France d'est en ouest. Partant de la ville d'Arles, elle passe par Montpellier, Toulouse, Auch, puis se dirige vers le sud à Oloron-Sainte-Marie, jusqu'à Puente la Reina, en Espagne, point de départ du *camino Francés*, le « chemin des Francs » en espagnol, qui mène les pèlerins jusqu'à Saint-Jacques-de-Compostelle. Alors que la *via Podiensis*, la *via Lemovicensis* et la *via Turonensis* se rejoignent à Ostabat, au Pays basque, pour continuer ensemble vers Roncevaux, la *via Tolosana* emprunte un chemin différent, franchissant les Pyrénées non pas au col de Roncevaux, comme les autres chemins, mais au col du Somport. Les jacquets qui ont choisi la *via Tolosana* ne retrouvent les pèlerins venus des trois autres chemins qu'à Puente la Reina.

Le long de la *via Tolosana*, les pèlerins peuvent aller visiter de très nombreuses reliques. Selon Aimery Picaud, les jacquets qui, au départ d'Arles, s'engageaient sur le chemin de Compostelle, ne quittaient jamais la ville sans aller dans l'église Saint-Blaise se recueillir devant les reliques de saint Césaire, célèbre pour avoir fondé en 515 le premier monastère de femmes d'Occident. Rejoints sur le chemin par les jacquets venus d'Italie, des Alpilles et de Provence, ils allaient aussi dans la prieurale Saint-Honorat où reposaient les restes sacrés de saint Genest et de saint Honorat, archevêque d'Arles, mort en 429. Le moine poitevin ne manque pas de souligner la beauté de la

Page de gauche : détail de la façade de la cathédrale d'Arles. Saint Trophime, premier évêque de cette ville au Ve siècle, transforma la basilique primitive en cathédrale et lui donna son nom.

Ci-dessous : au sommet du col du Somport, deux flèches indiquent la direction de Saint-Jacques-de-Compostelle. La *via Tolosana* est la seule des quatre voies principales à passer la frontière espagnole par ce col.

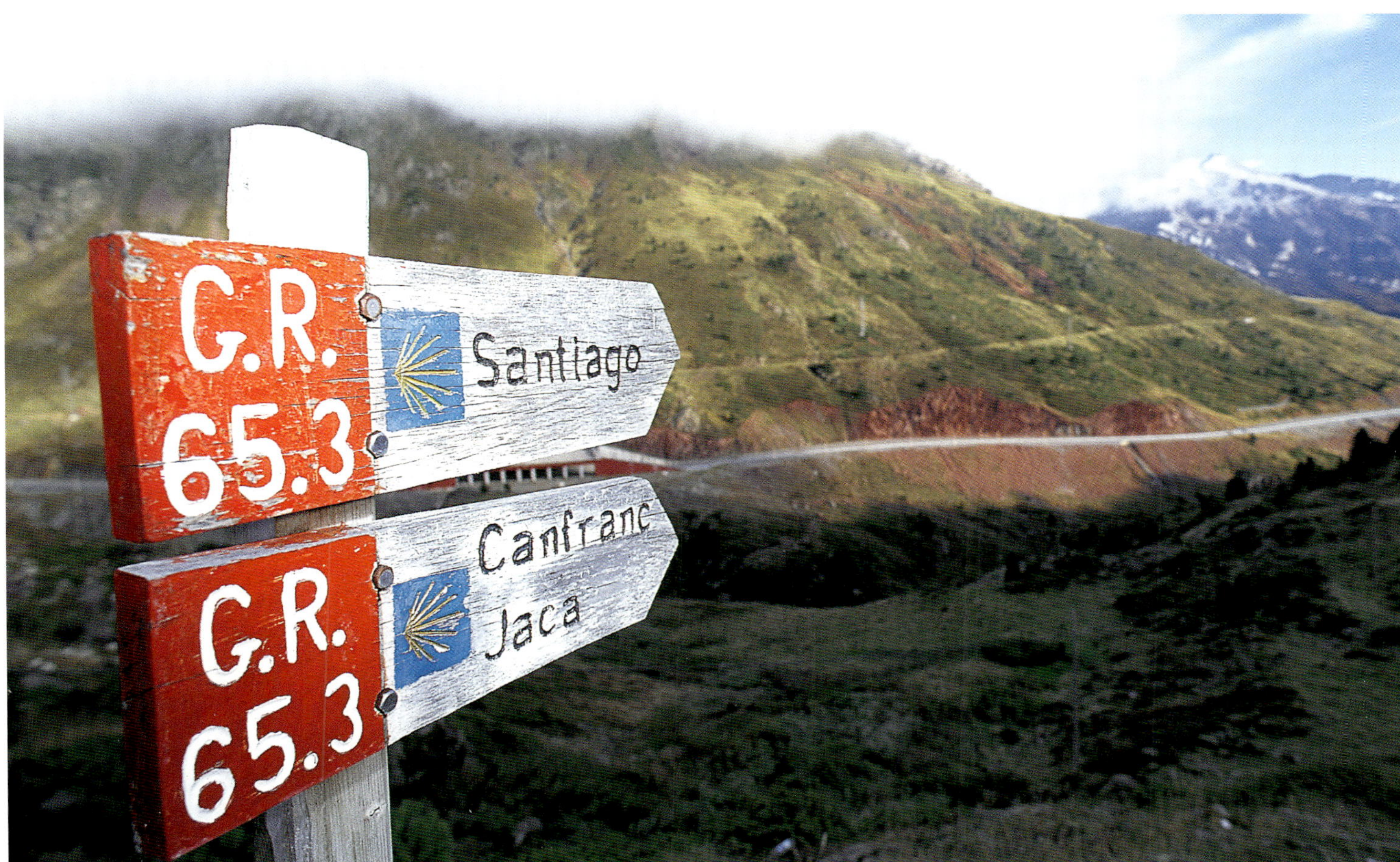

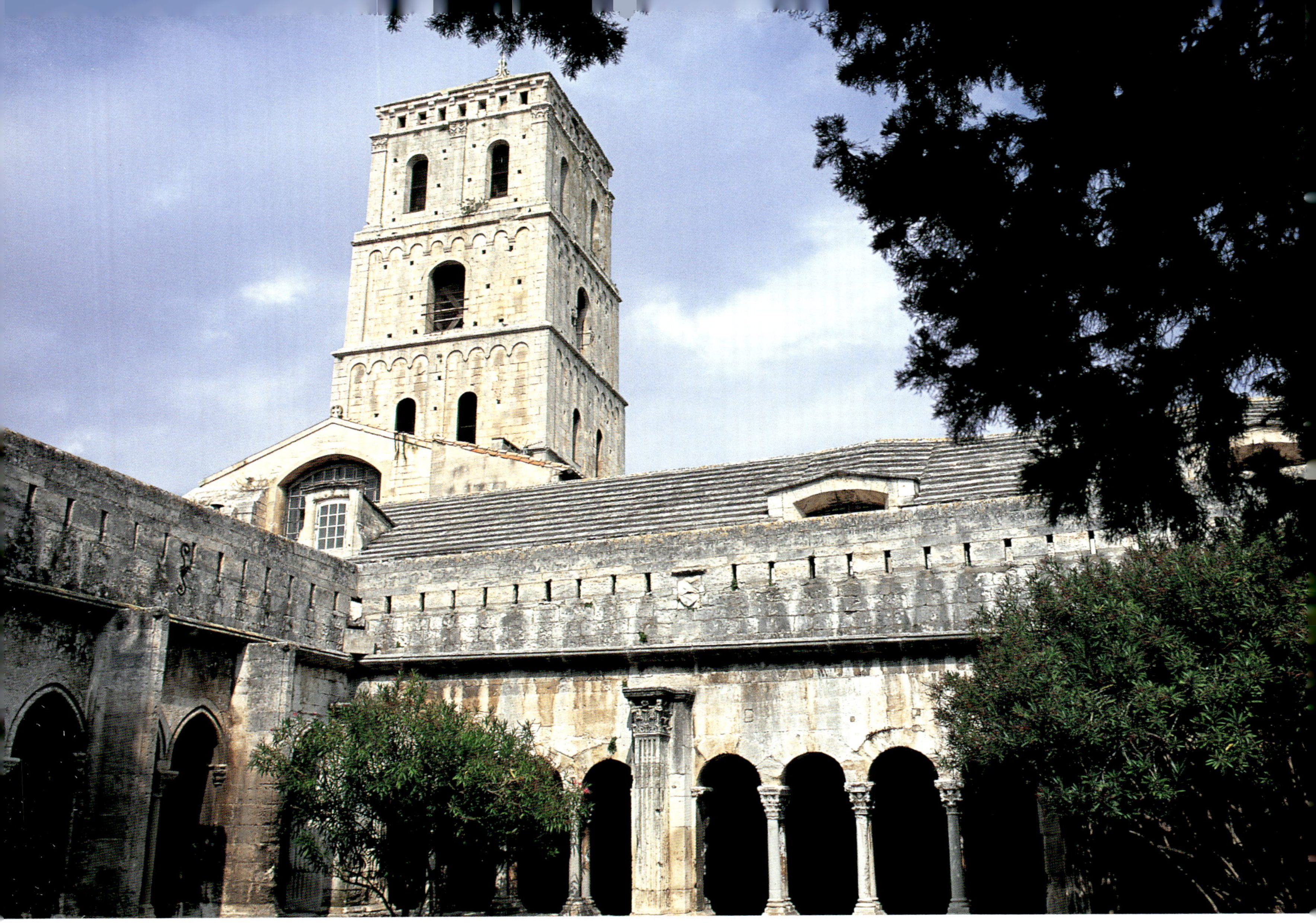

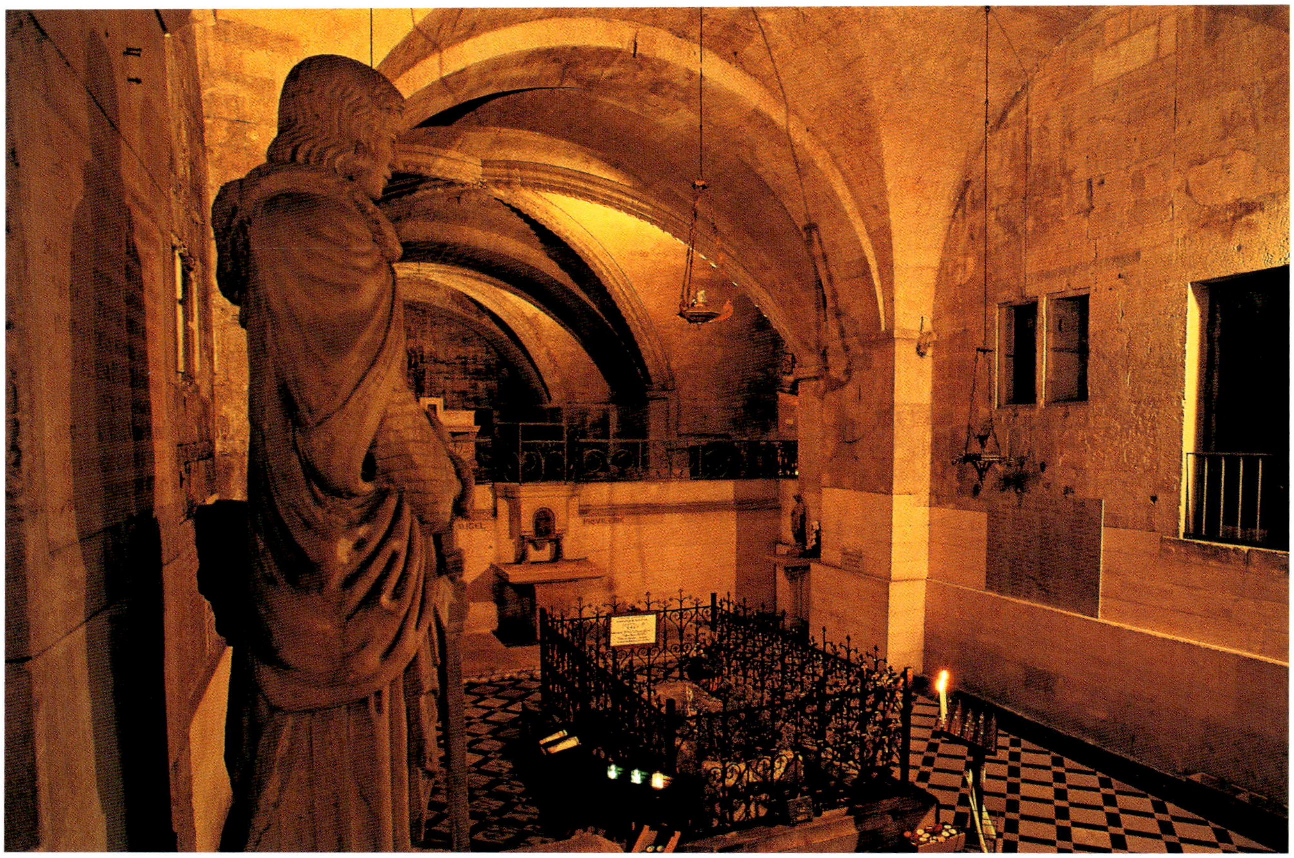

colonne de marbre, derrière l'église Saint-Genest, colonne à laquelle « la méchante populace attacha, dit-on, le bienheureux Genest avant de le décapiter ». Dans la belle ville d'Arles, les moindres lieux ont un parfum de prière et de recueillement, les moindres églises abritent des reliques, des plus modestes aux plus prestigieuses, comme la superbe cathédrale Saint-Trophime, où reposent les restes du premier évêque d'Arles, qui lui a donné son nom.

Au-delà d'Arles, à 4 lieues, il fallait s'arrêter à Saint-Gilles, dans la basilique où reposait « le pieux confesseur et abbé [...] vénéré par tous, dignement honoré par tous et par tous aimé, invoqué et supplié ». Aimery Picaud développe amplement, à l'usage des pèlerins de la *via Tolosana*, toutes les merveilles accomplies par le saint, non sans accabler les Hongrois et les moines de Chamalières, qui s'imaginaient « avoir son corps tout entier ».

La *via Tolosana* était de toutes parts ponctuée de légendes qui sous-tendaient la foi des pieux marcheurs. Au comble de l'épuisement, ils pensaient à saint Genest ramassant sa tête pour la jeter dans le Rhône, et les souffrances du martyr tout aussitôt ranimaient leur courage défaillant. Étaient-ils en train de se plaindre d'un flux de ventre ou d'une plaie infectée, que déjà saint Trophime leur venait en mémoire, ou saint Gilles, blessé par une flèche du roi Wanda. La présence des « corps saints » était le lien puissant qui les conduisait sans faiblir vers le but sacré de Compostelle, qui, pour ainsi dire, dessinait la route et

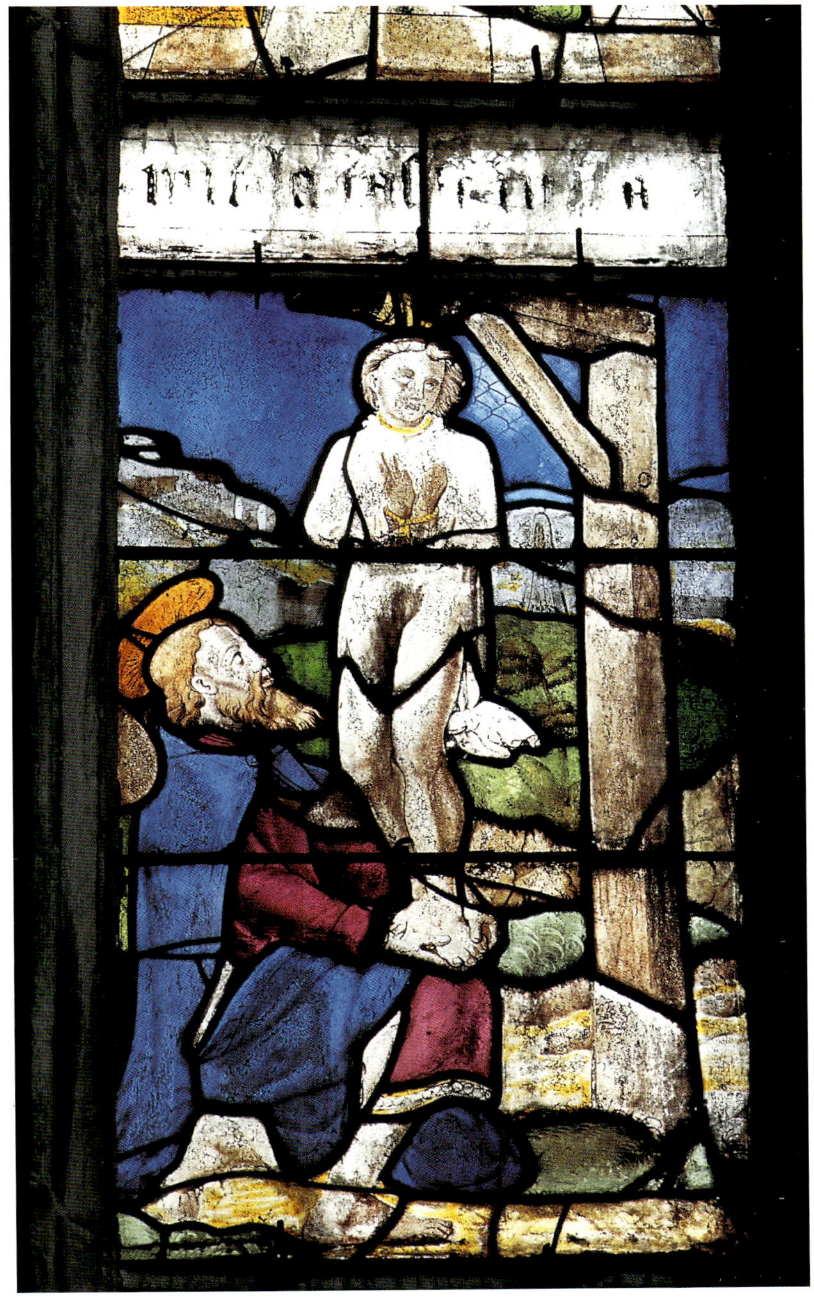

Page de gauche, en haut : le cloître et le clocher de la cathédrale Saint-Trophime, à Arles. Cet ancien cloître des chanoines, dominé par la haute tour carrée, comporte deux galeries romanes à l'est et au nord, et deux galeries gothiques, aux chapiteaux richement sculptés.

Page de gauche, en bas : la crypte de l'abbatiale romane Saint-Gilles-du-Gard abrite le tombeau du saint. En façade de l'abbatiale subsistent les décors sculptés du triple portail, en particulier l'admirable *Baiser de Judas*.

En haut : le miracle du pendu dépendu. Vitrail de l'église Saint-Nicolas à Châtillon-sur-Seine, en Côte-d'Or.
Aucun jacquet n'aurait mis en doute l'histoire du pendu dépendu, qu'il qualifiait de miracle sans la moindre hésitation. Il retenait surtout la foi de ce pauvre père injustement accusé de vol avec son fils par un hôtelier malhonnête, alors qu'ils allaient tous deux en pèlerinage à Saint-Jacques-de-Compostelle. La justice de Toulouse ayant condamné l'un d'entre eux à la pendaison, mais en leur laissant cruellement le choix de désigner lequel, aucun des deux ne se décidait à voir mourir qui son père, qui son fils. À bout de patience, le tribunal fit pendre le fils. Écrasé de douleur, le malheureux père, soucieux de demeurer néanmoins fidèle à son vœu, avait poursuivi sa route en pleurant jusqu'à la tombe de l'apôtre Jacques. Mais sur le chemin du retour, ses pas l'avaient conduit au pied du gibet de son fils, et quel n'avait pas été son émerveillement d'entendre le jeune homme le consoler en louant saint Jacques pour toute l'aide qu'il lui avait apportée jusqu'à ce jour !
Le jeune garçon détaché et l'hôtelier confondu et pendu à son tour, on célébra partout le miracle du pendu dépendu, qui se mit à parcourir lui aussi le chemin, transmis d'étape en étape par les jacquets. Cette légende évoquée dans plusieurs villes du chemin devait s'ancrer définitivement au XVe siècle, sous une forme différente, à Santo Domingo de la Calzada, étape très importante sur le *camino Francés*.

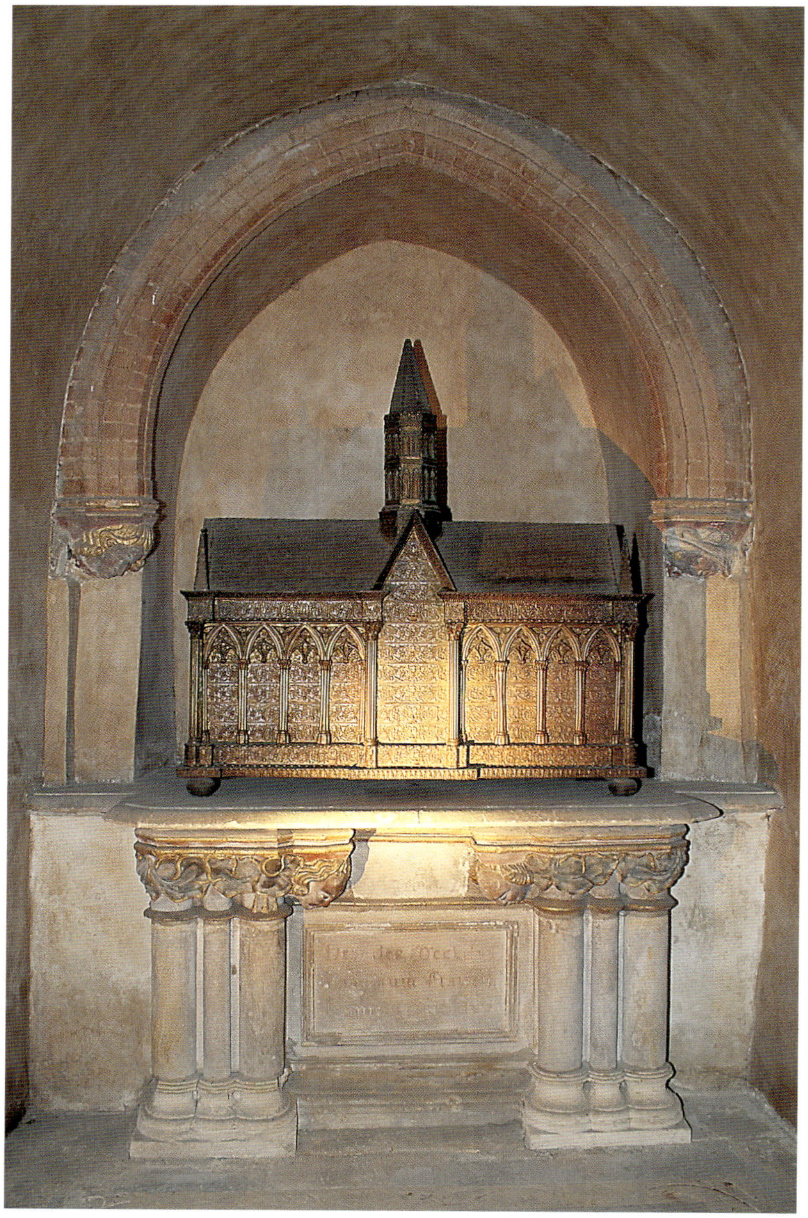

déterminait l'importance des lieux à visiter impérativement. Rien d'étonnant à ce qu'on ait vu fleurir le long de cette voie la plus brillante civilisation du Moyen Âge, illustrée par ses églises et ses monastères, et unifiée par la langue d'oc.

À plus de 80 lieues de Saint-Gilles, Toulouse était le point suprême de rassemblement, la ville qui donnait son nom à la voie parcourue. Mais c'était surtout la vue de la basilique Saint-Sernin qui faisait battre le cœur des jacquets, car, à quelques détails près, elle était l'exacte réplique de la cathédrale de Saint-Jacques-de-Compostelle. Sans compter les vénérables reliques qu'elle abritait. D'abord, et avant tout, celles de saint Sernin, premier évêque de Toulouse, qui en 250 se vit infliger le martyre par la populace païenne de la ville. Et quel martyre ! Aimery Picaud raconte comment « il fut attaché à des taureaux furieux et indomptés, puis précipité du haut de la citadelle du Capitole [...] Sa tête fut écrasée ; sa cervelle en jaillit et tout son corps ayant été mis en pièces, il rendit dignement son âme au Christ. » Des foules de pèlerins se pressaient en ce lieu pour y vénérer également des restes de Jacques le Majeur, les corps entiers de six autres apôtres, des reliques de saint Georges et des fragments de la vraie Croix. À l'ombre de la basilique, comme partout le long des multiples chemins de traverse qui rejoignaient les voies principales, la foi s'imbriquait étroitement dans la légende.

Il suffit de s'en remettre encore à Aimery Picaud pour connaître le parcours et les différentes étapes que les jacquets devaient franchir avant d'arriver à

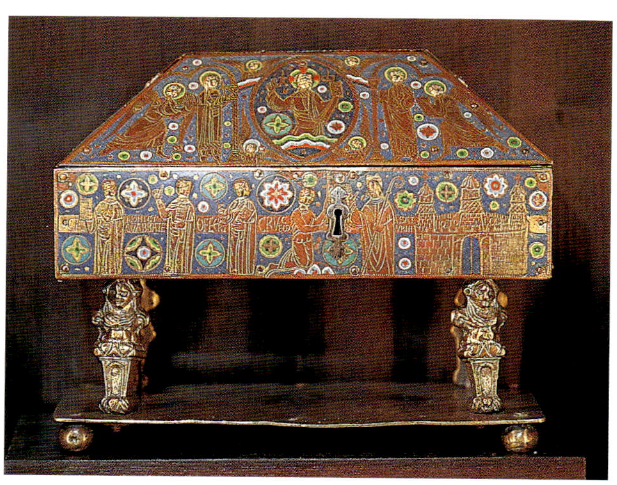

En haut : dans la basilique Saint-Sernin de Toulouse, un reliquaire du XIe-XIIe siècle contient des restes de Jacques le Majeur, offerts, selon la légende, par Charlemagne aux chanoines de la basilique.

Ci-contre : un reliquaire renfermant des fragments de la vraie Croix dans la basilique Saint-Sernin de Toulouse.

Page de droite : la basilique Saint-Sernin de Toulouse, étape obligée sur la *via Tolosana*, fut bientôt trop petite pour accueillir le flot des pèlerins. Commencés vers 1060, les travaux se terminèrent vers 1118. La construction de ce chef-d'œuvre de l'art roman s'acheva aux XIIIe et XIVe siècles, avec l'ajout de deux cryptes pour les châsses et les reliquaires.

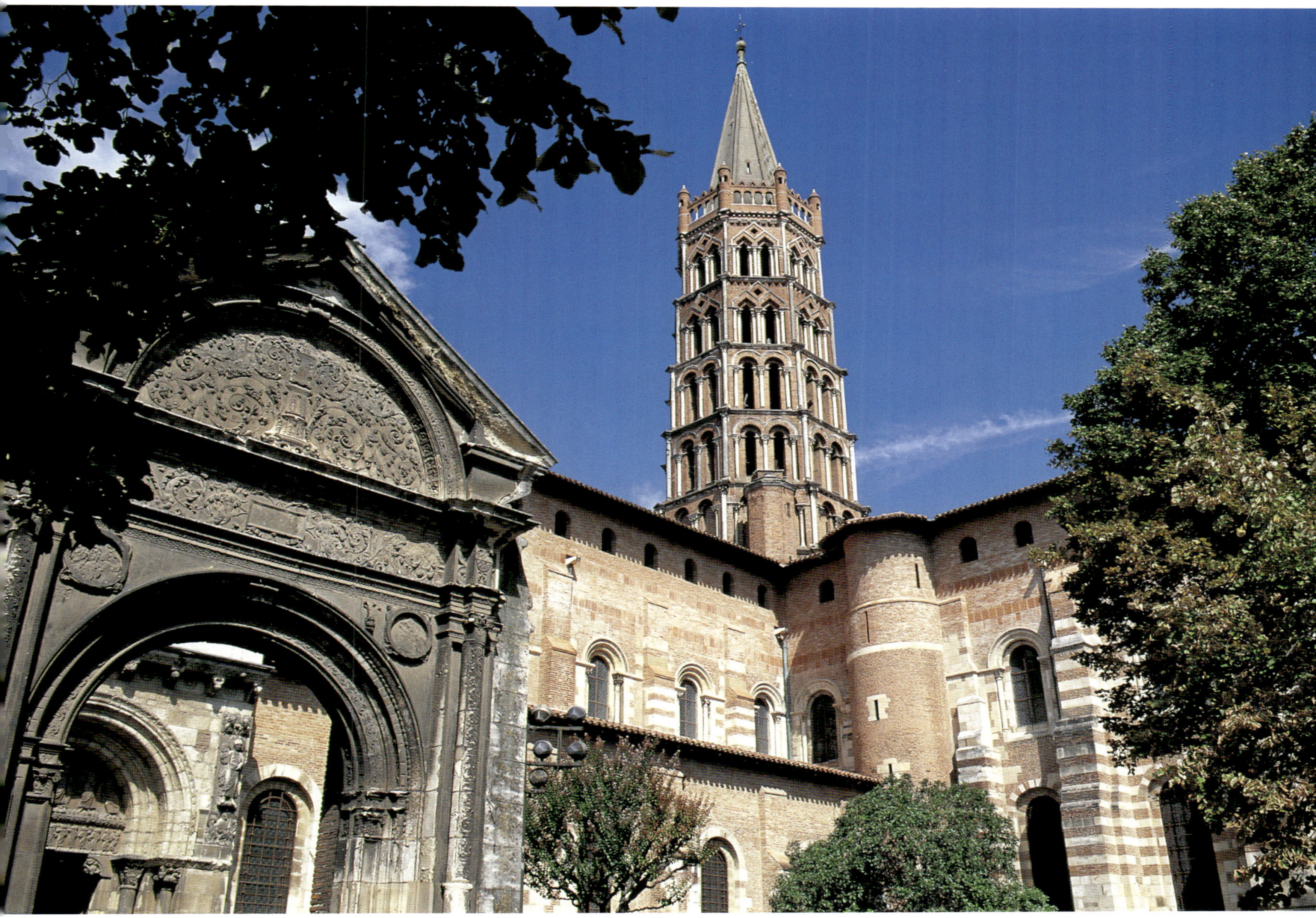

Puente la Reina. On ne peut que s'émerveiller de la précision qu'il apporte à son récit : « Depuis le Somport jusqu'à Puente la Reina, il y a trois petites étapes : la première va de Borce jusqu'à Jaca ; la seconde va depuis Jaca jusqu'à Monreal ; la troisième depuis Monreal jusqu'à Puente la Reina. »

Étapes courtes mais difficiles, car ce col du Somport, à 1 632 mètres d'altitude, il fallait le franchir, et la rigueur du climat n'arrangeait rien. Les jacquets, exténués, remerciaient Dieu de trouver en haut du mont, pour les accueillir, l'hôpital de Santa Cristina, que l'auteur du guide considère comme l'une « des trois colonnes nécessaires entre toutes au soutien de ses pauvres ». Dans cet hospice, on réconfortait les pèlerins, on consolait les malades, on ensevelissait les morts, on aidait les vivants à reprendre des forces. Lieu sacré s'il en était, Santa Christina permettait à nombre de pèlerins de continuer un chemin qu'ils n'auraient peut-être pas pu poursuivre sans son accueil providentiel.

La terre d'Espagne ne facilitait pas les choses aux jacquets, car ils ne comprenaient pas la langue qui s'y parlait, et les gens qu'ils rencontraient leur semblaient souvent inquiétants. Surtout lorsqu'ils pensaient à ce qu'Aimery Picaud en disait, à savoir que « pour un sou seulement, le Navarrais ou le Basque tue, s'il le peut, un Français ». Les descriptions rapportées au passage

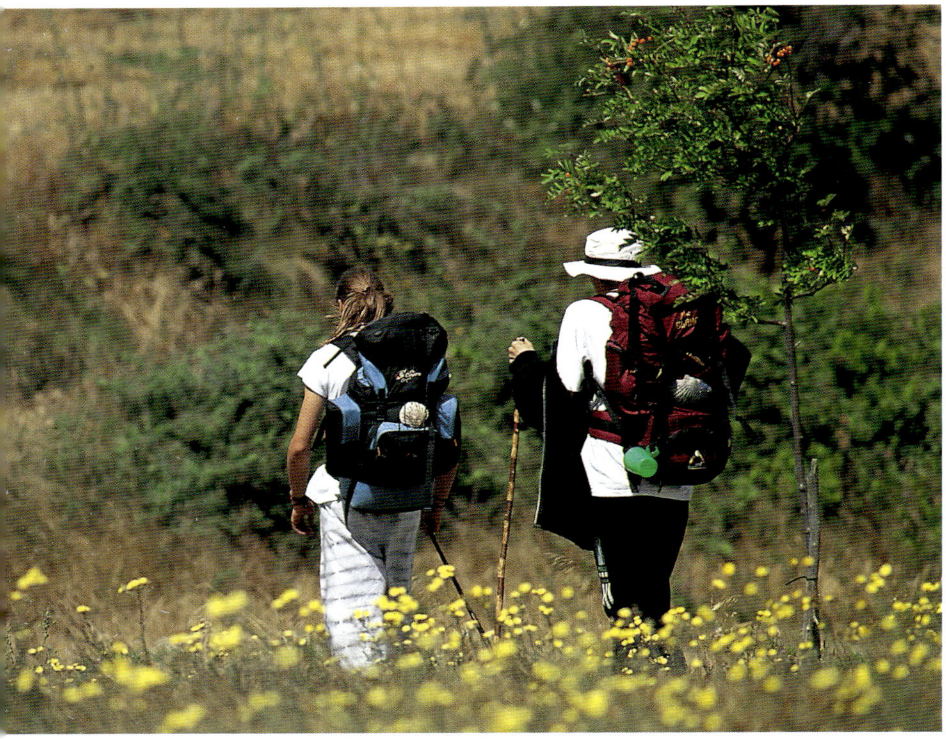

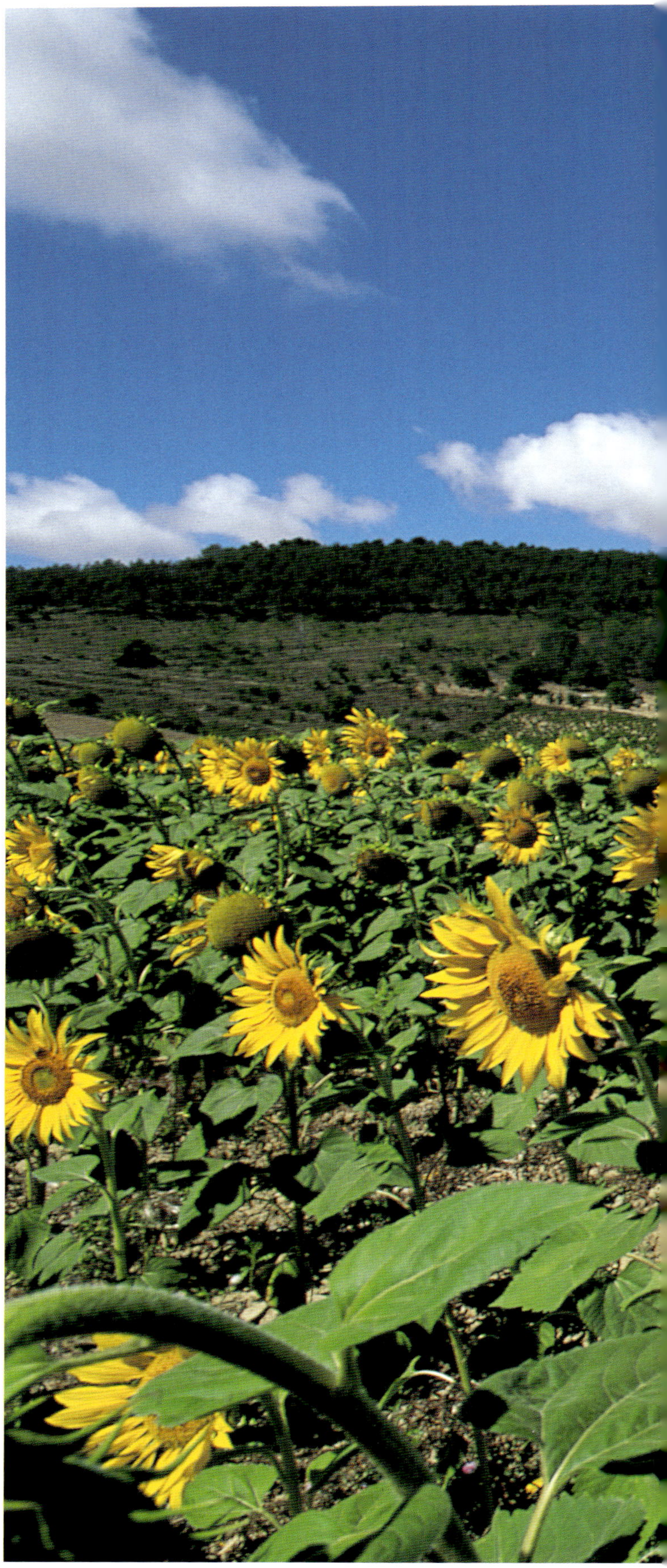

ne faisaient d'ailleurs que corroborer ce que le guide affirmait : « Quand on les regarde manger, on croirait voir des chiens ou des porcs dévorer gloutonnement ; en les écoutant parler, on croit entendre des chiens aboyer. Leur langue est en effet tout à fait barbare [...] L'homme montre à la femme et la femme à l'homme ce qu'il devrait cacher »... Bref, de quoi faire frémir le pauvre pèlerin isolé !

Avant d'arriver à Puente la Reina, les jacquets pouvaient s'arrêter à l'église Santa María de Eunate, et poursuivaient par Obanos, où ils retrouvaient ceux qui venaient de Roncevaux. Enfin, l'ultime point de jonction se dessinait à l'horizon. Les différents chemins se fondaient les uns dans les autres. À Puente la Reina, il n'y en avait plus qu'un. Le *camino Francés* commençait.

CI-DESSUS : bain de nature en plein cœur de la Navarre.

À DROITE : avant d'arriver sur le *camino Francés*, les pèlerins de la *via Tolosana* visitent l'église romane Santa María de Eunate, juste avant Obanos. De plan octogonal, cette église de la seconde moitié du XIIe siècle est surmontée d'un clocher peigne et entourée d'un portique qui forme un cloître périphérique, ce qui ferait penser à une chapelle funéraire. Ici, noyée parmi les tournesols, elle offre une image de solitude et de sérénité.

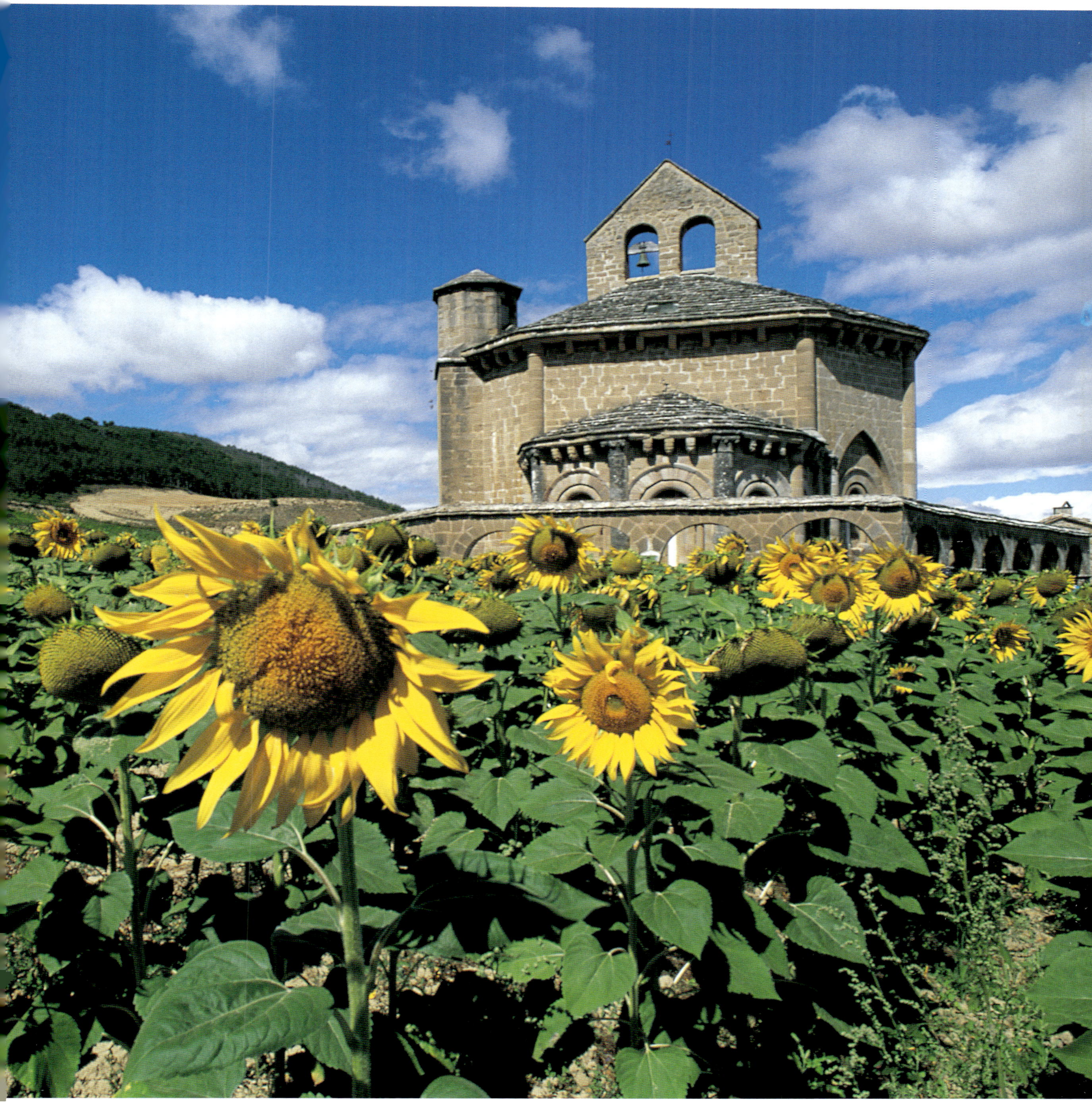

Le camino Francés

Le *camino Francés* est le chemin emprunté en Espagne par les pèlerins de Saint-Jacques-de-Compostelle. Long de près de 780 kilomètres, il part de Puente la Reina et rejoint Saint-Jacques-de-Compostelle en passant par Estella, Logroño, Burgos et León. De très nombreuses reliques jalonnent ce fameux chemin des Francs. Aimery Picaud l'a décrit de manière précise au XIIe siècle, et son récit permet d'imaginer les conditions du pèlerinage au Moyen Âge.

Dès le XIe siècle, à Puente la Reina, lieu où se rejoignent les chemins de Roncevaux et du Somport, le flux des pèlerins qui se rendaient à Compostelle devenait de plus en plus important au fur et à mesure que grandissait la renommée du pèlerinage. Après avoir franchi le pont de l'Arga, les jacquets traversaient la Navarre. Ils marchaient au gré des bourgs et des bourgades, sur ce chemin riche en péripéties, au cœur de régions sauvages où les gens parlaient une langue qu'ils ne comprenaient pas. Climat rude, étendues désertiques sans âme qui vive, des champs de blé et des pieds de vigne... telle était la Navarre, qu'il n'était pas bon de parcourir seul... Les jacquets préféraient ne pas trop penser à ce que l'auteur du *Guide du pèlerin* racontait sur ses habitants, car « ces Navarrais [qui] forniquent honteusement avec les bestiaux » leur semblaient des créatures diaboliques placées sur la route des bons chrétiens pour la perdition de leur âme.

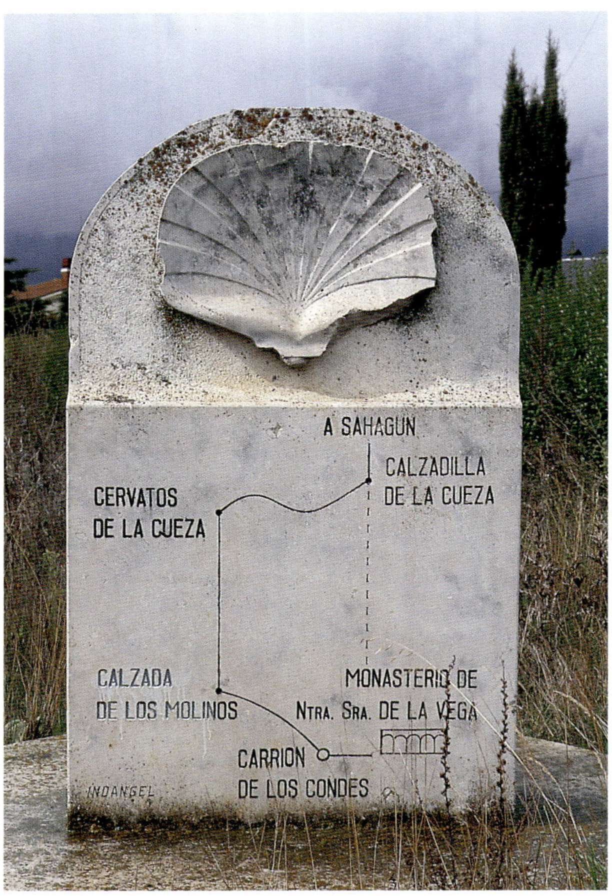

La Rioja et la Castille n'étaient ensuite plus très loin. Les jacquets atteignaient alors Logroño, heureux d'y trouver une eau « qui abonde en poissons ». Ils s'empressaient d'aller se recueillir à l'église Santa María del Palacio et à celle de Santiago el Real. Là, souvent, le pèlerin fourbu faisait halte dans un des hôpitaux où l'on soignait les plaies de ses pieds, on le nourrissait et on lui fournissait une couche pour dormir. Les plus malades restaient là quelques jours, navrés de voir s'éloigner sans eux les compagnons de route, mais consolés par la promesse qu'on se retrouverait tous à Compostelle « si Dieu le veut, mon frère ! »

Enfin, Nájera, résidence des rois de Navarre aux Xe et XIe siècles jusqu'en 1076, se profilait à l'horizon. Puis les jacquets traversaient la rivière Najerilla pour se rendre à Santa María la Real. Lieu sacré fondé par le roi Don García, qui, selon la légende, aurait suivi son faucon lors d'une partie de chasse jusqu'à une grotte où il aurait découvert une statue de la Vierge. Édifié en 1045, le monastère s'était vu doté d'un hôpital de pèlerins où les jacquets accouraient dès leur arrivée dans la ville.

Encore et partout des légendes, des miracles attribués aux saints personnages dont les représentations jalonnaient le chemin.

Après une halte à Santo Domingo de la Calzada, la grande ville-étape de Burgos accueillait les pèlerins. Ils arrivaient de toutes parts, trempés jusqu'aux os ou

CI-CONTRE : borne jacquaire sur le *camino Francés* destinée à indiquer les étapes importantes du chemin, avec sa coquille, symbole du pèlerinage.

PAGE DE DROITE : cathédrale Santa María la Blanca, à León, chef-d'œuvre du gothique espagnol. Sur son portail central, la statue de Santa María la Blanca, et à gauche de ce même portail, celle de saint Jacques.

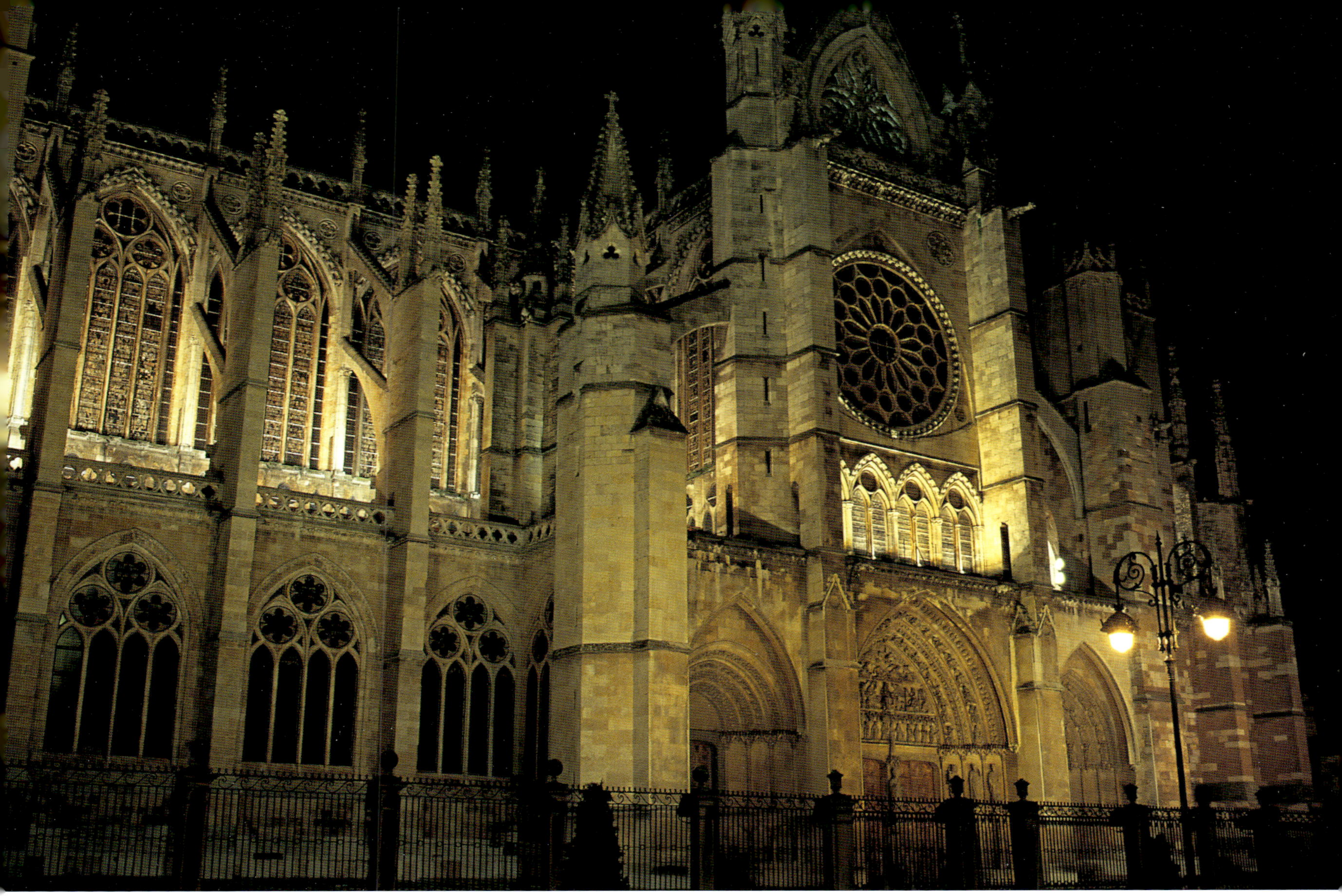

battus par les vents, ces vents glacés de l'hiver castillan, ou boucanés par la chaleur torride de ses étés. Il y avait ceux qui revenaient, nimbés de la gloire d'avoir touché au but, pleins d'anecdotes pour encourager ou inquiéter ceux qui continuaient. Burgos, c'était la grande figure d'Alphonse VI, roi de Castille, qui, entre autres, supprima les péages qui compliquaient la circulation des pèlerins et favorisa la création de nombreux hôpitaux; c'était le tombeau de San Lesmes, la chapelle de saint Jacques dans la cathédrale romane. Mais surtout, c'était la ville du Cid Campeador, Don Rodrigo Díaz de Bívar.

Et le chemin courait toujours vers Compostelle. D'étape en étape, signalées dans le guide d'Aimery Picaud, entrecoupées de haltes toujours ponctuées de prières, de plaies à soigner, de reliques à adorer, de compagnons à laisser dans quelque monastère où on leur assurait une fin chrétienne.

Les pèlerins s'arrêtaient ensuite à Frómista, étape majeure du pèlerinage, à Sahagún. Cette ville « où règne la prospérité » d'après Aimery Picaud, allait devenir, à partir du XIe siècle, l'une des étapes les plus importantes du chemin de Compostelle.

« Puis il y a Mansilla et la ville de León [...] pleine de toutes sortes de félicités », nous dit le moine poitevin dans son guide. Mais que d'efforts avant d'y parvenir! Les jacquets sentaient soudain peser sur eux l'immensité solitaire et aride du paysage léonais. Étendue austère, lande sauvage de terre rocailleuse, où l'homme était livré à un désert changeant, accidenté, menaçant. Les pèlerins luttaient contre le découragement qui les assaillait à chaque pas. Mais la ville de León, la plus importante de l'Espagne chrétienne au XIe siècle, les remettait bien vite de toutes leurs fatigues, car elle leur offrait un accueil appréciable dans ses nombreux hôpitaux et monastères

Aimery Picaud, dans son énumération rapide des villes et étapes sur le chemin de Compostelle, signale tout particulièrement, après Foncebadón, le *pons ferratus*, le « pont de fer », jeté sur le fleuve Sil au XIe siècle à la demande de l'évêque d'Astorga, Osmundo, pour faciliter le passage des pèlerins. Ce pont, renforcé par une rambarde de fer, devait donner son nom à la ville, appelée désormais Ponferrada.

Les pèlerins arrivaient ensuite à O Cebreiro, la porte d'entrée de la Galice. Et ils étaient soulagés de découvrir, au sommet du col, l'hôpital fondé à la fin du IXe siècle par le comte Géraud d'Aurillac et converti en monastère au XIe siècle.

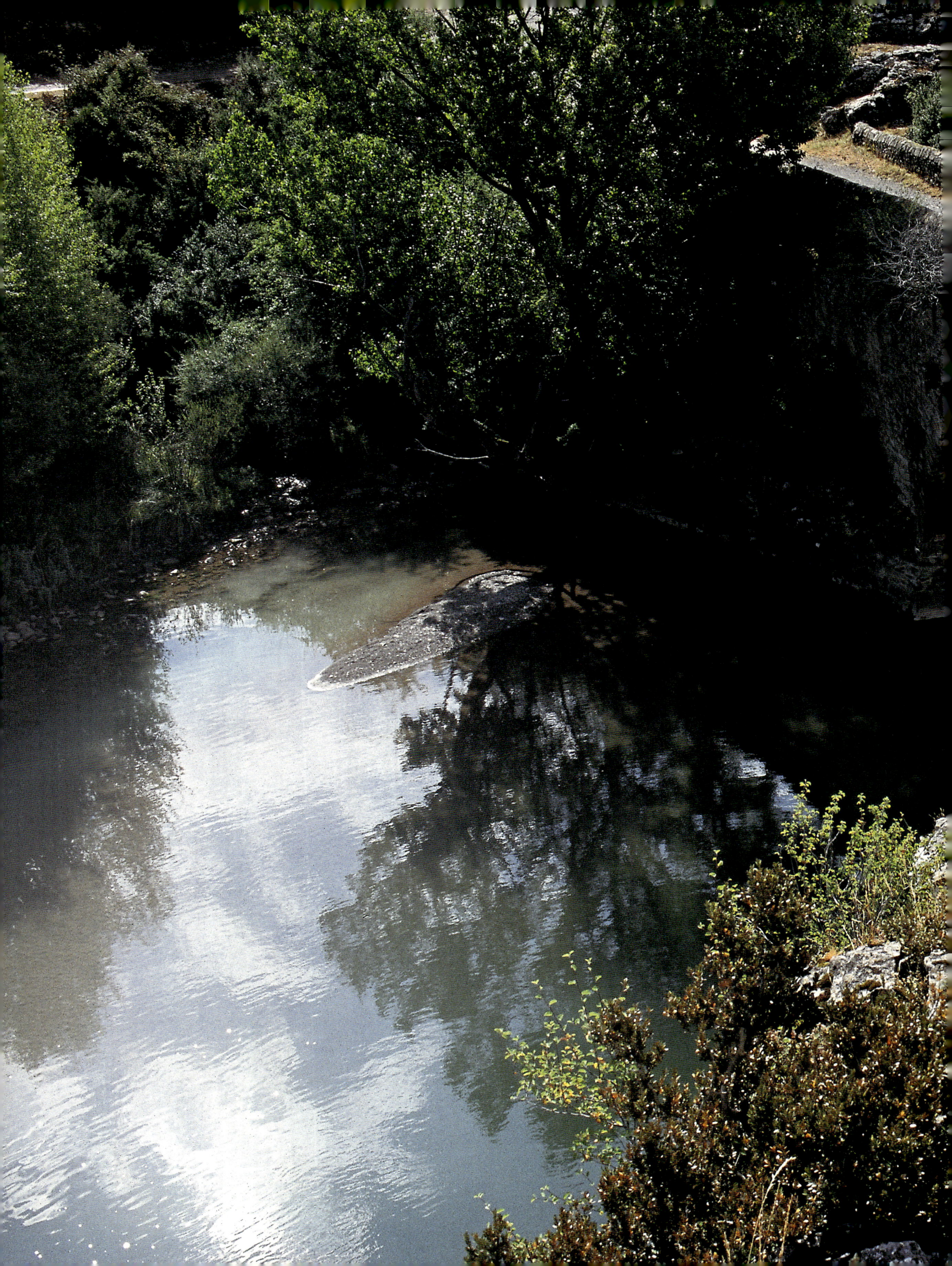

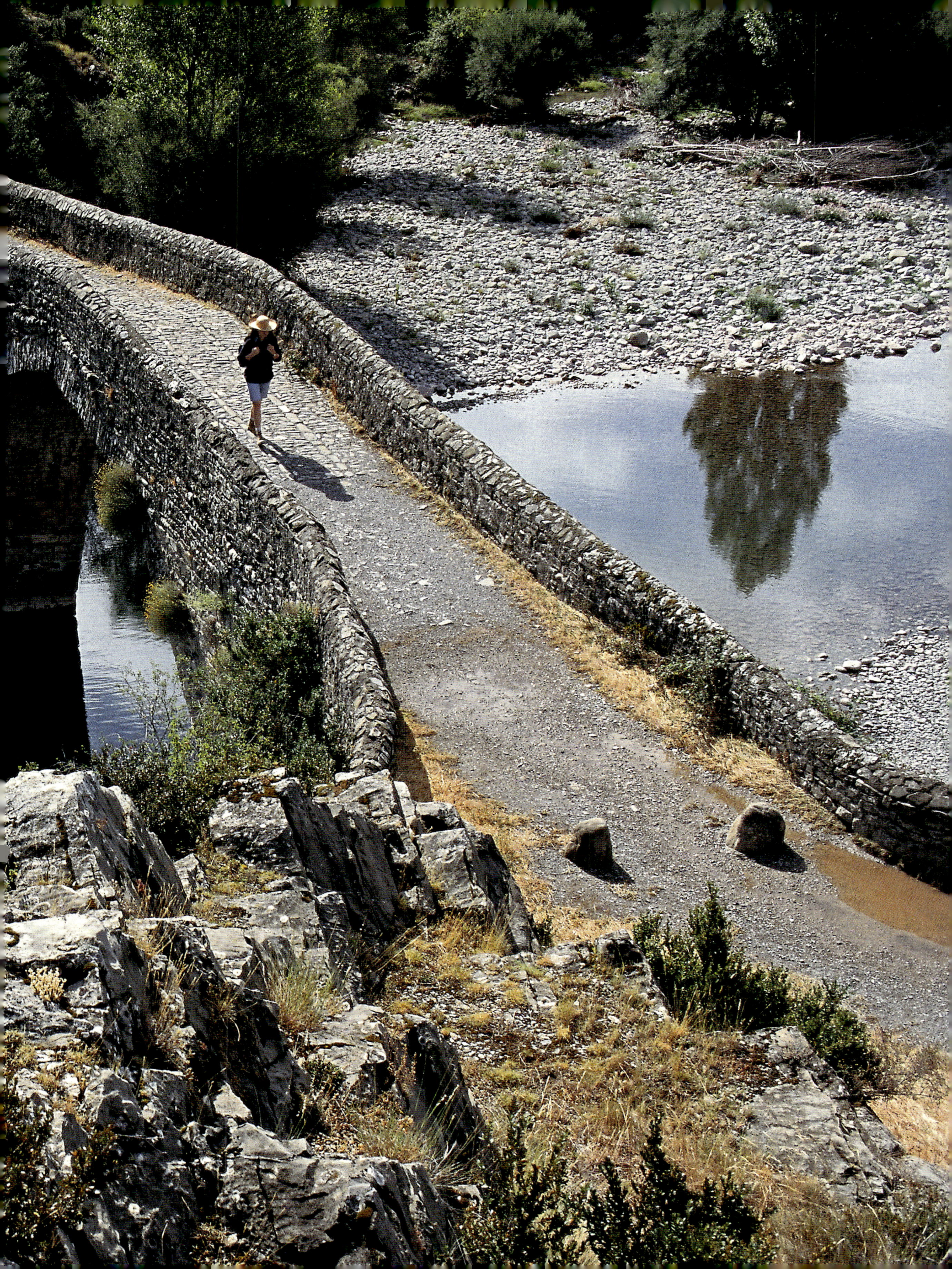

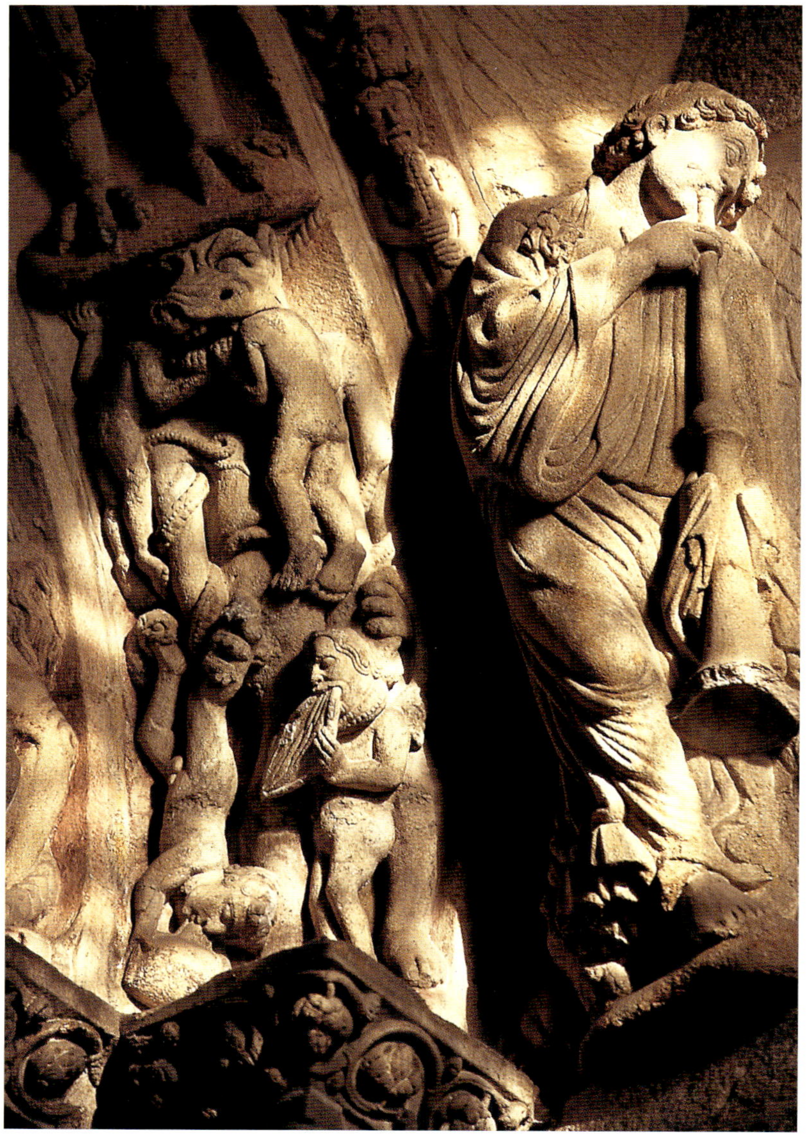

Au-delà de O Cebreiro, la joie commençait à habiter les pèlerins, une joie profonde que ne parvenait pas à altérer le chemin accidenté. En calculant bien, il n'y avait plus que quatre à cinq jours de marche pour atteindre le sanctuaire sacré. Les chansons et les prières montaient de plus en plus droit vers le ciel, les cailloux se faisaient moins durs aux pieds douloureux, les averses de cette Galice verte et vallonnée ne transperçaient plus de la même façon la grosse cape et le chapeau à large bord.

Triacastela était l'avant-dernière grande étape sur le chemin de Compostelle, « là où les pèlerins reçoivent une pierre qu'ils emportent avec eux jusqu'à [Castañeda] pour faire de la chaux qui servira à la construction de la basilique apostolique ».

Enfin, les jacquets arrivaient à la dernière grande étape du pèlerinage, Palas de Rei, tout imprégnée des vertus des chevaliers de l'ordre de saint Jacques.

Et le chemin continuait, inexorable et puissant, pour les mener à l'endroit des grandes ablutions, à Lavamentula, aujourd'hui Lavacolla, où, comme le note Aimery Picaud, les « pèlerins de France, allant à Saint-Jacques, ont coutume de s'y laver non seulement partiellement mais aussi d'y purifier leur corps tout entier de ses souillures, après s'être dépouillés de leurs vêtements ». Enfin, ils apercevaient le *monte del Gozo*, colline haute de 368 mètres, qu'ils gravissaient en criant « Montjoie ! Montjoie ! » pour en dévaler bientôt la pente afin d'arriver en bas le plus vite possible. Cette fois, ils étaient bien à Saint-Jacques-de-Compostelle, le but ultime de leur pèlerinage. Il suffit d'ouvrir le *Guide du pèlerin* pour ressentir l'enthousiasme d'Aimery Picaud lorsque, pèlerin parmi les pèlerins, il découvre lui aussi Compostelle, « la très excellente ville de l'apôtre, pleine de toutes délices, qui a la garde du précieux corps de saint Jacques et qui est reconnue pour cela comme étant la plus heureuse et la plus noble de toutes les villes d'Espagne ».

Une ville où l'on pouvait entrer par sept portes, et prier dans dix églises, parmi lesquelles, la première, « celle du très glorieux apôtre Jacques, fils de Zébédée, qui, située au milieu de la ville, resplendit de gloire ». Aimery Picaud, comme les autres, a dû rester en extase émerveillée devant l'immense basilique, du haut de laquelle saint Jacques en pèlerin le contemplait. Elle était certainement presque achevée vers 1130 lorsque l'auteur du guide la décrit, à l'exception du portique de la Gloire, qui remplacera en 1188 le portail de la Transfiguration qu'il a sous les yeux. Aucun détail ne lui semble superflu, ni la fontaine Saint-Jacques « admirable [...] qui n'a pas son pareil dans le monde entier », ni les tours de la basilique, ni les différents autels qui le mènent tout naturellement jusqu'au plus prestigieux, le maître-autel sous lequel repose « le corps révéré de saint Jacques [...] dans une tombe de marbre d'un travail admirable et de dimensions convenables ».

Et tout autour de lui, la foule des marcheurs de Dieu, riches ou pauvres, solides ou exsangues, jeunes ou âgés, hommes ou femmes, tous venus des quatre coins de la Terre, avec pour seule certitude la joie d'être là, au terme du voyage, devant le sépulcre de l'apôtre.

Double page précédente : pont de pierre jeté au-dessus du fleuve Aragon. Pierrailles, soleil, arbres secs, effort physique et solitude, l'ambiance idéale pour favoriser la méditation du pèlerin.

En haut : détail du portique de la Gloire de la cathédrale de Saint-Jacques-de-Compostelle, chef-d'œuvre du maître Mateo, au XIIe siècle.

Page de droite : au bout du *camino Francés*, la récompense suprême pour les pèlerins, la cathédrale de Saint-Jacques-de-Compostelle et la vieille ville.

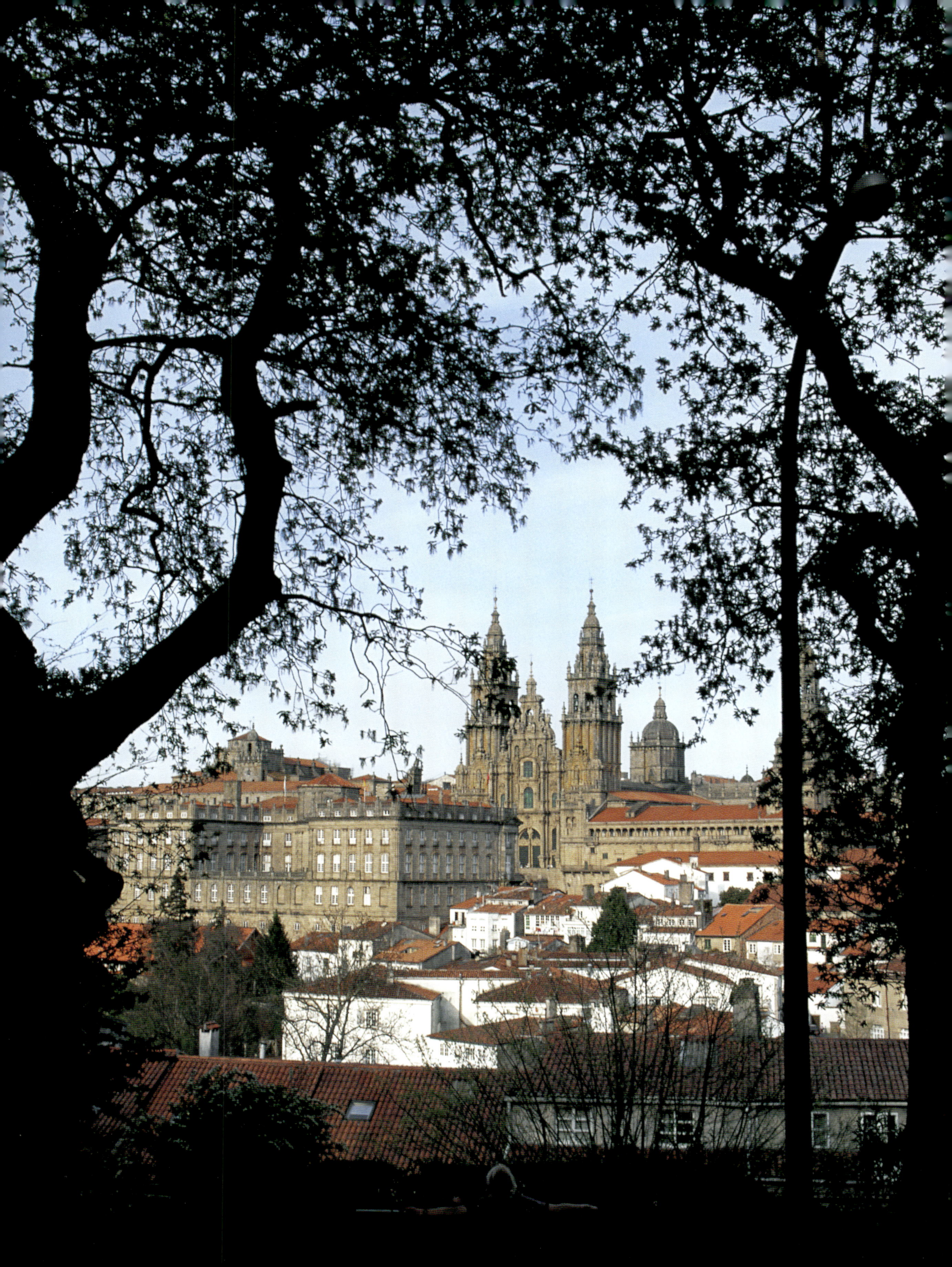

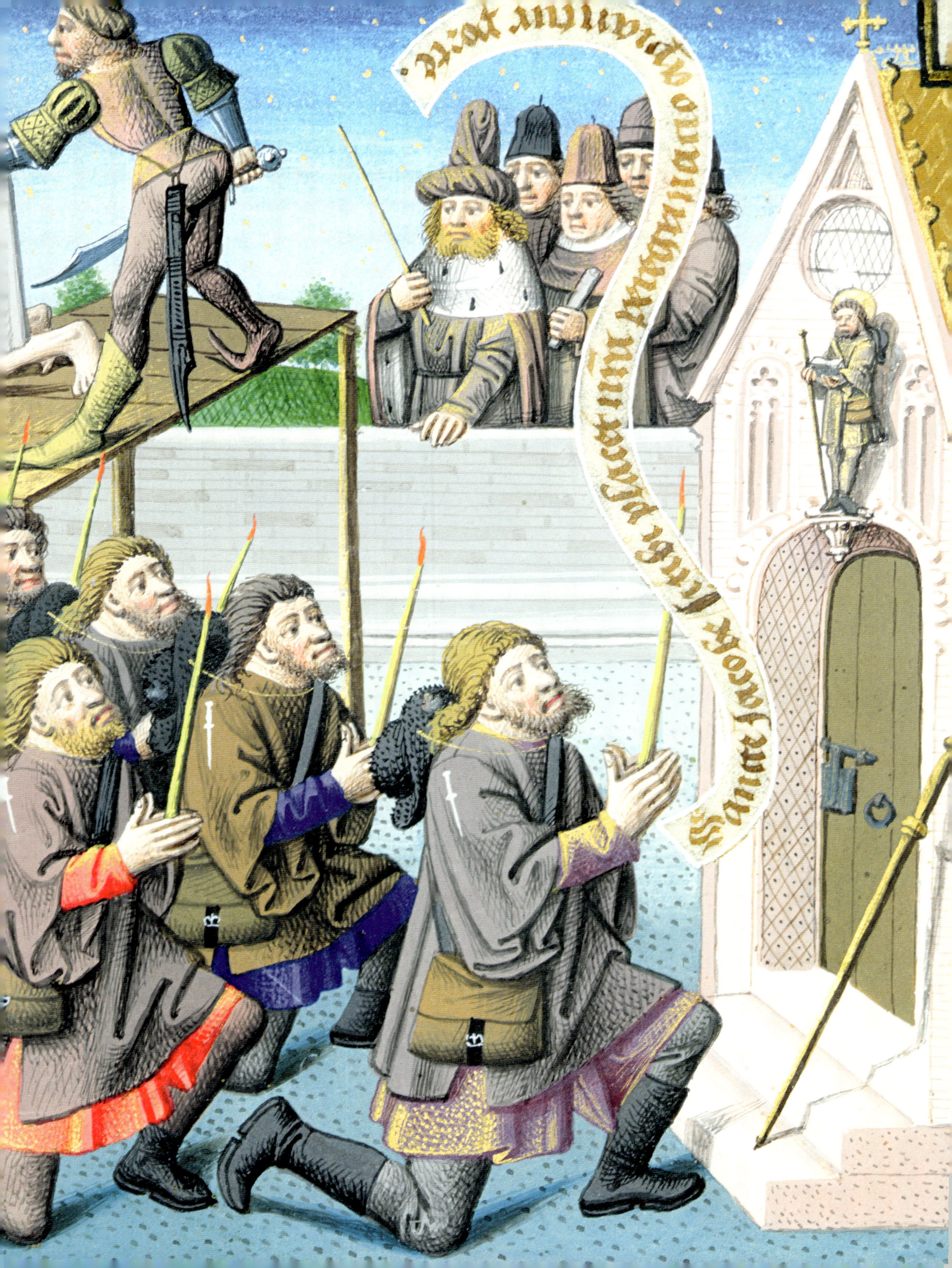
Sancte Jacobe tibi placet

L'adoration des reliques

Les saintes reliques étaient les bornes sacrées qui jalonnaient les chemins de Saint-Jacques-de-Compostelle, et les pèlerins connaissaient par cœur leur emplacement, qui leur servait de guide en l'absence de cartes. Au cours des différentes étapes, le pèlerin prévoyait autrefois de se recueillir devant les reliques de grands saints, qui donnaient même souvent leur nom aux villes qui les abritaient dans leurs églises. Dans le *Codex Calixtinus*, Aimery Picaud évoque surtout les reliques de la *via Turonensis* lorsqu'il décrit avec précision et très largement cette voie qu'il a lui-même empruntée en tant que pèlerin. Son guide regorge donc de détails concrets, si précieux pour ces jacquets qui partaient de l'église Saint-Jacques-de-la-Boucherie, à Paris, après y avoir entendu la messe.

PAGE DE GAUCHE : pèlerins agenouillés devant la statue de saint Jacques. Tous les jacquets revêtaient la cotte et portaient la besace (*escharpe* en vieux français) ainsi que le bourdon. Le parcours était jalonné d'étapes où les pèlerins rendaient hommage à Jacques le Majeur et aux reliques des grands saints.
Le Miroir historial, Vincent de Beauvais, XVe siècle, musée Condé, Chantilly.

De saint Euverte à saint Martin

Après s'être recueillis dans l'église Saint-Jacques-de-la-Boucherie, l'actuelle tour Saint-Jacques à Paris, les pèlerins se rendaient à Orléans, soucieux d'y aller voir, comme les y engageait le guide, le bois de la Croix et le calice de saint Euverte, conservés dans la cathédrale Sainte-Croix. Précieux calice auquel les fidèles, émus et tremblants, pouvaient demander de communier. Ils pensaient alors à la messe célébrée par saint Euverte au cours de laquelle le saint avait soudain vu la main de Dieu bénir en même temps que lui le pain et le vin contenus dans ce même calice, au moment du saint sacrifice. « Tandis que chaque prêtre chante la messe, le Christ la chante lui-même », commente Aimery Picaud dans son guide. Quel pèlerin, après une telle communion, aurait manqué de faire le détour, hors de la ville, pour aller se prosterner devant les reliques du bienheureux Euverte avant de poursuivre sa route, après avoir été puiser une force nouvelle dans l'église Saint-Samson devant la patène dont le Christ se serait servi lors de la Cène ?

La *via Turonensis* menait ensuite les jacquets sur les bords de la Loire, jusqu'à la cité de Tours, à laquelle la route doit son nom. Les pèlerins découvraient ainsi le culte rendu à saint Martin de Tours, deuxième évêque de la ville (IVe siècle), vénéré pour ses nombreux miracles et guérisons de toute sorte. Les restes du saint reposent dans une châsse éblouissante d'or et d'argent, incrustée de pierres précieuses. Aimery Picaud ne tarit pas d'éloges à son propos, soulignant les incessants bienfaits accordés à ceux qui viennent l'implorer, et la magnificence de la basilique élevée en son honneur, « à l'image de l'église de saint Jacques ». Il n'omet aucun détail, comme porté par un enthousiasme communicatif, énumère les innombrables actions miraculeuses du saint, avec précision et un rythme rapide qui, loin de lasser, donne la mesure des exploits accomplis : « Les possédés sont délivrés, les aveugles voient, les boiteux se redressent et tous les genres de maladie sont guéris. » Derrière les propos du moine poitevin, quel pèlerin ne sentirait pas le souffle de l'Évangile ?

Après Tours, la *via Turonensis* dépliait sur 25 lieues ses méandres, ses pierrailles, ses bois et ses ornières devant le pèlerin. La tête et le cœur emplis de merveilleux, celui-ci demandait néanmoins souvent comme ultime grâce à saint Martin de soulager l'immense souffrance de ses pieds qui lui enlevait la force nécessaire pour avancer avec le groupe. Car il lui fallait franchir successivement les différentes étapes de Montbazon, de Sainte-Catherine-de-Fierbois et de Sainte-Maure-de-Touraine avant d'arriver à l'église Saint-Jacques de Châtellerault. Mais dans quel état, parfois ! Heureusement, la Providence veillant, il ne manquait pas de compagnon compatissant pour lui venir en aide, appliquer sur ses pieds saignants quelque onguent de fortune à base de suif de chandelle, d'eau-de-vie et d'huile d'olive fondus. En moins d'un quart d'heure, cela faisait merveille et, ramassant avec soulagement sa besace et son bourdon, il se remettait debout pour rejoindre les autres, qui l'avaient distancé.

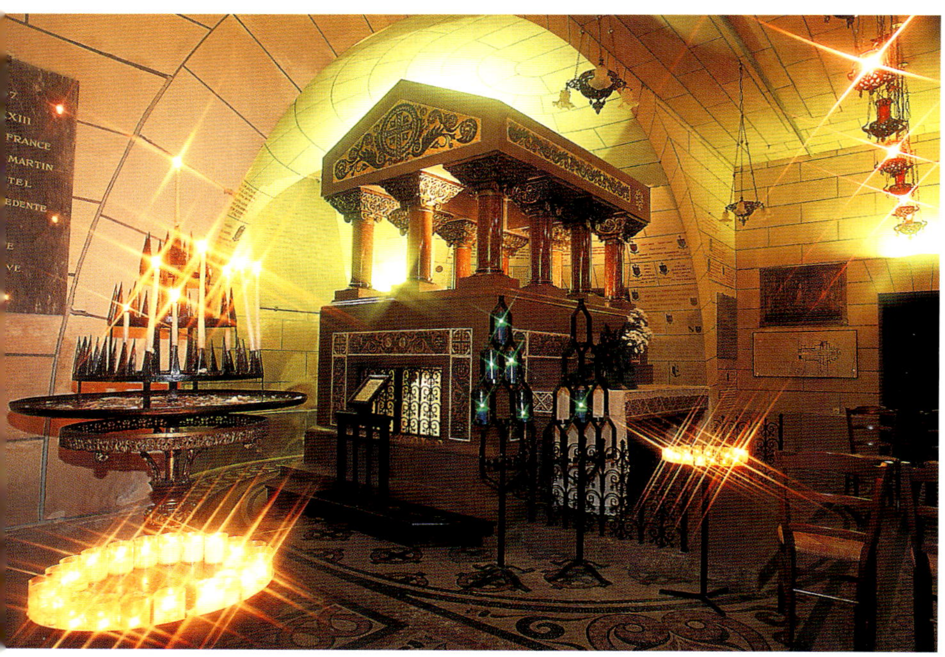

CI-CONTRE : tombeau de saint Martin dans la crypte de la basilique Saint-Martin-de-Tours. La châsse qui renferme les restes du saint est étincelante d'or et d'argent, et incrustée de pierres précieuses.

PAGE DE DROITE : la basilique Saint-Martin-de-Tours, saccagée en 1562, fut rasée au XIXe siècle, puis reconstruite à partir de 1886 dans le style romano-byzantin. Il ne subsiste de l'église romane primitive que la tour de l'horloge et la tour de Charlemagne.

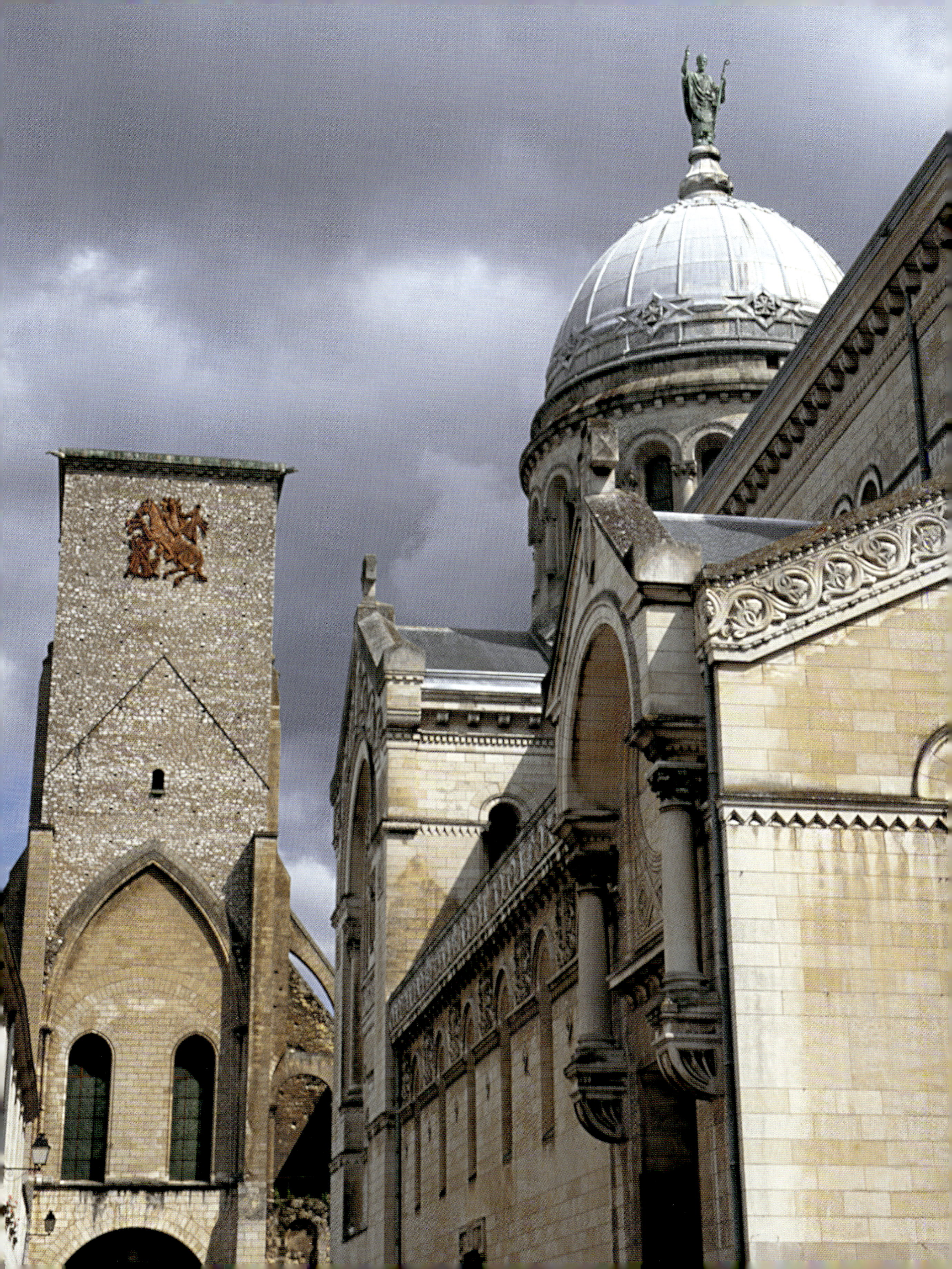

De chapelles en hospices, d'hostelleries en paillers

Et la route continuait, droite ou sinueuse, ravinée ou montueuse, inexorablement semblable et différente sous les pieds douloureux, dangereuse surtout lorsqu'il fallait traverser une rivière, ou une forêt dans laquelle parfois étaient embusqués des gens de sac et de corde qui attendaient les pauvres pèlerins pour les dévaliser. Lorsque la brume se levait ou que la neige recouvrait le chemin, la terreur des jacquets était de perdre le groupe et d'errer des jours et des nuits durant, à la merci des loups et des bêtes féroces, livrés à la faim et au froid.

Parfois, après maintes prières, leur bonne fortune les secourait sous la forme d'un son de cloche aigrelet qui les guidait jusqu'à la cabane d'un pauvre ermite, où ils reprenaient quelque force, échappant ainsi à une mort certaine. Cette cloche, c'était toujours de toute façon pour les jacquets la matérialisation de la voix de Dieu. En pleine forêt, au milieu des broussailles, quand la nuit effaçait les contours du sentier, la sainte musique leur faisait l'effet d'un concert donné par des anges qui les conduisaient sans dévier jusqu'à l'hospice, l'hôpital, la maison-Dieu, surgie miraculeusement devant eux au bord du chemin. Dès le XIe siècle, en effet, dans ces maisons tenues par des chanoines de Saint-Augustin, le pèlerin était accueilli comme un envoyé de Dieu. Refaisant le geste du Christ, les religieux lui lavaient les pieds en signe d'humilité et de purification, le libérant à la fois de la poussière de la route et de ses péchés. Puis on lui offrait un repas, du linge et un lit, afin de lui permettre de repartir le lendemain, réconforté et fortifié.

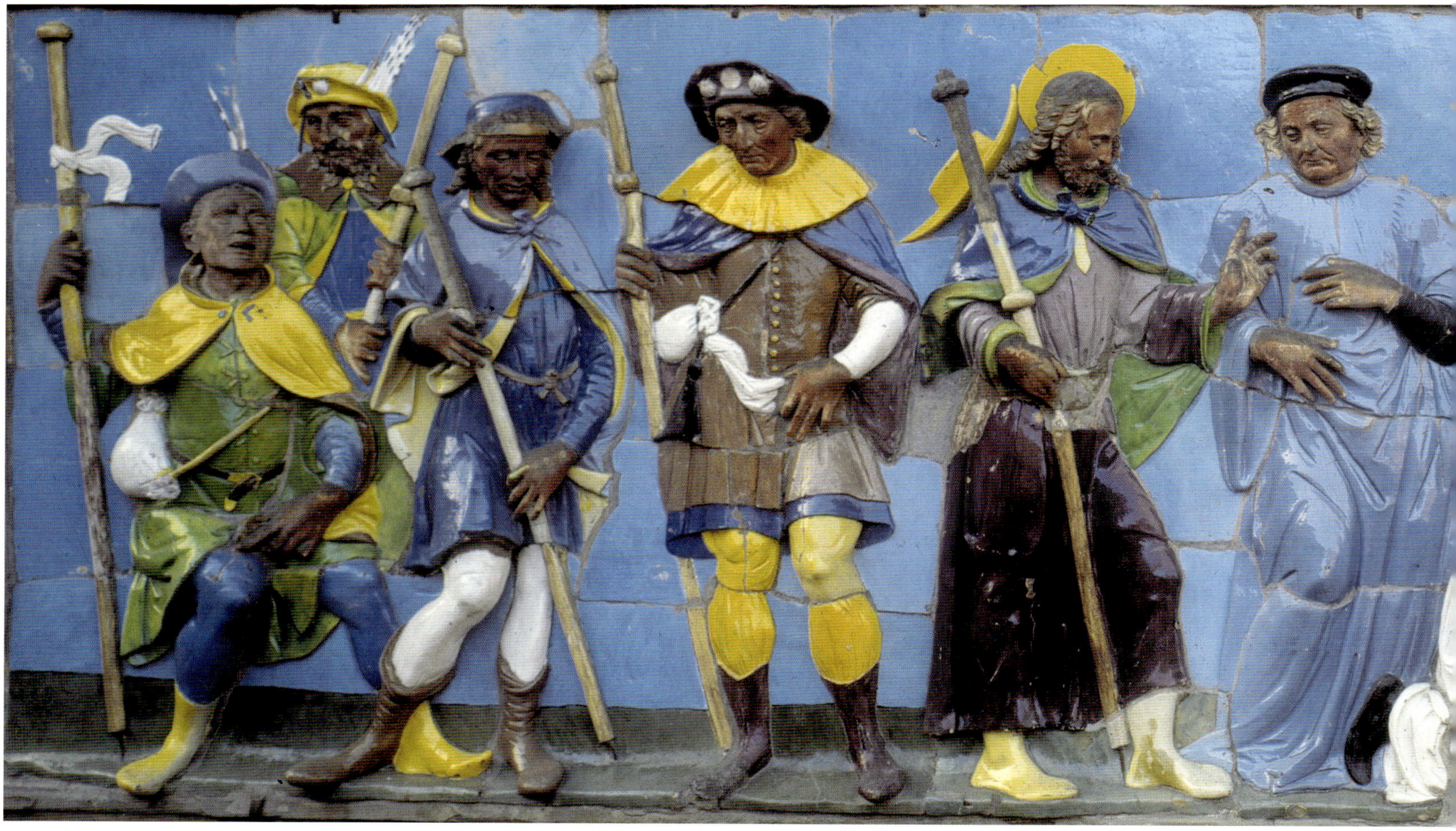

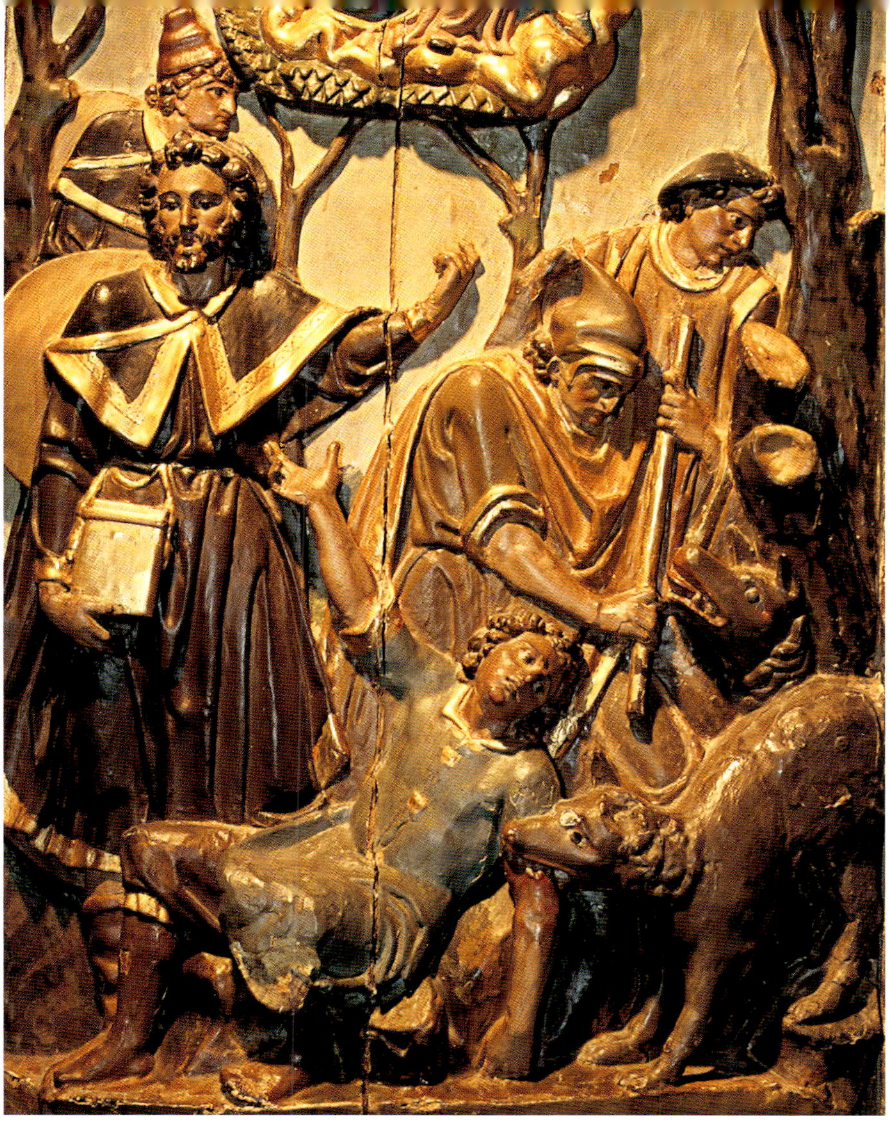

CI-CONTRE : sur ce panneau sculpté d'un ancien retable de la collégiale royale de Roncevaux, des pèlerins sont attaqués par les loups. Un des compagnons du blessé utilise son bourdon comme une arme pour se défendre.

CI-DESSOUS : « l'Accueil des pèlerins » orne la façade de l'*Ospedale del Ceppo*, à Pistoia. Elle illustre le dévouement des hospitaliers en faveur des malades, des voyageurs et des pèlerins. Frise en terre cuite émaillée extraite des *Œuvres de miséricorde* (1525-1528).

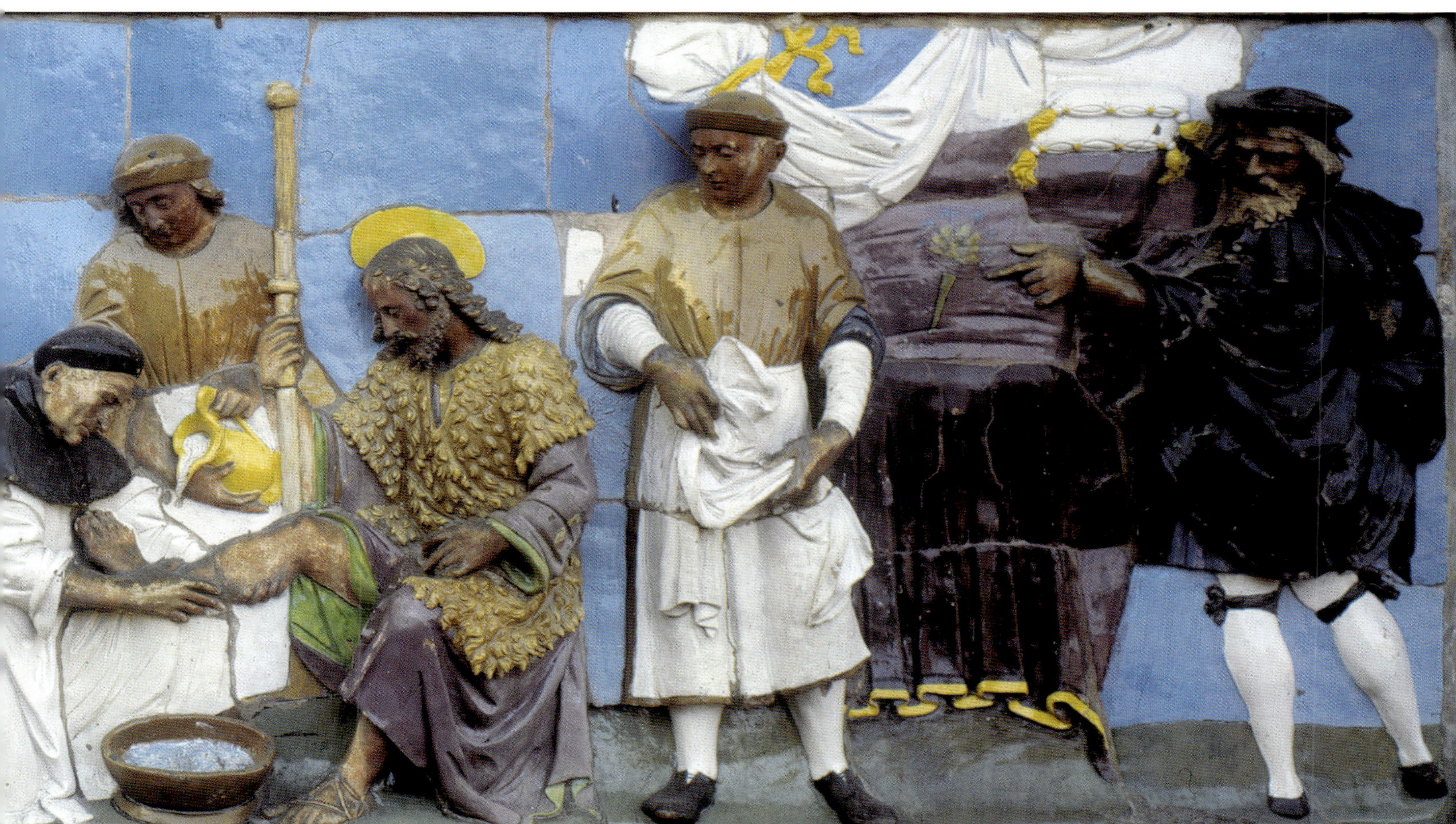

Le très saint corps du bienheureux Hilaire

Aimery Picaud n'envisageait pas que l'on pût manquer d'aller vénérer dans la ville de Poitiers « le très saint corps du bienheureux Hilaire ». Cet ardent défenseur de la foi catholique, attaché à sauvegarder son orthodoxie et son unité, n'aurait-il pas en effet tenu tête au pape Léon, l'hérétique, tout gagné à l'hérésie arienne, au IVe siècle ? L'auteur du *Guide du pèlerin* ne se prive pas de relater complaisamment les miracles attribués au saint évêque confesseur, allant même jusqu'à évoquer la mort honteuse du pape Léon « dans les latrines », pris mystérieusement « d'un flux de ventre » fatal, lors d'un concile réuni par ses soins, alors qu'il s'opposait au saint enseignement d'Hilaire. Il parle de la voix de ce dernier, si forte qu'elle « brisa les serrures qui fermaient la porte du concile », de sa grande compassion aussi envers la douleur de cette mère à qui il rendit son enfant prématurément frappé de mort. Pour le pèlerin, Poitiers ne valait que par sa belle basilique où reposaient les très saints ossements du bienheureux Hilaire dans un tombeau orné d'or, d'argent et de pierres précieuses.

Les étapes, sans relâche, succédaient aux étapes, toutes marquées par une station, un détour, une visite à quelque prodigieuse relique, porteuse de bienfaits.

Au XIIe siècle, les villes n'existaient qu'en fonction des saints, dont les restes reposaient dans de riches châsses ruisselantes d'or et d'argent et auxquels elles devaient leur nom. C'est ainsi que, dès leur départ de Saint-Hilaire-de-Poitiers, les jacquets pensaient déjà à Saint-Jean-d'Angély, distant d'une bonne trentaine de lieues. Mais auparavant ils longeaient la Feuillarte, passaient par Coulombiers, franchissaient la Vonne pour parvenir à Lusignan, toute bruissante encore des croisades où s'illustrèrent dès 1096 ceux qui devaient être rois de Chypre et de Jérusalem.

CI-DESSOUS : la mort de saint Hilaire, premier évêque de Poitiers (350-367). Chapiteau sculpté de la basilique Saint-Hilaire, qui, restaurée au XIXe siècle, abrite toujours dans sa crypte les reliques du saint.

PAGE DE DROITE : saint Martin déchire son manteau pour en donner la moitié à un pauvre. Fresque du XIe siècle dans la basilique Saint-Hilaire à Poitiers.

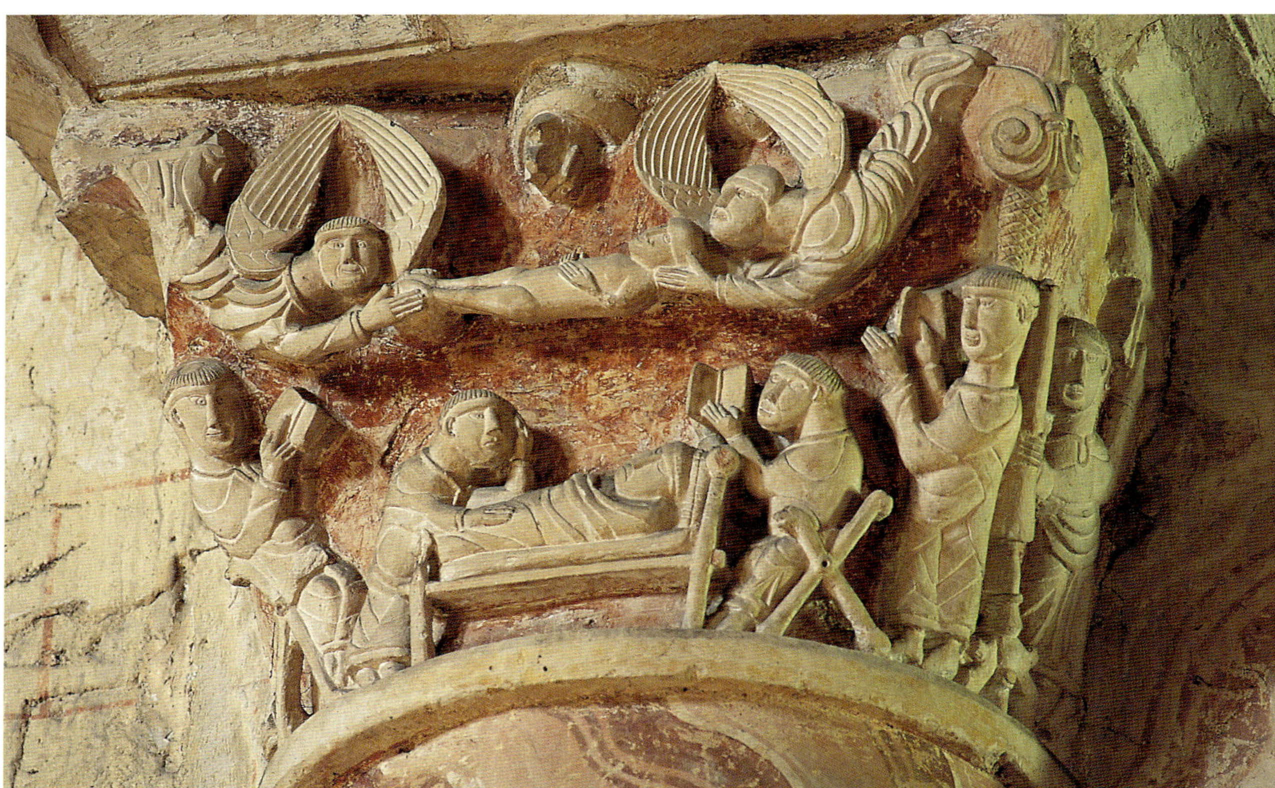

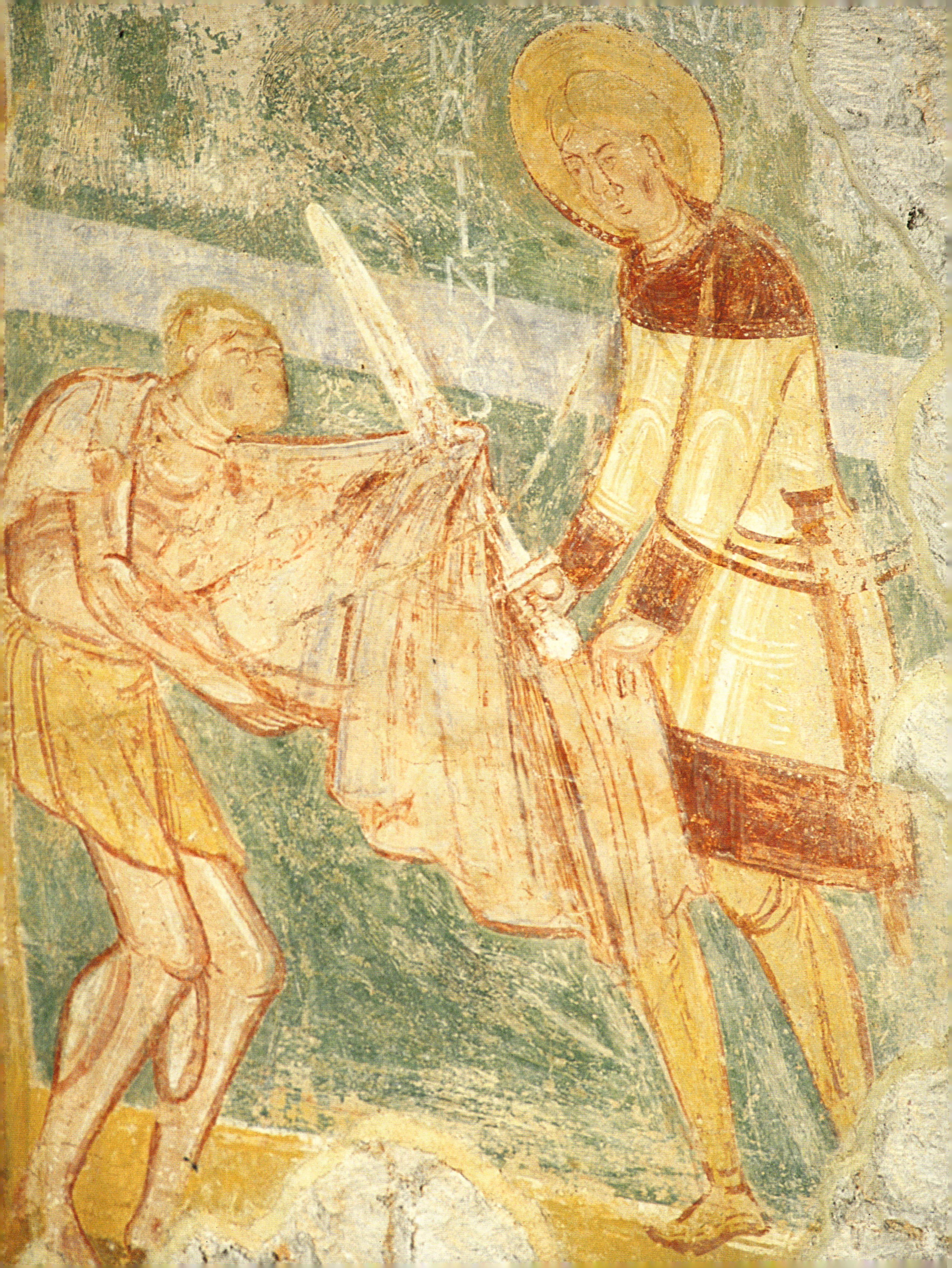
MATINVS

Reliques en pays saintongeais

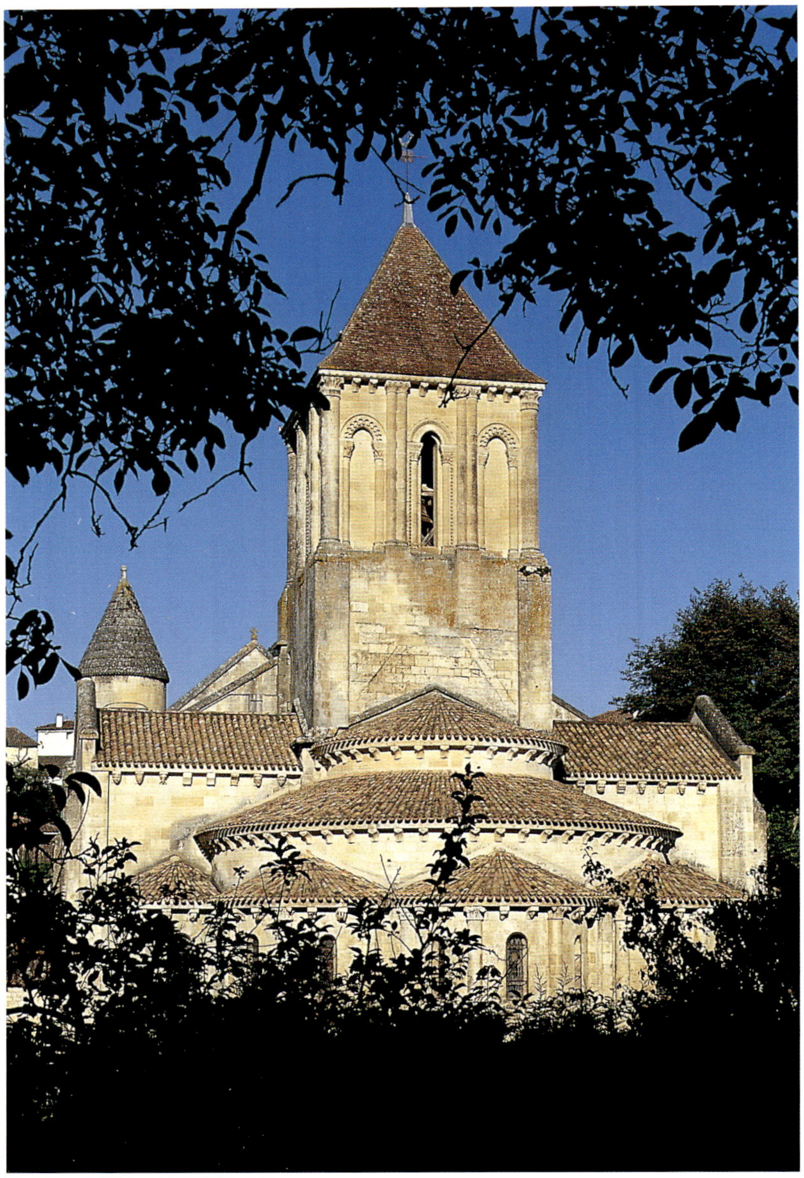

CI-DESSUS : chevet roman de l'église Saint-Hilaire de Melle. Construite au XIIe siècle, elle est le seul vestige d'un prieuré bénédictin et possède un chœur avec déambulatoire à trois chapelles rayonnantes.

PAGE DE DROITE : le portail nord de l'église Saint-Hilaire de Melle. La statue équestre représente l'empereur Constantin, glorifié pour avoir accordé la liberté de culte aux chrétiens par l'édit de Milan en 313. Le petit personnage sous le cheval symbolise la défaite du paganisme terrassé par le christianisme.

Après Lusignan et Celles-sur-Belle, la route menait à Melle, étape incontournable pour les jacquets, car l'église Saint-Hilaire, construite au XIIe siècle, arborait sur son portail nord une statue équestre au pied de laquelle un petit personnage pérennisait le triomphe du christianisme sur le paganisme. Les jacquets en profitaient pour rendre hommage à l'empereur Constantin, qui, par l'édit de Milan, en 313, avait accordé la liberté de culte aux chrétiens, et incluaient dans leurs prières ces moines bénédictins de l'ancien prieuré dépendant de l'abbaye de Saint-Jean-d'Angély que l'église avait remplacé. Dans cette cité célèbre depuis l'époque mérovingienne, on battait monnaie, on faisait commerce, on vivait au rythme des ateliers qui alimentaient les mines de plomb de la vallée, grâce à la rivière qui traversait la ville. Là, les pèlerins pouvaient réparer leurs forces tout à loisir, autant que cela leur semblait nécessaire, car au Moyen Âge le temps ne comptait pas.

Ils savaient d'autre part que la sagesse commandait de se ménager s'ils voulaient arriver au terme du voyage. Surtout que Satan pouvait bien se cacher derrière la plus sainte aspiration et pousser au péché d'orgueil par le biais du désir de dépassement personnel. Quel triomphe pour lui si, épuisé, le jacquet ne pouvait poursuivre sa route et devait renoncer au bonheur d'aller vénérer messire saint Jacques ! Le premier devoir du pèlerin était la sainte humilité. Il fallait accepter ses limites et s'en remettre entièrement à Dieu, sans fatigue ni prise de risques inconsidérés. Point n'était besoin de brûler les étapes. On décidait donc de faire halte à Aulnay-de-Saintonge, sachant qu'il fallait passer une rivière, ce qui n'était jamais chose aisée. Sept lieues dans le pays saintongeais étaient déjà d'ailleurs difficiles à couvrir, surtout lorsque les intempéries s'en mêlaient. Alors on priait. Chaque souffrance, chaque épreuve, chaque impondérable du parcours était vécu comme une bénédiction envoyée par le Ciel. C'était le tribut qu'il était normal de payer à Dieu pour mériter le pardon de ses péchés. La marche du pèlerin était la forme la plus élémentaire de la pénitence, d'autant plus méritoire qu'elle était pénible. Elle était aussi ce qui

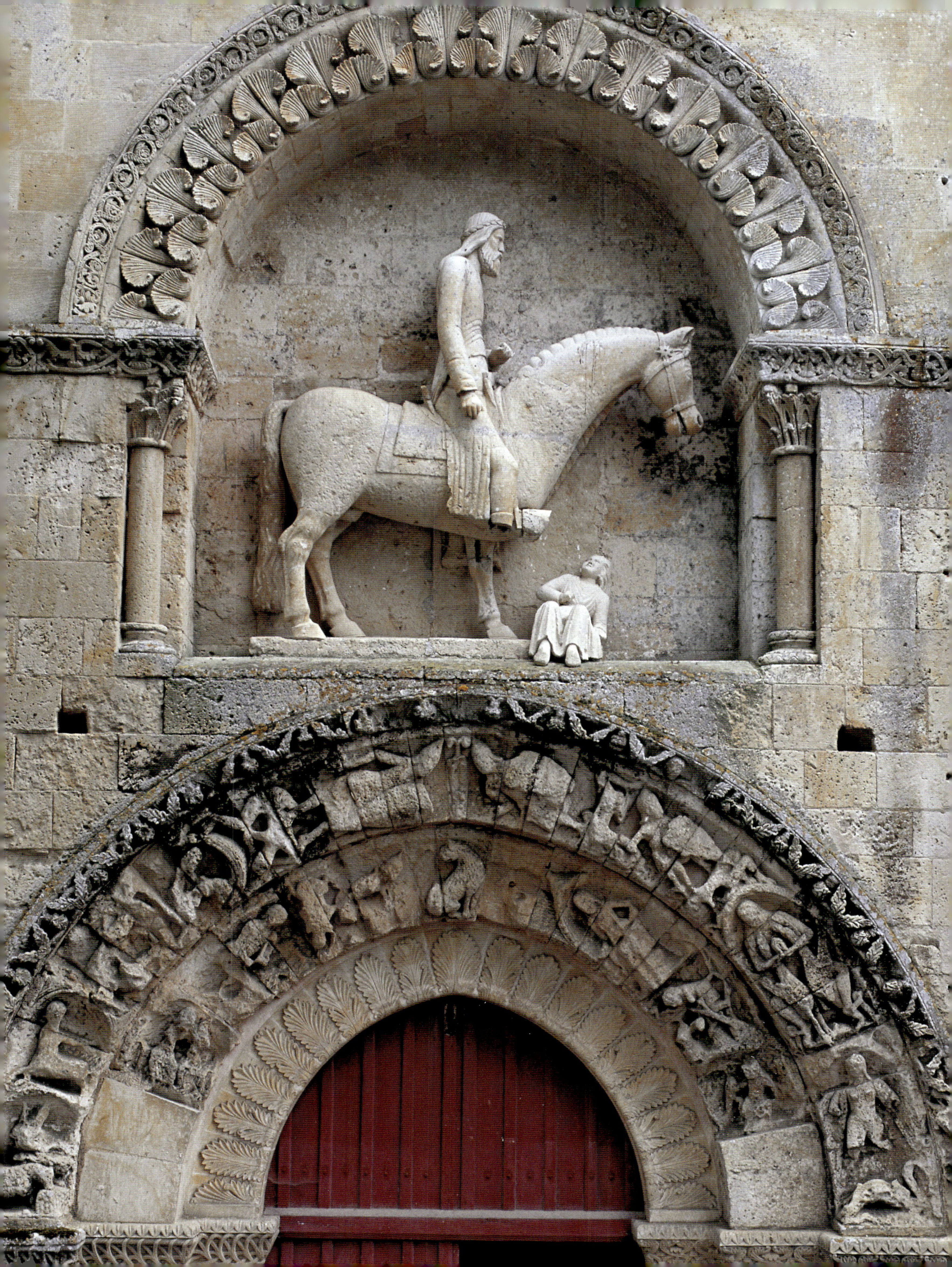

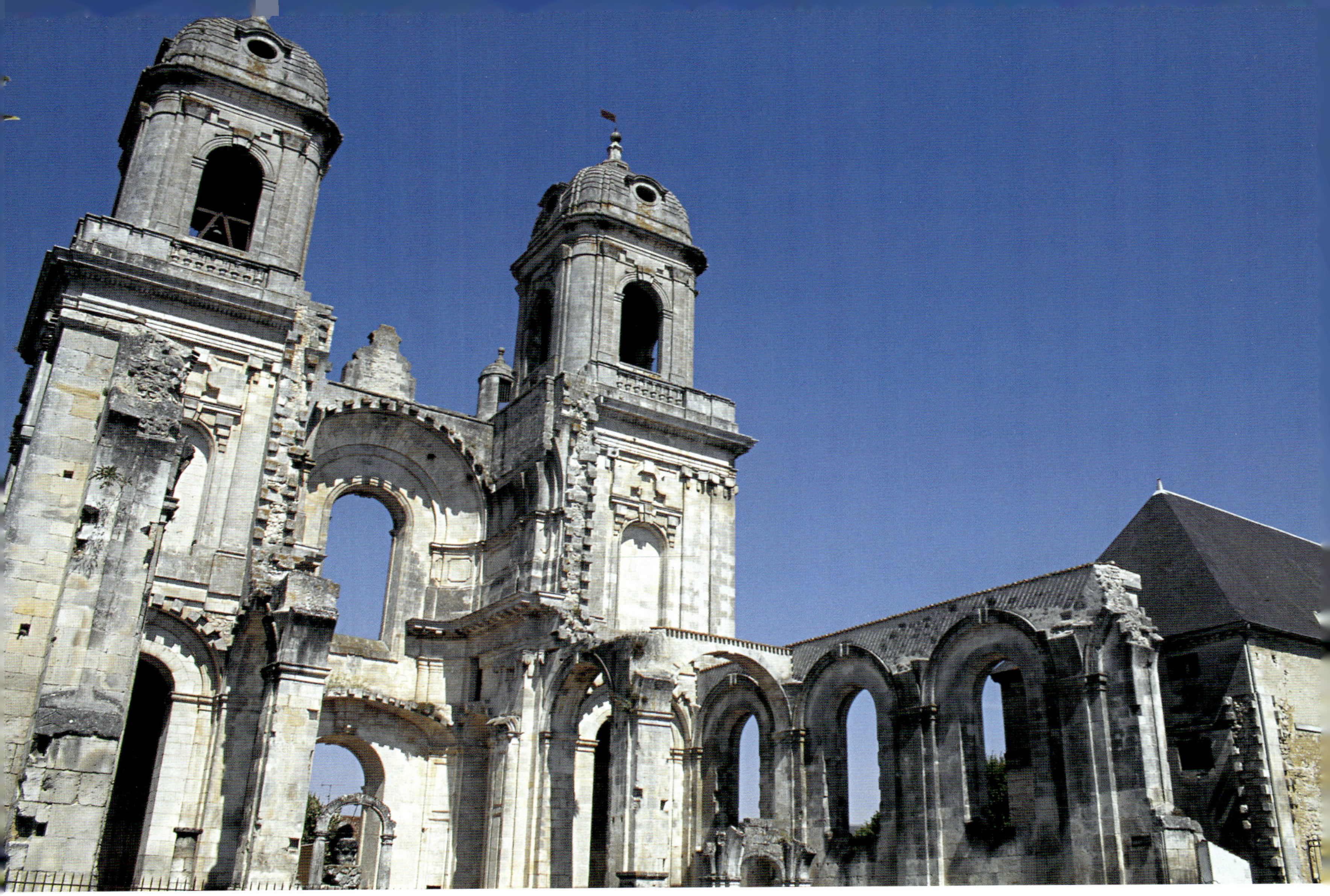

donnait assez de prix à sa prière pour qu'il osât en faire une offrande digne d'être reçue. Le jacquet, à travers ses souffrances, tel le bon larron, avait l'impression de communiquer directement avec le Christ en croix. Après les vicissitudes de la route, l'église Saint-Pierre d'Aulnay se présentait aux pèlerins comme un havre de paix. Un peu à l'écart du village, dans le calme paisible d'un univers planté d'ifs, elle semblait veiller sur les pierres tombales et les sarcophages sur pilotis de son vieux cimetière. Un univers d'arbres jaillissant vers le ciel, de clochers et de tourelles, comme une prière figée dans la pierre et la feuille.

À 5 lieues d'Aulnay, Saint-Jean-d'Angély attendait les jacquets. Petite étape, en vérité, si l'on veut bien penser que la moyenne d'un pèlerin était de 7 à 9 lieues par jour, soit 28 à 36 kilomètres. Mais il n'était pas question de passer trop vite car l'endroit méritait qu'on s'y arrêtât. Que dire en effet de la ferveur dont les jacquets se sentaient envahis en contemplant le reliquaire d'argent où reposait le chef de Jean le Baptiste, le disciple tant aimé du Christ ? Dans son *Guide du pèlerin*, Aimery Picaud considère cette étape comme fondamentale, affirmant qu'« il faut aller voir [...] le chef vénérable de saint Jean-Baptiste qui fut apporté par des religieux depuis Jérusalem jusqu'en un lieu appelé Angély en pays poitevin ». Dans une grande basilique érigée sous son patronage « le très saint chef y est vénéré nuit et jour par un chœur de cent moines et s'illustre par d'innombrables miracles ». Ces miracles, Aimery Picaud ne se fait pas faute de les énumérer ; ceux qui tournent autour de la translation de la tête de saint Jean, d'abord : sur mer, où devant la barque les tempêtes s'apaisent, sur terre, où sa présence ressuscite des morts ; ceux aussi obtenus à la suite d'une visite à la sainte relique, ce qui confirme, toujours d'après le moine poitevin, que « c'est bien là véritablement le chef du vénéré Précurseur ».

CI-DESSUS : au XVIIIe siècle, les moines entreprirent de doter l'ancienne abbaye de Saint-Jean-d'Angély d'une église baroque, qui demeura inachevée à cause de la Révolution et dont subsistent les deux hautes tours de la façade.

PAGE DE DROITE, EN HAUT ET EN BAS : l'église Saint-Pierre d'Aulnay, dans le pays saintongeais. Son cimetière jonché de sarcophages sur pilotis et les sculptures ornant son portail ouest.

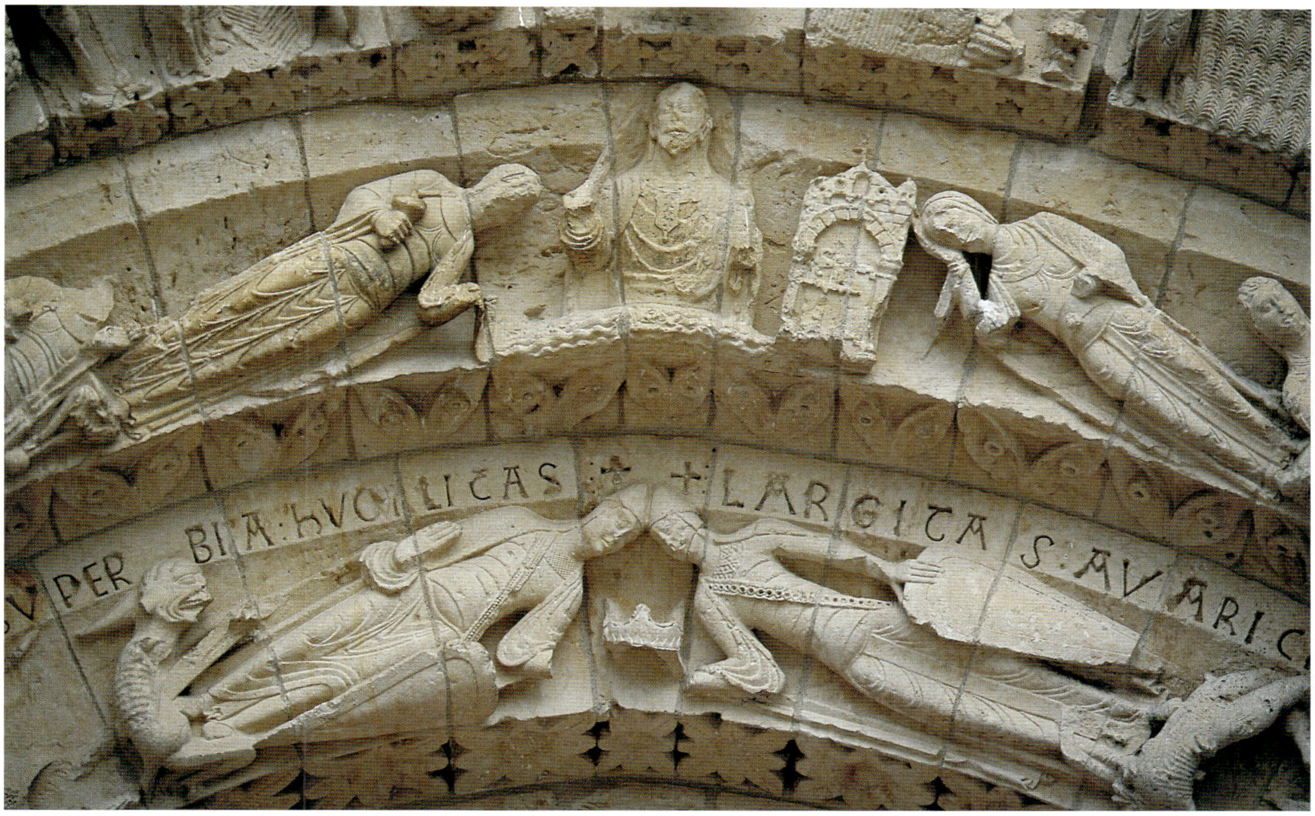
SV PER BIA·HVC LICAS
+ LARGITA S·AV ARI

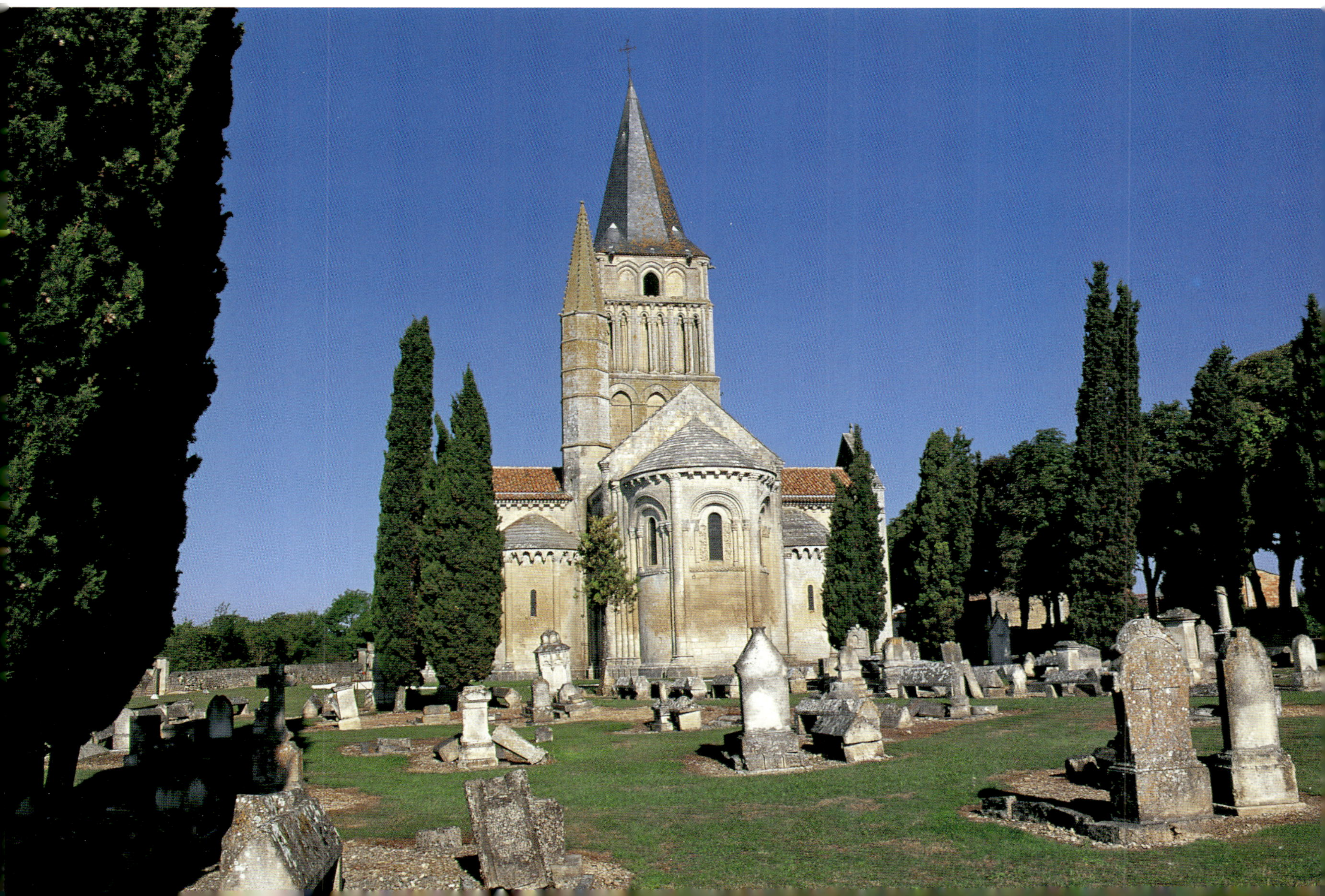

L'apôtre martyr saint Eutrope à Saintes

En arrivant à Saintes, les jacquets étaient émerveillés par les deux églises romanes de la ville : l'église Saint-Eutrope et la splendide abbaye aux Dames, située sur la rive droite de la Charente. Cette abbatiale, puissante et fortunée, abritait une communauté dirigée par des abbesses issues des plus grandes familles du royaume. Leur influence et leurs biens étaient considérables. Les jacquets se recueillaient un moment dans la nef, rêvaient un instant devant la belle façade sculptée de l'abbatiale, découvraient l'étrange flèche conique en écailles de son clocher, puis se décidaient à franchir la Charente. Une fois de l'autre côté, les nombreux hôpitaux de la ville les accueillaient, leur fournissant soins, lit et nourriture. Mais ils venaient surtout adorer saint Eutrope, fils, selon Aimery Picaud, de l'émir de Babylone Xerxès et de la reine Guiva. Le moine poitevin raconte dans son *Guide du pèlerin* qu'Eutrope, enfant touché par la grâce divine, partit en Galilée, où, spectateur émerveillé de la multiplication des pains, il découvrit le Christ. Puis, après avoir tout conté à son père, il repartit à Jérusalem, déjà gagné en secret à la nouvelle religion. Là-bas, ayant eu l'insigne privilège de contempler face à face le Seigneur qui revenait de Béthanie, il se mit dès lors à croire en lui, et acheva de prêcher la bonne parole partout où il allait, notamment en la ville de Saintes, qu'il avait remarquée pour sa beauté et l'abondance de ses avantages. Ayant converti et baptisé une des filles du prince du pays de la Saintonge, il souffrit la colère de ce dernier, qui le fit frapper, « nu, avec des bâtons et des lanières plombées », l'achevant « en lui coupant la tête avec des haches et des cognées ». Nul doute que ce récit d'Aimery Picaud ne pouvait que galvaniser la foi et la dévotion des pèlerins lorsqu'ils s'abîmaient en prières devant les saintes reliques de l'apôtre martyr de la Saintonge.

Et c'était de nouveau la route devant eux. De la poussière, de la sueur, de la fatigue, mais, toujours, des pas qui s'ajoutaient aux pas, des prières qui montaient vers le ciel riant ou maussade, des montjoies qui rassuraient, des rencontres qui inquiétaient : le quotidien du pèlerin.

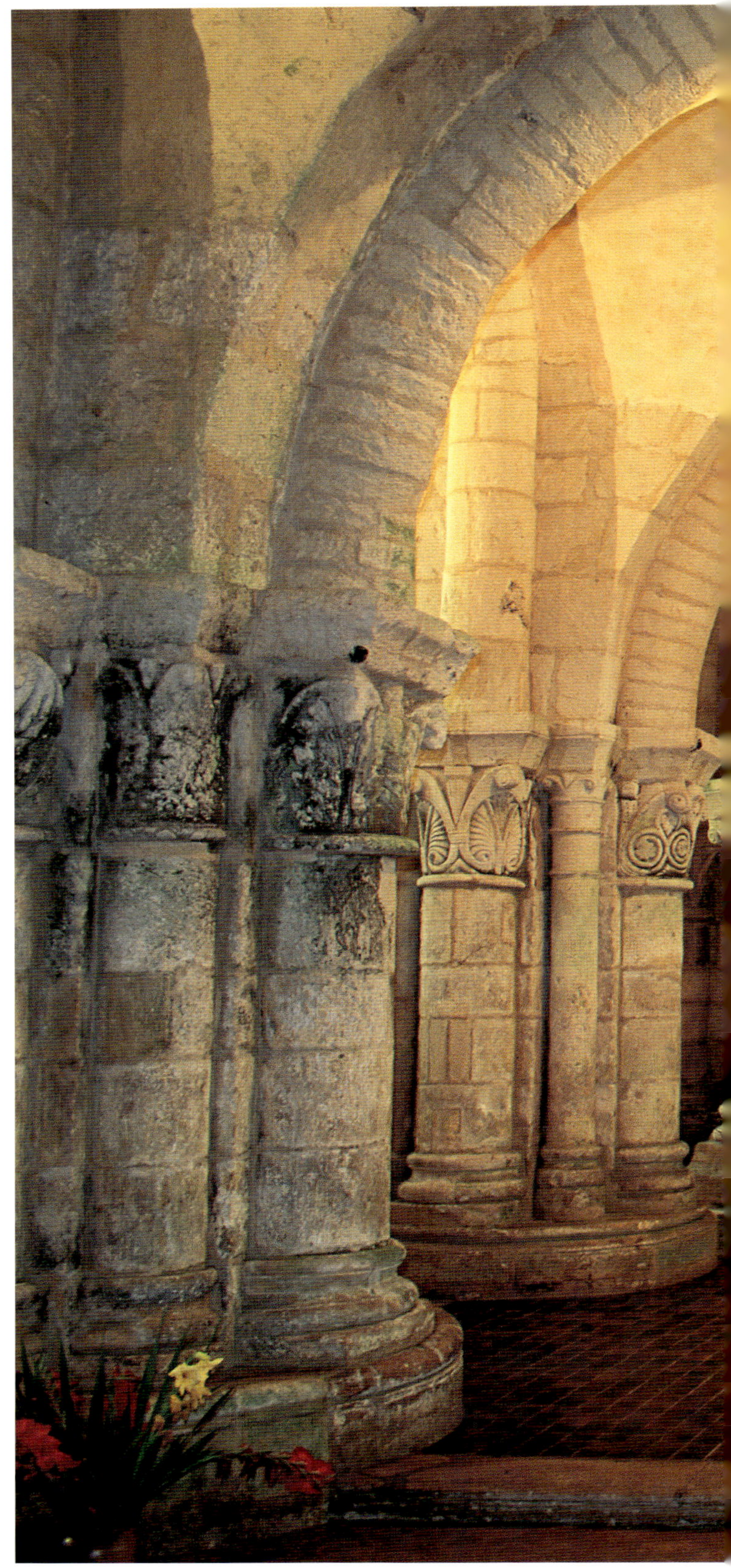

CI-CONTRE : crypte de l'église Saint-Eutrope, à Saintes. Le chœur abrite le sarcophage datant du IVe siècle du martyr Eutrope. Parti évangéliser l'Europe, celui-ci fut tué par le père d'une jeune fille qu'il avait convertie au christianisme. Son tombeau constitue une étape importante pour les pèlerins qui empruntent la *via Turonensis*.

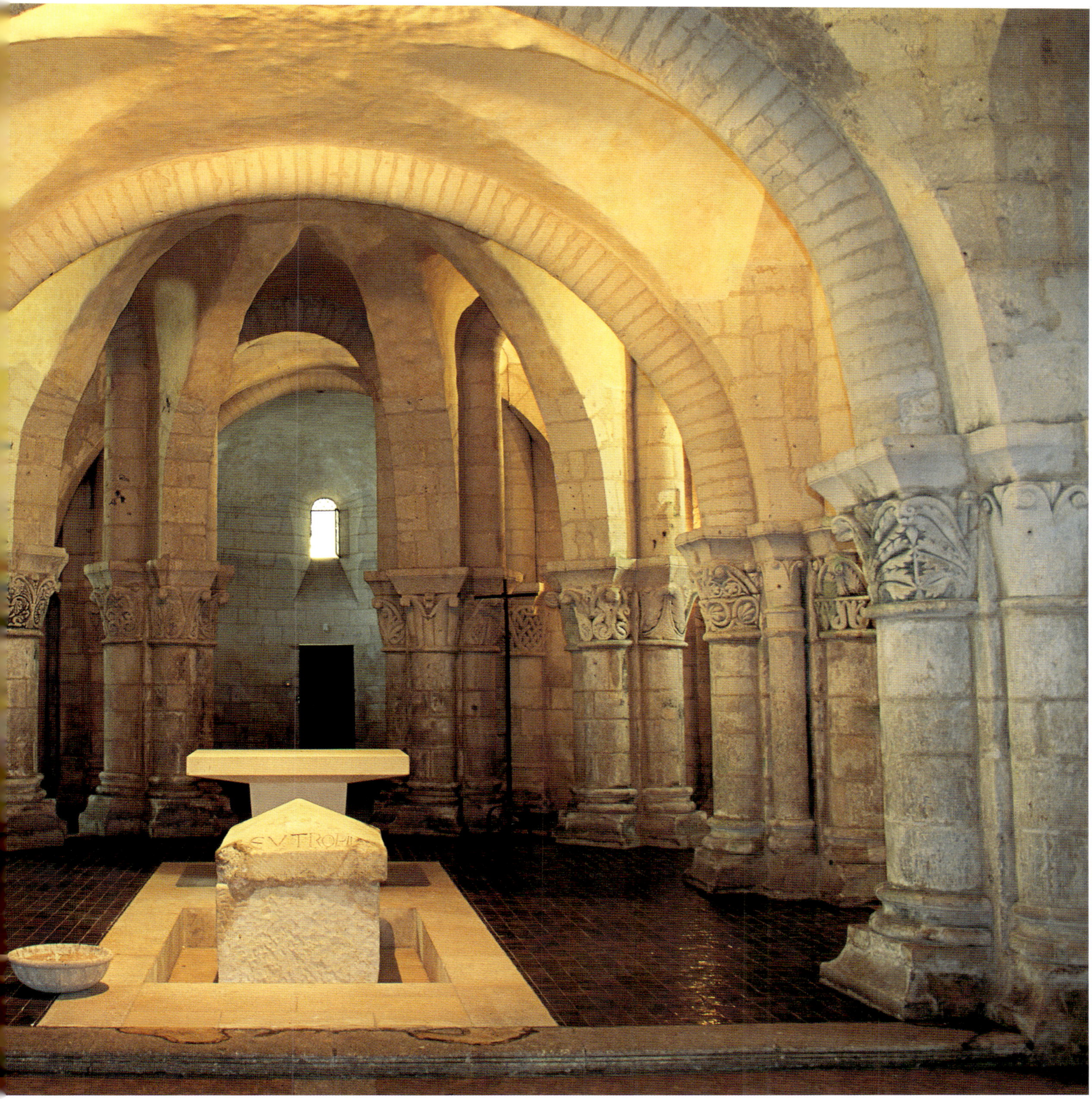
EVTROPI

La Chanson de Roland *à Saint-Romain-de-Blaye*

Au départ de Saintes, les jacquets se dirigeaient plein sud vers la ville de Pons, distante de 5 lieues, décidés à la dépasser s'ils le pouvaient pour raccourcir le chemin qui devait les conduire à Saint-Romain-de-Blaye. Pour ce faire, ils faisaient souvent une courte halte dans l'un des hôpitaux ou abbayes du parcours, non sans s'être recueillis, avant de quitter la cité, dans l'église Saint-Vivien ou dans la chapelle Saint-Gilles. Après une bonne nuit à l'abri des intempéries, une soupe et un morceau de pain dans la besace, les jacquets entendaient la messe de l'aube avant de repartir tout ragaillardis pour les quelque 10 ou 12 lieues qu'il leur restait à parcourir avant d'atteindre les rives de la Gironde et l'abbaye Saint-Romain-de-Blaye, détruite au VIIe siècle.

C'était là une des étapes les plus significatives du pèlerinage. Toute résonnante encore des prouesses de Charlemagne contre les Maures, cette abbaye demeurait imprégnée de l'histoire de l'ermite Romain, qui au IVe siècle avait évangélisé les lieux. Ce saint homme, disciple de saint Martin de Tours, était renommé pour préserver du naufrage ceux qui l'imploraient en pleine mer, livrés à la fureur des flots. Révéré à ce titre et en vertu des mérites de sa vie érémitique, Romain attirait sans relâche une foule de pèlerins dans la basilique funéraire érigée en son nom lorsqu'il mourut, en 385. Autour de la basilique de Saint-Romain-de-Blaye, dans le cimetière construit dès le VIIe siècle, Charlemagne fit inhumer son neveu, le preux Roland, victime de la traîtrise des sarrasins lors de la bataille de Roncevaux. Des sarrasins ou des Basques qui, à la nuit tombée, attendaient l'arrière-garde des troupes de Charlemagne pour leur tendre une embuscade fatale. Roland, le preux, un des douze paladins de Charlemagne, son meilleur chevalier et son neveu, aurait essayé de briser son épée Durandal sur un rocher pour la soustraire aux sarrasins avant de mourir. La *Chanson de Roland* est dans tous les esprits, à Blaye encore davantage qu'ailleurs, et la foi fait le reste. Dès le XIe siècle, une importante abbaye s'établit pour veiller sur les sépulcres de saint Romain et de Roland. Elle était aux soins d'une communauté de chanoines de saint Augustin qui recevaient les jacquets venus implorer tout particulièrement la protection de saint Romain, patron des voyageurs, avant d'entreprendre la dangereuse traversée de l'estuaire. Car, pour atteindre Bordeaux, il n'y avait guère d'autre moyen que de remonter la Gironde, puis la Garonne, avec tous les périls qu'Aimery Picaud ne cesse d'évoquer dès qu'il s'agit de traverser un fleuve ou une rivière. Point n'est besoin de souligner la ferveur des prières adressées à saint Romain à la veille de l'embarquement. Les malheureux jacquets, terrifiés par les récits colportés à ce sujet, n'avaient plus qu'à s'en remettre à lui pour obtenir qu'il écartât de leur chemin les horribles passeurs anathématisés par l'auteur du *Guide du pèlerin*.

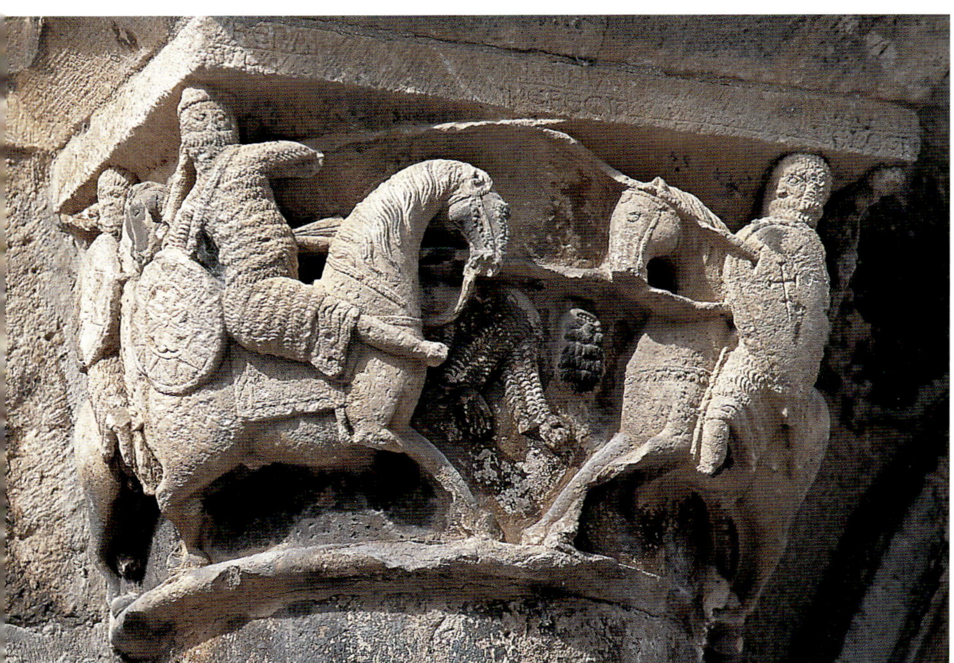

CI-CONTRE : le combat de Roland le preux contre le géant maure Ferragut.
Chapiteau historié surmontant un des piliers de la façade du palais des Rois de Navarre datant du XIIe siècle, à Estella.

PAGE DE DROITE : la mort de Roland à Roncevaux. Son épée Durandal, qu'il a essayé de briser avant de mourir pour ne pas la laisser à ses ennemis, gît à côté de lui. *Le Miroir historial*, Vincent de Beauvais, XVe siècle, musée Condé, Chantilly.

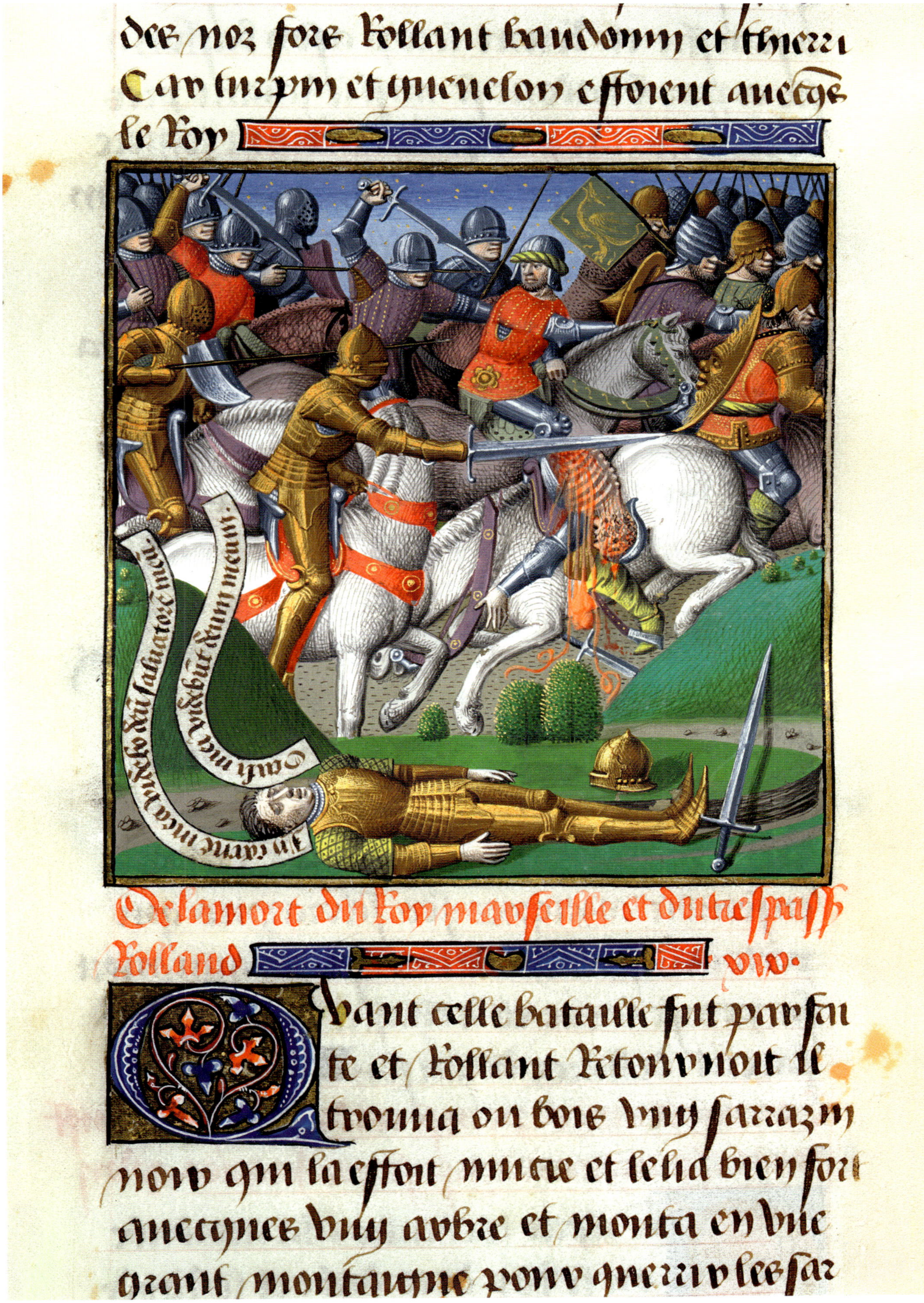
des noz fors Rollant baudouyn et thierri
Car turpyn et guenelon estoient auecqs
le Roy

De la mort du Roy marseille et du trespass
Rollant . viii.

Quant celle bataille fut parfai
te et Rollant retournoit il
trouua ou bois vng sarrazin
noir qui la estoit muce et le lia bien fort
auecques vng arbre et monta en vne
grant montaigne pour querir les sar

Sur la tombe de saint Seurin à Bordeaux

Lorsque les pèlerins avaient eu la chance de ne subir aucun dommage lors de la traversée de l'estuaire de la Gironde, ils pouvaient remercier le Ciel en mettant pied à terre, enfin si l'on peut dire, car le plus souvent ils devaient se mouiller jusqu'à mi-jambes avant de retrouver le sol ferme. Mais leur cœur était léger, surtout quand le prix de la traversée l'était aussi. Et les 7 lieues parcourues sur l'eau n'étaient bientôt plus qu'un souvenir.

Lorsqu'ils débarquaient à Bordeaux, au port des *peregris* (pèlerins), les jacquets se rendaient aussitôt sur la tombe de saint Seurin, qui avait été évêque de la ville au ve siècle. Dans l'abbatiale de l'abbaye bénédictine érigée à l'emplacement de son sépulcre,

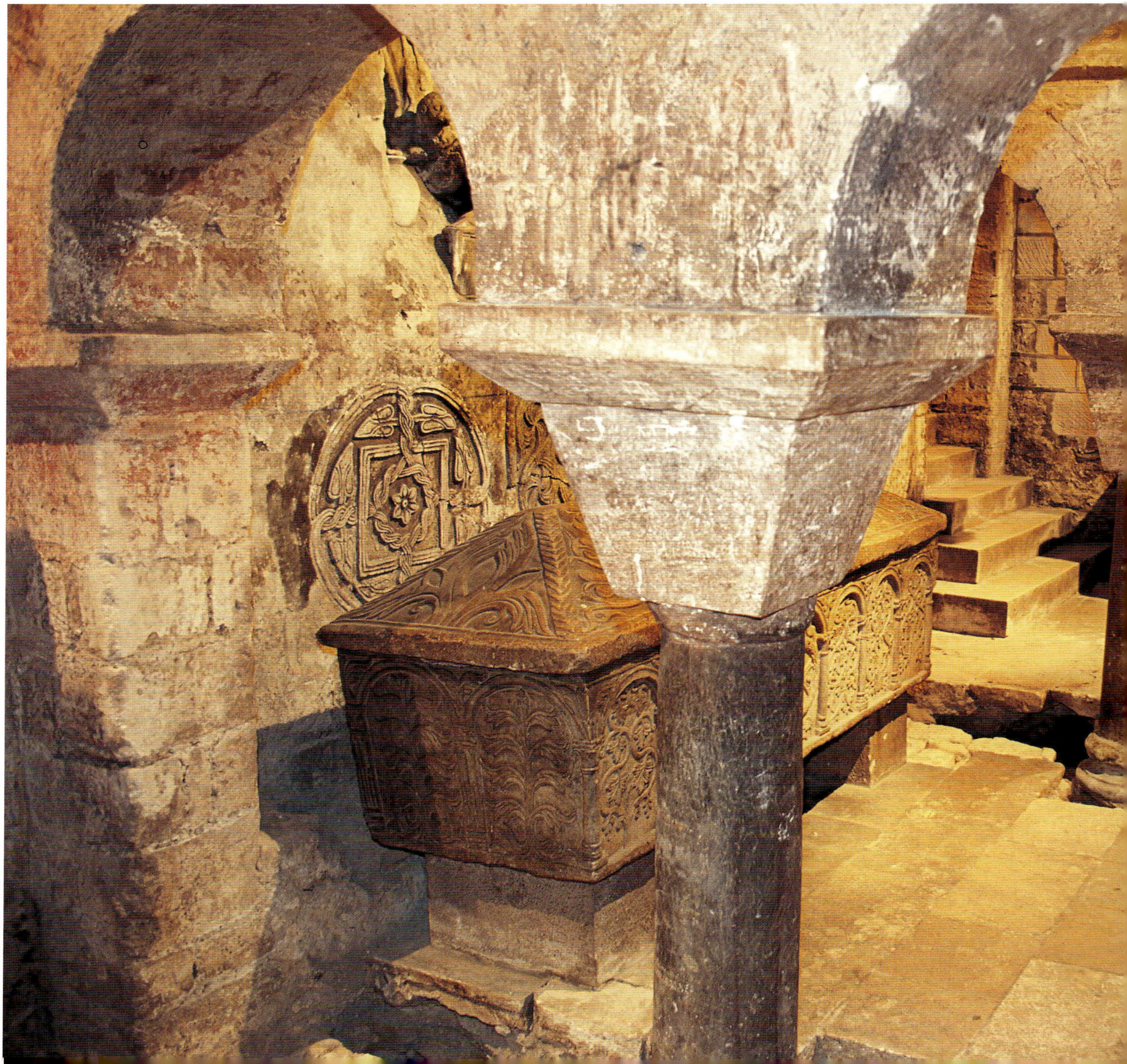

ils allaient s'incliner devant le corps du bienheureux Seurin, comme le recommandait Aimery Picaud. Ils en profitaient également pour contempler avec émotion le cor d'ivoire de Roland, que le malheureux avait fendu tellement il avait puissamment soufflé dedans pour appeler vainement son oncle à l'aide. Mais après les émotions de la traversée, après la visite à la tombe de saint Seurin, la fatigue, bien souvent, terrassait les jacquets sans crier gare. Il fallait songer à trouver un abri pour la nuit. Pourtant, dans un dernier sursaut de courage, grisés peut-être de se sentir au bout d'eux-mêmes, les pèlerins trouvaient l'ultime force d'aller faire une prière à la cathédrale Saint-André, puis, fourbus, les pieds crevassés et douloureux, ils se retrouvaient devant l'hôpital Saint-James, où on leur donnait des soins, un repas et un coin pour dormir.

Après Bordeaux, la traversée des Landes les attendait, car le *Guide du pèlerin* prévoyait qu'on allât, « dans une petite ville appelée Belin », se recueillir sur les corps de saints martyrs, compagnons d'arme de Charlemagne, ensevelis dans un même tombeau d'où s'échappait un suave parfum qui guérissait les malades. C'était la perspective d'une étape longue et pénible, de 10 lieues, dans un pays inhospitalier où « les villages sont rares » d'après Aimery Picaud.

Les pèlerins appréhendaient cette terre sablonneuse dont il parlait, où l'on s'enfonçait pour peu qu'on n'y prît pas garde, ces guêpes et ces taons dont il fallait protéger son visage, la soif aussi, et l'isolement qui faisait craindre les attaques, mais le chemin imperturbablement les attirait en avant, et ils marchaient toujours, sans se retourner.

La distance ne comptait pas lorsqu'il s'agissait d'aller adorer quelque grande relique, et le pèlerin ne rechignait jamais à allonger sa route de nombreux kilomètres malgré sa fatigue.

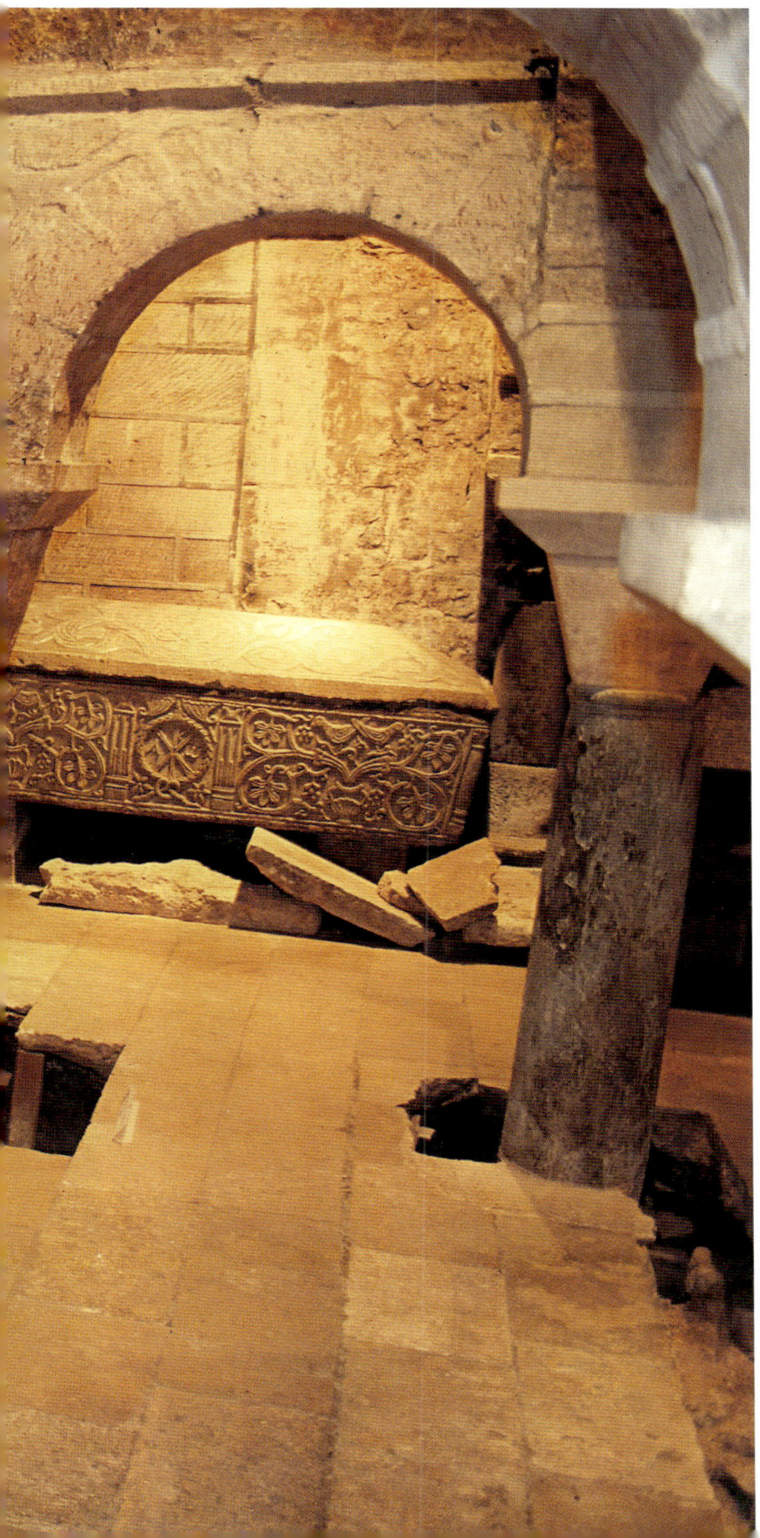

Ci-contre : crypte romane de l'église Saint-Seurin, à Bordeaux. Nombre de jacquets allaient se recueillir sur la tombe de ce saint, évêque de la ville au début du Ve siècle. Cette crypte abrite plusieurs sarcophages finement sculptés.

Le miracle du port de Cize

Au fur et à mesure que les jacquets de la *via Turonensis* avançaient sur le chemin, d'autres pèlerins venaient les rejoindre : ceux de la *via Lemovicensis* à Sauveterre-de-Béarn, puis, au sud de Saint-Palais, ceux de la *via Podiensis* sur la colline Saint-Sauveur, au carrefour de Gibraltar. Trois des quatre voies étaient désormais réunies pour mener à Ostabat, où les jacquets trouvaient les deux hôpitaux, Saint-Antoine et Sainte-Catherine. Ils continuaient ensuite jusqu'à Saint-Jean-le-Vieux et arrivaient enfin à Saint-Jean-Pied-de-Port. Étape difficile, dans une région hostile. Heureusement, les jacquets avaient tous en tête le miracle du port de Cize, qui leur redonnait du courage. Au XIe siècle, saint Jacques s'était manifesté à un courageux chevalier qui avait été le seul à rester avec l'un de ses vingt-neuf compagnons, mourant. C'était à Saint-Michel, petit village au pied du col de Cize. Une fois arrivé en haut du col, au prix d'efforts inouïs, le malade avait rendu l'âme la nuit venue, et le chevalier, terrifié, ne sachant comment lui trouver une sépulture, avait supplié saint Jacques de lui venir en aide. Et l'apôtre l'avait entendu. Surgissant des ténèbres, il avait mis le mort sur son cheval, pris en croupe le chevalier, puis les avait déposés sur le *monte del Gozo,* qui dominait Compostelle, où les chanoines de la basilique avaient enseveli le défunt. Quant au chevalier, ayant rejoint ses compagnons à León sur ordre de saint Jacques, il leur avait raconté le miracle, ce qui les avait plongés dans l'émerveillement et la repentance tout le temps qu'avait duré leur pèlerinage.

Avant Roncevaux, les jacquets étaient nombreux aussi à se rendre à la collégiale de Sainte-Engrâce pour y adorer la relique de la sainte, martyrisée vers l'an 300 : un de ses bras avait été découvert mystérieusement par un taureau au pied d'un chêne.

Enfin, une fois franchi les cols de Cize et de Roncevaux (également appelé port d'Ibañeta), ils atteignaient la terre de l'apôtre, où il leur restait quelque 18 lieues à parcourir avant d'atteindre Puente la Reina en passant par Burguete et Pampelune. Là, ils étaient rejoints par les pèlerins de la *via Tolosana* et continuaient tous ensemble sur le *camino Francés.*

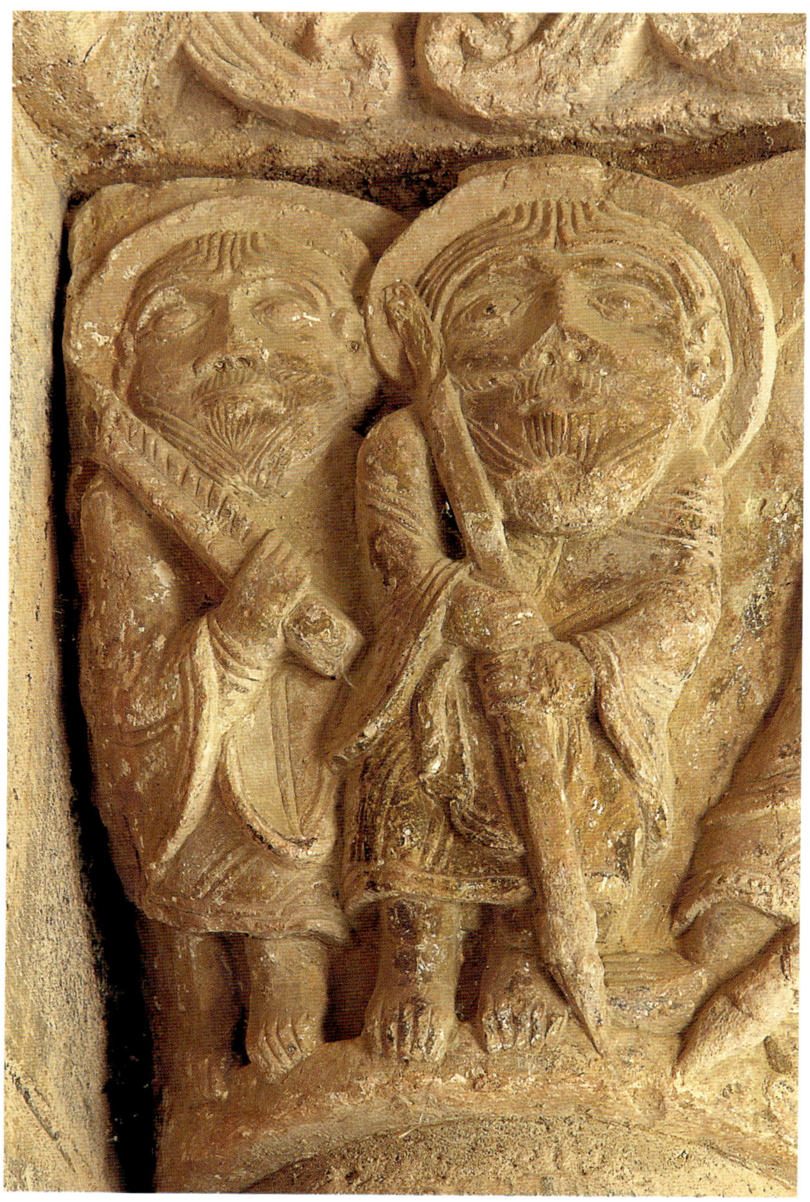

CI-CONTRE : deux pèlerins sculptés sur un chapiteau de la collégiale Sainte-Engrâce, en pays de Soule, ancienne province du Pays basque.

PAGE DE DROITE : la célèbre stèle de Gibraltar, à Saint-Palais, qui, d'après ce qu'affirmait le guide d'Aimery Picaud, aurait été le point où fusionnaient au carrefour de Gibraltar, près du bois d'Ostabat, trois routes qui convergeaient autour de la colline Saint-Sauveur de Saint-Palais, une étape importante sur le chemin de Saint-Jacques.

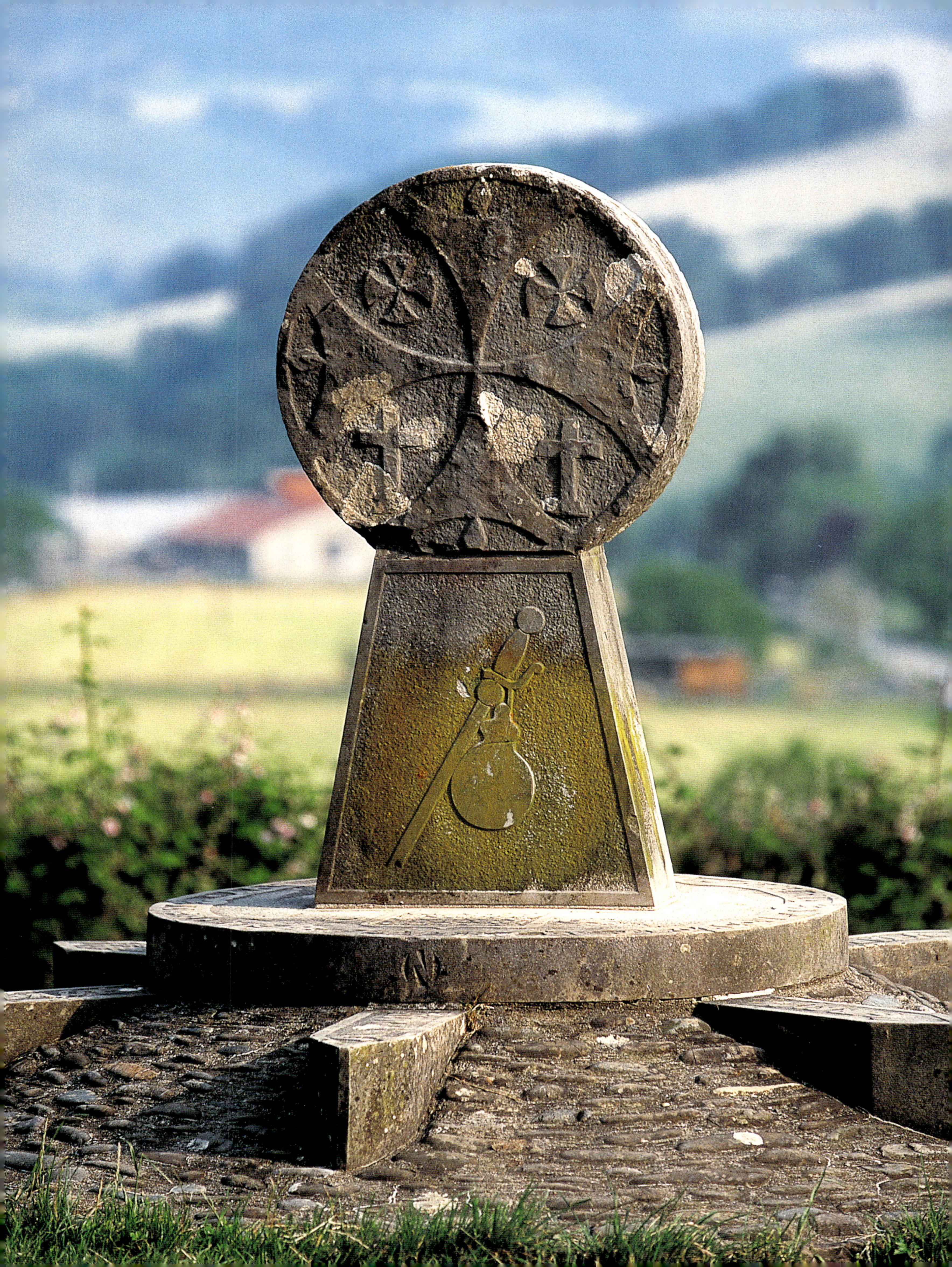

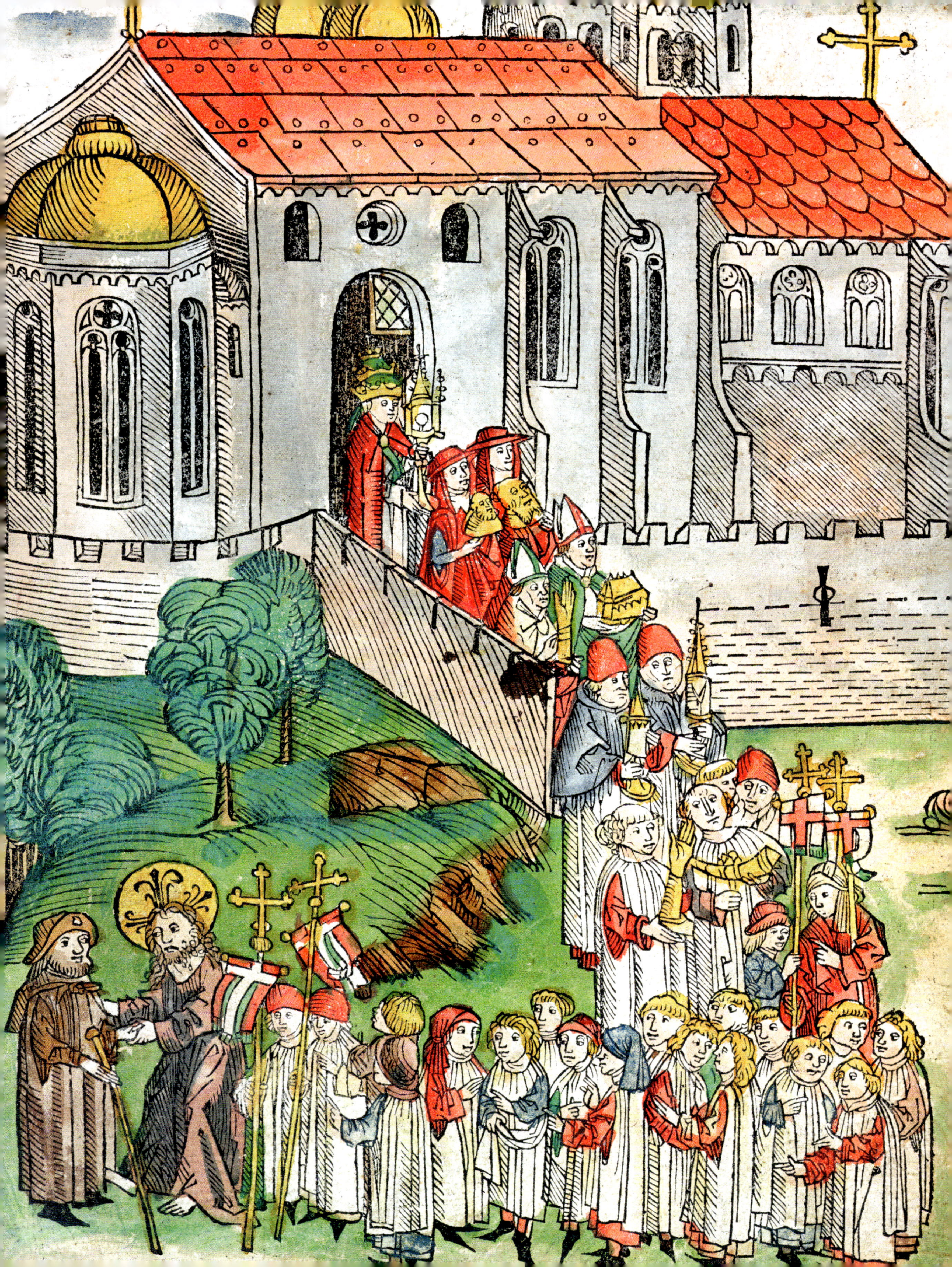

Pèlerins et confréries

Le pèlerinage est l'âme du Moyen Âge. Tout entiers pétris de foi chrétienne, les hommes de ce temps ne pouvaient concevoir leur vie qu'en relation constante avec Dieu. Il leur paraissait donc normal de lui sacrifier pour un temps leur existence quotidienne. Ils se lançaient ainsi au nom de leur foi par des chemins semblables à celui voulu par le Christ. Quelles que fussent leurs motivations, pécheurs repentants, mystiques brûlants de piété ou malheureux en quête de grâces particulières, ces marcheurs de Dieu propageaient la foi chrétienne en ondes incessantes sur les chemins et contribuaient au cours des siècles à l'enrichissement des cités par lesquelles ils passaient.

Les confréries, nombreuses en France, en Suisse, en Allemagne et aux Pays-Bas, à partir des XIVe et XVe siècles surtout, ne firent que souligner l'importance sans cesse grandissante du pèlerinage. Ces associations furent créées dans un souci d'entraide pour les différents membres de la société pèlerine. Elles géraient parfois des hôpitaux pour jacquets, constituant une nouvelle famille spirituelle où tout pèlerin était assuré de trouver assistance et solidarité fraternelle.

PAGE DE GAUCHE : les pèlerins venaient de toute l'Europe emprunter les différents chemins de Saint-Jacques... Les confréries accueillaient et aidaient les jacquets lors de leur pèlerinage ; elles organisaient aussi des fêtes et des rassemblements à la mémoire de saint Jacques. *Procession de pèlerins de Saint-Jacques-de-Compostelle*, gravure de Michael Wolgemut, 1491.

Les jacquets

Mais qui étaient donc ces jacquets ? Même si leur statut social, leur fortune et leur motivation les différaient, ils avaient cependant tous un point commun : étymologiquement, ils étaient « ceux qui allaient à Saint-Jacques ». Les motivations des pèlerins étaient diverses. Sous sa forme la plus haute, le pèlerinage était accompli par pure dévotion, en toute liberté, afin d'offrir à Dieu tous les sacrifices qu'il impliquait, les pèlerins refaisant ainsi à leur manière le chemin de croix du Christ.

Mais la majorité des pèlerins cherchait plutôt, au terme du voyage, à obtenir de l'apôtre un bienfait matériel ou spirituel, comme la guérison d'une maladie, le rachat d'un proche ou le retour d'un être aimé.

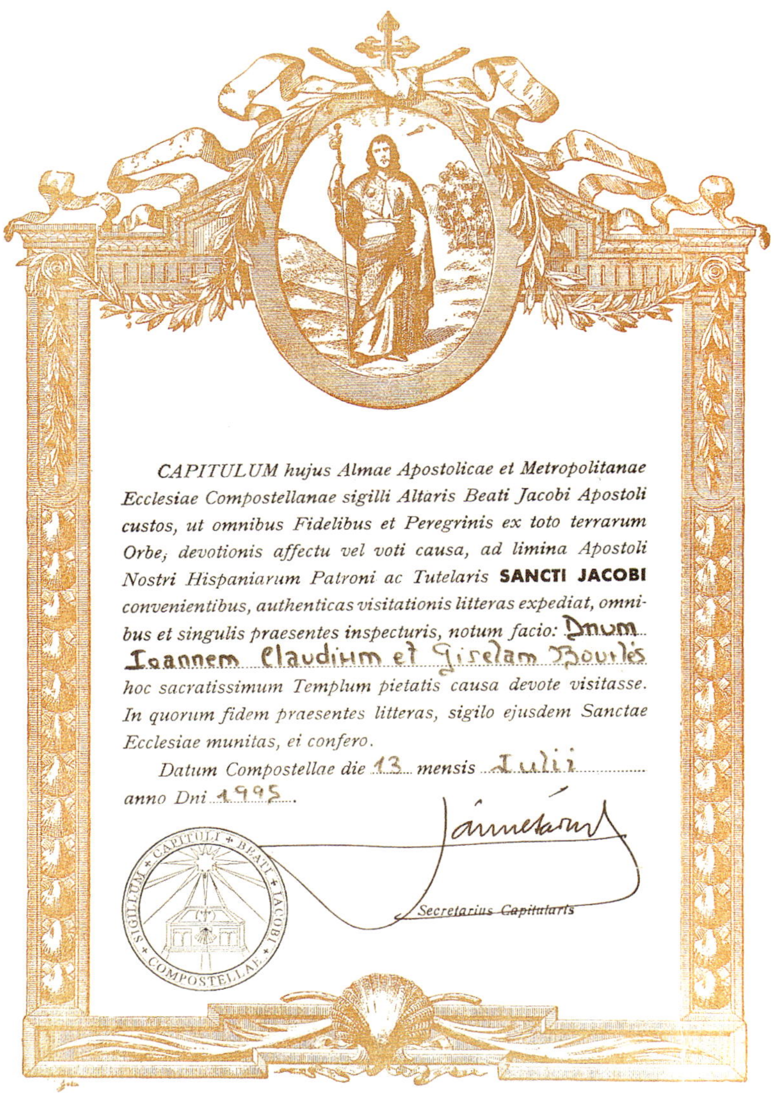
CAPITULUM hujus Almae Apostolicae et Metropolitanae Ecclesiae Compostellanae sigilli Altaris Beati Jacobi Apostoli custos, ut omnibus Fidelibus et Peregrinis ex toto terrarum Orbe, devotionis affectu vel voti causa, ad limina Apostoli Nostri Hispaniarum Patroni ac Tutelaris **SANCTI JACOBI** convenientibus, authenticas visitationis litteras expediat, omnibus et singulis praesentes inspecturis, notum facio: Dnum Ioannem Claudium et Giselam Bourlès hoc sacratissimum Templum pietatis causa devote visitasse. In quorum fidem praesentes litteras, sigilo ejusdem Sanctae Ecclesiae munitas, ei confero.

Datum Compostellae die 13 mensis Iulii anno Dni 1995

Secretarius Capitularis

D'autres, en revanche, étaient contraints par les tribunaux ecclésiastiques à la suite d'un délit. Aux XIe et XIIe siècles, le pèlerinage expiatoire lançait ainsi sur les chemins de dangereux criminels, les bras et le torse pris dans des cercles de fer, forgés parfois avec l'arme du crime. De la même façon, le XIIIe et le XIVe siècle allaient voir des hérétiques condamnés par l'Inquisition à effectuer le pèlerinage.

Les motivations se déclinaient à l'infini : tel groupe de pèlerins allait implorer messire saint Jacques d'enrayer la peste qui décimait une ville, d'autres allaient pérégriner par procuration, d'autres encore faisaient du pèlerinage une entreprise à but lucratif, moyennant un salaire que leur versaient quelques riches bourgeois pour qu'ils fissent le pèlerinage à leur place en leur rapportant les indulgences qui s'y rattachaient.

Mais qui pouvait prédire dans quel état d'esprit revenait le pèlerin ? Qu'il soit mystique ou criminel, libre ou contraint, pauvre ou rétribué, l'effet de la *Compostela*, ce certificat de confession et de communion obtenu au terme du voyage, était parfois inattendu. Tous revenaient différents, changés. Ils étaient ceux qui avaient été à Saint-Jacques-de-Compostelle, c'est-à-dire des hommes endurcis par les souffrances, la détermination et les petites victoires quotidiennes sur l'égoïsme, la peur et la vanité.

Quant aux femmes, elles étaient relativement peu nombreuses à faire le pèlerinage par crainte des attaques qui pouvaient survenir en chemin. Cependant, elles accompagnaient parfois leur époux, comme le montrent les gravures de l'époque, mais partaient rarement seules et toujours avec le consentement du conjoint. D'ailleurs, le pèlerinage des femmes était assez mal vu, surtout aux XVe et XVIe siècles, où la littérature comique employait le mot « coquillarde » (fausse pèlerine) pour désigner la femme adultère.

CI-CONTRE : la *Compostela*, qui marque la fin de la grande aventure, est la récompense suprême du pèlerin. Ce document atteste qu'il a bien fait le pèlerinage *pietatis causa*, c'est-à-dire en lui donnant un sens chrétien, ou tout au moins spirituel, et qu'il a parcouru, à pied, les 100 derniers kilomètres.

PAGE DE DROITE, EN HAUT : les pèlerins de Brancion, église Saint-Pierre, en Bourgogne.

PAGE DE DROITE, EN BAS : deux pèlerins équipés, comme il se doit, de leurs bourdon, calebasse et besace révèrent la statue de l'apôtre. Portail de l'église Saint-Jacques, à Sangueza, Navarre.

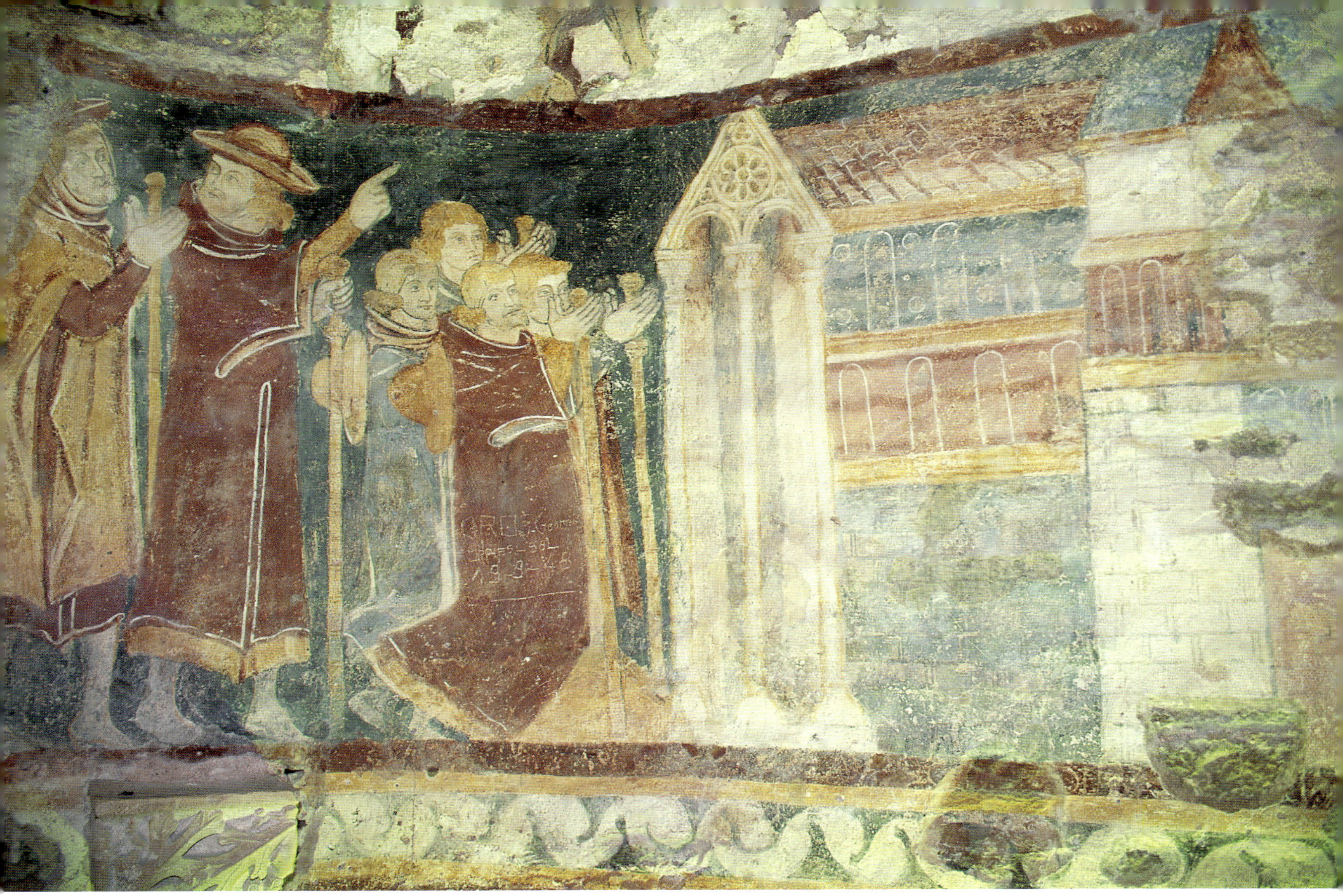

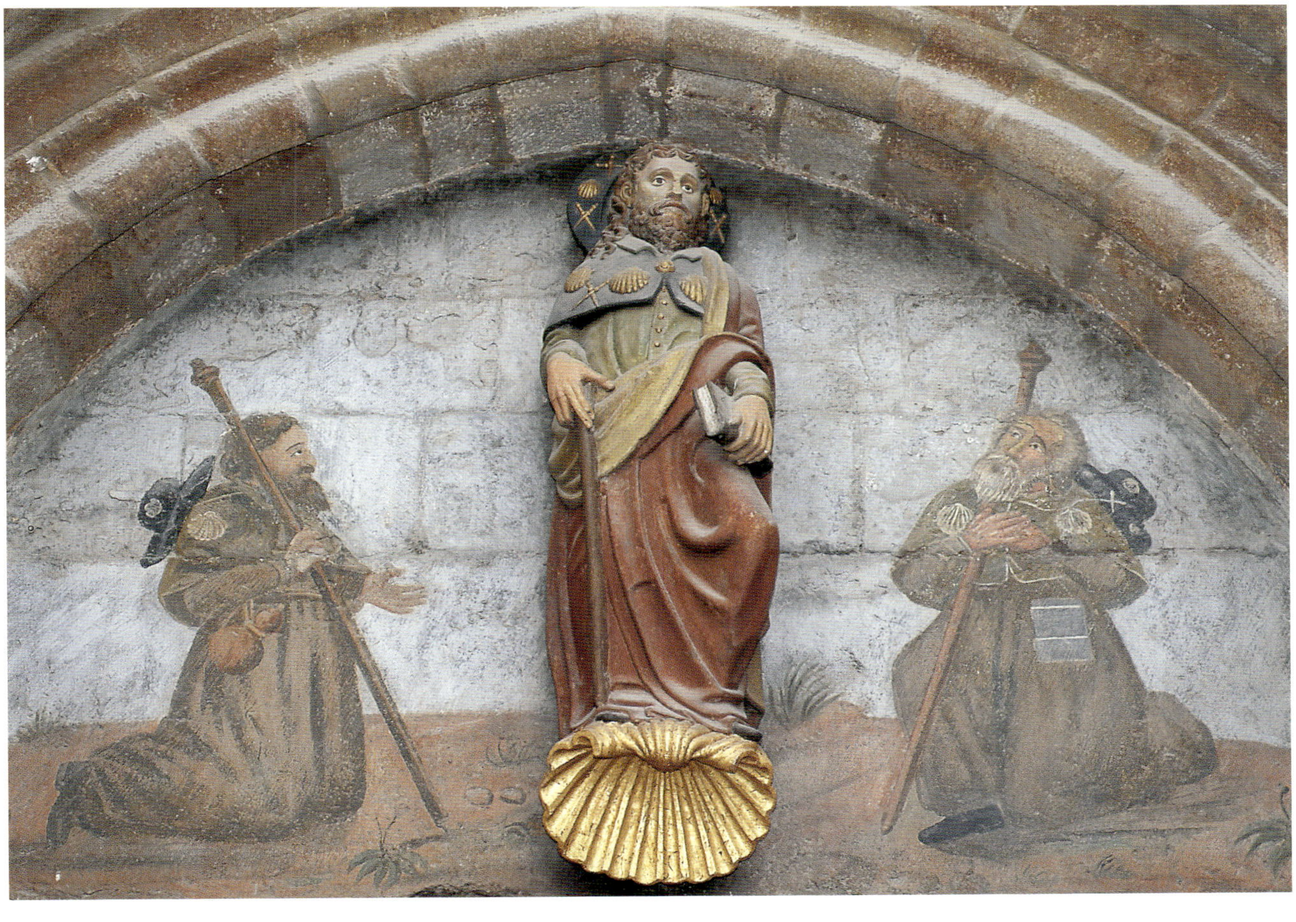

Vêtements et attributs du jacquet

On reconnaissait le pèlerin à son costume. Jusqu'au XVe siècle, c'était une tunique pourvue de manches, appelée cotte, toujours longue pour les femmes, plus courte pour les hommes. Par-dessus, le jacquet portait le surcot, un manteau d'étoffe grossière, plus ample, sans manches et fendu sur le côté. Plus tard, le surcot sera remplacé par une vaste cape descendant jusqu'aux chevilles, la pèlerine. Le chaperon complétait la tenue. C'était un capuchon prolongé d'un collet sur les épaules qui, au XVIe siècle, s'allongea et donna le mantelet, parfois en cuir. Le pèlerin portait souvent un chapeau à large bord, si pratique pour protéger les yeux du soleil comme de la pluie. Il allait très rarement pieds nus, sauf s'il avait fait vœu de pénitence. Il était généralement chaussé de sandales, parfois de chaussures.

Le bourdon et la besace constituaient les deux attributs principaux du pèlerin. Le bourdon, ou bâton du jacquet, en bois et pourvu d'un pommeau, l'aidait à la marche et lui servait à se défendre. Il ranimait aussi son courage, car il lui était remis par un prêtre et était béni avant son départ. À partir de la fin du Moyen Âge, le pèlerin accrochera au bourdon une gourde ou calebasse, faite d'une courge séchée et évidée.

La besace, appelée *escharpe* en ancien français, était en peaux de bête. Très étroite, elle ne pouvait contenir que peu de chose, le pèlerin devant s'en remettre exclusivement à Dieu. Elle s'appellera ensuite mallette puis panetière.

Enfin, dès le XVe siècle, le jacquet emportait une boîte à certificats où il rangeait les autorisations, les passeports, recommandations et billets de confession dont il avait besoin. Au XVIe siècle, la patenôtre ou chapelet fit aussi son apparition.

Mais l'emblème du pèlerinage était indiscutablement la coquille. Le XIIe siècle la vit fleurir sur le costume du pèlerin. Cousue sur sa besace, son chapeau ou sa pèlerine, elle attestait qu'il avait bien fait le voyage jusqu'à Compostelle et qu'il pouvait remercier Dieu et messire saint Jacques d'avoir échappé à tous les dangers. L'origine de ce symbole est à rechercher dans les légendes liées à saint Jacques. On raconte que l'apôtre aurait sauvé des eaux un prince en train de se noyer. Son corps miraculeusement repêché était, dit-on, couvert de coquilles, nombreuses au large de la Galice.

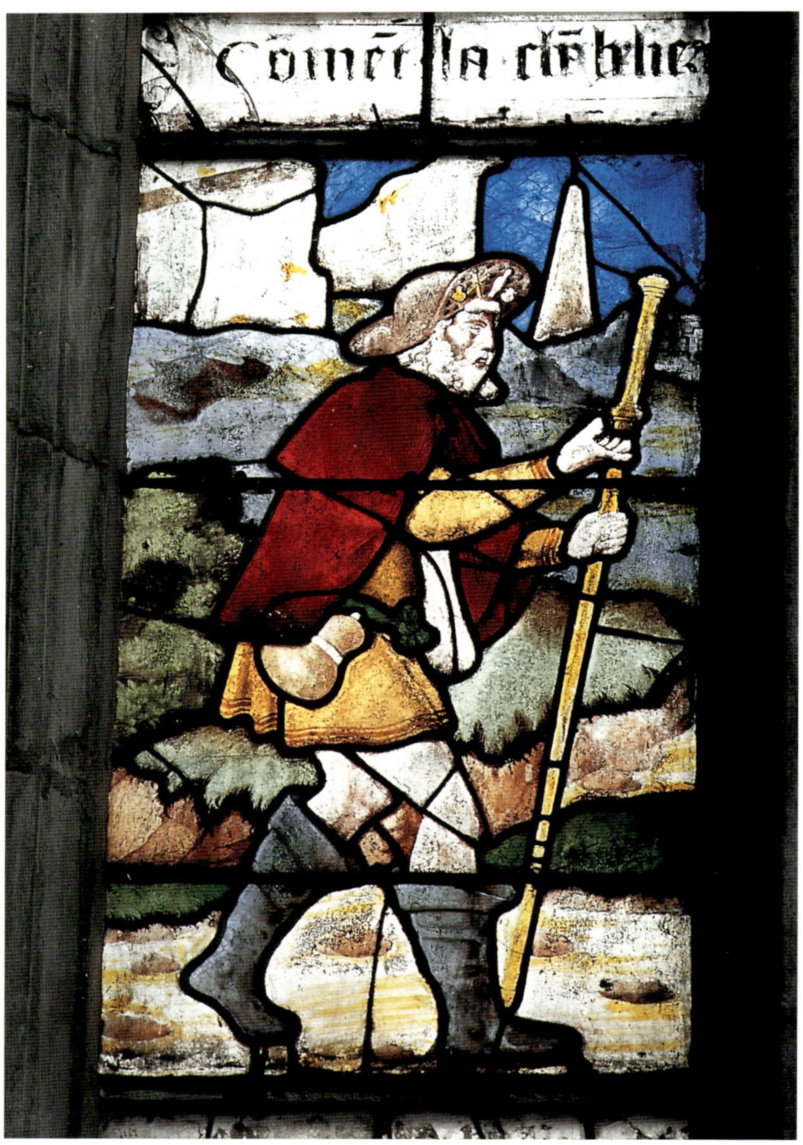

CI-CONTRE : un jacquet en route pour Compostelle, vêtu de la cotte et de la pèlerine, chaussé confortablement, le bourdon en main et la calebasse accrochée à la ceinture. Vitrail de l'église Saint-Nicolas, à Châtillon-sur-Seine.

PAGE DE DROITE : l'apôtre Jacques revêtu de sa tenue de pèlerin. Enluminure française extraite de *la Légende dorée*, de Jacques de Voragine, 1382.

DOUBLE PAGE SUIVANTE : les jacquets de la procession de Saint-Fleuret, à Estaing, se reconnaissent par leurs bourdon, calebasse et chapelet, mais surtout par l'abondance des coquilles, jusque sur les chaussures de l'un d'entre eux. Carte postale, vers 1905-1910.

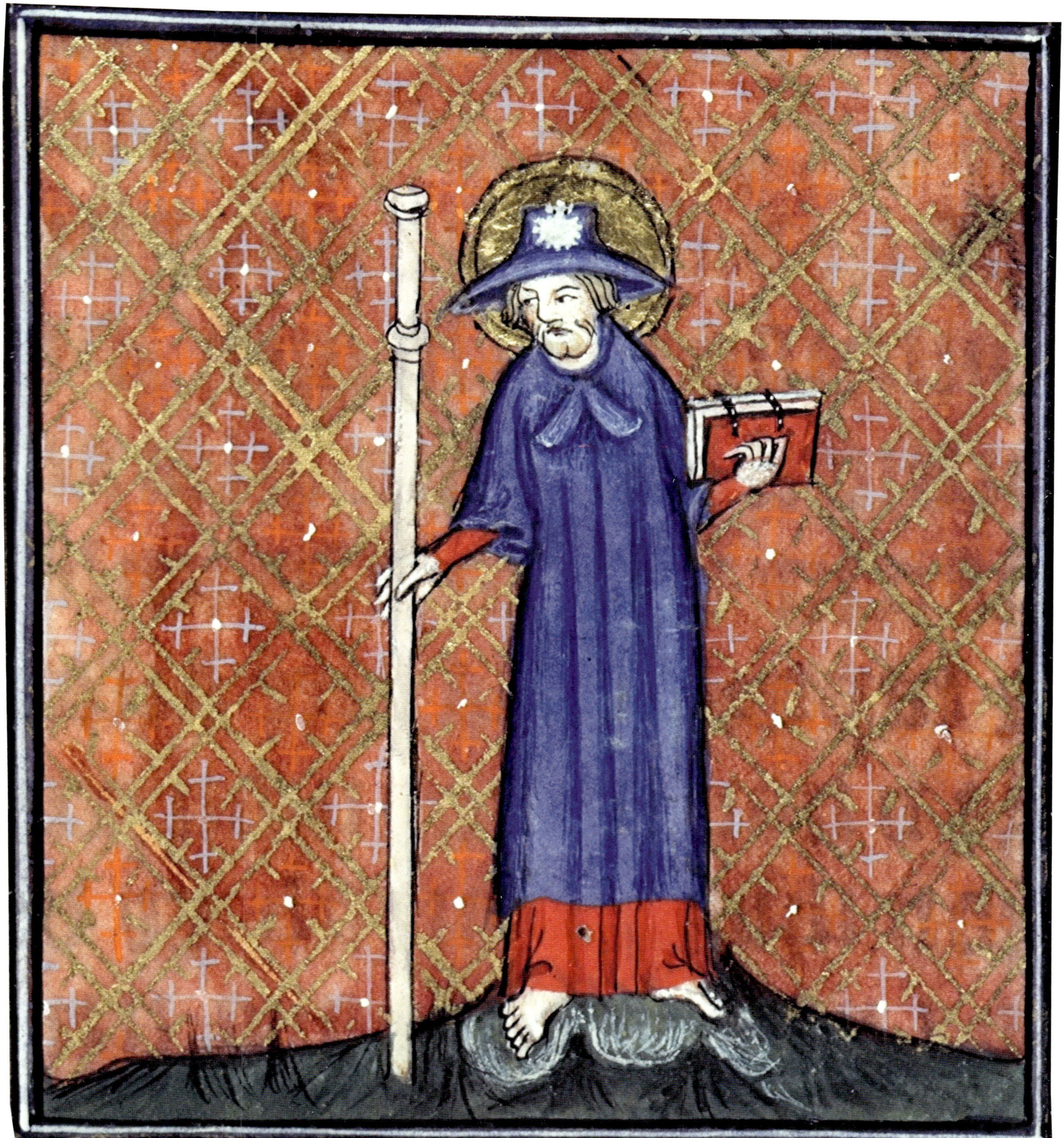

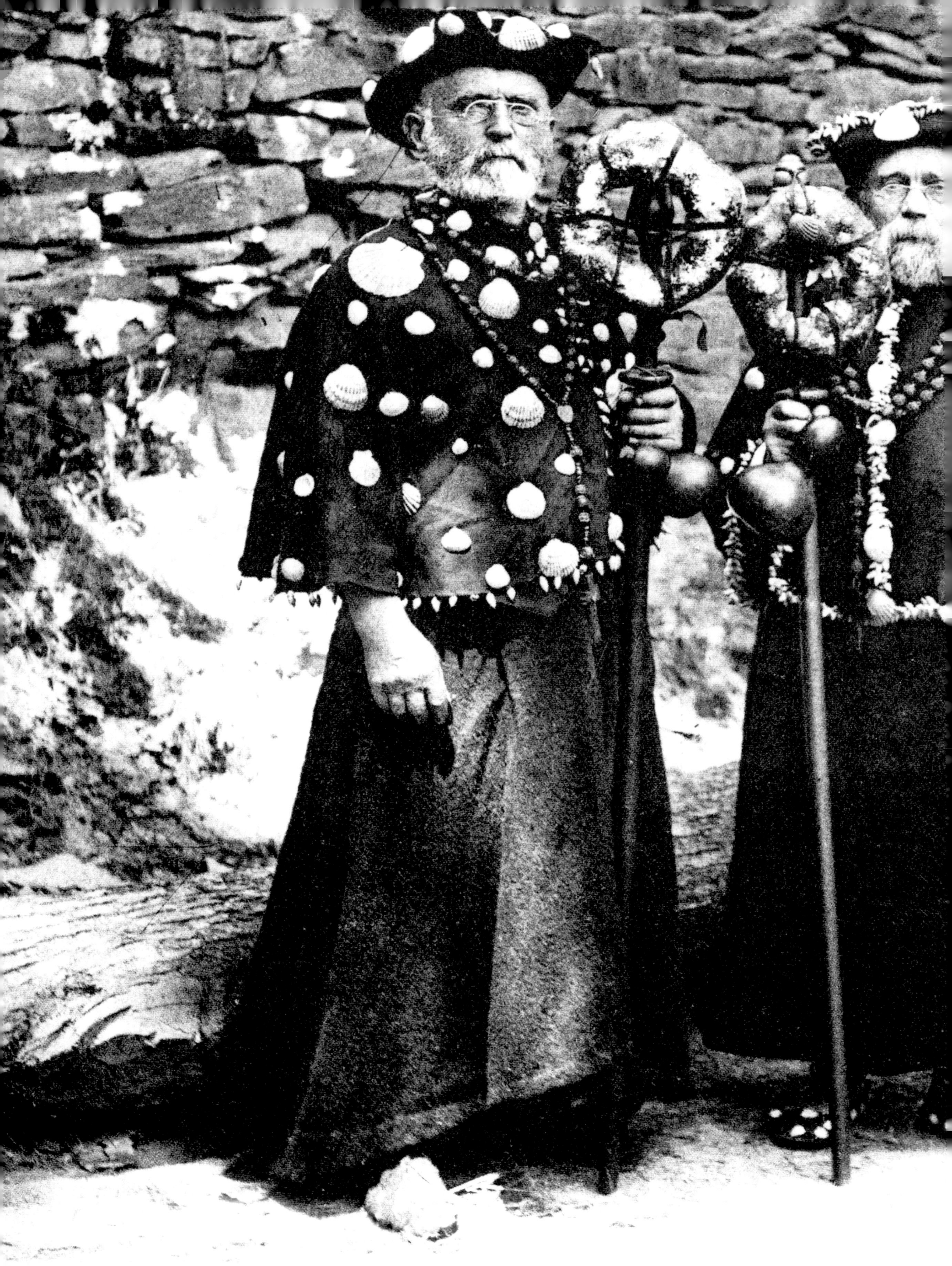

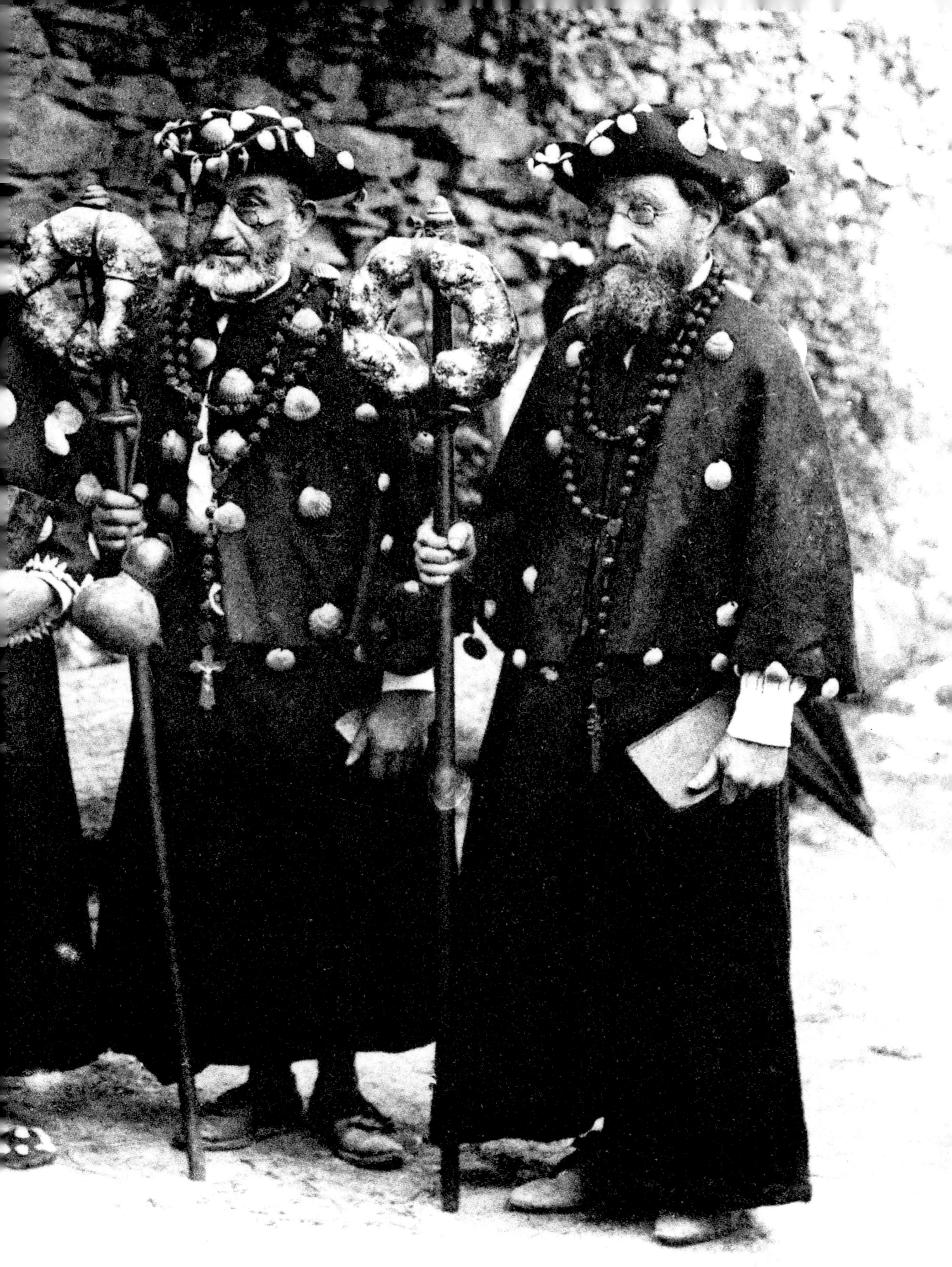

Des pèlerins célèbres

Les jacquets célèbres n'ont pas manqué au fil des siècles. Le premier de tous fut sans doute le roi des Asturies, Alphonse II le Chaste, qui, peu de temps après la découverte du tombeau de l'apôtre par l'évêque Théodomir vers 834, se porta sur les lieux avec toute sa cour.

Ensuite en 950, premier pèlerin étranger à l'Espagne, Monseigneur Godescalc, évêque du Puy, entreprit le pèlerinage, ouvrant ainsi la future voie française qui deviendra en 1079 l'*iter francorum* : le *camino Francés*. Pèlerin d'importance, il quitta la ville du Puy avec une nombreuse suite et gagna les confins de la Galice, comme l'atteste le témoignage du moine Gómez, du monastère espagnol San Martín de Albelda, près de Logroño, dans la Rioja, à qui il aurait commandé une copie du *De Virginitate Beatae Mariae*, d'Ildefonse de Tolède – copie qu'il aurait reprise lors de son retour de Compostelle en 951.

Aimery Picaud fut également l'un de ces jacquets. Son pèlerinage, accompli vers 1130, donna lieu au célèbre *Guide du pèlerin*. Dans ce cinquième livre du *Codex Calixtinus*, le moine poitevin décrivit de façon minutieuse les différentes étapes parcourues sur la *via Turonensis* depuis son Poitou natal.

En 1213, saint François d'Assise illustra le pèlerinage, puis ce fut sainte Isabelle de Portugal au XIVe siècle, les Rois Catholiques Isabelle de Castille et Ferdinand d'Aragon en 1488 et le peintre Van Eyck en 1430. Au XVIIe siècle, le prince italien Cosme de Médicis s'engagea sur le chemin avec une suite nombreuse. Et tant d'autres encore ! Au fur et à mesure que passe le temps, le pèlerinage prend de l'ampleur, des liens culturels se sont créés. On parle des langues diverses, les grands seigneurs oublient leur superbe pour aller prier messire saint Jacques.

Mais il y avait aussi les jacquets anonymes, les plus nombreux. Ceux-là venaient des provinces françaises, à pied ou à cheval. D'autres débarquaient d'Angleterre, terrifiés par la mer, qui les malmenait bien souvent. D'autres enfin se risquaient sur les voies moins connues dans le but de rejoindre une des quatre voies essentielles. Les uns avaient du bien, des mules ou un cheval, riches marchands ou membres du haut clergé. Les autres n'avaient rien que leur foi et leur confiance aveugle en Dieu et en saint Jacques.

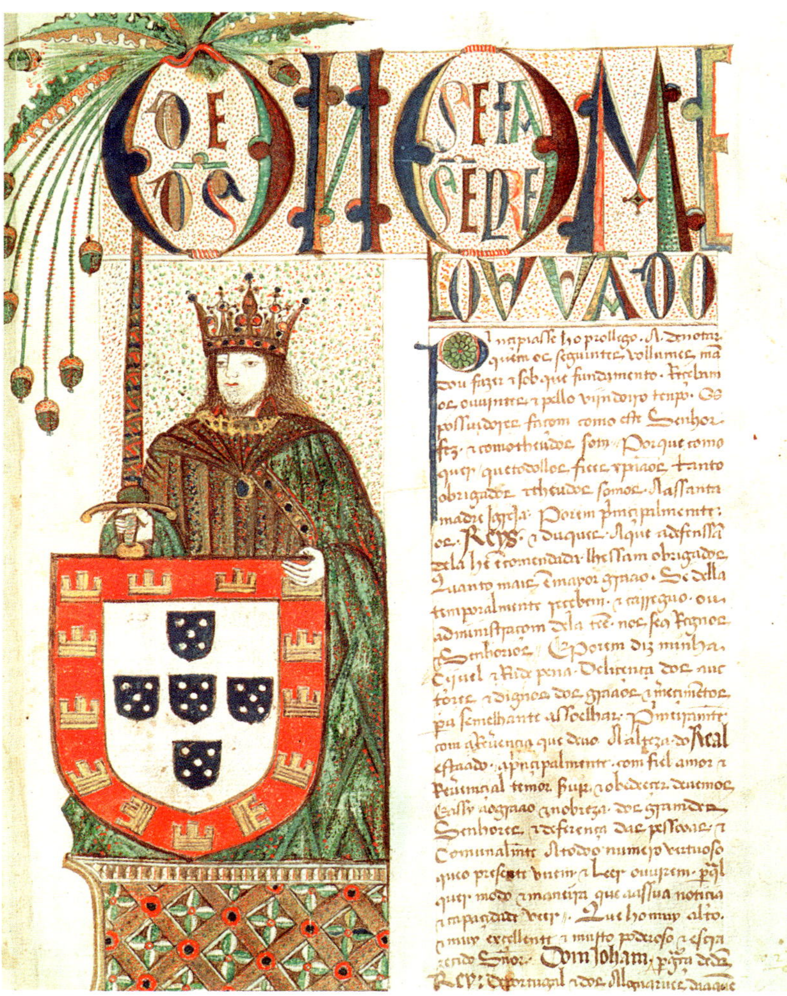

CI-CONTRE : nombreux étaient les rois et autres personnages célèbres à se lancer sur les chemins de Saint-Jacques-de-Compostelle. Parmi eux, Jean II (1455-1495), roi d'Aragon, effectue le pèlerinage en 1465. Le *Livre des membres de l'ordre de Saint-Jacques*, XVe siècle.

PAGE DE DROITE : la reine Isabelle de Portugal (1391-1471) en pèlerinage à Saint-Jacques-de-Compostelle. Illustration extraite de *Tarea primeira dos Reyes de Portugal*, une généalogie des maisons royales, XVIe siècle, British Library, Londres.

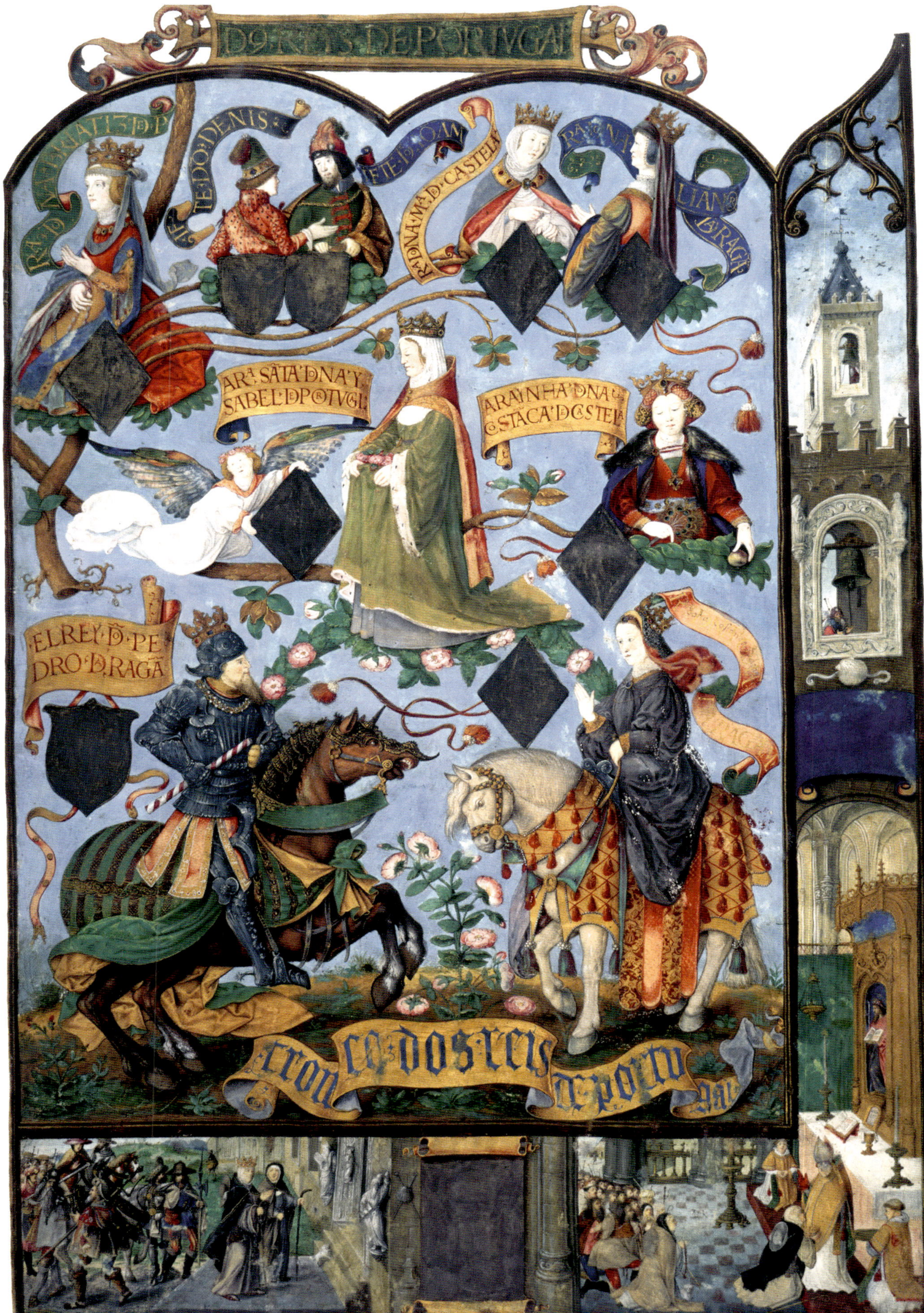
ELREY·D·PE
DRO·D·RAGÃ
ARª SÃTA·D·NA·Y
SABEL·D·P·TVGL

Derrière la croix se trouve le diable

Si le pèlerinage de Saint-Jacques-de-Compostelle promettait la récompense suprême, il était aussi le chemin de tous les dangers. Jamais le proverbe espagnol « derrière la croix se trouve le diable » ne s'est mieux vérifié qu'à cette époque. De redoutables malandrins, les coquillards, profitaient en effet de la circonstance pour revêtir la tenue du pèlerin – véritable sauf-conduit – et porter la fameuse coquille, symbole du pèlerinage. Ils s'introduisaient ainsi facilement chez les riches familles, où ils pouvaient commettre pillages, viols et assassinats en toute impunité. Ou bien, lorsque l'occasion s'en présentait, ces brigands n'hésitaient pas à dévaliser sur une route solitaire telle ou telle famille isolée du groupe, non sans s'être auparavant divertis avec les malheureuses femmes qui en faisaient partie. Ce qui expliquait le nombre restreint des femmes admises à faire le pèlerinage. Car les nouvelles allaient vite sur le chemin, et l'on racontait en baissant la voix de terribles récits qui épouvantaient les épouses et les filles peu disposées à perdre leur honneur et leur vie entre les mains de tels bandits. Les époux et les pères préféraient donc, comme elles, les savoir à la maison plutôt que livrées au hasard des routes, craignant comme la peste ces coquillards qu'ils savaient capables du pire.

Indigné et préoccupé au plus haut point par cette situation, Ferdinand II, roi de Castille et de León, décida en 1161 de créer un ordre chargé de veiller à la sécurité des routes pour protéger les pèlerins, en particulier les pauvres, fréquemment dépouillés de leurs maigres ressources, quand ça n'était pas de leur vie. L'ordre des chevaliers de saint Jacques venait de naître, approuvé par le pape dès 1175.

CI-CONTRE : un pèlerin attaqué et dévalisé par des brigands. Au Moyen Âge, les chemins de Compostelle pouvaient parfois s'avérer très dangereux… Enluminure extraite du *Pèlerinage de la vie humaine et de l'âme*, Guillaume Deguileville, 1393, Bibliothèque nationale, Paris.

PAGE DE DROITE : les coquillards étaient des faux pèlerins vendant des coquilles à de faux dévots, qui les achetaient pour faire croire qu'ils revenaient de Compostelle. Déguisés en jacquets, ils pouvaient ainsi dévaliser les vrais pèlerins. *Les Proverbes*, Jacques Lagniet, XVIIe siècle.

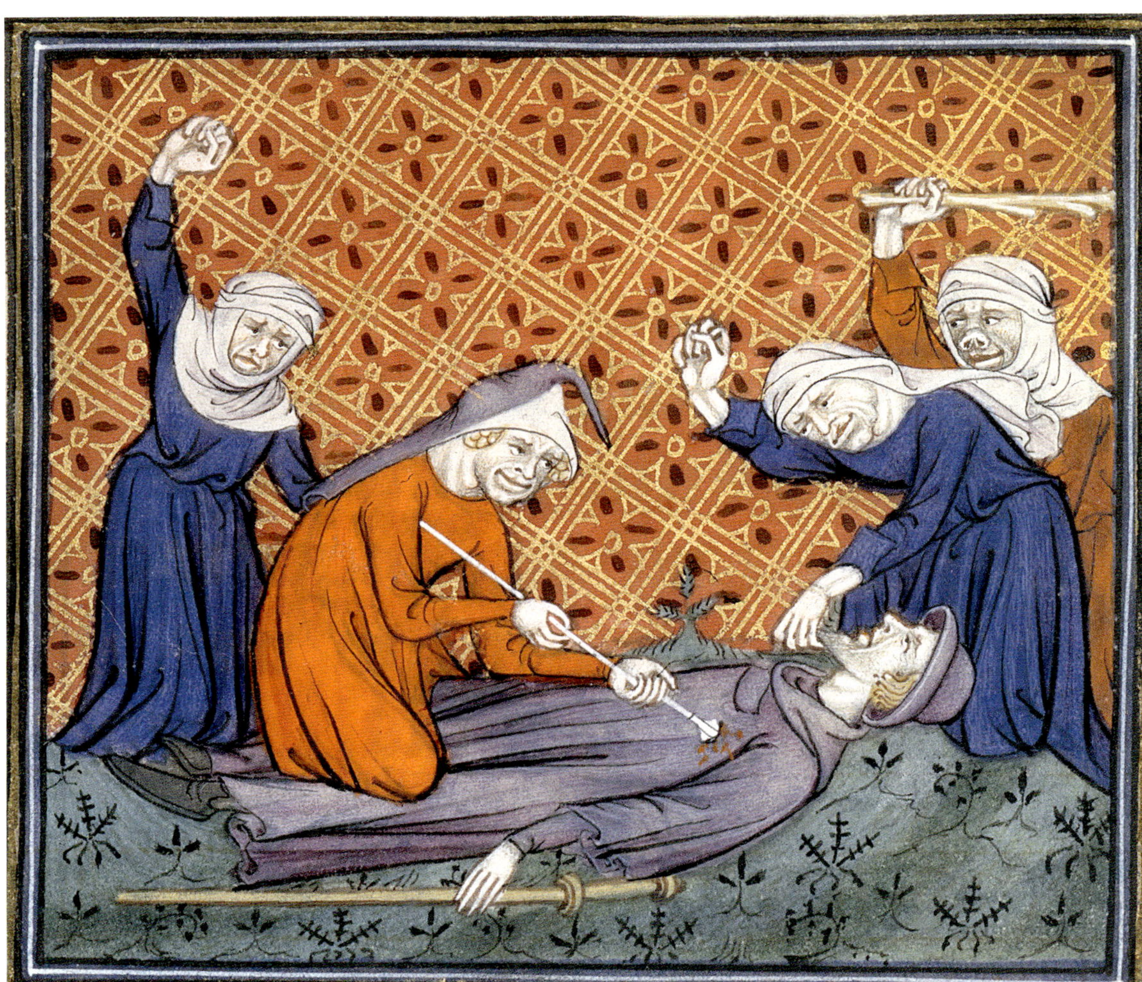

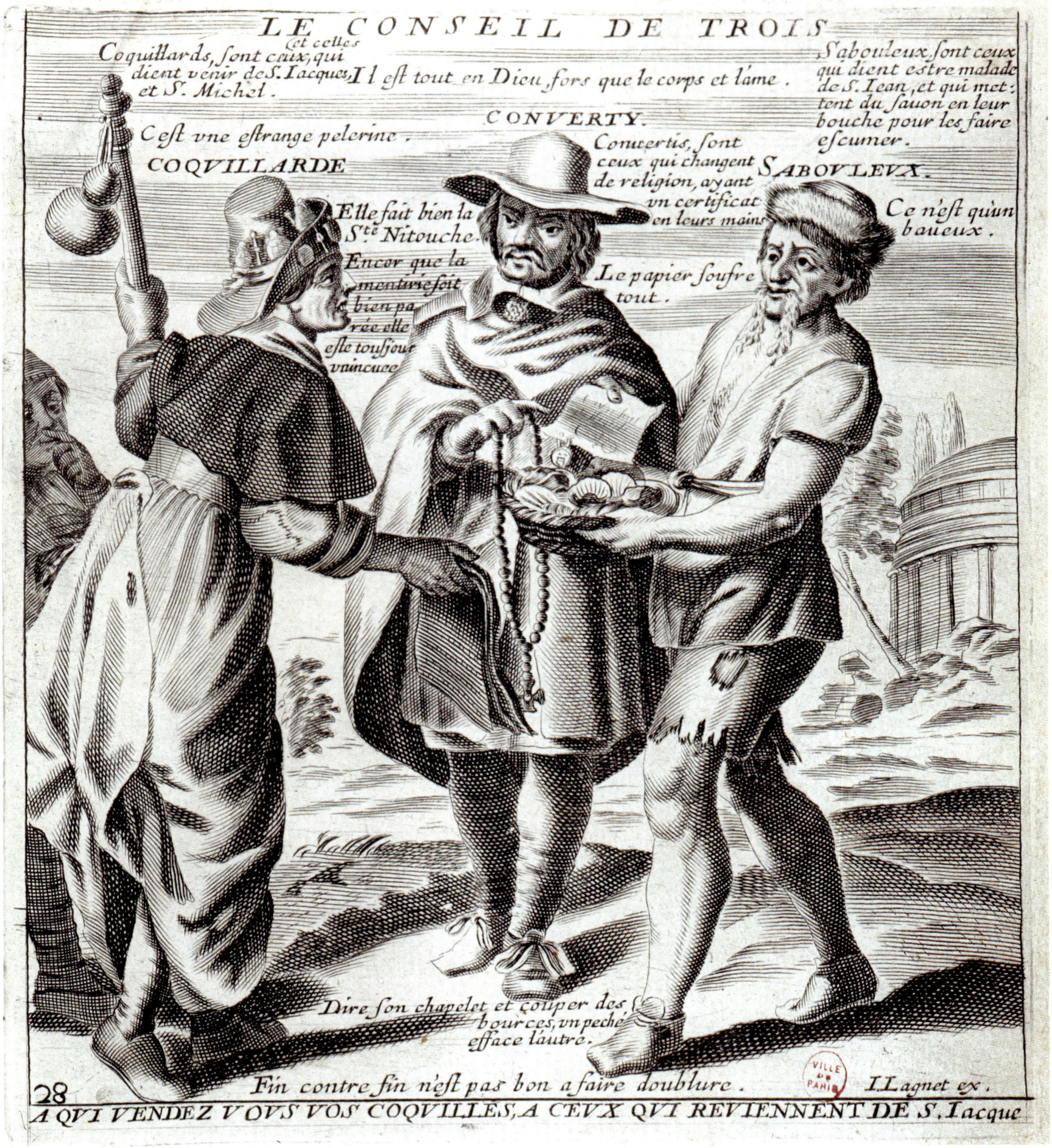
LE CONSEIL DE TROIS
Coquillards, sont ceux, qui dient venir de S. Iacques, et S. Michel. cet celles
Il est tout en Dieu, fors que le corps et lame.
Sabouleux sont ceux qui dient estre malade de S. Iean, et qui mettent du sauon en leur bouche pour les faire escumer.
CONVERTY.
Cest vne estrange pelerine.
COQVILLARDE
Conuertis, sont ceux qui changent de religion, ayant vn certificat en leurs mains
SABOVLEVX.
Elle fait bien la Ste Nitouche.
Ce n'est quun baueux.
Encor que la menturie soit bien parée elle este tousiours vaincuee
Le papier soufre tout.
Dire son chapelet et couper des bources, vn peche efface lautre.
28
Fin contre fin n'est pas bon a faire doublure.
I. Lagnet ex.
A QVI VENDEZ VOVS VOS COQVILLES, A CEVX QVI REVIENNENT DE S. Iacque

Les Confréries

Dès le XIIe siècle, l'accueil des pèlerins fut assuré par les confréries. Ces nouveaux organismes fonctionnaient avec une direction élue comprenant un maître, des prévôts, des doyens et autres recteurs. Composées d'anciens jacquets ayant accompli le pèlerinage et d'hommes vouant un culte particulier à l'apôtre saint Jacques, elles exigeaient toujours une moralité parfaite, et se voulaient être une famille spirituelle pour le nouvel adhérent, qui à son entrée devait prêter serment d'observer les statuts et de faire preuve de charité envers les autres membres.

Grâce aux confréries, messes, processions et banquets avaient lieu tous les 25 juillet, fête de saint Jacques, et illustraient la force de la société pèlerine. Développées surtout aux XIVe et XVe siècles, les confréries aimaient à représenter des mystères à l'occasion des fêtes religieuses et organisaient des représentations des scènes de la vie de saint Jacques et de ses miracles, comme la légende du célèbre

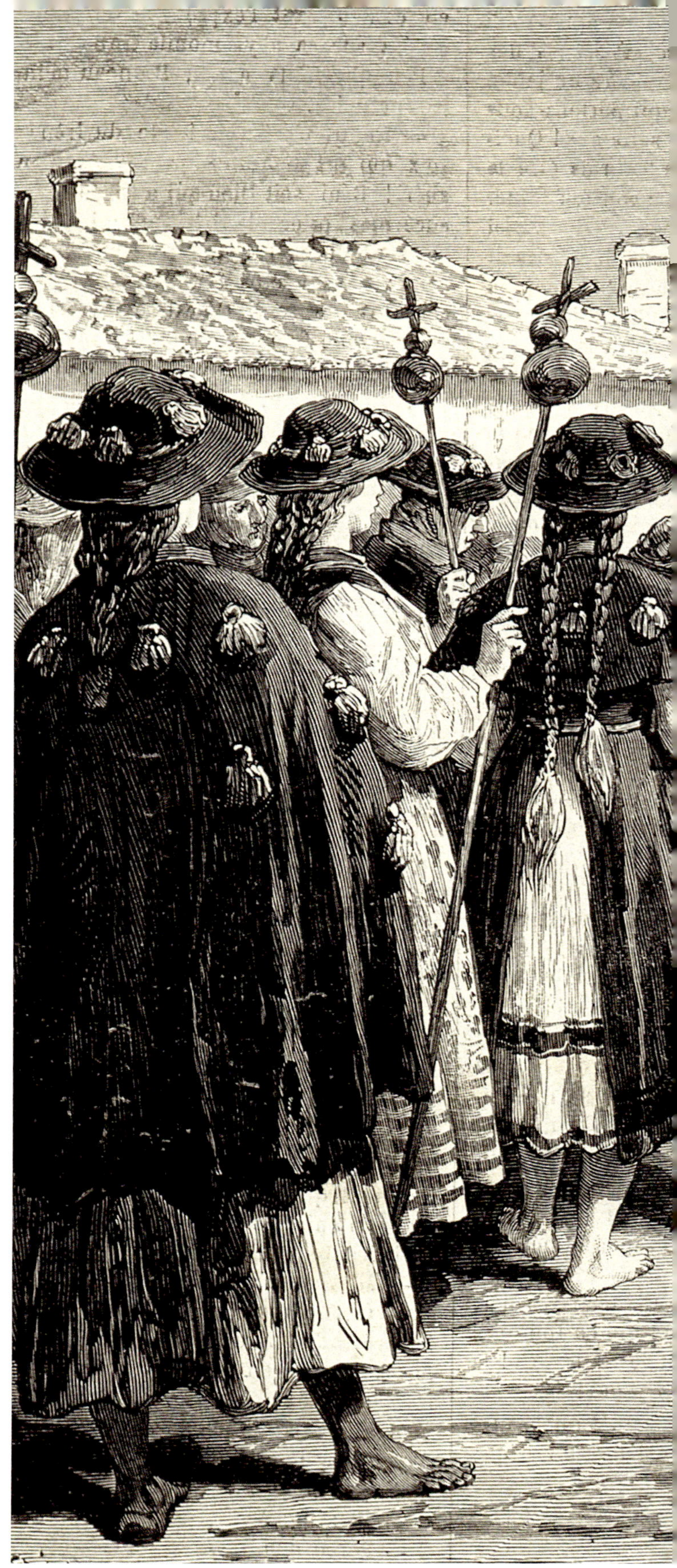

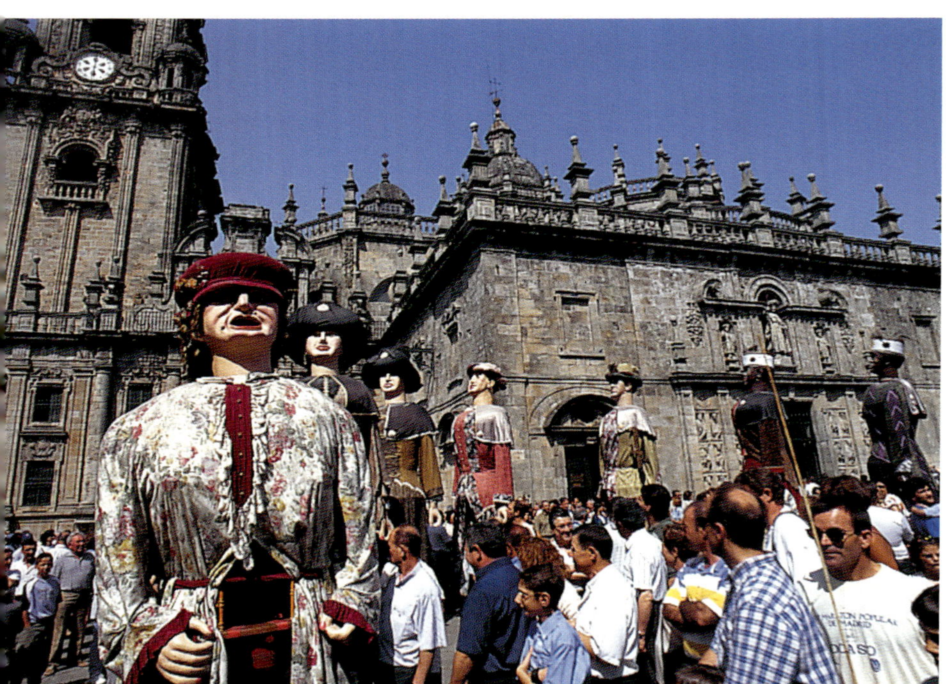

CI-CONTRE : la procession des Géants lors de la fête de saint Jacques, le 25 juillet, devant la cathédrale de Saint-Jacques-de-Compostelle. Depuis le XIIe siècle, lorsque la fête de la Saint-Jacques tombe un dimanche, la ville reçoit le privilège de l'Année Sainte qui fait d'elle une ville sainte à l'égale de Rome et de Jérusalem. Aujourd'hui encore, les confréries organisent des événements pour faire vivre la mémoire de l'apôtre.

CI-DESSUS : « Espagne : les fêtes de Saint-Jacques de Compostelle », gravure extraite du *Petit Moniteur illustré*, 26 septembre 1886.

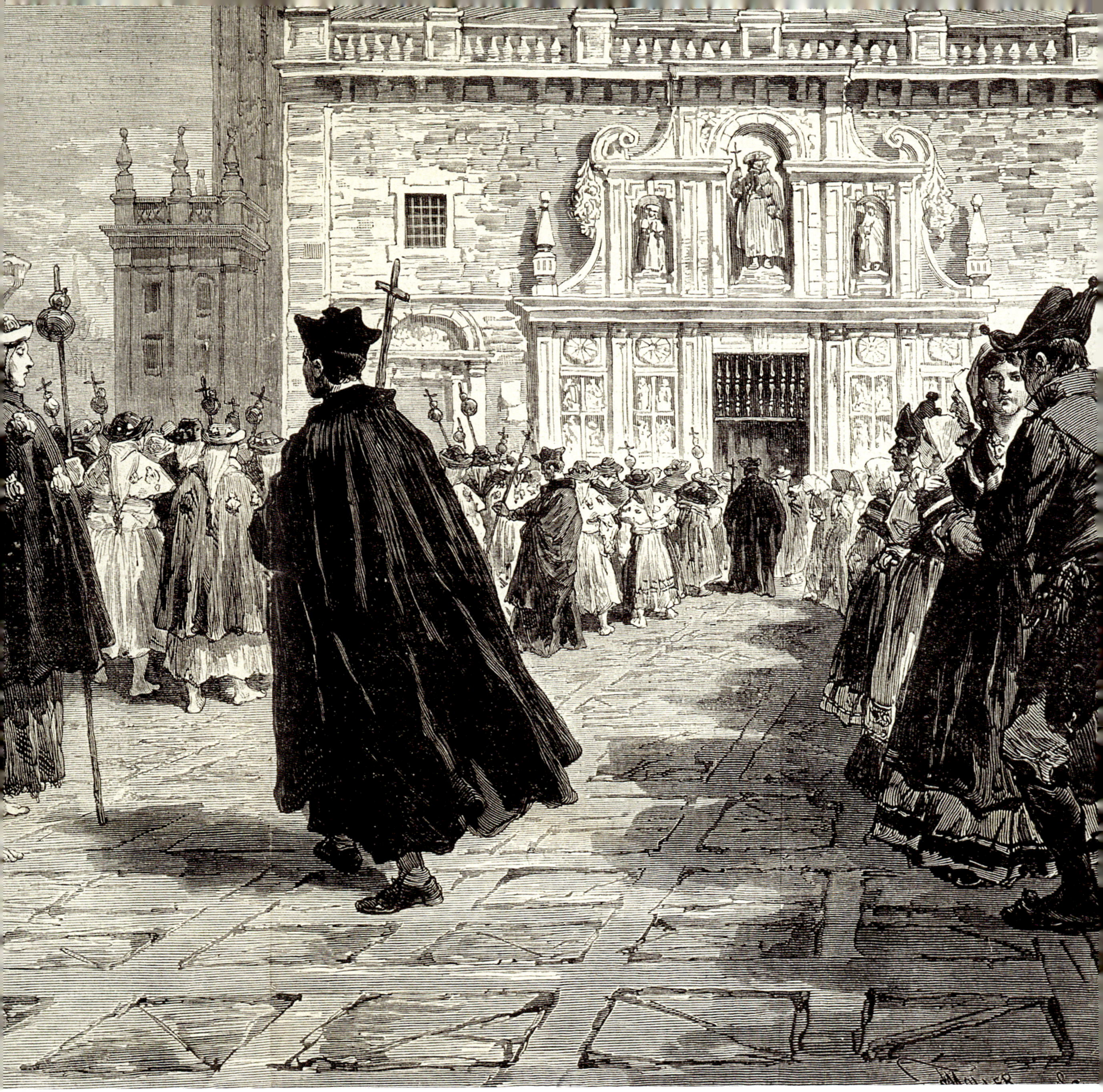

pendu dépendu. Elles avaient aussi comme premier devoir une grande solidarité envers leurs membres, mais aussi envers les autres pèlerins, les malades et les plus démunis.

Les livres des confréries fournissaient aux jacquets des itinéraires détaillés sur les différents chemins du pèlerinage. Ils permirent aussi de populariser les chansons de pèlerins, ces chants étant des moyens de vaincre la fatigue, de retrouver l'entrain perdu, d'alléger la solitude. Ils racontaient les péripéties du voyage et les différentes étapes, depuis le départ jusqu'à l'arrivée., et traduisaient les joies, les peines, les peurs ressenties tout au long du chemin. On peut citer parmi les plus connues : *la Grande Chanson*, *Pour avoir mon Dieu propice*, *la Chanson du pèlerin spirituel*, *la Chanson du devoir des pèlerins*.

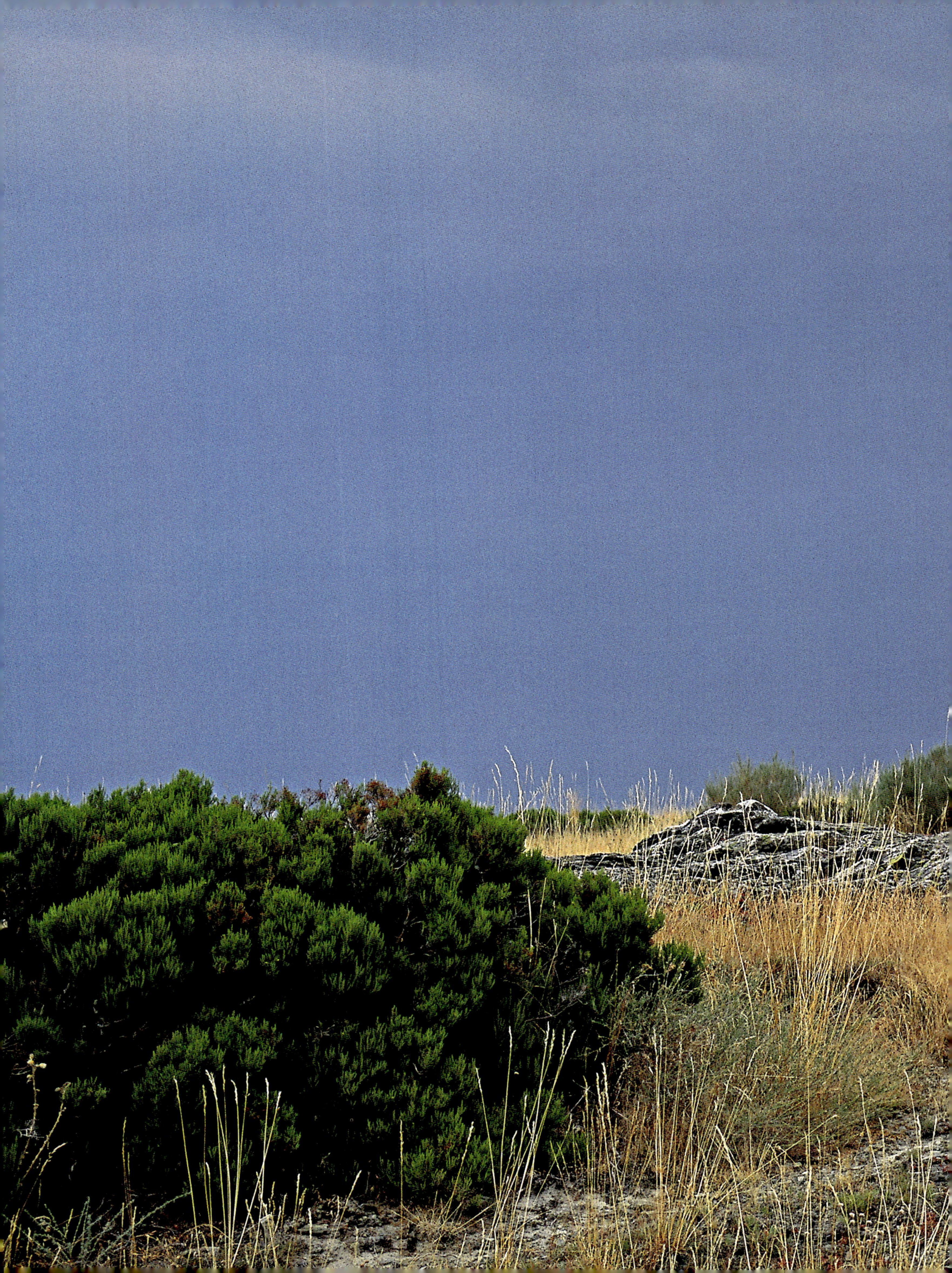

En route vers Compostelle

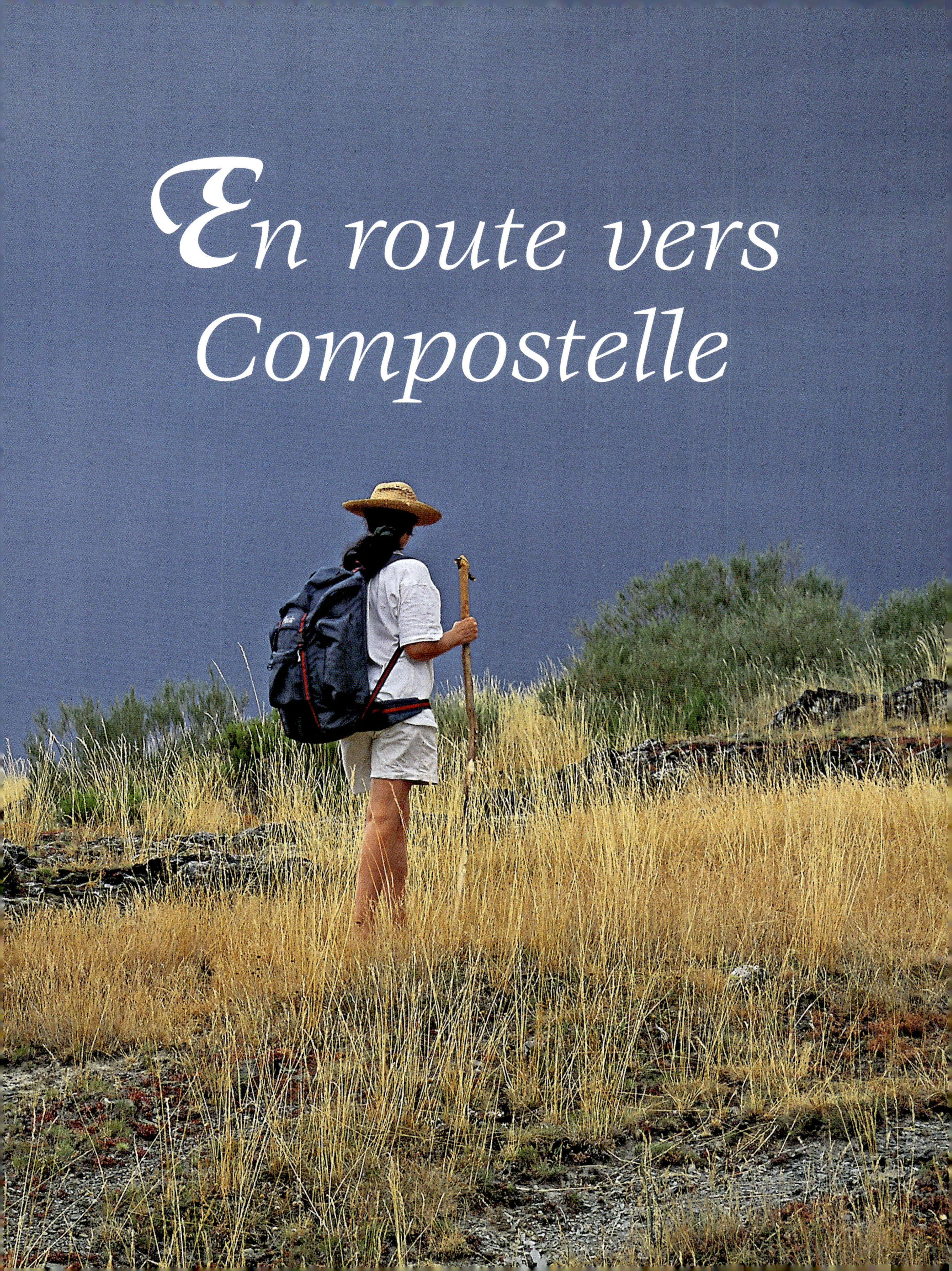

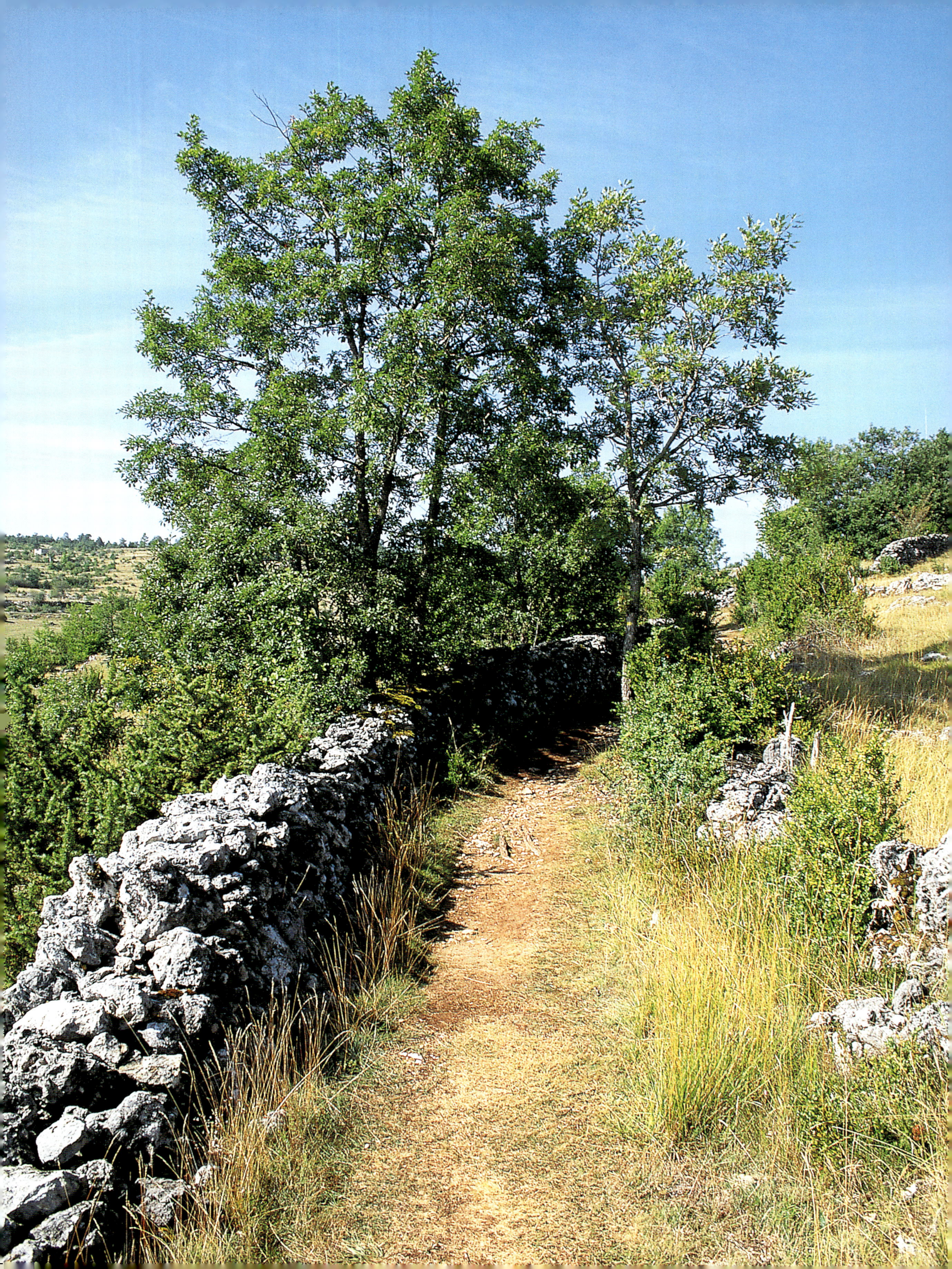

Sur la *via Podiensis*

Plus que les trois autres routes – la *via Turonensis*, la *Tolosana* ou la *Lemovicensis* –, *la via Podiensis* est la voie significative entre toutes, puisqu'elle fut empruntée par l'évêque du Puy-en-Velay, Godescalc, premier pèlerin français à se rendre sur la tombe de l'apôtre Jacques.

Notre pèlerin, Jacques Delarue, dont on va suivre le cheminement avec son ami Marc Jolivert, habite justement la ville du Puy-en-Velay, où commence cette route en direction de Compostelle.

Jalonnée de hauts lieux de spiritualité, elle est très fréquentée et fait découvrir aux pèlerins d'aujourd'hui les merveilles d'un chemin qui donne envie d'aller toujours plus loin, au-delà de soi-même.

DOUBLE PAGE PRÉCÉDENTE : pèlerine en chemin vers Compostelle, dans les monts de León, près de Foncebadón.

PAGE DE GAUCHE : les rocailles et les herbes sèches envahissent parfois le chemin du Puy-en-Velay, long de 750 kilomètres jusqu'à la frontière espagnole. Aujourd'hui, la *via Podiensis* est le chemin français le plus fréquenté par les pèlerins.

Dans les pas des jacquets d'autrefois

« La vie est pleine de surprises, cela, je le savais. J'en avais eu mon lot et pas des meilleures ; alors je croyais bien qu'après toutes ces années de galères qui m'avaient endurci le cœur, plus rien, vraiment, ne pouvait me surprendre ni me toucher. Je n'avais pas de frère, pas de foyer, personne à qui parler de cette situation pourtant prévisible dans laquelle je me trouvais depuis hier et qui m'angoissait : la mise à la retraite. Qu'allais-je bien pouvoir faire de ma vie dorénavant ? J'étais à mes yeux un homme fini.

» Je me sentais très seul, ce soir-là, et tout en ressassant mon angoisse, je suis allé me promener du côté de la cathédrale du Puy, car il faut vous dire que j'habite cette ville. Et en regardant sa superbe façade aux multiples couleurs, en levant les yeux vers la statue de Notre-Dame-de-France qui la domine sur le même piton rocheux, j'ai brusquement pris conscience de la force et de la faiblesse humaines. La force, elle était là, devant moi, à travers l'œuvre inouïe de ces bâtisseurs qui s'étaient servis de la pierre pour écrire leur foi dans le paysage volcanique. La faiblesse, c'était moi qui l'incarnais, ma personne et jusqu'à mon nom d'ailleurs, Delarue, Jacques Delarue, tout un programme !

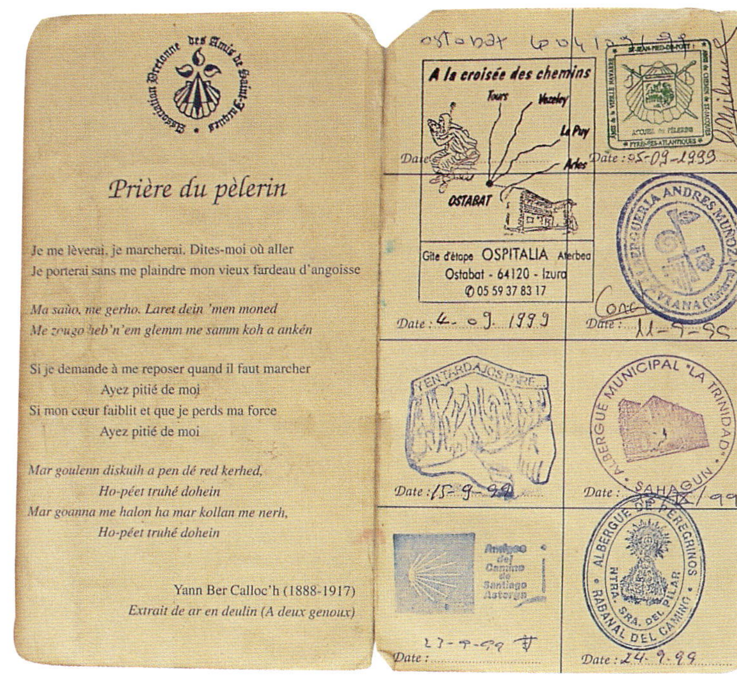

» Donc, ce soir-là, alors que j'errais sans but, comme attiré par la beauté du lieu, voilà que j'entends quelqu'un m'appeler : "Jacques !" Et je vois soudain apparaître mon voisin de bureau, Marc Jolivert, un collègue dans la même situation que moi, pas beaucoup plus chanceux, mais toujours prêt à remonter la pente, à repartir du bon pied. En un seul regard, il avait tout compris : ma solitude absolue, mon désarroi devant ce nouveau tournant de la vie que je ne savais pas comment prendre, mon envie évidente de baisser les bras. Il ne m'a pas laissé le temps de réfléchir. En quelques mots, il m'a appris l'incroyable nouvelle. Il attendait un groupe de pèlerins qui venait de Cluny pour se rendre à Saint-Jacques-de-Compostelle et il partait avec eux déposer leurs intentions aux pieds de l'apôtre.

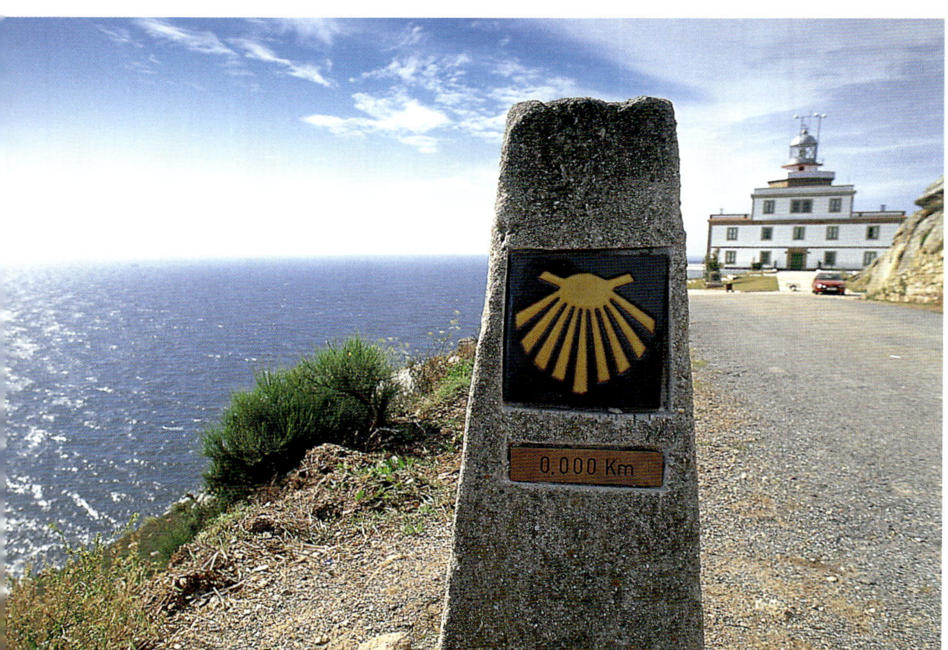

Ci-contre : le *Cabo Fisterra* est la dernière étape du chemin après Saint-Jacques-de-Compostelle. Une centaine de kilomètres reste à faire avant d'atteindre le Cap Finisterre, le cap du bout du monde et son kilomètre zéro, synonyme de la fin du pèlerinage.

Ci-dessus : la crédenciale suit le pèlerin pendant toute la durée de son parcours. À chaque étape, le jacquet fait apposer un tampon sur ce document qui lui donne accès aux hébergements réservés exclusivement à ceux qui font le pèlerinage.

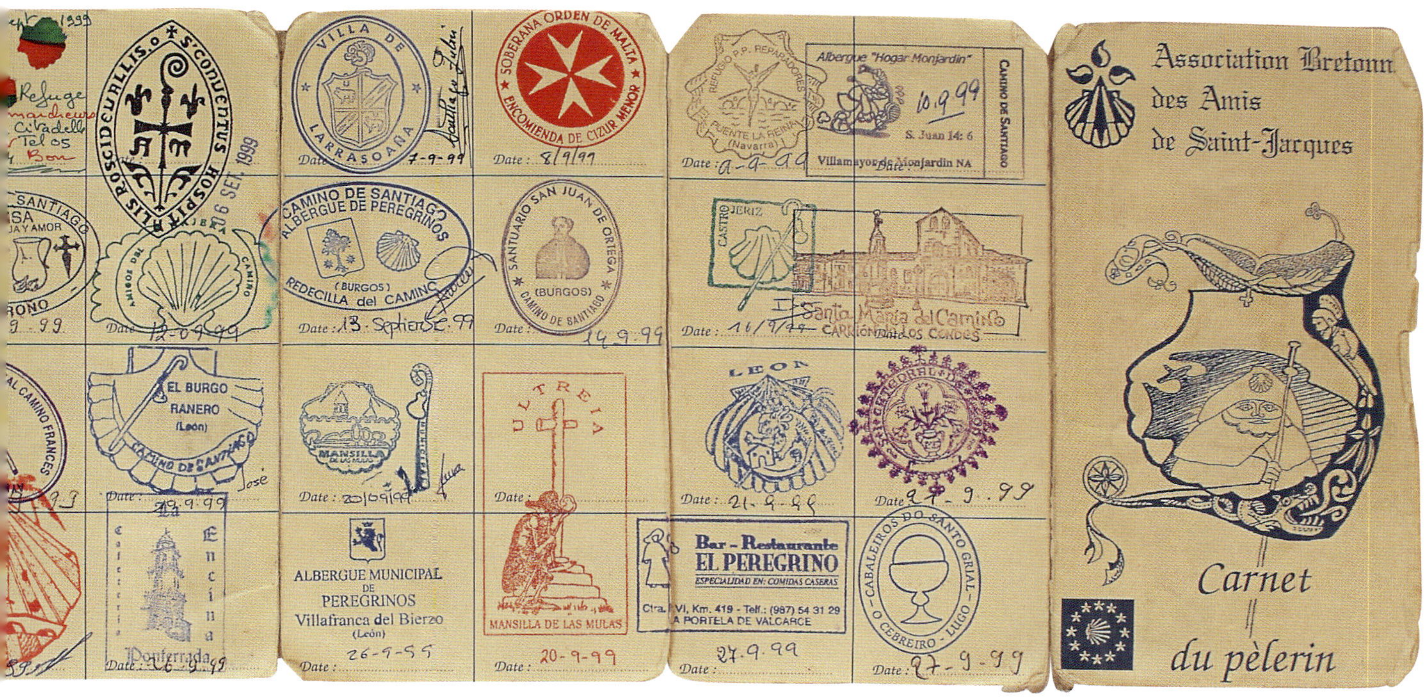

» Cela fait vingt ans que j'en rêve, de ce pèlerinage, avait-il dit simplement, et c'est le moment idéal pour le faire : d'une part, nous voici libérés, et d'autre part, nous laissons toutes les contraintes derrière nous. Pas de date de retour, personne à qui rendre des comptes. Une vie nouvelle nous attend, mon vieux, et ça me plaît bien qu'elle commence par de grandes vacances. Autant en profiter, tu ne crois pas ? Par ailleurs, dis-moi un peu s'il y a une meilleure époque que l'été pour marcher ? Alors, c'est décidé, tu viens avec nous ?

– Mais je ne suis pas vraiment croyant, avais-je faiblement protesté. Toi, c'est différent.

Marc était parti d'un grand rire.

– Enfin, ne t'appelles-tu pas Jacques ? Rien ne te retient ici, tu aimes la marche, tu as l'occasion de voir de magnifiques paysages, qu'est-ce que tu veux de plus comme motivation ?

» Alors j'ai dit oui, comme ça, en cinq minutes, et me voilà prêt à mettre mes pas dans ceux des jacquets d'autrefois, tout au long de la fameuse *via Podiensis* que je vais découvrir étape après étape dans les jours qui vont suivre. »

Ce oui, donné comme ça, en cinq minutes, Jacques Delarue était loin de réaliser sa signification profonde. Il pensait, sur l'instant, qu'il correspondait à un élan spontané, un besoin de voir d'autres horizons que sa propre personne, en aucun cas il ne songeait à nommer pompeusement « quête mystique » ou « besoin de dépassement personnel » cette brusque décision d'entreprendre le grand voyage, la longue marche vers la mer de Galice, jusqu'au Finisterre, là-bas, au bout du monde. Marc Jolivert lui avait laissé six jours pour se préparer.

« Surtout, pars léger ! lui avait-il recommandé. Plus le sac à dos est lourd, plus le pèlerin en est écrasé. Tu as déjà bien assez de toi-même pour te tirer vers le bas. De bonnes chaussures de marche, un duvet avec un matelas de mousse, une parka, du savon et du linge de rechange, quelques médicaments, ça doit suffire. Ah ! prends aussi une gourde, un appareil photo et une lampe de poche, et des lunettes de soleil, bien sûr. Nous allons en Espagne, quand même ! À propos, combien pèses-tu ?

– 80 kilos, pourquoi ?

– Eh bien, tu n'as droit qu'à 10 kilos de chargement, le huitième de ton poids, c'est la règle. Et demain, une journée de marche. Il faut réveiller nos muscles si on veut éviter la tendinite. Départ à 6 heures. »

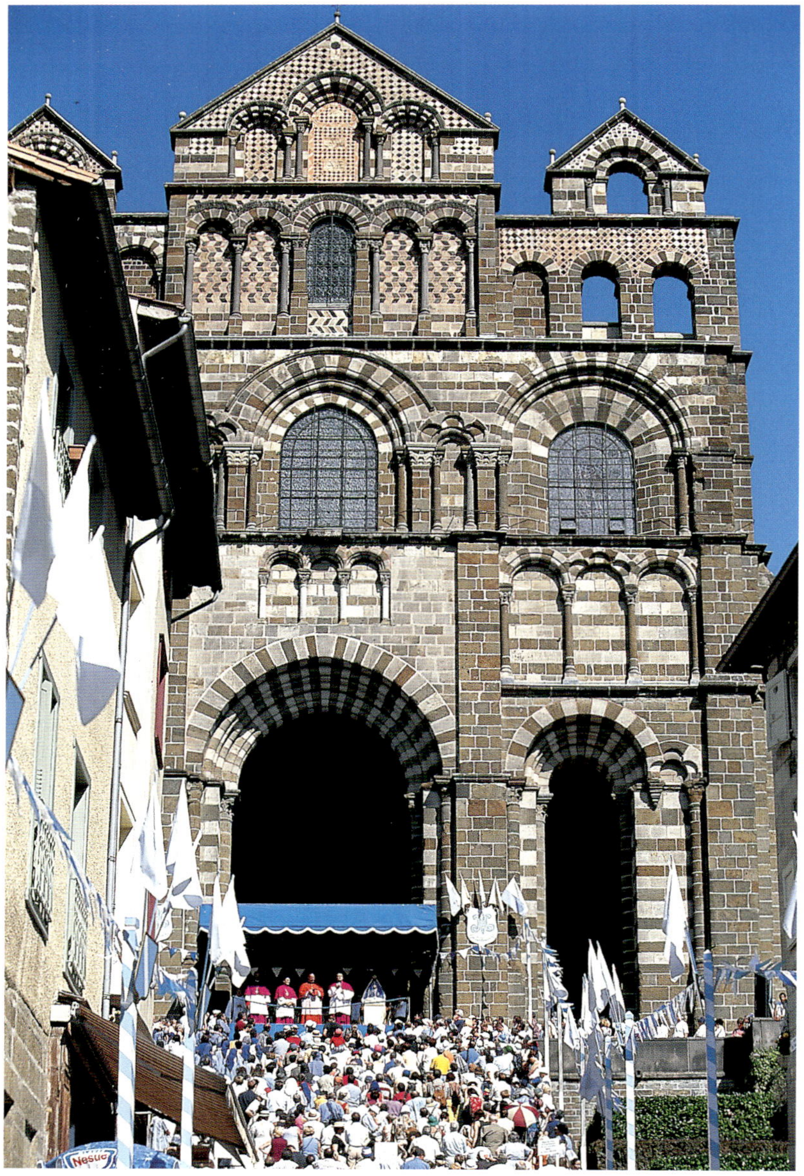

Dès le lendemain soir, Jacques Delarue pensait déjà moins à son infortune. Sa fatigue et ses pieds douloureux le distrayaient de tout vague à l'âme. Il se sentait rompu, mais un étrange sentiment de délivrance l'habitait malgré son épuisement. Il ne savait pas bien ce qu'il allait chercher, et d'ailleurs cela ne le préoccupait guère. Il commençait à faire le vide dans sa tête, il cessait de se poser des questions. Il allait déjà mieux. Même sa ville, il la découvrait soudain sous un autre jour, s'étonnant de n'avoir fait jusqu'à présent que la voir sans la regarder. Le Puy-en-Velay, dominé par ses volcans, protégé par sa Vierge noire, exacte réplique de celle qui brûla en 1794 lors de la Révolution, Le Puy et sa chapelle romane, perchée sur l'un des deux pitons rocheux qui surplombent le site grandiose, comme les hoquets pétrifiés des volcans; tout cela, Jacques Delarue avait l'impression de le remarquer pour la première fois.

De son côté, Marc Jolivert ne perdait pas son temps. Aller à Compostelle n'est pas une mince affaire et un tel voyage doit se préparer avec soin. Heureusement, les bons guides ne manquaient pas, et fort précieux se révélaient les conseils pratiques qu'ils contenaient. Cela rassurait de savoir que les chemins en France étaient balisés en rouge et blanc par les bénévoles de la FFRP (Fédération française de la randonnée pédestre), et de flèches jaunes en Espagne. Une carte ne pesait pas lourd dans la besace et achevait de sécuriser l'apprenti pèlerin. Marc avait obtenu auprès d'une association les adresses indispensables, au point de vue tant de l'hébergement que des infrastructures médicales en cas de besoin. Une tonne de conseils s'entassait sur sa table, et il finissait toujours la journée carnet et stylo-feutre en main pour d'ultimes calculs en vue d'établir le budget du voyage.

« Il est clair qu'on doit pouvoir s'en tirer avec 40 euros par jour, d'après les guides, sans faire d'extras, bien sûr: 30 euros de nourriture et 10 euros en gîte d'étape. En Espagne, ça paraît moins cher, de 20 à 30 euros tout compris, et en mangeant deux fois au restaurant encore. De toute façon, on aura chacun notre carte bleue. »

La veille du départ, assis devant sa table, Jacques Delarue regarda longuement le document que Marc lui avait remis deux jours plus tôt. Cette fois, ça y était, le pèlerinage commençait vraiment avec la crédenciale, le passeport du pèlerin, qu'il faudrait faire tamponner deux fois par jour et à chaque étape, pour avoir le droit de profiter des infrastructures d'accueil réservées aux pèlerins et aux randonneurs.

« Ne la perds pas, avait plaisanté Marc, c'est notre sauf-conduit pour le paradis.

– Et le groupe que tu attendais?

– Ils ont été retardés, mais nous, nous partons demain. Ils nous rejoindront en chemin. Et maintenant, allons prendre le verre de l'amitié au *Relais Notre-Dame*. C'est une coutume, la veille du départ. »

En revenant le soir chez lui, Jacques Delarue avait souri dans la pénombre. Quel personnage, ce Marc! Toujours prêt à saisir la vie par le bon côté. Allons, plus question de se lamenter. La grande aventure commençait. En route pour le champ de l'étoile. Avec un tel compagnon, le chemin n'allait pas manquer de sel.

En haut : la cathédrale Notre-Dame du Puy est le point de départ de la *via Podiensis*. Depuis le haut Moyen Âge, la ville du Puy-en-Velay accueille un pèlerinage marial. Ici, la foule est réunie lors des fêtes de la Vierge noire, dont l'actuelle représentation est une copie de celle du XVIIIe siècle, en cèdre, brûlée le 8 juin 1794 par les révolutionnaires.

Page de droite : portail de la cathédrale Notre-Dame du Puy.

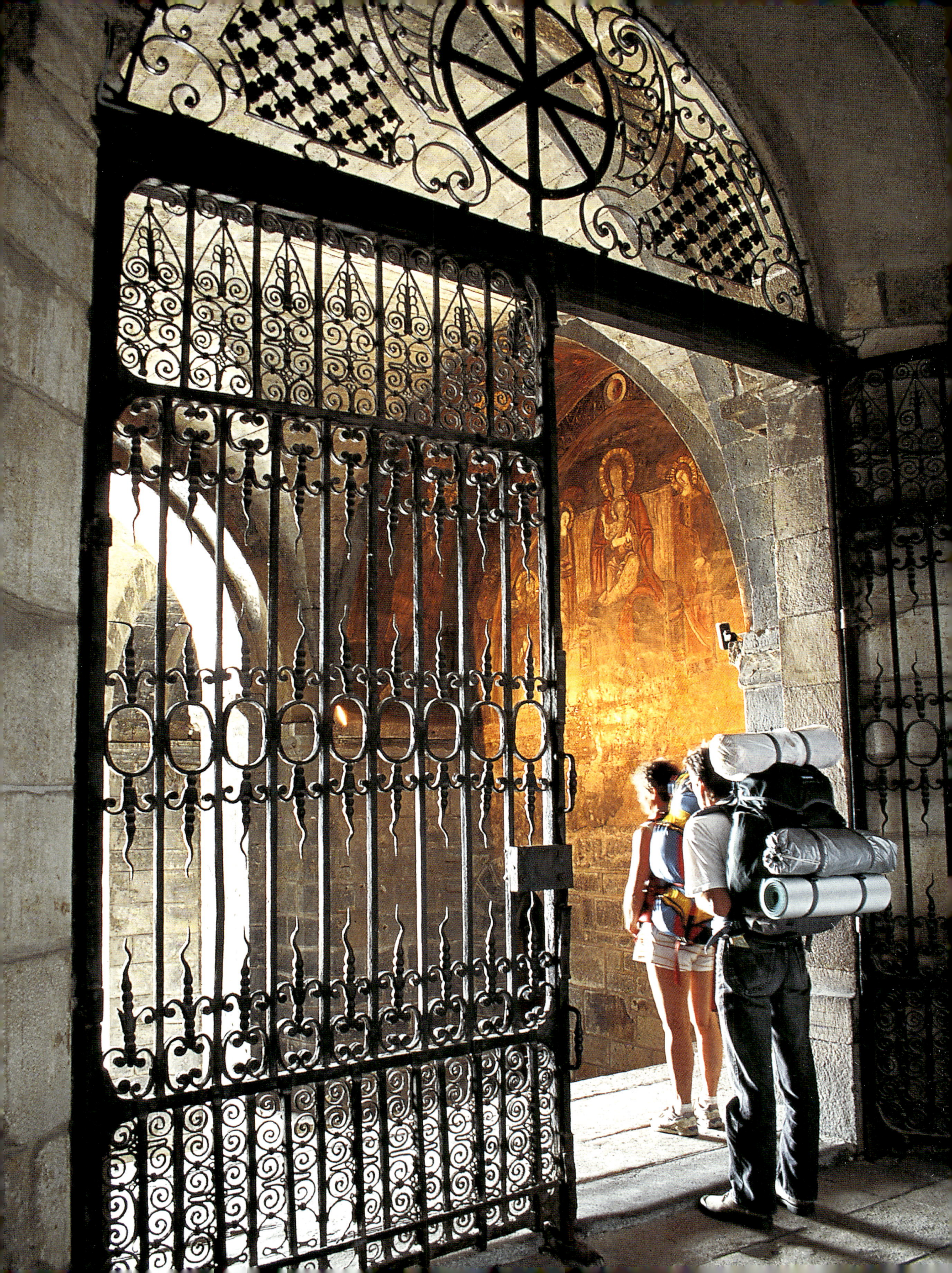

Du Puy-en-Velay à Nasbinals

115 kilomètres

Du Puy-en-Velay à Saint-Privat-d'Allier

24 kilomètres

« Qui veut voyager loin ménage sa monture », affirme fort justement le vieux proverbe. Chaque pèlerin qui débute le voyage doit avoir cette règle d'or en tête, et le lièvre du bon La Fontaine a clairement compris ce qu'il en coûtait de manquer de bon sens lorsqu'il a vu la tortue franchir devant lui la ligne d'arrivée. La première étape du voyage se doit donc d'être raisonnable. Il faut prendre le rythme du chemin, ne pas se fier à son apparente facilité, mesurer ses propres efforts pour mieux accélérer ensuite, au fur et à mesure que les jours se succèdent.

Ce matin du 1er juillet, Le Puy avait revêtu ses plus beaux atours, comme pour fêter dignement le départ de Jacques Delarue et Marc Jolivert pour Saint-Jacques-de-Compostelle. Le ciel complice étalait déjà, malgré l'heure matinale, une immense pèlerine bleue au-dessus de leur tête, sans la moindre tache de blanc, et dans les rues encore désertes, la lumière commençait à jouer à cache-cache à travers les arcs outrepassés du cloître de la cathédrale du Puy, caressant la polychromie de ses pierres, et s'attardant sur le parvis. À 7 heures du matin, les deux amis étaient noyés dans la foule des pèlerins qui se rassemblaient pour une bénédiction solennelle avant de se mettre en marche. Comme tous les jacquets, ils portaient le chapeau à large bord du pionnier, le short et les chaussures à lacets, et enfin, un bourdon, ce bâton si utile pour aider dans les descentes difficiles, pour repousser un chien errant ou mettre en fuite les reptiles dans les chemins creux.

Ils avaient quitté Le Puy par la rue de Compostelle, où ils avaient découvert les premiers signes bicolores rouge et blanc qui allaient leur indiquer le chemin jusqu'en Espagne. Jacques s'était étonné en apprenant que Marc avait prévu de s'arrêter à Saint-Privat-d'Allier. Son zèle néophyte lui avait fait pointer sur la carte la ville de Saugues, mais il avait bien vite déchanté en calculant la distance : 44 kilomètres.

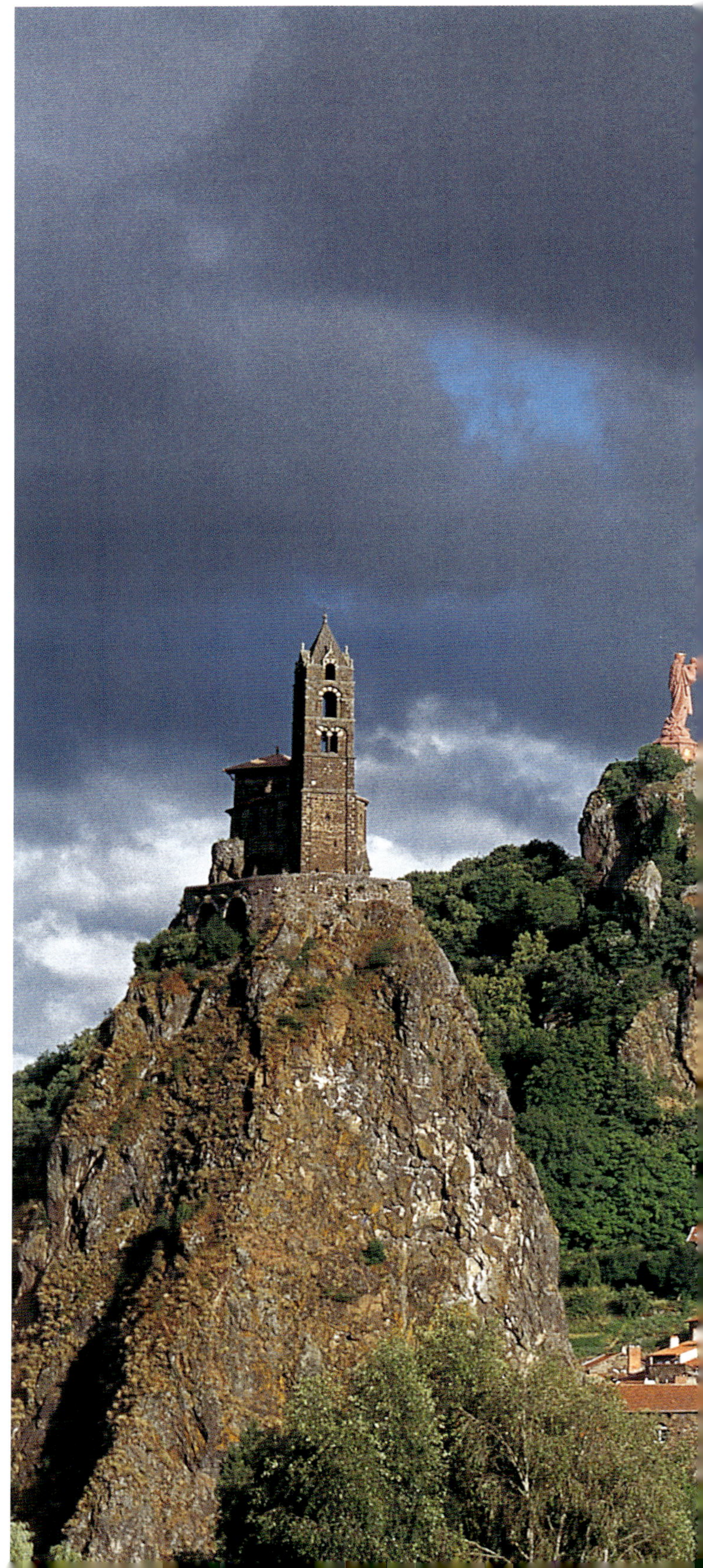

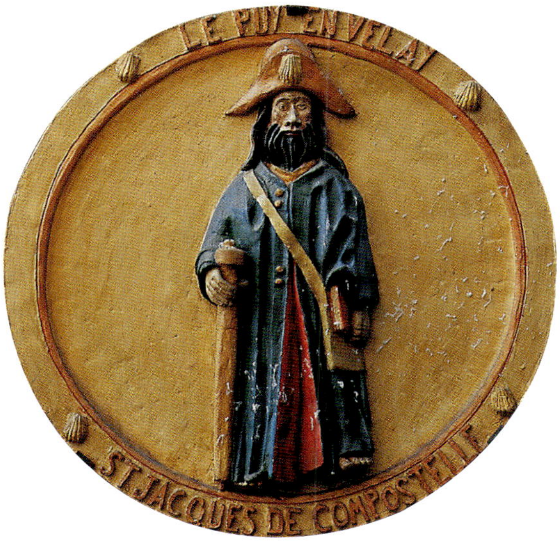

CI-CONTRE : une plaque de rue insiste sur l'importance du rôle joué par la ville du Puy-en-Velay dans le pèlerinage à Saint-Jacques-de-Compostelle. L'apôtre Jacques le Majeur est ici vêtu de pied en cap en pèlerin.

CI-DESSOUS : la ville du Puy-en-Velay. Au premier plan à gauche, la chapelle romane Saint-Michel d'Aiguilhe, accrochée à un impressionnant pic rocheux de 82 mètres de haut. Après avoir grimpé l'escalier de 265 marches, les visiteurs jouissent d'un magnifique panorama sur toute la cité.

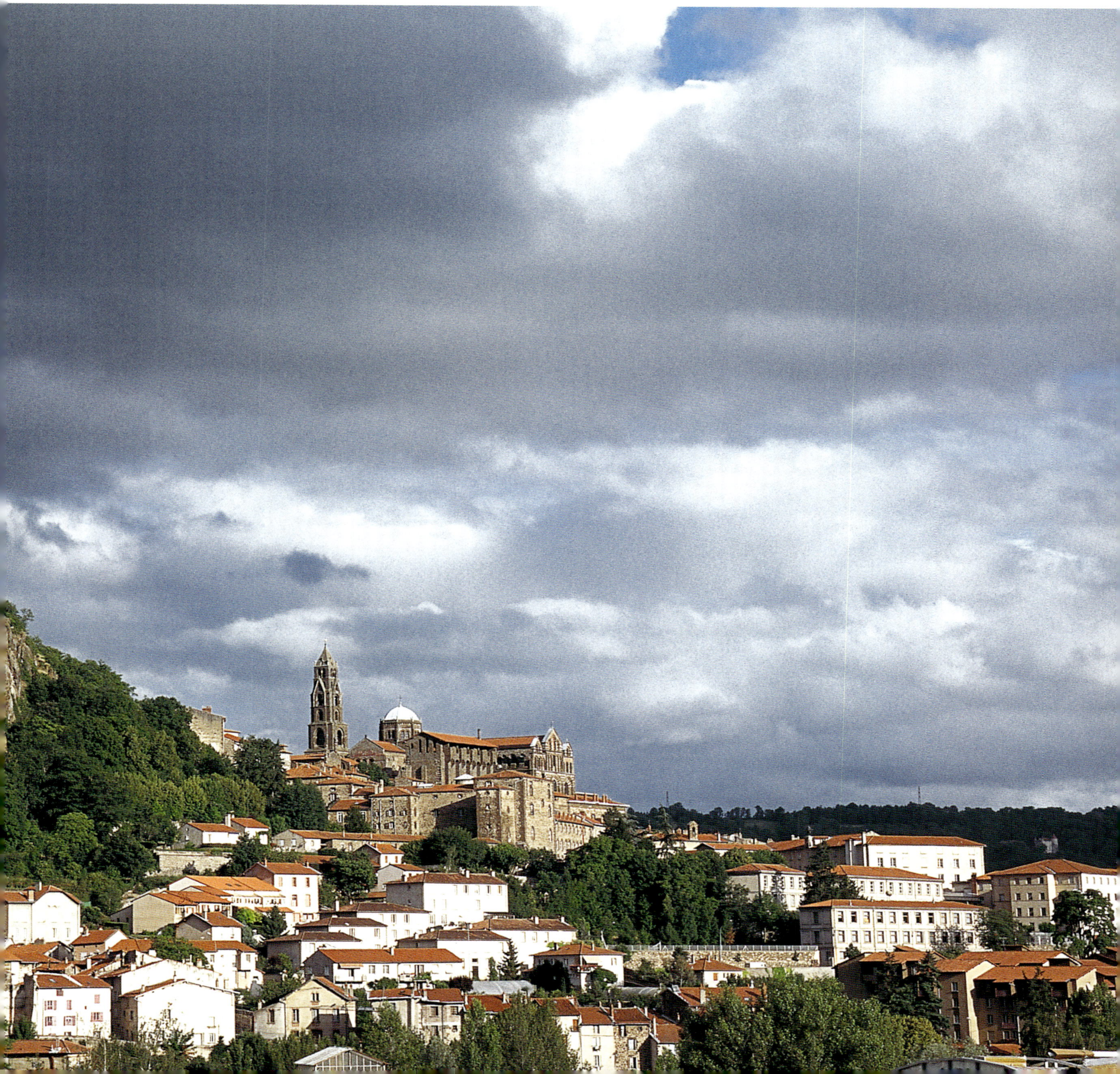

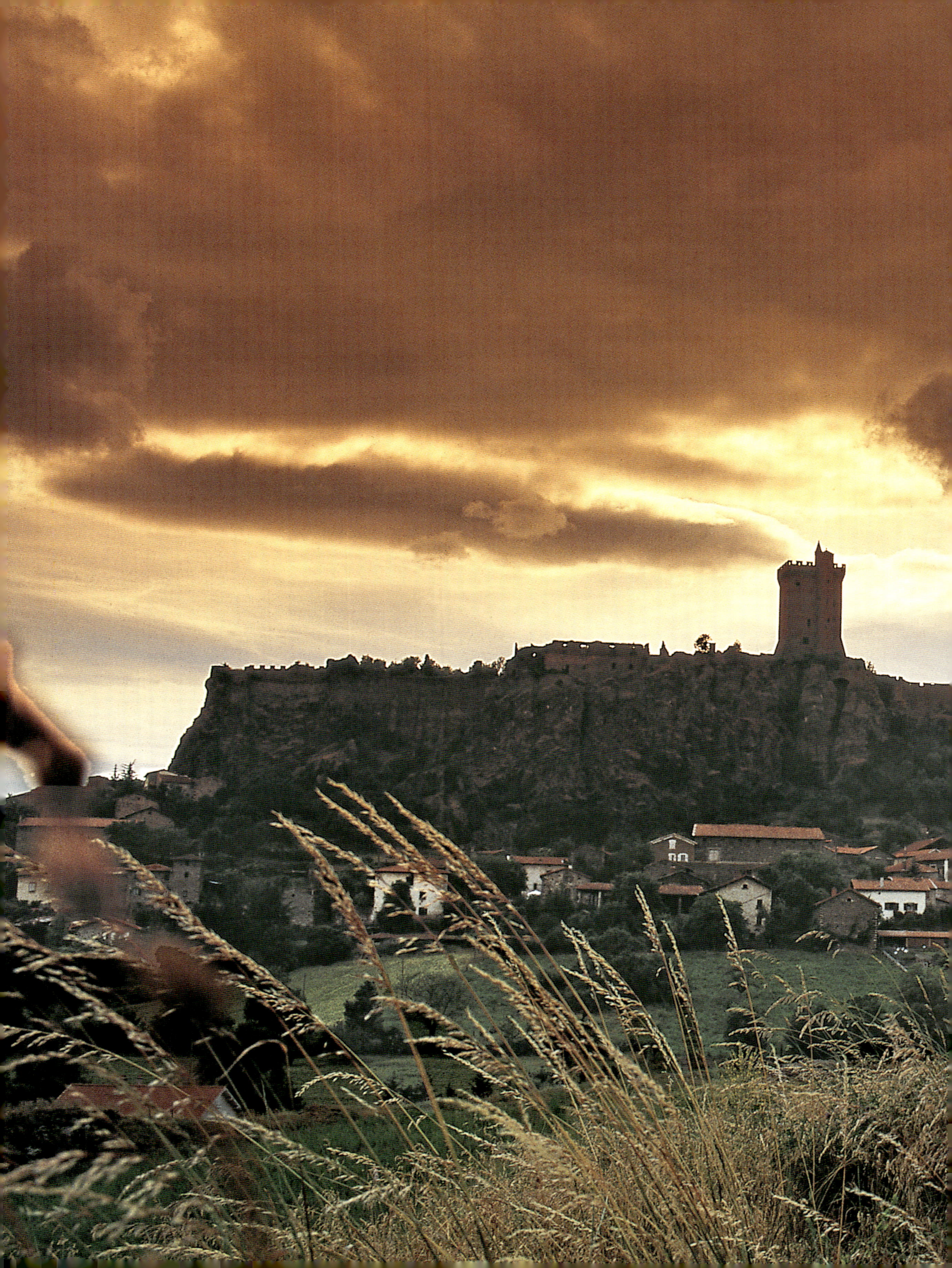

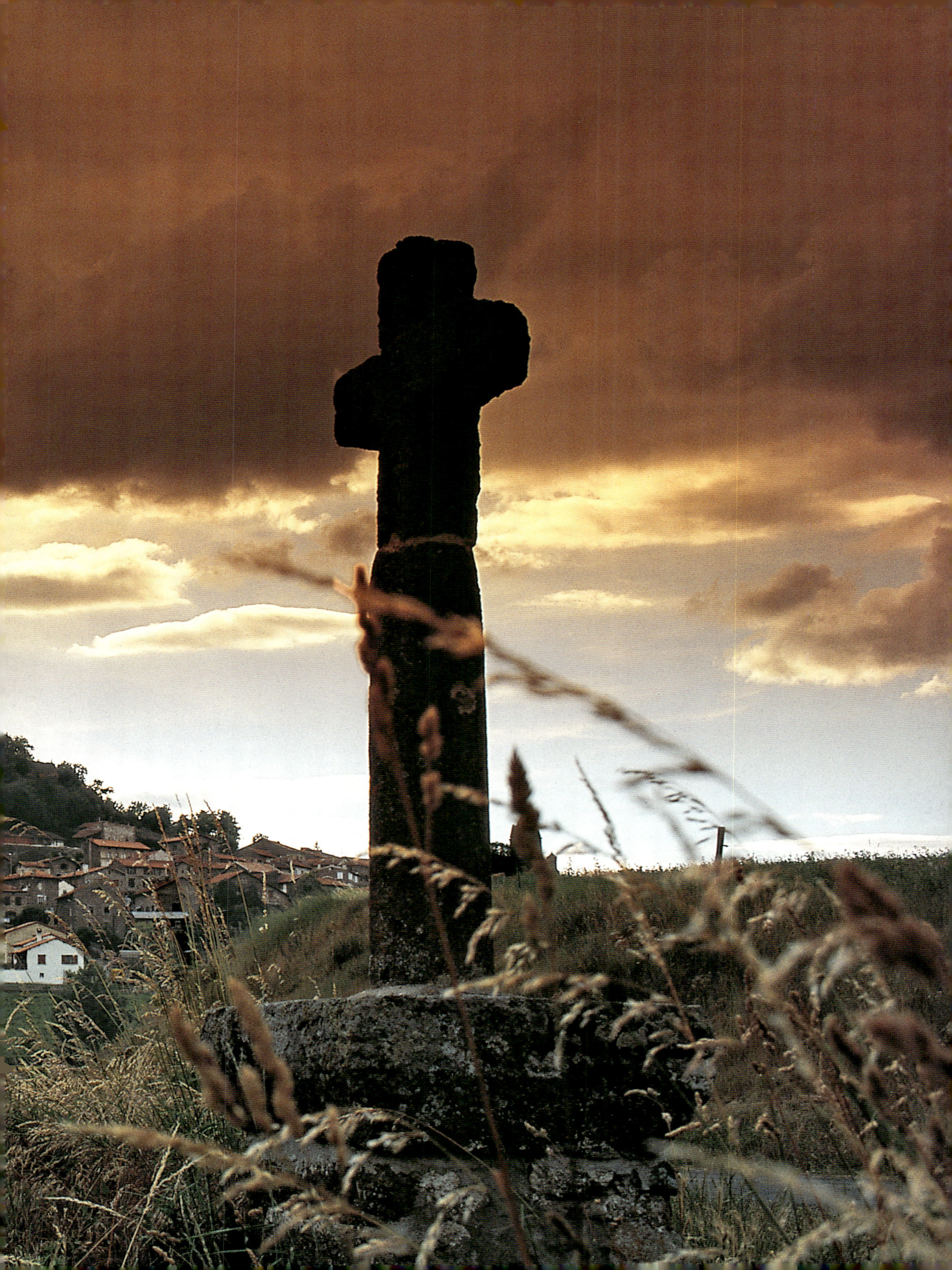

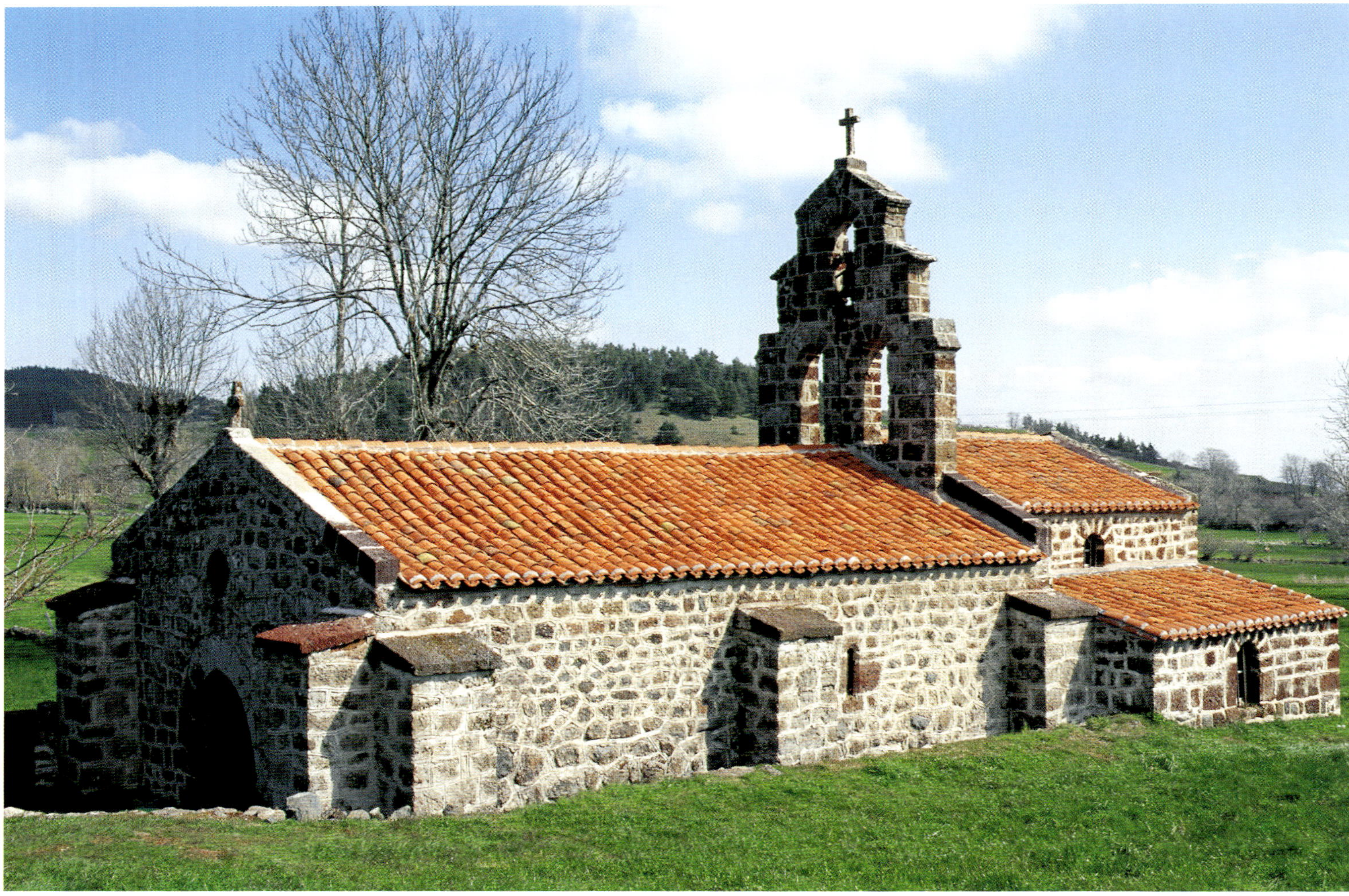

« Tu veux nous tuer ? avait ri Marc. Nous ne sommes pas encore rodés, et 24 kilomètres pour une première journée, c'est bien suffisant. Tous les guides te mettent en garde, les premiers kilomètres sont les plus dangereux. Au début, nos muscles sont rouillés. Nous aurons tout le temps par la suite de dévorer la route, mais il ne faut pas que ce soit elle qui nous dévore. Alors, du calme ! On part doucement et à Saint-Privat, on se pose. »

Jacques avait rapidement compris que Marc avait raison en sentant que sa jambe droite tirait un peu dès Saint-Christophe-sur-Dolaison. Mais ils purent néanmoins admirer au passage la petite église romane du XIIe siècle, construite en brèche, cendre volcanique agglomérée, de couleur rougeâtre, avec son clocher-arcade percé de quatre ouvertures et ses niches funéraires ou enfeux, à l'extérieur, du côté sud. Tout autour d'eux, c'était la campagne, des bosquets qui succédaient aux prairies, aucune possibilité de halte avant d'atteindre le village de Ramourouscle pour se reposer. Ils y arrivèrent fourbus, et Jacques bénit la simple chaise à l'abri d'un gros chêne où, sur une table de fer, on leur servit de quoi se restaurer, et surtout un pichet de vin léger avec une grande cruche d'eau fraîche. On leur parla même de ce terrible orage qui, au XVIIIe siècle, aurait, paraît-il, fait gonfler la Dolaison et les ruisseaux voisins, anéantissant maisons, terres et moissons pour ne laisser sur place que désolation et sols pleins de pierrailles.

Ils reprirent ensuite leur route. Le chemin commençait à s'imposer à eux, de toute la force de ses méandres, annonçant les gorges de l'Allier. Il faisait très chaud, et aucun des deux marcheurs ne parlait, occupés qu'ils étaient à ménager leur souffle. Ils achetèrent de l'eau fraîche en passant à Montbonnet, tentés un instant par la perspective de poser là leur sac pour trouver la chambre d'hôtes que leur guide mentionnait. Ce fut Marc, cette fois, qui ranima leur courage.

« Allons ! C'est le moment de pousser le cri de ralliement des jacquets : *E Ultreïa ! E Ultreïa !* Saint-Privat n'est plus très loin. En avant ! »

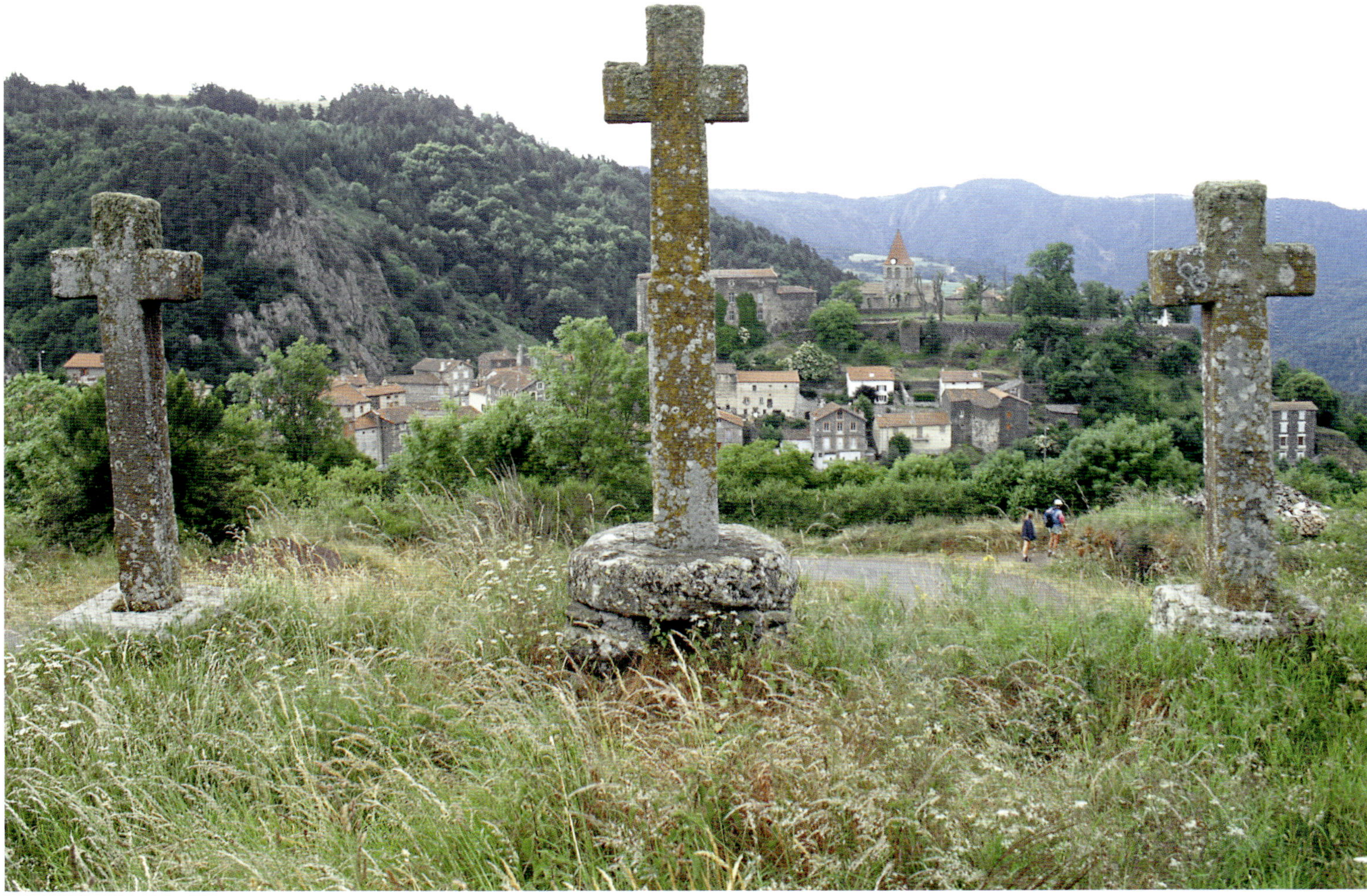

Encore un petit hameau, Le Chier, où seuls quelques aboiements de chiens mettaient un signe de vie dans un paysage de lave et d'accidents volcaniques, et déjà la descente s'amorçait vers Saint-Privat-d'Allier.

Une vraie merveille, ce petit village perché entre deux ravins sur son piton rocheux, à 875 mètres au-dessus des gorges de l'Allier. À l'extrémité sud du bourg, reliée au village par le chemin de l'Espérou, un château, peut-être le premier autour duquel s'était jadis constitué le village, planté sur l'éperon rocheux du Plain, gardait encore son prestige malgré les blessures du temps. On pouvait imaginer sans peine la puissance des seigneurs en un tel lieu imprenable. Un certain Jacques Bouchard, au XVIIe siècle, aurait même osé défier l'évêque du Puy. Près du château, une belle église romane, construite en blocs de cendre volcanique d'une couleur chaude, possède une nef à collatéraux et un chœur admirable. Les deux amis s'arrêtèrent, le souffle coupé. À quelques pas d'eux, trois jeunes garçons partageaient le même émerveillement. On fait vite connaissance sur le chemin de Saint-Jacques. Ceux-là venaient de Clermont-Ferrand et avaient déjà un bon ruban de route dans les jambes. Tous se retrouvèrent dans le même gîte, prêts à employer le reste de la journée à une sieste de deux heures au moins, à quelques petits lavages, et à une flânerie jusqu'au calvaire en plein ciel, à la sortie de Saint-Privat. À la tombée de la nuit, derrière les trois croix qui se dressaient comme plantées dans le soleil couchant, le paysage était saisissant.

Double page précédente : véritable forteresse, le château de Polignac occupait un emplacement stratégique sur la route du pèlerinage à l'ouest et au nord de la ville du Puy. Les seigneurs de Polignac, que l'on appelait « les rois des montagnes », s'opposèrent longtemps aux évêques du Puy, au sujet des péages sur la route de Compostelle.

Page de gauche : une petite chapelle dédiée à saint Roch, juste avant Montbonnet.

Ci-dessus : les trois croix en pierre au-dessus de Saint-Privat-d'Allier.

De Saint-Privat-d'Allier à Saugues

19 kilomètres

La nouvelle étape qui s'annonçait, Marc l'avait voulue relativement courte, car il la savait difficile. Jacques se rendait compte à présent que son ami avait pensé à ce pèlerinage depuis fort longtemps sans le dire, étant donné l'ampleur de ses connaissances pratiques du terrain. Le temps était toujours radieux, mais la chaleur déjà écrasante malgré l'heure matinale. La roche affleurait partout, sèche, coupante, rouge par endroits, comme à peine refroidie, encore un peu liée au feu de son volcan.

Le chemin avait commencé rapidement à monter dès la sortie de Saint-Privat, de 70 mètres au moins sur 3 kilomètres, et chaque pas comptait. Mais le petit village de Rochegude valait bien tous les efforts. Avant de traverser les gorges de l'Allier, qui forment la première grosse coupure topographique sur le chemin de Saint-Jacques, Rochegude semblait quelque vigie chargée de surveiller la vallée à ses pieds. « Roc aigu » ou « roche coupée », quelle que fût son étymologie, le village se dresse en plein cœur de la vallée du Rhône, ses maisons tournant le dos au mistral, pressées autour de son château en ruine, non loin d'une petite chapelle dédiée à saint Jacques. Le point de vue sur la vallée était incomparable... mais il fallait déjà redescendre, et la pente était raide. Petits cailloux qui roulaient sous les chaussures, glissements suspects dans les fourrés, même un minuscule scorpion, tout contribuait à rendre le parcours malaisé. De loin en loin, les petites balises rouge et blanc rassuraient. Aucun doute, on était toujours sur le bon chemin.

Tout autour, c'était le royaume des volcans : orgues de basalte, cendres agglomérées, brèches, laves rougeâtres, et parfois même bombes volcaniques... Partout, l'empreinte d'une activité mystérieuse, dans les profondeurs de la terre, les traces de ses hoquets, de ses colères, de ses convulsions. Monistrol-d'Allier surgit au milieu de tout cela, niché au cœur des gorges de

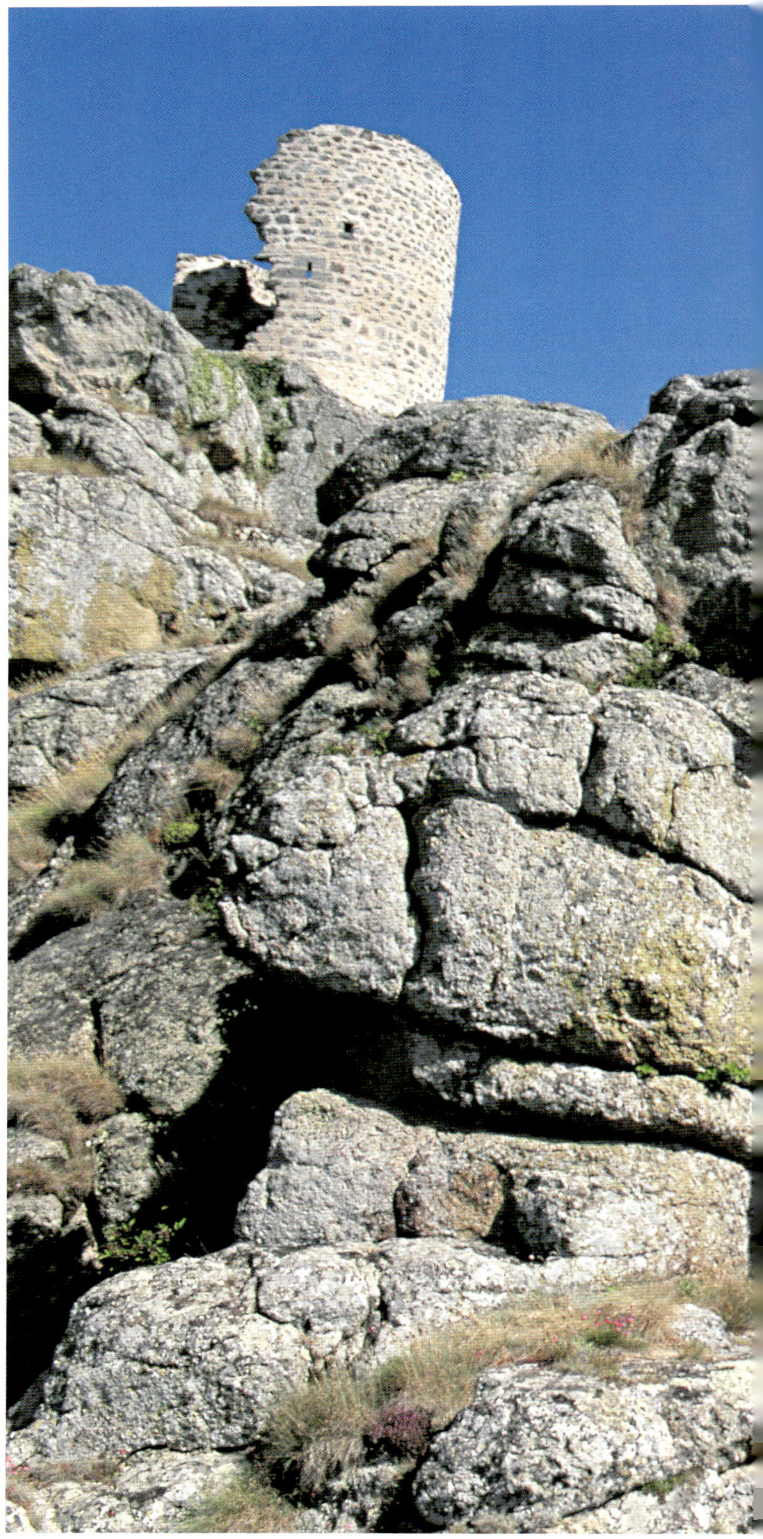

CI-CONTRE : érigée au XIIe siècle, la petite chapelle Saint-Jacques de Rochegude, près de Monistrol-d'Allier, en Auvergne, se dresse au cœur des gorges du haut Allier. Elle offre un point de vue impressionnant sur la vallée.

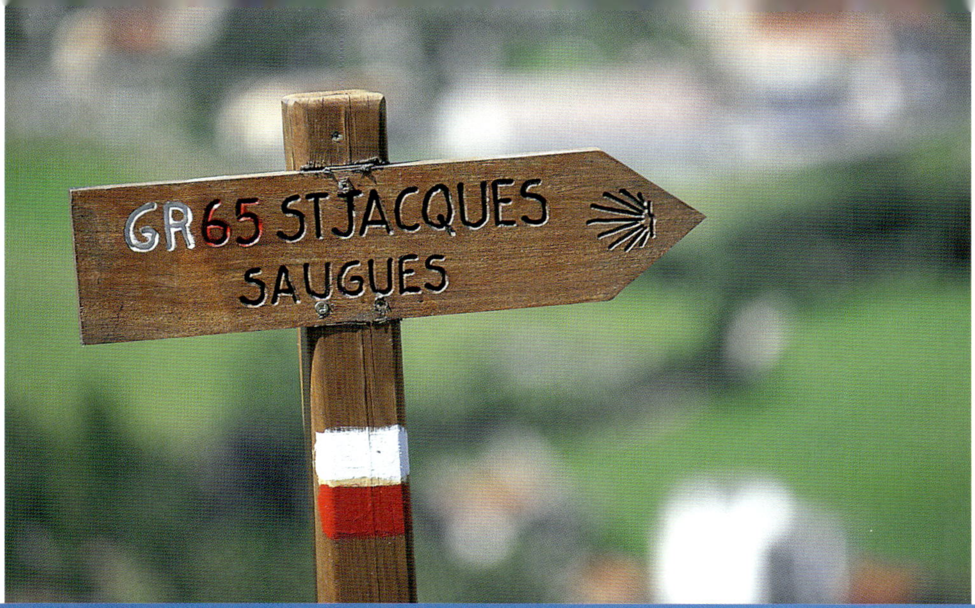

CI-CONTRE : arrivée à Saugues, en Gévaudan. La *via Podiensis*, devenue aujourd'hui le GR 65, est balisée en rouge et blanc pour aider les pèlerins à se repérer du Puy jusqu'à la frontière espagnole.

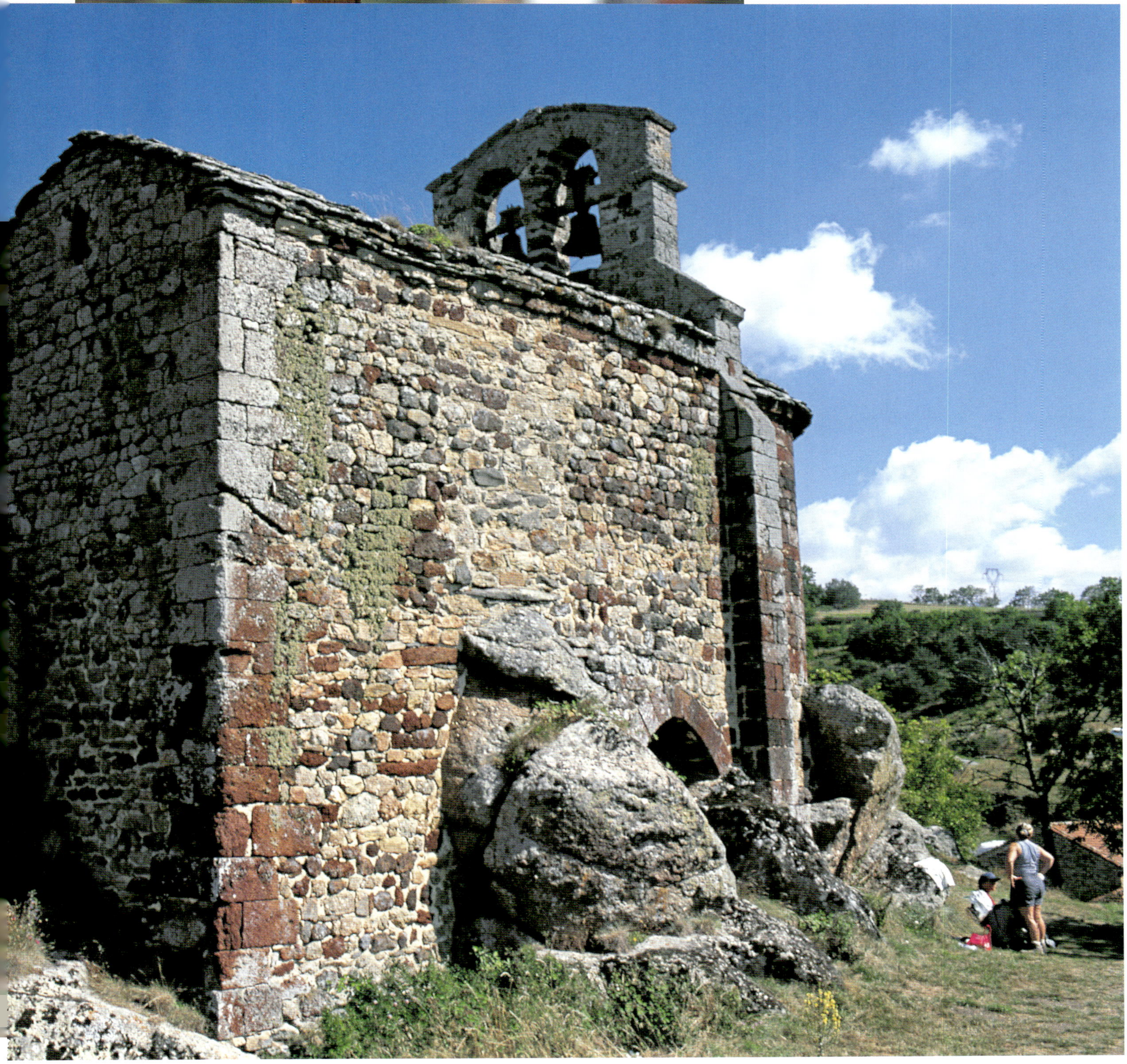

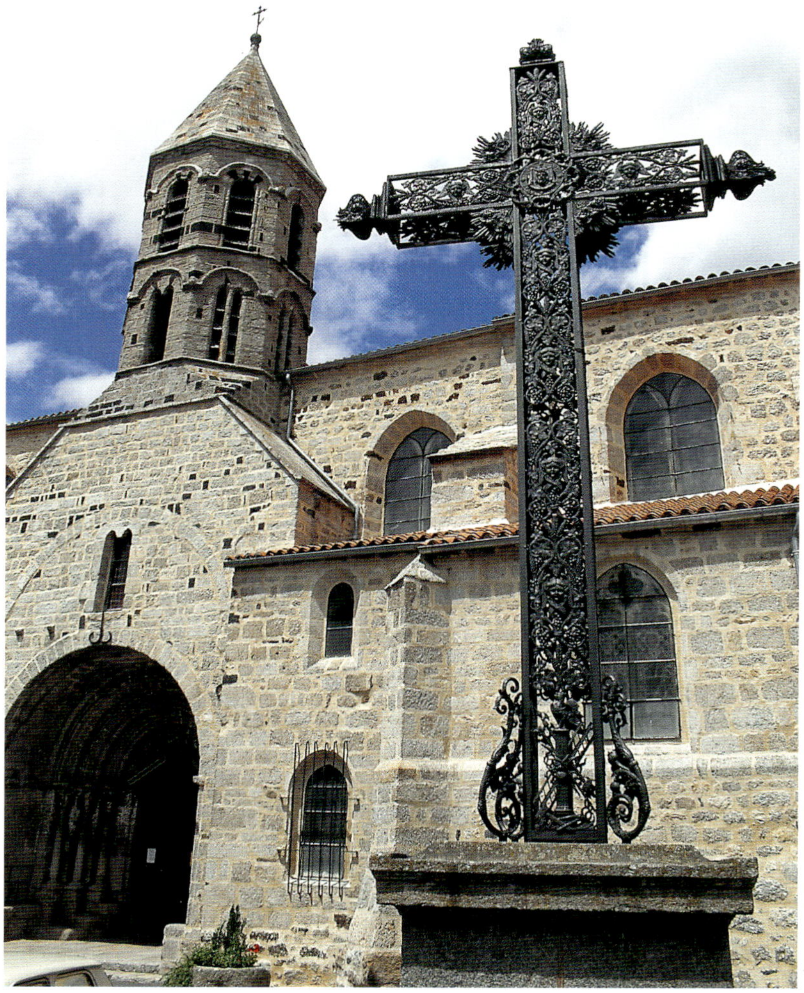

Ci-dessus : la collégiale Saint-Médard, à Saugues, avec son porche de style roman et son clocher octogonal. Les pèlerins s'y arrêtent pour voir la Vierge du XIIe siècle et la remarquable pietà en bois polychrome.

Page de droite : la bête du Gévaudan a terrorisé les habitants de toute la Margeride entre 1764 et 1767. Dans la région, de nombreuses sculptures rappellent cette terrible histoire aux pèlerins.

l'Allier, dans un site naturel unique où les coulées de lave grise font ressortir le vert des forêts de chênes et de hêtres qui dégringolent jusqu'aux berges sauvages du fleuve. Monistrol et son église, remarquable par ses splendides statues en bois polychrome de Notre-Dame d'Estours, du Christ à la bêche, de sainte Madeleine, et, près de son chevet, par la croix de l'ancien cimetière qui porte les attributs des pèlerins ; encore et toujours saint Jacques !

La montagne embaumait. Des framboises, des myrtilles, de grandes digitales pourpres, un vrai régal de tous les sens. Et, impériaux au-dessus des gorges, des grands ducs planaient, des faucons pèlerins, des cincles gris-brun, toute une variété d'oiseaux, des plus grands aux plus petits.

Jacques et Marc commençaient à comprendre tout ce que le chemin leur apportait. Peu à peu, leur fatigue devenait un moyen de le payer de ses bienfaits : ces merveilleux paysages qu'il leur faisait découvrir, ces rencontres chaleureuses dans les gîtes d'étape, cette impression fugace de communier dans les humbles chapelles romanes avec tous les jacquets qui les avaient précédés au fil des siècles. Ils changeaient.

Après Monistrol, le chemin montait de nouveau jusqu'au petit village perché en haut d'Escluzel. C'était là une halte fort appréciée sur le chemin du pèlerinage, et nos deux amis en profitèrent aussi. Ils visitèrent au passage la chapelle troglodytique de la Madeleine, ancienne grotte taillée dans le basalte et fermée au XVIIe siècle par un fronton de pierre. À droite et à gauche de la chapelle, des tombeaux creusés à même le roc abritaient des ossements de femmes et d'enfants, ainsi que des pièces de monnaie datant du début du XVIIe siècle.

Et le chemin montait toujours, de plus en plus rude, de plus en plus pentu, jusqu'à Montaure où, redevenu presque plat, il traverse Rognac et amorce enfin sa descente sur Saugues. Au bord de la route, une sculpture de la bête dominait la ville. Il n'y avait pas à se tromper. Ils étaient bien à Saugues, la capitale du Gévaudan !

Depuis le Xe siècle, Saugues a toujours été une étape importante pour les pèlerins de Compostelle qui partaient du Puy-en-Velay. Nos deux amis, totalement fourbus par les descentes et les montées incessantes de l'étape, se mirent tout de suite en quête d'un hébergement, qu'ils trouvèrent sans peine dans le gîte communal de la ville. Seulement, après avoir pris une bonne douche et délassé leurs pieds douloureux, ils se reposèrent avant d'entreprendre la visite du lieu. La collégiale Saint-Médard, avec de belles statues polychromes, offre un mélange de roman et de gothique propre au recueillement. Mais rien dans Saugues ne parvient à faire oublier la tristement célèbre bête du Gévaudan qui, au XVIIIe siècle, sema la terreur dans toute la Margeride.

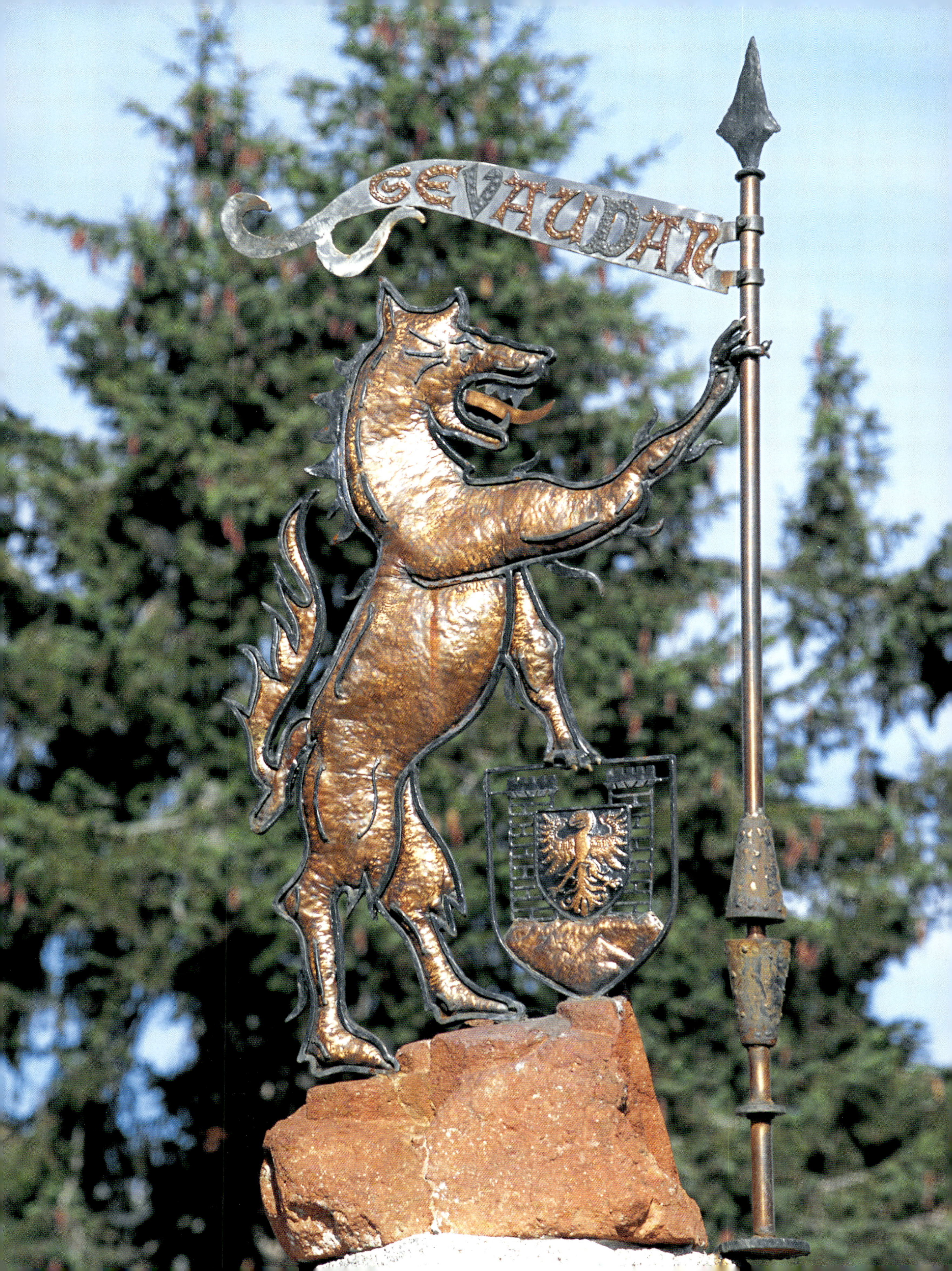
GEVAUDAN

De Saugues au domaine du Sauvage

20 kilomètres

Suivant les recommandations des guides, Marc et Jacques prirent la précaution de retenir gîte et repas au domaine du Sauvage, sans oublier de l'eau pour la mi-journée. Ils savaient en effet que l'étape à venir ne permettait aucun ravitaillement avant l'arrivée en haut de la Margeride, à 1 292 mètres d'altitude. La Margeride, terre de silence et de murmure, terre secrète où les ruisseaux répondent aux ruisseaux, où le granit ne cesse d'adoucir sa rigueur au fil des saisons en se couvrant de narcisses ou de bruyère. En arrivant le soir au domaine du Sauvage, nos pèlerins n'imaginaient pas trouver au milieu des pâturages cette ancienne demeure des Templiers, jadis de vocation hospitalière, consacrée aujourd'hui à l'élevage de bovins. Dans la grande salle du bas, le dîner leur parut d'autant plus savoureux qu'ils mouraient de faim, et Jacques Delarue, un bref instant, se crut revenu aux temps de son enfance, lorsque la vie ne faisait que lui sourire...

Jacques et Marc savaient que, le lendemain, le domaine du Sauvage à peine hors de vue, la belle chapelle Saint-Roch marquerait le passage en Lozère.

CI-DESSOUS : le domaine du Sauvage était autrefois occupé par les Templiers. Aujourd'hui, les pèlerins y trouvent refuge et peuvent y acheter des produits locaux.

PAGE DE DROITE : la chapelle Saint-Roch, chère aux anciens jacquets, souvent exténués après avoir franchi le col Saint-Roch, à 1309 mètres d'altitude, où deux hôpitaux les accueillaient.

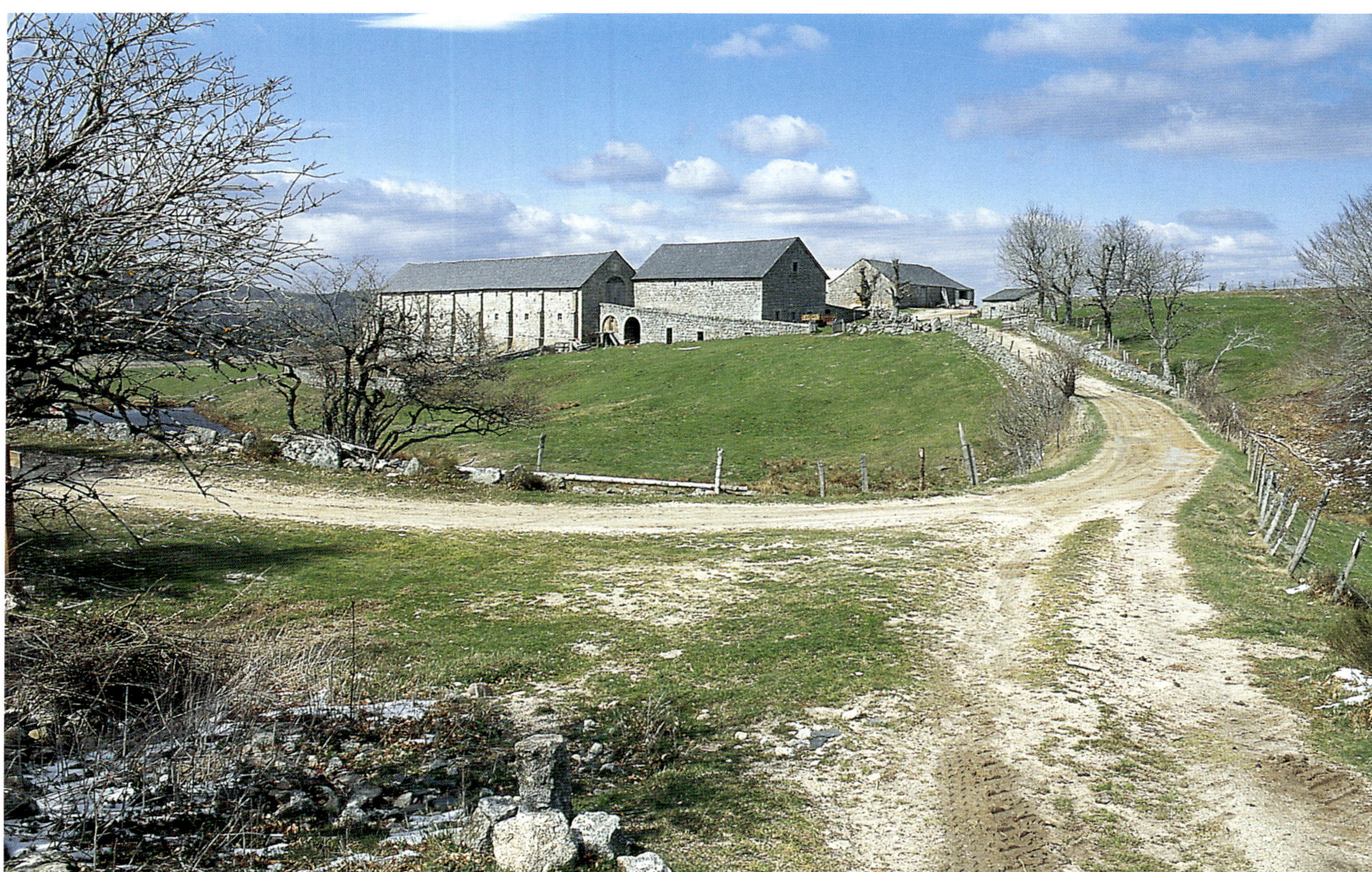

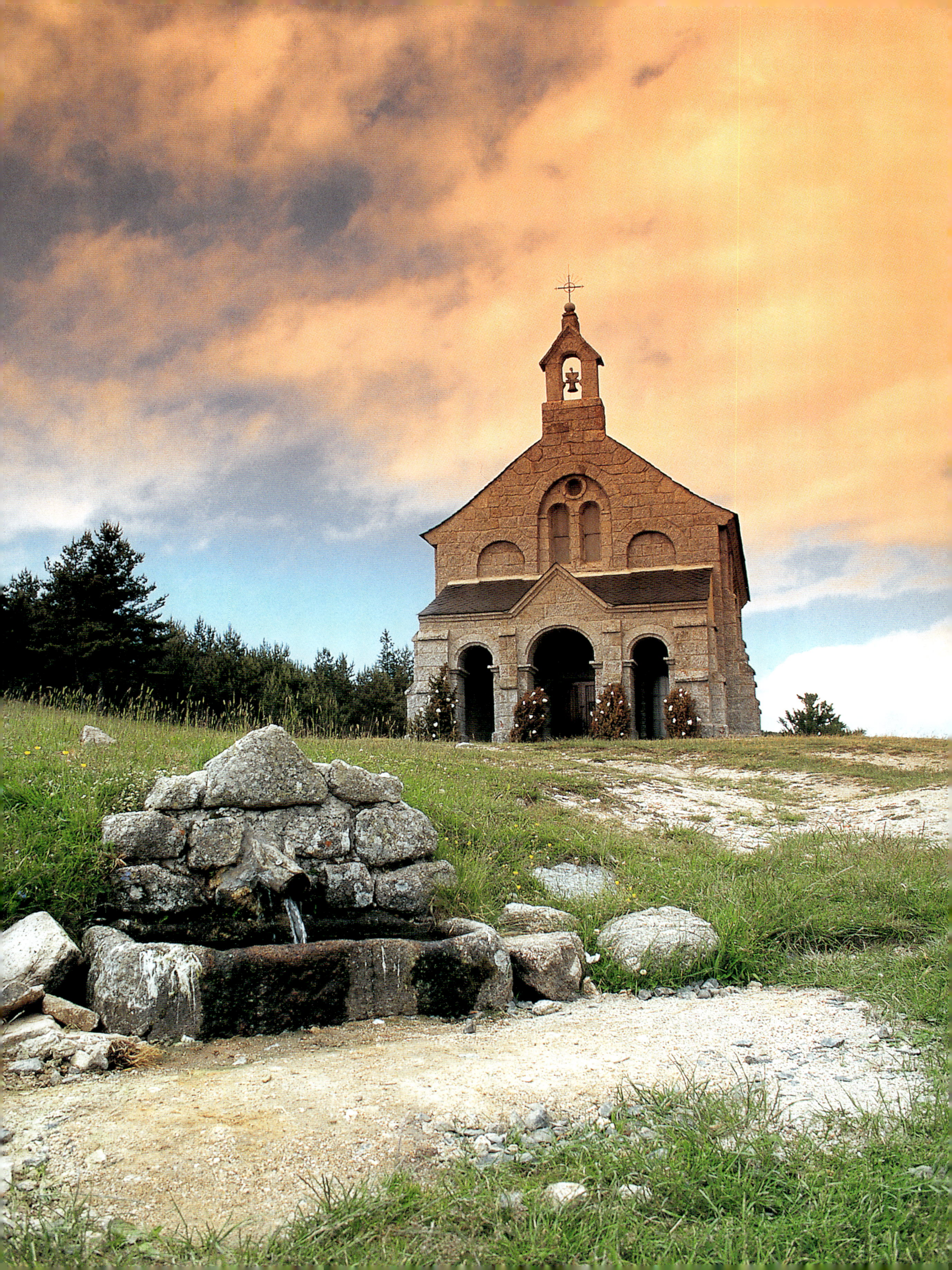

Du domaine du Sauvage à Aumont-Aubrac

26 kilomètres

La Haute-Loire restait derrière eux, tandis que de part et d'autre du massif granitique de la Margeride, l'eau, d'un côté, rejoignait la Loire et de l'autre la Garonne. La tête encore pleine des histoires racontées la veille autour de la table d'hôtes, Jacques et Marc allaient bon train, plus entraînés maintenant à un rythme soutenu.
« Bientôt, nous allons allonger les étapes, avait déclaré Jacques. Nous commençons à pouvoir garder l'allure, tu ne crois pas ? »
Marc n'avait pas répondu. Il savait que l'aventure n'en était qu'à son début et que, passés les premiers moments d'exaltation, d'autres allaient sans doute venir avec leur cortège d'impondérables et de découragement. Ils parlaient peu, croisant parfois sur le chemin un ou deux pèlerins, qu'ils distançaient ou rattrapaient, les saluant d'un geste de la main, d'un mot ou d'un sourire.
Ils arrivèrent sur les 11 heures à Saint-Alban-sur-Limagnole, petite bourgade nichée à 950 mètres d'altitude au cœur de l'ancienne province du Gévaudan. Dès l'entrée du village, toute l'histoire s'écrit dans le granit de ses pierres. L'histoire de la bête d'abord, abattue par Jean Chastel en 1767, le loup maudit dont la sculpture orne le clocher de l'église ; celle des moines cisterciens de la Chaise-Dieu qui, sous l'égide de saint Alban, furent les premiers à construire un monastère sur les rives de la Limagnole ; celle des seigneurs d'Apcher, qui bâtirent le château que, plus tard, le dernier marquis de Saint-Alban convertit en hospice pour les pèlerins de Compostelle. Et partout, du granit, sculpté par le temps, masses énormes, ovales ou rondes, jetées çà et là dans le paysage chaotique ; du granit encore, dressé en calvaires à partir du château de Saint-Alban ; du granit aux murs des fermes et des maisons. Avec, au milieu du silence, le ruissellement de la Truyère, le bruissement des forêts touffues, entrecoupées de landes et de pâturages.
« Que de beauté ! murmura Jacques Delarue. Et dire que je perdais mon temps à larmoyer sur moi-même quand tout cela nous est donné. Vraiment, Marc, je ne te dirai jamais assez merci de m'avoir entraîné dans cette aventure. Il me semble que je suis devenu un autre homme. »
Marc sourit.
« Attends encore un peu. Le véritable "homme nouveau", c'est à Compostelle qu'il apparaîtra. Il nous reste beaucoup à faire. Mais c'est vrai que l'on se sent différent un peu plus chaque jour. C'est grâce au chemin. »
Un chemin parfois capricieux, du fait de ses balises difficiles à suivre. Mal engagés au début, ils s'aperçurent à temps de leur erreur et revinrent sur leurs pas... au bout de 4 kilomètres ! Lorsqu'ils arrivèrent à Aumont-Aubrac, petit bourg groupé autour d'un ancien prieuré bénédictin aux belles voûtes de pierre, ils apprécièrent particulièrement le gîte d'étape, amusés de découvrir que tous les pèlerins qu'ils rencontraient avaient, comme eux, perdu le chemin à un moment donné. Et ce, en plein été ! Que dire s'il avait fallu les parcourir en hiver, ces terres désertiques de l'Aubrac ? Les anciens récits des jacquets leur revenaient en mémoire. Livrés aux attaques des loups, exposés aux assauts des brigands, les malheureux pèlerins laissaient bien souvent leur vie sur le chemin, ce qui donnait son plein sens à la domerie d'Aubrac, que nos deux amis allaient trouver plus loin...

Page de droite : croix du pont de Marchastel sur le Bès, sur la route de Rieutort-d'Aubrac. Les chemins de Saint-Jacques sont jalonnés de croix, comme pour rappeler au pèlerin la démarche spirituelle qui sous-tend son voyage.

Double page suivante : le plateau de l'Aubrac. Des vaches de race aubrac, que l'on reconnaît à leur robe fauve, paissent tranquillement pendant l'estive dans cette région de transhumance et d'élevage.

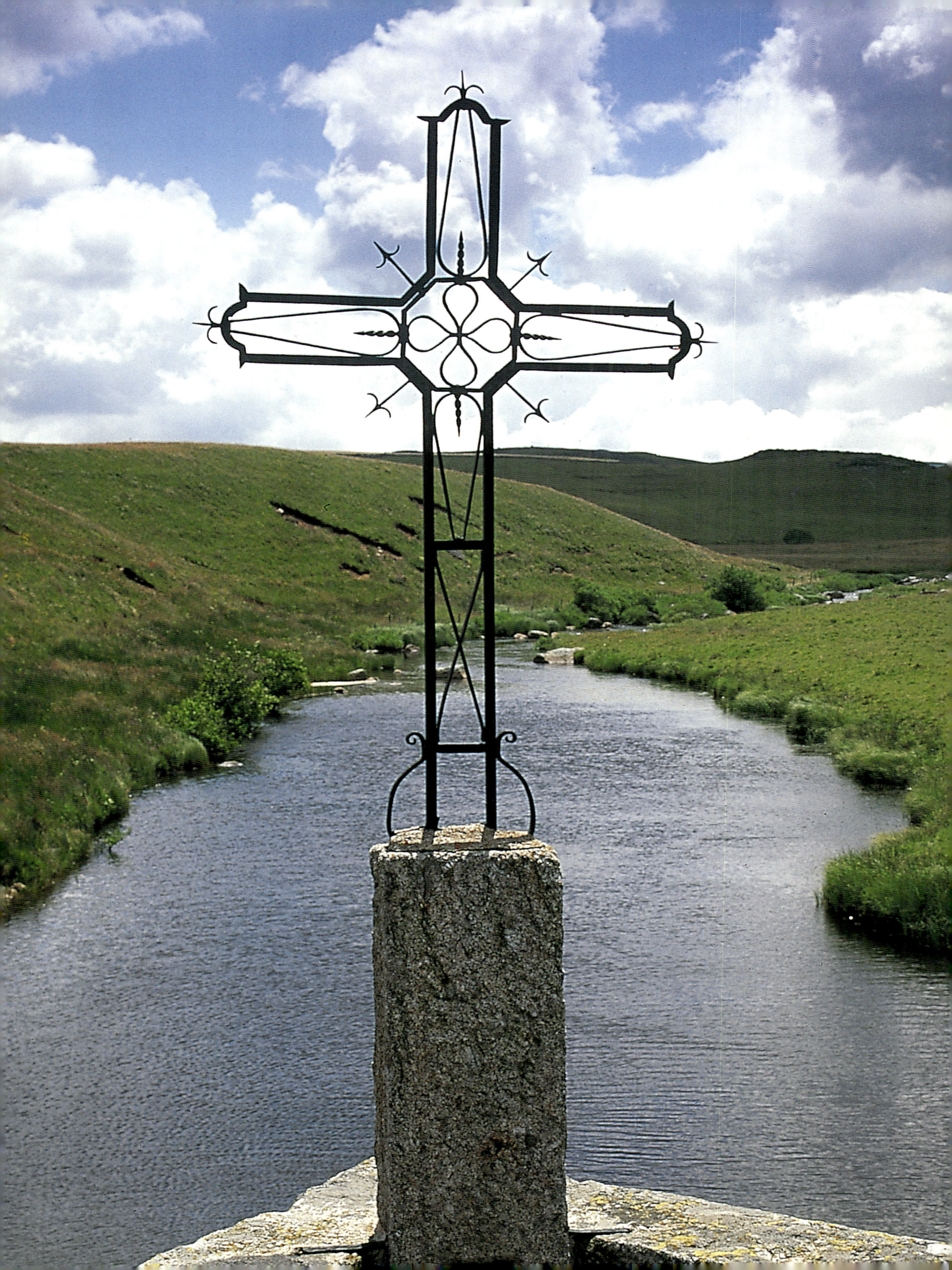

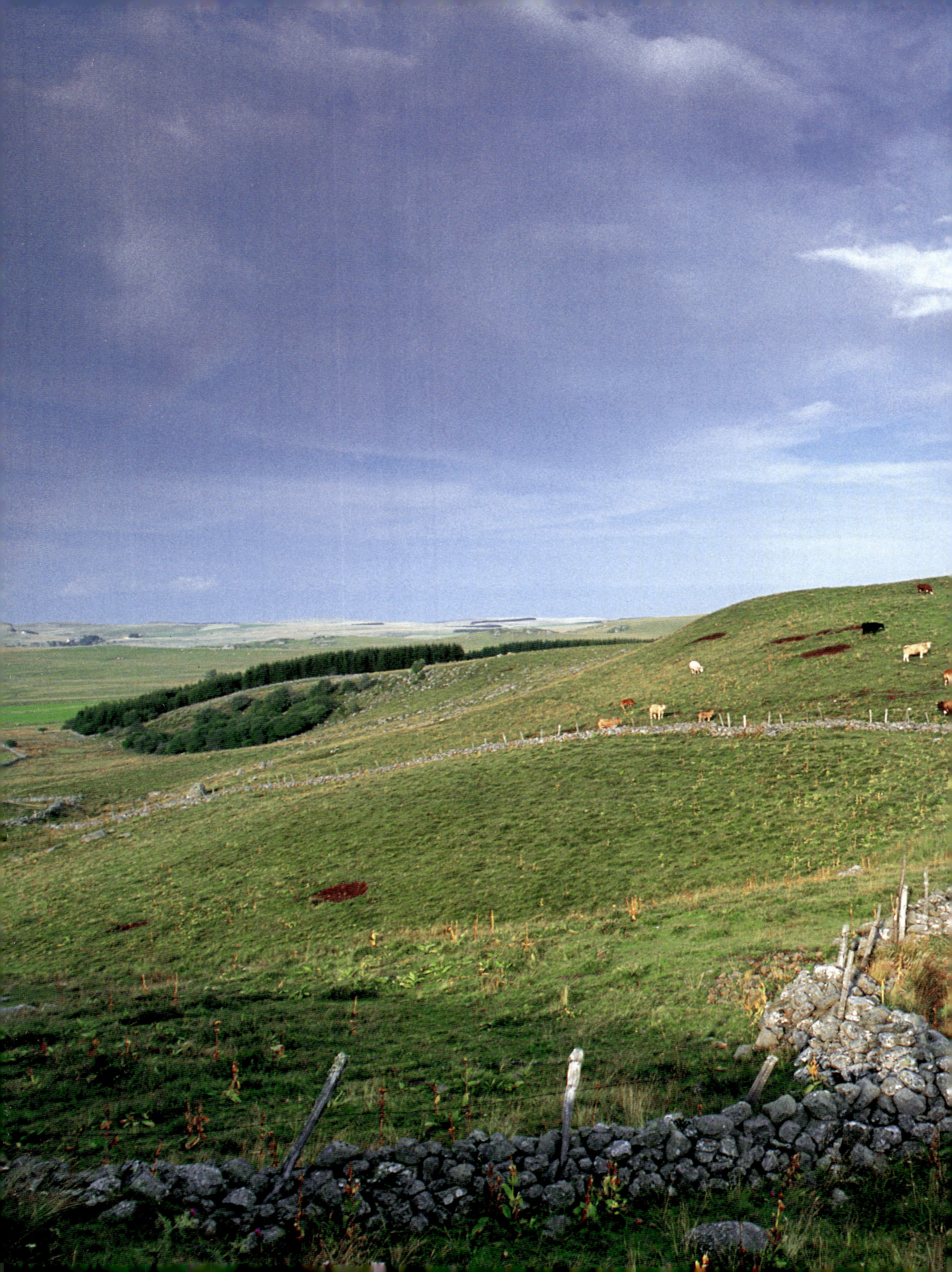

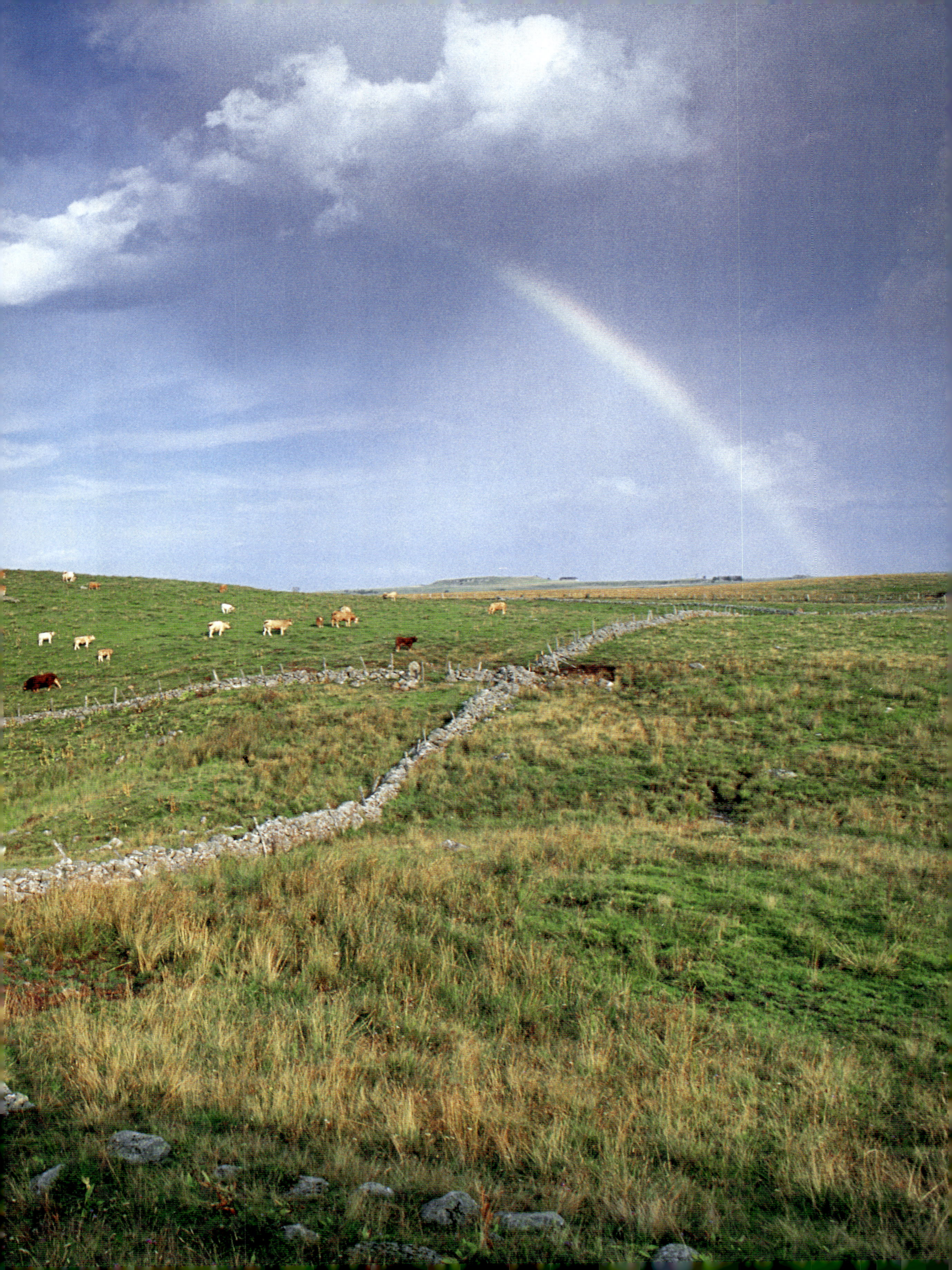

D'Aumont-Aubrac à Nasbinals

26 kilomètres

Après les paysages magiques de la Lozère, l'étape à travers le plateau de lave de l'Aubrac offre surtout l'intérêt de marcher face à l'horizon, entre des murets de pierre, le visage battu par le vent qui courbe les hautes herbes à l'infini. Le chemin coulait comme une rivière solide sous les pas des deux amis, identique à ce qu'il était derrière, semblable à ce qu'il était devant, comme s'il voulait inviter le marcheur à une méditation qui ne tolérait aucune distraction. Ils visitèrent au passage la chapelle de Bastide et atteignirent Finieyrols à mi-étape, à moitié morts de faim et de soif.

Difficile de se remettre en route après avoir fait honneur à l'aligot. L'estomac lourd mais le palais comblé par le mariage heureux de la pomme de terre, de l'ail et de la tomme fraîche qui constitue le délicieux plat traditionnel, Jacques Delarue et Marc Jolivert mirent un certain temps à retrouver leur rythme, qui les mena sans encombre à Nasbinals. Ce gros bourg, au cœur de l'Aubrac, pouvait à juste titre s'enorgueillir du magnifique clocher octogonal de son église du XIe siècle, considérée comme une merveille de l'art roman.

Le soir, en se regardant, nos deux pèlerins eurent un hochement de tête satisfait qui en disait long. Leur première grande étape était franchie. Elle allait être suivie d'une infinité d'autres qu'ils espéraient pouvoir faire plus longues afin de hâter leur arrivée à Saint-Jacques-de-Compostelle.

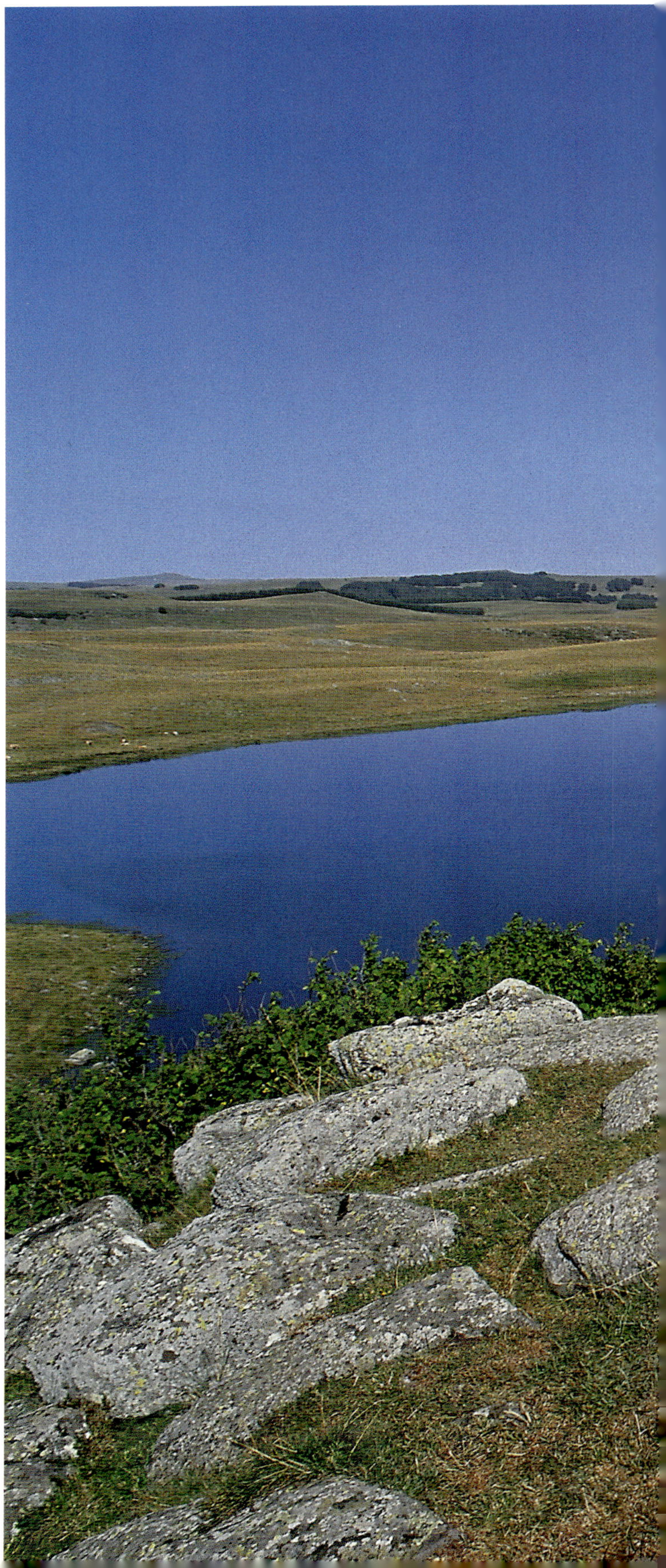

À DROITE : le lac de Saint-Andréol, dans l'Aubrac. Un pèlerin se repose en contemplant ce lieu où jadis, le deuxième dimanche de juillet, un culte païen était rendu au dieu des eaux. Au IIIe siècle, pour tenter de faire cesser ces pratiques, l'apôtre du Vivarais, saint Andréol, construisit une chapelle à côté du lac. Mais aujourd'hui encore, on raconte que certains continuent de se tremper dans l'eau pour guérir ulcères, rhumatismes, gale ou gourme.

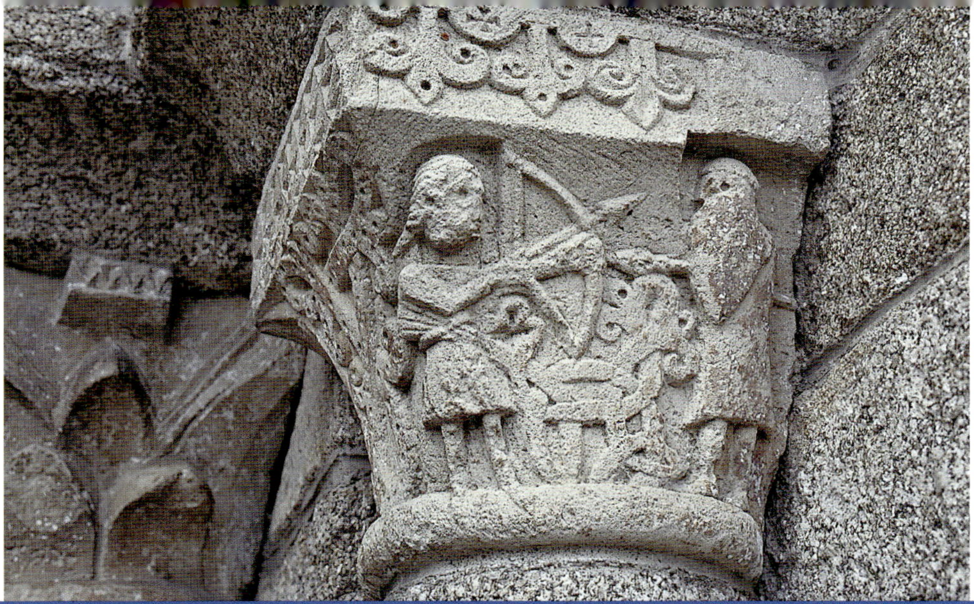

Ci-contre : un des quatre chapiteaux du portail de l'église romane de Nasbinals, datant du XIe siècle. Alors que les trois autres chapiteaux sont sculptés de feuillages, celui-ci, admirable, représente le combat d'un sagittaire et d'un lancier.

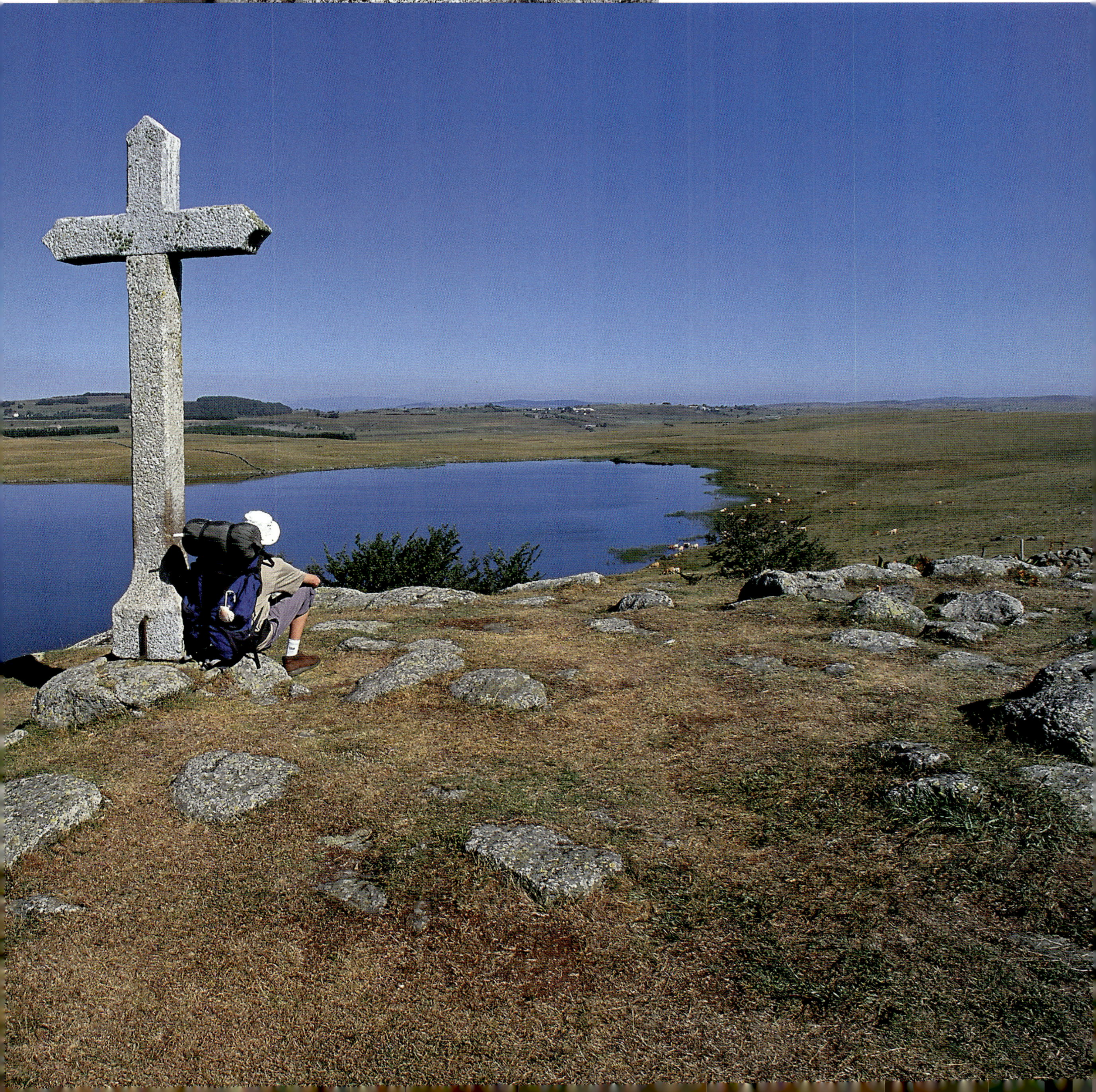

De Nasbinals à Conques

88 kilomètres

De Nasbinals à Saint-Chély-d'Aubrac

16 kilomètres

Nasbinals, pourtant, allait laisser un mauvais souvenir à Jacques. L'air ébahi de Marc à leur réveil lui donna d'emblée l'explication de cette ankylose de la joue droite qu'il avait sentie en ouvrant les yeux. Enfin, un œil plutôt, car l'autre était fermé par une enflure qui le précipita chez le pharmacien le plus proche.

« Ben, voyons, déclara Marc, le plus sérieusement du monde, rien de tel que l'araignée pour enseigner la notion d'humilité au pèlerin. Tu commençais à vouloir brûler les étapes, mon fils. Une petite piqûre te le rappelle à l'ordre, quoi de plus naturel ? Et ça va nous permettre d'aller voir de plus près ce rassemblement de bestiaux qui doit être un souvenir des grosses foires d'Aubrac d'autrefois. Après tout, il n'y a pas que les églises qu'il faille visiter, et cela te laissera le temps de te remettre un peu derrière tes lunettes noires. »

Jacques jeta un regard reconnaissant à son compagnon et, deux heures plus tard, ils reprenaient la route pleins d'entrain. De l'entrain, il leur en fallait, car le paysage désertique était si aride qu'il en devenait inquiétant. Tous les dangers semblaient pouvoir surgir de ce sol volcanique et pauvre. Le long plateau de l'Aubrac, en ce milieu de matinée, brûlait comme une plaque chauffée à blanc, et la découverte d'un buron, ancien abri de berger, leur parut un bienfait du ciel. Ils atteignirent bientôt le village d'Aubrac, perché à 1 300 mètres d'altitude, et s'effondrèrent plutôt qu'ils ne s'assirent dans un charmant restaurant où leur crédenciale leur permit de satisfaire leur faim pour un prix raisonnable.

« Ne manquez surtout pas d'aller voir la domerie », leur recommanda l'hôtesse.

Ancien hôpital fondé en 1120 par le noble Adalard, qui avait échappé miraculeusement à une attaque de brigands alors qu'il revenait de Compostelle, la domerie, avec son église romane du XIIe siècle, et sa tour des Anglais, sembla véritablement aux deux randonneurs, après leur récente traversée de l'Aubrac, la représentation même de l'ultime refuge.

Mais ils avaient assez perdu de temps avec l'incident du matin. Il leur restait presque 5 kilomètres à faire avant d'atteindre Saint-Chély-d'Aubrac. Heureusement, le chemin abandonnait doucement le plateau de l'Aubrac pour gagner la vallée du Lot, où il troquait soudain ses basaltes contre une végétation luxuriante, au sein de laquelle se nichait le magnifique village de Saint-Chély, à 800 mètres d'altitude.

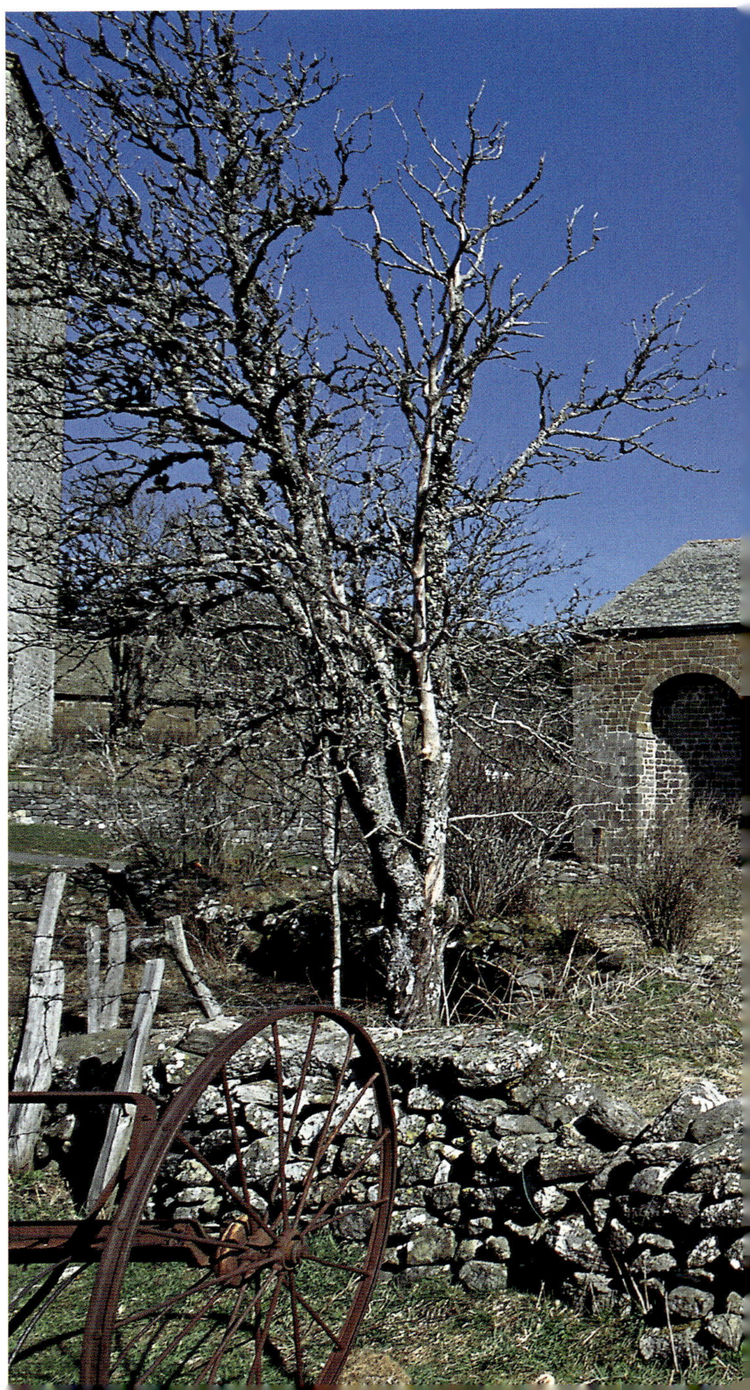

« Eh bien ! Je ne suis pas fâché d'arriver, soupira Jacques en posant son bardas par terre. Cinq cents mètres de dénivelé dans les mollets, ça casse un homme. »

Marc Jolivert ne répondit pas, comme subjugué par l'ensemble de ce qu'il découvrait. Surtout ce pont Vieux, comme on l'appelle, qui enjambe la Boralde et où il imaginait tant de pèlerins en train de le franchir au cours des siècles, comme en témoigne la grande croix de pierre dressée sur son tablier depuis le XVe siècle.

« Regarde, Jacques, murmura-t-il, cette croix des pèlerins, ce saint Jacques en jacquet, qui porte bourdon, besace et coquille, avec son chapelet à la main. Ça ne te fait pas quelque chose ? Tu penses un peu à tous ceux qui sont passés par là avant nous, devant ce petit jacquet de pierre, sur le vrai chemin de Saint-Jacques ? C'est quand même drôlement émouvant. »

Au gré des places et des ruelles, tout en cherchant un gîte pour la nuit, ils admirèrent aussi au passage la belle église reconstruite au XVe siècle avec son clocher percé de meurtrières, et finirent la journée, épuisés mais comblés, dans un petit hôtel modeste devant des charcuteries délectables en compagnie d'autres pèlerins.

CI-DESSOUS : la domerie d'Aubrac fut édifiée sur le point le plus élevé du plateau, à 1 350 mètres d'altitude, par le comte Adalard, d'origine flamande, pour protéger des brigands les pèlerins qui se rendaient à Saint-Jacques-de-Compostelle. Elle fut construite par des moines vers 1120. Les bâtiments d'origine ont aujourd'hui disparu, mais il reste l'église romane et une tour carrée, la tour des Anglais, bâtie vers 1350 pour défendre la domerie.

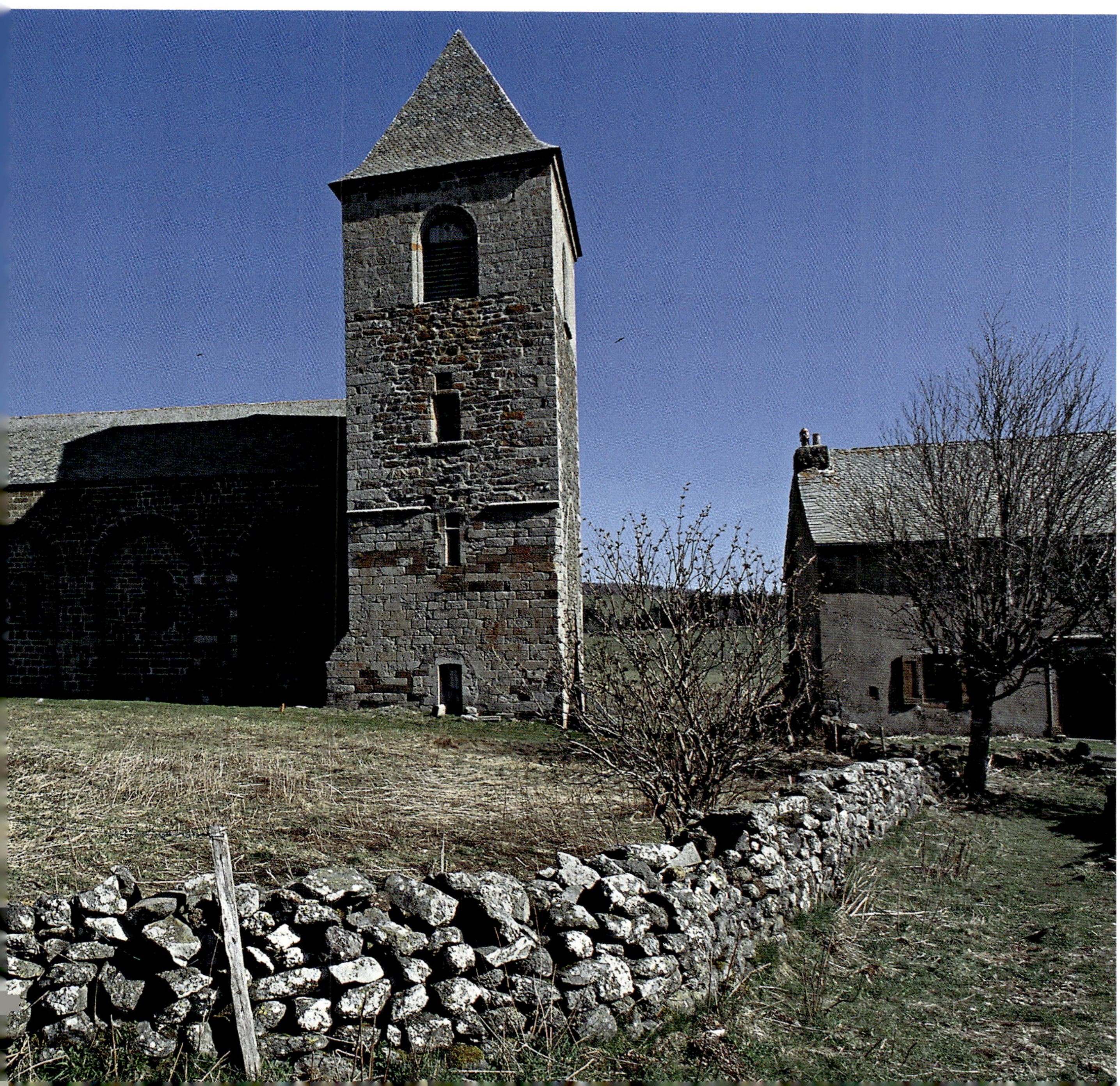

De Saint-Chély-d'Aubrac à Espalion

24 kilomètres

« Cela va faire déjà une semaine ce soir que nous marchons. Alors, Jacques, qu'est-ce que tu penses de nos vacances de retraités ? On continue ?
– Et comment ! répondit l'intéressé en terminant son bol de café avec un plaisir évident. C'est la plus belle semaine que j'aie jamais vécue. À quand le prochain arrêt ?
– Saint-Côme-d'Olt, voyons, ou Saint-Côme-du-Lot, si tu préfères, une des perles de la vallée. Allons, dépêche-toi de finir le monceau de tartines que tu as devant toi et partons. »

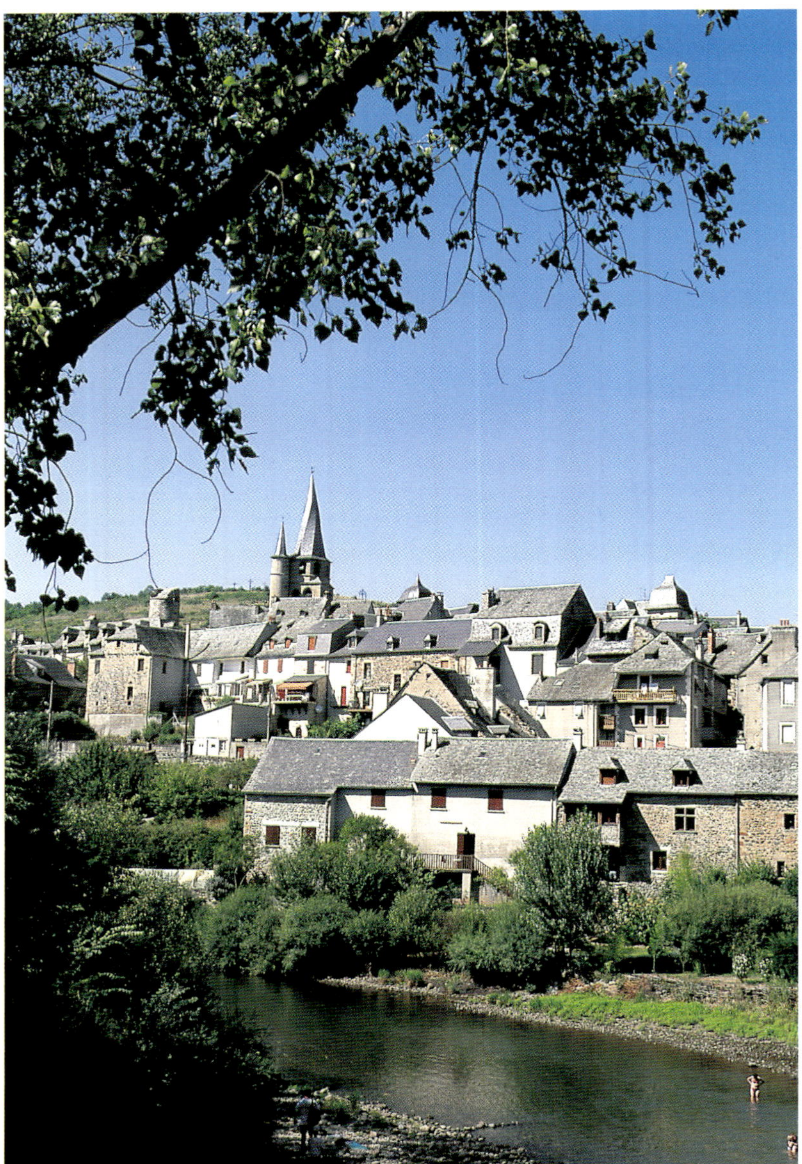

Jacques Delarue éclata d'un rire joyeux mais s'arrêta net en voyant que Marc le considérait avec insistance.
« Eh bien ! Qu'est-ce que tu as à me regarder comme ça ?
– Rien, répondit son ami, mais tu sais, c'est la première fois que je t'entends rire. »
Le chemin, de nouveau, devant eux, le chemin qui traversait à présent la Boralde par le pont Vieux, puis rejoignait le petit village de Lestrade sur le plateau. Encore et toujours le chemin, qui les tirait vers lui, toujours plus loin, les menait plein sud-ouest dans la calme vallée du Lot, où le village de Saint-Côme les plongea soudain dans le Moyen Âge. Une des perles du Lot, avait dit Marc, et cela n'avait rien d'exagéré lorsqu'on découvrait, sur la rive droite du fleuve, l'ensemble des maisons bâties au fil du temps à l'intérieur des fossés de l'ancienne cité médiévale qui avait conservé de son passé trois portes fortifiées pour donner accès à la vieille ville. Ce fut par une de ces portes, la porte Théron, qu'ils pénétrèrent dans le village. Une multitude de ruelles les accueillirent, encore enrichies de leurs anciennes échoppes médiévales, ornées d'antiques demeures des XVe et XVIe siècles, aux fenêtres à meneaux. En haut d'un angle, dans un recoin de porte, des sculptures soudain se détachaient, et surplombant le tout, l'église enfin, d'un superbe style flamboyant, dressait vers le ciel son étrange clocher flammé.
Les deux amis ne savaient où donner du regard. Ce bain de Moyen Âge les ramenait tout à coup au cœur véritable du pèlerinage, en ces temps anciens où des hommes partaient, ivres de foi, indifférents aux dangers encourus, libérés de tout ce qu'ils avaient volontairement abandonné derrière eux. Jacques Delarue ne parlait pas, tout entier à la joie de son admiration qui se passait de mots. Ils visitèrent la chapelle des Pénitents du XIIe siècle, au clocher ajouré sur son toit en accent circonflexe. Leur flânerie les mena enfin à une terrasse fleurie qui dominait la rivière où ils

Ci-contre : Saint-Côme-d'Olt, village médiéval situé sur la rive droite du Lot, dont on aperçoit l'étrange clocher flammé de l'église Saint-Côme-et-Saint-Damien, reconstruite entre 1522 et 1532.

Page de droite : adossé à la montagne, le pays d'Olt offre de magnifiques paysages sauvages où se succèdent vallons fleuris et gorges profondes.

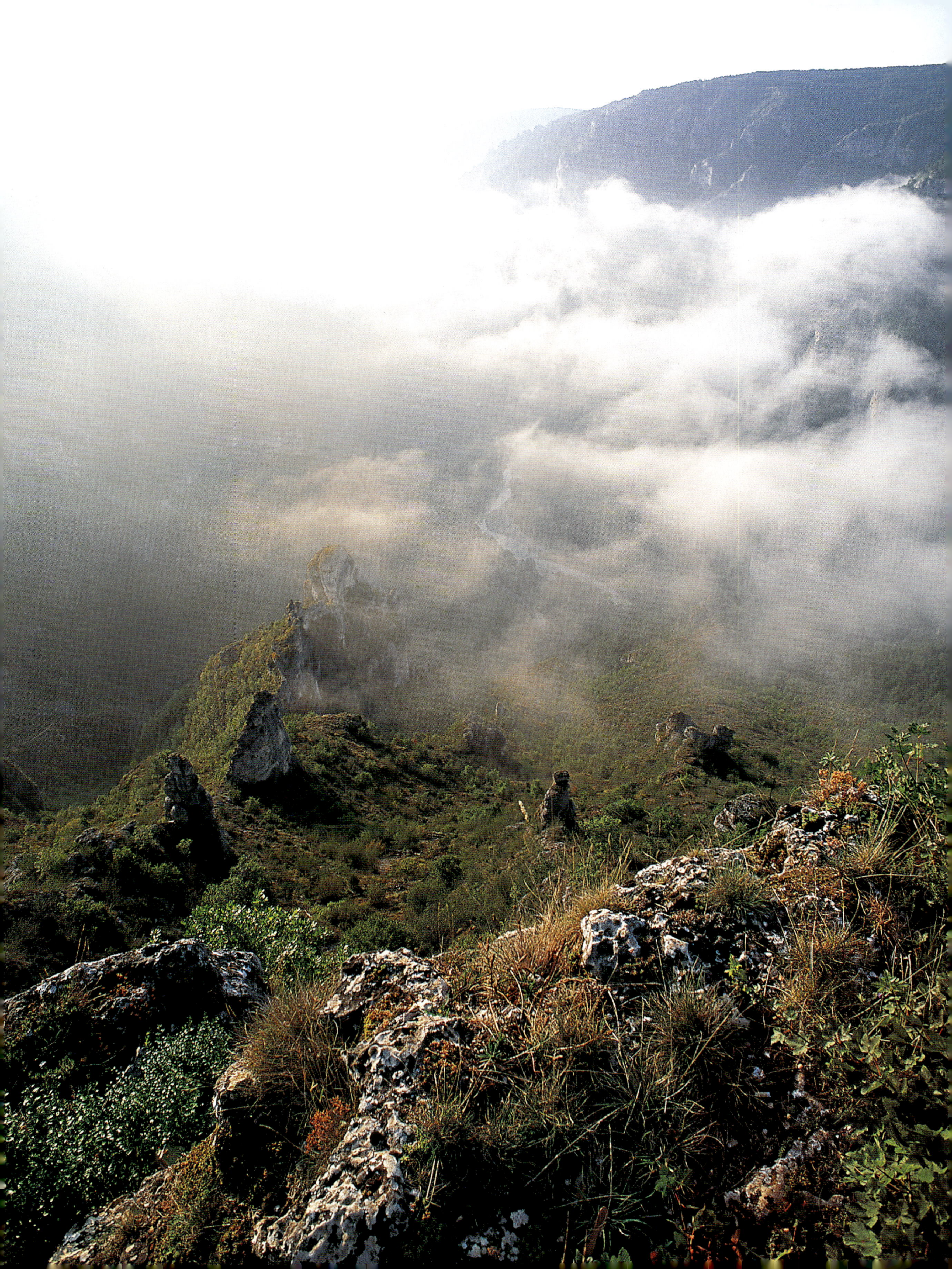

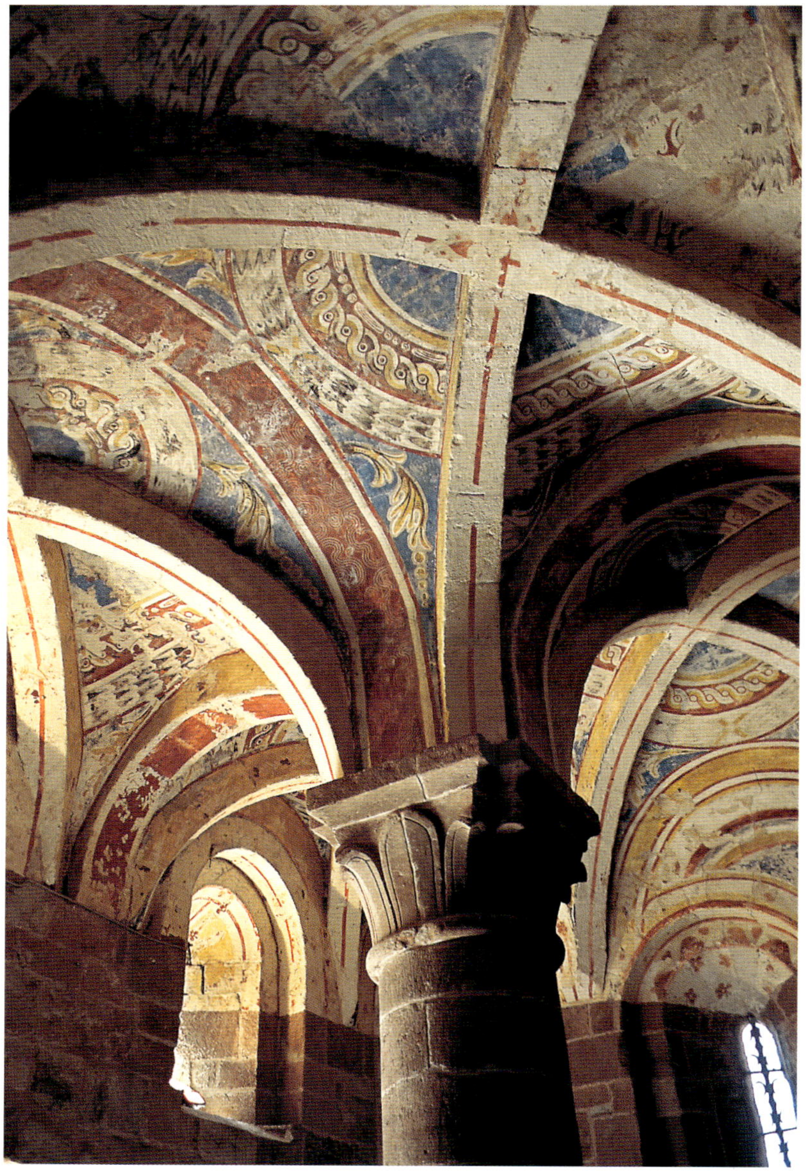

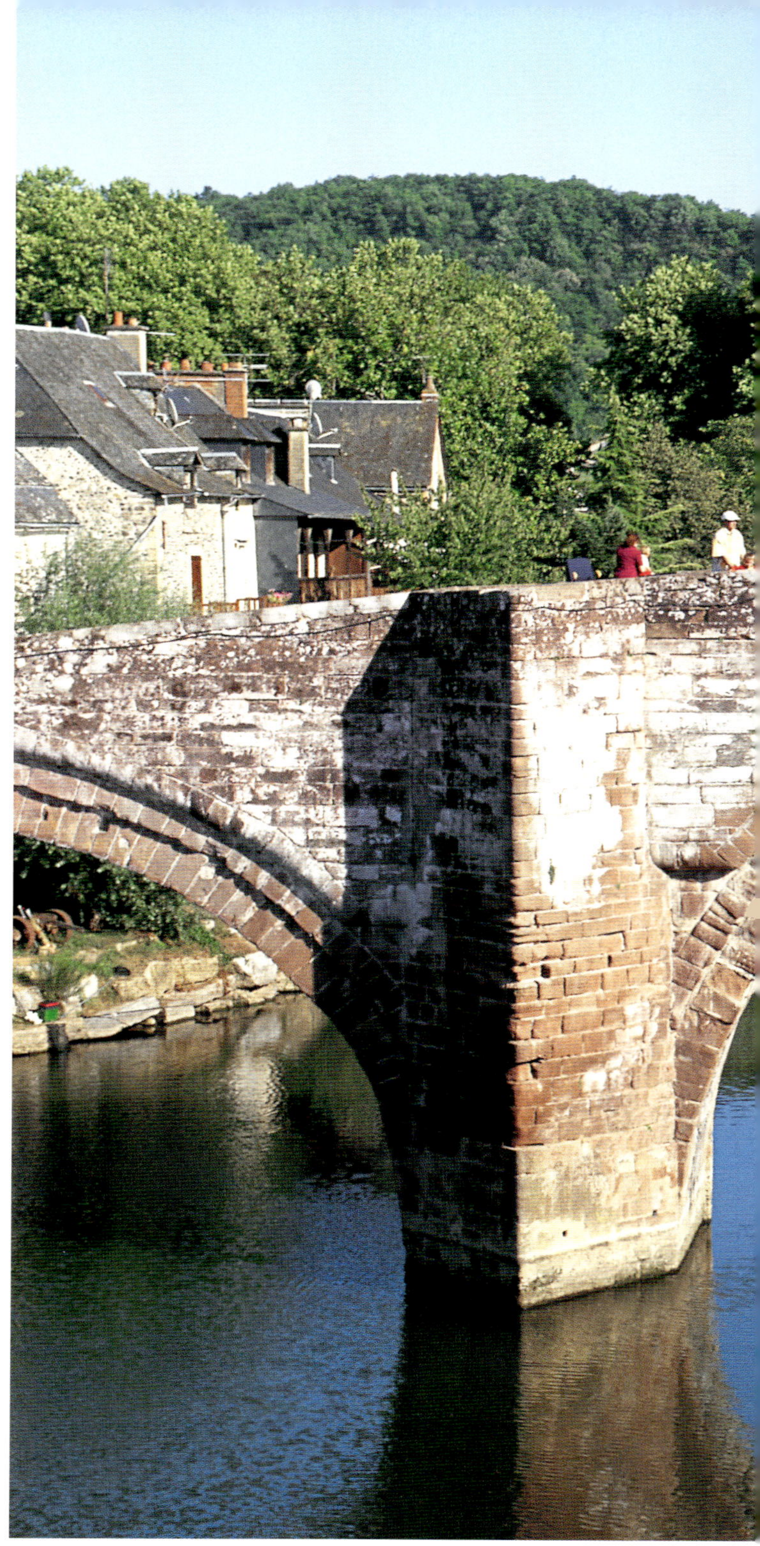

commençaient à étancher leur soif lorsqu'un couple d'à peu près leur âge les rejoignit. Ils s'étaient déjà rencontrés à Nasbinals, s'étaient perdus de vue, retrouvés à Aubrac, puis reperdus au cours du chemin. La femme était grande et mince, sûrement une sportive, l'homme était bien bâti, le visage rond et souriant. À présent, ils se congratulaient, approchaient leur chaise, heureux de parler de ce qu'ils avaient vu.

« Surtout, ne ratez pas Sainte-Eulalie-d'Olt, déclara la femme. Mais d'abord je me présente : Christine Laval, et mon mari, c'est Georges. Nous travaillions à la Poste et nous attendions avec impatience notre retraite pour faire Compostelle. C'est le rêve de toute une vie.

– Eh bien, nous, c'est pareil. La Banque nous a libérés, mon collègue avait peur de s'ennuyer, alors je l'ai convaincu de tenter la grande aventure avec moi. C'est mieux d'être deux pour les voyages. Mais qu'est-ce que vous nous disiez ? Il faut voir Sainte-Eulalie-d'Olt ?

– Et comment ! Nous avons fait le détour exprès, mais bien sûr, ça n'est pas sur le chemin.

CI-DESSUS : un chapiteau de l'église romane Saint-Hilarian de Perse, à Espalion. L'église paroissiale, construite au début du XIIe siècle en grès rose, n'est aujourd'hui qu'une chapelle de cimetière. Elle aurait été édifiée à l'endroit où saint Hilarian aurait été décapité par les sarrasins.

À DROITE : le pont Vieux à Espalion, construit en grès rouge au XIe siècle, au-dessus du Lot. Les seigneurs de Calmont faisaient autrefois payer un droit de péage à tous ceux qui empruntaient ce pont pour traverser le fleuve, notamment les jacquets.

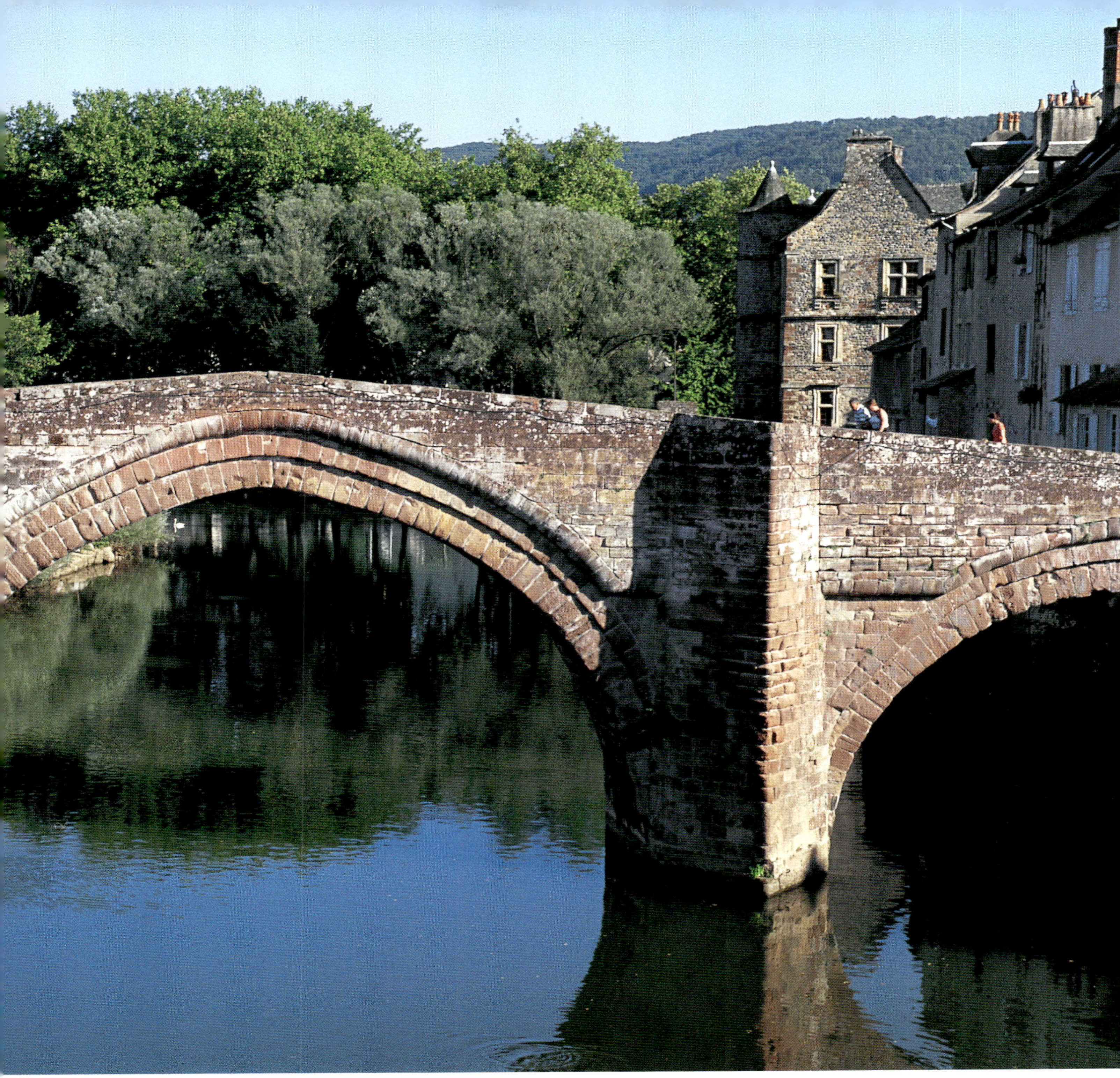

– Alors, ça sera pour une autre fois, déclara Marc. D'ailleurs on ne peut pas tout voir, n'est-ce pas ? Et il reste un fameux ruban de kilomètres avant Compostelle. À une autre étape, les amis, bonne route ! »

Ils se remirent en chemin pour gagner leur prochaine étape, et, à la sortie de Saint-Côme, s'arrêtèrent pour contempler la *Font dels Romieus*, cette fontaine où les jacquets avaient coutume de se désaltérer avant d'arriver à Espalion. La vallée du Lot est un enchantement, une palette de couleurs, de parfums, tout au long des sentiers perdus. Puis, soudain, de nouveau en face d'eux, la présence retrouvée des jacquets, sur le pont Vieux en grès flammé du XIe siècle, devant la belle église Saint-Hilarian de Perse, rose ardent elle aussi, au bord du ruisseau Médéric, joyau de l'art roman. Et là-haut, dominant le tout, juché sur son piton de basalte, le château de Calmont, forteresse médiévale du IXe siècle, rappelle que l'autorité du seigneur du lieu ne fut pas négligeable. Séduits par le charme du site, nos deux pèlerins laissèrent la flânerie diriger leurs pas vers les calquières, ces anciennes tanneries dont les maisons présentent au ras de l'eau des pierres plates en saillie, appelées gandoulières, qui servaient à laver les peaux.

Puis ils aperçurent l'église d'Espalion, dont le clocher à quatre arcades dessine une carte postale sur le ciel bleu.

D'Espalion à Golinhac

27 kilomètres

Juste après Espalion, le hameau de Saint-Pierre-de-Bessuéjouls oblige le passant à s'arrêter. Comment résister en effet à l'envie de visiter l'étrange église du lieu, reconstruite au XVIe siècle mais heureusement toujours coiffée de son clocher du XIe siècle qui abrite une chapelle aérienne, soutenue par quatre rangées de colonnettes. Véritable trésor de l'art roman, l'édifice est orné de chapiteaux historiés, de linteaux décorés d'entrelacs, et possède un autel consacré à saint Michel et à saint Gabriel.

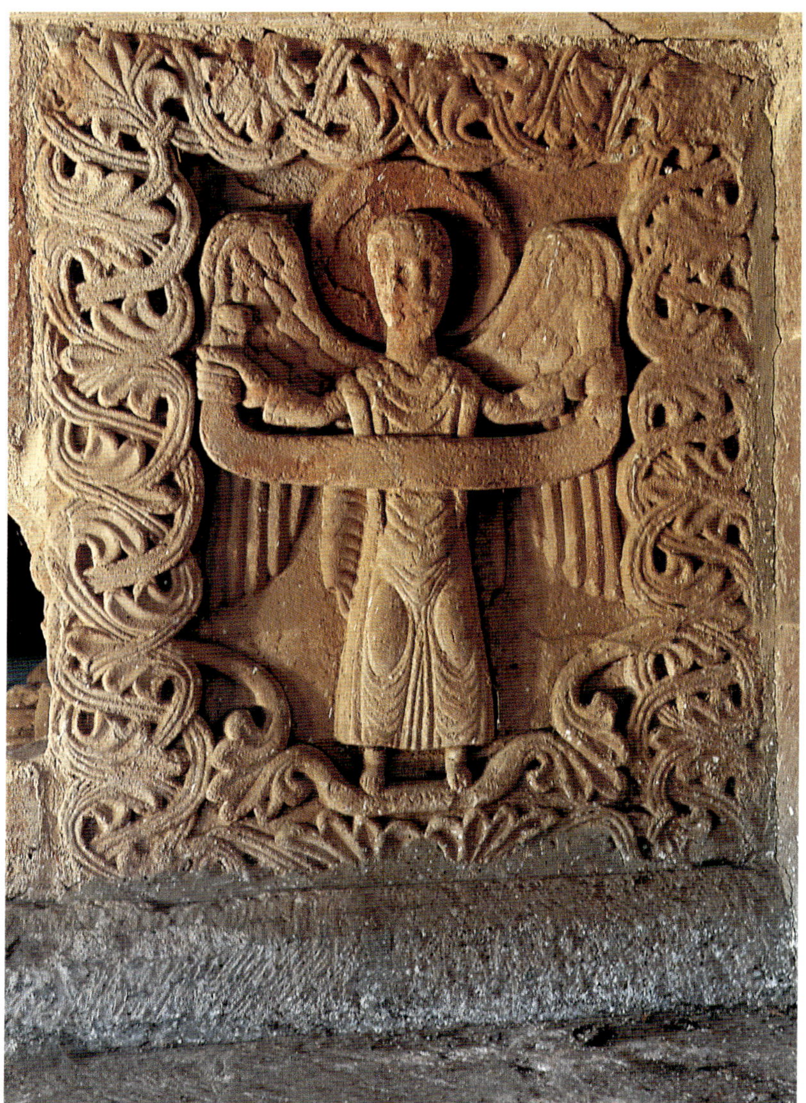

À 8 kilomètres de là, Estaing méritait bien cette halte que nos deux amis avaient par avance programmée. À l'entrée des gorges du Lot, en plein Rouergue, c'est la cité médiévale la plus pittoresque dont on puisse rêver, méritant à juste titre d'être classée comme l'un des plus beaux villages de France. Construit au cours des XVe et XVIe siècles, le château à lui seul suffit à asseoir une si haute réputation. Surplombant le bourg, dans un harmonieux assemblage de terrasses et de balustres, l'orgueilleuse demeure de la famille d'Estaing brandit à la face du ciel son donjon carré surmonté d'un bulbe. L'église datant du XVe siècle et le pont ogival sur le Lot achevèrent de séduire nos voyageurs. Après une courte halte pour se restaurer et se rafraîchir, ils attaquèrent, pleins de courage, les 16 kilomètres qui les séparaient de Golinhac, où ils avaient prévu de s'arrêter pour la nuit.

« Regarde, Jacques, nous sommes attendus ! »

Marc avait posé son sac par terre à l'entrée de Golinhac, afin de souffler un peu, car ils venaient de monter 300 mètres au-dessus des gorges du Lot pour atteindre le plateau du Rouergue. D'un air amusé, il désignait du doigt à son compagnon la croix et son petit pèlerin de pierre qui semblait effectivement les accueillir. Pas de doute ! C'était bien le chemin de Saint-Jacques-de-Compostelle qui se manifestait encore à eux dès leur arrivée à l'ancienne ville-étape de Golinhac. Située sur la rive gauche du Lot, perchée au-dessus des gorges profondes de la rivière, elle dominait fièrement le paysage. Épuisés mais grisés par la beauté du lieu, nos deux voyageurs se traînèrent encore jusqu'au point du village le plus haut, le Puech de Regault, à 684 mètres, et là, contemplèrent un panorama grandiose qui leur permit de récupérer à la fois leur souffle et le courage d'aller chercher repas et gîte pour la nuit.

CI-CONTRE : bas-relief dans la chapelle haute dédiée à saint Michel dans l'église Saint-Pierre de Bessuéjouls, à 2 kilomètres d'Espalion, véritable bijou de l'art roman.

PAGE DE DROITE : une imposante sculpture de saint Jacques, dans l'église Saint-Fleuret, à Estaing. La présence de l'apôtre s'impose partout sur le chemin menant à Compostelle.

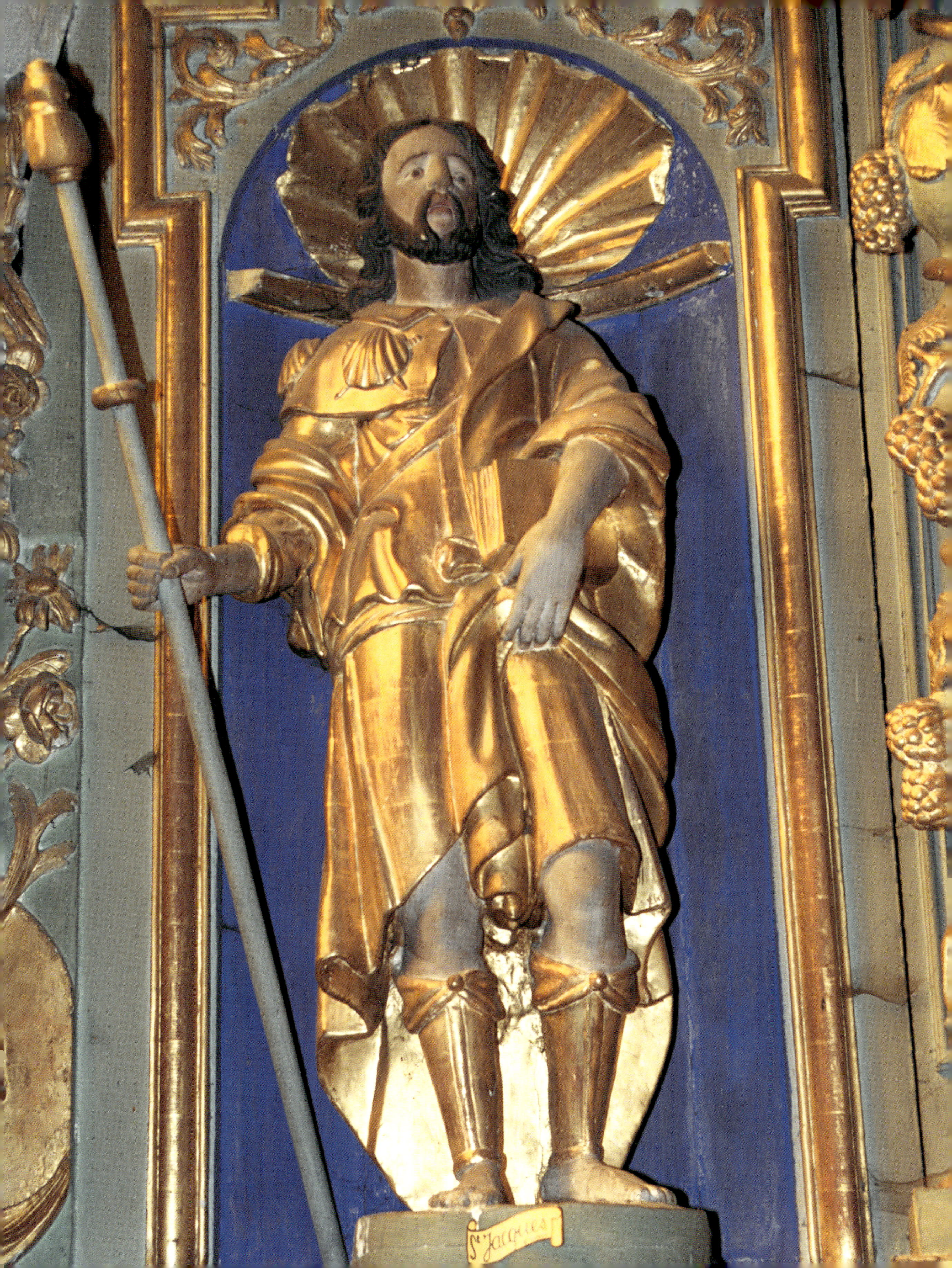
St Jacques

De Golinhac à Conques

21 kilomètres

« Avant d'aller à Conques, raconte-moi l'histoire de sainte Foy, Marc », demanda Jacques.

Marc Jolivert se garda bien de manifester le moindre étonnement en entendant la requête de son ami. Il lui avait dit qu'il était athée, mais que signifie la foi pour beaucoup de gens qui se disent chrétiens ? Il apprenait chaque jour à estimer davantage cet homme avec lequel il avait travaillé, qu'il avait croisé de nombreuses fois, sans le connaître, sans même se poser la moindre question sur lui. Le chemin de Saint-Jacques lui enseignait une foule de choses, non seulement sur Jacques mais surtout sur lui-même et les rapports humains en général. Et dans le cas présent, que valait une quête personnelle lorsqu'on n'était pas capable de voir que les autres existaient ?

Il termina son café et, tout en bouclant son sac, il entreprit de lui raconter en quelques mots l'histoire de cette petite fille de douze ans condamnée à être brûlée vive sur un gril parce qu'elle refusait de renier sa foi en Dieu.

« Tu as raison, Jacques, on ne peut pas vraiment comprendre la ville de Conques si on ne sait pas ce que contient le reliquaire de l'abbatiale : la tête de sainte Foy, c'est la fierté des Conquois, qu'ils soient croyants ou non.

– Sa tête ? Pourquoi sa tête ? Tu dis qu'elle a été brûlée vive...

– La légende rapporte qu'un orage subit et providentiel a éteint le feu. Alors, elle fut décapitée.

– Eh bien ! Je préfère décidément notre époque. Mais je vais mieux comprendre en effet ce qu'on va voir à présent. Je te remercie. »

Ils arrivèrent à Conques à 14 heures, après avoir traversé les deux petits villages d'Espeyrac et de Sénergues. Le chemin, en pente douce, traversait maintenant des champs de céréales, des forêts de châtaigniers, monotone, paisible, à peine distrait par le village d'Espeyrac, bâti en amphithéâtre sur un promontoire rocheux, face à la vallée. Des rues

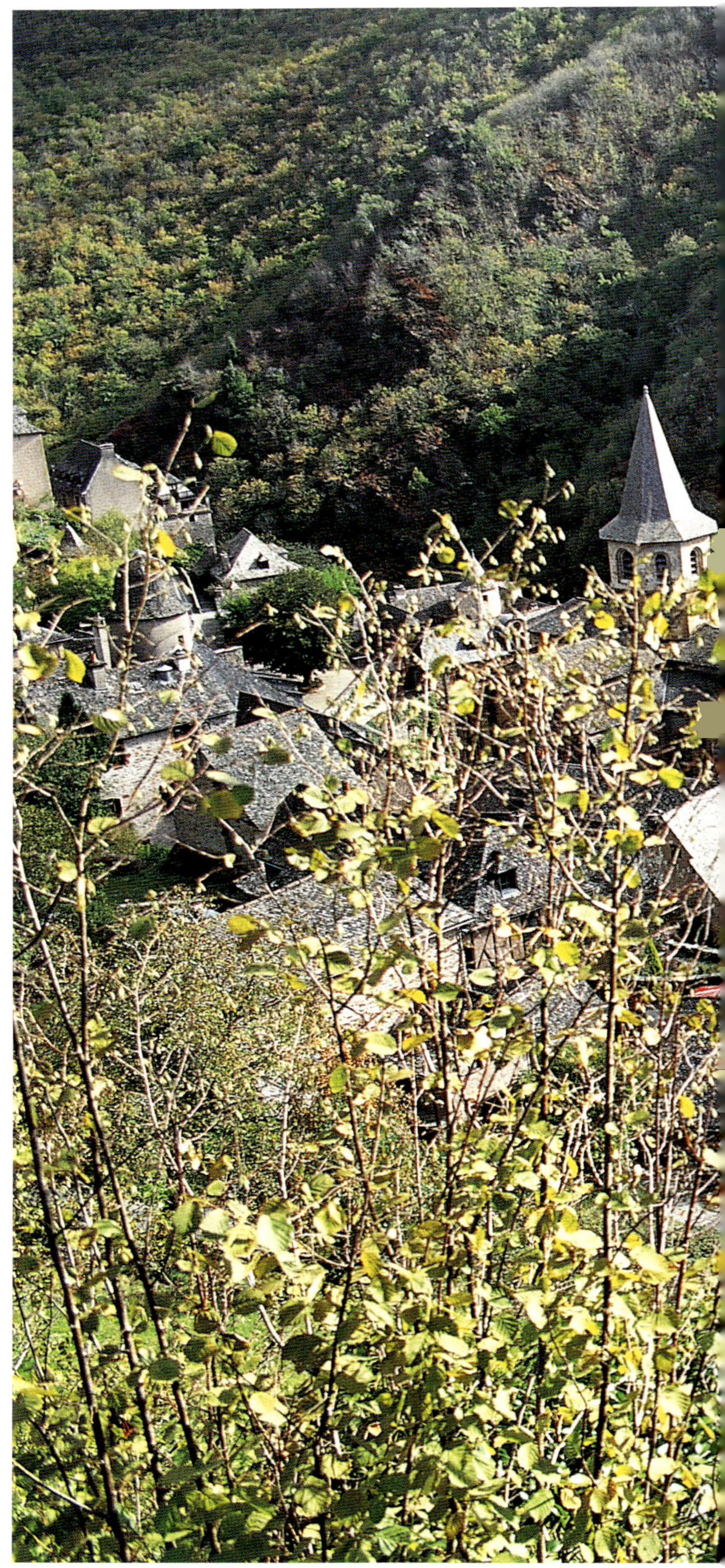

CI-CONTRE : le village de Conques, édifié à l'endroit où les gorges de l'Ouche, en rejoignant la vallée du Dourdou, forment une sorte de conque, d'où l'origine probable de son nom... Merveilleux cadre pour la superbe abbatiale qui, depuis le IXe siècle, conserve dans son trésor les reliques de sainte Foy. La statue reliquaire renferme un morceau d'une calotte crânienne et d'autres ossements qui passent pour appartenir à la jeune martyre.

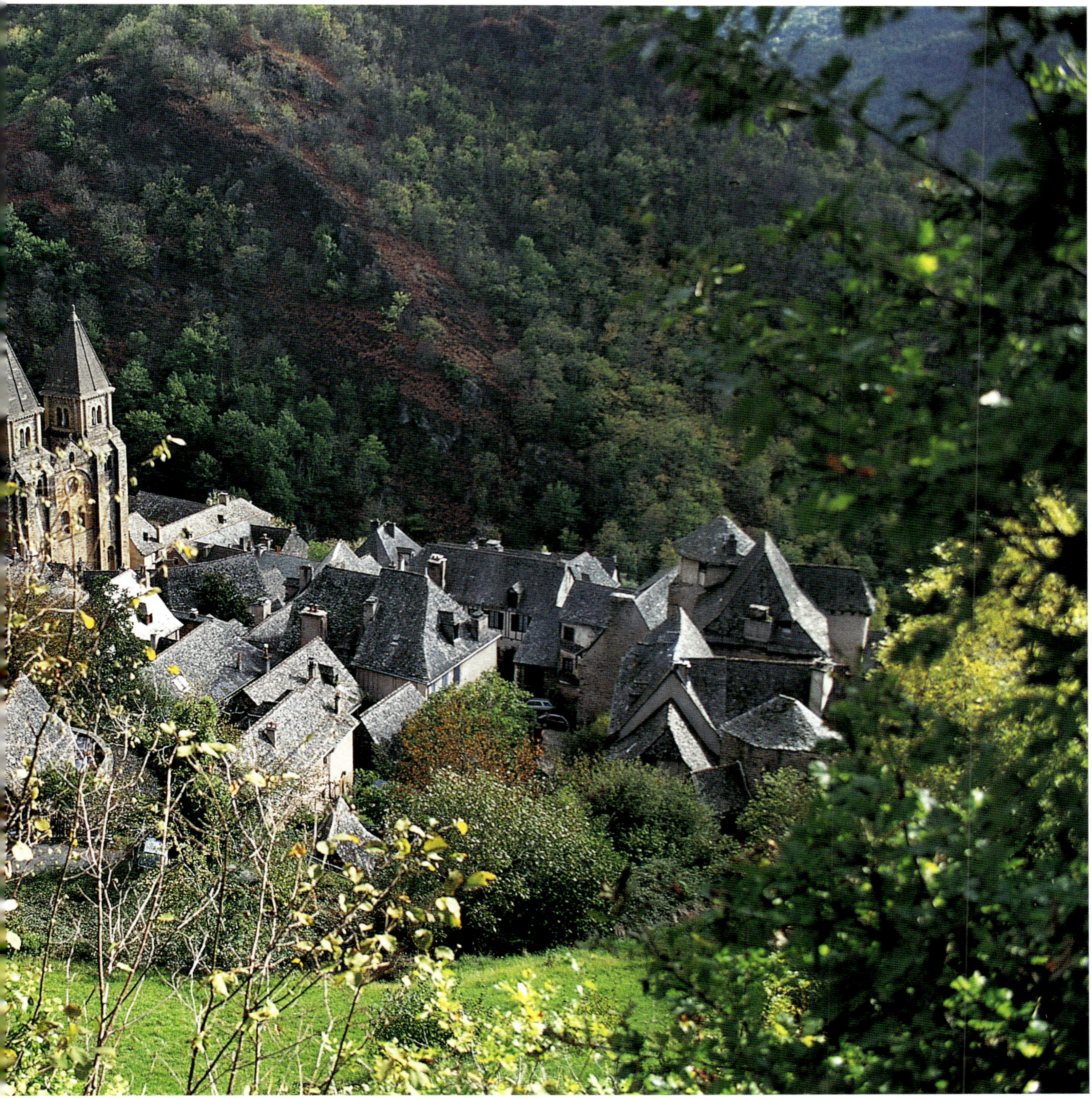

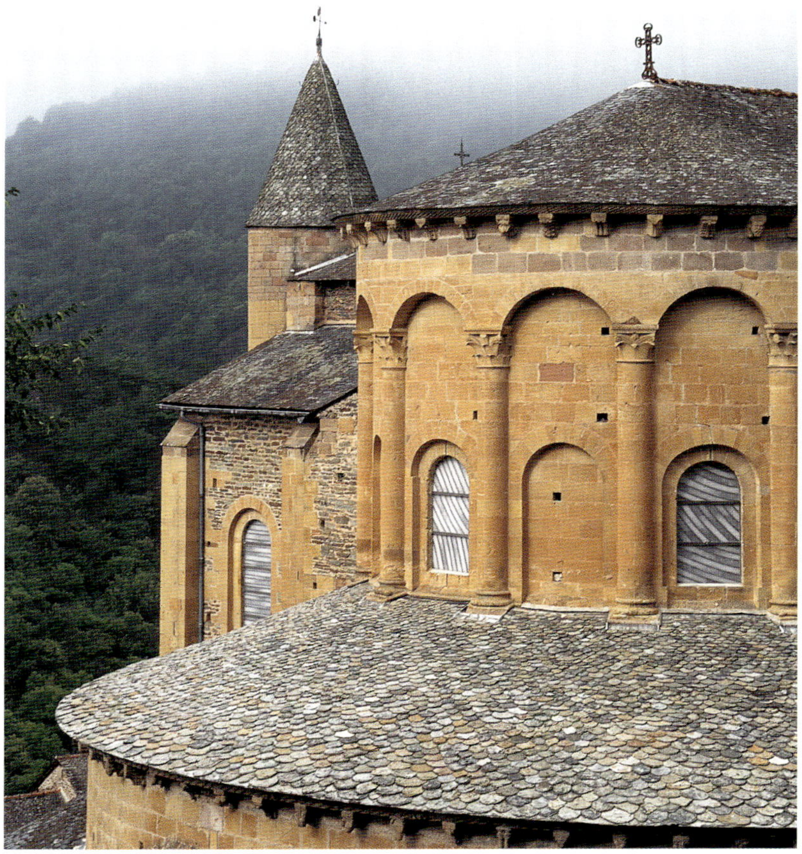

pentues, des ruelles en escaliers, le château des seigneurs d'Espeyrac, réduit à un bâtiment flanqué d'une tourelle, deux belles croix, et déjà le chemin repartait, passait par Sénergues, sur son plateau granitique, avec ses églises, ses châteaux, quelques vestiges de moulins. Le chemin continuait toujours, se hâtait, coulait jusqu'à l'éblouissement final, la découverte subite de Conques, comme un coup de théâtre.
Les deux amis s'arrêtèrent, émerveillés. Jamais village n'avait mieux mérité son nom que celui-ci, accroché aux pentes des gorges de l'Ouche, là où ces dernières, s'ouvrant comme une conque, rejoignaient la vallée du Dourdou. Dans un écrin de solitudes pierreuses s'étalait sous leurs yeux une telle accumulation de richesses qu'ils en eurent le souffle coupé. Comment ne pas avoir une pensée reconnaissante pour le noble Rouergat Dadon, qui, au VIIIe siècle, inconsolable d'avoir perdu sa mère, torturée et tuée par les sarrasins, avait fixé son ermitage en ce lieu ? Par la suite, des moines bâtisseurs, venus le rejoindre construisirent là une église consacrée au saint sauveur. Le roi Louis le Pieux prit alors en charge le monastère, lui donnant le nom de Conques, en référence à la forme de la vallée. Mais ce n'est qu'au IXe siècle, avec l'arrivée des reliques de la jeune Foy que l'abbaye fut définitivement considérée comme un centre rayonnant sur le chemin de Compostelle.
Marc et Jacques ne perdirent que fort peu de temps à trouver un gîte pour y déposer leurs sacs. Ils avaient hâte de profiter de toutes ces splendeurs qui les attendaient. L'abbatiale, des XIe et XIIe siècles, était déjà envahie par une foule énorme de touristes, pèlerins, randonneurs, amoureux des œuvres d'art. Ils reconnurent des visages, rencontrés au hasard des étapes, échangèrent des sourires, des saluts, fidèles à la grande fraternité du pèlerinage. Un guide les prit en main avec d'autres dès le début de leur visite, et ils purent apprécier comme il le fallait le superbe tympan du Jugement dernier, la lumière filtrée par les vitraux de Pierre Soulages, les vestiges du cloître et, surtout, dans le chœur, avec le trésor de l'abbaye, cette émouvante statue reliquaire de la petite fille martyrisée, recouverte d'or, d'émaux et de pierres précieuses données par les riches dames du Rouergue. La jeune sainte n'était pas sans protection. De belles grilles l'entouraient, forgées dans le fer des chaînes apportées par d'anciens captifs libérés grâce à son intervention. L'intérieur du sanctuaire reposait le regard ébloui par toutes ces fulgurances. Du plus pur roman, depuis le déambulatoire qui, autour du chœur, permettait la libre circulation des pèlerins, jusqu'aux chapelles rayonnantes, tout parlait d'élévation sobre et austère. À l'extérieur, un clocher lanterne à la croisée du transept, deux tours en façade, et ce jour-là, à la tombée du soir, un ciel lumineux digne de la beauté architecturale du lieu.
Le village médiéval, lové au fond de son cirque, blotti autour de son abbatiale, à mi-pente ensoleillée avec ses maisons disposées en espaliers, la façade tournée vers le midi, Conques et son vieux pont parut aux deux amis un miracle de plus réalisé par sainte Foy.

En haut : le chevet de l'abbatiale Sainte-Foy de Conques.

Page de droite : le Christ en gloire au moment du Jugement dernier. À sa droite, les élus, sous la main de Dieu, parmi lesquels sainte Foy, qui s'avance en premier. En dessous, les réprouvés, livrés à d'atroces souffrances parmi les démons. Détail du tympan de l'abbatiale de Conques.

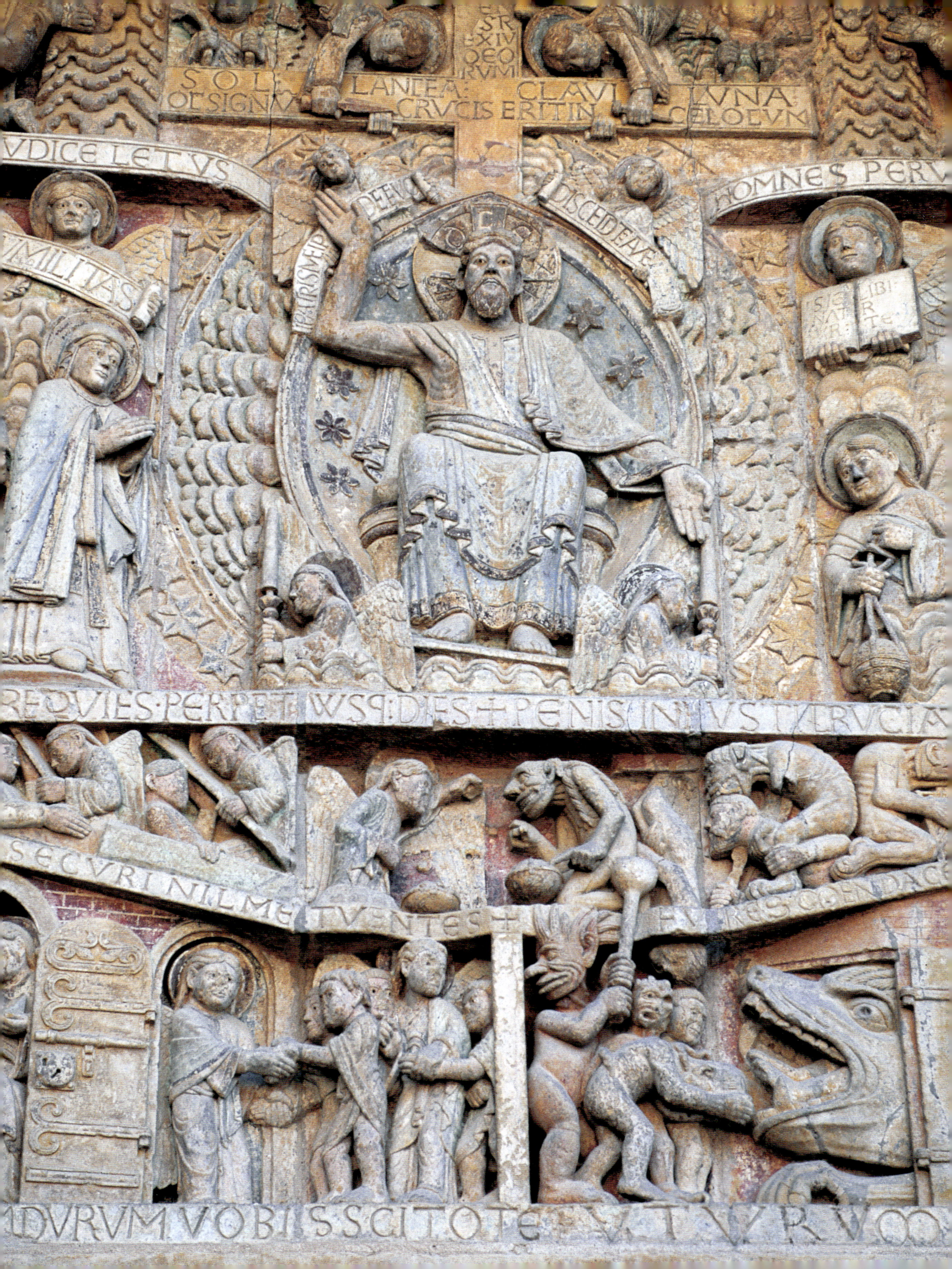
SOL
LANCEA: CLAVI
CRVCIS ERIT IN
LVNA:
VDICE LETVS
HOMNES PERV
VMILITAS
REQVIES·PERPET
SECVRI NIL ME TVENTES
DVRVM VOBIS SCITOTE

De Conques à Cahors

139,5 kilomètres

De Conques à Livinhac-le-Haut

26 kilomètres

Encore pleins d'enthousiasme au matin de leur dixième jour de marche, nos pèlerins tombèrent de haut en arrivant à Decazeville. Ici, plus de lumière, d'abbatiale romane, de maisons pittoresques. À leur place, la ville minière de Decazeville faisait triste figure. Seule curiosité, à moins d'un kilomètre au sud, l'immense cratère où l'on exploitait la houille à ciel ouvert.

« Eh bien ! maugréa Jacques en essuyant la sueur de son front, tout ça pour ça ! Vraiment, les jours se suivent et ne se ressemblent pas. Tu parles d'un port de mer !

Marc se mit à rire.

– Comme tu y vas, toi ! Tu voudrais qu'on ne passe que par des endroits de rêve ! Et l'esprit de contrition, qu'est-ce que tu en fais ? Nous venons d'avoir notre récompense à Conques, et à présent, c'est le moment de la pénitence, mon vieux. Dans 4 kilomètres, on arrive à Livinhac. Patience ! »

Hébergés chez des gens charmants qui louaient des chambres d'hôtes pour un prix aussi savoureux que leur cuisine, nos pèlerins passèrent l'après-midi à se remettre un peu en état, poussèrent une pointe jusqu'à l'ancienne église paroissiale, dont ils admirèrent la voûte en plein cintre du XIIe siècle, bavardèrent du pèlerinage avec leurs hôtes devant une sublime liqueur de noix adoucie de cassis, et enfin, leur joie retrouvée, goûtèrent aux bienfaits d'une excellente nuit réparatrice.

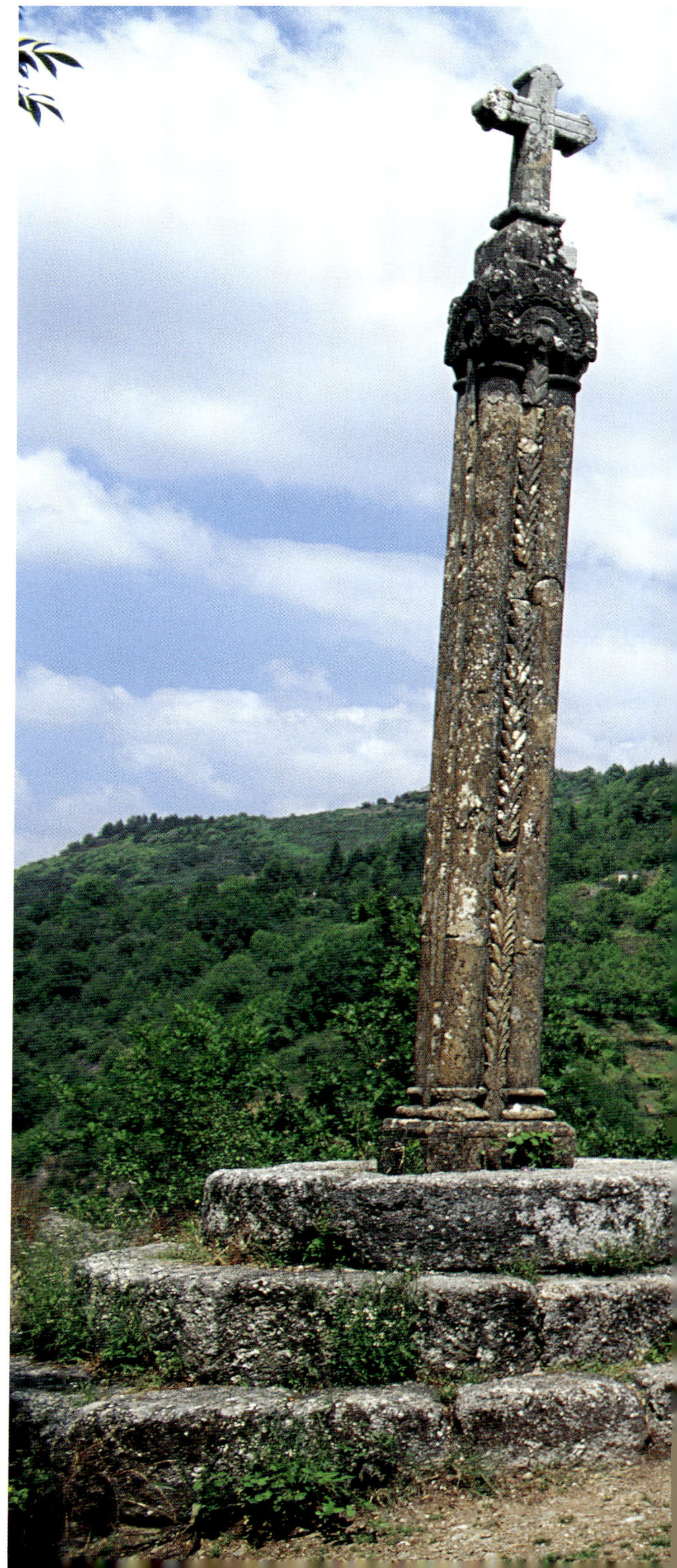

CI-CONTRE : un dernier regard sur la ville de Conques, depuis le site de Bancarel, dans la vallée de l'Ouche. Au sud de Conques, de nombreux belvédères naturels permettent de découvrir l'ensemble du site sous des aspects différents. Les pèlerins peuvent ainsi admirer une dernière fois la beauté du lieu avant de se lancer vers de nouvelles aventures.

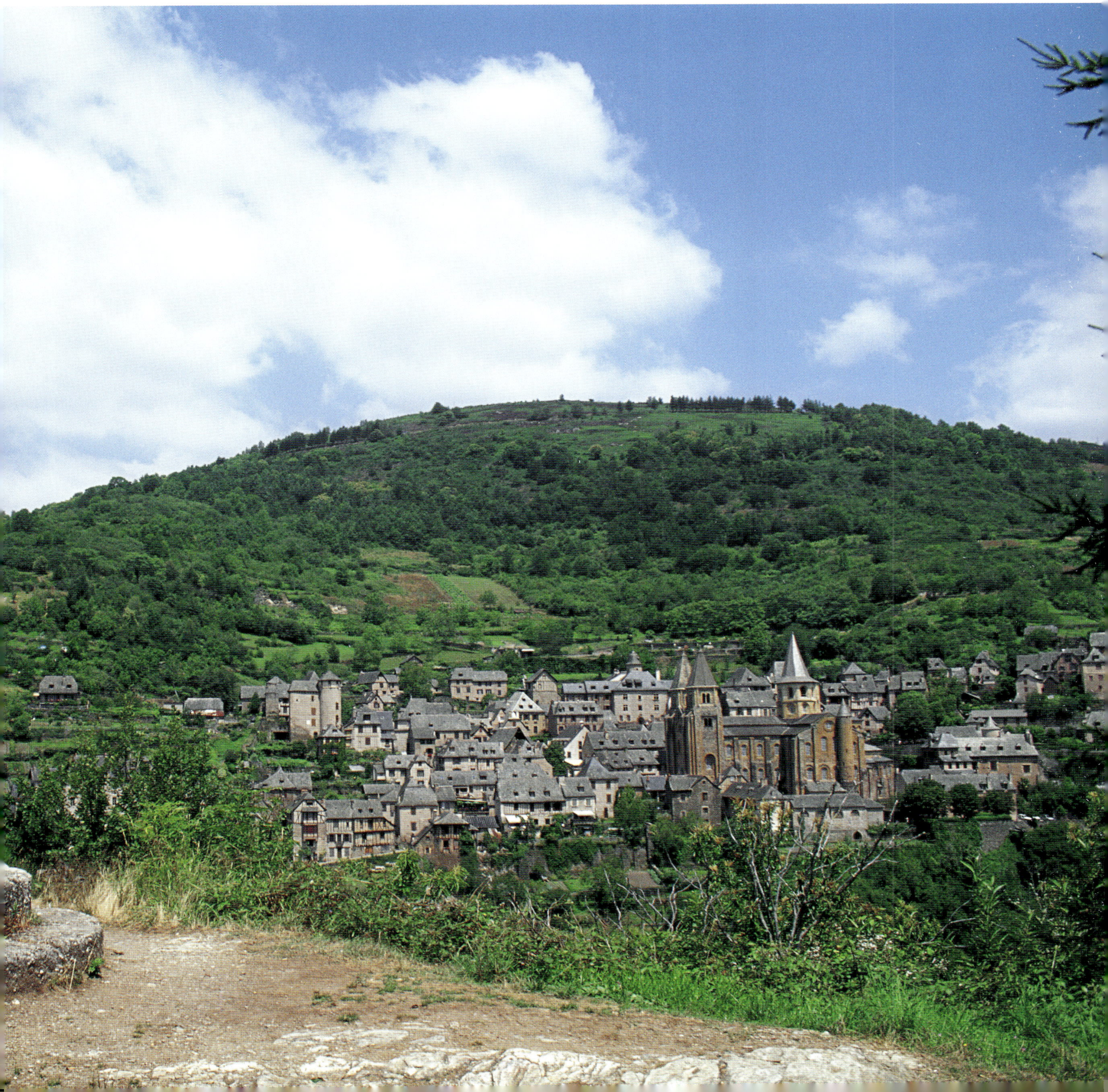

De Livinhac-le-Haut à Figeac

25 kilomètres

Le paysage, à la sortie de Livinhac-le-Haut, était un mélange de chemins ombragés, de petits bois et de prairies. Le soleil de juillet faisait flamber les couleurs et trempait déjà de sueur les chemisettes de Jacques et de Marc. Mais, gagnés par le rythme de la marche, ils ne ralentissaient pas pour autant leur cadence. Aussi arrivèrent-ils assez vite au petit village de Montredon, où la soif les précipita dans le premier bistrot venu. Le murmure d'une rivière leur manquait et leurs pas soulevaient une poussière sèche et dorée qui rendait les herbes cassantes. Ils ne parlaient pas, soucieux d'économiser leur souffle, et ne s'arrêtèrent que pour une courte halte à Saint-Félix. Là, attablés à une terrasse ombragée de platanes, ils se restaurèrent en compagnie de plusieurs groupes de marcheurs qui, comme eux, allaient manifestement à Figeac. On échangea quelques propos, on serra des mains en se souhaitant bonne route. Encore et toujours l'ambiance fraternelle du pèlerinage, et de nouveau ce fut le chemin devant eux. Jacques, à la dérobée, jetait de brefs coups d'œil à son compagnon. Depuis Montredon, il le trouvait bizarre, congestionné et trop silencieux, tellement différent de ce qu'il était ordinairement.

« Ça va, Marc ?

– Bof !

– Qu'est-ce qui t'arrive ?

– J'ai la tête qui explose et un mal de gorge, je ne te dis pas !

– Tu veux qu'on s'arrête ?

– Surtout pas. Nous sommes à 2 kilomètres à peine de Figeac. On trouve tout de suite un point de chute, et je me pose pendant que tu visites la ville. C'est sûrement un coup de fatigue, ou une angine, qui sait ? »

C'était en réalité un début d'insolation, et le médecin appelé de suite confirma que si le soleil était une bonne chose en soi, il fallait, comme tout le reste dans la vie, le prendre avec modération.

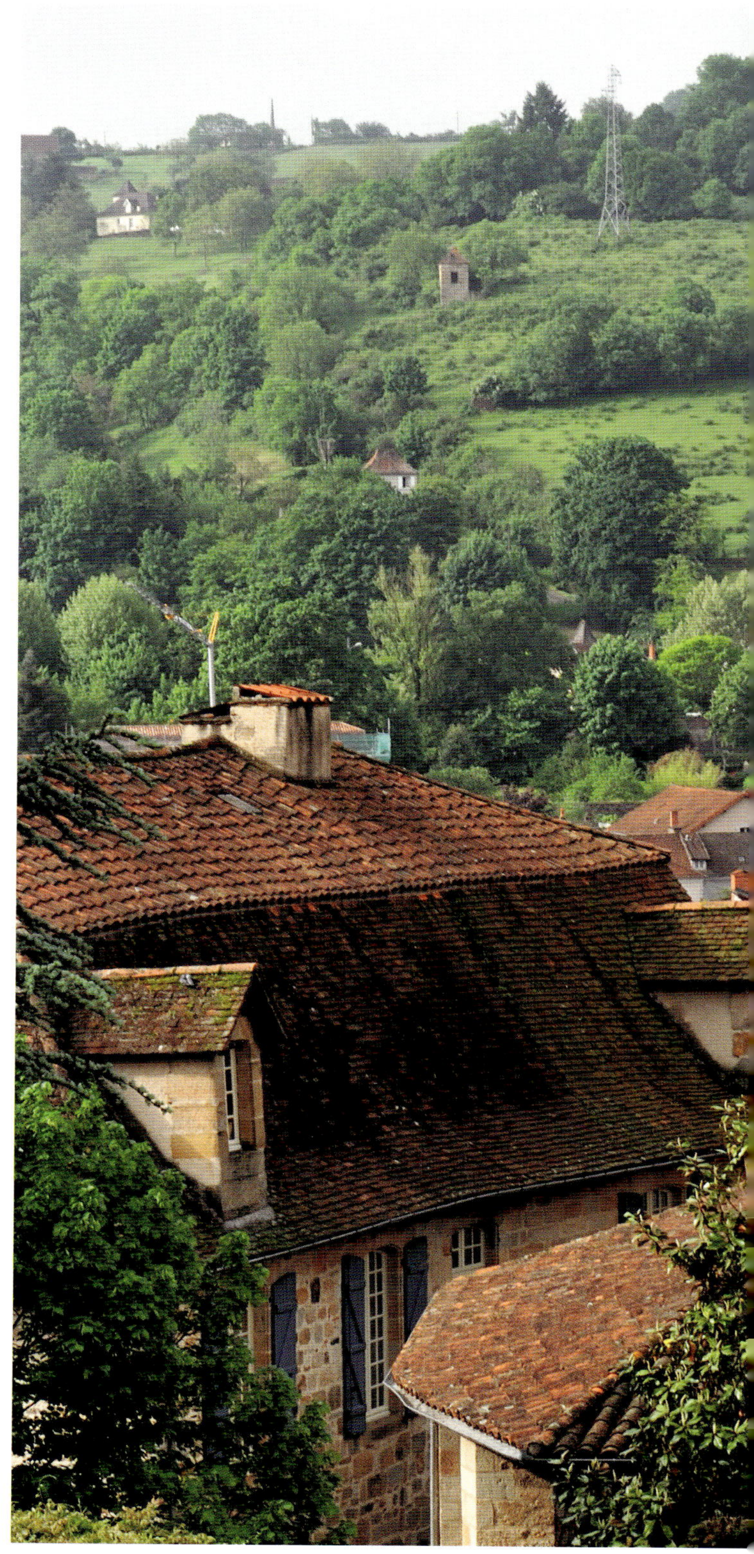

À DROITE : le quartier ancien de Figeac, merveilleuse petite ville médiévale située sur la rive droite du Célé, affluent du Lot.

Ici, tout évoque le Midi : la couleur de la pierre, l'enchevêtrement des rues, les odeurs et le rythme du temps...

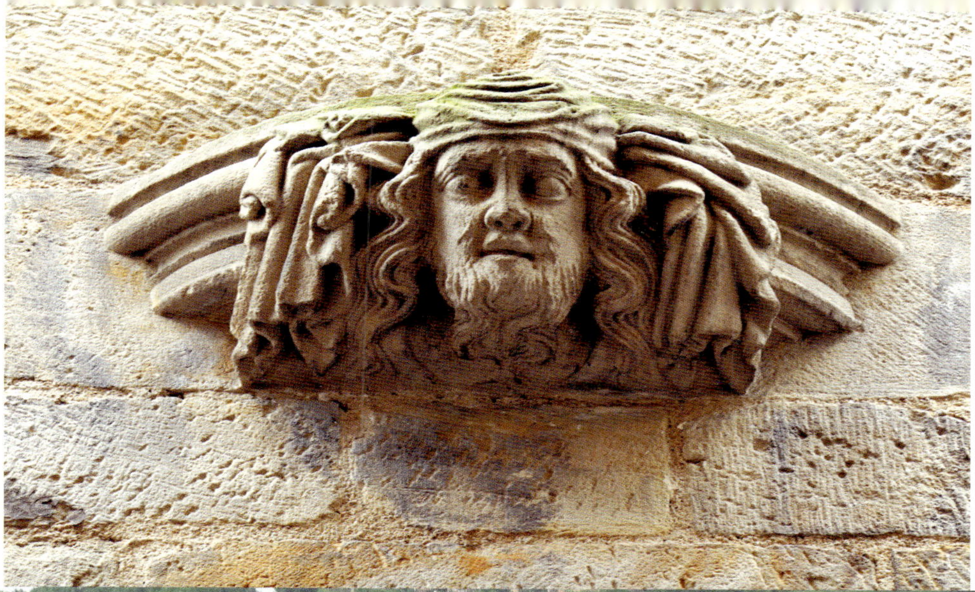

Ci-contre : Figeac, c'est aussi une page ouverte sur le Moyen Âge, qu'on retrouve au hasard d'un porche, sur les pavés irréguliers de ses ruelles, à travers les sourires ou les grimaces des personnages emprisonnés dans les écussons tout en haut des façades…

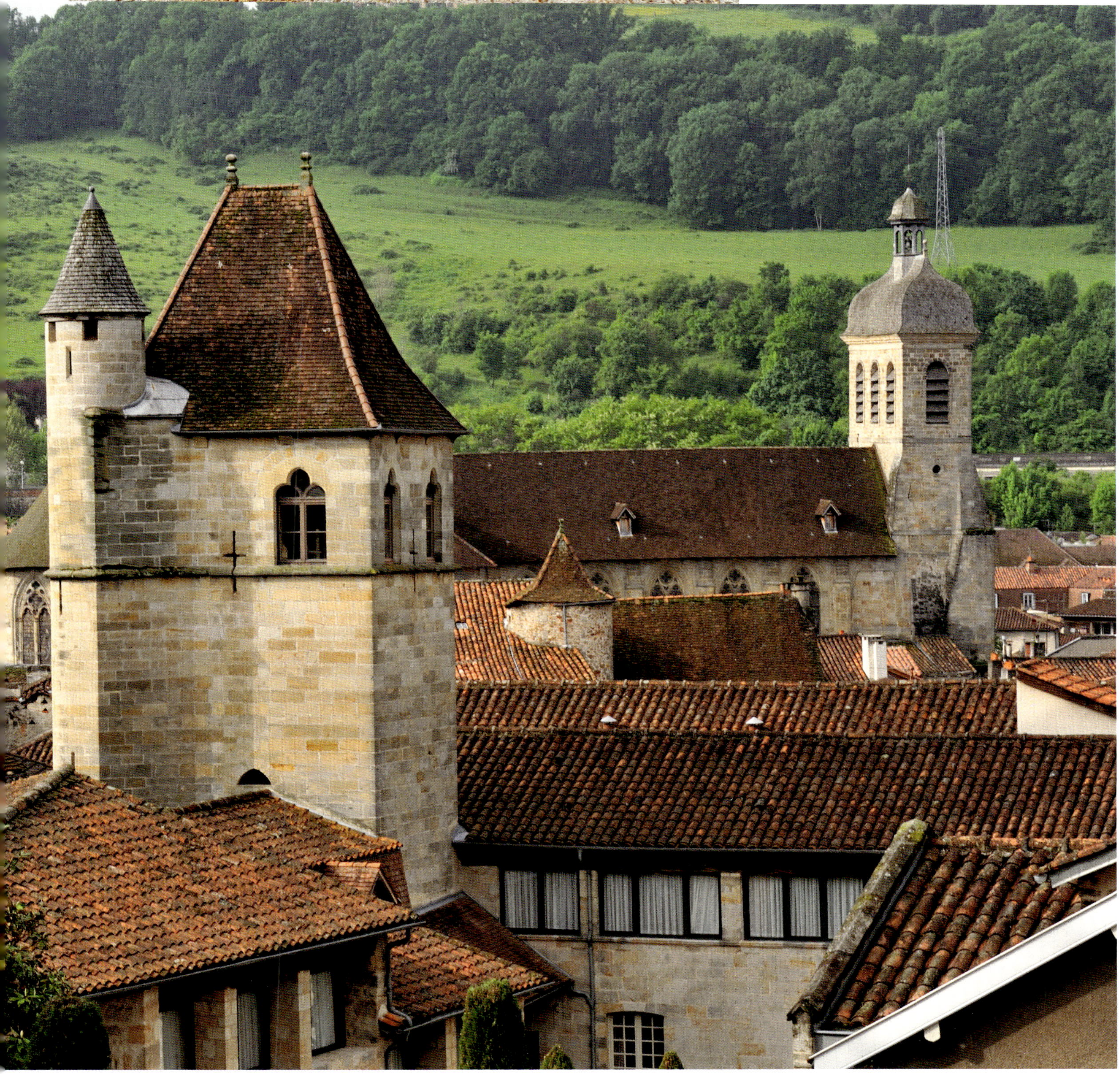

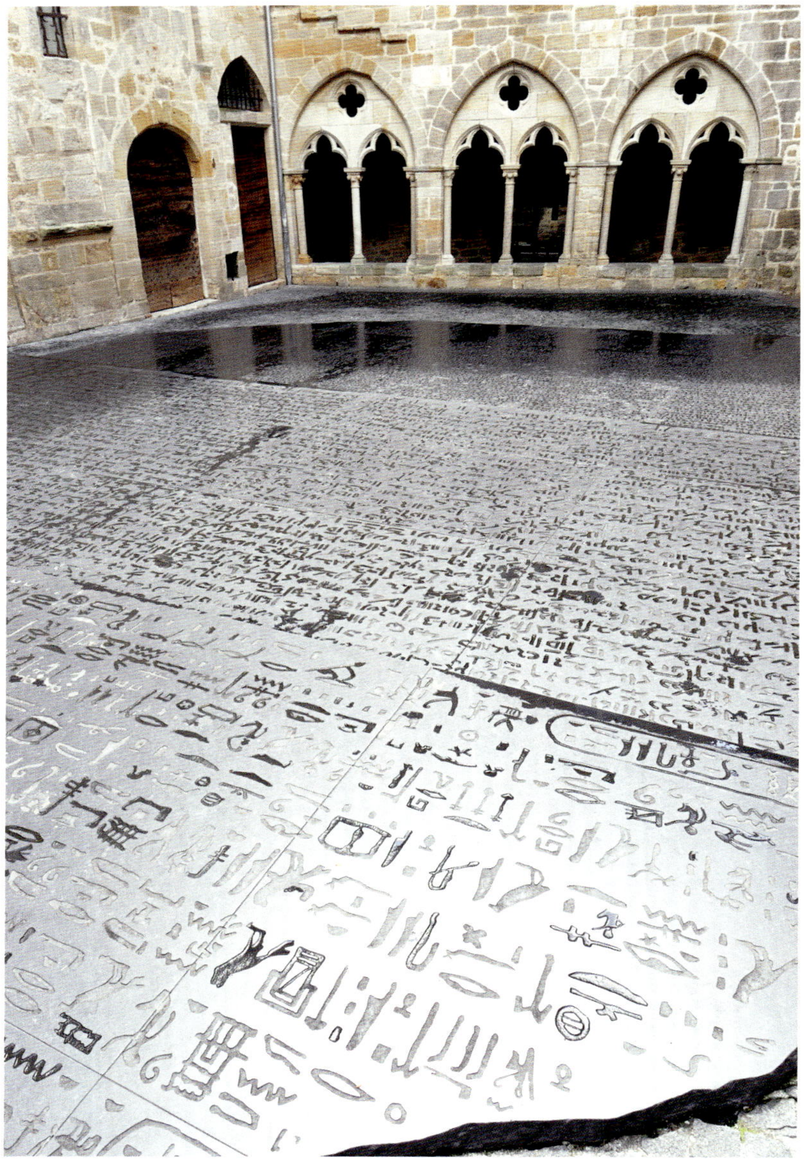

« Ce n'est pas parce que vous êtes ici dans la patrie de Champollion qu'il faut croire que la chaleur ne rend malade qu'en Égypte, plaisanta le médecin. Et même lui, le pauvre, il n'y a sûrement pas pris assez garde là-bas, puisqu'il en est revenu pour mourir. D'accord, le Lot, ça n'est pas Le Caire, mais tout de même, quand ça tape, ça tape bien. Alors, cher monsieur, un bon jour de repos, de l'aspirine et de la glace, je pense que ça suffira. Figeac, après tout, mérite bien qu'on s'y attarde un peu. »

Même beaucoup. Après une bonne sieste dans la chambre fraîche d'un petit hôtel situé dans une ruelle tortueuse de la vieille ville, Jacques Delarue s'aventura seul au cœur du vieux Figeac, pour s'imprégner de l'atmosphère médiévale de la cité. Mais l'absence de son ami le rendait soudain comme étranger à lui-même. « Ce Marc, pensa-t-il, c'est décidément quelqu'un de formidable. Dire que j'ai attendu la retraite pour le rencontrer vraiment. C'est fou ce que ce pèlerinage aura changé ma vie. Avant je ne voyais que le travail, les autres n'existaient pas. Maintenant il me semble que j'aime le monde entier. C'est peut-être ça, Compostelle, après tout. »

Il revint en flânant, ébahi de retrouver un Marc en pleine forme, en grande conversation avec deux jeunes garçons qui venaient du Canada. Le dîner fut animé, pimenté par l'accent inimitable né à l'ombre de la feuille d'érable.

Ils décidèrent le lendemain de faire à quatre la visite de la ville. Figeac les enchanta. C'était un mélange réussi de ciel, de pierre et d'eau. Un ciel très bleu, au-dessus des vieilles demeures, serrées les unes contre les autres dans leurs ruelles étroites. La pierre, partout, y a ses quartiers de noblesse, mais en arrivant sur la petite place des Écritures, elle raconte une histoire, enfermée dans le granit noir, protégée jalousement par son écrin de bâtisses médiévales. La pierre de Rosette, reproduite sur le sol, c'est toute l'Égypte qui parle du monde des pharaons. Les quatre randonneurs osaient à peine marcher. L'alliance du passé et du moderne se réalisait sous leurs pas et l'ombre de Champollion était parmi eux. Mais Figeac, étape importante sur la *via Podiensis,* parle aussi de saint Jacques. Les jacquets avaient sûrement suivi la voie romaine qui franchissait le Célé, comme l'attestent des restes de murailles.

En haut : la place de la Pierre-de-Rosette, à Figeac. À travers cette impressionnante reconstitution de la pierre de Rosette, la ville, patrie de Champollion, rend hommage à ce personnage célèbre pour avoir déchiffré les hiéroglyphes sur ce morceau de basalte portant des inscriptions en caractères démotiques, en grec et en hiéroglyphes.

Page de droite : l'église Notre-Dame du Puy, à Figeac. Construite sur une colline dominant la ville, cette belle église gothique du XIIIe siècle abrite un splendide retable en noyer sculpté.

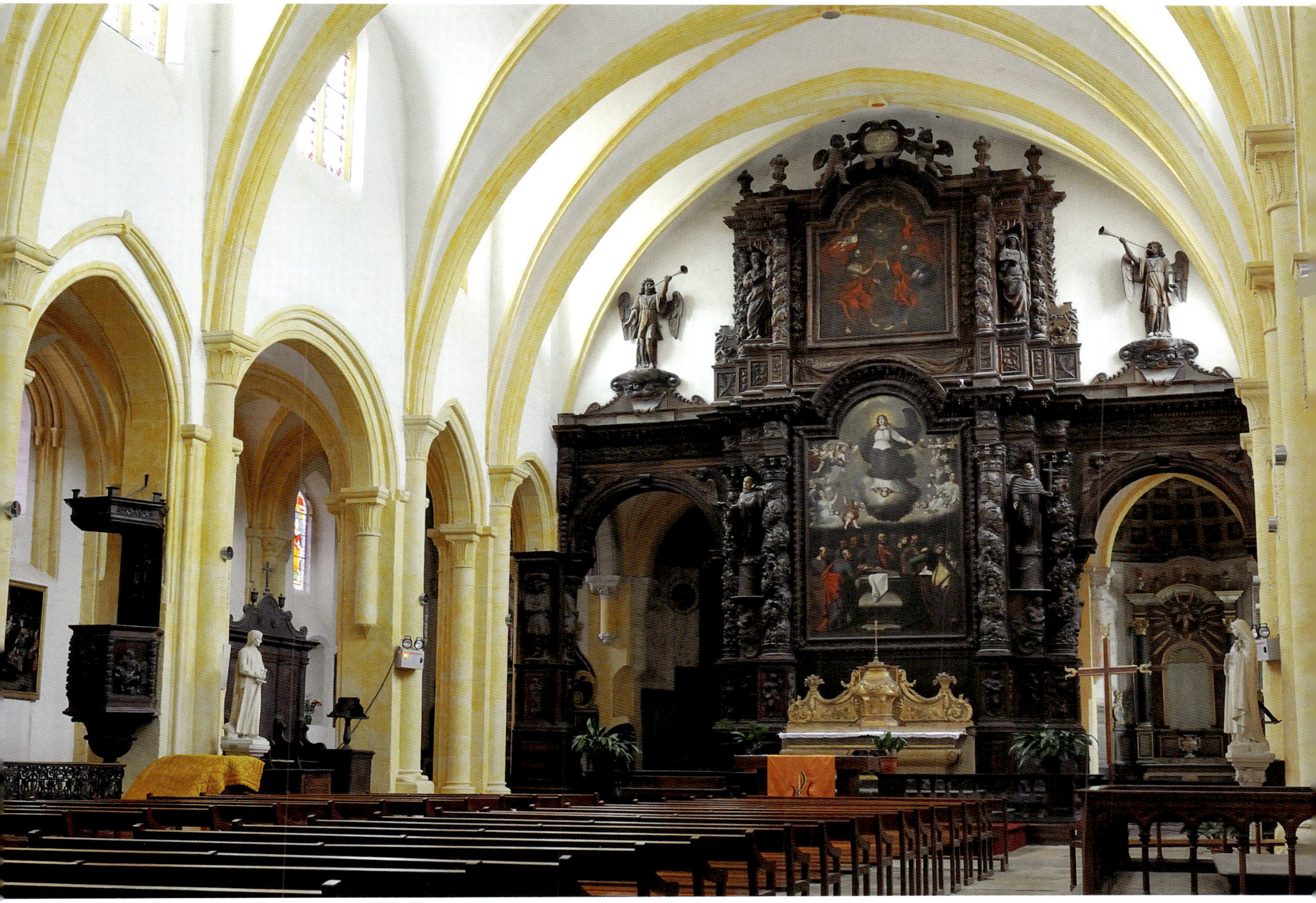

L'église Saint-Sauveur, ancienne abbatiale du XIe siècle, dressait fièrement sa triple nef et son abside à chapelles rayonnantes dont les dimensions rappelèrent à nos amis la superbe Sainte-Foy de Conques. Les quatre compagnons visitèrent l'église Notre-Dame du Puy, d'origine romane, où avait siégé, disait-on, une confrérie Saint-Jacques.

Marc avait repris tout son allant, et, très au fait des lieux qu'ils traversaient, racontait à présent comment, dans cette même église, la Vierge autrefois aurait fait fleurir un rosier en hiver. Ils virent aussi l'hôtel de la Monnaie, du XIIIe siècle, dans une belle maison ancienne construite en grès, le château de Balène, forteresse médiévale, l'hôtel d'Auglanat, du XVe siècle, et, dernier clin d'œil à Champollion, l'obélisque de la place de la Raison. Les compagnons se séparèrent en haut du vieil escalier du Calvaire, les deux Canadiens désirant continuer leur route sur un rythme plus rapide que leur permettait leur jeunesse. Quant à Jacques et à Marc, ils revinrent lentement vers leur hôtel, près de l'ancienne place de la Halle, où certaines maisons présentent sous les toits des galeries couvertes, les *soleilhos*. Décidément, à Figeac, on poussait la porte du Midi.

De Figeac à Cajarc

31,5 kilomètres

Lorsqu'ils quittaient Figeac, les pèlerins pouvaient suivre le cours du Célé jusqu'à Espagnac-Sainte-Eulalie, passaient par Marcilhac et atteignaient directement Cahors. Chemin pittoresque, mais difficile, au milieu de forêts d'abord, de précipices vertigineux ensuite, sentier étroit et comme plaqué contre d'énormes rochers en surplomb au-dessus de lui, prêts à tout moment à le mitrailler de grêle pierreuse. D'autres préféraient la route tranquille qui menait à Cajarc, où ils arrivaient sur les rives du Lot pour traverser ensuite le causse de Limogne. Ce fut cet itinéraire que choisirent nos deux amis.

« Tant pis pour le sensationnel, déclara Jacques après avoir consulté la carte. Tu n'es pas encore complètement remis et avec ce soleil criminel, les routes rocailleuses avec grimpettes en prime, ça ne me dit rien qui vaille.

– Mais il paraît que la variante du Célé par Espagnac et Marcilhac est une vraie merveille, sans parler de Saint-Cirq-Lapopie. On va rater le chemin historique, et surtout le prieuré d'Espagnac-Sainte-Eulalie.

– Mais on va gagner du temps, et tu sais, le chemin que nous allons prendre, beaucoup de jacquets le prenaient aussi. Ils n'arrêtaient pas de bifurquer dans des directions différentes. Alors pourquoi pas nous? Et puis, ne pleure pas. Ton chemin historique, tu le retrouveras à Cahors. »

Profondément touché sans le laisser voir par la sollicitude de Jacques, Marc leva ses deux bras en signe de soumission.

« C'est bon, l'ami, je me rends. Soyons raisonnables pour une fois. »

Ils ne le regrettèrent pas car, à la sortie de Figeac, le sentier très raide leur fit ralentir le pas. Aucun commentaire ne fut fait mais chacun fut persuadé que leur choix avait été le bon. Au sommet de la colline du Cingle, là où l'aiguille dressée pouvait bien avoir servi aux pèlerins à s'orienter, ils restèrent un moment à admirer cet étrange obélisque du XIIIe siècle. Ancienne borne de sauveté de l'abbaye, elle pouvait aussi représenter l'ultime rempart entre la justice et les fuyards, ou bien tout simplement une montjoie de pèlerins au débouché de la forêt.

Ils arrivèrent bientôt au village de La Cassagnole. Selon certains historiens, Louis le Pieux, un des fils de Charlemagne, serait né, ainsi que son frère, dans le prieuré du lieu. Étape paisible le long d'un chemin de halage, itinéraire tranquille jusqu'à Faycelles, ancien village mérovingien aux vieilles maisons en pierre de taille, puis Béduer, où Jacques décida de se reposer pour obliger Marc à le faire : le château du XIIe siècle n'était-il pas une bonne excuse ? À partir de Béduer, le chemin se faisait séducteur, alternance de sentiers en sous-bois, délicieusement frais et agréables, relativement plats, où l'on oublie qu'on marche, et de routes de causse caillouteuses, revêches, qui rappellent soudain qu'il ne faut pas sombrer dans la facilité. Gréalou, un peu plus loin, les plongea dans le mystère de ses nombreux dolmens païens, rachetés par la présence de la petite église romane qui semble veiller à l'orthodoxie du village. Enfin, véritable bastide médiévale dressée au-dessus d'un vaste plan d'eau, Cajarc leur apparut.

Toute l'histoire les accueillit dans ce site tranquille dominant le Lot. D'abord celle des Celtes et de leurs dolmens, puis celle des Gallo-Romains, qui durent affronter les invasions barbares. Pour leur résister, l'un d'entre eux, Caïus Hebrarous, fit édifier sur un éperon rocheux, au cœur du cirque de falaises, une bastide fortifiée. Le village de Cajarc était né, autour de cette maison de l'Hébrardie dont il ne restait plus que des ruines. Enfin, ce furent les guerres, celle de Cent Ans d'abord, celles de Religion ensuite, et le temps suivit son cours. Mieux que dans un livre, nos deux amis s'imprégnèrent du charme des ruelles, de leurs vieilles maisons pittoresques. Ils s'arrêtèrent à la chapelle de la Madeleine, appelée Capelette de Cajarc, qui datait du XIIe siècle et dépendait d'une léproserie qui recevait aussi les voyageurs avant la traversée du causse. Nos deux amis virent les vestiges du vieux château, la chapelle Sainte-Marguerite où les mariniers venaient en pèlerinage, et, cerise sur le gâteau, ils dégustèrent un excellent dîner couronné par un petit verre de fénelon, l'alcool local, composé de liqueur de noix, de cassis et de vin rouge.

PAGE DE DROITE : l'aiguille du Cingle, à Figeac. Élevé au XIIIe siècle, ce faux obélisque de forme octogonale mesure 14,50 mètres de hauteur. Il a probablement servi de repère pour les pèlerins qui quittaient Figeac. À l'ouest de la ville se dresse également une autre aiguille, l'aiguille Lissac, haute de 11,50 mètres.

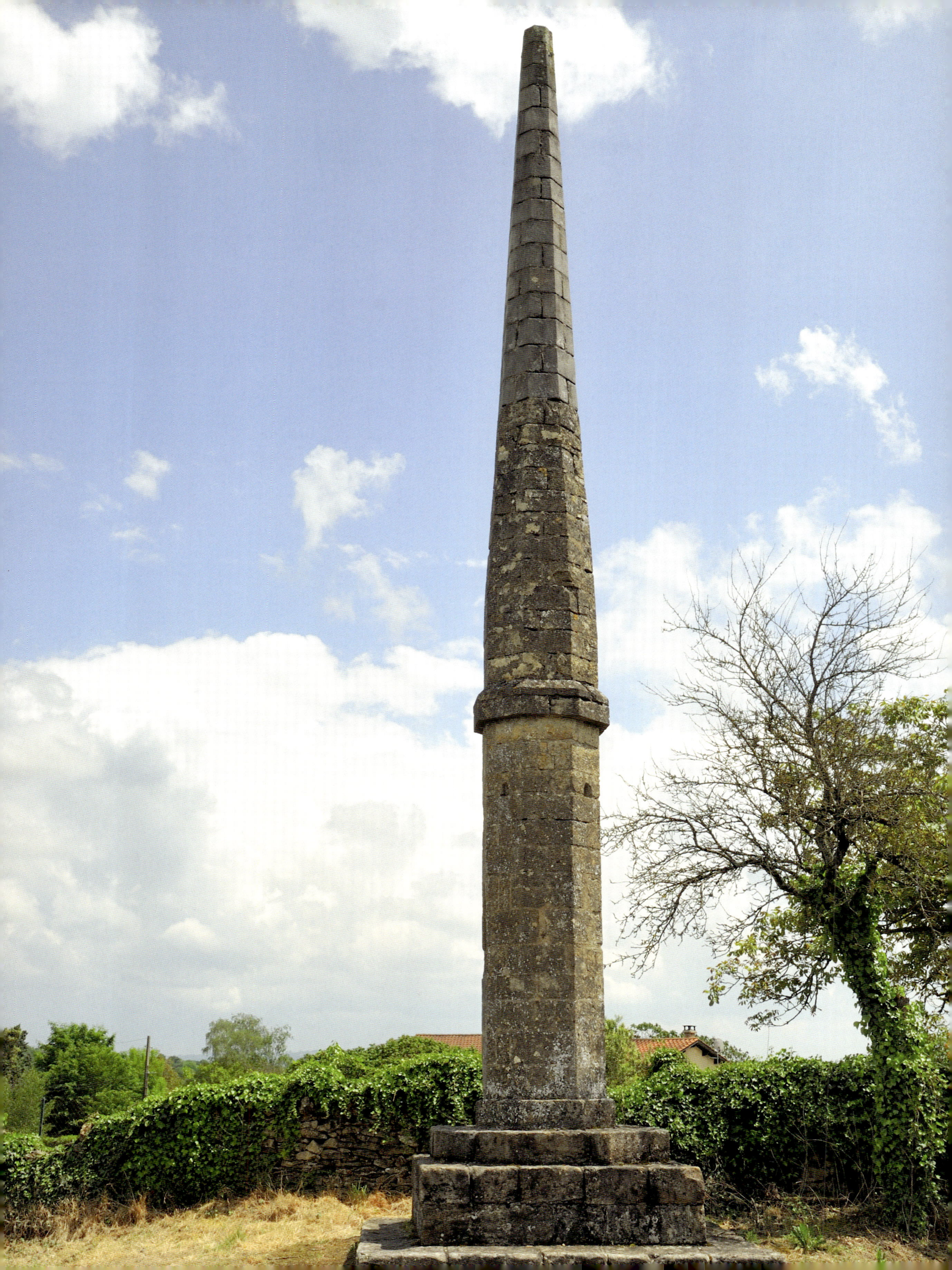

De Cajarc à Limogne-en-Quercy

19 kilomètres

La sortie de Cajarc, tout en douceur le long du Lot, permit le lendemain à nos deux pèlerins de profiter d'une matinée qui présentait le double avantage de commencer plus tard, étant donné la longueur assez restreinte de l'étape, et d'offrir une température idéale pour la marche. Tout autour d'eux, le paysage était une illustration parfaite de ce qu'on appelle la douce France : verdoyant, comme rafraîchi par la nuit. Puis, soudain, après Gaillac, le chemin changea, devint pentu et rude en sous-bois, parsemé de cailloux qui roulent sous les pas, rendant la marche difficile. Jacques et Marc ralentirent bien vite le rythme et comprirent qu'ils avaient devant eux le causse de Limogne à traverser. Désert aride qui les fit aussitôt penser à l'Aubrac, le paysage, d'emblée, les conquit par son austérité grandiose. Sur les larges chemins bordés de murets en pierres sèches, leurs pas semblaient absorber la distance sans la diminuer, toujours tendus vers un horizon qui n'arrive nulle part. Parfois, pourtant, des bories, ces cabanes de bergers plantées dans le décor, des caselles ou gariottes, en plein milieu d'un champ, construites en pierres sèches pour servir d'abri ou de remise, rappelaient que des hommes vivaient par là. Des hommes chaleureux, d'ailleurs, qu'ils eurent la chance de rencontrer à la sortie du Mas del Pech, et avec lesquels ils partagèrent le pain et le fromage du vrai compagnonnage.

L'arrivée à Limogne-en-Quercy, situé en bordure du causse, leur sembla éternelle. L'immensité des paysages qu'ils venaient de traverser, la poussière du chemin, le ciel presque en fusion directe avec la terre, tout s'était conjugué pour créer en eux une impression d'immense liberté qui les maintenait comme cloués au sol contre leur gré. Un peu à l'image de ces oiseaux épris de vol retenus captifs dans les magnifiques pigeonniers aux abords des différents mas, ou propriétés, devant lesquels ils étaient passés. Ils posèrent leur sac en soupirant d'aise dans le gîte d'étape communal, puis soignèrent leurs menues écorchures tout en bavardant avec d'autres compagnons. Ils en retirèrent une certaine déception en les entendant évoquer cette vallée du Célé qu'ils n'avaient pas voulu prendre. « Une pure merveille, si vous saviez ! » D'autres arrivaient de Rocamadour, le regard encore ébloui d'être allés visiter la basilique Saint-Sauveur, où Notre-Dame de Rocamadour garantissait aux pèlerins la protection de leur chemin. Ceux-là avaient fait le détour depuis Figeac, pour se recueillir devant le tombeau de saint Amadour, comme certains jacquets de la *via Podiensis* l'avaient fait jadis avant eux ou comme ceux qui avaient quitté la *via Lemovicensis* à Saint-Léonard-de-Noblat dans la même intention. Les siècles se rejoignaient, passaient sans encombre de la cotte et du chaperon à la chemisette et au chapeau de brousse, pour parler le langage de Compostelle. Les uns le faisaient en prières ; les autres en quête d'absolu ; la plupart, enfin, par soif de découverte.

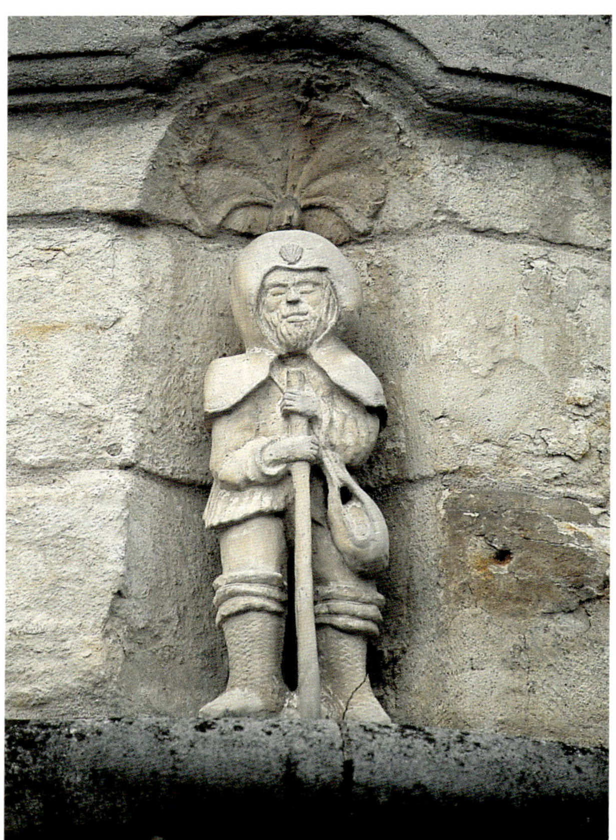

CI-CONTRE : petit pèlerin de pierre dans une niche à Rocamadour. Il porte la cotte et le vaste chapeau orné de la coquille, le bourdon et des bottes propices à la marche.

PAGE DE DROITE : après Cajarc, le sentier court le long du Lot, traversant des paysages apaisants où dominent les prairies fleuries.

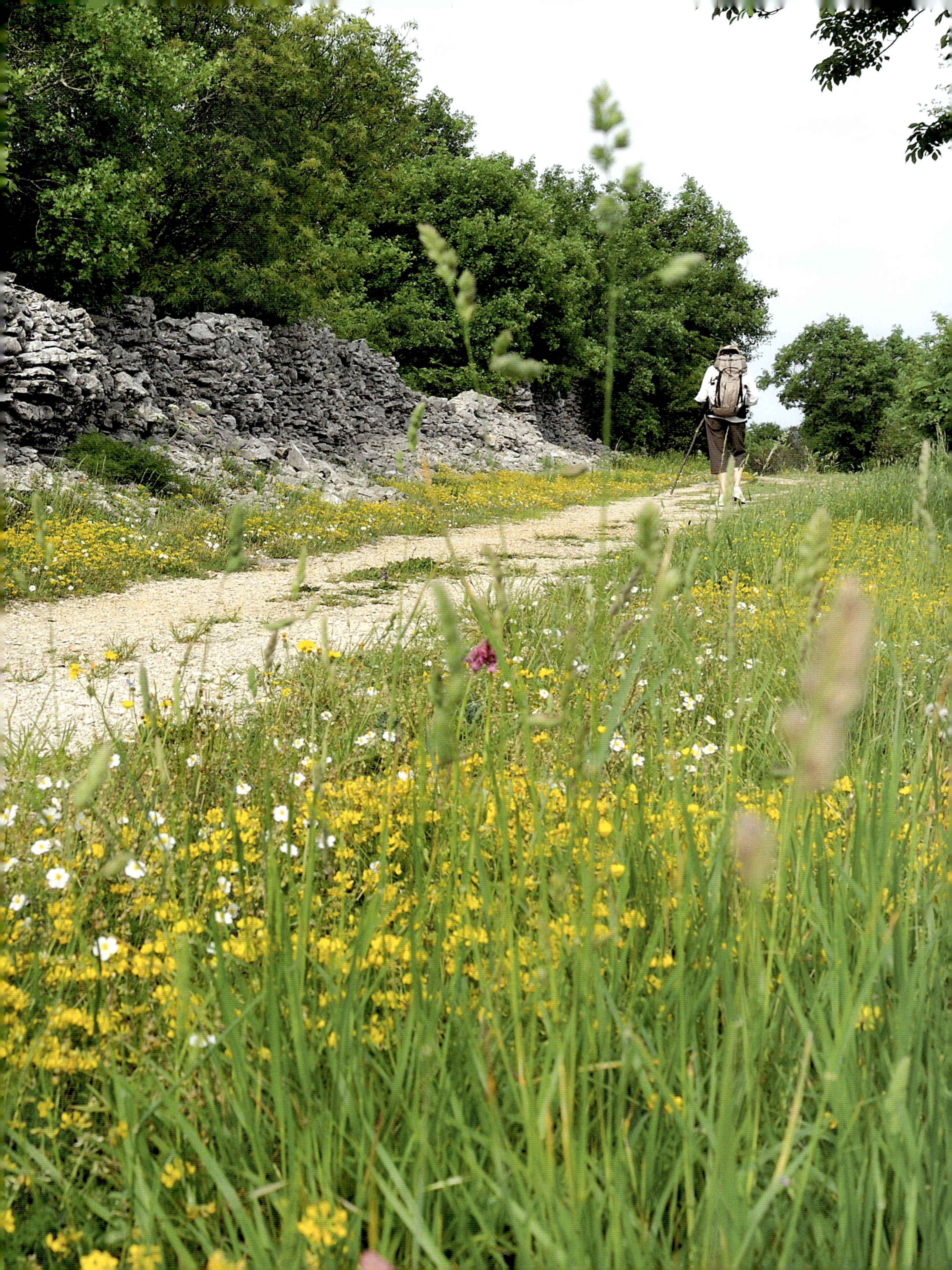

De Limogne-en-Quercy au Pech

26 kilomètres

Un peu dépités par tous les récits des autres voyageurs, Jacques et Marc retrouvèrent vite leur sérénité en admirant les nombreux dolmens de Limogne-en-Quercy, certains très impressionnants, forts de l'énergie des mystérieuses civilisations de la préhistoire. Puis, en allant flâner près de l'église, dans l'ancienne halle aux grains, ils eurent la joie de découvrir que c'était jour de marché. Là, curieux et admiratifs, ils firent la connaissance de la grande dame du Lot: la truffe. Nos deux amis la découvrirent pour la première fois dans leur assiette au sein d'une salade préparée à l'huile d'olive, où ses fines lamelles noires enchantèrent leur palais. C'était le point d'orgue de la traversée du causse et l'occasion de s'intéresser à tout ce qui en constitue l'histoire, depuis le chêne truffier jusqu'à ses intrépides découvreurs, les porcs ou certains chiens dressés tout exprès. Impensable de ranger la truffe dans la seule catégorie des champignons. Sans être experts en joaillerie, mais tout acquis à la bonne gastronomie française, ils trouvèrent que l'appellation de diamant noir était beaucoup plus appropriée! Ils étaient un peu mélancoliques soudain de n'avoir qu'un repas froid, des plus rustiques, à consommer, avant de terminer leur étape au gîte du Pech, encore distant d'une douzaine de kilomètres.

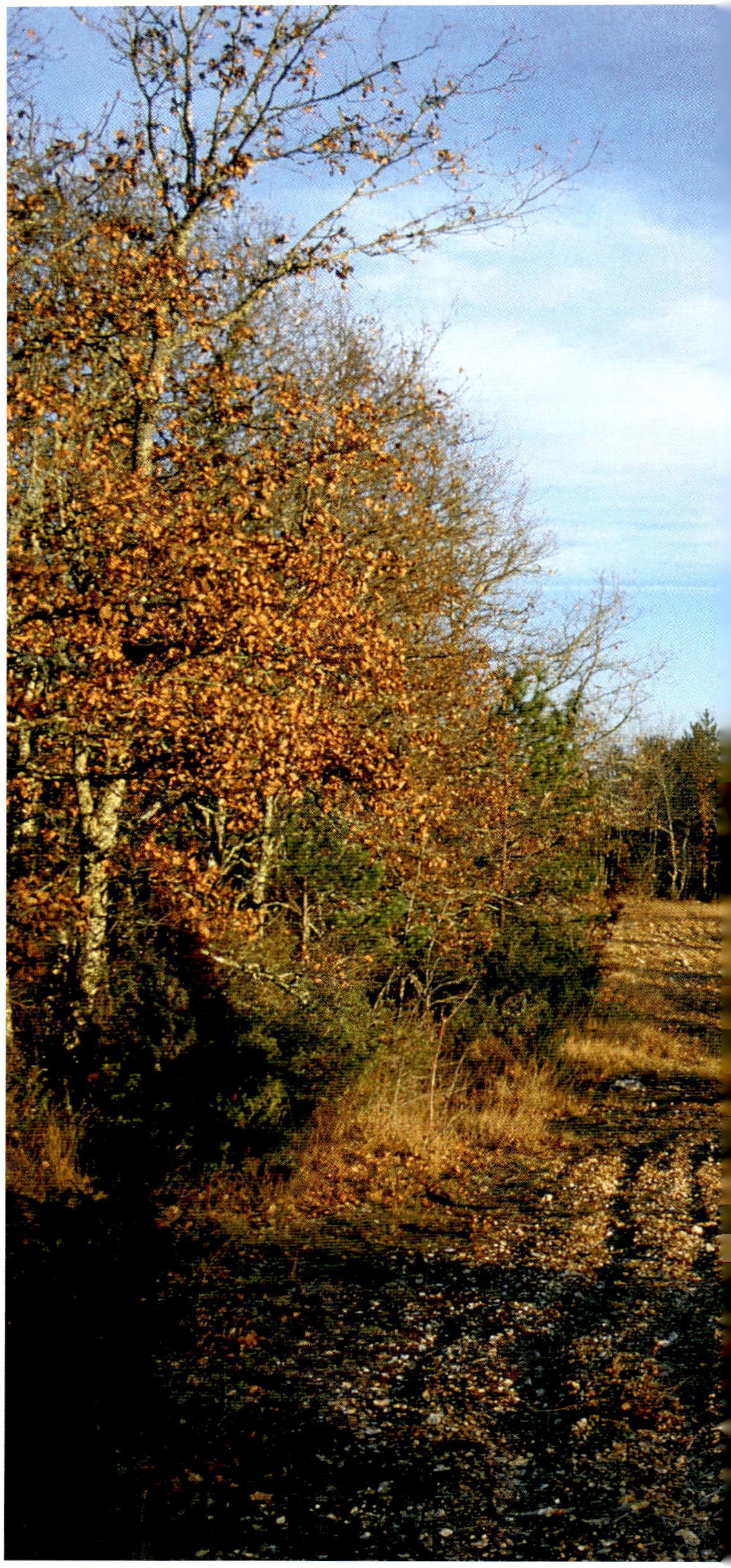

Ci-contre: une plantation de chênes truffiers dans le Lot. Le chemin du pèlerinage est aussi l'occasion de profiter des produits de terroir des différentes régions parcourues. Entre melons parfumés, foies gras, omelettes aux truffes, petits fromages de Rocamadour et vins de Cahors, la traversée du Lot se transforme vite en une promenade gastronomique des plus alléchantes.

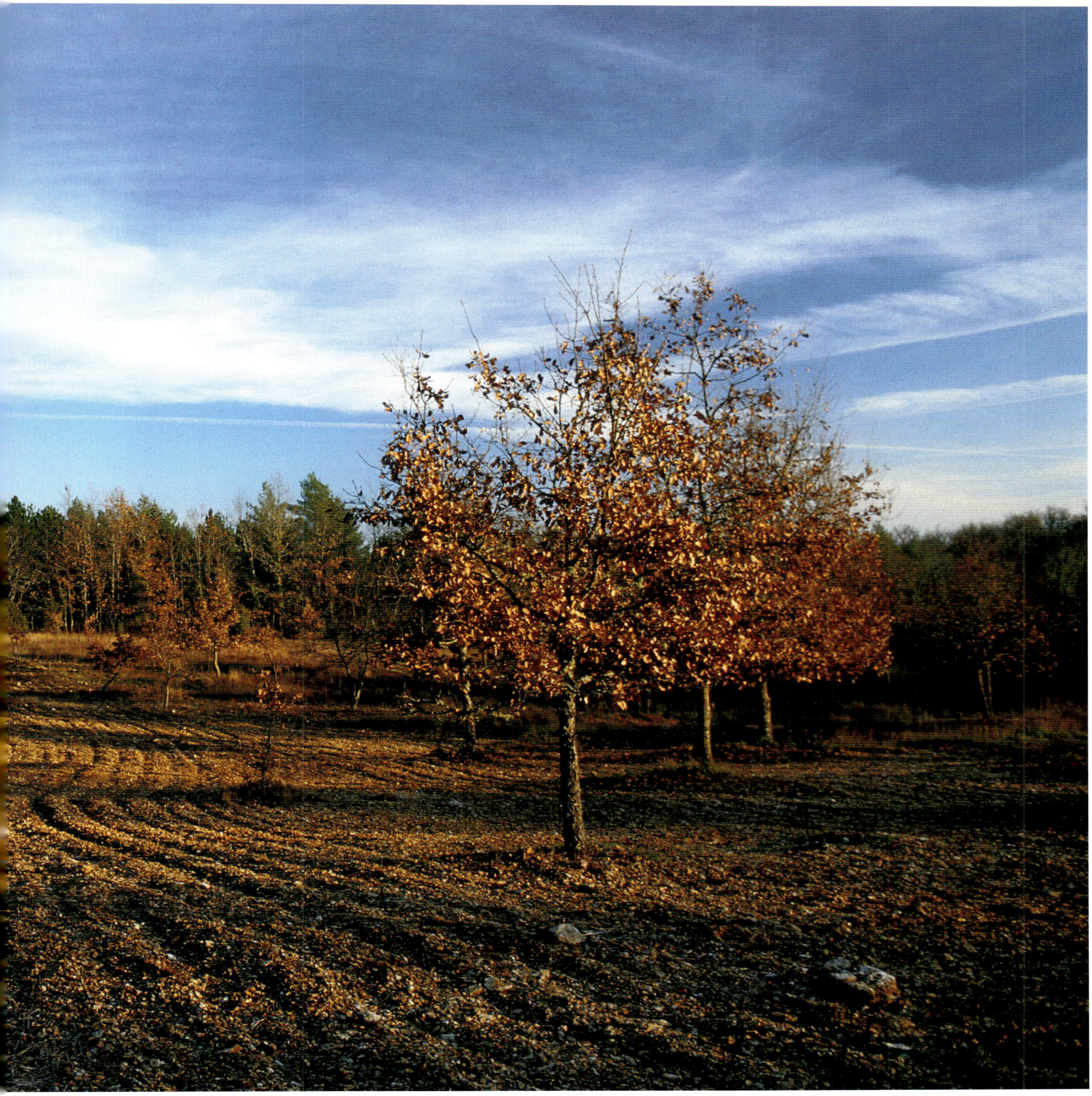

Du Pech à Cahors

12 kilomètres

Les deux amis, dès le réveil, savaient que la visite de Cahors, à 12 kilomètres à peu près du Pech, allait constituer le point fort de leur étape. Ils se sentaient pleins d'ardeur, impatients d'atteindre ce haut lieu du pèlerinage de Compostelle, mais également alléchés par la réputation de la ville, bâtie sur la qualité de ses solides repas du terroir et de ses vins généreux. Pour être pèlerin, on n'en est pas moins homme, n'est-ce pas? La capitale du Quercy, dans la vallée du Lot, était l'illustration même de la ville de province sereine et accueillante. Ils y arrivèrent sans efforts, tout naturellement conduits par la voie romaine qui traverse un paysage typiquement quercinois, toujours à base de gariottes et de beaux pigeonniers, souvenirs du privilège seigneurial accordé jadis à certains gros propriétaires.

Avant même de commencer leur visite, ils décidèrent d'un commun accord de faire une longue halte réparatrice dans l'ancienne cité gallo-romaine. Jacques s'était mis soudainement à boiter et chaque pas lui était une souffrance.

« Défais ta chaussure et regarde ça de près, conseilla Marc. Les pieds, c'est le moteur même du pèlerinage. Tu as beau avoir l'esprit de saint Jacques en personne, une bonne ampoule infectée et tu peux dire adieu à Compostelle. »

Ils s'arrêtèrent sans plus attendre dans une ruelle tranquille. Il était temps, car en découvrant l'état du talon de Jacques, Marc fit la grimace.

« Eh bien! Mon vieux, heureusement qu'on n'a pas insisté. On était à deux doigts de la catastrophe. Grâce à Dieu, l'ampoule ne s'est pas ouverte, mais je vais tâcher de trouver une pharmacie. Toi, tu restes là. Repose ton pied. »

Marc revint dix minutes plus tard, escorté d'un grand jeune homme, les mains chargées d'un sac de pansements, poudres antibiotiques, désinfectants et autres pommades.

« Ah! voilà le grand blessé. Vous avez de la chance, j'allais fermer. Moi aussi, je l'ai fait, le pèlerinage, et je sais ce que c'est que les gentillesses de la route. J'ai toujours pensé d'ailleurs que les pèlerins portaient leurs décorations aux pieds plutôt que sur le revers. Ça fait tellement mal, mais vous avez évité le pire. »

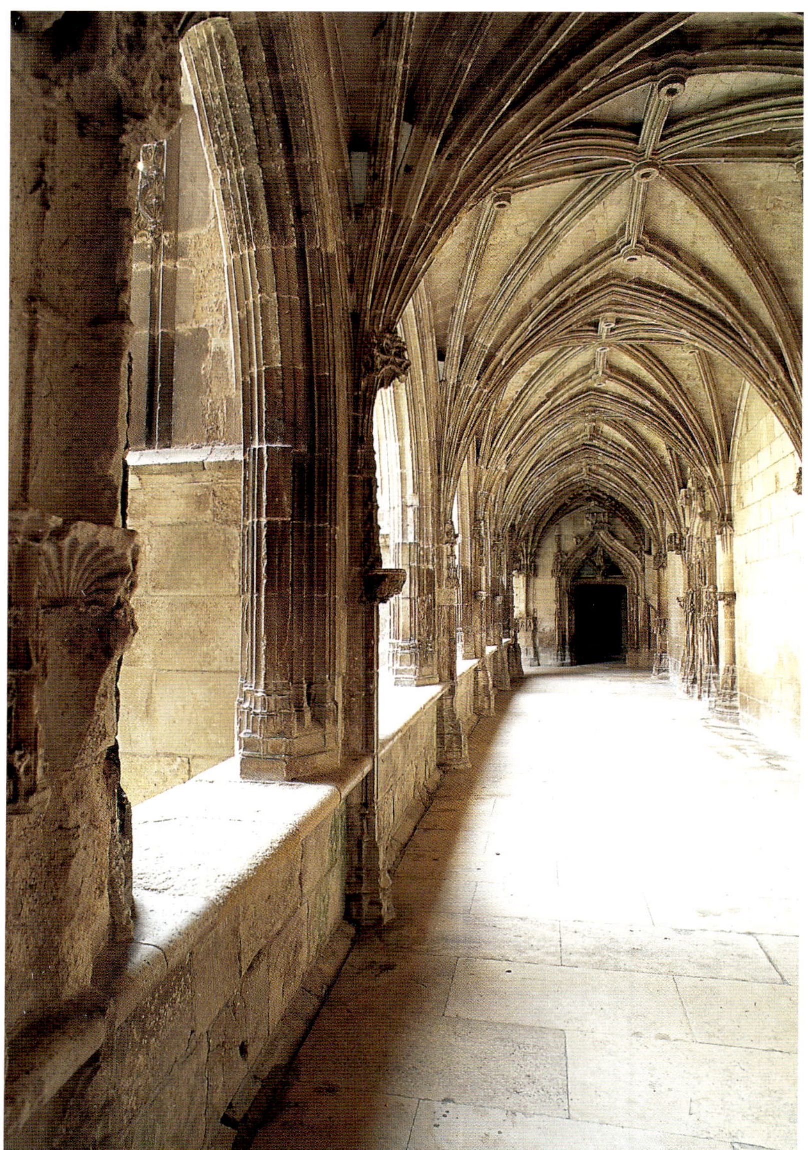

Ci-contre : du cloître de la cathédrale Saint-Étienne à Cahors, débutée à l'époque romane, subsistent la nef et le portail nord, orné d'un beau tympan sculpté illustrant l'Ascension. Le cloître de style gothique flamboyant date de 1506.

Page de droite : les pèlerins quittent la superbe ville de Cahors par le pont Valentré, construit sur le Lot au début du XIVe siècle. Véritable forteresse, il permettait autrefois de contrôler la traversée de la rivière et de défendre la ville contre d'éventuels ennemis.

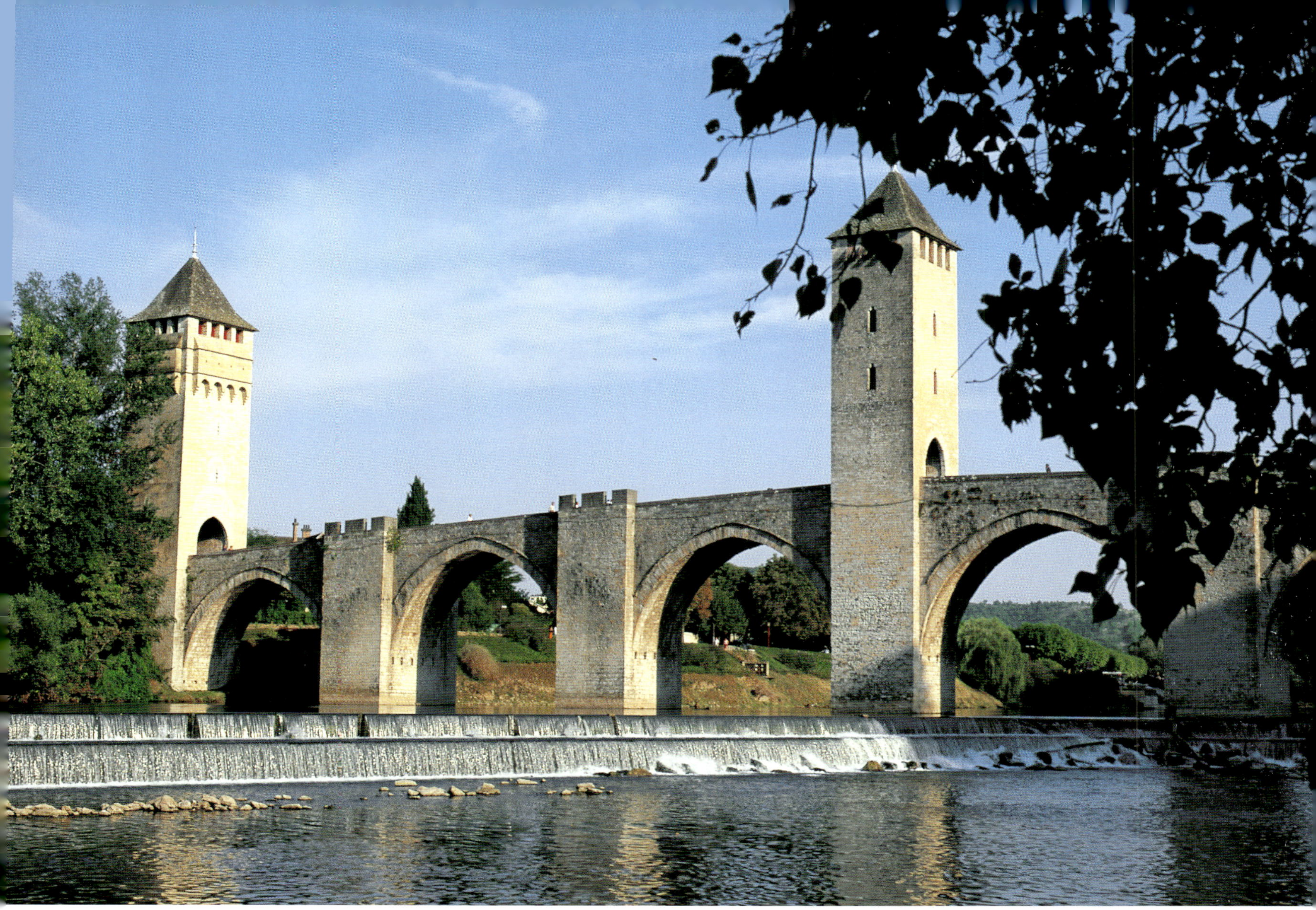

L'aimable pharmacien, pendant ce temps, avait emmailloté le pied malade, dûment badigeonné d'antiseptique et de pommade apaisante. Jacques, en se remettant debout, crut que Notre-Dame de Rocamadour en personne avait réalisé un miracle à son encontre, car il ne sentait plus rien. Éperdu de reconnaissance, il tendit la main à son sauveur.

« Je ne pensais plus que ça pouvait exister. Comment vous remercier pour votre gentillesse et votre compétence ?

– Laissez donc, ça n'est rien. Il faut bien s'entraider entre pèlerins. Mais venez donc déjeuner avec moi, leur proposa-t-il gentiment. Je connais un bon coin et je vous raconterai mes souvenirs. »

Ils se rendirent vite compte que la bonne réputation de la gastronomie quercinoise n'était nullement usurpée, pas plus que la qualité du vin de Cahors. Le petit restaurant où le jeune pharmacien avait ses habitudes les soigna particulièrement en leur faisant goûter quelques-unes des spécialités du lieu. Lorsqu'ils se quittèrent, enchantés les uns des autres, Jacques avait repris son allant. L'heureux hasard voulant que la cathédrale Saint-Étienne fût juste à côté de l'endroit où ils avaient déjeuné, il s'y dirigea sans plus tarder avec Marc, d'un pas redevenu à peu près alerte. Tous les styles se côtoient harmonieusement dans le bel édifice : le roman de la fin du XIe siècle, caractérisé par sa pierre calcaire et sa nef d'une largeur exceptionnelle coiffée de deux vastes coupoles recouvertes d'ardoises ; roman encore, son portail nord, exécuté en 1135, mais remanié à l'époque gothique, comme son portail sud ; le gothique quant à lui s'affirme sur la façade ouest bâtie en grès beige au XIVe siècle, et le cloître du XVIe siècle est un pur joyau du gothique flamboyant.

Les deux amis flânèrent un peu dans la cité médiévale, où le soleil allumait d'étranges incendies sur les façades des belles demeures aux fenêtres géminées. Enfin, ils arrivèrent à petits pas devant le pont Valentré, émerveillés par son architecture de défense médiévale. Fier de ses trois tours fortifiées qui dominent le Lot de 40 mètres, le pont construit au début du XIVe siècle peut aussi s'enorgueillir à juste titre de ses six arches en ogives qui facilitent les jeux de lumière sur la pierre blonde.

Ils quittèrent Cahors à regret après une nuit de sommeil dans un faubourg de la ville.

De Cahors à Lectoure

127 kilomètres

De Cahors à Montcuq

33 kilomètres

Après quinze jours radieux, sans un nuage, le temps changea brusquement. La nuit avait été particulièrement éprouvante, sans un souffle d'air, et la chaleur de la chambre avait empêché nos deux amis de bien dormir. Jamais le Quercy blanc n'avait mieux mérité son nom, car la terre semblait positivement chauffée à blanc. Dès la sortie de l'hôtel, une chaleur lourde et poisseuse s'abattit sur les marcheurs, rendant leur progression difficile sur un petit chemin qui paraissait ne jamais vouloir finir. Les insectes menaient une ronde folle dans l'air devenu épais et au loin de sourds grondements roulaient au fond du ciel. De toute évidence, un terrible orage se préparait.

« Je crois bien que nous allons avoir un fameux feu d'artifice, soupira Marc en pressant un peu l'allure. C'était trop beau, ce bel été sans eau. On ne va pas tarder à sortir les cirés. Tiens ! Qu'est-ce que je te disais ? »

De larges gouttes de pluie qui sentaient la poussière ruisselèrent soudain sur la route et, en un instant, le paysage fut noyé sous des trombes d'eau, violemment balayées dans tous les sens par un vent chaud et hargneux, tandis que le tonnerre déchirait l'air avec un bruit sec.

« Vite, courons sous le chêne, là-bas, pour nous mettre à l'abri. Vite, Marc !

– Tu n'es pas fou ? Tu veux que la foudre nous tombe dessus ? Continuons à marcher, c'est ce que nous avons de mieux à faire. Ah mon vieux, qu'est-ce que tu crois ? Ca se mérite, Compostelle. D'ailleurs, regarde, ça diminue déjà. Le ciel a dû penser qu'on avait besoin de se rafraîchir.

– Tu parles d'un rafraîchissement ! Avec les cirés, on est autant trempé à l'intérieur qu'à l'extérieur, tellement on transpire.

– Arrête de râler ! On arrive bientôt à Lascabanes. Je pense qu'on pourra faire halte au village pour manger un morceau avant d'aller visiter la chapelle Saint-Jean-le-Froid. »

Le soleil, très vite, reprit possession du ciel et, désirant se racheter sans doute, sécha rapidement les vêtements trempés et les cirés dégoulinants, qui reprirent leur place initiale au fond des sacs.

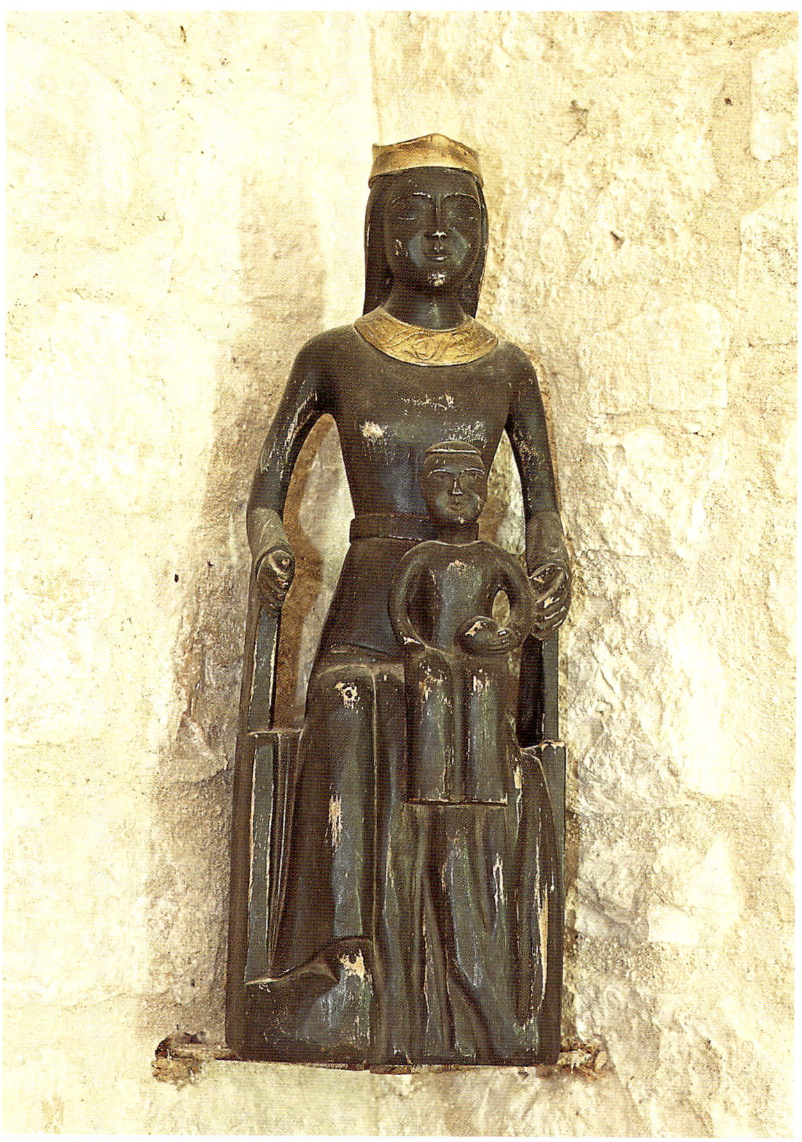

CI-CONTRE : statue de la Vierge noire dans la chapelle de Rouillac, près de Montcuq.

PAGE DE DROITE : érigée au XIe siècle, l'ancienne commanderie de l'Hospitalet, à mi-chemin entre Cahors et Montcuq. À partir du XVIIe siècle, elle prend également le nom de « commanderie de l'hôpital Saint-Jacques dudit lieu de l'Hospitalet ». Elle sert alors de refuge aux pèlerins sur le chemin de Saint-Jacques-de-Compostelle.

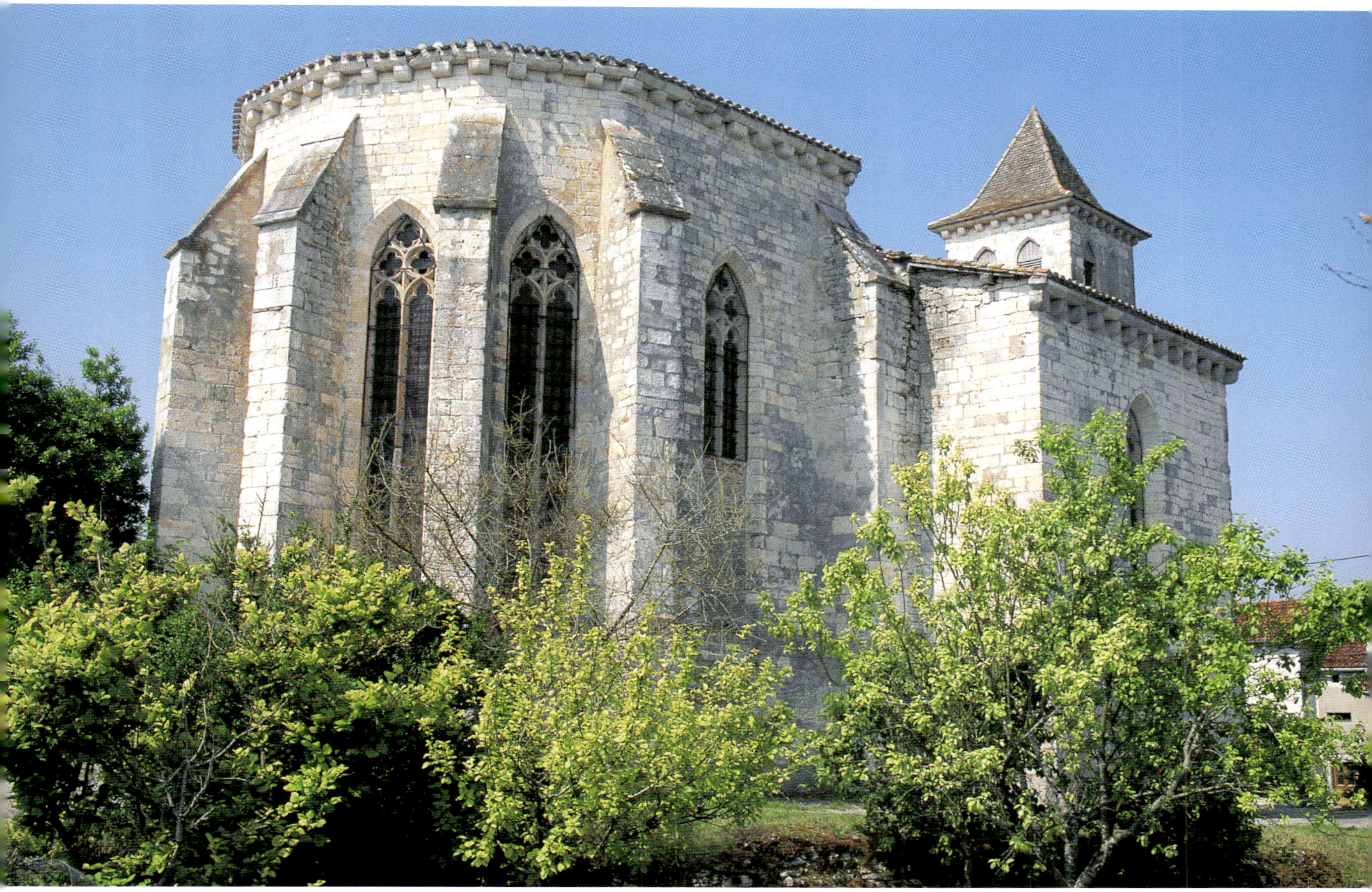

Après un repas succinct qui, néanmoins, les réconforta, Marc et Jacques montèrent jusqu'à la petite chapelle Saint-Jean en haut de la colline qui dominait le village de Lascabanes. La modeste bâtisse de pierre, reconstruite sur les ruines d'une ancienne église détruite au Moyen Âge, semblait une montjoie sur le chemin de Saint-Jacques, qui passait devant sa porte. Plusieurs pèlerins se trouvaient là, tirant de leur sac à dos de quoi se restaurer, et l'on parla évidemment du gros orage qu'on venait d'essuyer. Puis, comme toujours au cours des étapes, on se sépara, assuré néanmoins qu'on était sans doute encore amené à se retrouver puisque le terme du voyage était le même pour tous.

« Rendez-vous à Montcuq, au hasard d'une rue, les amis ! Nous, on se repose encore un peu et on y va. À ce soir donc, si Dieu veut, comme disent les Espagnols. »

La ville de Montcuq, accrochée à sa colline, domine la vallée de la petite Barguelonne et les vignobles de chasselas. Située dans ce Quercy blanc qui doit son nom aux roches crayeuses de son plateau aride, cette bastide au sud de la vallée du Lot donna d'emblée à nos deux pèlerins l'impression qu'il fallait gagner sa confiance pour s'y faire admettre. À cause de ses remparts, peut-être, ou de son haut donjon solitaire, avec sa tour et sa tourelle rectangulaire qui parlent de ces temps lointains des comtes de Toulouse et des martyrs cathares. Peut-être aussi à cause de ses ruelles enchevêtrées, volontairement tracées pour sauvegarder leur secret, refouler l'étranger, perdre le poursuiveur. Ruelles médiévales, pentues, en escalier parfois, mais attachantes et mystérieuses comme les pages de pierre d'un livre de légendes. Marc et Jacques se laissèrent porter par l'atmosphère étrange de cette ville qui, depuis des siècles, semble toujours sur la défensive, dans l'attente de quelque attaque venant de l'extérieur. Lorsqu'ils s'allongèrent le soir dans le gîte d'étape qu'ils avaient retenu depuis Labastide, ils eurent la curieuse sensation que la nuit était peuplée de tous ces gens d'autrefois, pèlerins de Saint-Jacques, cathares, religieux fanatiques et occupants anglais qui avaient gravé leur histoire dans les colombages des vieilles maisons.

De Montcuq à Lauzerte

14 kilomètres

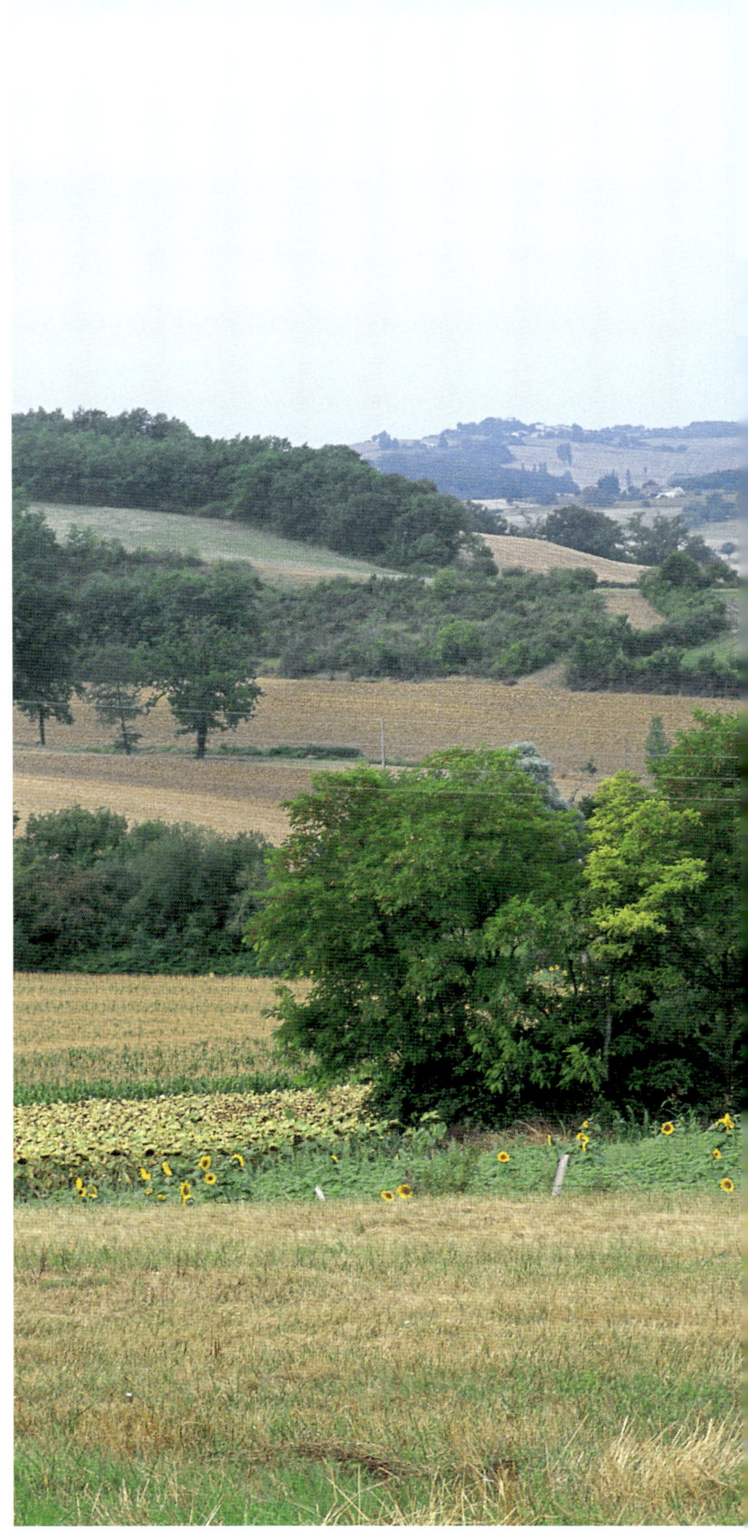

Marc avait décidé la veille, en voyant le pied de Jacques, que la journée du lendemain serait placée sous le signe de la détente et du farniente. Après l'orage en effet qui avait mouillé chaussettes et chaussures, l'ampoule avait de nouveau fait parler d'elle suite à l'humidité trop longtemps enfermée dans le cuir.

« Il faut refaire soigneusement ton pansement, et ralentir notre rythme jusqu'à Lauzerte. Heureusement, aujourd'hui il fait beau. Nous allons profiter du paysage, qui normalement, si ce que j'en ai lu est exact, doit encore nous réserver de superbes spectacles.

– Oh ! il est difficile de trouver plus beau que ces chemins de crête. Tu as vu cette succession de plateaux secs et calcaires, d'un blanc éclatant, boisés de chênes, entaillés par ces deux vallées de la Barguelonne et du Lendou, toute cette roche presque lumineuse qu'on retrouve aux murs des fermes les plus simples. C'est une vraie merveille.

– Eh là ! Mais tu deviens poète, ma parole ! Attends au moins de voir Lauzerte. Il est classé parmi les plus beaux villages de France. C'est le moment où jamais de s'y attarder. Après tout, une petite étape de 14 kilomètres, c'est bien utile de temps en temps. »

La bastide de Lauzerte, juchée sur sa colline, dominant les vallées de la Barguelonne et du Lendou, méritait amplement l'admiration qu'on lui portait, forçant même le respect, un respect nuancé de crainte lorsqu'on imagine tout ce que signifie son site naturellement défensif. L'Histoire, en cet endroit, parle haut et fort depuis le Moyen Âge. Cette forteresse en apparence inexpugnable n'avait-elle pas poussé jadis Henri IV à la dépeindre comme l'une des quatre clefs du pays de Quercy ? Marc et Jacques y arrivèrent de bonne heure, bien décidés, dès le premier coup d'œil, à ne rien perdre de cette journée qu'ils avaient prévue tout entière consacrée à la visite de cette petite merveille. La vie de la cité semblait concentrée à l'endroit même où ils posèrent leur sac afin de faire halte : sur la jolie place des Cornières. Le nez plongé dans son guide, après les premiers moments d'émerveillement, Marc établit rapidement une stratégie de la découverte des lieux, digne de celle qui parvint à libérer Lauzerte des Anglais au XIIIe siècle. Pour commencer, ils flânèrent sous les arcades en plein cintre et en anse de panier de la place, plantés un long moment comme tout bon touriste devant la maison d'angle qui justifiait le nom de cornière. Puis, attirés par la situation inhabituelle de l'église Saint-Barthélemy, construite perpendiculairement à la place, ils eurent la surprise d'y découvrir des lambris peints par le père d'Ingres et ses élèves, ils virent la Barbacane et son esplanade poétique, ils allèrent au jardin du Pèlerin, qui retraçait le parcours initiatique du pèlerinage de Saint-Jacques-de-Compostelle. La ville les attirait toujours plus loin, toujours plus pressante, comme un mystérieux fil d'Ariane dont ils ne saisiraient l'extrémité qu'à la fin de leur quête, à la tombée du soir.

Ils s'autorisèrent pourtant une petite heure de repos pour se restaurer, puis ils repartirent. Dans la Grand-

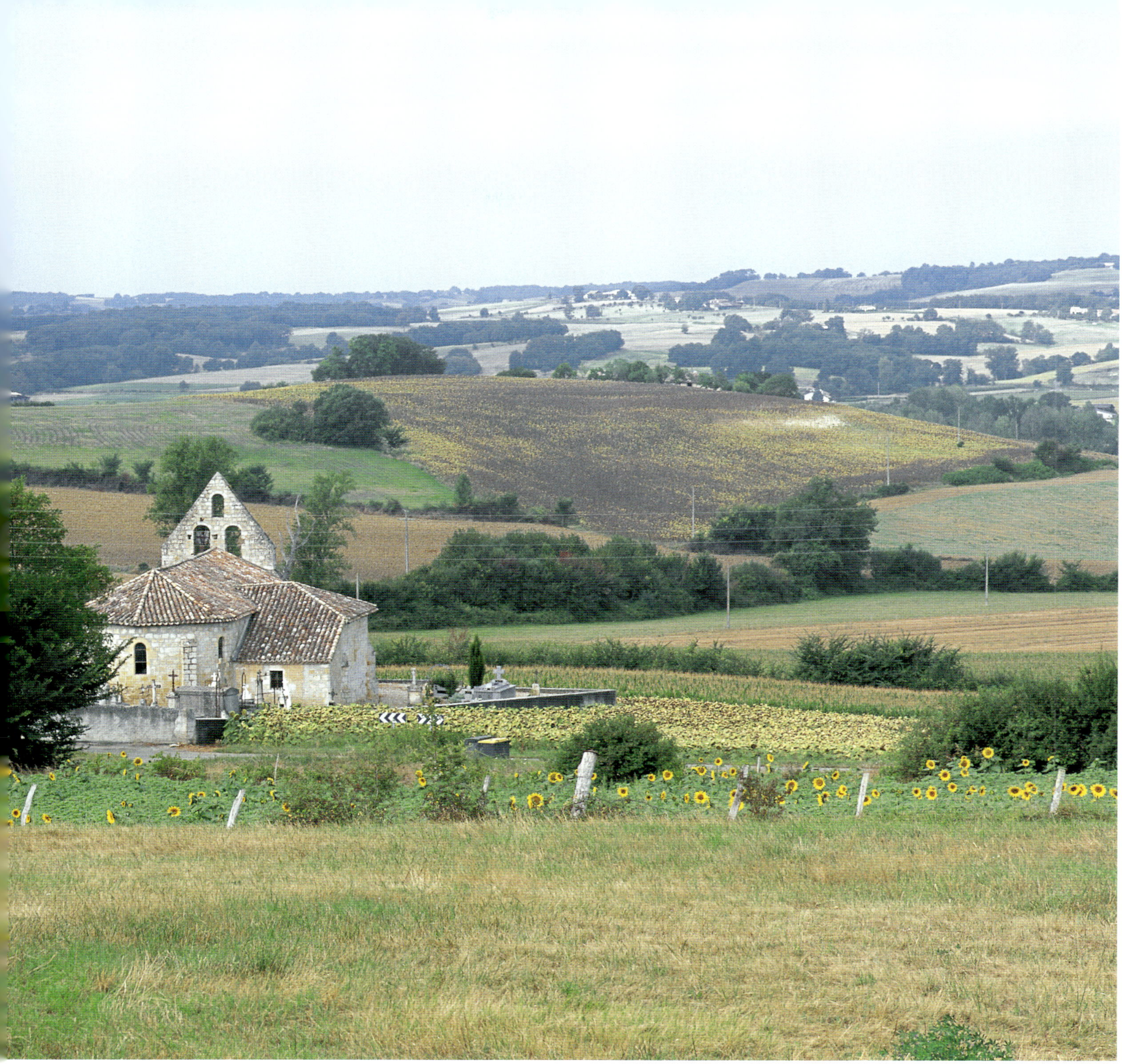

Rue, la rue de la gendarmerie, les maisons de marchand en pierre de taille blanche rappellent les temps fastes de la bastide aux XIIIe et XIVe siècles : deux ouvertures en ogive, un entresol pour déposer les marchandises, un premier étage consacré à l'habitation, ouvert sur deux fenêtres géminées avec chapiteaux sculptés au-dessus desquelles se trouvaient les combles. Le passé glorieux de Lauzerte les rattrapait au hasard de ses ruelles. Ils admirèrent la façade Renaissance de l'ancien couvent des Clarisses, se traînèrent pour finir jusqu'à la promenade de l'Éveillé, où les maisons ancrées dans le rocher faisaient office de rempart. Enfin, exténués mais heureux, ils terminèrent leur journée par l'église des Carmes et son retable baroque. Lorsqu'ils poussèrent la porte de la maison d'hôtes, tenue par un couple sympathique qui se consacrait à l'accueil des pèlerins, ils aperçurent au fond leurs anciennes connaissances, Christine et Georges Laval, déjà installés à la table commune, et tout aussi fourbus et affamés qu'eux. Autour d'eux, les voix s'entrecroisaient, on riait ou l'on était grave, mais au milieu du brouhaha, chacun pouvait entendre en soi parler encore plus fort l'esprit de Compostelle.

CI-DESSUS : sur le chemin de la jolie cité médiévale de Lauzerte se pressent les petites églises romanes, comme cette chapelle perdue dans les paysages du Lot ou la chapelle de Saint-Sernin-du-Bosc, nichée dans un vallon au doux nom de... Combe du miel.

De Lauzerte à Moissac

26 kilomètres

Les dix premiers kilomètres jusqu'à Durfort-Lacapelette semblèrent à nos amis un peu monotones, tant ils avaient hâte d'arriver à Moissac. Le chemin, heureusement, les tenait à présent dans son rythme, et les conduisait inexorablement là où ils devaient aller, sans autre problème que celui de mettre un pied devant l'autre afin d'avancer. Ils savaient que des millions de pèlerins l'avaient fait avant eux et, pour se distraire, essayaient d'imaginer ces temps lointains où, au XIIe siècle, les comtes de Durfort recevaient leurs amis, peut-être même le grand Raymond V, comte de Toulouse, dans leur château forteresse aujourd'hui disparu. Combien de poèmes d'amour courtois le ciel de Saint-Hilaire et celui de Durfort-Lacapelette avaient-ils jadis entendus? L'époque était aux troubadours, à la musique et au plaisir, mais le chemin de Saint-Jacques passait aussi par là.

À présent les doux vallons du Quercy blanc s'estompaient derrière eux pour laisser la place à la plaine alluviale du Tarn. Sans s'en rendre compte, nos deux pèlerins pressaient le pas, conscients de n'avoir plus que quelques kilomètres à faire pour atteindre Moissac, cette halte majeure sur le chemin de Compostelle et le royaume de l'inoubliable chasselas.

Moissac, au bord du Tarn, pelotonnée dans ses vergers, et ses vignobles, donne une impression de parfaite harmonie. Une harmonie qui vient de l'eau, de la lumière et de la pierre, étroitement unies pour former un merveilleux écrin à l'abbatiale Saint-Pierre. Jacques et Marc restèrent sans voix devant le joyau d'architecture qu'ils avaient sous les yeux. Qui avait eu l'idée de cette splendeur? Clovis, en 506, comme le murmurait la légende, ou plus vraisemblablement Didier, évêque de Cahors, entre 628 et 648, tenté par ces lieux baignés de soleil et arrosés d'eaux abondantes, favorables en tout point à l'implantation d'une abbaye bénédictine? Florissante en ses débuts, puis ravagée au VIIIe siècle par des attaques arabes, reconstruite par Charlemagne et son fils Louis le Pieux, de nouveau dévastée par les Normands, l'abbatiale était

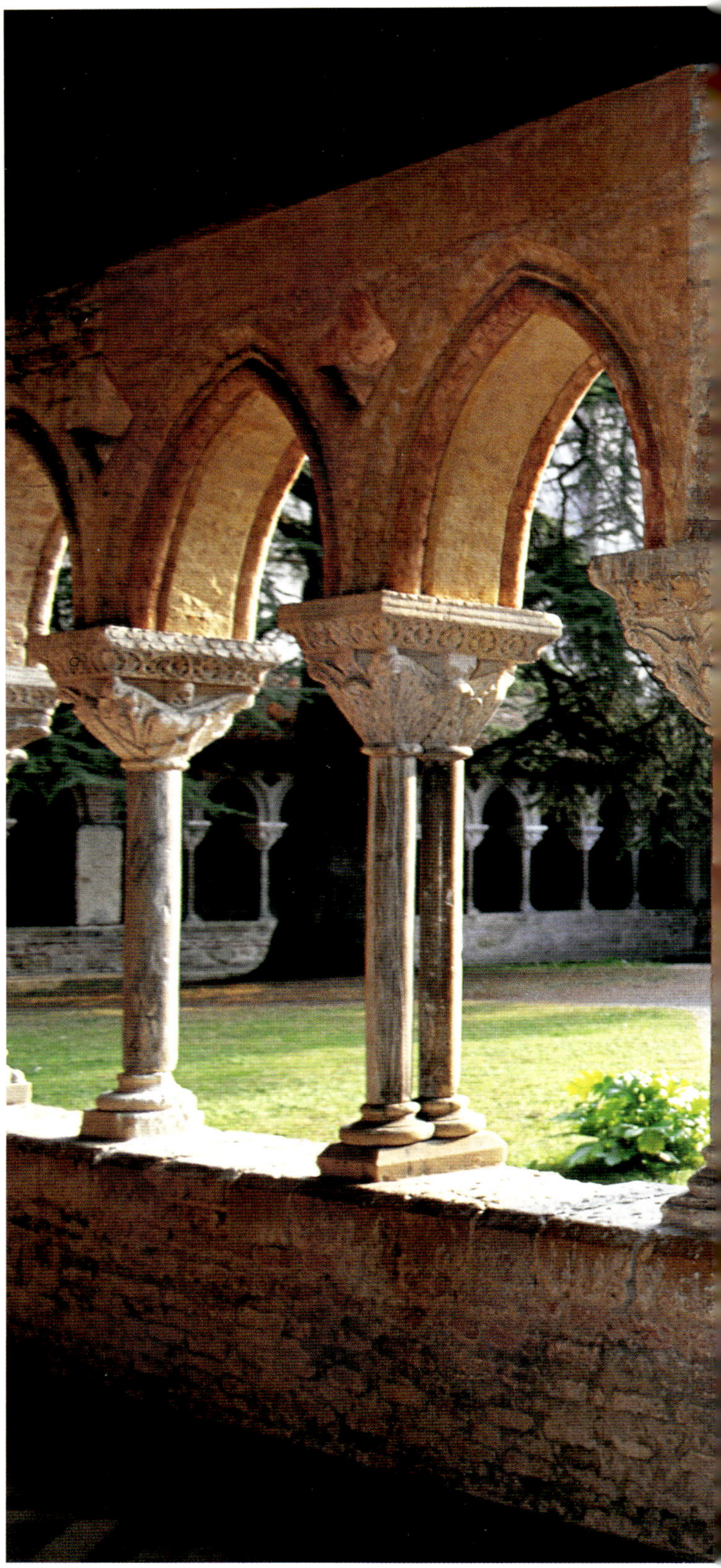

CI-CONTRE : le cloître de l'abbaye Saint-Pierre de Moissac constitue une étape obligée pour les pèlerins de la *via Podiensis*. Ce superbe ensemble roman, construit en 1100, est classé au patrimoine mondial de l'Humanité par l'Unesco. Ses cent seize colonnes sont surmontées de chapiteaux sculptés.

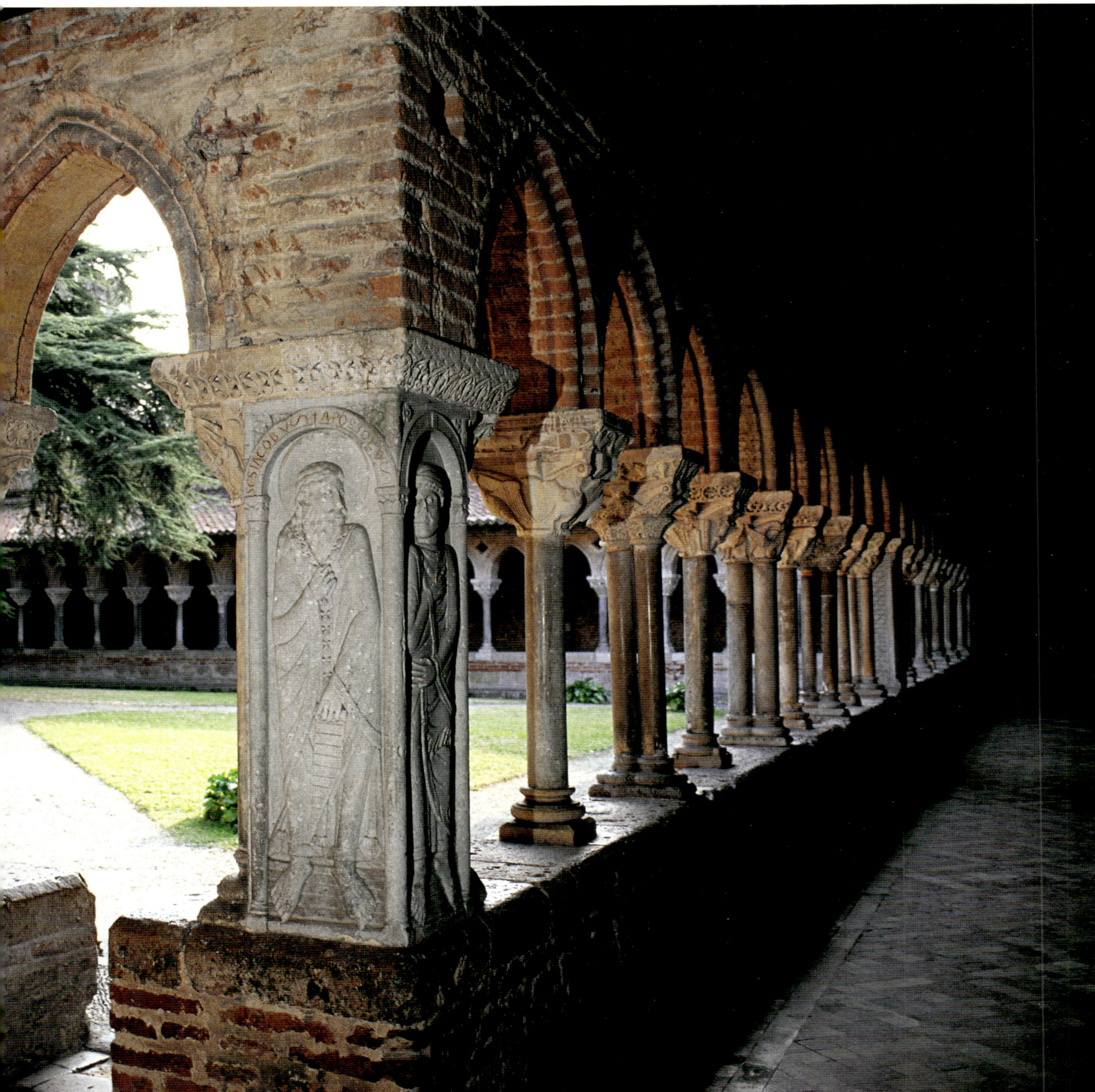

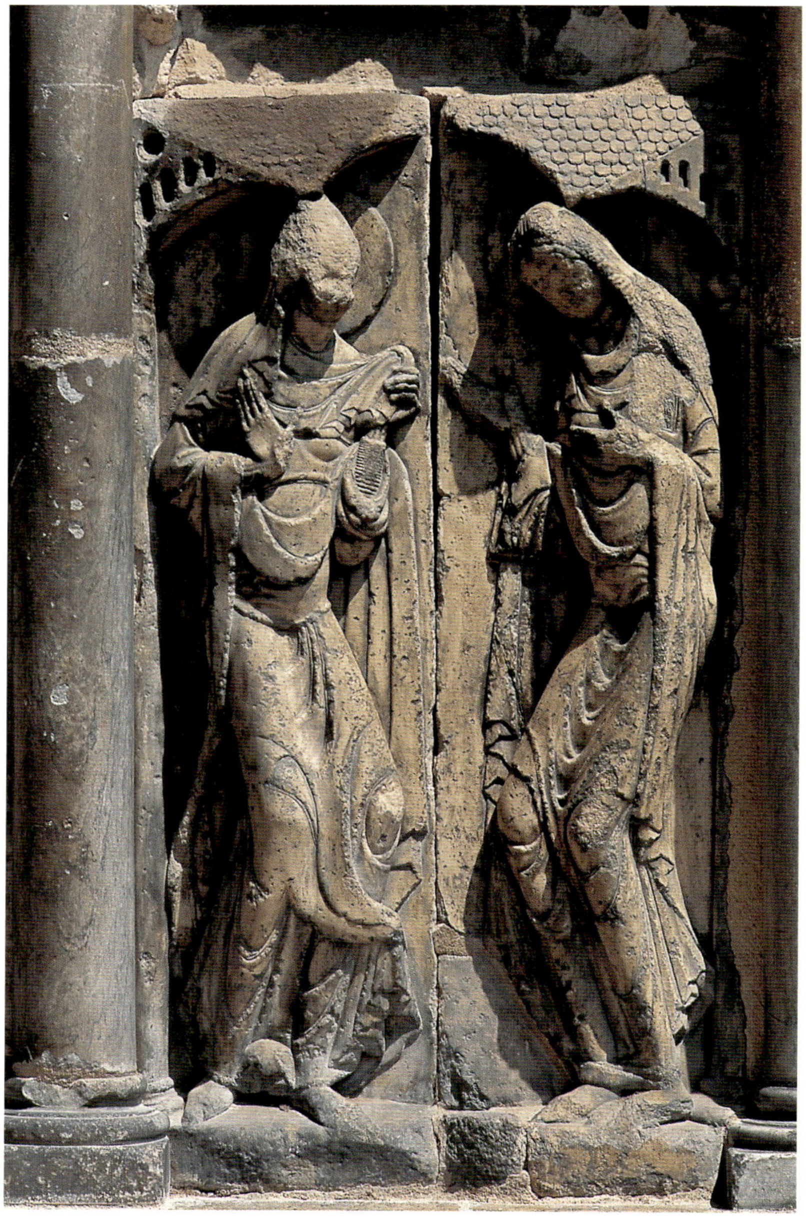

Des monstres merveilleux et des lions dressés décorent le trumeau, la frise du linteau s'orne de huit rosaces enfilées sur une liane, toute la folle prodigalité des sculptures de l'art roman s'étale dans la pierre.
« Quelle beauté ! murmura Jacques comme pour lui-même. Qu'ils devaient se sentir fiers, ces artistes, de réaliser de tels chefs-d'œuvre !
– Tu n'y es pas du tout, mon ami, répondit Marc. Leur travail était pour eux un acte de foi bien plus qu'un motif à s'enorgueillir. Et je gage qu'aucun d'entre eux ne se prenait pour un artiste. D'ailleurs, beaucoup étaient des moines, et ils accomplissaient là une forme de prière.
– Ah ! Regarde l'expression de l'apôtre Jérémie sur le trumeau. On dirait qu'il est en extase. Et tout cela dans la pierre ! Incroyable !
– Allons, viens ! Il nous reste encore le cloître à visiter. Ne traînons pas ! »
Le cloître était à lui seul une invite à la méditation. Aucune fausse note dans ce miracle de finesse et d'élégance qui est pour le croyant un hymne véritable à la gloire de Dieu à travers la surabondance des feuillages, des animaux et des saints qui ornent les chapiteaux des colonnades sur les quatre côtés. Des scènes historiées de la vie du Christ, des épisodes bibliques s'entremêlent, semblent vivre, au gré capricieux de la lumière qui rehausse à touches douces ou violentes les tons de la brique et du marbre blanc, les roses, les verts et les gris des arcades au pavement.
« Je ne sais pas ce que nous réserve le portique de la Gloire à Saint-Jacques-de-Compostelle, déclara Marc d'un air rêveur, on dit que c'est fabuleux, mais comment imaginer plus pur chef-d'œuvre que Saint-Pierre de Moissac ? Moi qui suis croyant, vois-tu, j'ai l'impression d'entendre ici la voix de Dieu. »
Jacques sourit.
« Je n'en suis pas encore là, mais au moins je peux te dire que je ne cesse d'en apprendre sur moi et sur les autres à chaque détour du chemin. Quand je pense à tous ces détails idiots qui m'empêchaient de voir à quel point la vie valait d'être vécue ! »
En haut des chapiteaux, parmi les feuillages d'acanthe, les anges avaient l'air de sourire.

prête à disparaître lorsqu'Odilon, le quatrième abbé de Cluny, au XIe siècle, permit son rattachement à l'ordre clunisien et la sauva. Dès lors, sa prospérité ne devait plus cesser de croître grâce à une succession d'abbés influents qui, au cours des siècles, se firent bâtisseurs pour achever de réaliser cet ensemble remarquable, inscrit avec son cloître au patrimoine mondial de l'Humanité par l'Unesco.
Jacques et Marc entrèrent dans l'abbatiale par le clocher-porche fortifié vers 1180. L'art roman triomphe clairement dans la partie en pierre de la nef, l'art gothique dans celle en brique. Une fraîcheur délicieuse régnait et les deux amis demeurèrent un long moment assis dans la pénombre. À leur sortie, le soleil moins ardent caressait en demi-teinte le fameux portail méridional dont le tympan offre aux regards les magnifiques sculptures de l'Apocalypse, le Christ entouré des évangélistes, avec les vingt-quatre vieillards du texte de saint Jean, et des séraphins aux yeux innocents.

EN HAUT : détail du grand portail de l'abbatiale Saint-Pierre de Moissac, un chef-d'œuvre de l'art roman qui illustre avec force détails la vision de l'Apocalypse d'après saint Jean.

PAGE DE DROITE : sculpture en pierre de style gothique languedocien, datant du XVe siècle, représentant Marie Madeleine avec sa longue tresse.

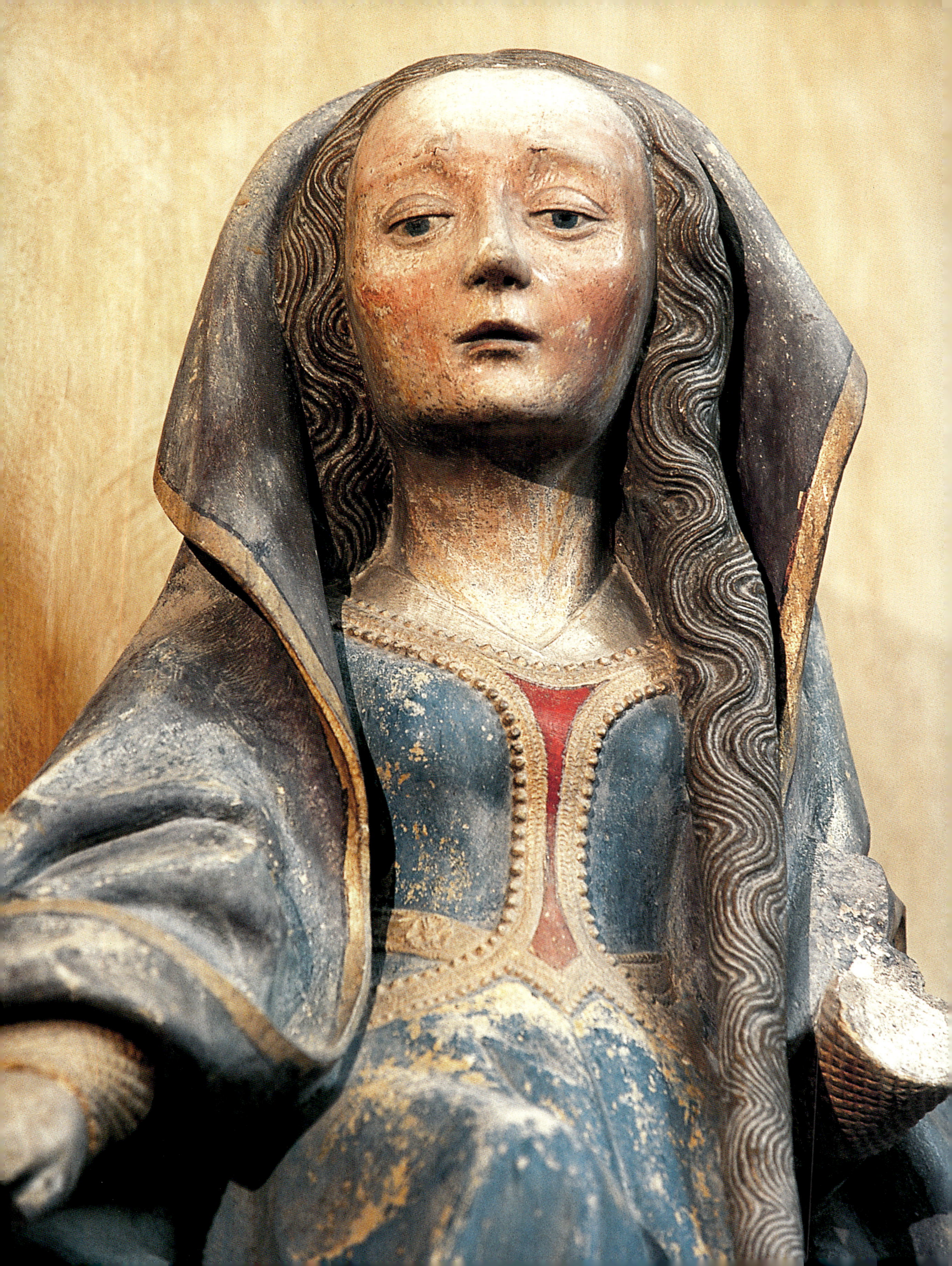

De Moissac à Saint-Antoine

29,5 kilomètres

L'été à présent habillait le chemin de fleurs, de fruits et de soleil. Les bourgades chaleureuses offraient à chaque instant des tentations de halte à l'ombre d'une treille, mais, partis de bonne heure car l'étape était longue, nos deux amis traversèrent sans s'arrêter Le Boudou et Malause, acceptant seulement de briser la cadence lente et régulière de leur marche à Espalais. La soif est un appel qu'ils savaient en effet dangereux de négliger à cause de la tendinite toujours prête à se manifester au moment le moins opportun. Et quelle saveur avait ce raisin blond et doré dégusté à même la grappe et présent sur toutes les tables comme le blason de la région ! Ils ne voulurent pas non plus passer trop vite devant Auvillar, où ils admirèrent à l'entrée la tour de l'Horloge, coiffée de son clocheton en fer forgé. Les maisons de briques roses de la charmante place de la Halle-aux-Grains, datant du XIXe siècle, baignaient la ville d'une couleur douce. Douceur aussi des rives de la Garonne, dans le vieux port d'autrefois, qui garde encore le souvenir des marins parmi les vestiges de leur chapelle et de l'église Sainte-Catherine.

Le chemin de Saint-Jacques continuait par Bardigues. Forêts de chênes, bois de châtaigniers, maisons en pierres apparentes, tout respirait la paix dans ce petit village dont l'ancien nom, Villefranche, indique qu'il s'agissait à l'origine d'une bastide de la fin du XIIIe siècle.

Mais nos deux pèlerins ne ralentirent pas leur marche pour autant, insensibles à l'appel du lieu qui jouait sur leur lassitude, car les 25 kilomètres qu'ils venaient de parcourir, ponctués çà et là d'arrêts à l'ombre de quelques fruitiers bienfaisants, commençaient à leur donner envie de poser leur sac et de souffler. Mais ils savaient que Saint-Antoine n'était plus qu'à 4 kilomètres, et c'était là que leur gîte d'étape les attendait.

Saint-Antoine, sur l'Arrats, au sud de la Garonne, clame haut et fort sur ses armoiries l'importance du

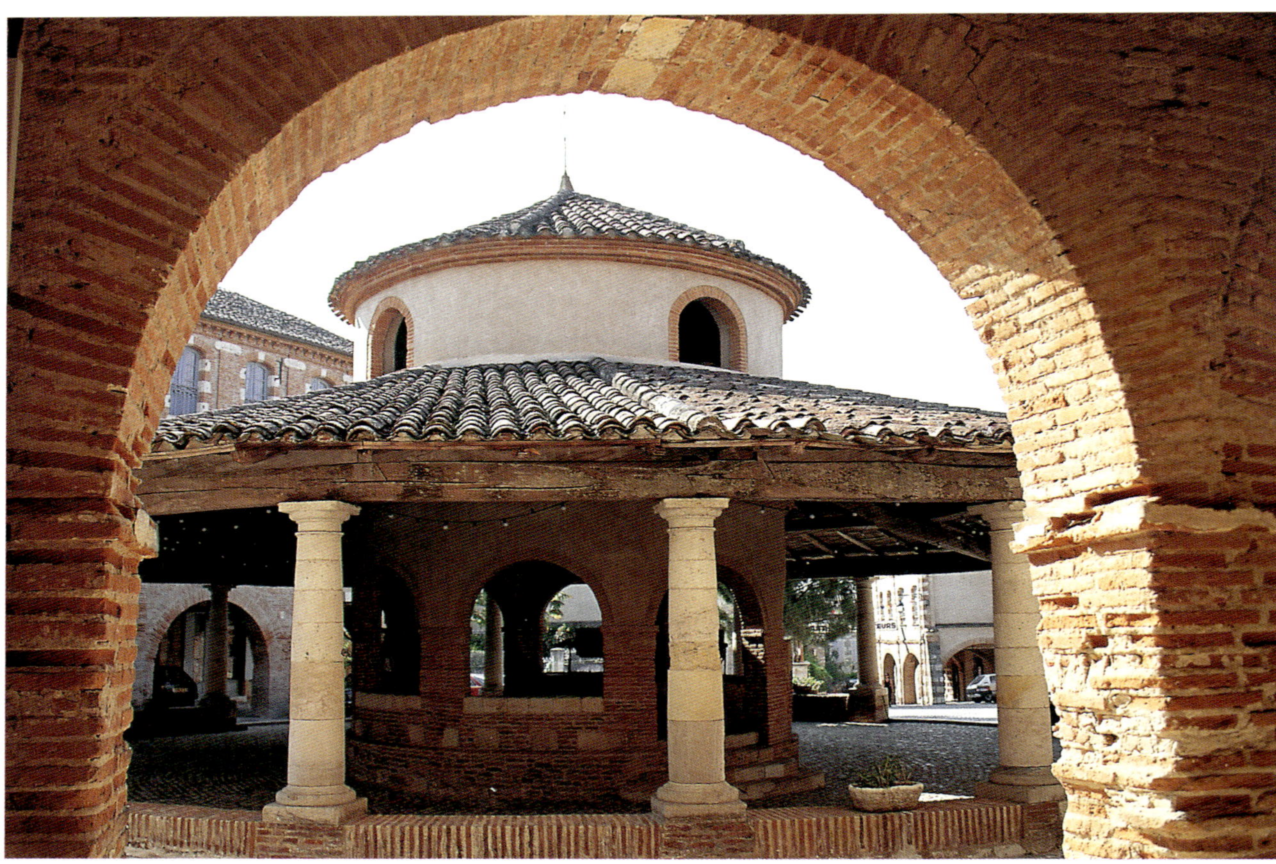

pèlerinage de Saint-Jacques-de-Compostelle : deux coquilles, une croix des Templiers et un « T » composent son blason. Ce « T », ou plus exactement la lettre grecque *tau*, témoigne de la présence des Antonins, qui s'étaient installés là au début du XIIIe siècle, se consacrant aux soins des malades atteints du feu de saint Antoine.

« Une terrible maladie, expliquait, dans l'église du XIIe siècle, un jeune guide local à un groupe de touristes. À cette époque, il y avait de nombreuses disettes et les gens mangeaient n'importe quoi. Si la farine était contaminée par l'ergot de seigle, ils pouvaient dire adieu à la vie et mouraient dans d'atroces souffrances : convulsions, brûlures de ventre, gangrène des membres, rien ne leur était épargné. Ils avaient le feu en eux et c'est pourquoi on appelait aussi la maladie le mal des ardents.

– C'était quoi, l'ergot de seigle ? demanda une fillette dont les cheveux avaient la couleur de la céréale évoquée.

– Un parasite, comme des petits bâtonnets de deux à trois centimètres de long, qui, collé à la tige de l'épi, pouvait être mêlé aux grains et moulu avec eux.

– Heureusement qu'il n'y en a plus ! soupira la petite fille.

– Oh ça, c'est à voir ! On est plus vigilant, voilà tout. D'ailleurs, savez-vous de quand date en France la dernière épidémie ? Des années 1950, à Pont-Saint-Esprit, dans le Gard, en plein XXe siècle. Et, cerise sur le gâteau, il n'y a pas d'antidote.

– Drôle de cerise ! s'exclama Jacques Delarue en rejoignant son ami qui sortait de l'église. Ça fait froid dans le dos toutes ces histoires. Allons chasser les miasmes en essayant de trouver de quoi faire honneur à la cuisine du coin. Je meurs de faim. »

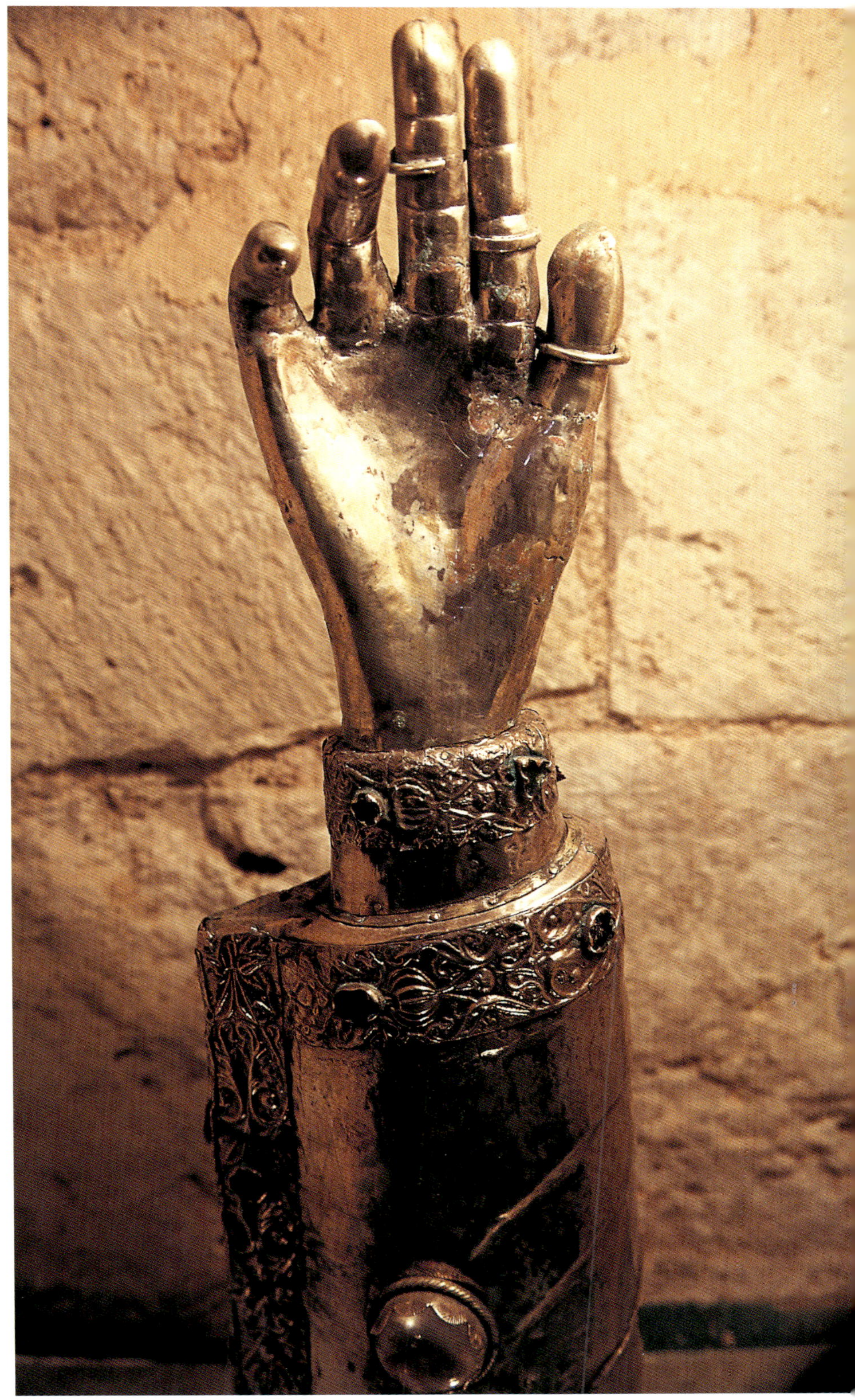

PAGE DE GAUCHE : les halles circulaires à Auvillar, petite ville close sur la Garonne construite en briques roses.

À DROITE : dans l'église du bourg de Saint-Antoine, ce bras-reliquaire d'argent abritait les reliques de saint Antoine. C'est dans ce village que les religieux soignaient, jusqu'au XVIIIe siècle, les malades atteints du feu de saint Antoine. Cette maladie, que l'on appelait aussi feu sacré ou mal des ardents, était due à l'ingestion, souvent par temps de disette, de farines contaminées par l'ergot de seigle.

De Saint-Antoine à Lectoure

24,5 kilomètres

Quitter le hameau de Saint-Antoine, c'est aussi laisser derrière soi la belle végétation luxuriante du Lot et du Tarn-et-Garonne, les forêts touffues de châtaigniers et de chênes, la douceur de vivre des vergers et des vignes. Marc et Jacques notèrent la différence en abordant les paysages du Gers, plus secs. Ici, au XIIe siècle, pèlerin en gascon se disait *arromie*. Il était reçu avec bienveillance, la même que nos deux amis trouvaient chez les gens qu'ils croisaient. On parlait haut, on riait fort, le valeureux d'Artagnan n'était jamais bien loin, et l'accueil était chaleureux. Beaucoup de châteaux évoquaient en chemin le passé seigneurial, bagarreur et généreux de ses occupants d'autrefois.

Le château de Flamarens, campé fièrement sur sa colline, dominant la plaine de la Garonne, parle de ce Jean de Grossoles qui le fit bâtir au XVe siècle, dans un style typiquement féodal : mâchicoulis et chemin de ronde, grosse tour d'allure guerrière... Et toujours le chemin de Saint-Jacques qui atteste que les pèlerins de jadis passaient bien par là. À Miradoux, l'ancien château fort est devenu une église grâce au dernier seigneur du lieu, Raymond Aylin, qui l'offrit au diocèse et permit ainsi de remplacer le très ancien hôpital de la Madeleine, détruit pendant la Fronde, qui recevait les malades et les jacquets. Le donjon du château fort devint le clocher de l'église Saint-Louis, où trônait une statue de l'apôtre en pèlerin, et l'on perça une porte romane frappée de coquilles Saint-Jacques. Nos deux amis firent halte à Castet-Arrouy, petit village résolument gascon, avec sa curieuse église au clocher percé d'un étage octogonal et son porche ogival finement sculpté de têtes d'ange et de feuilles dentelées. À l'intérieur, sainte Blandine et sainte Lucie, les deux patronnes de l'église, encadrent de leur statue en bois polychrome le bel autel en marbre blanc et rose.

Mais il était temps de penser à présent à une nourriture moins spirituelle sans doute, mais tellement agréable lorsqu'on se trouve dans le Gers... Ils dégustèrent, extasiés, un divin foie gras accompagné d'un vin du pays, qu'on leur servit avec des précautions de chercheur d'or. Ce qui leur sembla parfaitement justifié. Ce vin, charpenté et tannique, était un véritable trésor.

Ils se sentirent pousser des ailes lorsqu'ils reprirent la route en direction de Lectoure. De belle humeur et mis en jambes par le cabernet croisé de tanat, ils arrivèrent à la capitale de la Lomagne, nichée au soleil dans un univers de calcaire et d'eau. Parmi les plus anciennes cités du Gers, Lectoure offre aux visiteurs ses vestiges gaulois et gallo-romains réunis dans l'ancien palais épiscopal du XVIIe siècle. Converti en musée, ce palais fut rendu célèbre par un enfant du pays qui y demeura, le fameux maréchal Lannes. Marc et Jacques allèrent aussi admirer la cathédrale Saint-Gervais-et-Saint-Protais, du XIIIe siècle, avec sa nef de 21 mètres et son chœur d'où partent sept chapelles de style gothique flamboyant. En sortant, Jacques se mit à rire.

« Tu te rends compte, Marc, cette petite ville qui réunit dans son passé les pèlerins de Saint-Jacques en quête d'amour spirituel et les soldats de la Révolution et de l'Empire en quête de victoires au sein des plus affreuses batailles. Il faut faire ce pèlerinage pour comprendre que tant de contrastes puissent exister dans un même lieu. Et dire que tous ces hommes étaient animés d'une passion identique, les uns pour Dieu, les autres pour l'Empereur ! Drôle de chose que l'âme humaine ! »

Marc jeta un bref coup d'œil à son ami. Cet homme qui parlait de pèlerinage nécessaire sans croire en Dieu, qui s'interrogeait sur les différentes facettes de ses semblables, qui riait, détendu, à une terrasse de bistrot en plein soleil, qu'avait-il de commun avec ce Jacques Delarue indifférent et distant qu'il avait connu au sein de leur entreprise pendant de si nombreuses années ? Sans doute plus grand-chose, et l'on n'était encore qu'à Lectoure ! Décidément, le chemin de Saint-Jacques n'était pas qu'une question de kilomètres.

PAGE DE DROITE : après le Lot et sa végétation luxuriante, la *via Podiensis* traverse le Gers et ses paysages plus arides.

Ici, un pèlerin-randonneur dans le Gers, au milieu des champs de tournesols.

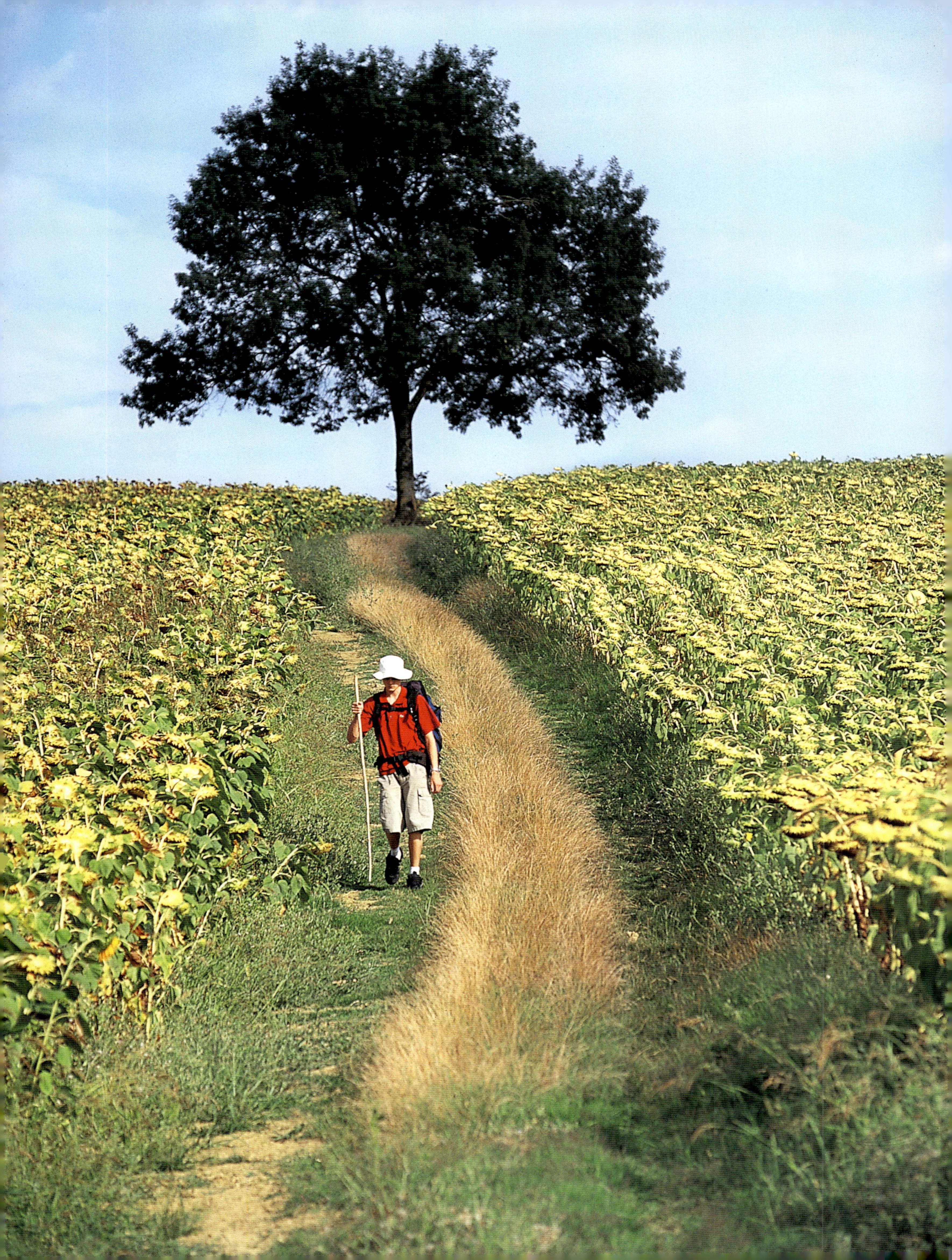

De Lectoure à Aire-sur-l'Adour

108 kilomètres

De Lectoure à Condom

27 kilomètres

Le départ pour Condom commença mal. Au moment de boucler son sac, Marc s'affola de ne plus trouver la banane où il rangeait la précieuse crédenciale qui ouvrait la porte des gîtes, donnant accès aux soins et à une foule d'avantages tout au long du chemin de Compostelle. Chose encore plus grave : sa carte de crédit et son portefeuille étaient aussi dedans.

« C'est drôle, remarqua Jacques, je ne me souviens pas que tu l'aies déposée avant de dormir, ni même que tu l'aies détachée de ta taille.

– Alors, c'est qu'on me l'a subtilisée pendant qu'on déjeunait à Miradoux, ou hier soir à Lectoure, dans le bistrot où nous avons dîné. Si je tenais celui qui a fait ça ! Mais en tout cas, c'est une vraie catastrophe. Il faut aller faire opposition à la Poste immédiatement. »

Ils sortirent à toute allure de leur chambre et, la mine basse, traversèrent la vaste salle commune où leur hôtesse était en train de servir les petits déjeuners aux autres pèlerins descendus chez elle.

« Messieurs ! Messieurs ! Vous ne déjeunez pas ?

– Merci, répondit Marc, mais nous avons un gros souci. J'ai perdu...

– Ça ne serait pas ça, par hasard ? »

Marc eut envie de sauter au cou de l'hôtesse en reconnaissant sa ceinture.

« Vérifiez bien que tout y est. C'est la jeune fille qui fait le ménage qui l'a trouvée dans l'escalier ce matin. Elle avait dû glisser, mais, vrai, c'est une sacrée veine de l'avoir perdue ici. Alors, vous avez bien tout ? »

Rien ne manquait et, l'appétit brusquement retrouvé, nos deux amis firent honneur au pain frais et aux confitures qui accompagnaient le café.

Ils firent les huit premiers kilomètres la joie au cœur, et admirèrent au passage à Marsolan l'église du XVIe siècle et son clocher fortifié, puis, en haut d'un coteau, l'ancienne

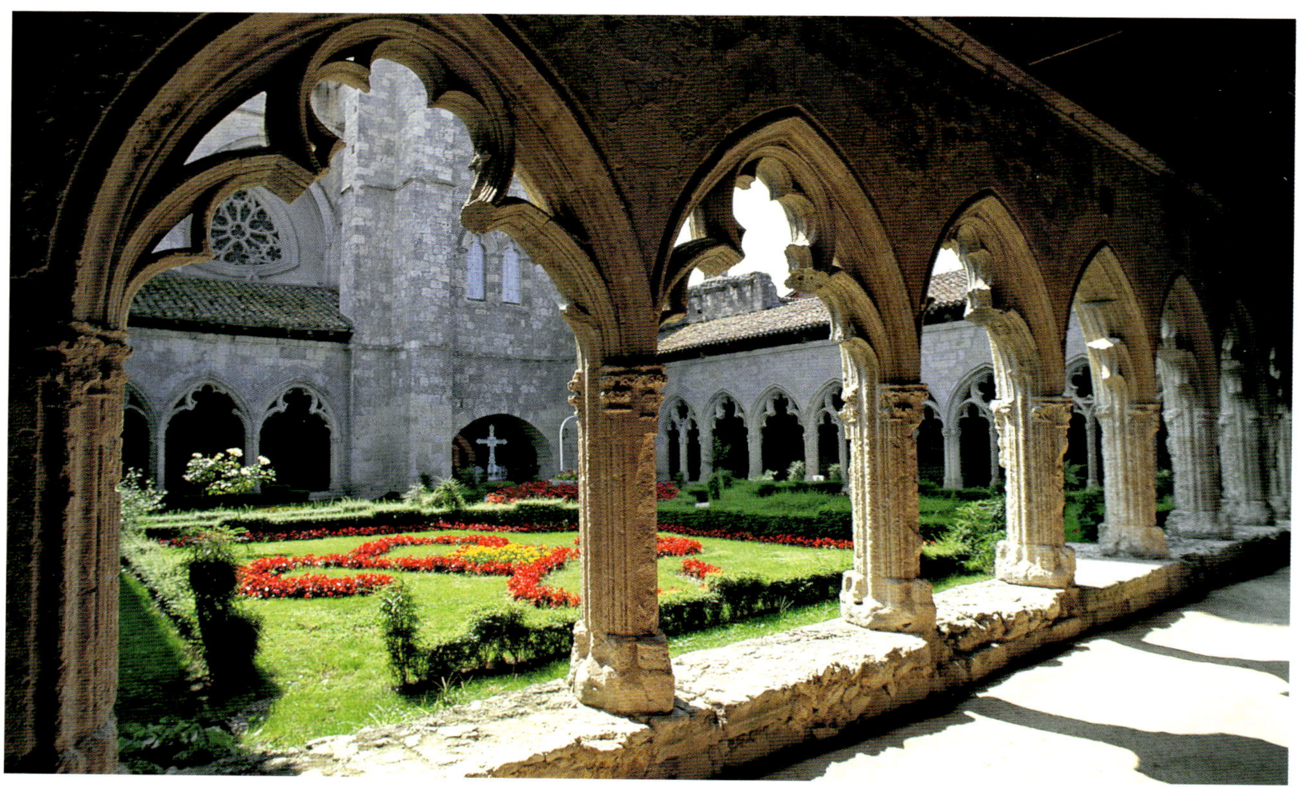

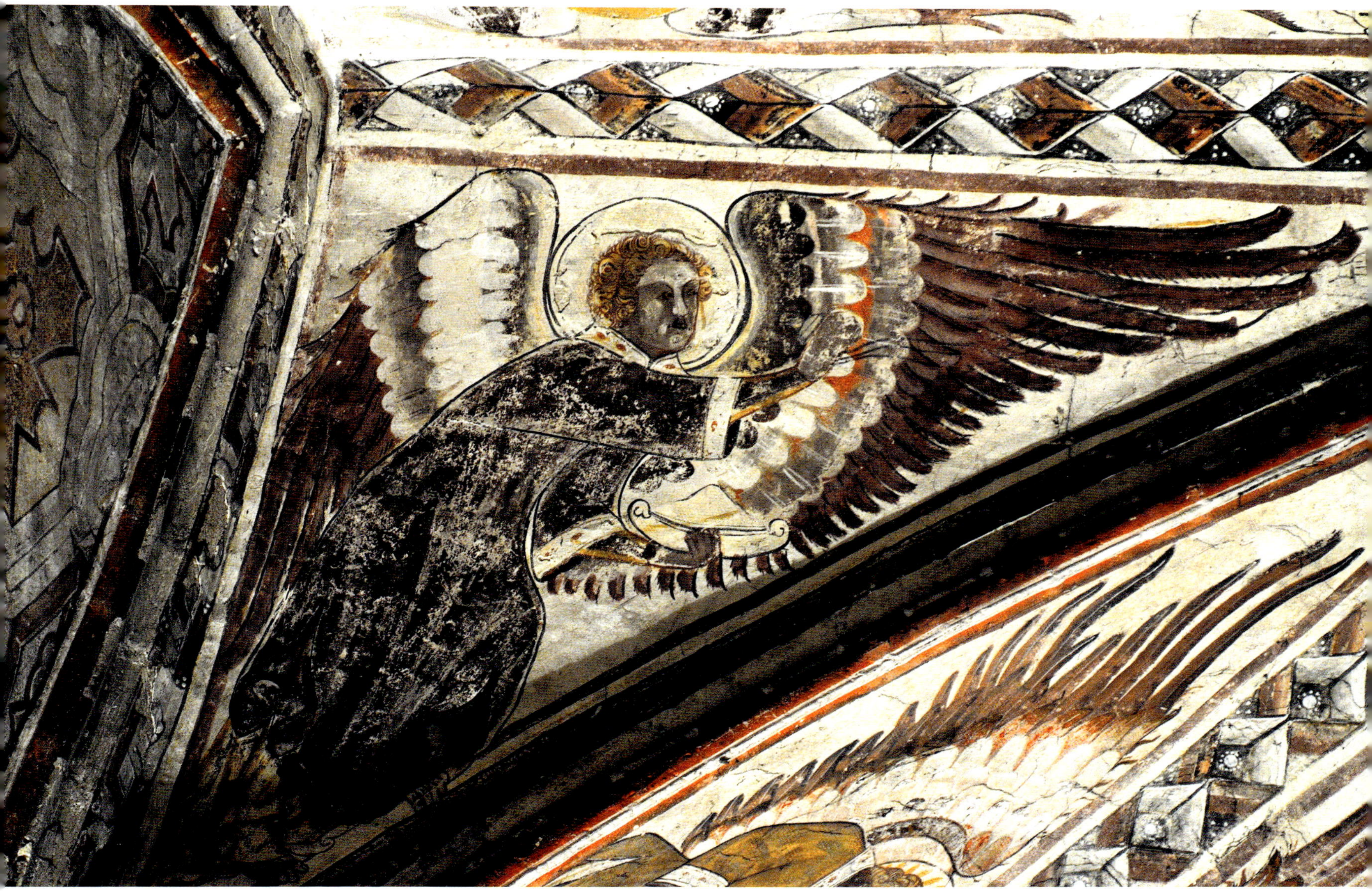

chapelle romane Saint-Georges, avec ses deux absidioles et le chrisme blanc au-dessus de sa porte sud. L'endroit était délicieux, plein de murmures d'eau, de chemins de terre ocre et de maisons étagées comme en suspens sur le bleu du ciel. Mais sachant l'étape assez longue, ils ne flânèrent pas et reprirent leur rythme régulier et lent jusqu'au petit village de La Romieu. Là, ils posèrent leur sac, bien décidés à reprendre leur souffle après les 19 kilomètres qu'ils venaient de parcourir. La Romieu, c'est le village où tout pèlerin se trouve à sa place, puisque même son nom vient de « *arromie* » qui signifie pèlerin en gascon. Au Moyen Âge, dès le XIe siècle, les jacquets étaient nombreux à faire halte dans cette ancienne sauveté entourée de murailles et de fossés, sur le chemin de Saint-Jacques, anciennement placée sous la protection des seigneurs de l'endroit, Odon de Lomagne et son épouse Adélaïde. Nos deux amis sentirent immédiatement qu'ils entraient dans l'histoire même de la foi chrétienne en y découvrant la splendide collégiale Saint-Pierre, dotée d'une somptueuse nef unique, construite au XIVe siècle par Arnaud d'Aux, de la lignée des comtes d'Armagnac et cousin du futur pape Clément V. Cette église, bâtie dans un style gothique méridional très sobre, devait bien vite s'agrandir d'un cloître, où les grands ifs semblaient une prière de plus élevée vers le ciel. Vers le ciel aussi montaient ses deux hautes tours de 33 mètres chacune, solides, imposantes; vers le ciel toujours, la seule tour restante de l'ancien palais du noble Arnaud d'Aux. Le village tout entier paraissait n'exister que par sa collégiale, et nos deux pèlerins ne se privèrent pas

PAGE DE GAUCHE : le cloître de la collégiale Saint-Pierre de La Romieu, construite au XIVe siècle par Arnaud d'Aux. Ses arcs en ogive finement ciselés sont une merveille d'élégance et de charme.

CI-DESSUS : les magnifiques peintures murales de la sacristie de la collégiale de La Romieu veillent sur le tombeau du cardinal Arnaud d'Aux.

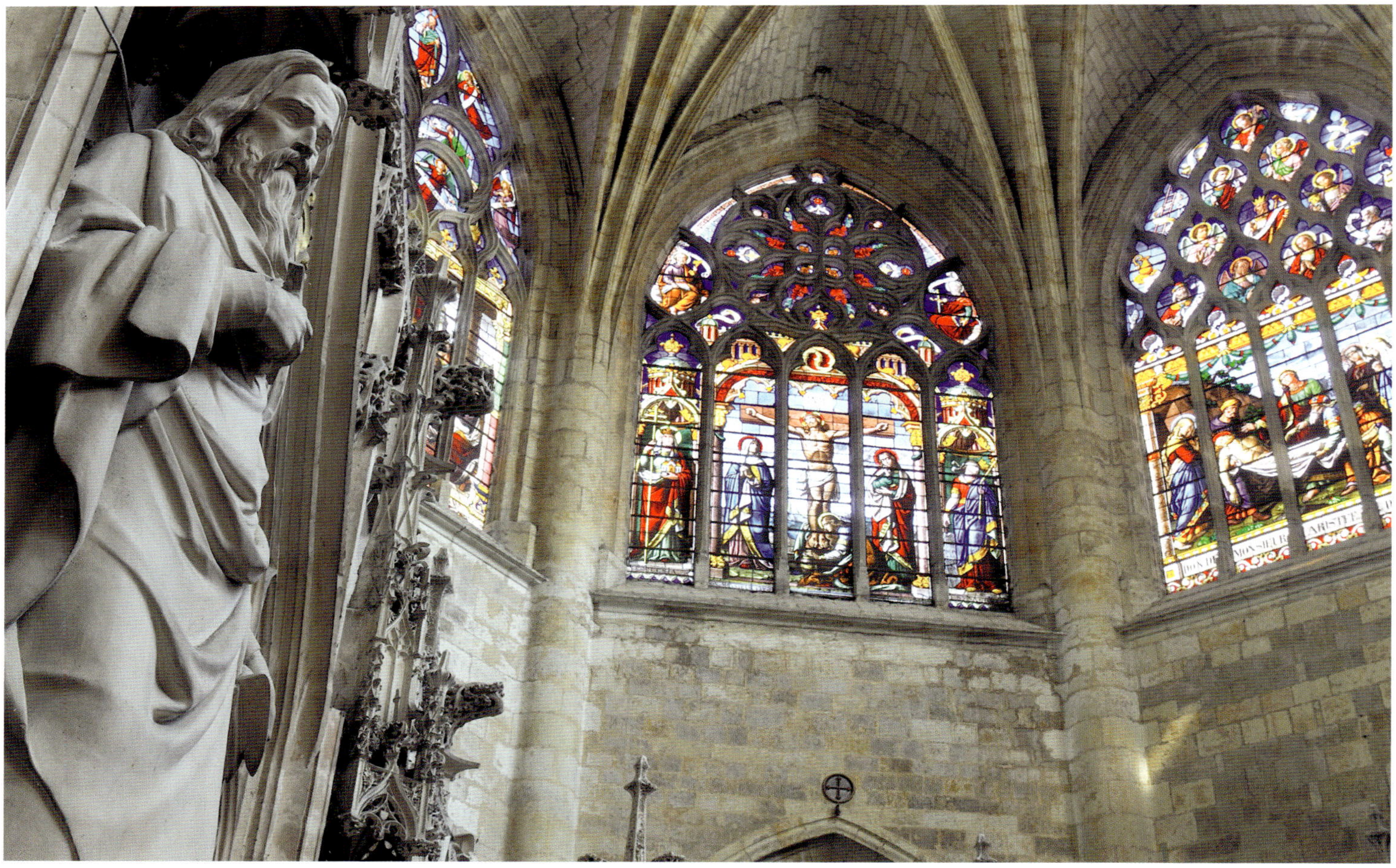

d'admirer les superbes fresques de la sacristie, de flâner au milieu des essences rares du jardin botanique de Coursiana, de se perdre dans les ruelles, pour finir, épuisés, sur la place fleurie du village, en compagnie des fameuses statues des chats d'Adeline de Maurice Serreau. « On peut dire qu'un bienfait n'est jamais perdu, déclara Jacques en entamant son sandwich avec un plaisir évident. Cette brave Adeline, lorsqu'elle a caché l'hiver, pendant la disette, les pauvres chats qu'on voulait dévorer, ne se doutait pas que ces mêmes chats allaient éviter au bourg une nouvelle famine en dévorant les rats et les souris qui pullulaient et s'apprêtaient à détruire les récoltes de l'été. Bien jolie légende, en tout cas... »

Les deux pèlerins arrivèrent à Condom, au confluent de la Gèle et de la Baïse, en fin d'après-midi. Le nom de Condom serait d'origine celte ou latine et signifierait « marché du confluent » ou « seigneurie partagée ». La ville constituait au Moyen Âge une halte privilégiée sur la route de Saint-Jacques pour les nombreux pèlerins qui se rendaient à Compostelle. Halte d'ailleurs fort appréciée si l'on en croit ceux qui affirment que ces mêmes pèlerins furent à l'origine de la découverte du trésor local, cette merveilleuse eau-de-vie d'Armagnac dont, en fins connaisseurs, ils firent aussitôt la publicité. Du Xᵉ au XIVᵉ siècle, hospices et hôpitaux ne cessèrent de s'installer pour faire face aux nombreuses demandes d'hébergement des pèlerins. Hospice d'abord, l'abbaye bénédictine devait devenir en 1317 évêché, ce qui permit à la cité de se doter de plusieurs hôpitaux, dont deux dédiés à saint Jacques : l'hôpital Saint-Jacques de-la-Bouquerie et, au sortir de la ville, l'hôpital Saint-Jacques-de-Teste. Reste de l'ancienne abbaye, la cathédrale Saint-Pierre, bâtie au début du XVIᵉ siècle, de style gothique flamboyant, peut s'enorgueillir de sa superbe nef aux formes harmonieuses et du nom de son évêque, le célèbre Bossuet, qui n'y vint cependant presque jamais.

Fourbus par les 27 kilomètres qu'ils avaient dans les jambes et par la grosse émotion du matin, Marc et Jacques n'avaient guère d'autre envie que de récupérer leurs forces dans leur chambre d'hôtes. Aussi, tout en appréciant le charme des rives de la Baïse, ils écourtèrent leur visite, sans oublier de s'unir en pensée avec les anciens pèlerins, en dégustant un divin armagnac.

CI-DESSUS : les vitraux de la cathédrale Saint-Pierre de Condom. Devenue évêché au XIVᵉ siècle, c'est l'un des derniers grands édifices du Gers construits suivant les traditions gothiques du Sud-Ouest.

PAGE DE DROITE : après leur longue marche, deux pèlerins au repos dans le cloître de Condom.

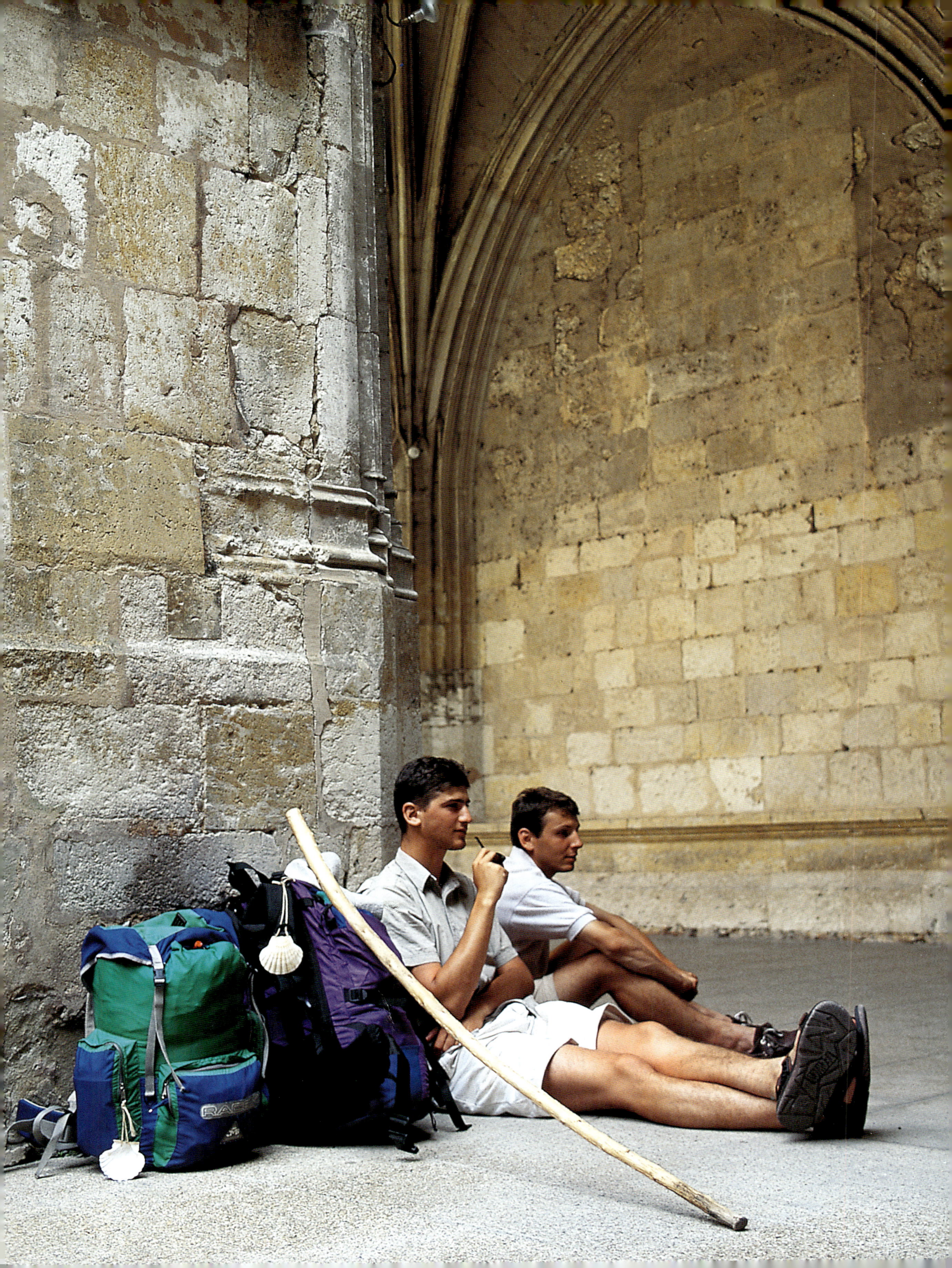

De Condom à Escoubet

28,5 kilomètres

Les étapes en terre de France commençaient à perdre leur magie d'origine. Marc et Jacques se surprenaient maintenant à penser à l'Espagne. La Galice se rapprochait de plus en plus et, un peu saturés d'arcs en plein cintre, transepts, châteaux et autres merveilles architecturales, ils décidèrent d'un commun accord de passer sur les détails pour privilégier les points forts qui leur restaient à découvrir. Ils visitèrent rapidement la chapelle de Routges, devant laquelle passait le chemin, avant d'entrer à Montréal-du-Gers... Ce village retint leur attention car c'était une bastide construite entre le XIe et le XIIe siècle, et leur âme de pèlerin ne pouvait que s'émouvoir de retrouver l'esprit du Moyen Âge dans ces bâtisses groupées autour de la vaste place aux larges arcades basses. À présent, ils avaient l'impression que les vieilles pierres leur parlaient de leur histoire, et ils étaient heureux de les écouter.

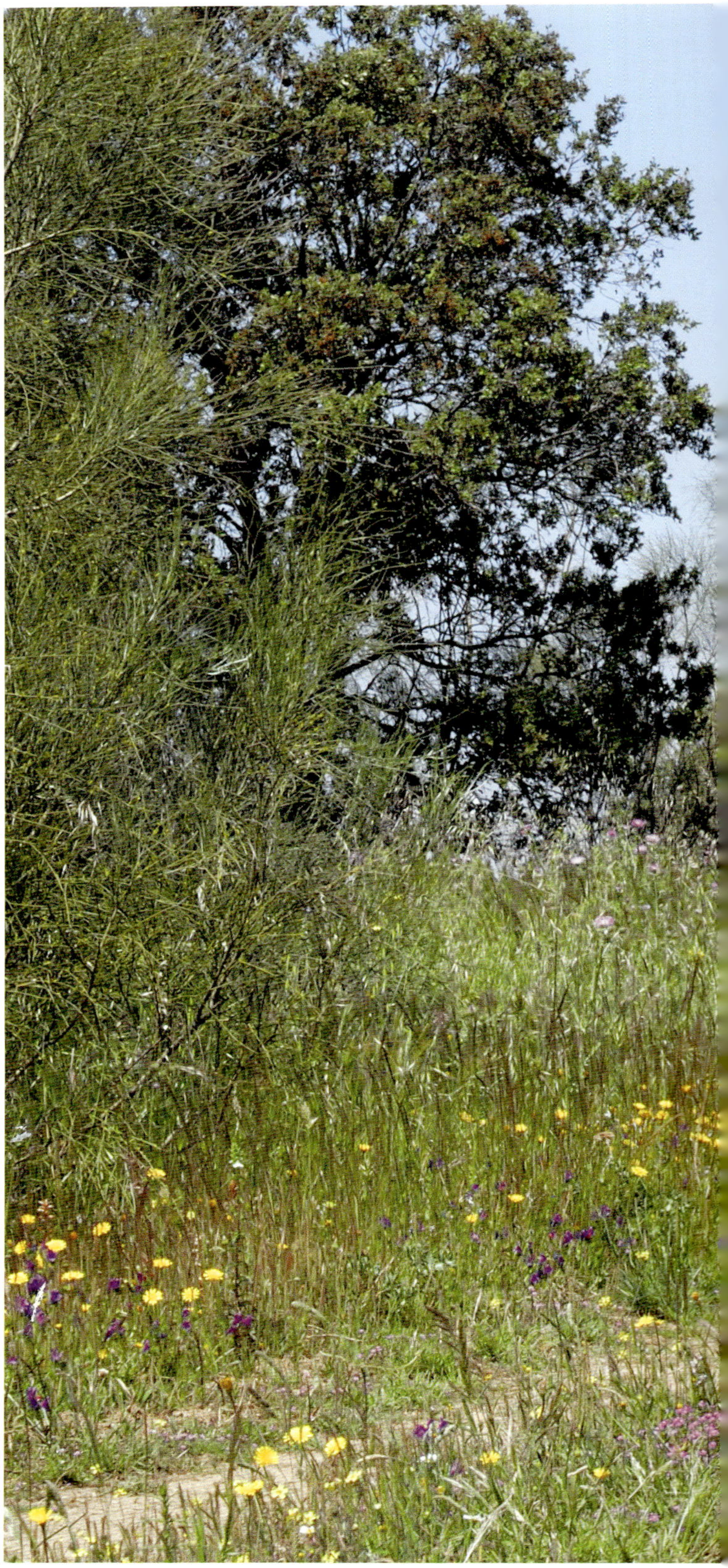

CI-CONTRE : pour le plus grand bonheur des pèlerins et des randonneurs, le chemin du Puy offre une multitude de paysages. Après des journées consacrées à visiter les villes médiévales, les chapelles, les églises et les cloîtres qui jalonnent la *via Podiensis*, les pèlerins s'offrent de grands bains de nature au milieu des champs, des forêts et des prairies.

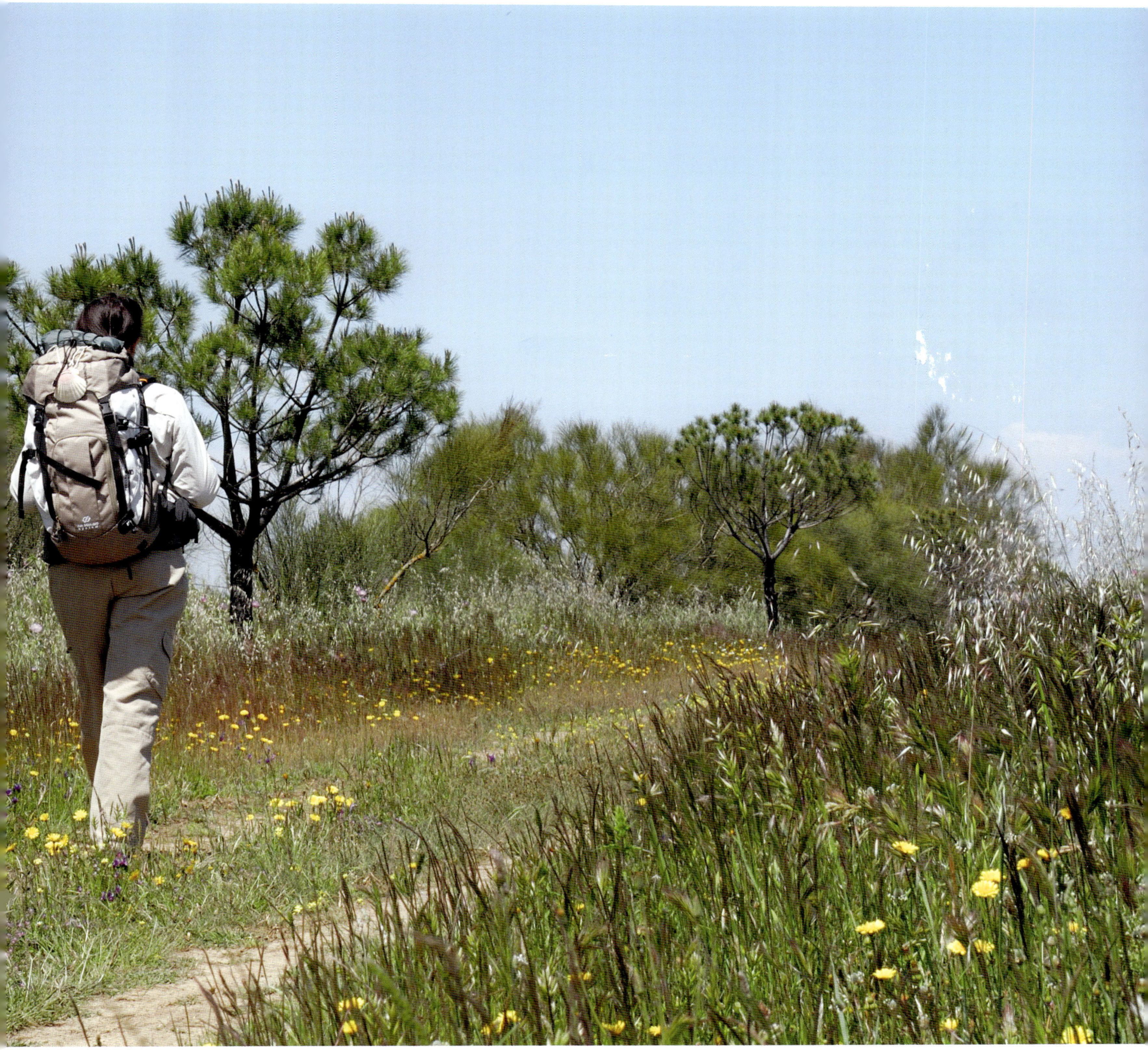

D'Escoubet à Nogaro

24,5 kilomètres

Les trois sites que nos pèlerins traversèrent ensuite leur parurent agréables. Les paysages étaient magnifiques, la nature calme, et les sentiers tranquilles, tracés entre des taillis verdoyants et touffus. Bien qu'ayant été une étape importante sur la *via Podiensis*, Eauze, ancienne capitale d'une province de la Gaule romaine, n'a conservé de son passé jacquaire que le souvenir de l'ancien hospice qui donnait gîte et couvert aux pèlerins. Après Eauze, la vieille ville de Manciet, sur la hauteur de sa ligne de crêtes, évoque son passé féodal à travers ses ruelles étroites, ses maisons vénérables, baignée par l'air coupant et léger qui lui vient des Pyrénées.

Enfin, Nogaro, ville davantage à savourer qu'à visiter, tournée vers l'exportation de ses vins, animée par ses foires commerciales. Avant de se rendre au gîte d'étape pour remettre de l'ordre dans leurs affaires et procéder à quelques lavages, Marc et Jacques allèrent voir l'église Saint-Nicolas, qui date de la fin du XIe siècle et conserve, malgré ses transformations, toutes les caractéristiques de l'art roman. Puis, ils revinrent à pas lents en songeant qu'ils n'étaient plus qu'à 126 kilomètres de la stèle de Gibraltar, point de jonction où la *via Podiensis* retrouve la *via Turonensis* et la *via Lemovicensis*.

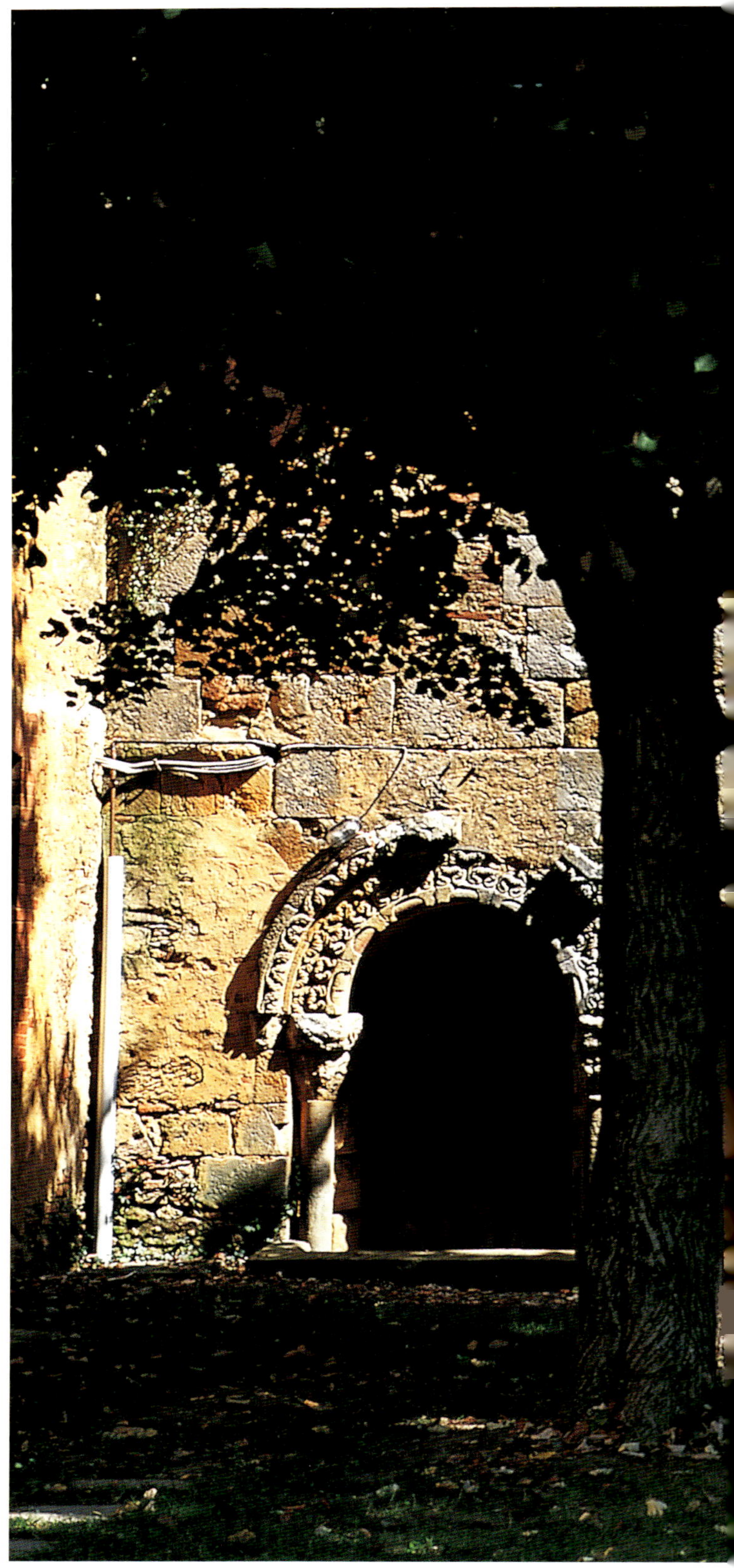

CI-CONTRE : l'église Saint-Nicolas de Nogaro, construite à la fin du XIe siècle, conserve un caractère résolument roman, malgré les différents remaniements subis au fil des siècles, notamment au XVIIe, dont datent ses voûtes actuelles. Ce style roman s'affirme surtout sur le tympan de son portail d'entrée, où figure un Christ en majesté, et sur les chapiteaux historiés de la nef et de l'abside.

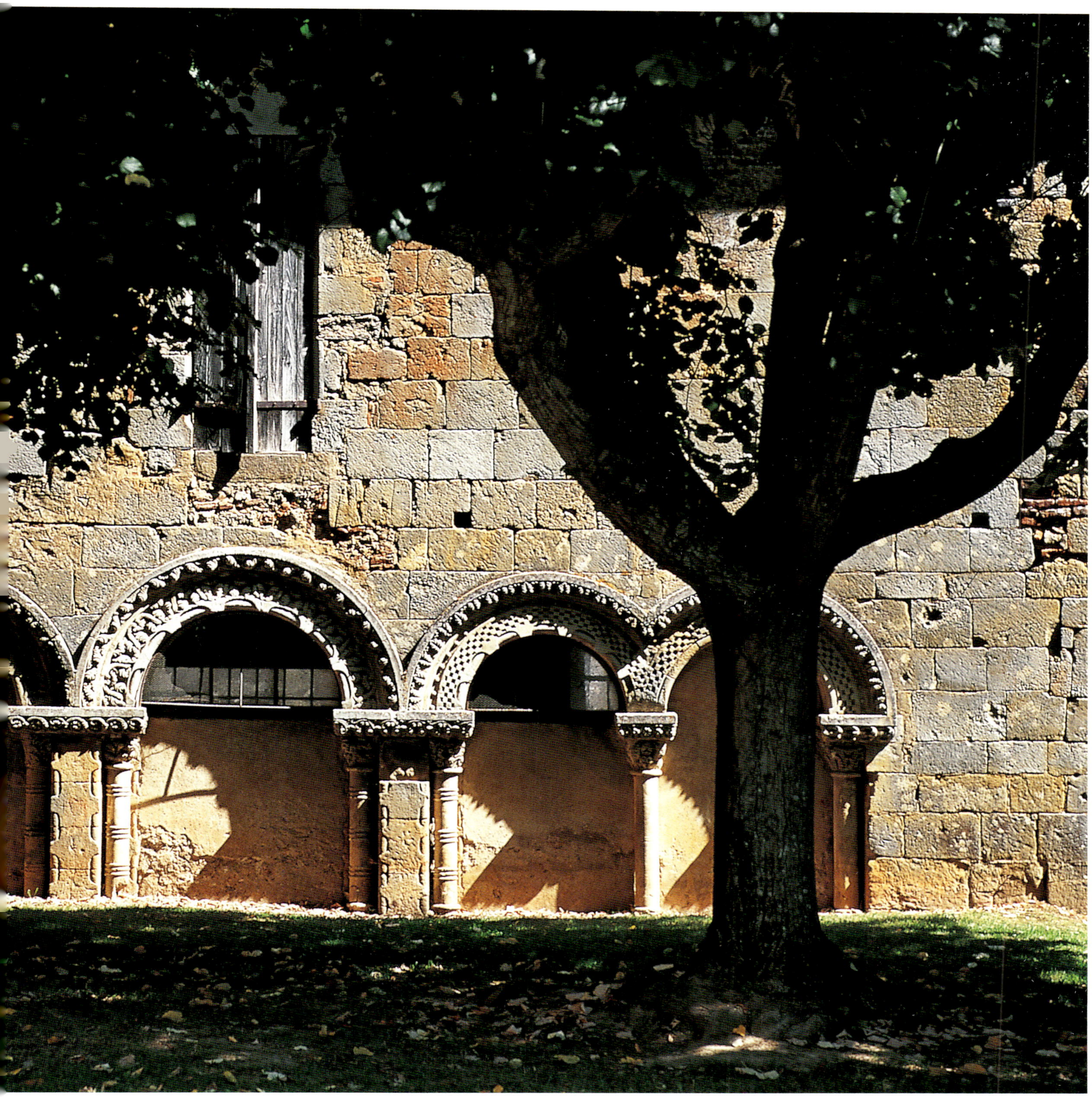

De Nogaro à Aire-sur-l'Adour

28 kilomètres

Juillet flambait de plus en plus à mesure que nos deux pèlerins s'approchaient du département des Landes. Ils allaient bientôt laisser le Gers derrière eux, et avec lui, depuis le Périgord et le Quercy, les hauteurs plantées de bastides qui surveillaient les agressions possibles d'autres seigneurs du voisinage, ainsi que le franchissement des rivières. La chaleur était accablante. Pourvu d'une barbe fournie qui lui donnait un air de patriarche débonnaire, Marc ne cessait de s'éponger le visage à présent couleur de terre cuite, enviant *in petto* la mince silhouette de Jacques, que les assauts du foie gras et de l'armagnac n'avaient pas réussi à entamer. Ce qui n'était pas son cas. Amateur de bonne chère et enrobé comme un moine au départ du Puy, il restait identique à lui-même malgré le côté sportif des marches quotidiennes. Jacques, lui, prenait de plus en plus l'aspect d'un ascète au fil des kilomètres. Le chemin, dans sa majeure partie, leur fut compatissant, courant au milieu de forêts qui adoucissaient l'ardeur du soleil, mais ils soupirèrent d'aise, néanmoins, en arrivant à Aire-sur-l'Adour, les arbres ayant boudé les derniers kilomètres. Comme tant de pèlerins de Saint-Jacques l'avaient fait avant eux, ils allèrent visiter en tout premier lieu l'église Sainte-Quitterie, bel édifice roman du XIe siècle. Ils furent impressionnés par le martyre de la jeune princesse wisigothe qui fut décapitée en 476 pour avoir refusé d'abjurer sa foi chrétienne. Une fontaine dite miraculeuse aurait jailli à l'emplacement du supplice de la jeune fille. Puis, Marc et Jacques se rendirent à la cathédrale Saint-Jean-Baptiste, commencée au XIIe siècle, et furent éberlués de trouver si grande bâtisse dans une si petite localité. La halle aux grains du XIXe siècle marqua le terme de leur visite, et ils furent bien aises de découvrir qu'elle était à proximité du gîte d'étape qu'ils avaient retenu.

CI-DESSOUS : dans l'église Sainte-Quitterie, à Aire-sur-l'Adour, le sarcophage de marbre blanc qui aurait contenu les restes de la sainte martyrisée au Ve siècle dans cette ville des Landes.

PAGE DE DROITE : pour les pèlerins, l'arrivée dans les Pyrénées annonce la frontière espagnole, la fin de la *via Podiensis* et le début du *camino Francés*.

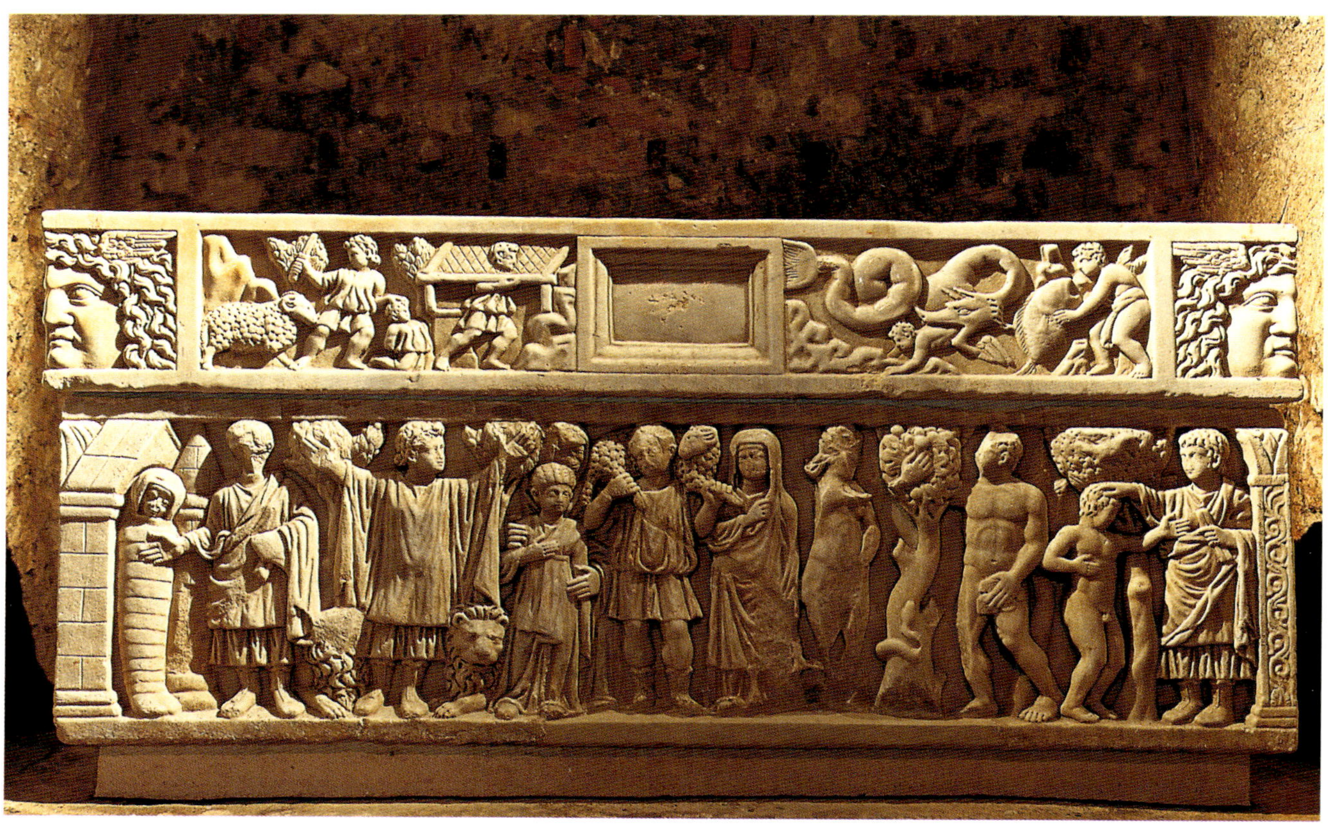

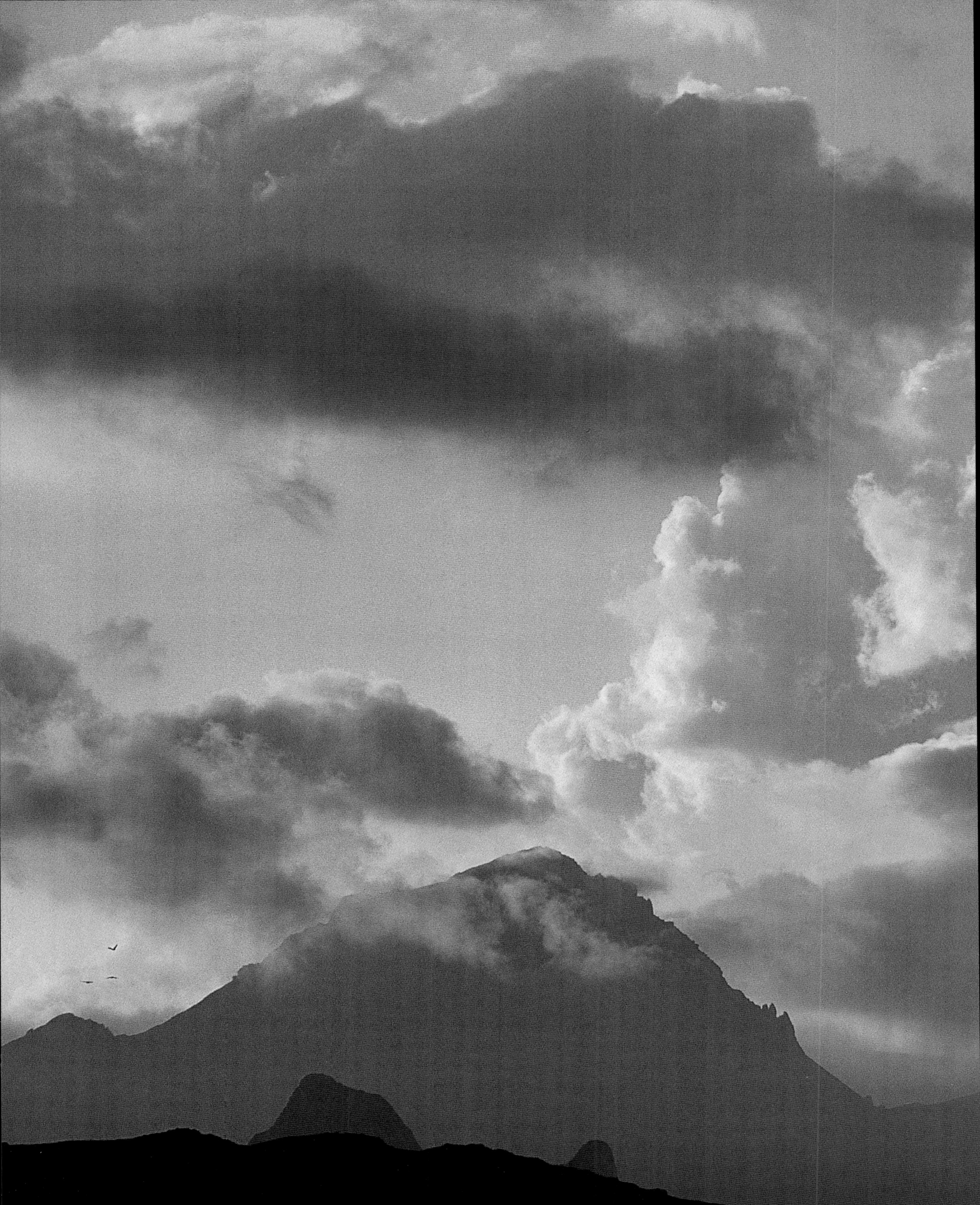

D'Aire-sur-l'Adour à Puente la Reina

254 kilomètres

D'Aire-sur-l'Adour à Navarrenx

96 kilomètres

« À présent, on ne traîne plus, affirma Marc. Qu'est-ce que tu en penses, Jacques ? Ce n'est pas que je me lasse des églises ni que j'aie perdu tout intérêt culturel, mais Compostelle commence à me hanter. J'ai tellement hâte d'y être ! Alors j'ai pensé qu'on pourrait peut-être augmenter les distances, quitte à laisser de côté quelques curiosités locales. On n'est qu'à 132 kilomètres de Roncevaux, après tout.

– Écoute, je n'osais pas te le demander. C'est décidé, on fonce ! » répliqua Jacques.

Ils n'eurent qu'à se féliciter de leur décision. La forêt des Landes leur parut éternelle, assez semblable à ce qu'en avait pensé Aimery Picaud au XIIe siècle. L'air tout entier sentait la résine et une touffeur montait du sable, ce qui rendait la marche difficile et le chemin monotone, ponctué par une succession de hameaux où ils se surprirent à chercher presque exclusivement la trace des anciens pèlerins de Compostelle. Ils la trouvèrent dans la collégiale Saint-Barthélemy à Pimbo, dont il reste le chevet du XIIe siècle et son magnifique portail en avancée sur la façade. Les armoiries d'Arzacq-Arraziguet arboraient fièrement les trois coquilles de l'apôtre. Au carrefour des routes d'Artez-de-Béarn, bâton, coquille, pèlerine et croix de Malte gravés sur une plaque évoquent le pèlerinage dans l'oratoire Notre-Dame.

Les deux amis marchaient toujours, comme possédés par une passion nouvelle qui naissait en eux, les rendant de plus en plus durs à la fatigue, à la chaleur, à la longueur des étapes. « *E Ultreïa ! E Ultreïa* ! En avant ! En avant ! » L'ancien cri de Compostelle les aidait à maintenir leur cadence sur le chemin, afin d'atteindre sans tarder le *campus stellae* – le champ de l'étoile. Ils firent une halte à Sauvelade, si chère aux jacquets d'autrefois à cause de son abbaye placée sous le vocable de saint Jacques et où une belle statue de l'apôtre force au recueillement, et atteignirent ensuite Navarrenx, au cœur du Béarn. Mais avant même d'admirer la cité et ses remparts séculaires, plantés fièrement sur une hauteur, face à l'imposante chaîne des Pyrénées, ils accordèrent leur premier regard à la borne en lisière du chemin qui indique : Navarrenx–Saint-Jacques-de-Compostelle : 873 kilomètres.

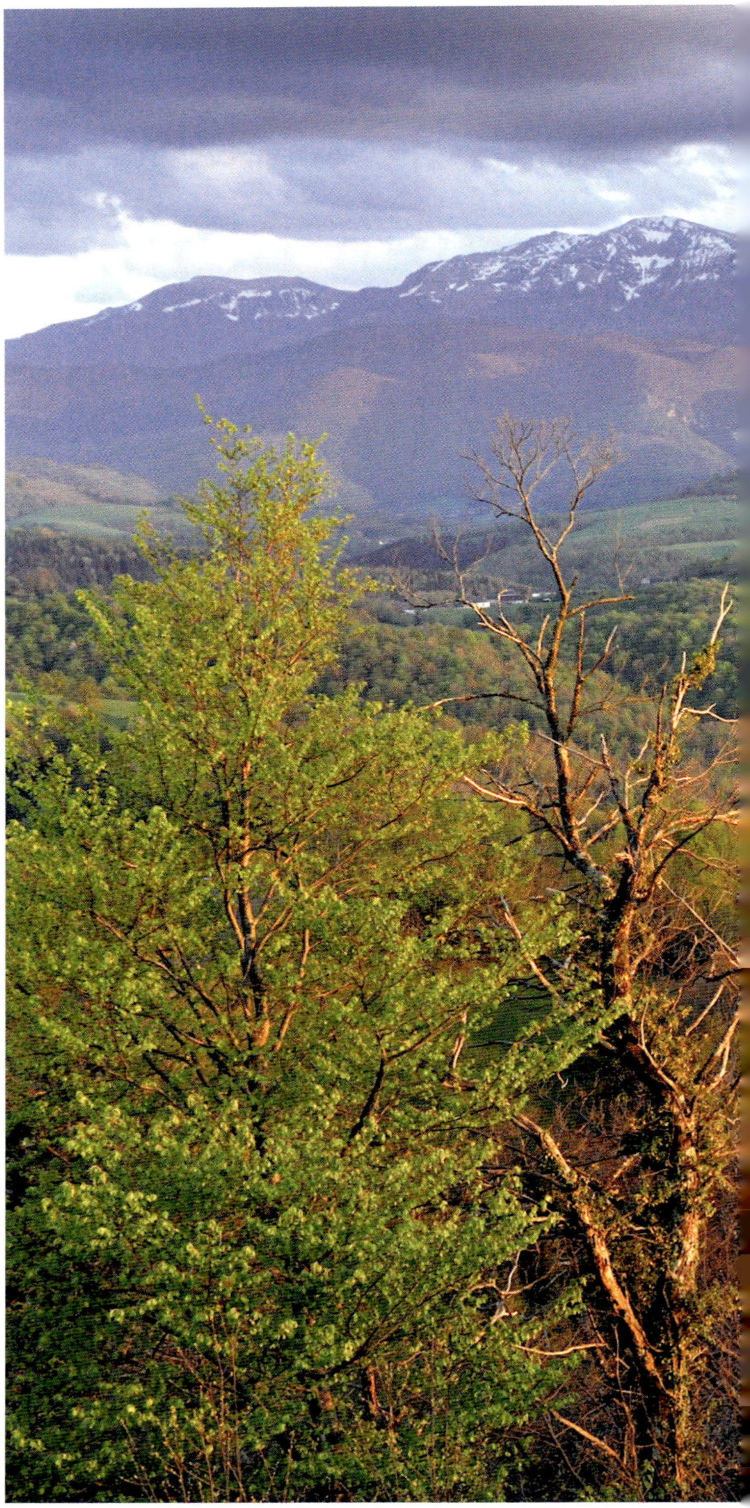

CI-DESSOUS : bain de nature et de sérénité en Pays basque. Au loin se dressent les montagnes pyrénéennes, terme de la *via Podiensis*. La voie du Puy y rejoint les autres voies françaises menant vers Compostelle pour se fondre dans le *camino Francés*.

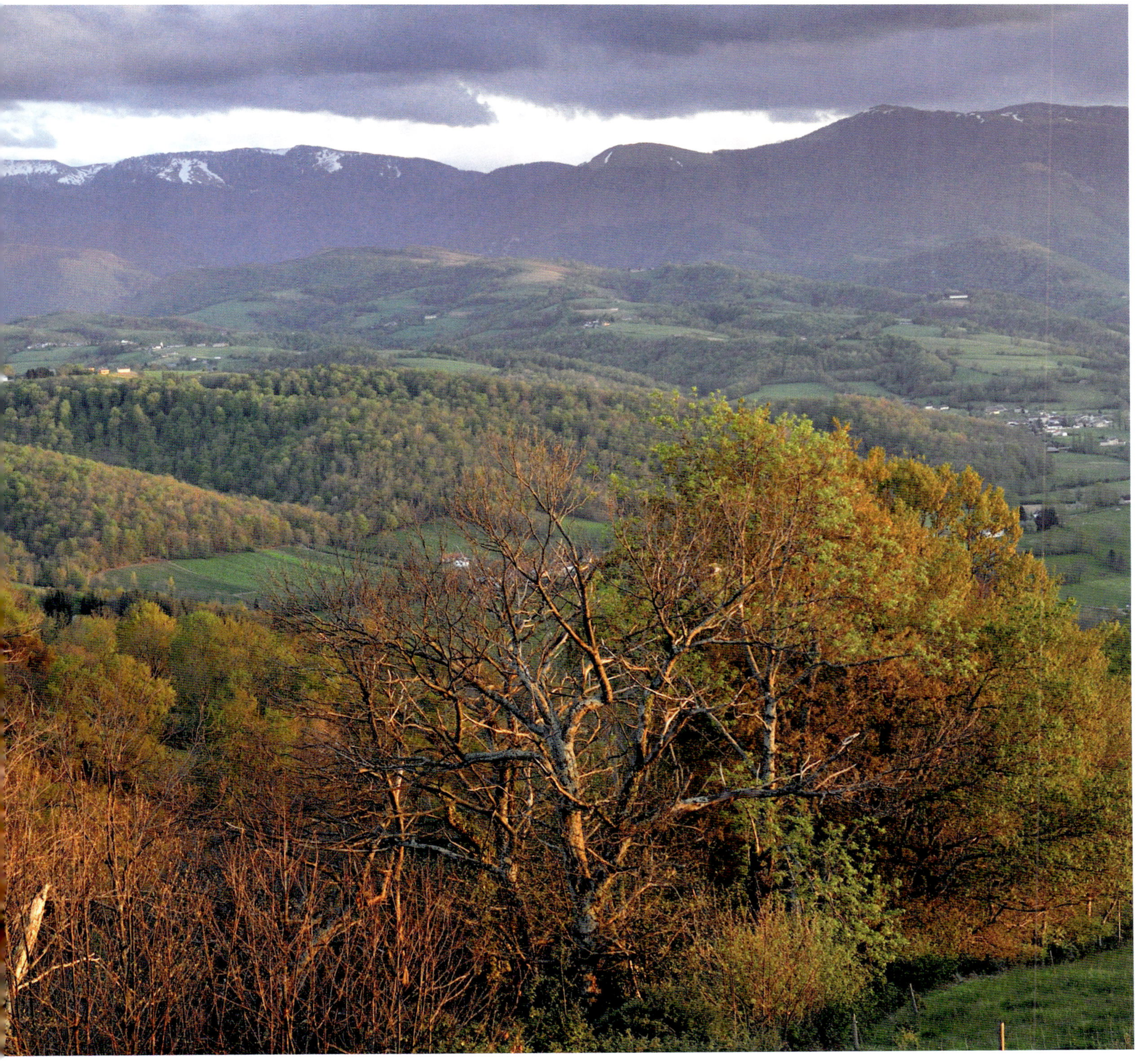

De Navarrenx à Roncevaux

92 kilomètres

Ils continuèrent le lendemain jusqu'à Saint-Palais, ce point si important du chemin de Saint-Jacques, parce qu'à 2 kilomètres plus au sud la fameuse stèle de Gibraltar voit la *via Podiensis* s'unir avec la *via Turonensis* et la *via Lemovicensis,* qui se sont elles-mêmes rejointes à Sauveterre-de-Béarn.

« Et si nous déjeunions avant de continuer ? proposa Marc. Ostabat n'est pas si loin et je meurs de faim. »

Jacques éclata de rire.

« Oh toi et ton appétit d'ogre ! J'ai l'impression que nous passons le pèlerinage à manger.

– Qu'est-ce que tu veux ! Moi, je n'ai pas ta haute spiritualité qui se nourrit de retables et de chapiteaux sculptés. Je ne suis qu'un pauvre homme qui aime la bonne chère, et, c'est vrai, j'ai toujours faim. Sans oublier que ce serait un sacrilège de ne pas goûter au jurançon.

– Ah ! pour ça, tu as raison. Allons-y ! Moi aussi j'ai faim, après tout, et loin de moi l'idée de commettre un sacrilège, surtout sur le chemin de Saint-Jacques. »

Comme toujours, les lieux de halte leur donnèrent l'occasion de revoir des visages connus, d'autres nouveaux, épanouis, chaleureux, prêts à partager le moment parfait du repos pris en bonne compagnie.

Et comme tous les matins depuis plus d'un mois, le chemin les reprit, de chapelle en chapelle, de village en village. Maisons blanches aux balcons rouges, églises, frontons... Tout cela rappelle qu'on est bien au Pays basque. Ils marchaient, et leurs pas les menaient inexorablement, droit devant eux, vers Ostabat, car, si l'on affirme volontiers que « tous les chemins mènent à Rome », les pèlerins de jadis, eux, avaient plutôt coutume de dire que « tous les chemins mènent à Ostabat ».

Nos deux amis y arrivèrent après s'être recueillis à mi-chemin devant la fameuse stèle de Gibraltar. Ils y trouvèrent un paysage verdoyant, des bois de châtaigniers, une fontaine près du vieil hôpital Saint-Antoine, qui évoque le réconfort apporté autrefois sans doute aux pèlerins épuisés et terrifiés par le peuple basque, si l'on en croit le *Guide du pèlerin* d'Aimery Picaud. Sans trop s'attarder à Saint-Jean-Pied-de-Port, ils s'arrêtèrent pour adresser l'un une pensée, l'autre une prière à la vierge d'Orisson qui domine les montagnes. Lorsqu'ils parvinrent enfin, 13 kilomètres plus loin, à Roncevaux, totalement épuisés par la descente très raide et fatale pour les mollets, ils apprécièrent comme il se doit d'avoir accès au refuge de la collégiale, privilège auquel ils avaient droit en priorité, d'ailleurs, pour avoir porté sans relâche leur sac à dos, contrairement à ceux qui les avaient fait transporter. Tout naturellement et sans même se poser de question, Jacques accompagna Marc à la collégiale de Roncevaux afin d'assister, à 20 heures, à la messe pour les pèlerins et à la bénédiction, qui est toujours la même depuis le Moyen Âge. N'était-il pas un pèlerin, et n'allait-il pas à Compostelle ?

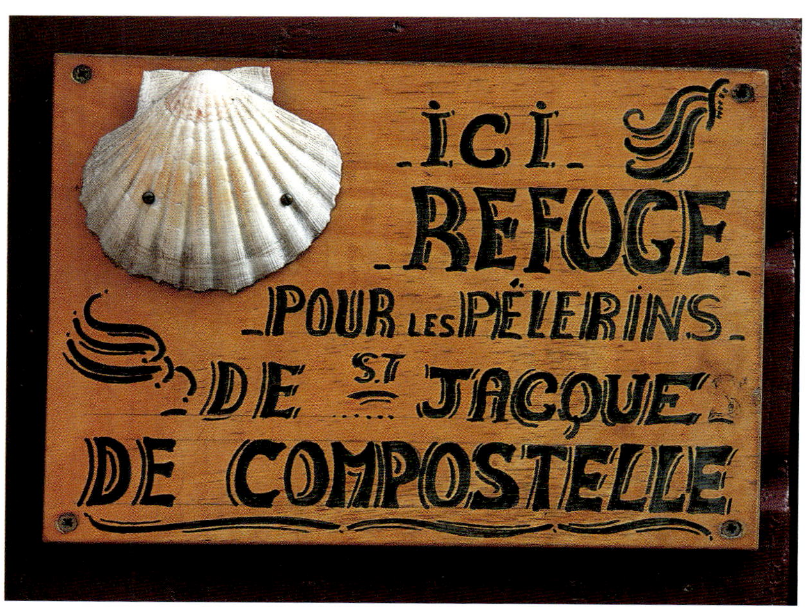

CI-CONTRE : plaque évocatrice de l'esprit jaquaire du pèlerinage vers Compostelle, ici à Saint-Jean-Pied-de-Port. Depuis le Moyen Âge, refuges, hôpitaux et auberges accueillent les pèlerins et leur offrent une hospitalité méritée.

PAGE DE DROITE : une croix de pierre, à 1230 mètres d'altitude sur le chemin de Compostelle, en direction de Roncevaux : « *Ni naiz bidea* : Je suis le chemin... » Les pèlerins ont déposé des pierres, des bâtons et des croix, pour attester leur passage.

DOUBLE PAGE SUIVANTE : la célèbre et attendrissante Vierge d'Orisson, tenant son enfant dans les bras, domine la montagne depuis le sommet du pic d'Orisson, d'où elle veille sur les pèlerins.

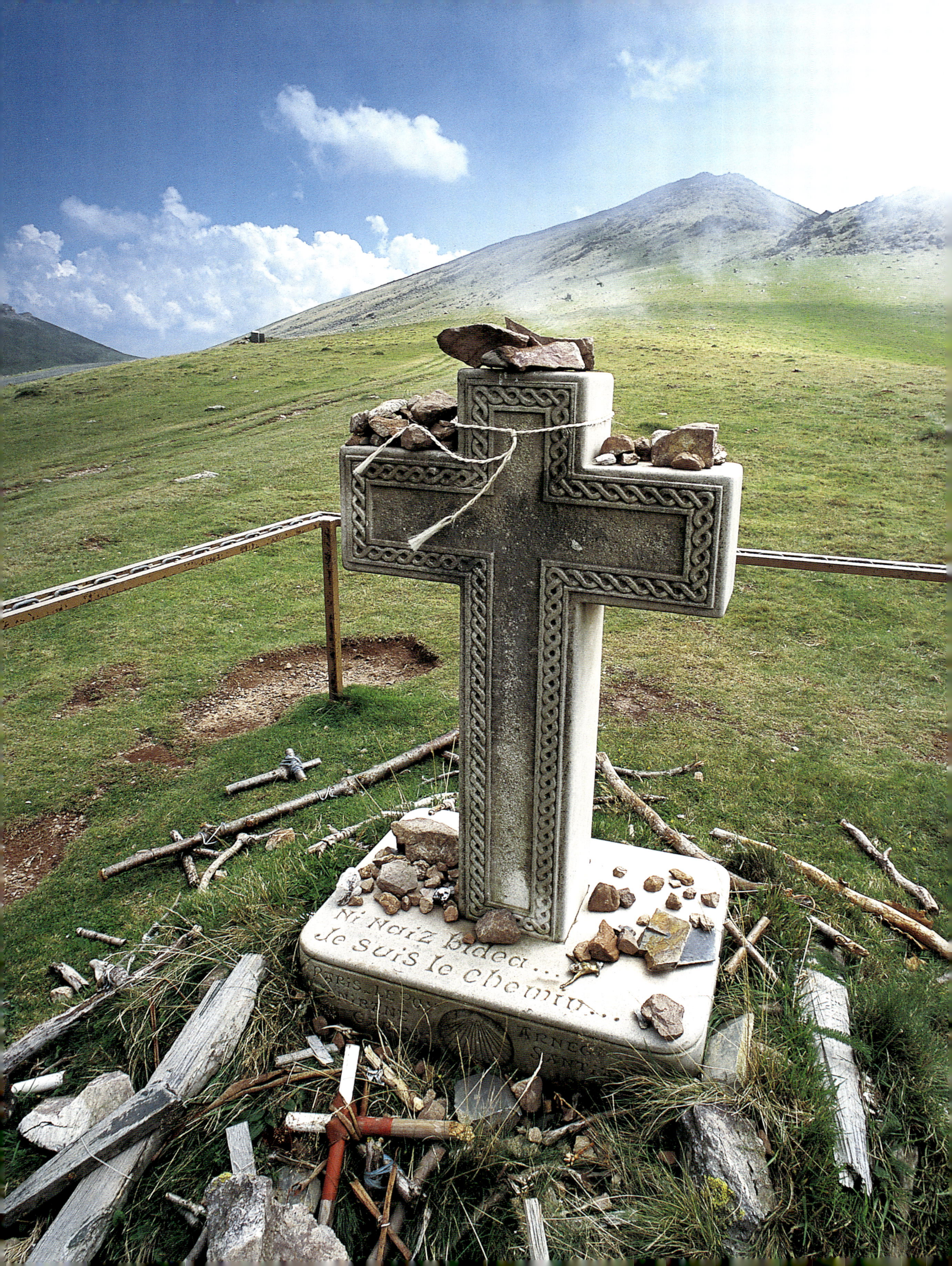
Ni Naiz bidea...
Je suis le chemin...

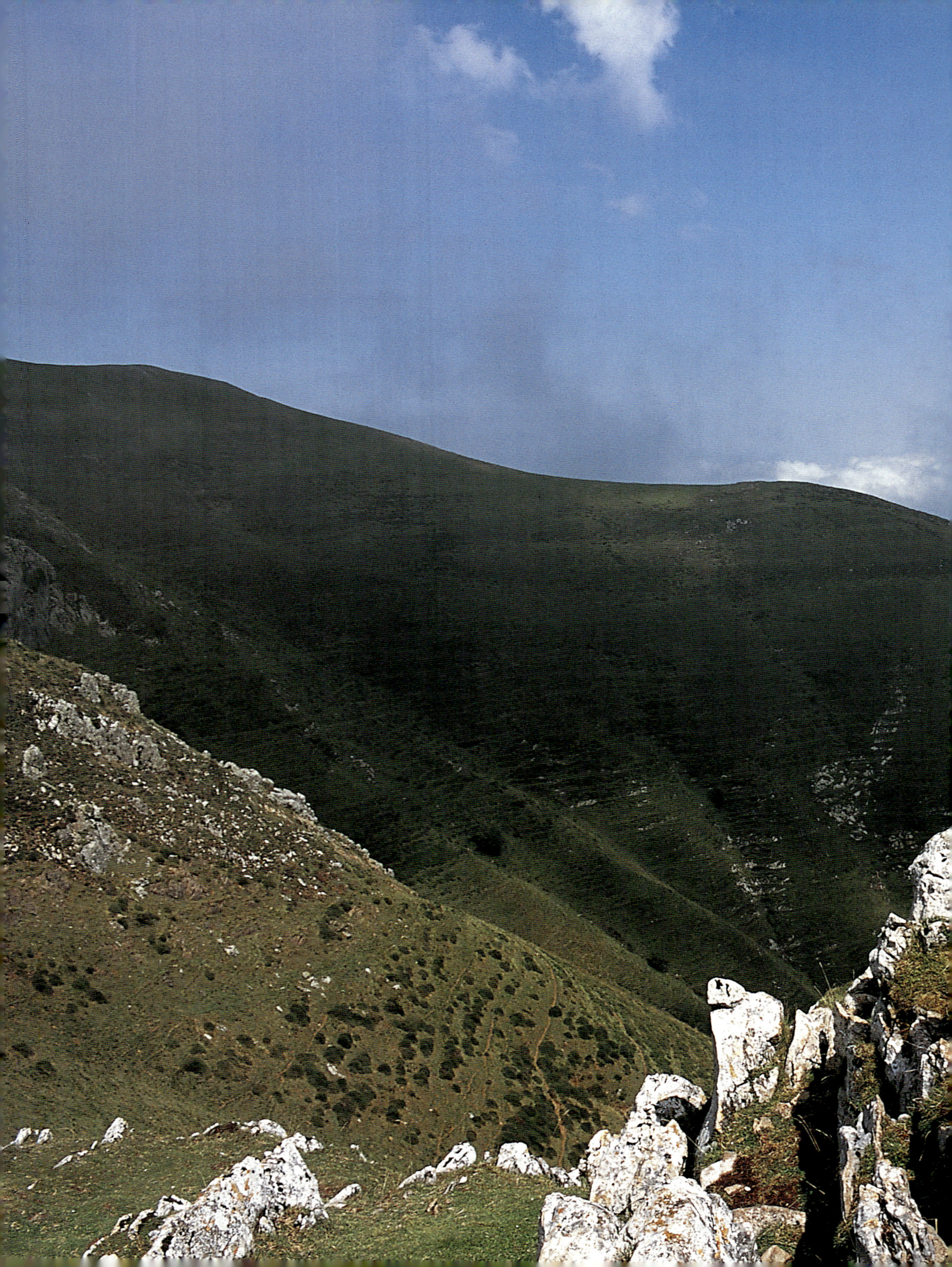

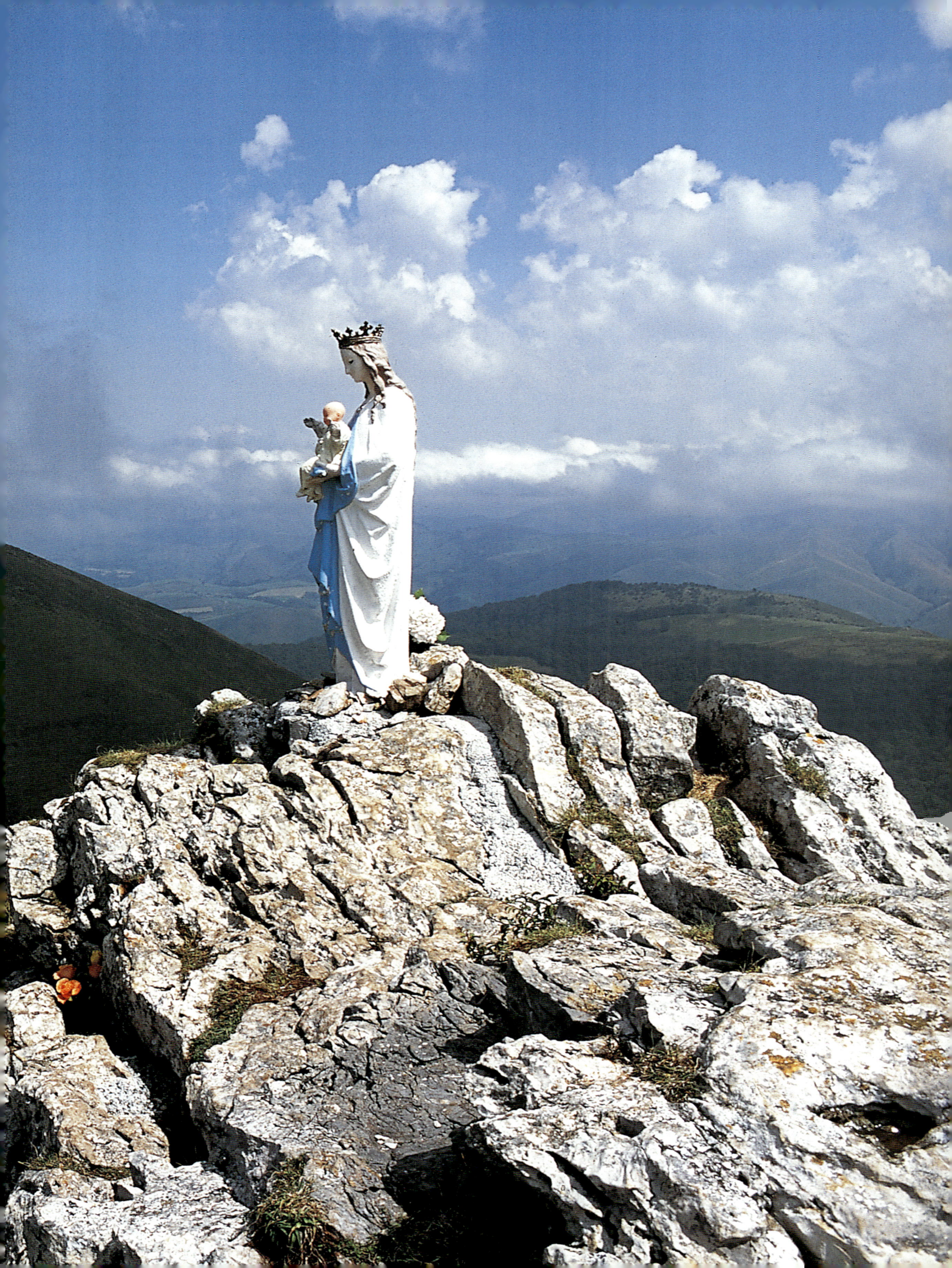

De Roncevaux à Puente la Reina

66 kilomètres

Enfin, nos deux amis étaient en Espagne! Roncesvalles, francisé en Roncevaux, c'est le passage des Pyrénées à la Navarre, le franchissement du fameux col illustré par Roland le Preux; c'est, sur le chemin de Saint-Jacques, un point essentiel du pèlerinage. Jacques et Marc avaient longuement discuté des étapes capitales à retenir sur le *camino Francés*, bien décidés à en comprendre toute la signification profonde. Il ne s'agissait pas, bien sûr, de dédaigner les plus modestes, mais les lieux mythiques méritaient tout de même qu'on les distinguât des autres.
Puente la Reina, à 67 kilomètres de Roncevaux, fait partie de ces étapes incontournables sur le chemin de Compostelle. Non que cette ville présente plus de richesses culturelles, mais elle est à elle seule le symbole de l'unité du pèlerinage, puisque c'est en son sein que toutes les routes étrangères se rejoignent sur le sol espagnol. Avant d'y arriver, Jacques et Marc s'étaient arrêtés naturellement à Pamplona (Pampelune) pour rendre hommage au grand apôtre qui semble à l'origine des moindres édifices de la ville. Tout parle de lui: les nombreux hôpitaux pour pèlerins, les églises où sa statue trône à la place d'honneur, sa cathédrale gothique et son admirable cloître, enfin, dans l'ancien hospital San Miguel, l'antique réfectoire où les jacquets recevaient une écuelle de bouillon, un morceau de viande et un verre de vin.
« Heureusement que la San Fermín est passée, avait remarqué Jacques en riant. Je ne me serais pas vu en train de courir dans les rues de Pampelune poursuivi par un taureau. Ces Espagnols, tout de même! Ils n'ont peur de rien.

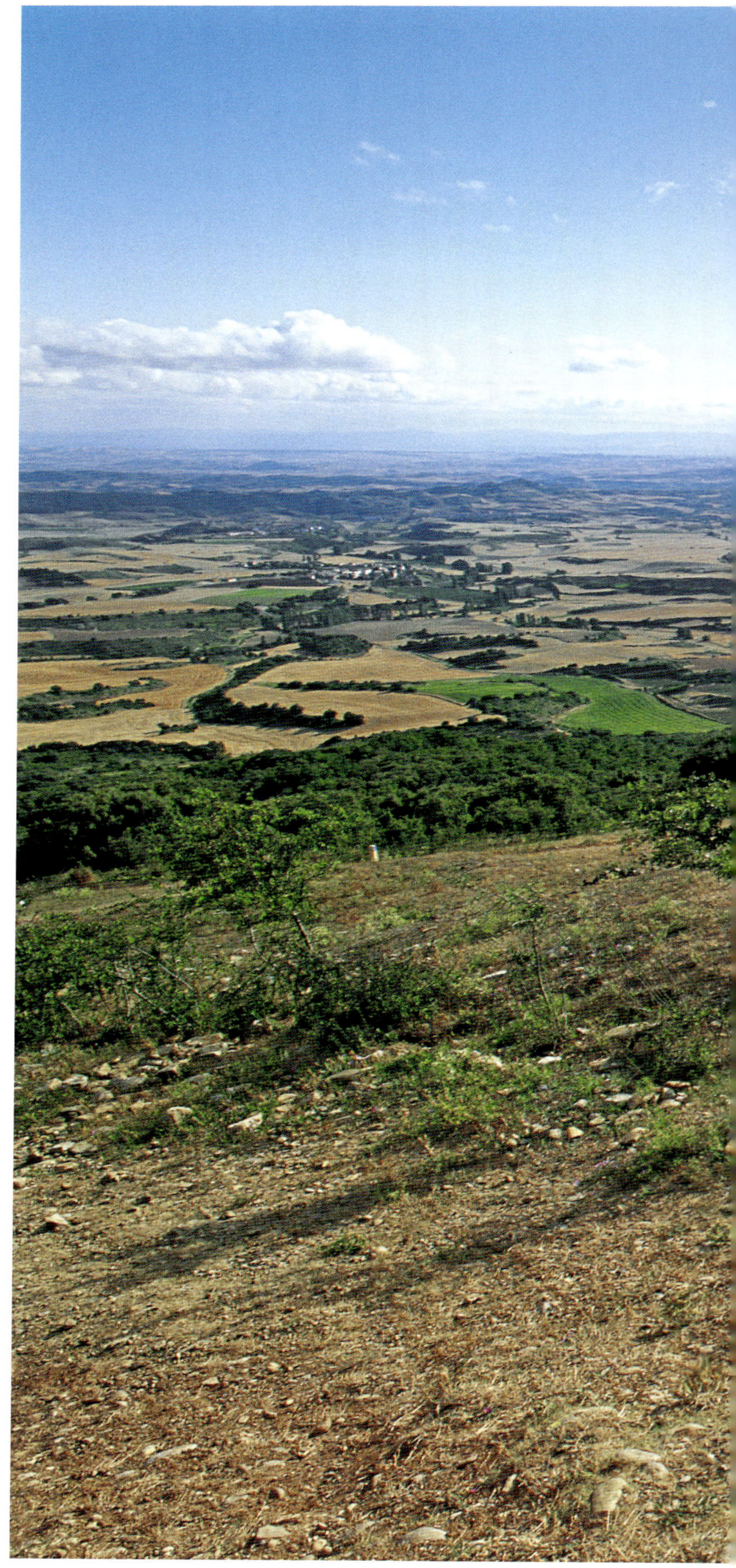

CI-CONTRE : après avoir franchi le col de Roncevaux, les pèlerins de la *via Podiensis* arrivent enfin en Espagne. Ils quittent ainsi les hauteurs du massif pyrénéen pour les paysages de la Navarre, la plus étendue des sept provinces basques. Ici, dans la sierra del Perdón, en Navarre, un pèlerin à côté d'une borne rassurante qui lui indique qu'il n'a pas perdu le chemin...

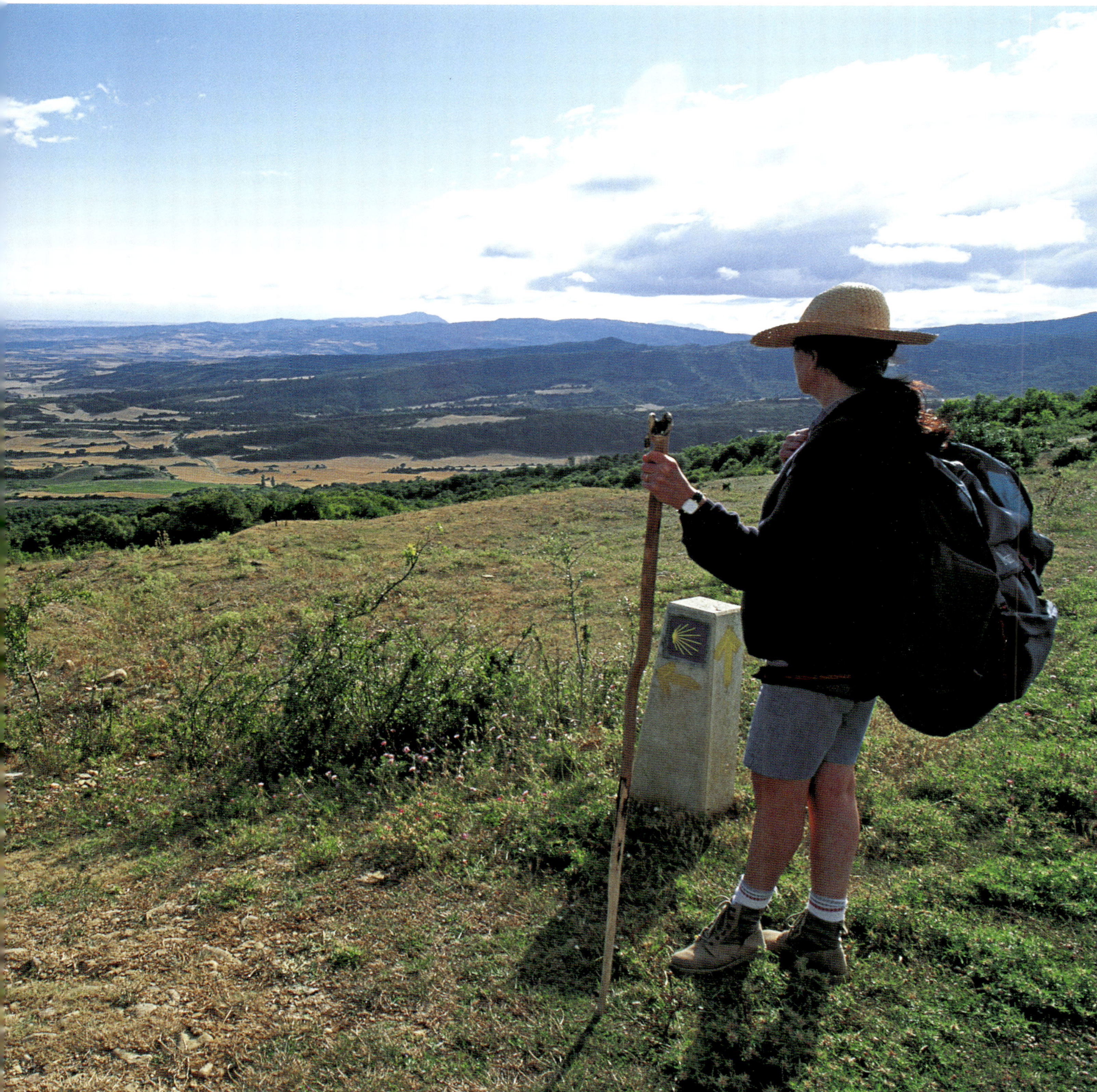

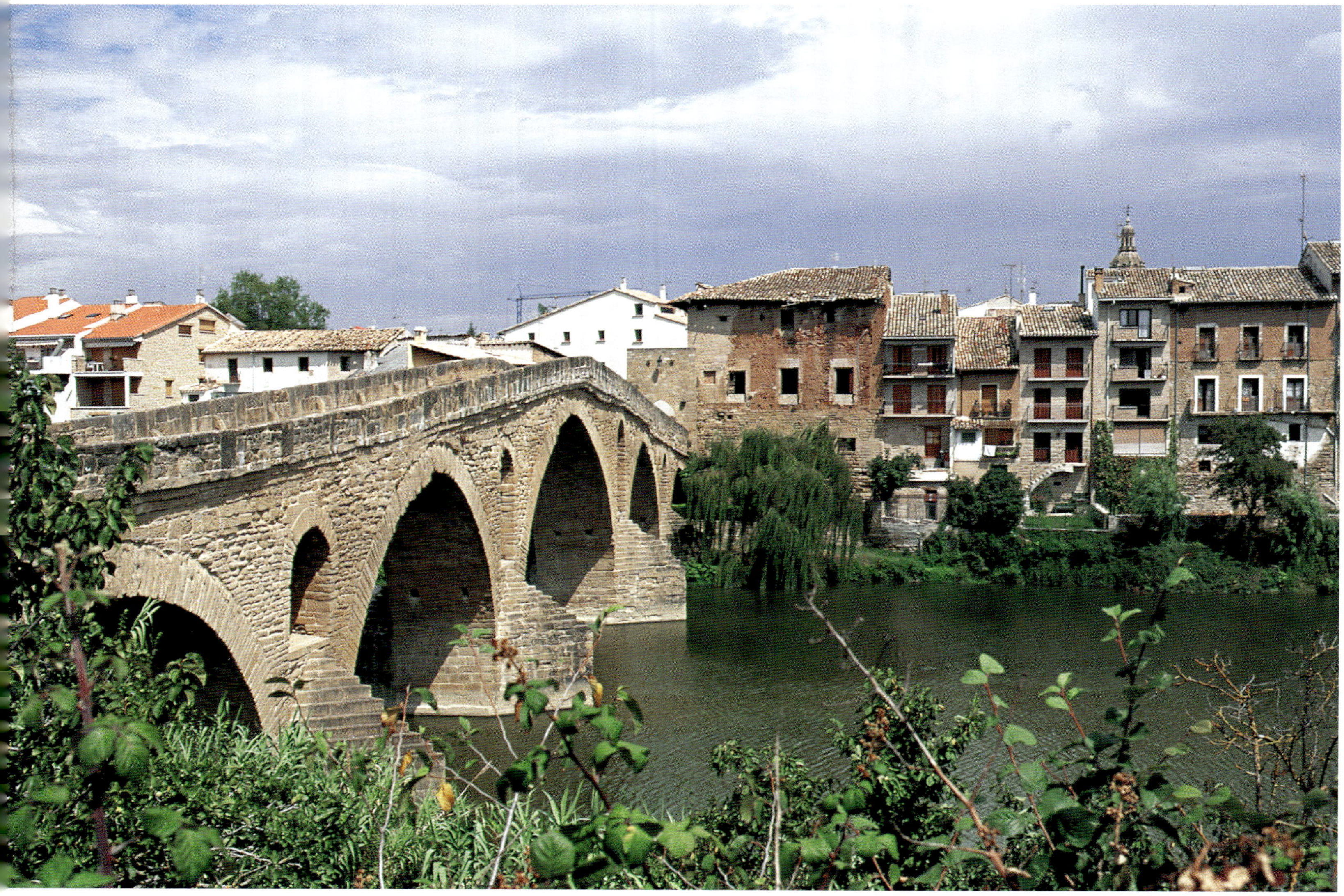

– Sans compter que les prix flambent au moment de la feria et si on a la chance d'échapper à la corne du taureau, nos portefeuilles, eux, ont droit à une autre sorte d'estocade. Loué soit saint Jacques, qui ne nous a pas mis entre le 6 et le 14 juillet sur son chemin ! »
Puente la Reina les plongea dès l'arrivée dans l'ambiance du pèlerinage, car le pont des Pèlerins, construit au XIe siècle sur l'Arga, évoque les dangers que couraient les pauvres jacquets au point d'éveiller la compassion de la reine Doña Mayor, qui ne supportait plus de les voir engloutis par le fleuve. Le pont de la Reine, qui donna de ce fait son nom à la ville, est un bel ouvrage à dos d'âne à six arcs brisés et piliers ajourés. Nos deux amis allèrent ensuite s'incliner à l'église Saint-Jacques-le-Majeur, située dans la *calle Mayor,* devant la fameuse statue de l'apôtre nommée *El Beltza* (le Noir) à cause de la fumée des cierges qui brûlaient continuellement à ses pieds. Une foule de pèlerins s'y pressait et une immense émotion se dégageait de l'assemblée tout entière, qui murmurait des prières en toutes les langues de la Terre.

CI-DESSUS : à Puente la Reina, le pont sur l'Arga. Édifié au XIe siècle sur l'ordre de la reine, ce pont, qui donna son nom à la ville, devait faciliter le passage des pèlerins. Ce magnifique ouvrage à six arches conserve encore aujourd'hui son aspect d'origine.

PAGE DE DROITE : à l'image de ce pont qui relie les deux rives de l'Arga, c'est à Puente la Reina que la *via Tolosana* rejoint la *via Podiensis* pour ne plus former qu'une seule route : le *camino Francés*.

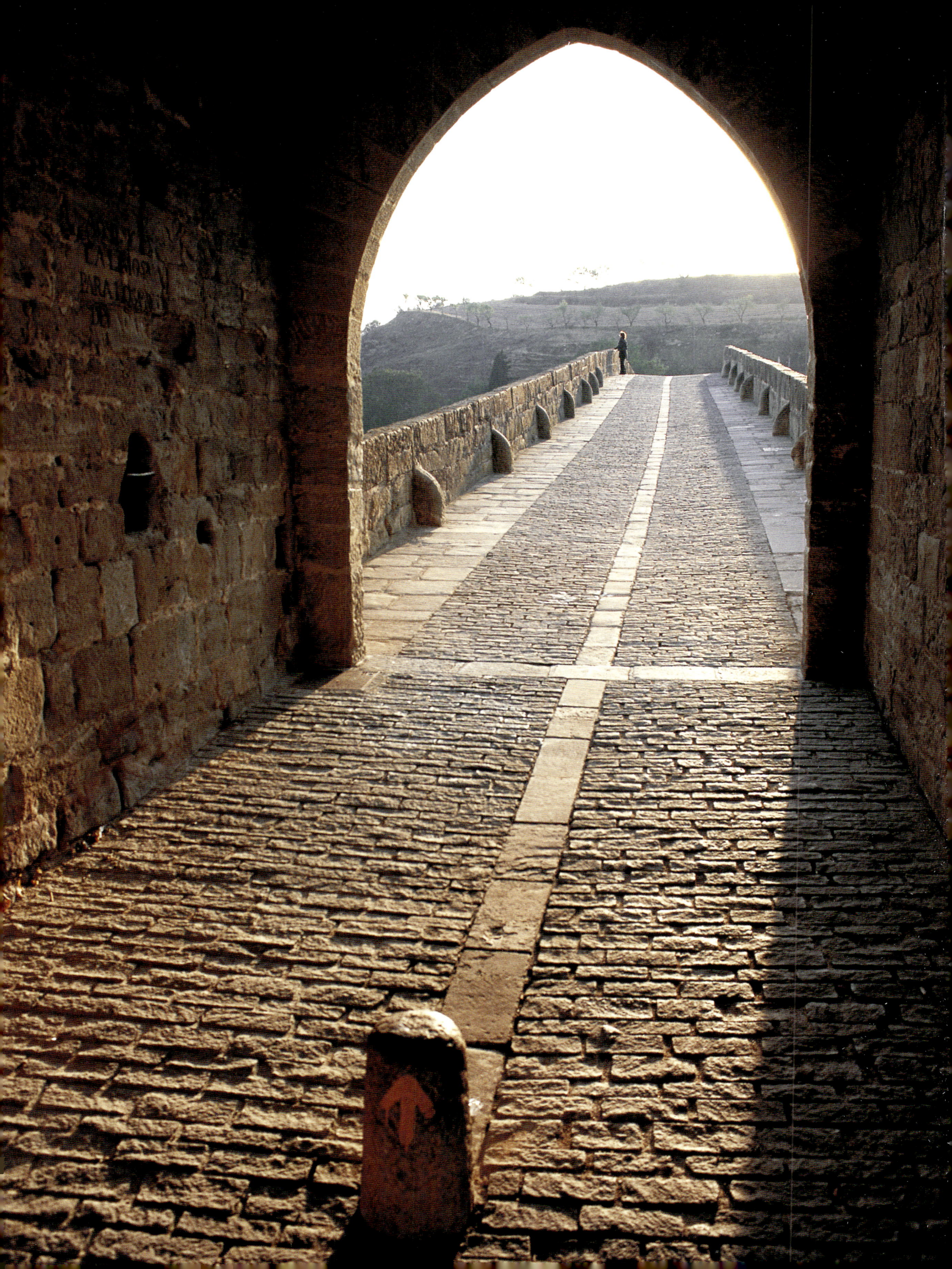

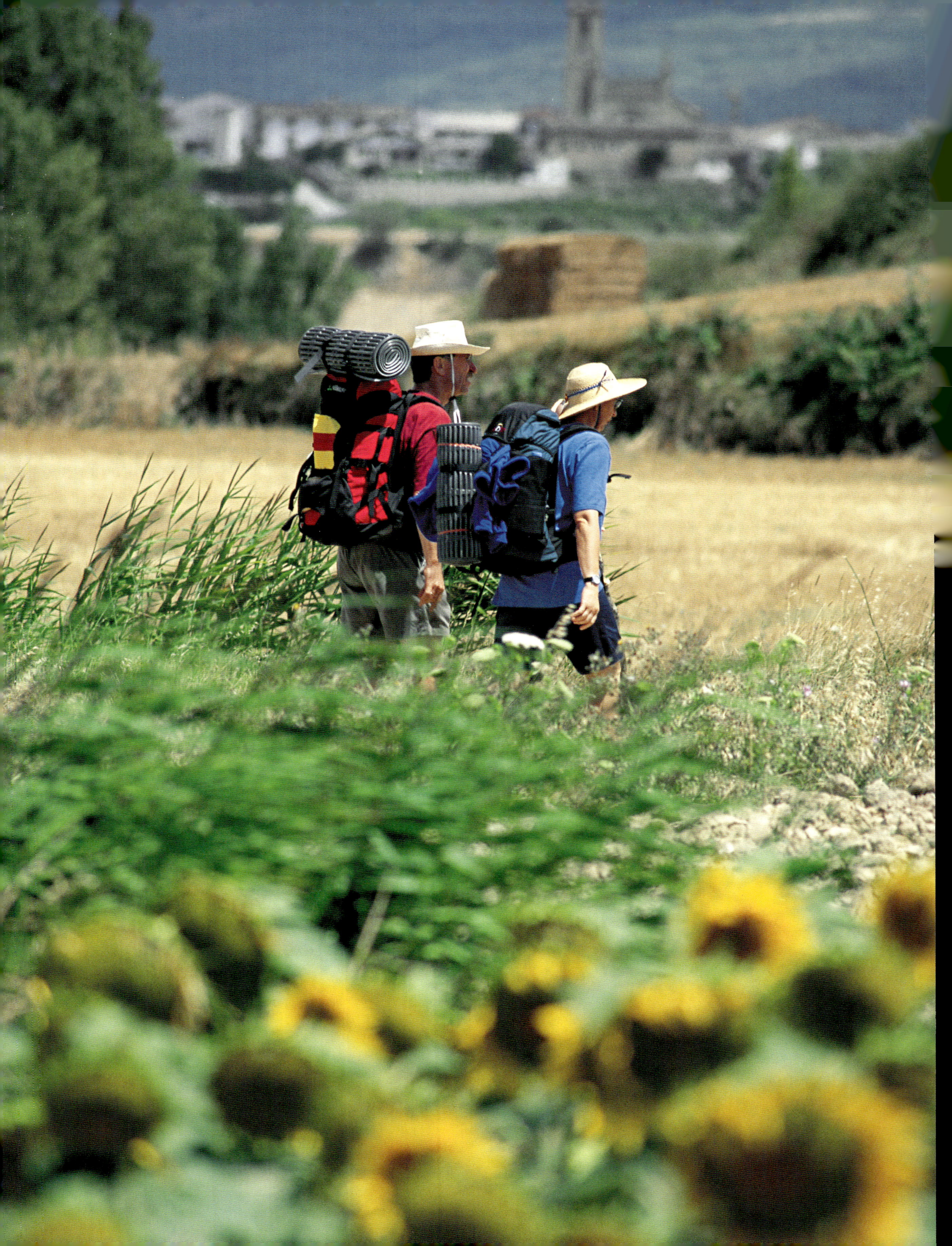

Sur le *camino Francés*

Iter francorum, le chemin des Francs, ces clercs, moines ou marchands qui vinrent s'établir bien vite le long du chemin, ou bien *camino Francés*, le chemin français parce que nombre de pèlerins qui l'empruntaient venaient du nord des Pyrénées? À dire vrai, ni Jacques Delarue ni Marc Jolivert ne se posèrent la moindre question à ce sujet. Ils ne savaient qu'une chose, c'est que, tout comme les ruisseaux allaient se jeter à la mer, toutes les routes se rejoignaient à Puente la Reina pour ne plus former qu'un seul chemin qui, comble d'ironie, s'appelait français mais où l'on se mettait à parler espagnol, ce qui ne facilitait pas les choses. Mais ce chemin-là, il voulait dire aussi que 756 kilomètres venaient d'être parcourus sur la *via Podiensis*, et qu'il n'en restait environ plus que 700 pour arriver au champ de l'étoile devant le tombeau de messire Saint-Jacques.

PAGE DE GAUCHE : pèlerins, près d'Eunate, en Navarre. Le *camino Francés,* qui commence à Puente la Reina, correspond au début d'une nouvelle aventure pour les pèlerins, à un nouveau départ. Alors qu'ils étaient jusque-là répartis sur de multiples chemins, tous les pèlerins sont désormais réunis sur une seule et même route jusqu'à Compostelle.

De Puente la Reina à Burgos

200 kilomètres

De Puente la Reina à Logroño

72 kilomètres

De cette grande étape qui offre au passage une succession de villages perdus dans une immensité de terres blondies par les blés, nos deux voyageurs devaient conserver un souvenir ébloui. Leurs pas dans les pas des anciens jacquets sur le chemin historique du pèlerinage, ils se laissèrent aller au gré de leurs découvertes, qui les replongeaient toujours plus avant dans ce passé qui leur devenait cher. À Cirauqui, ils s'arrêtèrent un long moment devant le porche mozarabe de l'église San Román, du XIIe siècle, pleine de souvenirs du pèlerinage, non loin de ce fleuve Salado, de sinistre réputation pour les mules, d'après le guide d'Aimery Picaud. Ils virent à Lorca l'église San Salvador, construction romane tardive du XIIe siècle, d'une simplicité dépouillée. Ils écoutèrent avec un intérêt d'enfant la légende qui évoque cette pluie d'étoiles qui serait tombée à l'endroit où des bergers avaient découvert une statue de Notre-Dame du Puy, d'où le nom d'Estella donné à la ville. Marc et Jacques avaient fait en sorte d'y arriver assez tôt pour bien en profiter. Le chemin s'était d'ailleurs montré clément : sentiers herbeux, chaussée romaine bordée de térébinthes, ponts médiévaux sous lesquels une rivière donnait au passage une bouffée de fraîcheur, et partout des tournesols flamboyants qui allumaient de brefs incendies dans les buissons et la pierraille. À présent, de part et d'autre du fleuve Ega, que franchissent plusieurs ponts, dont celui des pèlerins, Estella offre la palette précieuse de ses richesses monumentales. Nos deux amis, empruntant le « parcours du pèlerin », se perdirent dans le quartier franc, au sud, où ils admirèrent l'harmonieuse église du Saint-Sépulcre, du XIIe siècle, le Palacio Real, d'une belle architecture romane du XIIe siècle également, et San Pedro de la Rúa, du XIIe siècle toujours, avec son magnifique cloître sculpté ; enfin, sur l'autre rive, l'église San Miguel, qui se dresse sur la hauteur, sans oublier deux chapelles dédiées au culte de saint Jacques. Jamais le chemin des étoiles ne leur avait paru mieux illustré qu'à Estella. Dans la Fonda San Andrés, sur la place Santiago, bien sûr, auberge qu'ils

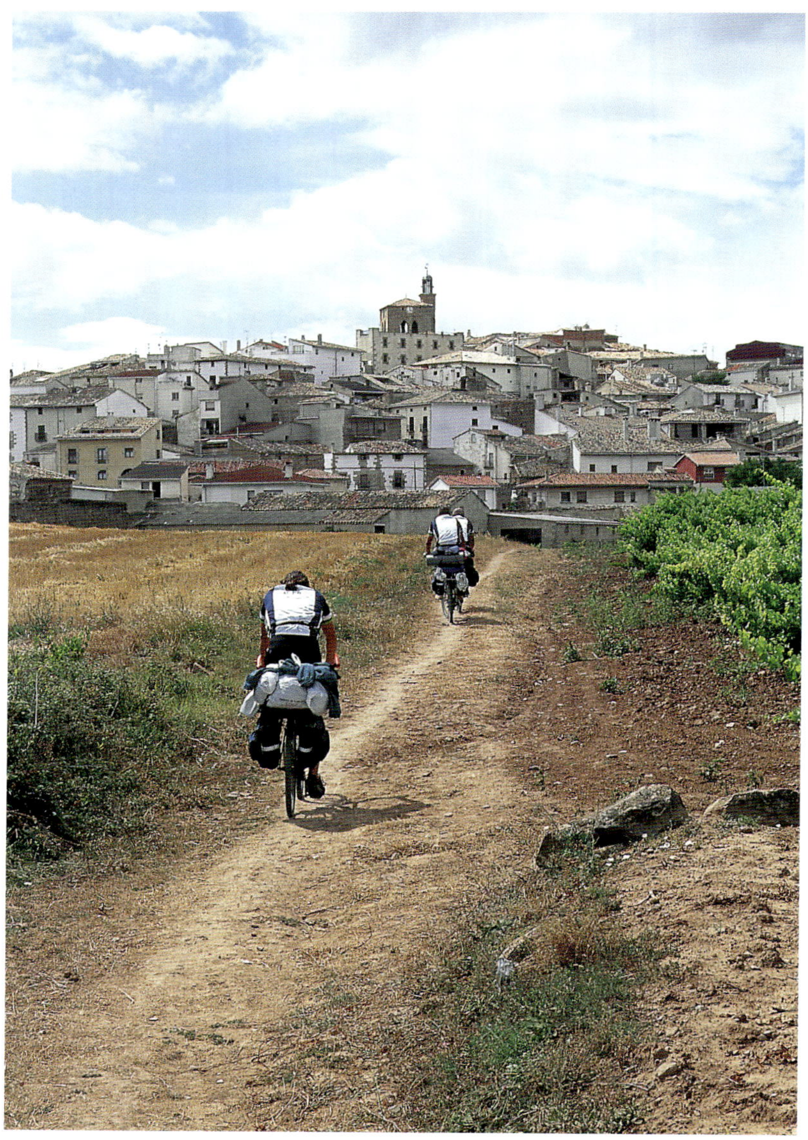

CI-CONTRE : arrivée à Cirauqui, dont le nom en basque signifie « nid de vipères ». Dans les rues médiévales de ce village de Navarre, les maisons présentent des portails ornés de blasons.

PAGE DE DROITE, EN HAUT : le cloître de l'église romane San Pedro de la Rúa, à Estella, en Navarre, merveilleux ensemble sculpté aux colonnes obliques.

PAGE DE DROITE, EN BAS : le portail roman de l'église San Román, à Cirauqui, d'origine médiévale, présente de multiples arcs brisés finement décorés.

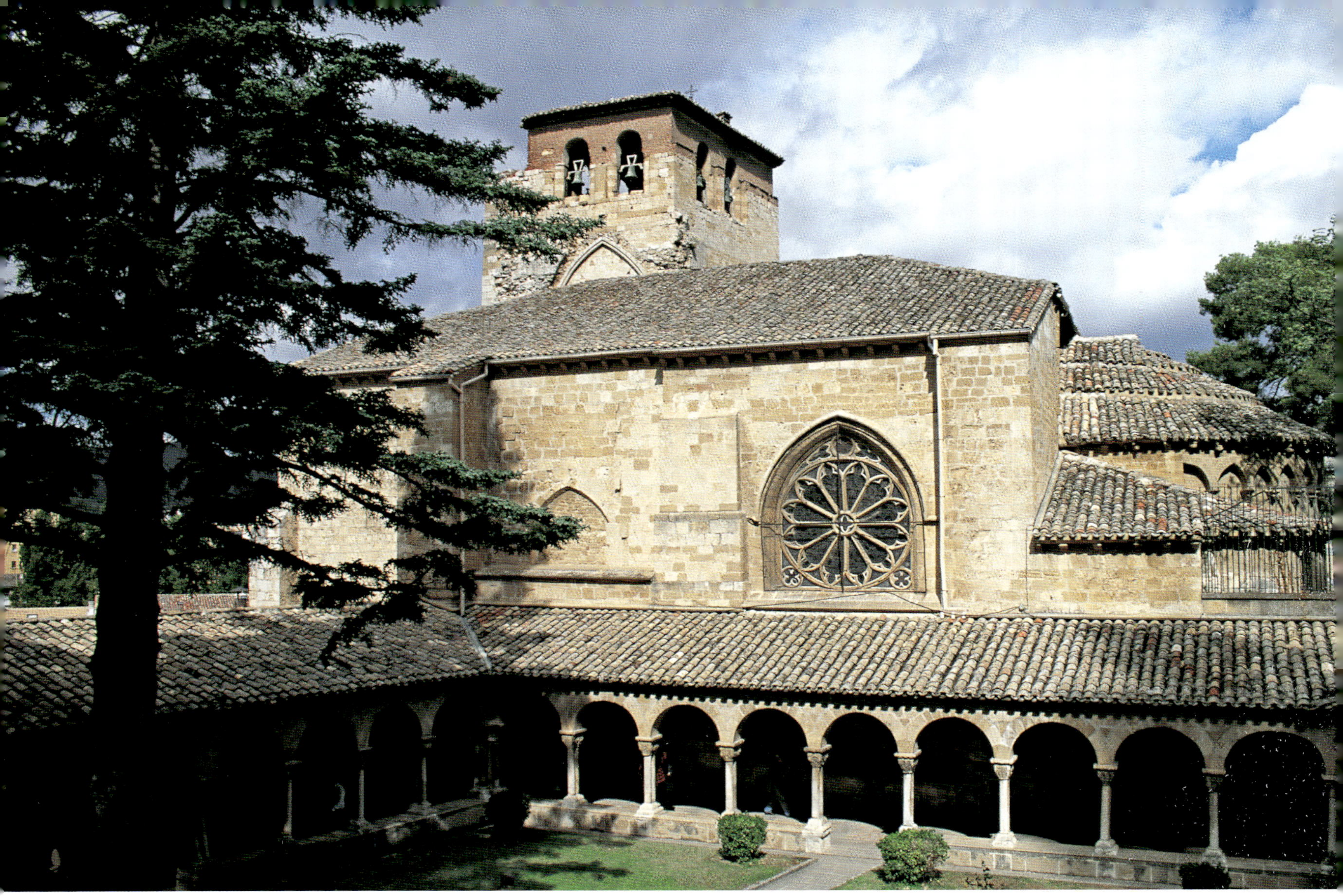

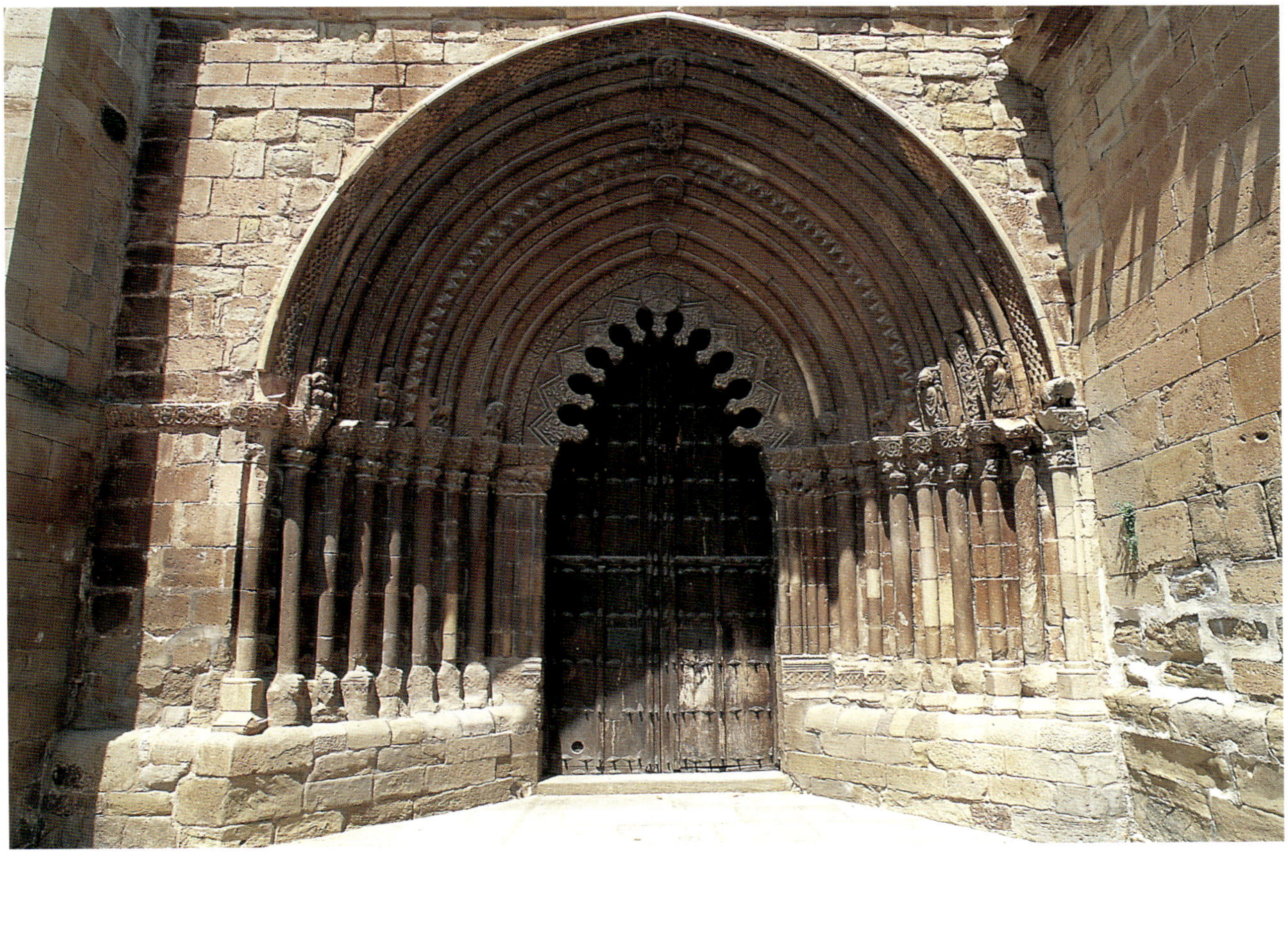

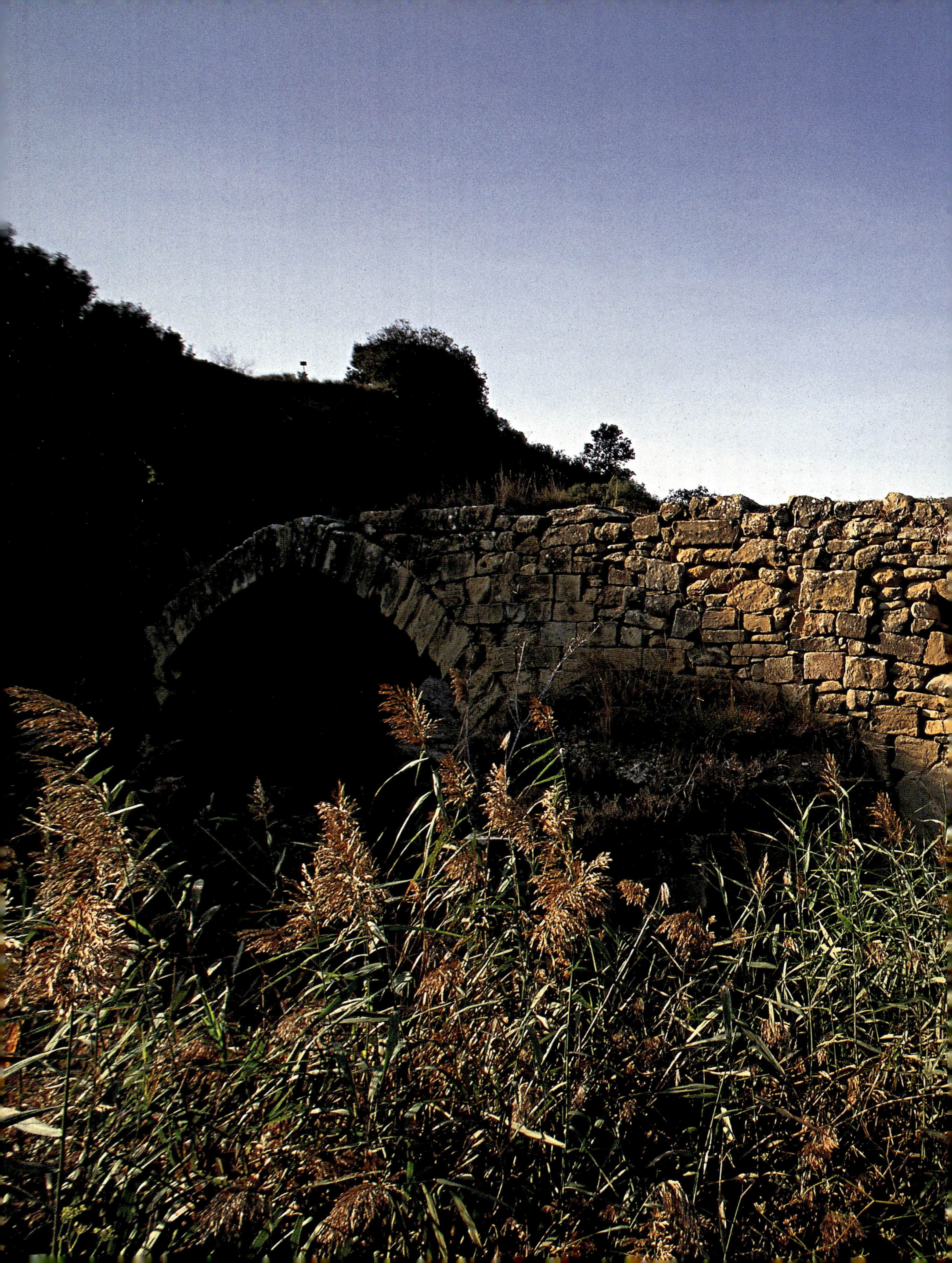

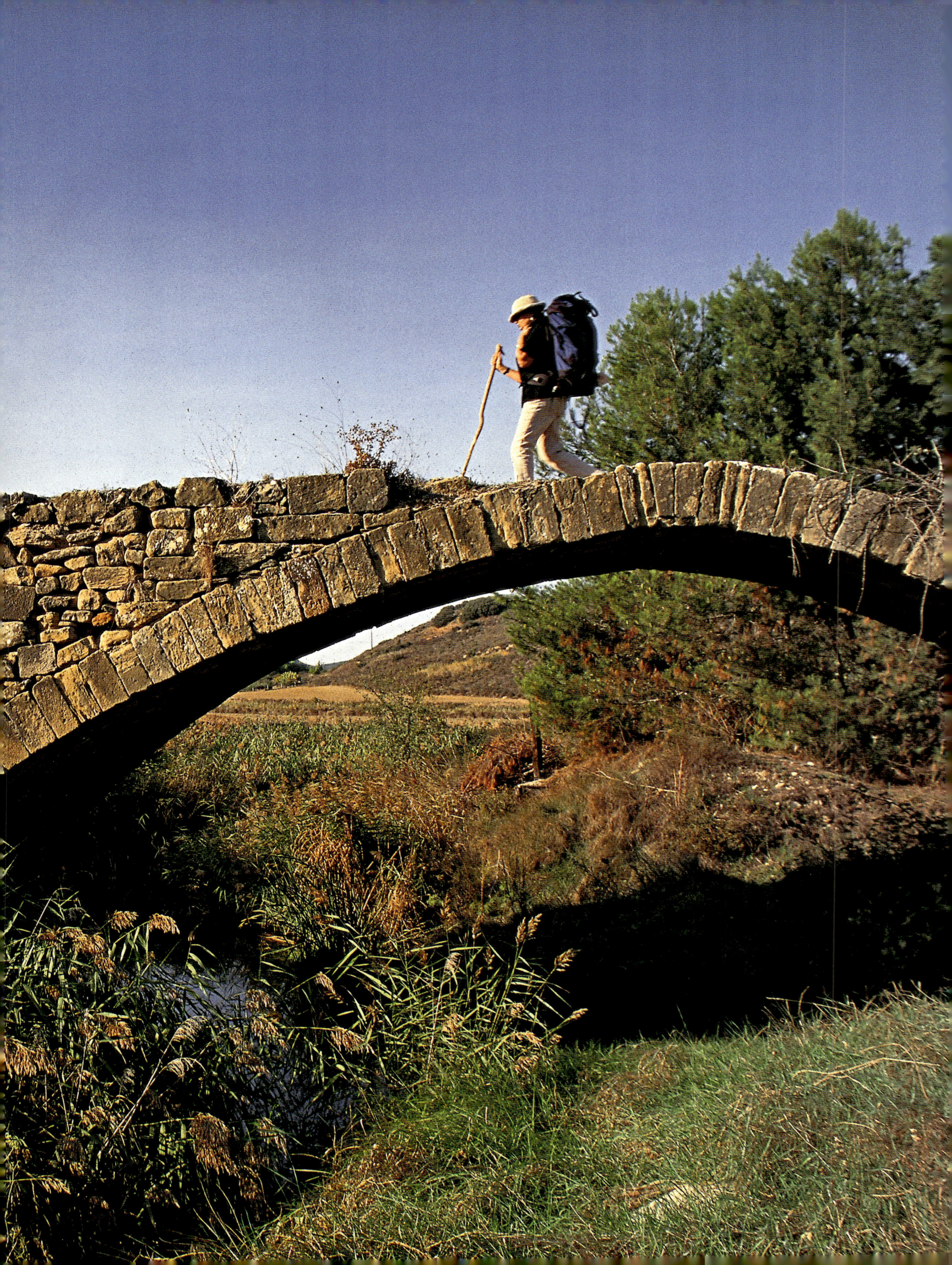

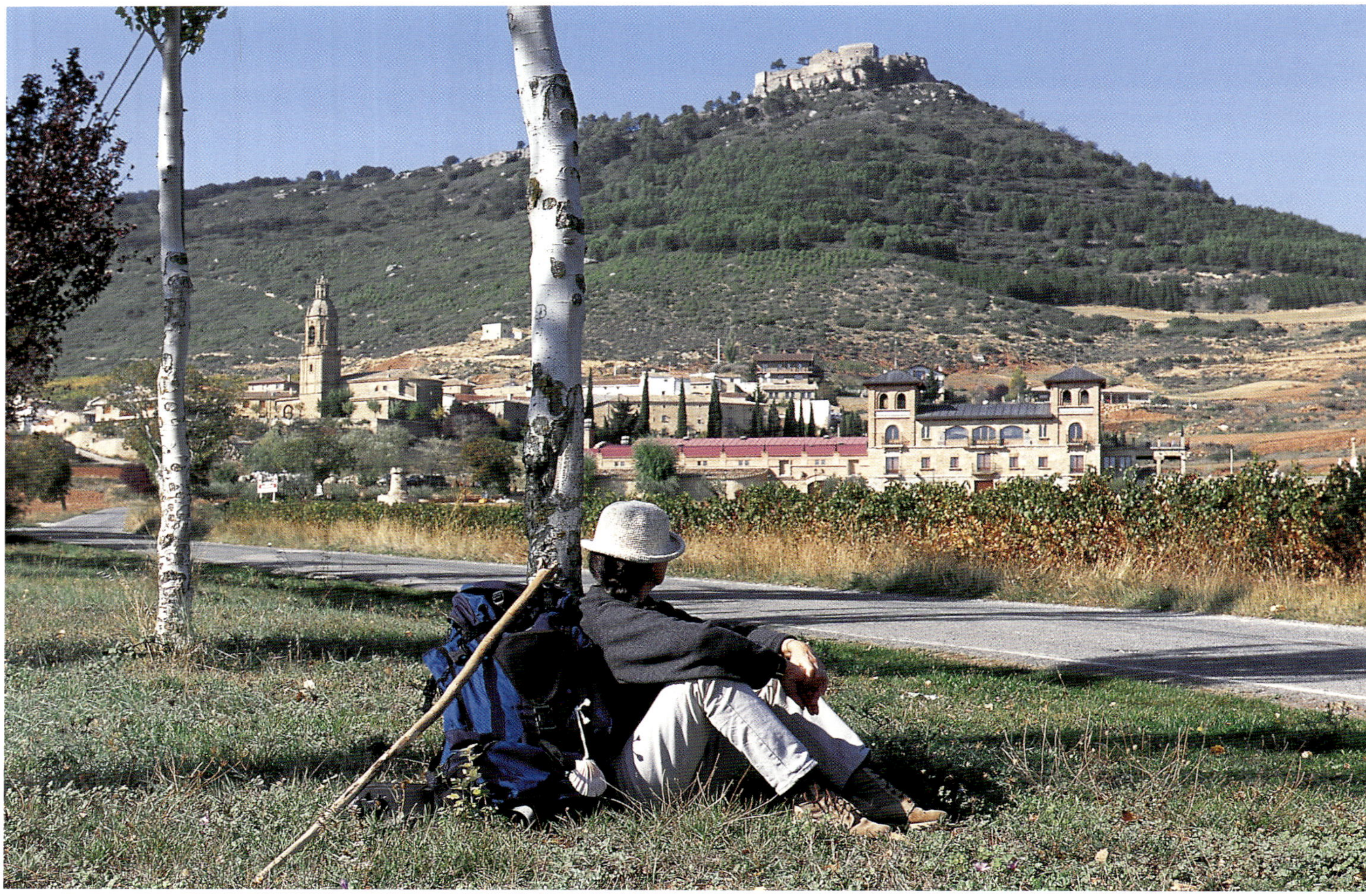

choisirent pour passer la nuit, Marc et Jacques, ce soir-là, se sentirent en parfaite communion avec la foule de tous les jacquets qui les avaient précédés.

Le lendemain, ils hésitèrent. Allaient-ils prendre le chemin le plus court, vers Azqueta, ou faire un crochet pour voir le magnifique monastère d'Irache ?

« C'est tout de même le plus ancien monastère bénédictin de toute la Navarre, plaida Marc, tu te rends compte ? Il est cité dès 958, et en plus, Santa María la Real, c'était un hôpital de pèlerins, en plein sur le chemin. On ne peut guère éviter le détour. »

Jacques se mit à rire.

« Surtout que c'est à Irache qu'il y a la fameuse fontaine à vin, n'est-ce pas ? Ose donc dire, espèce de sybarite, que tu n'y as pas pensé ! »

Marc n'osa pas, et les deux amis sacrifièrent allégrement à la tradition du lieu en remplissant leur gourde à la fontaine du monastère, l'un d'eau fraîche, l'autre de ce vin de la Navarre qui annonçait déjà ceux de la Rioja.

Au fur et à mesure qu'ils avançaient, le chemin leur parlait de plus en plus du pèlerinage. Silhouettes perdues au milieu d'une immensité de champs, sans arbres, sans routes, sans villages, ils écoutaient le seul crissement des gravillons de la piste, écrasés par un soleil immuable, portés par la cadence de leur marche, dont ils sentaient confusément qu'elle était le moteur même de leur effort. Los Arcos et son ancien ermitage San Blas, Torres del Río et sa chapelle romane du Saint-Sépulcre, du XIIe siècle, Viana, aux frontières de la Navarre, ultime localité navarraise sur le chemin jacobite… Les étapes se succédaient, enrichies de superbes édifices, d'émouvants vestiges, d'anecdotes savoureuses. La vie dense du chemin les lavait peu à peu de ces scories du quotidien qui enlève l'homme à lui-même. Ils se surprenaient à être heureux simplement d'aimer la vie, et de la partager avec ceux qu'ils rencontraient.

Ils marchaient à présent depuis plus d'un mois. Partant très tôt pour se reposer à l'ombre fraîche des ruelles pendant les heures chaudes de la journée, ils reprenaient souvent la route sur quelques kilomètres, non sans avoir retenu un gîte par avance. C'est ainsi qu'ils purent atteindre au soir la ville de Logroño, capitale de la Rioja.

Double page précédente : vieux pont sur le *río Pisuergo*, à Cirauqui.

Ci-dessus : après l'effort, le repos salutaire au pied de Villamayor de Monjardin avant de reprendre la route. *E Ultreïa ! E Ultreïa !*

Page de droite : à Estella, le superbe portail de l'église San Miguel, de la fin du XIIe siècle, richement sculpté de scènes bibliques et surmonté de deux hauts reliefs.

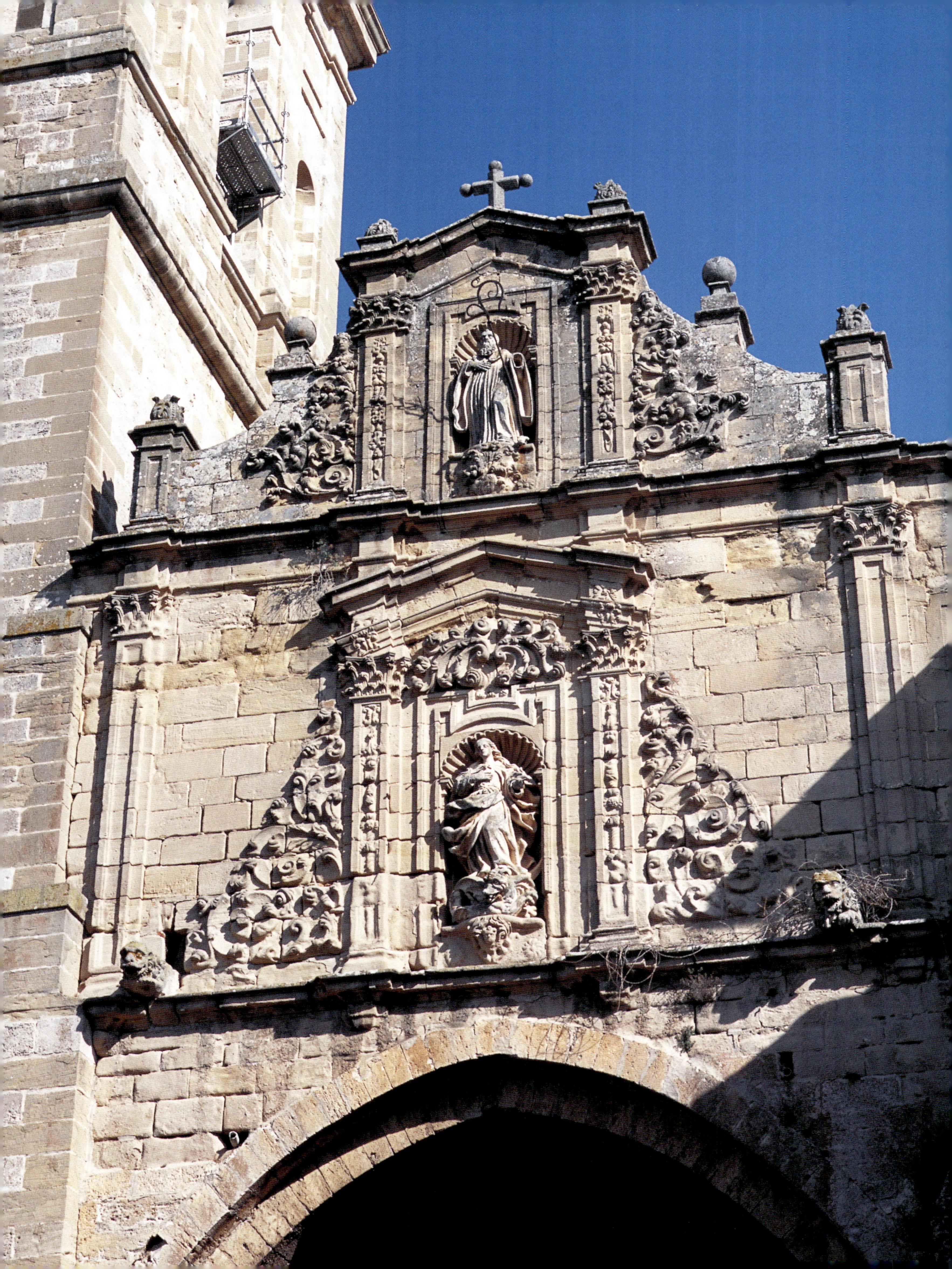

De Logroño à Santo Domingo de la Calzada

50 kilomètres

À Logroño, les deux pèlerins franchirent l'Èbre par un pont de pierre qui, construit au XIXe siècle, en remplace un du XIIe édifié par San Juan de Ortega. Le moindre pavé de l'antique rue Vieja raconte l'histoire jacquaire. Au bout de la rue, dans une énorme niche, sur la façade de l'église de Santiago el Real, saint Jacques le Matamore attendait les pèlerins, le bras armé d'un sabre recourbé, monté sur un cheval dont les sabots foulaient des têtes coupées. Ils visitèrent avant de repartir la cathédrale Santa María la Redonda, l'église San Bartolomé, puis reprirent leur route. Ils savaient que Santo Domingo de la Calzada était une étape importante du pèlerinage, car l'ermite bâtisseur du pont sur la rivière Oja, au XIe siècle, mérite bien une attention toute particulière, lui qui n'avait œuvré que pour soulager les pèlerins qu'il servait lui-même dans son ermitage transformé en refuge. Ils allèrent voir, bien sûr, le *gallinero*, ce poulailler en pleine église de Santo Domingo de la Calzada, où le coq et la poule, vivants, incarnent la légende du pendu dépendu, à la gloire de saint Jacques.

CI-DESSOUS : le chemin de Compostelle, immense, solitaire, sans ombre ni village, vers Santo Domingo de la Calzada, étape très importante du pèlerinage.

PAGE DE DROITE : les pèlerins viennent dans l'église Santo Domingo de la Calzada pour vénérer cette vierge de douleur vêtue de noir et d'or.

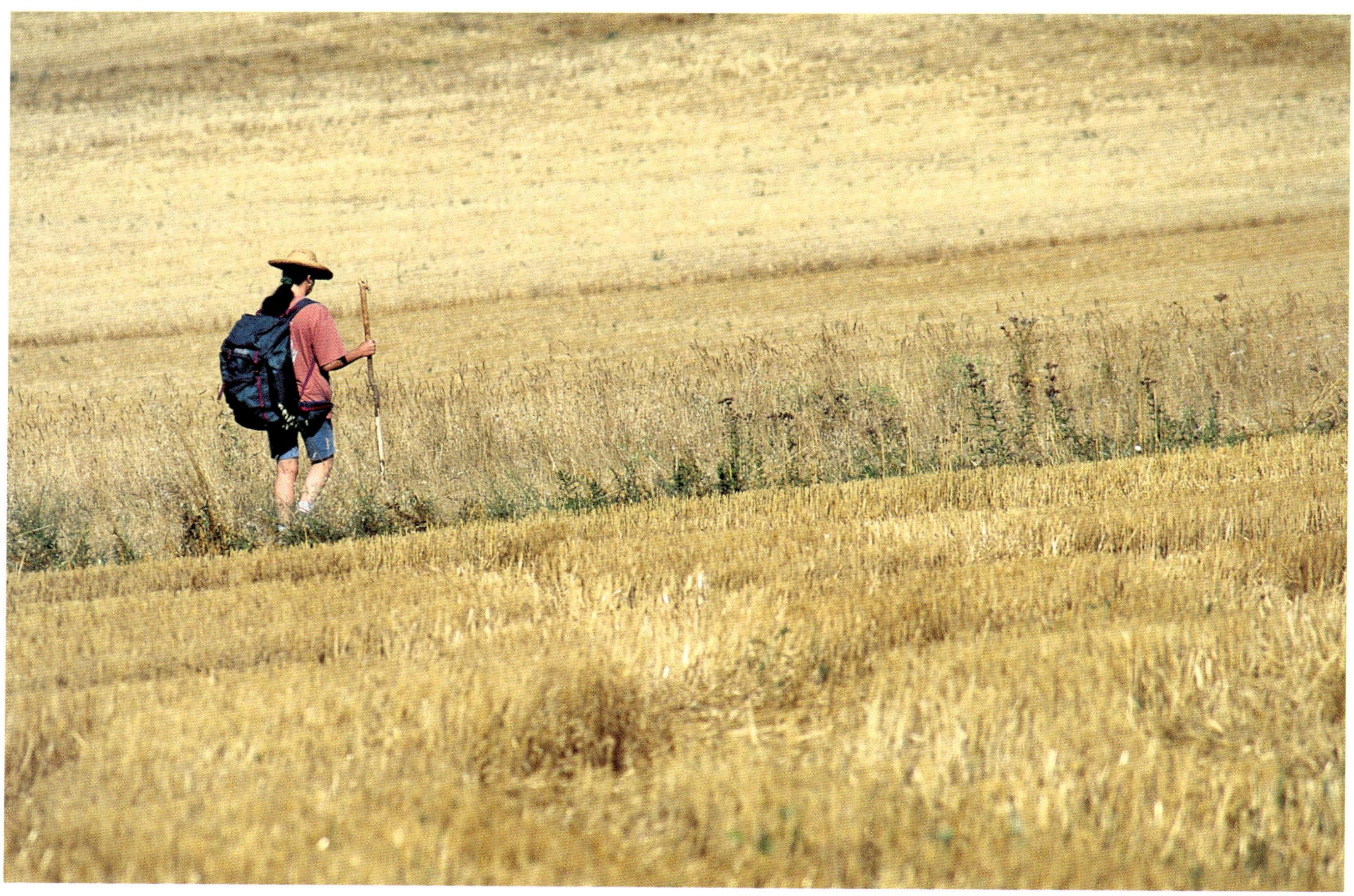

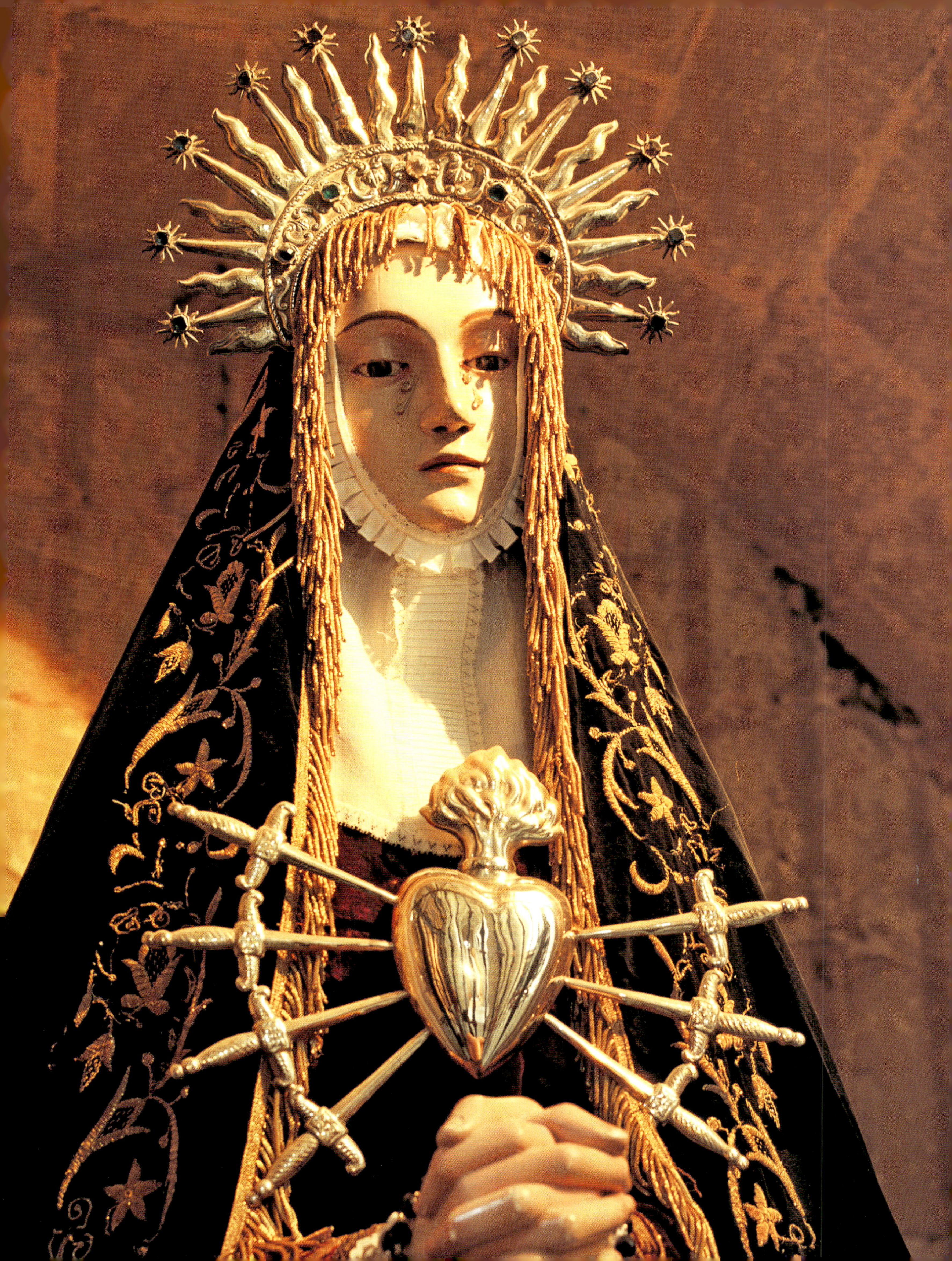

De Santo Domingo de la Calzada à Burgos

78 kilomètres

Le chemin qui les attendait jusqu'à Burgos n'avait rien de facile.

« Une vraie traversée du désert, avait déclaré Marc après avoir consulté longuement sa carte. On quitte Grañón et la Rioja, et c'est la Castille, à Redecilla del camino.

– Et alors ? La Castille, ce n'est quand même pas le Sahara.

– Ça n'est pas le Sahara, mais pas le jardin des Hespérides non plus ! On a intérêt à se ravitailler en eau et en sandwichs, car sur 18 kilomètres, on ne va guère avoir que des coteaux, des vallons, de la pierraille, des champs de céréales à perte de vue, et de temps en temps, hélas ! des pistes le long d'une chaussée qui va nous casser la tête avec le passage des voitures. Ensuite, une fois passé Belorado, mon ami, on ne peut pas dire que ça s'arrange vraiment.

– C'est-à-dire ?

– D'un côté, on lâche la route et son fracas, ça, c'est bien. Mais il n'y a plus que de la forêt et de la lande devant nous. Les monts de Oca commencent à Villafranca. Alors, s'il n'y a plus de loups ni de brigands comme au Moyen Âge, ça monte tout autant, et il faut franchir le col de la Pedraja. Dur ! Dur ! Enfin, il paraît que lorsqu'on y parvient, on est récompensé par la vue qu'on y trouve. Au bout, c'est San Juan de Ortega qui nous attend. »

La récompense était de taille. Le monastère surgissait dans une clairière, au cœur d'une forêt de sapins, comme totalement isolé du reste du monde. Construite dans un site naturel splendide, son église, édifiée d'après les plans de San Juan lui-même, avait conservé ses beaux chapiteaux romans, un transept à fenêtres géminées et un superbe tombeau, joyau de l'art funéraire roman.

Les deux pèlerins en retrouvèrent dix au gîte du fameux monastère, quatre qu'ils connaissaient déjà et six autres récoltés en chemin par les quatre précédents. On fit les présentations, on se raconta les anecdotes du chemin, on rit beaucoup des petits contretemps, la routine du chemin de Saint-Jacques. Avec, en prime, comme le voulait la coutume instaurée par le bon père José María, la célèbre soupe à l'ail partagée sur la table commune dans les cuisines du monastère.

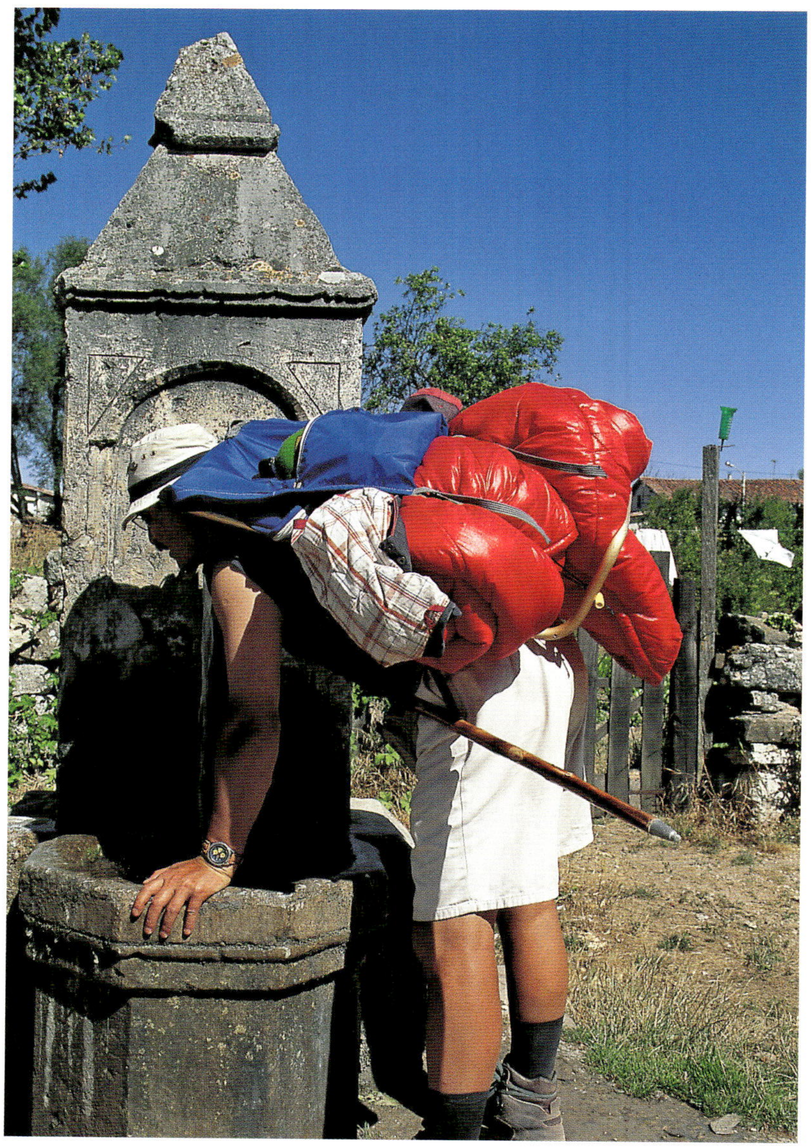

Ci-contre : vieille fontaine à San Juan de Ortega, en Castille, où un pèlerin est en train de se désaltérer. Les fontaines et les sources qui jalonnent le *camino Francés* sont les bienvenues dans cette région chaude et aride.

Page de droite : l'église et le monastère de San Juan de Ortega (Saint-Jean-des-Orties en français) ainsi nommés car le saint cantonnier édifia en 1115 une chapelle en ce lieu envahi par les orties.

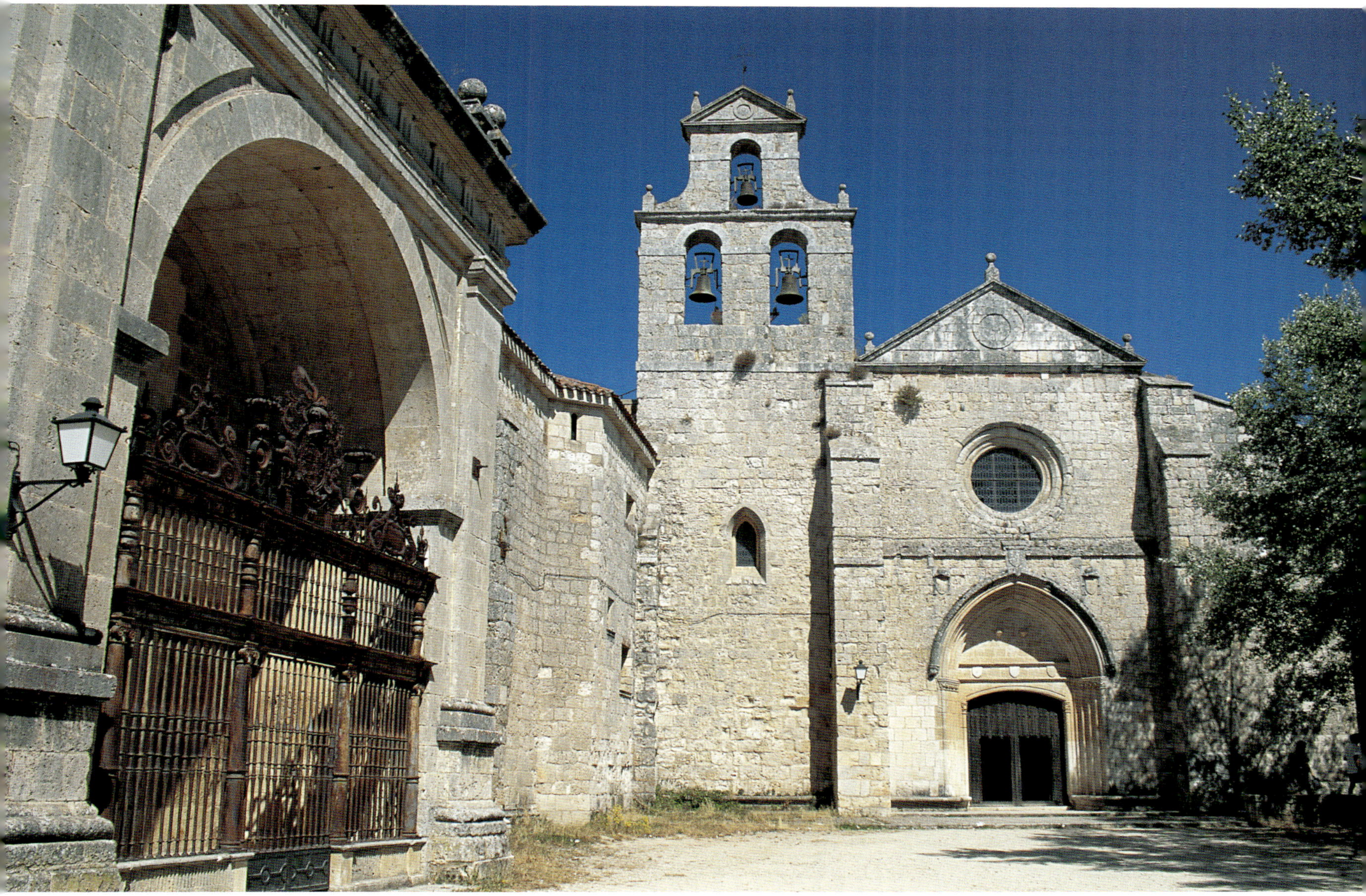

« Ah ! Je ne me suis jamais senti aussi bien, s'exclama Jacques le soir, en s'étirant. »

Et Marc pensa que rien ne ressemblait autant à une action de grâce.

Après ce moment parfait, l'arrivée dans la ville du Cid les déçut. Déjà fatigués par l'étape longue et solitaire qu'ils venaient de faire depuis San Juan de Ortega, dans un paysage de collines pelées, de forêts touffues et de hameaux à demi abandonnés, le fracas et la circulation cacophonique de la plus grande ville du chemin de Saint-Jacques les assommèrent. Aussi, après un laborieux échange de mots élémentaires pour demander leur chemin, furent-ils soulagés de se retrouver à l'écart de l'agglomération, dans le parc ombragé du Parral, au bord de l'Arlanzón, afin de rejoindre le refuge des pèlerins.

Après une bonne nuit réparatrice, Burgos, le lendemain, leur sembla déjà plus accessible. Ils commencèrent par visiter les églises, au hasard des rues de la vieille ville, tout autour de la cathédrale : Sainte-Agueda, San Esteban, Saint-Gilles, et, à l'entrée du vieux chemin, l'église dédiée à saint Lesmes, patron de Burgos. Puis, lentement, ils s'arrêtèrent, les yeux rivés sur le chef-d'œuvre gothique de l'Espagne. Ils avaient

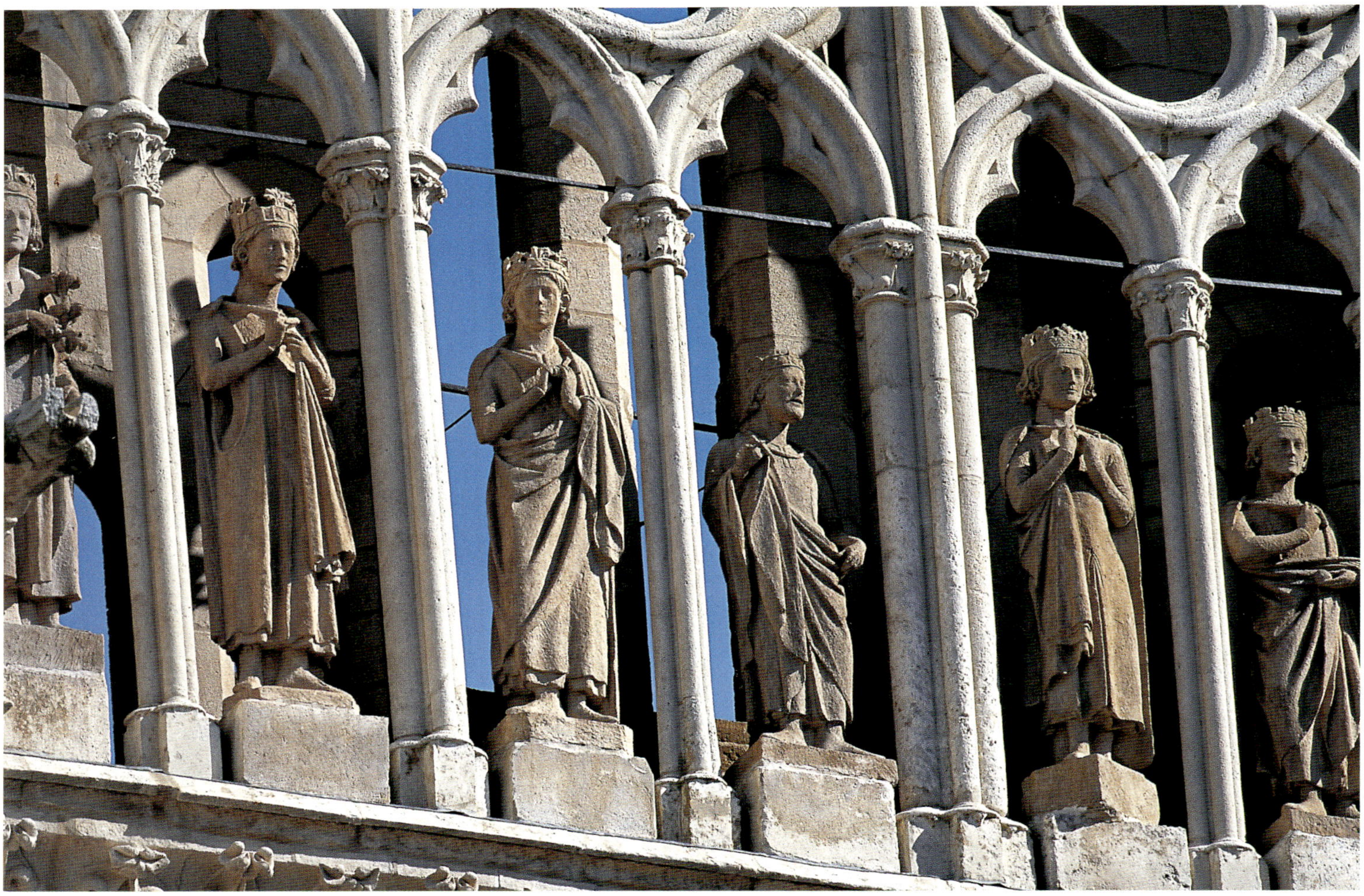

devant eux la cathédrale dédiée à sainte Marie Majeure. Depuis sa première pierre, posée en 1221 par Ferdinand III, le magnifique édifice avait été construit en deux grandes étapes, au XIIIe et au XVe siècle, le cloître datant du XIVe siècle. Dans le ciel bleu de Castille, ses flèches immenses se détachent, couronnant une folle prodigalité de dentelles de pierre, un ensemble à la fois monumental et fin, d'une élégance légère. Des tours s'élancent vers le ciel, comme celles de la chapelle du Connétable. Des portails magnifiques, comme ceux du Sarmental, Coronería ou des Apôtres, s'ouvrent sur la nef, superbement gothique. Marc et Jacques ne savaient où donner du regard. À l'intérieur, le miracle continuait, et toujours, saint Jacques, dans une chapelle, par Juan de Vallejo, saint Jacques pèlerin dans le cloître, saint Jacques le Matamore au cœur d'une stalle. Enfin, sous la lanterne étoilée, conçue à l'origine par Jean de Cologne, le Cid et Chimène reposent dans leurs sépultures. Lorsque Marc et Jacques quittèrent Burgos, ils emportaient l'impression que tous les plus grands artistes, au cours des siècles, s'étaient donné rendez-vous dans la cathédrale Santa María pour y offrir le meilleur de leur talent.

CI-DESSUS : détail de la cathédrale Santa María de Burgos.

PAGE DE DROITE : détail du tombeau destiné à San Juan de Ortega et réalisé par un de ses amis, dans l'église de San Juan de Ortega. Mais lorsque ce dernier mourut, en 1162, il préféra être enseveli dans la terre nue. Ici, l'accueil des pèlerins par le saint.

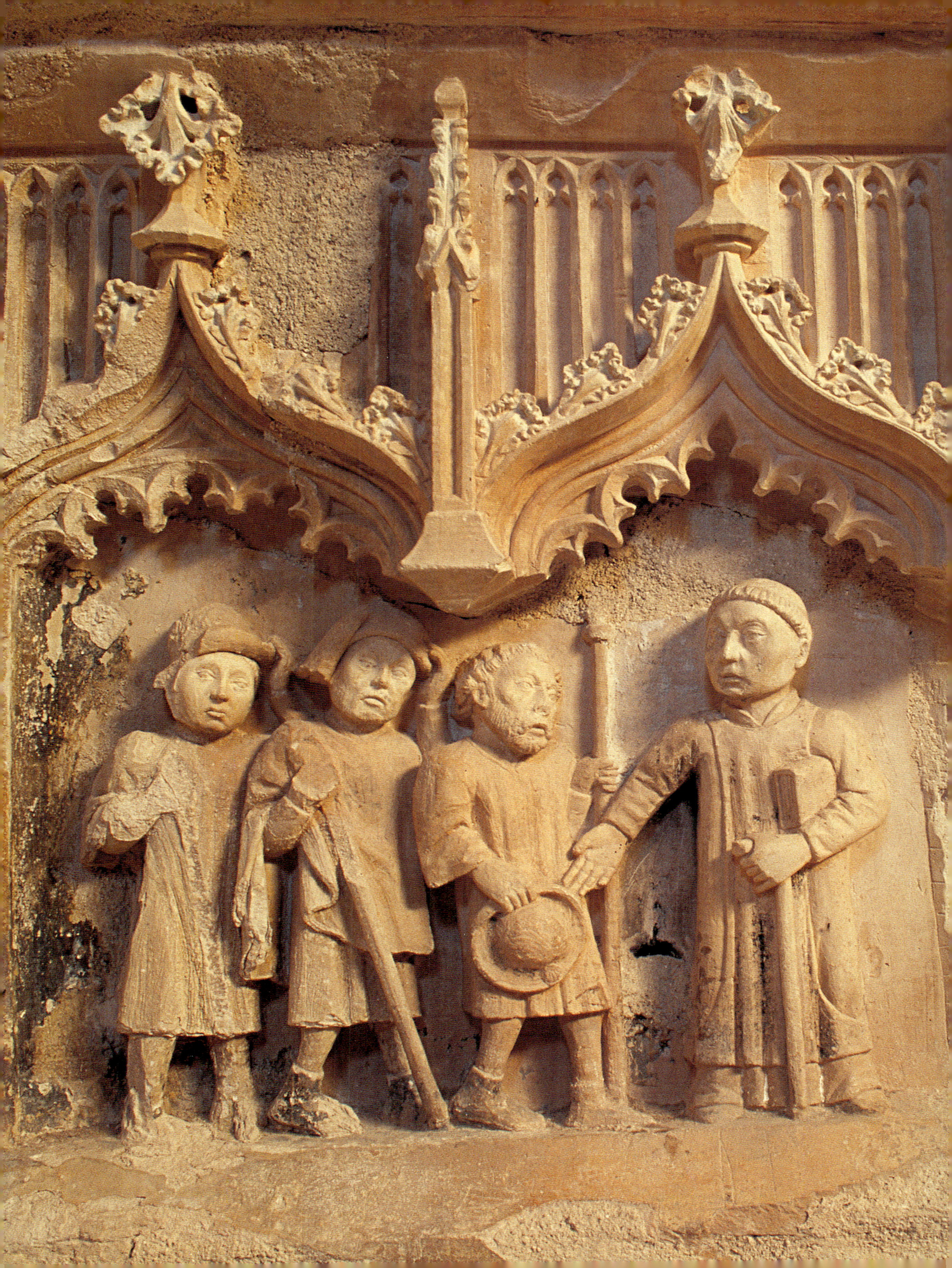

De Burgos à León

183 kilomètres

De Burgos à Frómista

65 kilomètres

Les pèlerins respirèrent mieux dès la sortie de l'univers tentaculaire et bruyant de Burgos, un peu choqués par l'abondance du béton et de l'asphalte qui leur avaient presque fait l'effet d'un sacrilège au regard du chemin sacré de Compostelle. Maintenant, ils avaient devant eux la Meseta Castellana, l'immense plateau interminable, rugueux, âpre, qui se confond au loin avec l'horizon et paraît toucher le ciel. Marc étendit soudain un bras qui balayait tout le paysage.

« Tu as étudié l'espagnol au lycée ?

– Ben, oui, mais comme tu as pu t'en rendre compte, il ne m'en reste pas grand-chose. Tandis que toi, pardon ! tu parles drôlement bien. Mais pourquoi tu me demandes ça ?

– Parce qu'ici, je sens revivre l'âme du grand poète Miguel de Unamuno, qui s'était adressé à la terre de Castille en lui disant qu'elle le soulevait dans la paume rugueuse de sa main jusqu'au ciel qui l'incendiait et la rafraîchissait, jusqu'au ciel, son maître. N'est-ce pas exactement ça que nous avons là sous les yeux ? »

Ils devaient garder cette impression pendant les quelque 200 kilomètres qui les séparaient des monts de León. Vastes plaines céréalières, immobiles sous un soleil de feu, villages aux maisons basses serrées les unes contre les autres autour de leur église, chemin solitaire et monotone, mais où l'esprit sent qu'il a le droit, ici, de penser haut. Ils avaient été rejoints par un couple de jeunes enseignants ; elle, frisée et blonde comme les blés qu'ils traversaient, lui, immense et barbu à l'image des jacquets d'autrefois. Leurs rythmes s'accordèrent un long moment, puis, avec un grand sourire qui s'excusait de leur jeunesse, ils allongèrent leur foulée et disparurent à l'horizon.

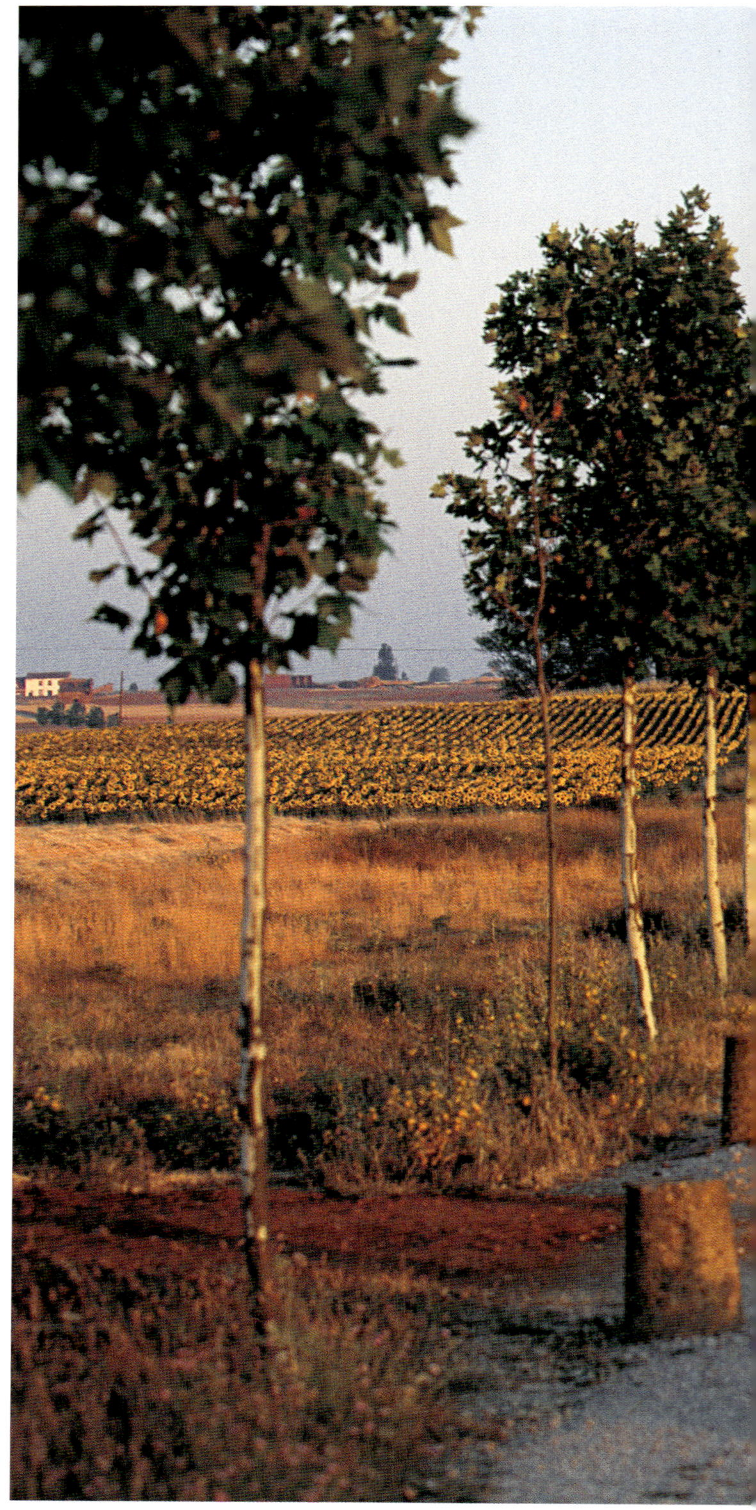

Ci-contre : après Burgos et son agitation, les pèlerins retrouvent le calme des vastes plaines agricoles de Castille. Ici, près de Castrojeriz.

Page de droite, en haut : hors des sentiers GR, le chemin de Compostelle est indiqué par des balises figurant une coquille stylisée, jaune sur fond bleu. Ici, à Castrojeriz.

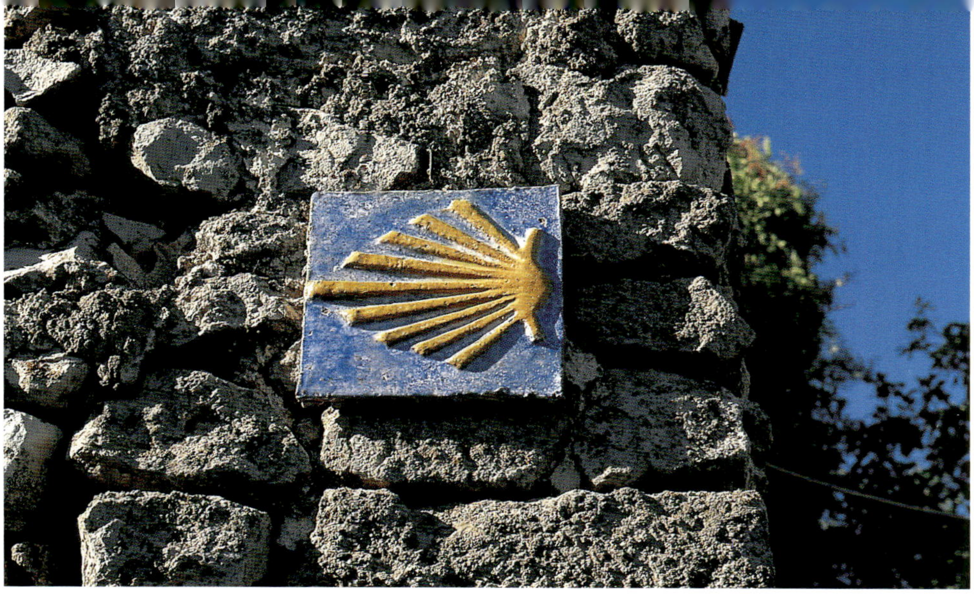

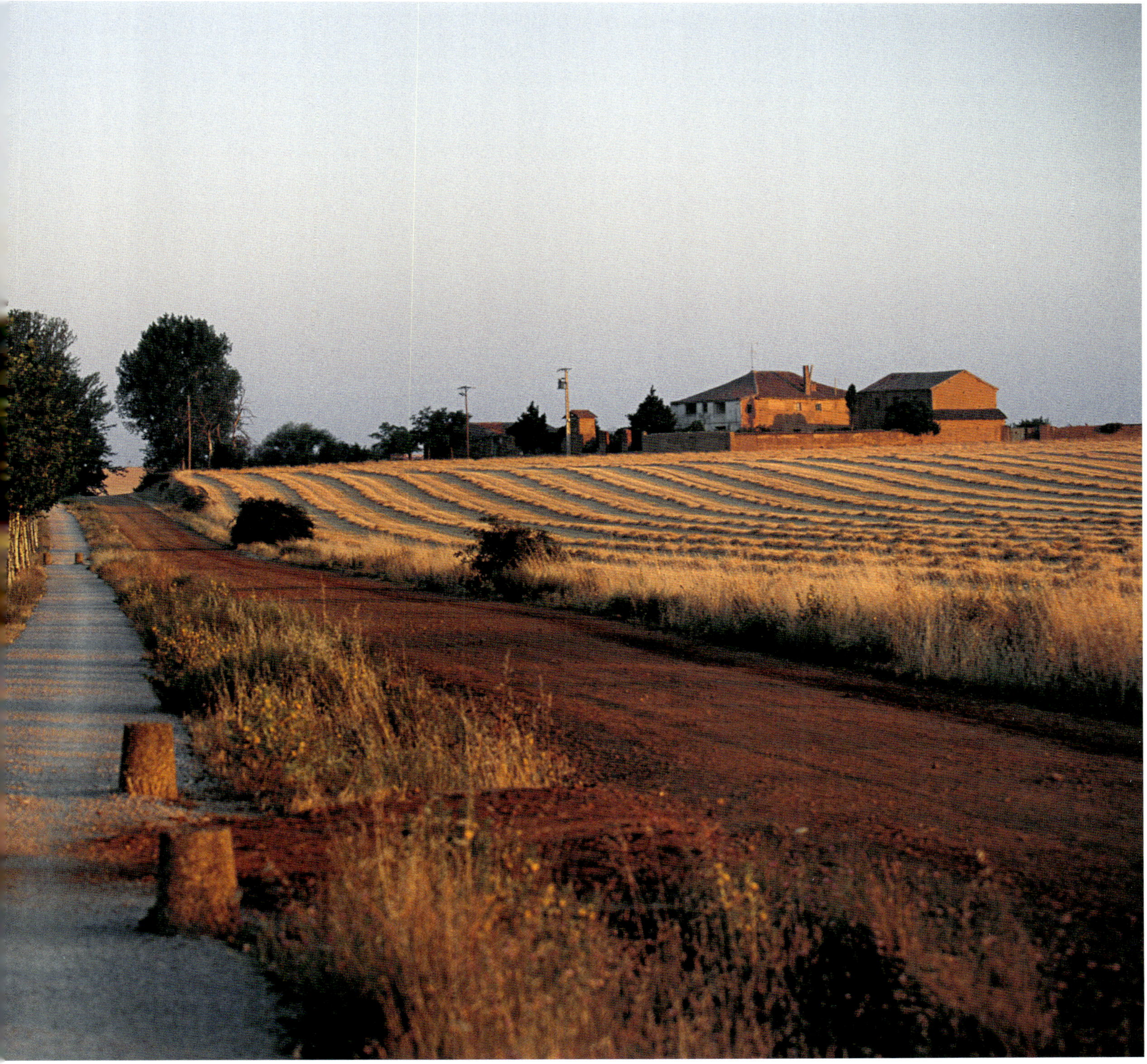

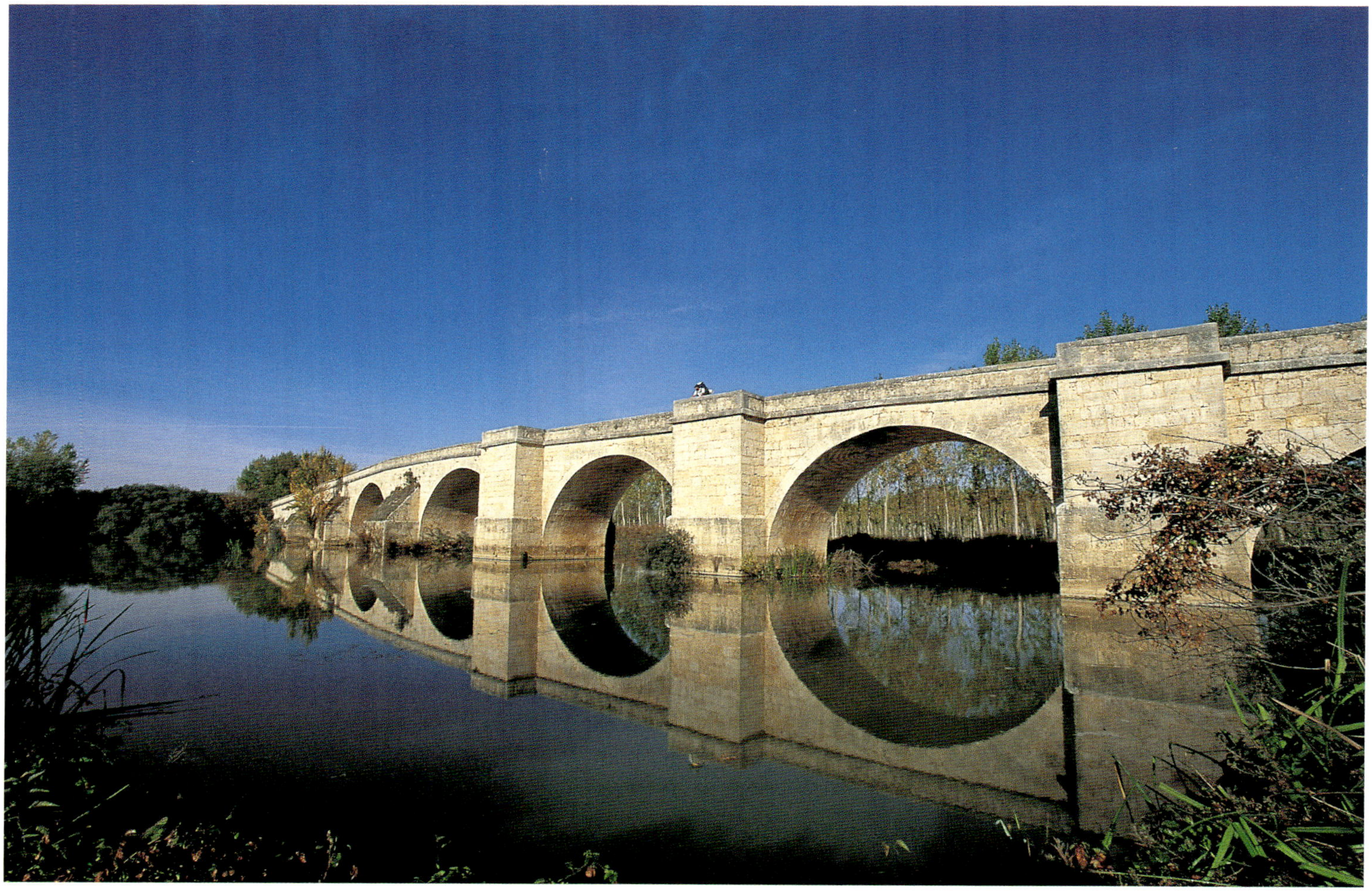

Les 20 kilomètres jusqu'à Hornillos del camino ressemblaient fort à une traversée du désert africain, à cause de la couleur solaire qui descendait du ciel et qui montait des blés, un désert ponctué d'une grande croix à l'entrée du village, d'un portail d'église du XIIIe siècle et d'un beau calvaire du XVIIIe siècle. Puis ce fut Castrojeriz et son château wisigoth, en haut de sa colline, avec, juste avant le village, la collégiale Santa María del Manzano. Long chemin jalonné autrefois d'une foule d'hôpitaux entièrement consacrés aux pèlerins, mais aussi parcouru de légendes, racontées dans la pénombre délicieusement fraîche d'une *bodega*... Entre Castrojeriz et Frómista, les deux amis franchirent le vaste pont à onze arches, le *puente Fitero*, vanté par Aimery Picaud, construit par Alphonse VI au-dessus du fleuve Pisuerga, et ils entrèrent dans la plaine de Tierra de Campos.

Si la rude montée vers Castrojeriz leur avait donné au sommet la récompense d'un air plus frais dû au vent toujours présent sur le plateau de la Meseta, la traversée de la région jusqu'au fleuve Cea les plongea dans la fournaise. La Tierra de Campos, la région des champs, mérite bien son nom. Ils étaient là dans le grenier à blé de l'Espagne, progressant à travers un océan d'épis blonds, région florissante grâce au canal de Castille qui, parallèle au fleuve Pisuerga, lui donne tout ce qu'elle pouvait souhaiter : l'eau, le soleil... et l'énergie nécessaire à la mouture du grain. L'aujourd'hui et l'autrefois cohabitaient dans cette région de Palencia où les vestiges jacquaires sont nombreux : cairns déposés par les pèlerins, croix à l'entrée des villages... et même, peu avant Frómista, dans le petit village de Boadilla del camino, ce curieux *rollo de justicia*, pilori plateresque du XVe siècle, derrière le chevet de la monumentale église Santa María. Et à Frómista, cette écluse qui permet au chemin d'enjamber le canal, non loin de la pure église romane de San Martín, montre bien que les temps modernes côtoient sans états d'âme le Moyen Âge.

CI-DESSUS : le *puente Fitero*, ou *Ponteroso*, franchit le fleuve Pisuerga entre Castrojeriz et Frómista. Ce pont médiéval roman composé de onze arches, dont certaines gothiques, est l'un des plus longs du chemin de Saint-Jacques-de-Compostelle.

PAGE DE DROITE : le portail de l'église romane Santa María la Blanca, à Villalcazar de Sirga. Dans cette église édifiée par les Templiers, les fidèles vénèrent une statue miraculeuse de la Vierge qui aurait guéri des pèlerins que l'apôtre avait laissés repartir de Compostelle sans les avoir secourus.

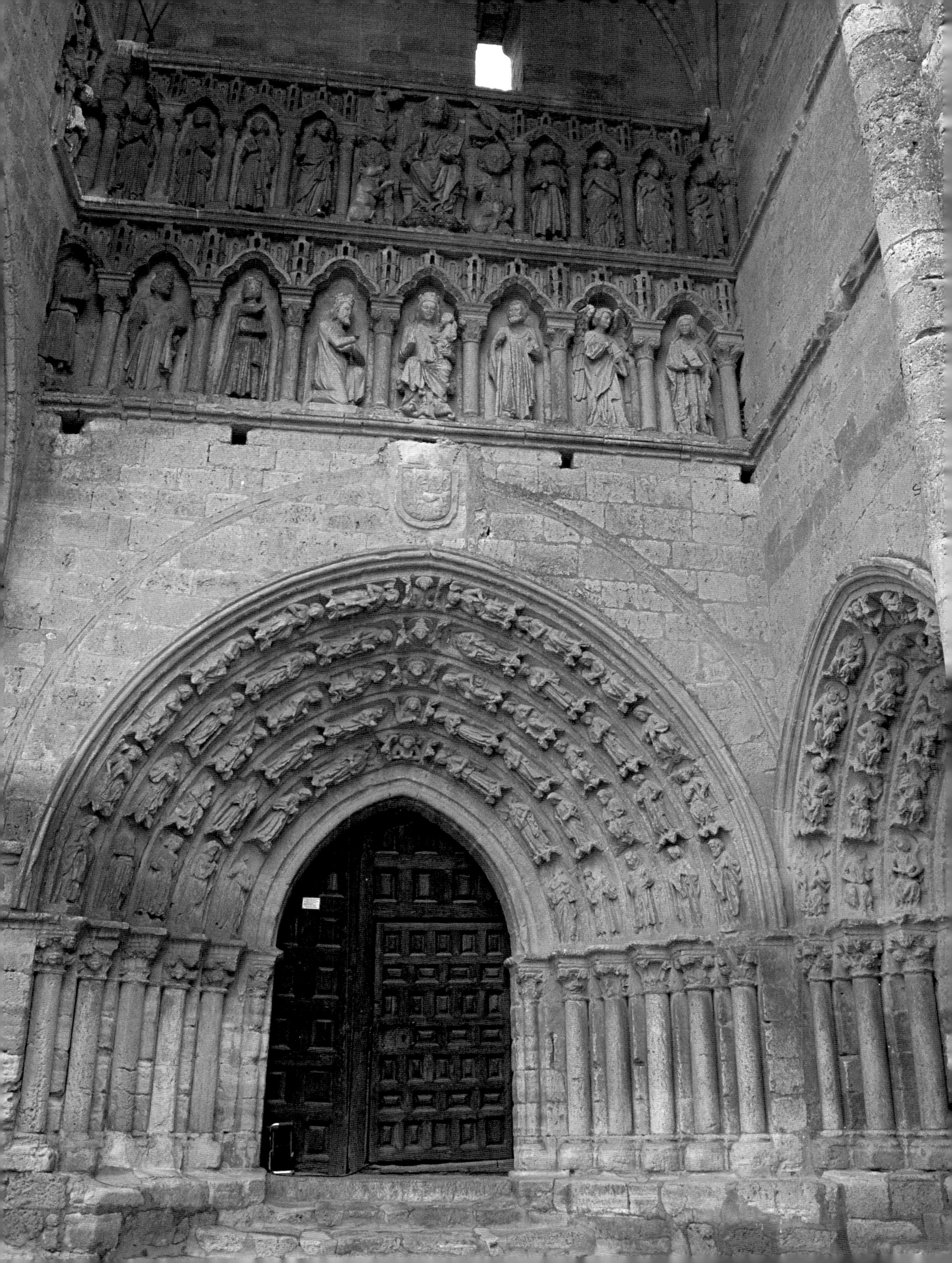

De Frómista à Sahagún

62 kilomètres

Carrión de los Condes, à 20 kilomètres de Frómista, au cœur de la Tierra de Campos, fut une étape très importante sur le chemin de Saint-Jacques. Aussi nos deux amis choisirent-ils d'y faire halte, conscients de tout le poids médiéval qu'elle véhiculait. Le couvent de Santa Clara, datant du XIIIe siècle, où vivaient encore des clarisses cloîtrées, leur offrit la joie d'admirer dans son église une pietà et un Christ du grand Gregorio Hernández. Ils visitèrent aussi l'église romane de Santa María del camino, du XIIe siècle, celle de Santiago, où trône le grand apôtre, bourdon et calebasse dans la main droite, et terminèrent par le sanctuaire de Nuestra Señora de Belén, patronne de la ville. Ils étaient maintenant devenus infatigables et n'hésitèrent pas à emprunter la voie romaine et ses pavés arrondis, de l'autre côté du fleuve Carrión, pour se rendre, comme tout bon pèlerin, au monastère de Las Tiendas, fondé au XIIe siècle. Celui-ci abritait les reliques de San Zoilo rapportées de Cordoue, et dépendait de l'ordre de Saint-Jacques. La soirée était merveilleuse, idéalement douce après la canicule du jour. Marc, assis à une terrasse près de l'église Santiago, reposa son verre d'eau glacée avant de goûter au vin rouge de Valdepeñas, et se pencha vers son ami.

« Imagine un peu, Jacques, est-ce que tu te rends compte que nous avons 1 200 kilomètres dans les jambes depuis Le Puy ? Les trois quarts du chemin sont faits, et le quart qui nous reste promet d'être placé sous le signe de l'apothéose finale. Je n'arrive pas à me figurer que nous approchons du but !

– C'est vrai, murmura Jacques Delarue, j'ai l'impression de vivre hors du temps. Je ne sais même plus quel jour on est. Je crois bien que le chemin m'habite et a effacé tout le reste, et Dieu sait que le reste, ça n'était pas grand-chose.

– En somme, tu ne regrettes pas d'être venu avec moi ? J'ai eu peur un moment de t'avoir un peu forcé la main.

– Tu parles ! Sais-tu quel est mon seul regret ? Que le plus long et le plus dur soient derrière nous précisément. Qu'est-ce qu'on va faire après ? »

Marc éclata de rire.

« Pas de panique ! Après ? Il nous restera encore Rome et Jérusalem. Ne t'inquiète pas ! »

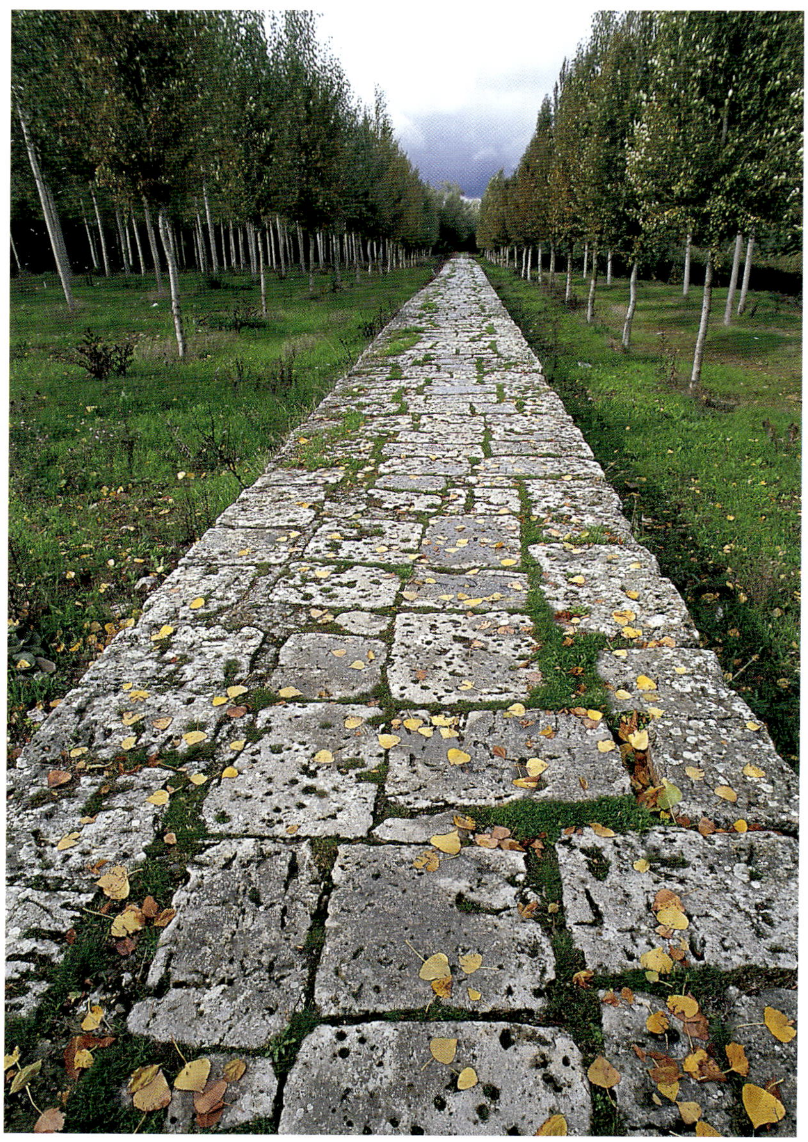

CI-CONTRE : le *camino Francés* pavé, à l'ombre des peupliers, après Carrión de los Condes.

PAGE DE DROITE : tympan de l'église Santiago, à Carrión de los Condes. Sur la frise sculptée au-dessus du portail qui a heureusement échappé à l'incendie de l'église en 1809, lors de la guerre d'indépendance, des personnages se livrent à des activités intellectuelles ou manuelles, de chaque côté d'un admirable Christ pantocrator.

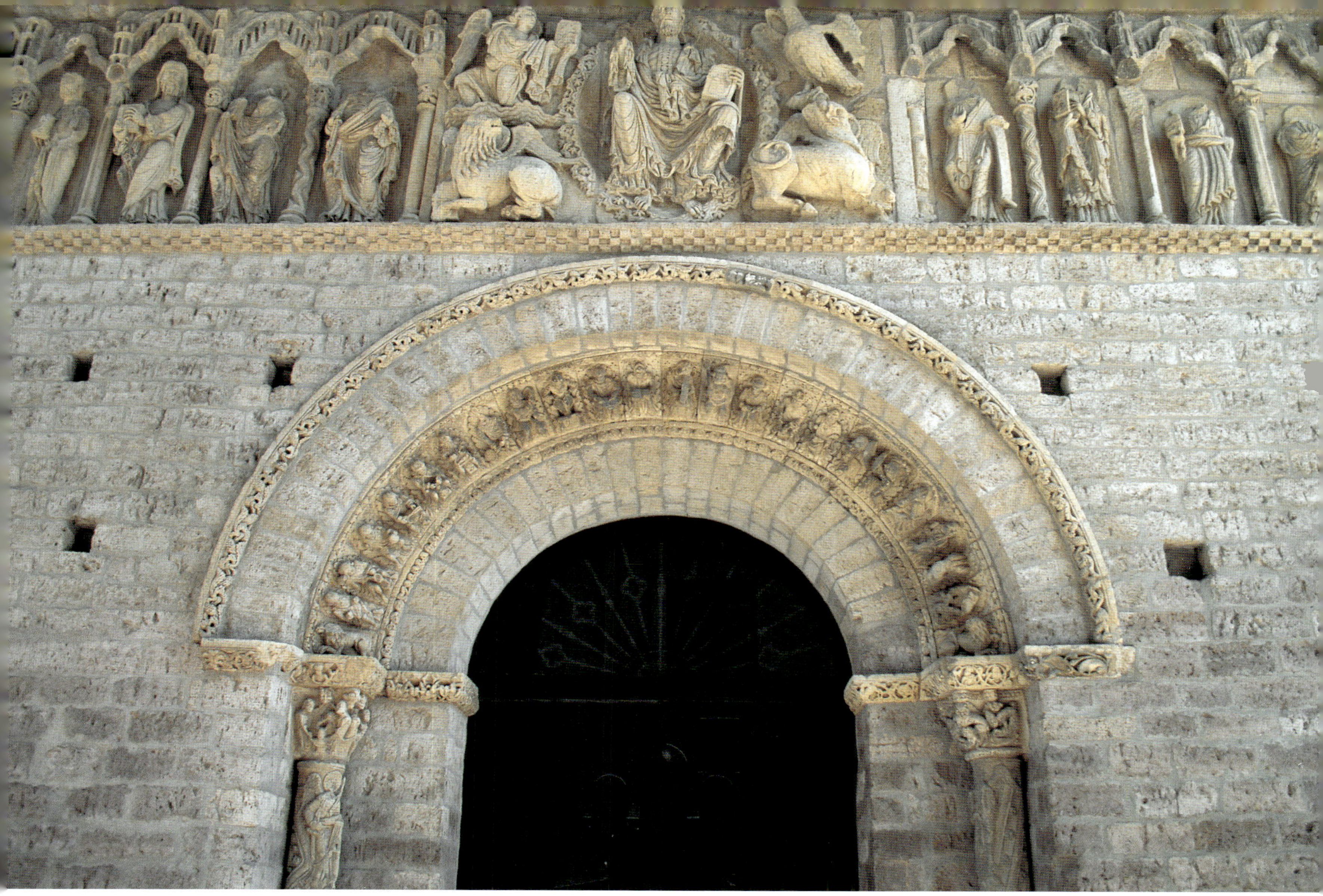

Lorsqu'ils reprirent la route le lendemain, leur sac à dos pesait plus lourd, car ils savaient que jusqu'à Calzadilla de la Cueza, il ne fallait compter sur rien pour se ravitailler. Aucun point d'eau, aucune épicerie, aucun hameau, rien que de la terre ocre, où la *calzada de los Peregrinos* (chaussée des pèlerins) traçait une ligne droite qui donnait l'impression de grésiller sous le soleil. C'est le *páramo*, immense plaine désertique, dont les pèlerins redoutaient jadis la traversée âpre et solitaire, capable d'engendrer tous les dangers. Marc et Jacques n'étaient pas loin d'éprouver la même inquiétude à se voir totalement isolés dans ce pays de la soif, et leur soulagement fut grand de découvrir soudainement, dans un creux, le hameau de Calzadilla de la Cueza.

Ils réparèrent vraiment leurs forces à Sahagún, bien décidés cette fois à faire une halte dans un *mesón*, et non un gîte, pour avoir l'opportunité de faire lessive, sieste et bon repas. Dans la petite auberge où ils passèrent un bon moment de détente, ils mirent à jour aussi les notes qu'ils prenaient tout au long du chemin. Enfin, ils sortirent prendre le pouls de la ville. Une ville dont même l'air qu'on respire parle de Cluny. Cet ordre qui fut à l'origine de la diffusion du chemin de saint Jacques en Europe fit de Sahagún, à partir du XIe siècle, l'une des villes les plus importantes du pèlerinage. On retrouve en ces lieux la trace du rayonnement de ces temps glorieux du règne d'Alphonse VI, qui avait établi là sa cour royale. Les deux amis découvrirent avec ravissement, à travers les églises de la ville, le merveilleux art mudéjar, cet art pratiqué par les musulmans restés sur les terres reprises par les chrétiens lors de la Reconquista : arcatures aveugles des murs, outrepassées dans l'église de San Lorenzo bâtie au XIIIe siècle dans ce qui était autrefois la *Morería*, le quartier maure. Arcatures en plein cintre dans l'église de San Tirso, datant du XIIe siècle, avec ses trois somptueuses absides de brique. Jacques et Marc étaient subjugués devant cet exemple parfait de l'art roman-mudéjar. Ils arrivèrent juste à temps pour visiter le musée d'Art religieux, au couvent des Bénédictines, où un petit saint Jacques pèlerin semble tenir compagnie à une statue de la Vierge, du XVIIe siècle, en costume de pèlerin elle aussi, autrefois dans l'église de la Peregrina.

De Sahagún à León

56 kilomètres

Le lendemain, les deux pèlerins se félicitèrent d'avoir pris leurs aises et du repos dans la ville de Sahagún, car l'étape qui les attendait n'était guère plus facile que la précédente. Optant pour la *calzada de los Peregrinos*, ancienne voie romaine bien balisée, encore qu'un peu plus longue que le *camino Francés* mais beaucoup moins bruyante, ils ne tardèrent pas à s'enfoncer dans l'horizon sans limites du *páramo*, dont ils avaient à présent l'habitude mais dont ils redoutaient toujours les mauvaises surprises. Un vent léger leur desséchait les lèvres et faisait naître au loin des mirages de poussière fine qui tremblaient dans l'air chauffé à blanc. Rassurés par leurs gourdes d'eau remplies à ras bord, ils avançaient d'un pas mécanique et lent, ruisselants de sueur sous leur chapeau de toile, sans rencontrer âme qui vive. Jamais expression ne leur avait semblé plus juste : le long de la *calzada de los Peregrinos*, seules les âmes des anciens jacquets les accompagnèrent. Et cela pendant deux jours !

CI-DESSOUS : une coquille de bronze fichée dans le sol à León rappelle la présence du pèlerinage et de saint Jacques dans ces grandes villes étapes.

À DROITE : la cathédrale Santa María, à León. Ce véritable vaisseau de lumière fut construit aux XIIIe et XIVe siècles, selon les règles du style gothique français.

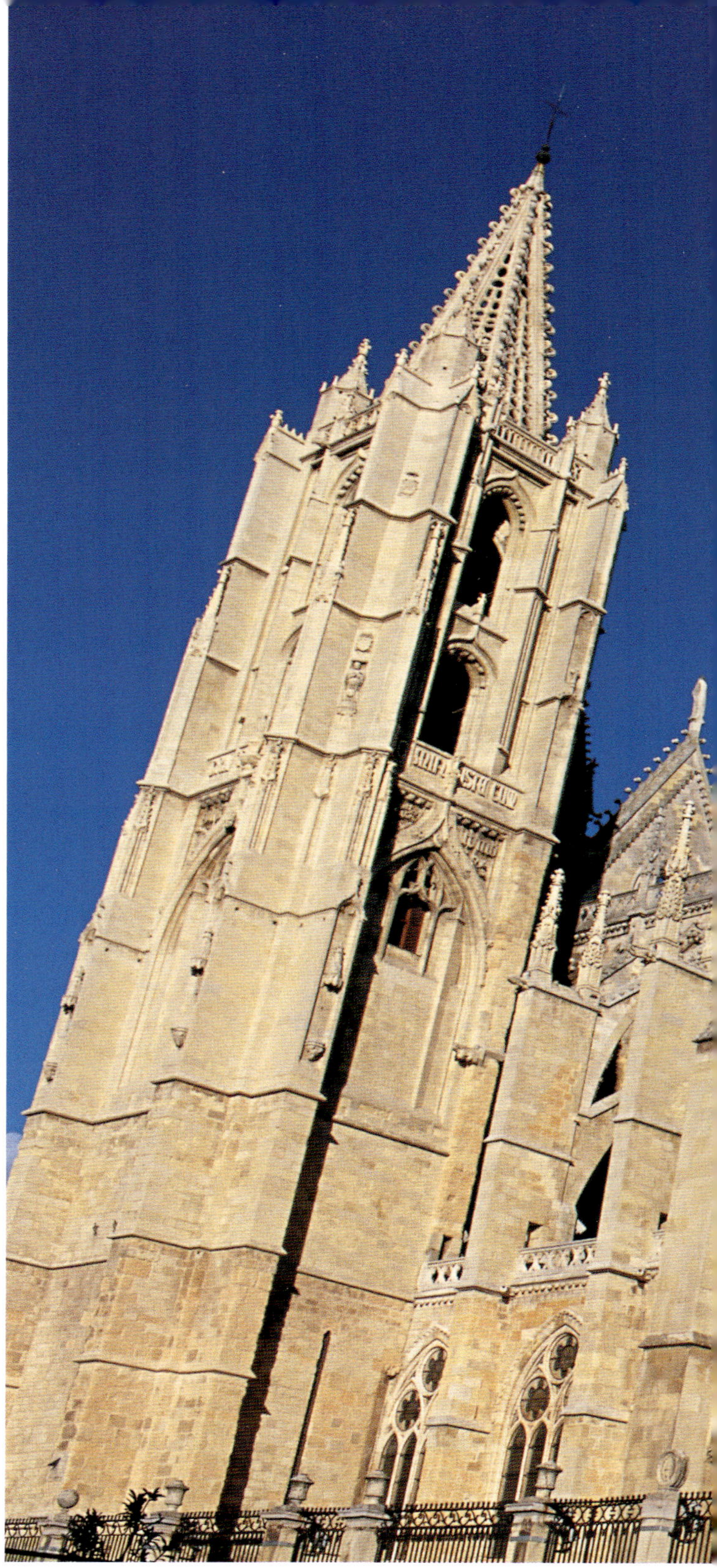

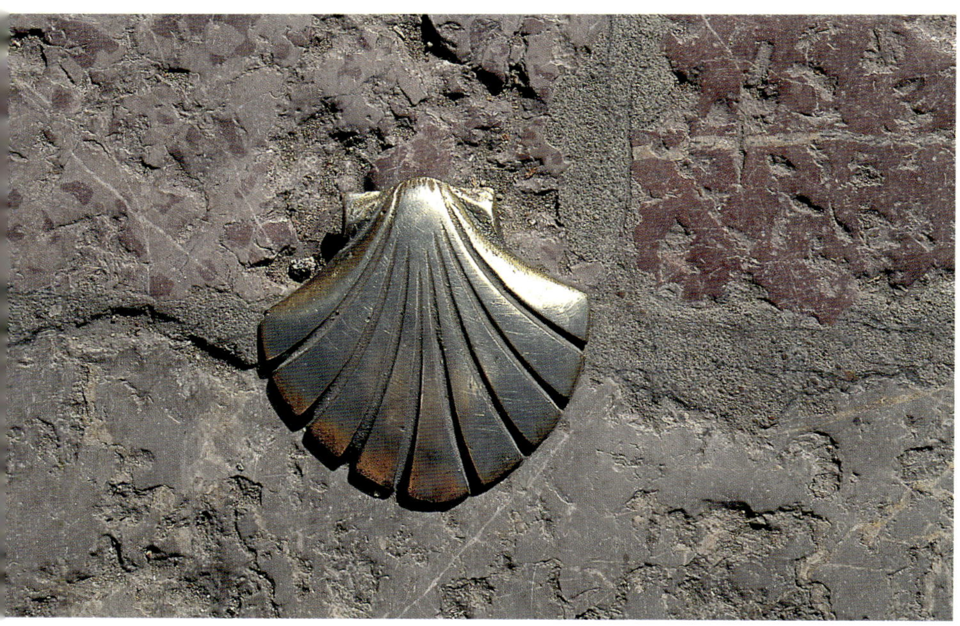

Après une nuit passée au gîte de Mansilla de las Mulas, où ils s'écroulèrent, totalement épuisés par une marche de 37 kilomètres, ils arrivèrent à la ville de León. Là, dès le passage des remparts, ils eurent l'impression de retrouver les temps modernes.
Grande cité antique, la ville de León est à elle seule tout un livre d'histoire. D'abord camp romain de la *Legio VII Gemina* (7e légion *Gemina*), elle fut le théâtre de maints assauts sarrasins jusqu'à rester entre les mains d'Alphonse VII, qui lui donna l'essor d'une ville impériale. Roman, gothique, plateresque, tous les arts s'y côtoyaient.

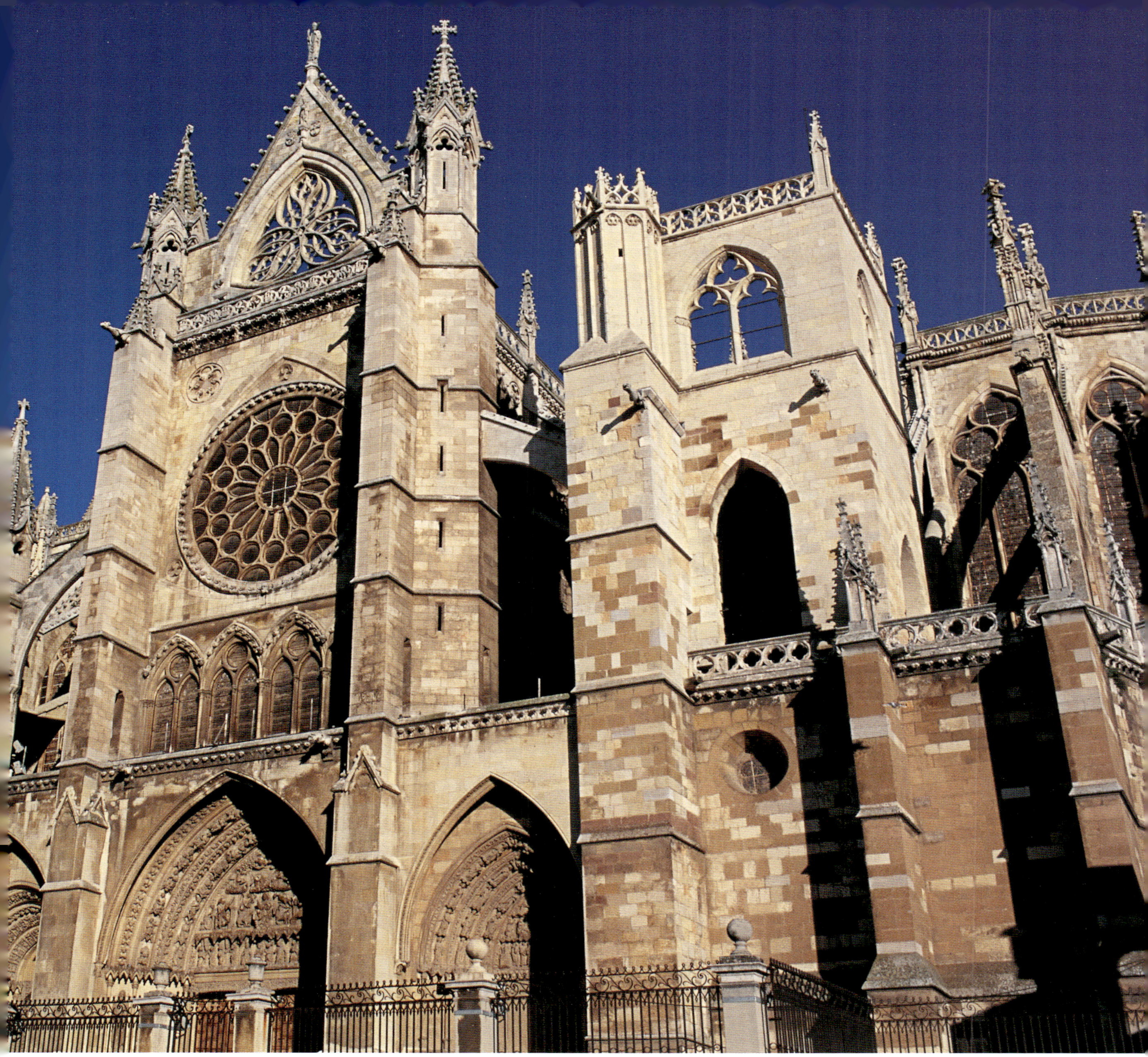

Parmi les églises romanes, ils virent celle de Santa Ana, autrefois celle du Saint-Sépulcre, puis celle de Santa María del Mercado, datant du XIIe siècle. Ils prirent ensuite la rue du Cid et atteignirent la collégiale San Isidoro, véritable joyau du genre, où reposaient vingt-trois tombes royales et où des fresques du XIIe siècle lui avaient valu le titre de chapelle Sixtine du roman espagnol. L'art gothique leur réservait sa réalisation la plus accomplie dans la cathédrale Santa María de la Regla, construite aux XIIIe et XIVe siècles. C'est une gerbe de lumière qui jaillit de ses 1 200 mètres carrés de vitraux et tout y parle de saint Jacques : derrière le maître-autel, le centre du retable représente sa translation, et sur le côté du trumeau du portail, sa statue se dresse parmi celles des autres apôtres. À côté, son cloître, remanié au XVIe siècle, présente des trésors inestimables. Jacques et Marc terminèrent leur visite par l'*hostal* de San Marcos, un hôtel dont la façade était ornée d'une statue de saint Jacques le Matamore, sous plusieurs rangées de coquilles. Mais nos pèlerins se contentèrent de passer devant, n'étant pas assez « présentables » pour entrer dans le bel édifice devenu *parador* (hôtel de luxe) pour touristes aisés.

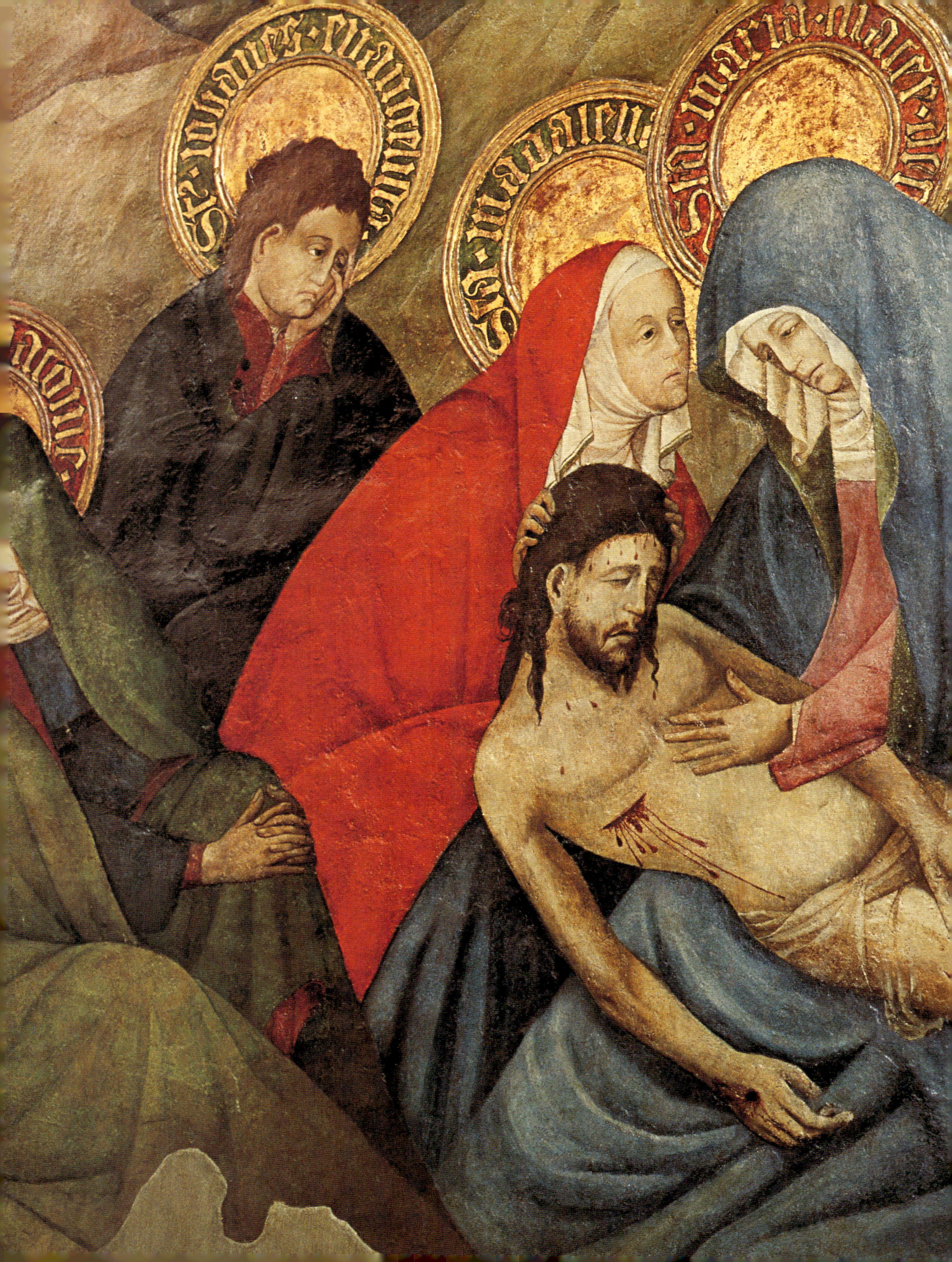

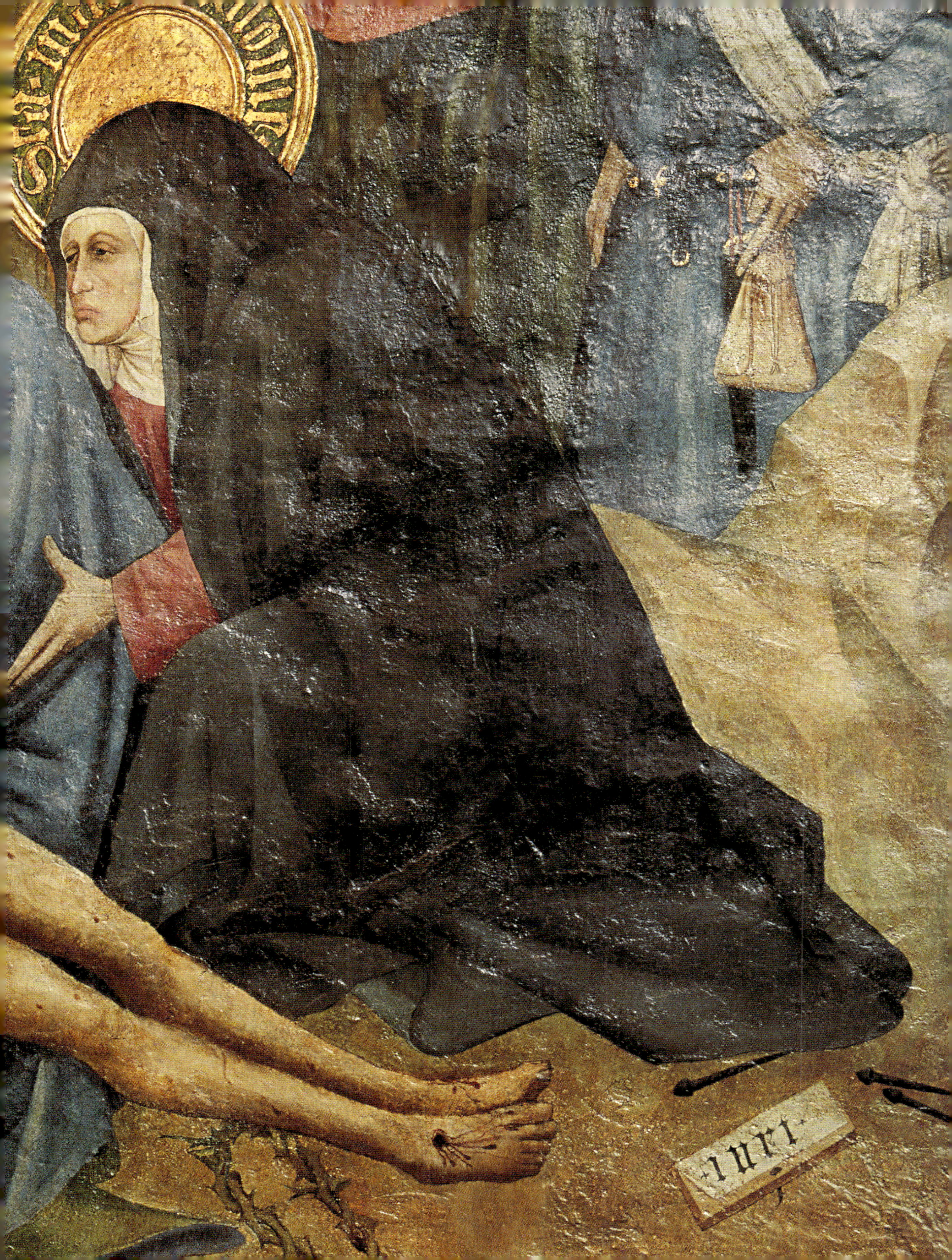
inri

De León à O Cebreiro

160 kilomètres

De León à Astorga

52 kilomètres

La dernière grande étape avant d'aborder la Galice commença pour nos deux amis par un arrêt au petit ermitage dédié à saint Jacques, dans le village de Trobajo del camino. On leur avait parlé d'une effigie de saint Jacques le Matamore du XVIIIe siècle, et ils en profitèrent pour admirer la magnifique vue sur León à la sortie du village. Trois autres pèlerins s'étaient joints à eux, et Jacques à présent s'étonnait de ce plaisir qu'il ressentait à cheminer en groupe, lui qui auparavant fuyait la compagnie. Lors de leurs haltes, c'était Marc qui maintenant revendiquait plus volontiers un instant de solitude, tandis que son ami s'éternisait le soir à la table d'hôtes, auprès des nouveaux arrivés. Comme si,

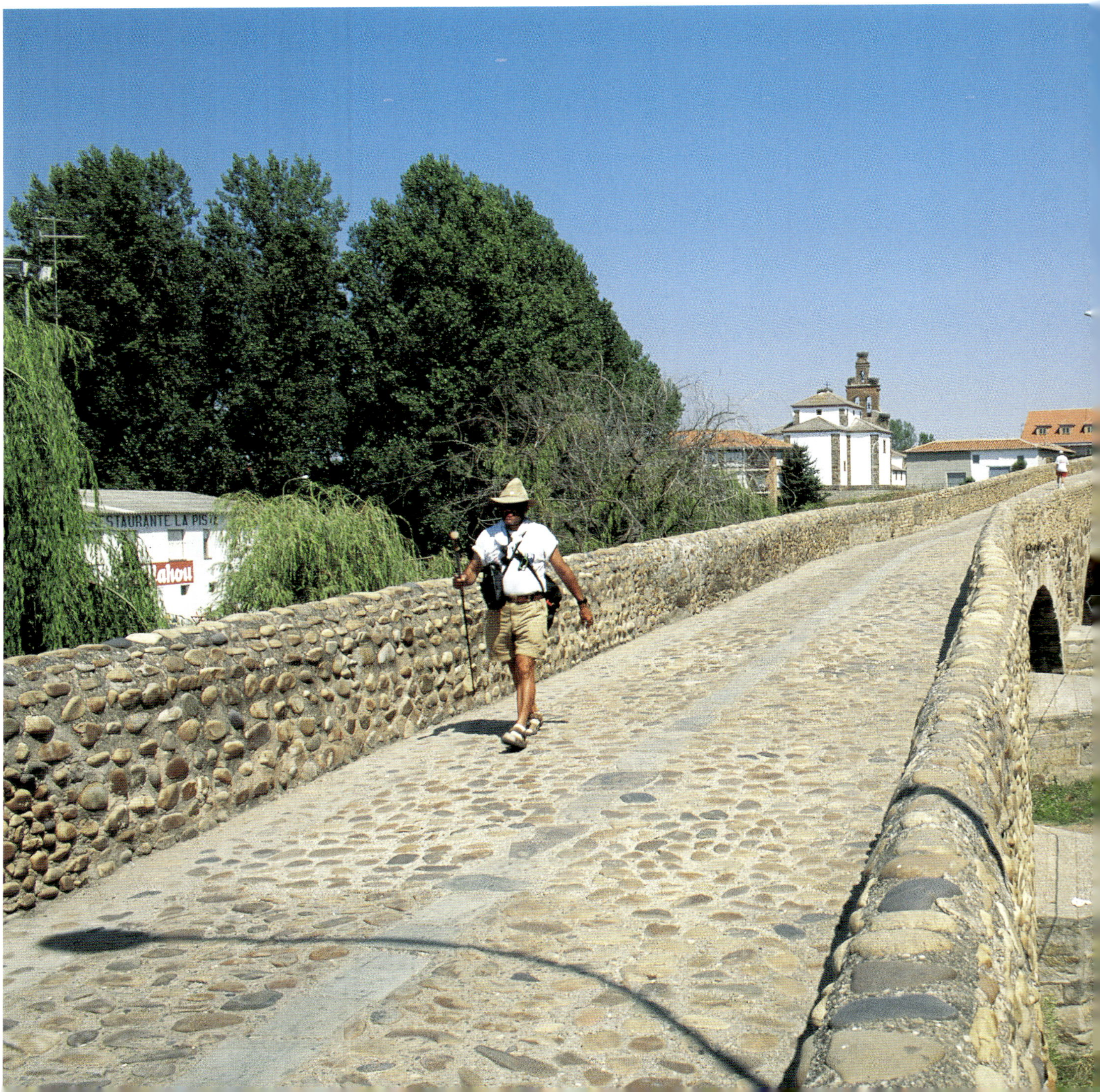

en un mois, il voulait rattraper toute une vie d'égoïsme et d'indifférence.
« Est-ce cela, le miracle de Compostelle ? » pensait Marc ce matin-là en entendant Jacques donner patiemment la réplique à un garçon du groupe, complètement illuminé, qui se targuait d'enseigner la doctrine du Christ mieux que ne l'eût fait l'intéressé lui-même. « Et dire que j'ose à peine prier dans les églises que nous visitons pour ne pas le gêner ! Enfin, espérons qu'il tiendra jusqu'à Hospital de Orbigo. Mais, c'est égal, nous avons récupéré là un drôle de paroissien. Ce qu'il peut être casse-pieds ! »
Heureusement, le saint personnage, épuisé sans doute par ses envolées mystiques, qui ralentissaient son rythme et surtout celui des autres, les quitta en chemin à Virgen del camino, peu enclin à allonger l'étape de 5 kilomètres pour suivre un chemin plus calme et plus agréable. Bientôt on n'y pensa plus, et tous continuèrent leur marche à travers la campagne léonaise parsemée de petits villages qui tous étaient placés sous le signe du pèlerinage. Ils arrivèrent à Hospital de Orbigo par son fameux pont, le Paso Honroso. C'est sur ce pont de 204 mètres de long, construit sur la rivière Orbigo, qu'un chevalier du XVe siècle, Suero de Quiñones, rompit en tournoi trois cents lances pour l'amour de sa dame, avant de partir en pèlerinage à Compostelle. Au loin, on apercevait déjà les monts de León.
Le chemin changeait. Au fur et à mesure que diminuaient les kilomètres qui les séparaient de Compostelle, les groupes se densifiaient, devenaient plus nombreux. Les uns préféraient le chemin historique, malheureusement noyé sous le bitume, d'autres, comme nos amis, prenaient la variante, pour se retrouver tous à la croix de Santo Toribio, plantée comme une prière destinée à protéger la vallée qu'elle dominait. Il n'y avait plus qu'à descendre jusqu'à San Justo de la Vega, puis on atteignait Astorga.

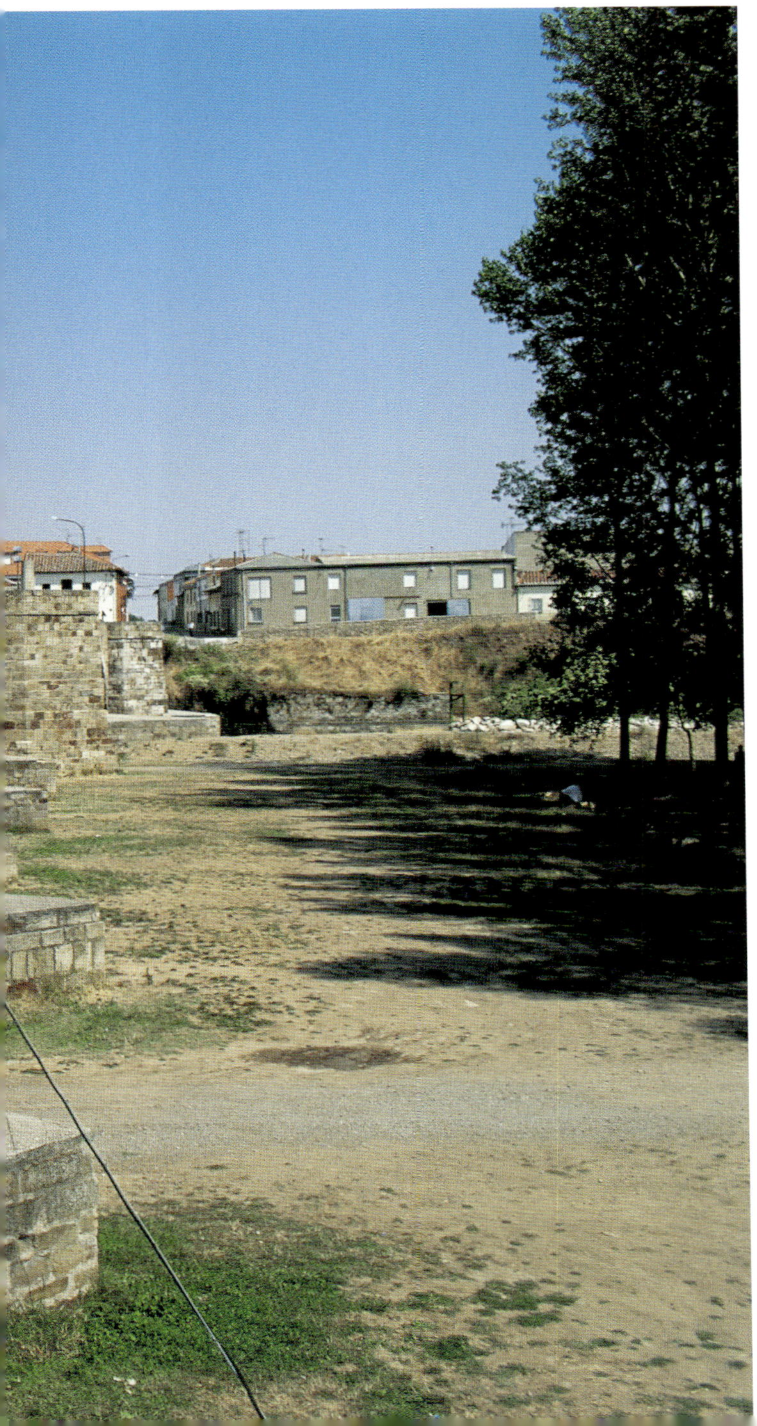

Double page précédente : fresque derrière le chœur de la cathédrale de León. Le Christ est entouré de sa mère et des saintes femmes.

Ci-contre : le pont Paso Honroso, à Hospital de Orbigo. D'origine romaine et remanié au XIIIe siècle, il comporte dix-neuf arches et enjambe la rivière Orbigo, ici asséchée en plein été.

D'Astorga à Ponferrada

55 kilomètres

L'esprit de l'apôtre plane sur Astorga, certainement valorisée par le chemin de Saint-Jacques rejoint par la *via de la Plata* depuis l'Andalousie. Ne murmure-t-on pas que son évêché aurait été fondé par saint Jacques lui-même? Nombre de couvents, hôpitaux anciens, noms de rues évocateurs l'attestent, mais surtout l'immense cathédrale gothique construite à partir de 1471, où tous les styles se côtoient. Marc et Jacques, toujours fidèles à l'esprit du pèlerinage, s'arrêtèrent longuement devant le portail pour contempler l'apôtre représenté en pèlerin avec le bourdon et la coquille, mais plus longuement encore devant le palais épiscopal conçu en 1885 par le génial architecte catalan Antonio Gaudí, qui les laissa éberlués par la sublime extravagance de ses formes.

Ils avaient perdu maintenant la notion du temps. De villages en villes, de refuges en gîtes, de pèlerins en pèlerins, ils avançaient toujours, comme tirés en avant par le mystérieux fil qui les reliait à Compostelle. Le chemin, peu à peu, leur ôtait des choses auxquelles ils croyaient tenir, et leur en donnait d'autres qu'ils ne connaissaient pas auparavant. Ils apprirent ainsi à dédaigner le confort, à négliger leur fatigue, à minimiser la perte du précieux chapeau oublié dans un bistrot; un journal plié avait fait l'affaire jusqu'à la prochaine épicerie où l'on vendait de tout! « *¡Qué más da!* » (qu'est-ce que ça fait?) La célèbre exclamation espagnole se faisait de plus en plus l'expression de leurs multiples petits renoncements. Symbole de cet état d'esprit, la petite pierre qu'ils portaient dans leur sac à dos depuis Le Puy, et qu'ils déposèrent suivant la tradition sur le cairn au pied de la *cruz del Hierro*, avant d'entrer dans la plaine du Bierzo. Étrange croix qui sépare, à 1 504 mètres d'altitude, la Maragatería et le Bierzo. D'un côté, ces mystérieux muletiers, fermés à toute influence étrangère, repliés sur leurs coutumes presque tribales, de l'autre cette province fertile du Bierzo, qui laisse derrière elle les plaines désertiques du *páramo*. Lorsqu'ils arrivèrent à Ponferrada, la capitale du Bierzo, ils réalisèrent brusquement qu'ils n'étaient plus qu'à une cinquantaine de kilomètres de O Cebreiro. Et O Cebreiro... c'était la Galice!

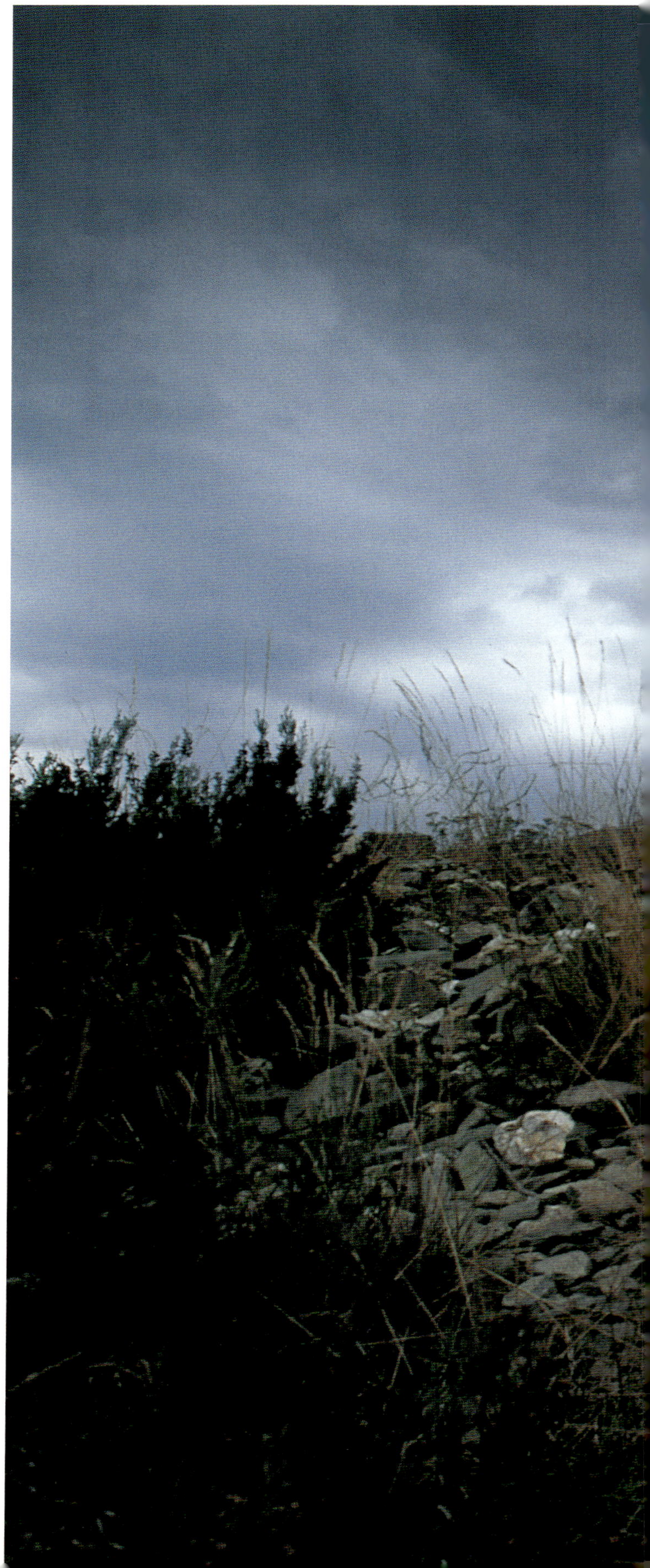

CI-DESSOUS : une haute croix de fer, la *cruz del Hierro*, se dresse sur le col de Foncebadón, à 1504 mètres d'altitude, dans les monts de León. Elle annonce aux pèlerins leur entrée dans la plaine du Bierzo et leur arrivée prochaine à Ponferrada.

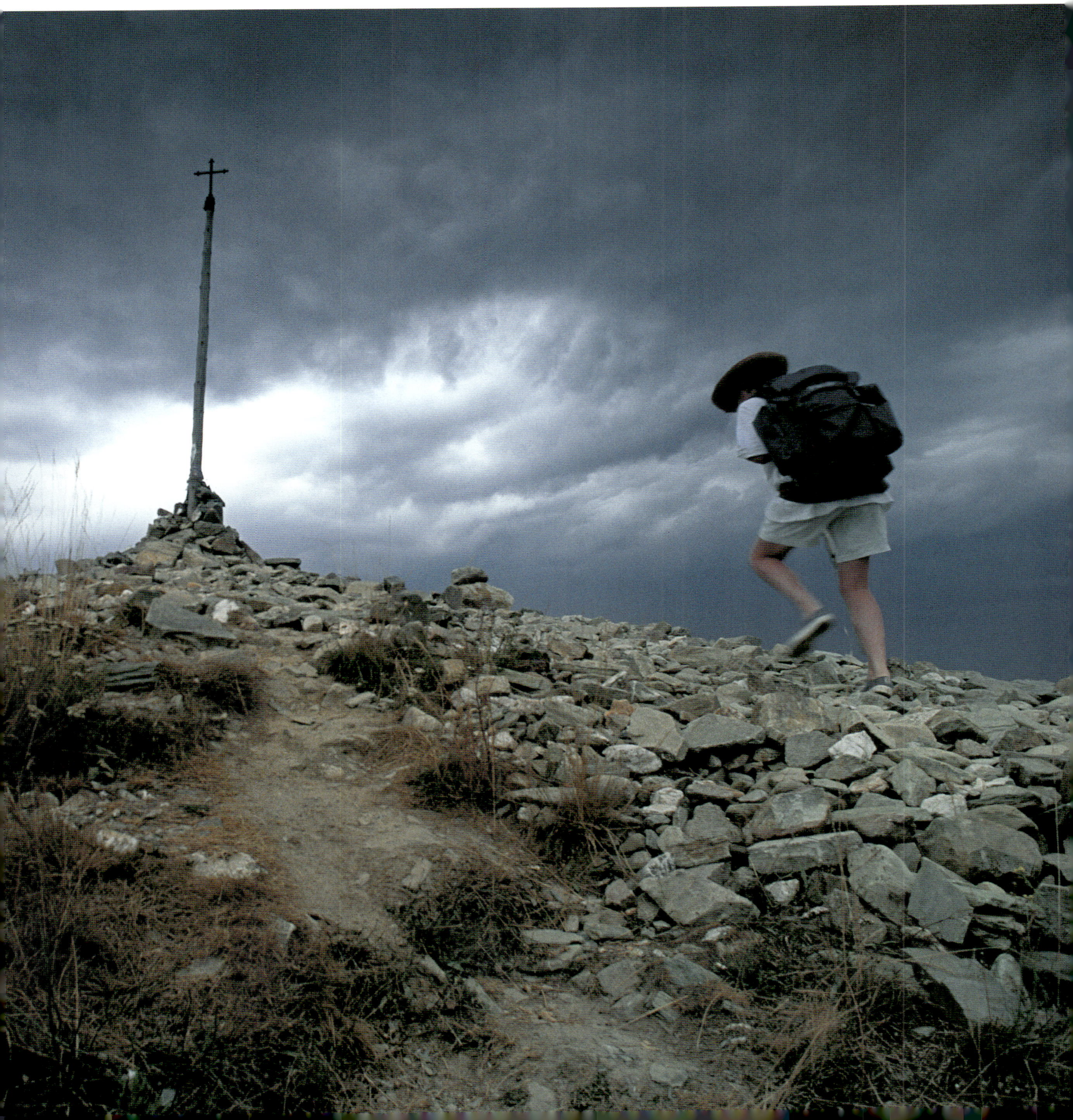

De Ponferrada à O Cebreiro

53 kilomètres

Ponferrada serait née de la route du pèlerinage. À la fin du Xe siècle, l'évêque d'Astorga fit en effet construire un pont sur le Sil, renforcé par une rambarde de fer qui valut son nom à la ville construite autour de cet édifice (*pons ferrata* signifie « pont en fer »). L'apparition de la Vierge sur un chêne aurait été à l'origine de la construction du château des Templiers au XIIIe siècle, et aurait motivé qu'elle devînt la patronne du Bierzo, vénérée dans la basilique de Nuestra Señora de la Encina. Une atmosphère médiévale imprégnait les rues et les ruelles de Ponferrada. À chaque instant, la ville évoquait ces millions de jacquets qui trouvaient refuge dans l'hôpital de la Reina, construit au XVe siècle sur l'ordre d'Isabelle la Catholique, près de la tour de l'Horloge bâtie sur l'une des arches de l'ancienne muraille médiévale. Marc et Jacques allèrent visiter l'église mozarabe de Santiago de Peñalba, construite au XIe siècle, et celle de Santo Tomás de las Ollas, datant du Xe siècle, attentifs aux confidences que leur faisaient les vieilles pierres et de plus en plus étrangers à tout ce qui n'était pas l'esprit du chemin.

Ils ressentirent cependant le plus grand besoin de faire appel à leur toute nouvelle force d'âme en arrivant à Villafranca del Bierzo. Car, impatients comme des enfants à l'idée d'être aux portes de la Galice, ils forçaient volontiers leur allure depuis quelque temps et saint Jacques, pour les éprouver sans doute, n'hésita pas à leur demander précisément un peu de cette patience qui leur faisait défaut. Terrassé par une grosse fièvre et un violent mal de gorge, Marc dut s'aliter.

« Ma parole ! murmura-t-il à voix basse, c'est cette bourgade qui me porte la poisse. Avoue que prendre une angine là où jadis le pèlerin, dans l'incapacité de poursuivre son cheminement, pouvait recevoir les mêmes grâces qu'à Compostelle et repartir ensuite chez lui, tu ne vas pas me dire que c'est un hasard. Je me demande pourquoi saint Jacques ne veut pas que j'aille jusqu'au bout.

– Arrête un peu, protesta Jacques en souriant. Soigne-toi d'abord. Tu l'as dit toi-même au départ, nous ne sommes pas pressés, et un mal de gorge, ce n'est pas la fin du monde. Le grand apôtre veut nous apprendre l'humilité, voilà tout.

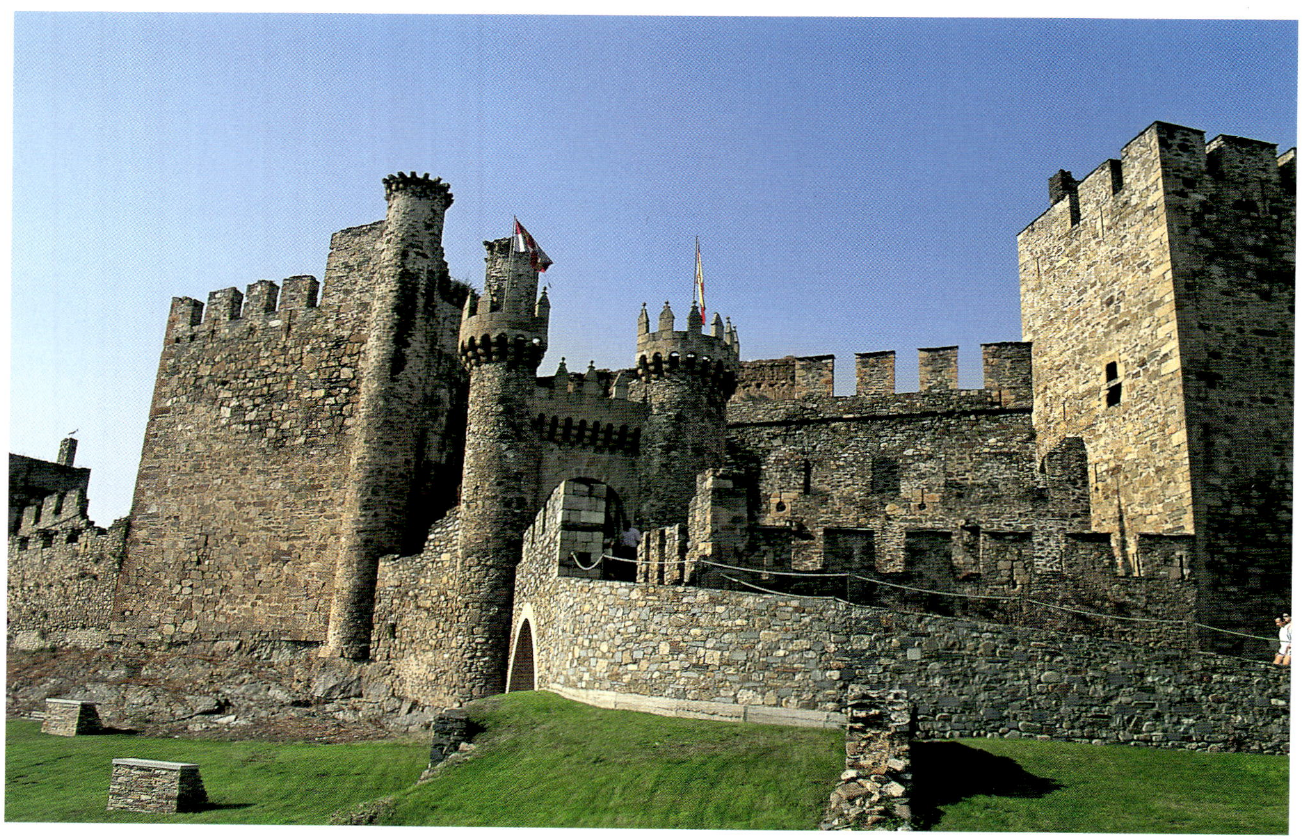

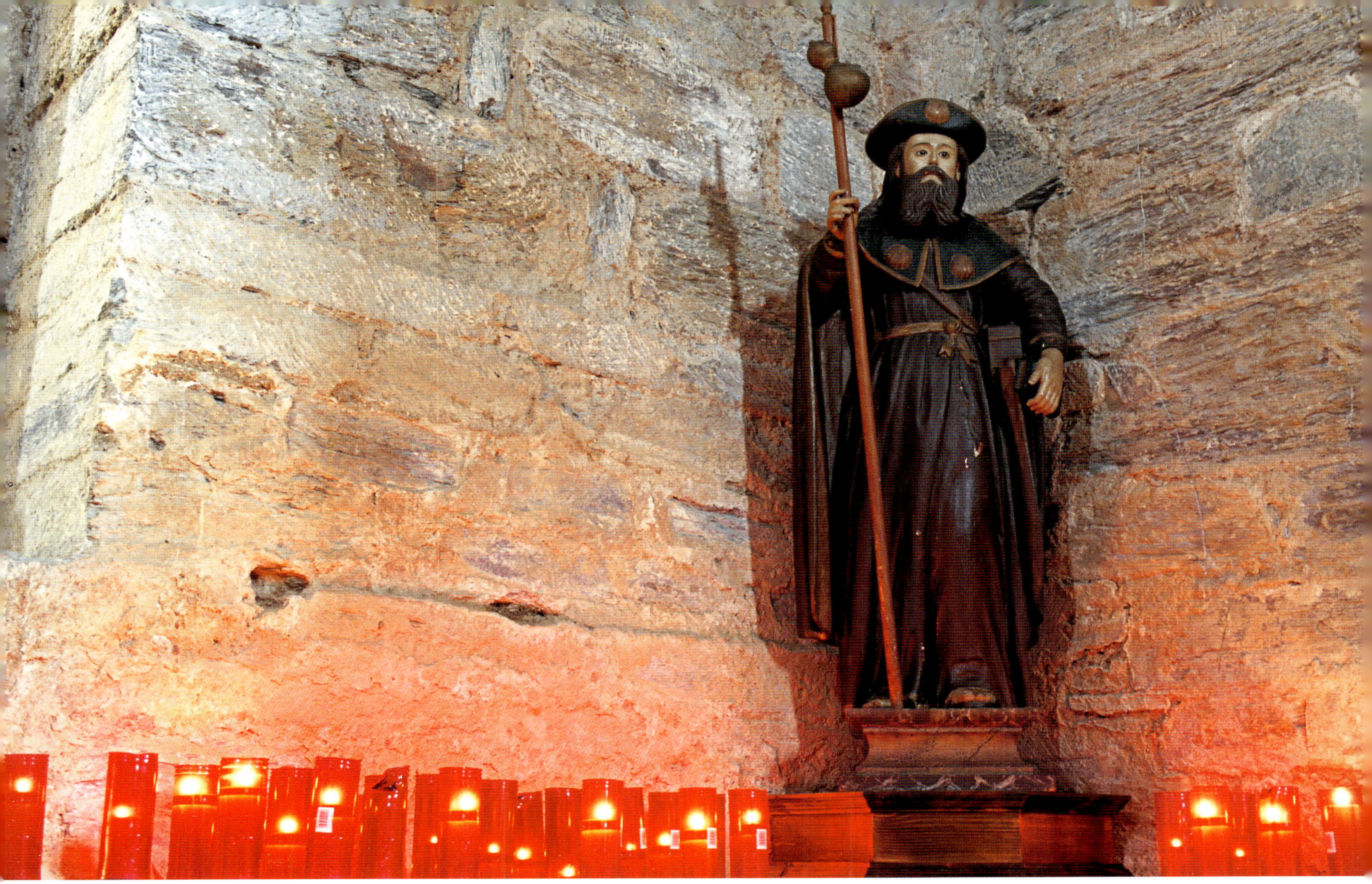

– Allons bon ! maugréa Marc, voilà que tu deviens plus d'église que moi. N'exagère pas quand même ta grandeur d'âme. Tu vas me faire peur, et je te fais remarquer que ce n'est pas toi qui es cloué au lit.

– Bah ! Tu vas vite te relever, j'en suis certain, surtout qu'ici, en plein Bierzo, il y a un tonique qui va te remonter rapidement. Enfin, quoi, le vin dans cette région est une merveille ! »

L'argument irrésistible et les soins énergiques d'un médecin local remirent en effet rapidement sur pieds le malade qui, pour conjurer définitivement le mauvais sort, n'hésita même pas à goûter à la fameuse *queimada* dans un refuge bien connu pour sa préparation du breuvage censé éloigner les sorcières et autres démons maléfiques. Décidément, la Galice n'était plus loin.

Page de gauche : château de Ponferrada, dans le Bierzo. Édifiée par les Templiers, sur la rive gauche du Sil, entre 1218 et 1282, cette véritable forteresse s'étend sur plus de 8 000 mètres carrés. Les Templiers l'occupèrent jusqu'en 1312, date de la dissolution de leur ordre.

Ci-dessus : statue de saint Jacques en pèlerin, dans l'église Santiago, à Villafranca del Bierzo. Les pèlerins malades dans l'incapacité de poursuivre leur voyage obtenaient le même jubilé que s'ils étaient arrivés à Saint-Jacques-de-Compostelle en s'agenouillant devant la porte du Pardon du temple.

Lorsqu'ils quittèrent Villafranca del Bierzo, nos deux pèlerins avaient retrouvé une excellente forme, et ils s'en félicitèrent car la montée vers O Cebreiro n'avait rien d'une plaisanterie. Montée rude en vérité mais compensée par de belles forêts de châtaigniers, enfin, si l'on excluait le danger de rencontrer sur sa route quelques *meigas* isolées, ces jeteuses de sort présentes dans toutes les légendes populaires de Galice ! Lorsque, le souffle court, ils parvinrent au sommet de « la plus abrupte des montagnes du chemin français », d'après Aimery Picaud, ils se regardèrent en souriant : devant eux une borne de 1,50 mètres indiquait l'entrée en Galice. Ils arrivaient à O Cebreiro, situé à 1 300 mètres d'altitude.

O Cebreiro en galicien, El Cebrero en castillan, constituait un haut lieu spirituel du pèlerinage dans tous les sens du terme. Ce passage entre deux royaumes avait été, dès le IXe siècle, le point d'accueil des nombreux jacquets qui se rendaient à Compostelle. En témoignait l'ancien monastère-hôpital fondé au IXe siècle par le comte Giraldo de Aurillac et transformé plus tard en auberge. En témoignait également l'église préromane Santa María la Real, du XIe siècle, où l'on pouvait voir le calice du Saint-Graal, et les fonts baptismaux du sanctuaire qui dataient de sa fondation, lorsqu'on baptisait par immersion. Mais O Cebreiro, c'était aussi un détour vers la préhistoire, avec la présence de ces *pallozas*, curieuses huttes d'autrefois dont le toit de

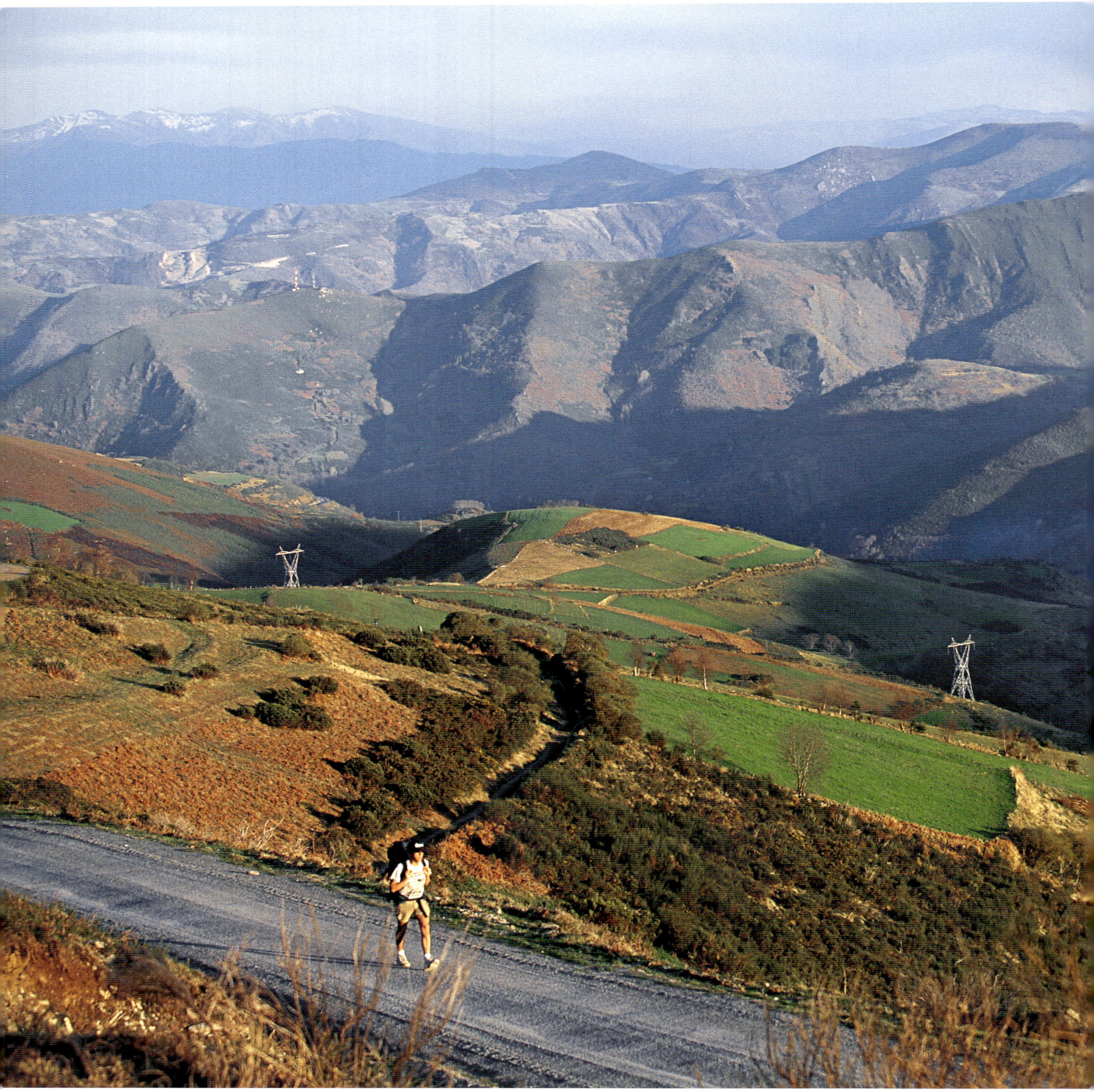

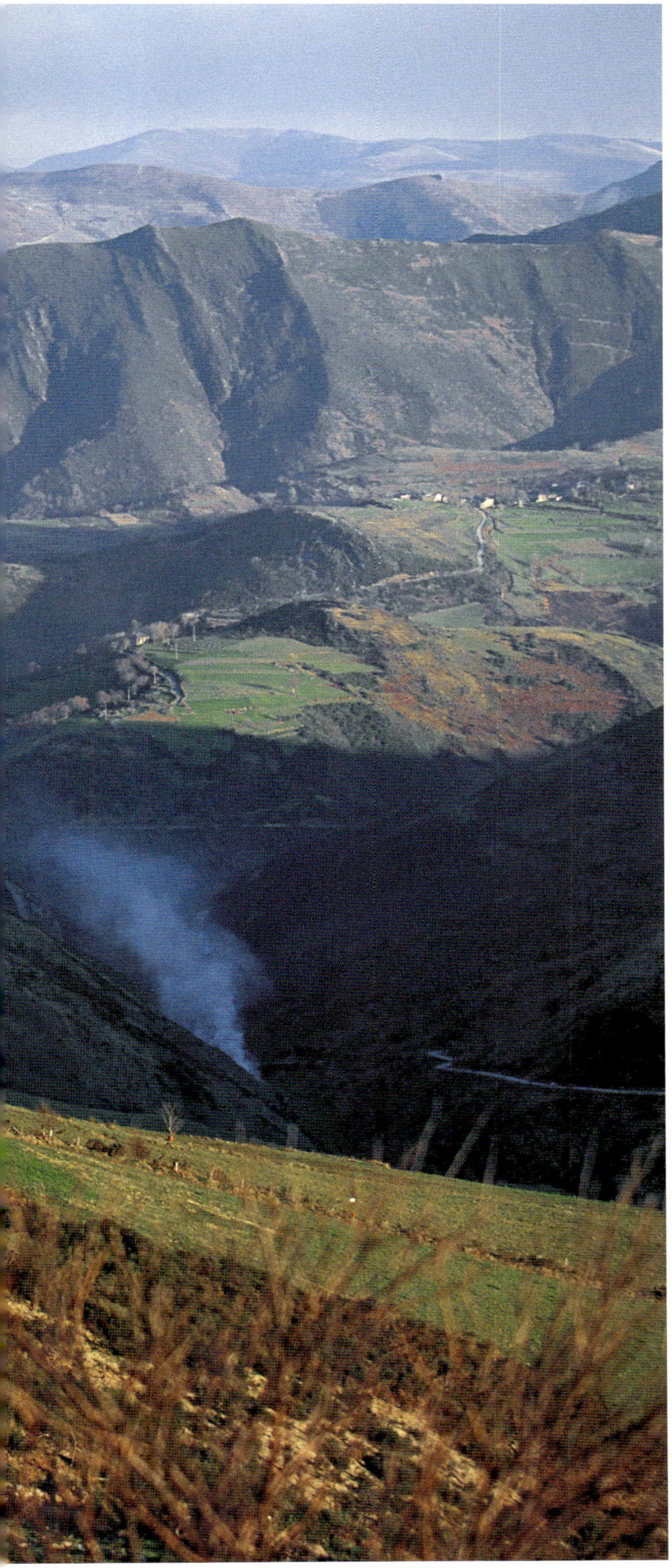

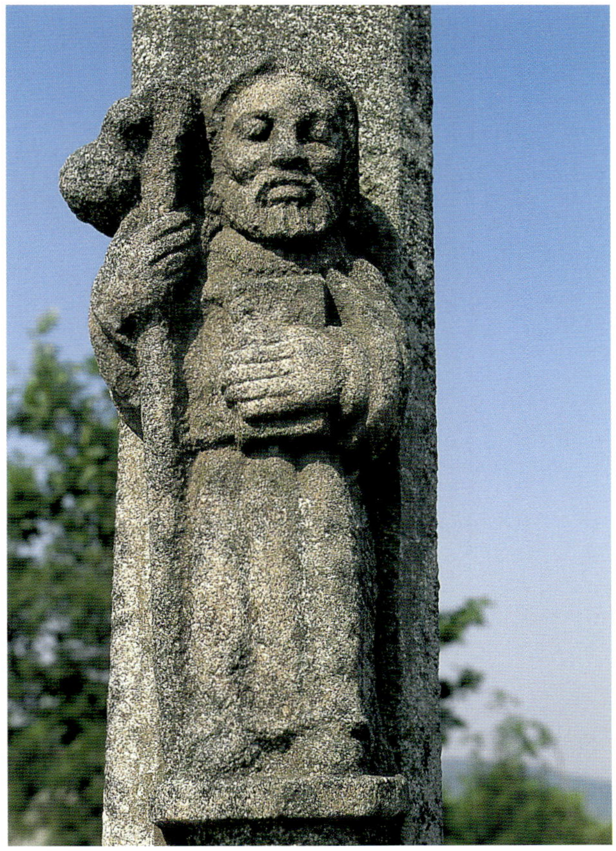

paille de seigle maintenue par des liens de genêt isolait parfaitement du froid rigoureux et de la neige ; des murs bas en pierre et de très petites fenêtres complétaient l'ensemble, donnant un aperçu de la vie rude de cet ancien village isolé de tout. On pouvait aisément comprendre pourquoi, au moment de la Toussaint, les gens évoquaient encore à voix basse le passage de la *Santa Compañía*, cette lugubre procession d'âmes en peine qui défilaient par nuit sans lune, dans l'espoir de rencontrer quelqu'un à qui remettre la chandelle de cire et le chaudron qu'ils portaient, obligeant ainsi ce dernier à prendre leur place, ce qui les délivrait sur-le-champ. Magie des légendes celtes bien proches de celle de l'Ankou, ce messager breton de la Mort ! Jacques et Marc, impressionnés malgré eux par les récits qu'ils entendaient, se réjouissaient, sans le dire, qu'on fût en août et non en novembre, heureux aussi de se trouver entourés par des groupes de pèlerins qui devenaient de plus en plus nombreux au fur et à mesure que l'on se rapprochait du but.

Ci-contre : la montée vers O Cebreiro, premier village de la région autonome de Galice. Huit kilomètres mythiques avec, au loin, les monts de León.

Ci-dessus : une statue de saint Jacques en pèlerin sculptée sur une croix en pierre à O Cebreiro.

De O Cebreiro à *Saint-Jacques-de-Compostelle*

156 kilomètres

De O Cebreiro à Portomarín

62 kilomètres

Après O Cebreiro, il fallait encore monter. Le soleil s'était voilé et des nuages légers, d'un gris clair un peu bleuté, s'étiraient dans un ciel qui, soudain, laissait derrière lui l'indigo intense de la Castille pour devenir celte et breton. Le paysage avait remplacé ses vastes étendues de blé et ses terres ocre par des chemins tapissés de vert, bordés de fougères, et de ruissellements d'eau. Une odeur de campagne montait du sol. Encore un peu fatigué par son angine, Marc, très vite, avait ralenti l'allure, car la montée était raide et il avait le souffle court en arrivant au col de San Roque, à 1 264 mètres d'altitude, mais la présence du grand pèlerin de pierre en habits médiévaux campé au sommet lui redonna courage. Il semblait leur tracer la route vers l'autre col à franchir, l'*Alto do Poio*, à 1 337 mètres, et en le voyant lutter contre le vent, Marc n'osait imaginer ce qu'avait dû être pour les jacquets d'autrefois la traversée de cette portion du chemin, d'un col à l'autre, en plein hiver, lorsque la neige recouvrait tout. Ils y risquaient leur vie et lui n'était que fatigué. Ils repartirent. À présent le chemin descendait vers la vallée, ponctué çà et là de hameaux : Hospital da Condesa, avec son église dont la porte était ornée d'une coquille et son clocher d'une croix de saint Jacques, Fonfría, Filloval, et enfin Triacastela, à 665 mètres d'altitude.

Au cours des 140 kilomètres qui les séparaient encore de Compostelle, Marc et Jacques éprouvèrent un curieux sentiment, celui de vouloir en même temps hâter le pas et ralentir leur allure. En combien d'étapes allaient-ils faire le reste du chemin ? D'un côté, c'était le grand rêve atteint, de l'autre, c'était aussi sa fin. Fallait-il accélérer le rythme pour arriver plus vite vers ce but qu'ils avaient toujours désiré, mais dans ce cas, quelle tristesse de ne plus avoir à le désirer ! Ce fut un vieil original, professeur d'histoire, accompagné de son fils qui les décida.

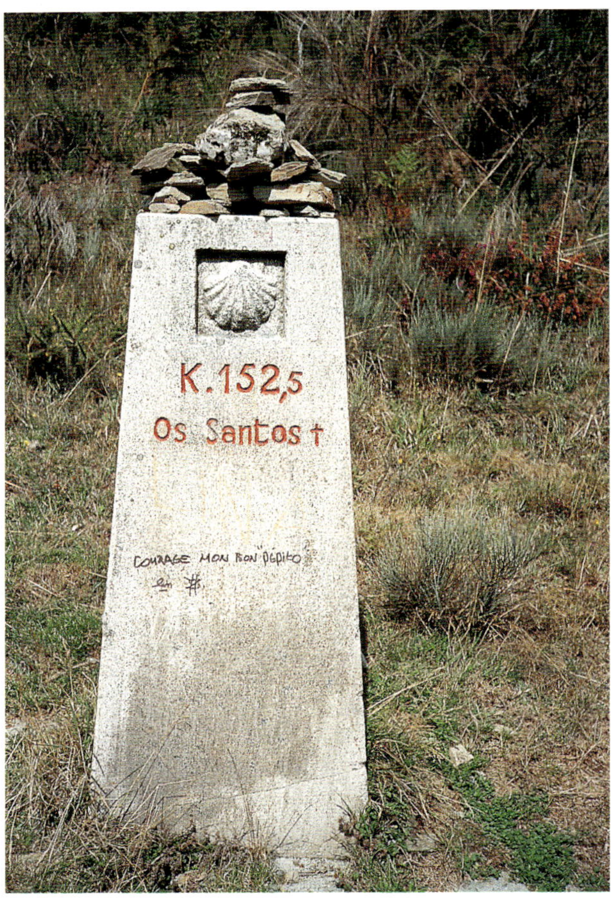

CI-CONTRE : borne de granit du chemin de Compostelle en Galice. Il ne reste plus que 152,5 kilomètres avant l'arrivée à Compostelle.

PAGE DE DROITE : même si la Galice s'est considérablement modernisée ces dernières années, certains éléments trahissent encore son passé rural et traditionnel…

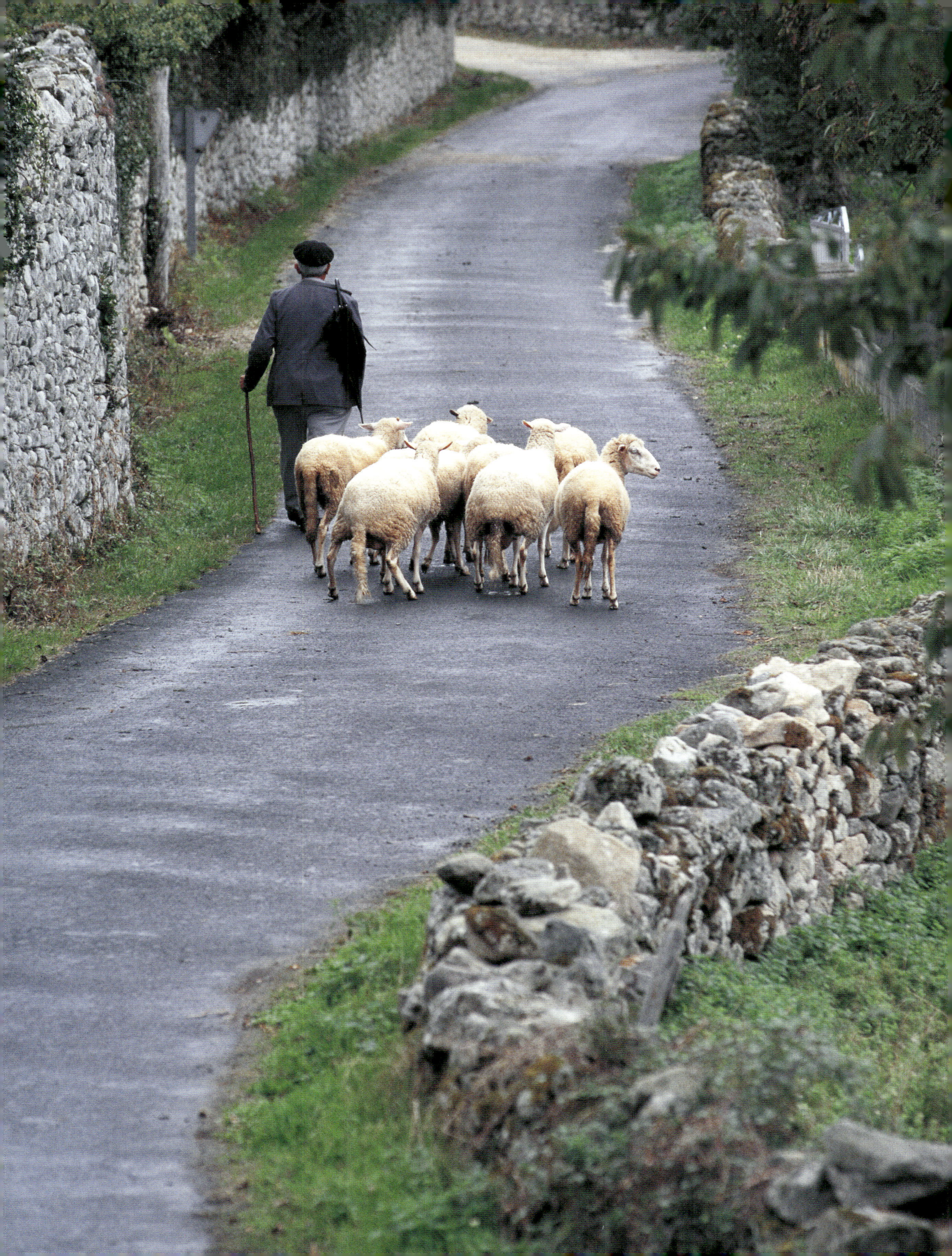

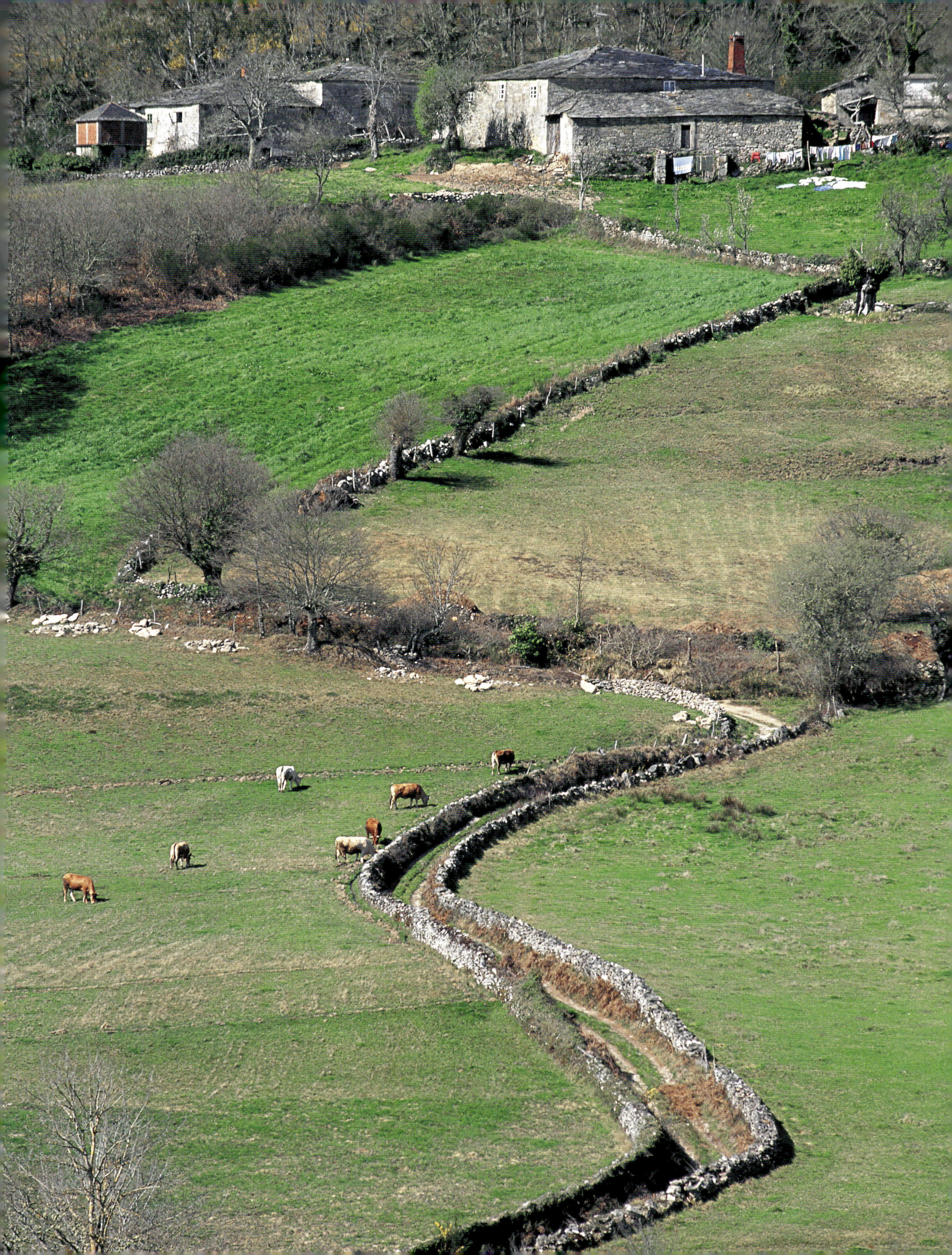

« Quelle idée de se poser tant de questions quand le chemin nous a été tracé par des foules de pèlerins avant nous ? Il y a des lieux qu'on ne peut pas éviter, voyons ! D'abord ici, Triacastela, pour prendre notre pierre comme les autres l'ont fait, ensuite Castañeda, pour voir les fours où on la transformait en chaux afin de participer à l'édification de la basilique ; puis il y a Lavacolla, où l'on se faisait beau et propre pour messire saint Jacques, mais préparez-vous à atterrir brutalement, chers amis, avant d'arriver à Compostelle, et dans tous les sens du terme parce que l'aéroport de Santiago, les nationales avec leurs échangeurs, ça fait un drôle d'effet ! Vous pouvez me croire. C'est la troisième fois que je fais le pèlerinage. »

Jacques et Marc se regardèrent, consternés.

« Allons bon, reprit l'aimable professeur d'histoire, ne faites pas cette tête-là ! La basilique, elle, est toujours là et l'apôtre attend ses fidèles exactement comme il les attendait du temps de ce brave Aimery Picaud. Après tout, le pèlerinage à Compostelle, ça ne vaut que par l'esprit qu'on y met, pas par les détails de la route. *Hasta luego ! amigos. Nos veremos en Compostela !* (À bientôt, les amis, nous nous verrons à Compostelle !) », leur lança le professeur qui repartit d'un bon pas.

Nos deux compagnons décidèrent de suivre ces conseils et calculèrent avec précision le nombre de kilomètres qui leur permettraient de respecter la tradition du pèlerinage en passant par les lieux consacrés.

Le chemin demandait beaucoup d'imagination pour recréer l'ambiance d'autrefois. Comment retrouver les traces des jacquets à Portomarín, où l'ancien village, cité dès le Xe siècle, avait été noyé volontairement sous les eaux du Miño pour y établir un barrage ? Certes, on avait reconstruit pierre par pierre les anciens monuments, mais l'âme n'y était plus. Ils se consolèrent en admirant le paysage de la Galice qui, lui, en revanche, leur redonnait cette solitude et cette authenticité qu'ils aimaient : étranges dalles de pierre, les *corredoiras*, pour franchir des ruisseaux, curieux *hórreos*, greniers à grain surélevés sur quatre piliers de pierre afin de préserver les récoltes de l'humidité du sol et des rongeurs, calvaires de granit à l'entrée des forêts de châtaigniers, et surtout ce parfum nouveau qui flottait dans l'air, le parfum des eucalyptus. Bien sûr, ils retrouvaient souvent le bitume et le ciment au hasard d'une route numérotée, mais aussi une petite chapelle de pierre rose, un arc roman, une coquille sculptée sur le mur de quelques maisons médiévales, comme à Palas de Rei.

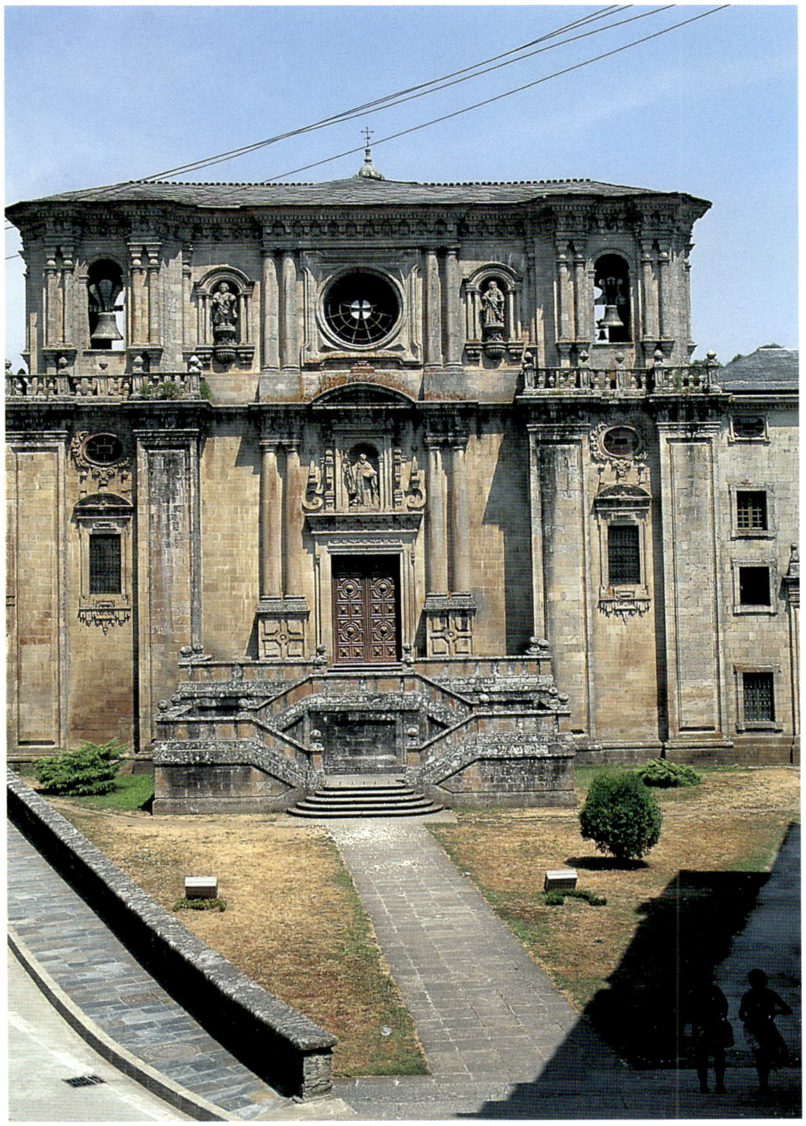

PAGE DE GAUCHE : le *camino Francés*, près de Samos. Petit chemin sinueux, noyé dans un univers humide et verdoyant : le paysage de la Galice ressemble beaucoup à notre chère Bretagne.

CI-DESSUS : le monastère de Samos fut fondé au VIe siècle, mais ses bâtiments actuels datent des XVIe, XVIIe et XVIIIe siècles. C'est l'un des symboles culturels de la Galice et l'un des monastères les plus importants d'Espagne.

De Portomarín à Lavacolla

84 kilomètres

Le chemin continuait, offrant sur son passage de jolis petits ponts médiévaux, comme à la sortie de Leboreiro, sur la rivière Seco, ou dans le village de Furelos, au-dessus de la rivière du même nom, avec ses quatre arcs inégaux du XIIe siècle. Des vestiges de monastères, au nord de Melide, une église de Santiago à Boente, enfin ce fameux village de Castañeda où les fours transformaient en chaux les pierres que les pèlerins transportaient depuis Triacastela. Jacques et Marc s'arrêtèrent à Arzúa dans une *fonda*, une auberge où la crédenciale offre au pèlerin le gîte et le couvert propres à le remettre de ses fatigues pour un prix raisonnable. Ils aimaient de temps en temps recourir à ce mode d'hébergement qui leur évitait d'avoir à mettre les inévitables boules Quies nécessaires dans les gîtes d'étape, car si l'un comme l'autre étaient des dormeurs silencieux, ils avaient en revanche un besoin de silence absolu pour dormir. De plus, sans se l'avouer, ils savaient que, Saint-Jacques n'étant plus qu'à 35 kilomètres, Arzúa, la Villanova d'Aimery Picaud, était donc le dernier bourg avant leur ville d'arrivée et méritait bien à ce titre qu'on en célébrât le caractère doublement essentiel : c'était en même temps la dernière marche avant l'aboutissement de la grande aventure, et sa fin. Ils flânèrent sans but précis le lendemain à travers les rues pavées qui portaient les vieux noms de *rúas*, devant des maisons à arcades, vestiges vénérables de ce XIIe siècle, époque de la construction de la ville, qui n'avait été entourée de remparts que vers le milieu du XIVe siècle. Ils visitèrent ce qui restait de la chapelle de la Madeleine, entrèrent dans l'église Saint-Jacques, romane, où l'apôtre offrait le double visage du pèlerin, bourdon en main, et du matamore, et ils allèrent du côté d'anciennes chapelles dont l'une avait été transformée en abri pour pèlerins. Là, ils retrouvèrent avec plaisir d'anciens compagnons, avec lesquels ils s'installèrent autour du verre de l'amitié. Un verre qui, pour tous, avait un goût de nostalgie.

Il leur restait à faire une halte à Lavacolla (lave-queue), comme l'exigeait la tradition. Nos deux pèlerins furent amusés par le nom explicite du village qu'Aimery Picaud n'aurait pas désavoué étant donné que l'ancien nom latin, Lavamentula, voulait dire exactement la même chose, en plus précis encore, puisqu'il ne s'agissait pas ici d'un jeu de mots et que *mentula* en latin signifie verge. Ils se contentèrent de plonger symboliquement les doigts dans la rivière où l'auteur du *Guide du pèlerin* s'était lavé de pied en cap avec ses compagnons. Huit kilomètres encore à parcourir et, soudain, le monde moderne les assaillit au pied même de la colline de 368 mètres qu'il leur fallait gravir : un énorme complexe touristique était né autour de la petite chapelle San Marcos, afin d'accueillir les quelque deux mille pèlerins et randonneurs qui se pressaient là chaque été. Mais il n'était pas question de gâcher ce moment parfait. Une seule chose comptait : ils étaient là, au sommet du *monte del Gozo*, le mont de la Joie, dont le nom traduisait parfaitement ce que les pèlerins d'autrefois et d'aujourd'hui ressentaient en découvrant la grande ville et ses tours. Sans un mot, Jacques et Marc tombèrent dans les bras l'un de l'autre.

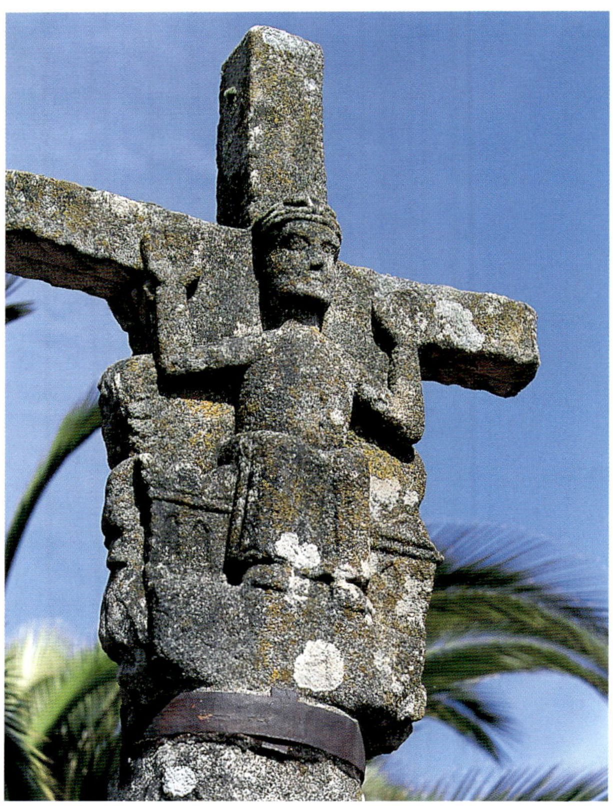

CI-CONTRE : croix d'un des plus vieux calvaires de la Galice, à Melide.

PAGE DE DROITE : fraîcheur et crachin accompagnent ces deux pèlerins vers Leboreiro, en Galice. C'est sans doute l'une des dernières épreuves imposées aux pèlerins avant leur arrivée tant attendue et tant méritée à Compostelle.

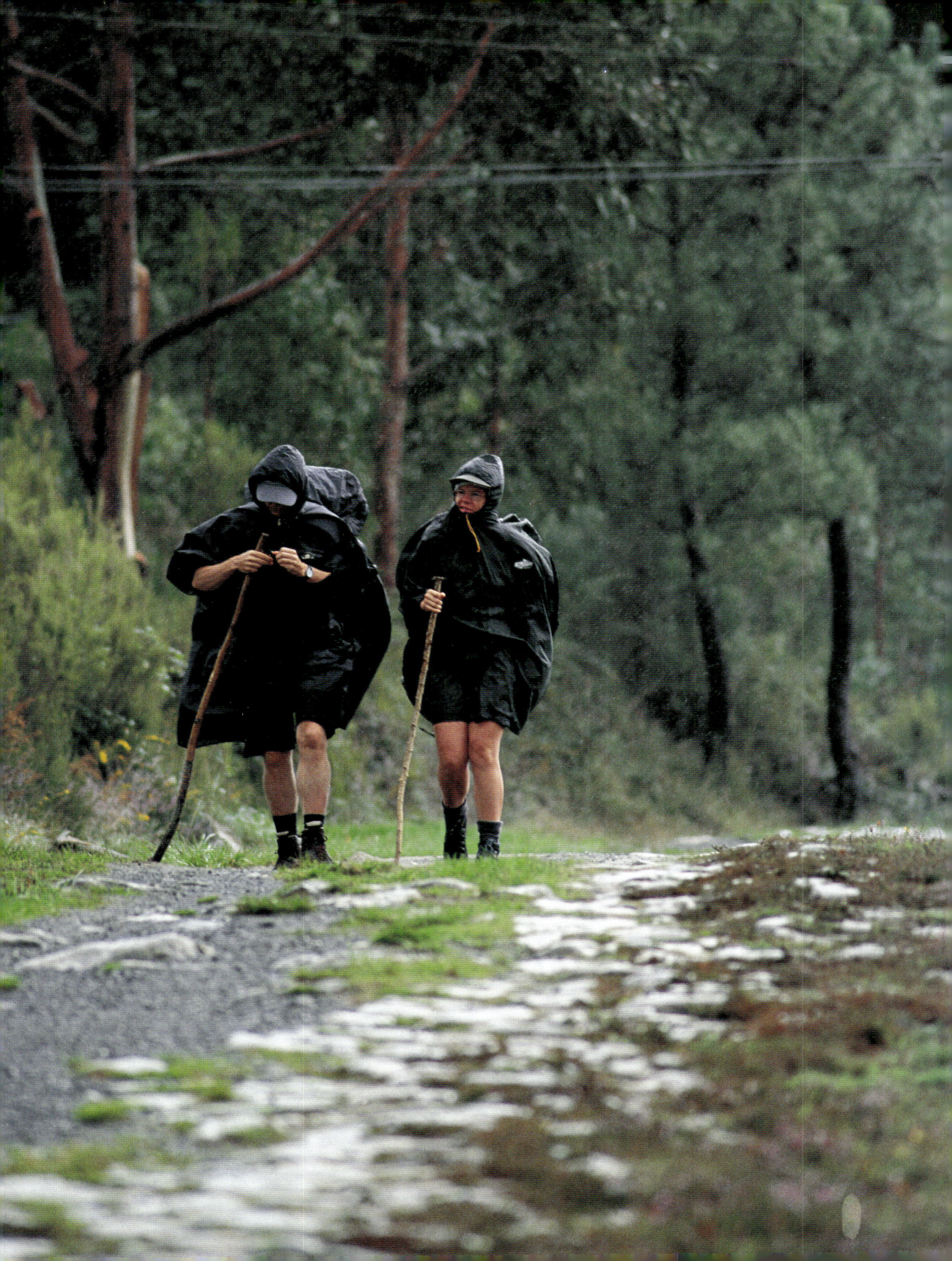

De Lavacolla à Saint-Jacques-de-Compostelle

10 kilomètres

« *Herru Sanctiagu! Got Sanctiagu! E Ultreïa! E Suseia! Deus adjuvat nos!* » (Seigneur saint Jacques! Grand saint Jacques! Plus loin, allons! Plus haut, allons! Dieu, aide-nous!)

Ils n'avaient plus besoin de ces mots que chantaient souvent pour se donner du courage les pèlerins du *Codex Calixtinus* dès le XIIe siècle. Ils avaient fait le chemin. Ils étaient arrivés. Certes, au prix de bien moins d'épreuves que leurs frères médiévaux, mais néanmoins, ils étaient là, devant la merveille des merveilles, devant la cathédrale de Saint-Jacques-de-Compostelle.

Et tout autour d'elle, il y avait la ville, « la plus heureuse et la plus éminente de toutes les villes d'Espagne », d'après Aimery Picaud. Ils y entrèrent par la *puerta del camino* qui, comme son nom l'indique, était aussi celle de l'histoire qu'ils avaient voulu revivre à travers eux-mêmes depuis presque deux mois. À quel titre? Ils n'en savaient rien: pèlerins? randonneurs? quêteurs d'absolu? Quelle importance? Tout autour d'eux, les rues, places ou édifices avaient des noms qui ne s'embarrassaient pas de questions personnelles. Elles tournaient les pages du passé. C'était la *rúa das Casas Reais* (la rue des Maisons-Royales), la *iglesia de las Ánimas* (l'église des Âmes), la *rùa de las Azabacherías* (la rue des Jeais). Ils choisirent de déboucher sur la *plaza del Obradoiro* et une émotion intense, muette, les submergea tous deux à la vue de la coquille, au centre de la place, qui symbolisait le kilomètre 0 du chemin. Ils étaient exacts au rendez-vous qu'ils s'étaient fixé depuis Le Puy-en-Velay.

Ils ne se pressèrent pas. Ils entrèrent dans la cathédrale par le *pórtico de la Gloria* (« le portail de la Gloire »),

Ci-dessous : détail du portail de la Gloire de la cathédrale de Saint-Jacques-de-Compostelle : les apôtres Pierre, Paul, Jacques et Jean accueillent les pèlerins.

Page de droite : sur la place de l'Obradoiro, devant la façade de la cathédrale, exécutée au XVIIIe siècle, le visage souriant et comblé d'un « authentique » pèlerin.

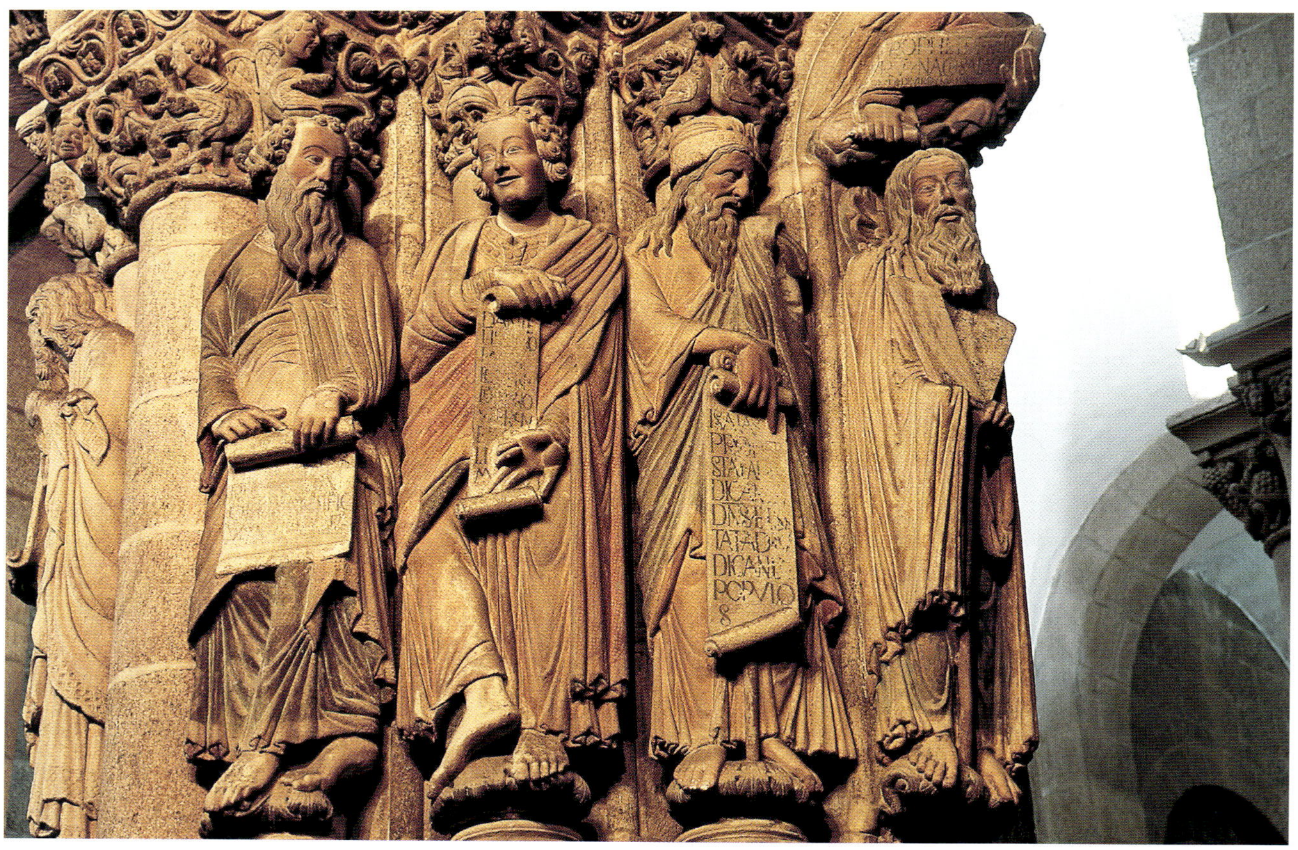

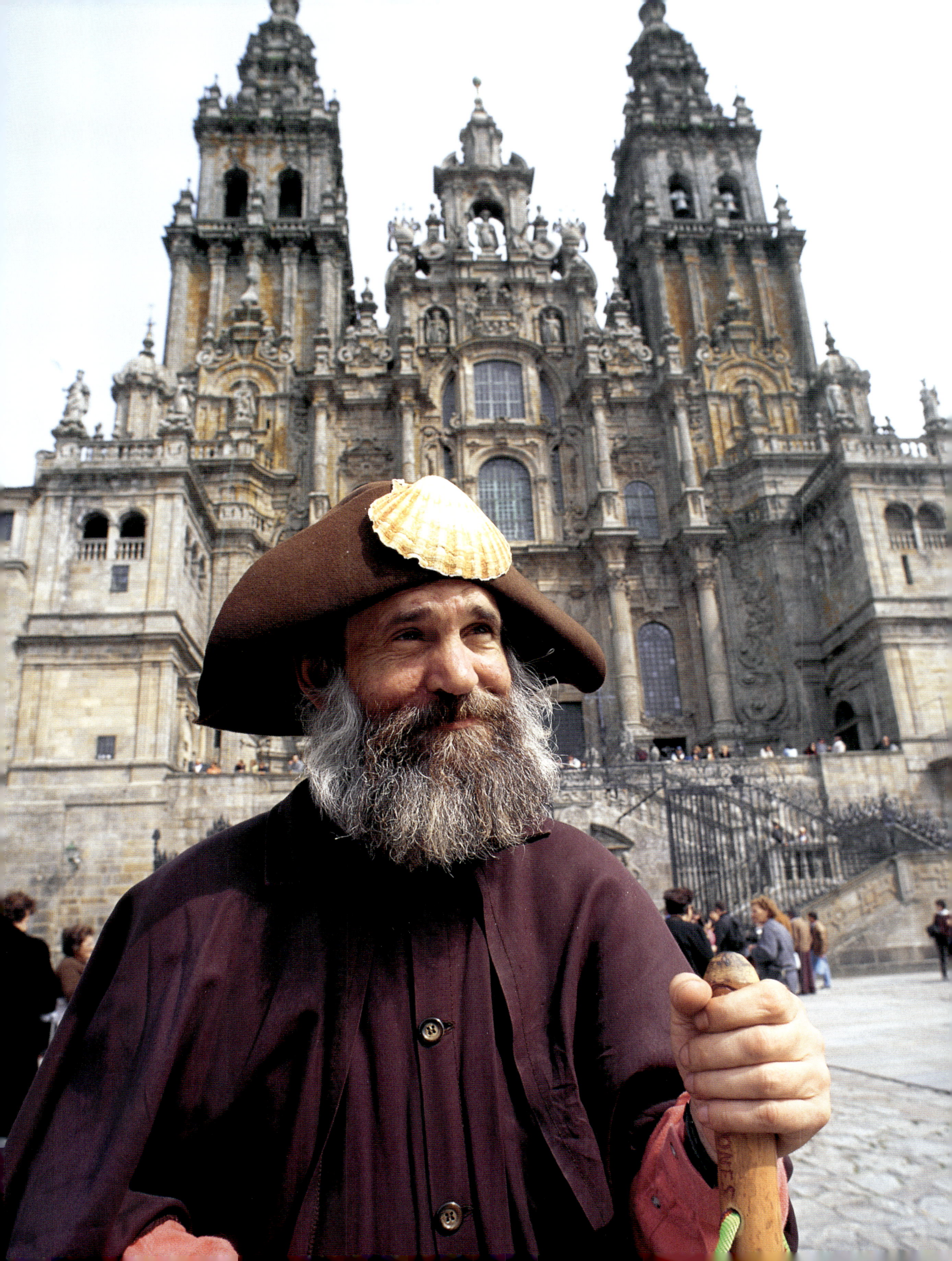

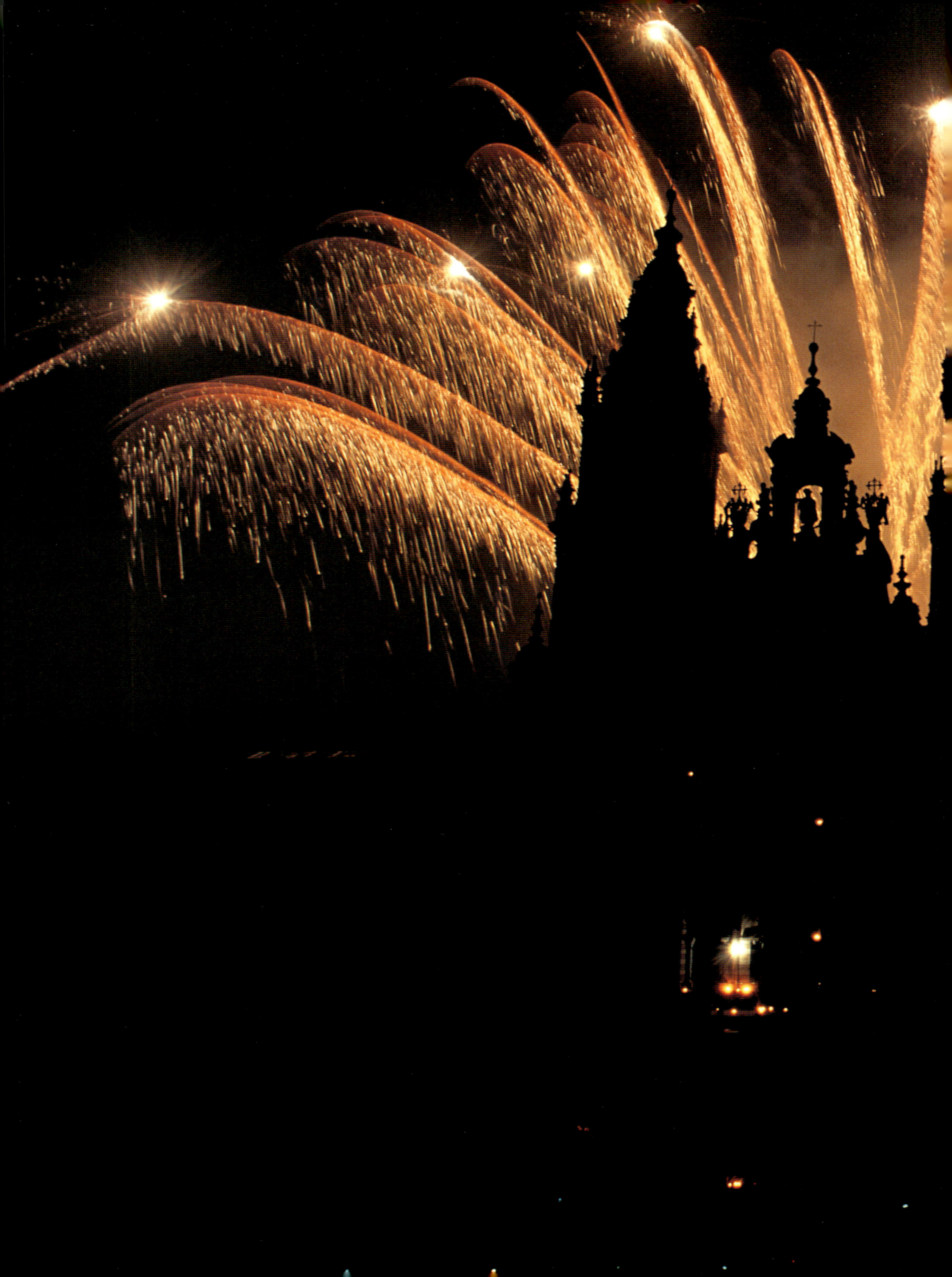

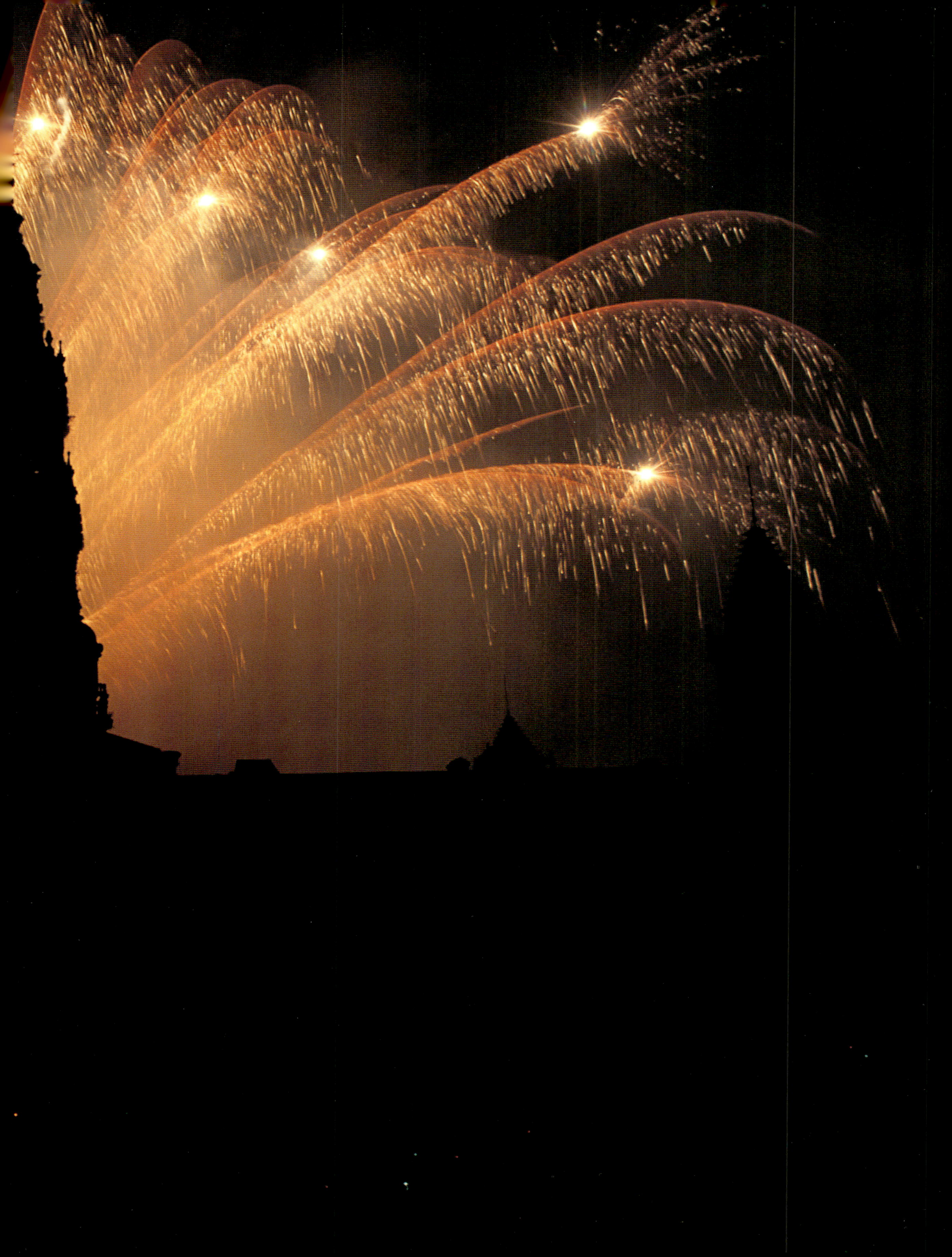

à l'ouest, ils virent la porte du Pardon, à l'est, celle de *las Platrerías* (des orfèvreries), du XIe siècle. Dans la crypte, ils s'inclinèrent longuement devant la châsse d'argent qui contenait les reliques de l'apôtre et de ses deux compagnons. Ils étreignirent le buste de saint Jacques dans le chœur de la cathédrale, comme le voulait la tradition. Ils admirèrent le fameux *botafumeiro*, l'énorme encensoir d'argent de 72 kilos dont, à ce qu'on disait, les fumées compensaient l'odeur de crasse et de sueur que dégageaient les pèlerins. C'était un autre voyage au cœur du voyage, et, conscients de son importance, ils s'employaient à le faire dans ses moindres détails, car ils savaient bien que la grande aventure s'arrêtait là. Aussi s'ingéniaient-ils à ralentir le plus possible le cours du temps.

Ce fut Marc qui, le premier, évoqua concrètement la fin du rêve. Ils avaient entendu la messe du Pèlerin à 12 heures, et dégustaient des tapas à une terrasse sur la place Cervantès.

« Déjà lundi demain ! Il va falloir aller au bureau d'accueil des pèlerins pour faire mettre le dernier cachet sur notre crédenciale, et surtout recevoir la *Compostela*. Moi, je ne pars pas sans ça. Nous avons fait nos cent derniers kilomètres à pied, n'est-ce pas ? Alors ! »

Jacques Delarue regarda longuement son ami.

« Tu sais, Marc, je crois bien que la *Compostela*, pour la plupart d'entre nous, est beaucoup plus qu'un justificatif de kilomètres. C'est l'affirmation d'un changement de vie. Moi, je le sais déjà : où que j'aille désormais, je ne quitterai jamais Compostelle. Grâce à toi et à ton amitié, j'ai enterré en moi le vieil homme, comme on dit, j'ai découvert mon nouveau monde. Pour moi, le véritable pèlerinage commence à partir d'ici. »

Marc sourit.

« Si je comprends bien, Jacques, tu as trouvé ton étoile. Mais ça n'est pas autre chose, vois-tu, qu'on va chercher depuis le IXe siècle sur les chemins de Compostelle. »

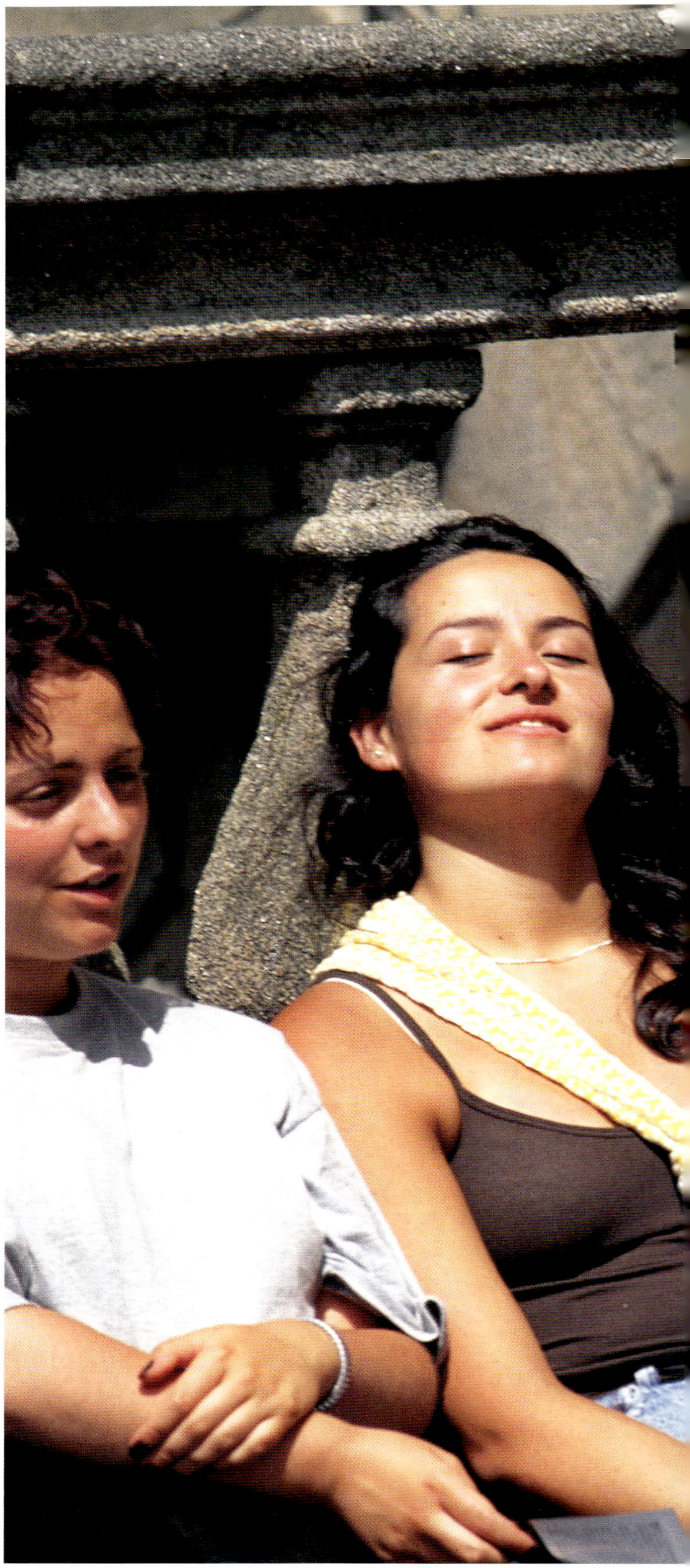

DOUBLE PAGE PRÉCÉDENTE : fêtes de Saint-Jacques devant la cathédrale. C'est le bouquet final du voyage, un moment de partage et de joie, comme une récompense des épreuves réservées aux pèlerins sur le chemin depuis le Puy-en-Velay.

CI-CONTRE : épuisées mais de toute évidence heureuses, des pèlerines à Compostelle. Le bourdon moderne entre les mains de l'une affirme hautement que le but a été atteint. Messire Saint-Jacques peut être satisfait !

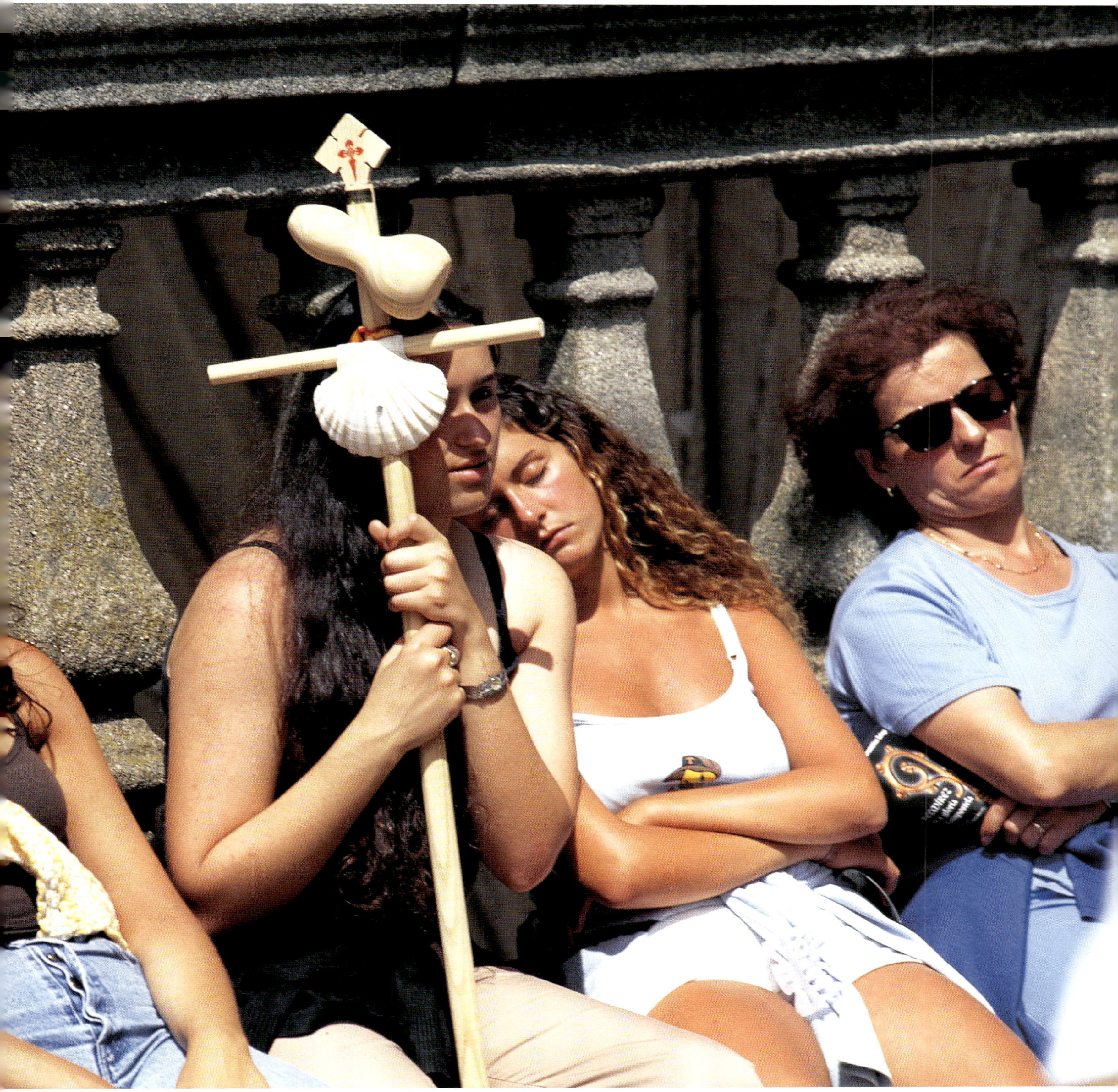

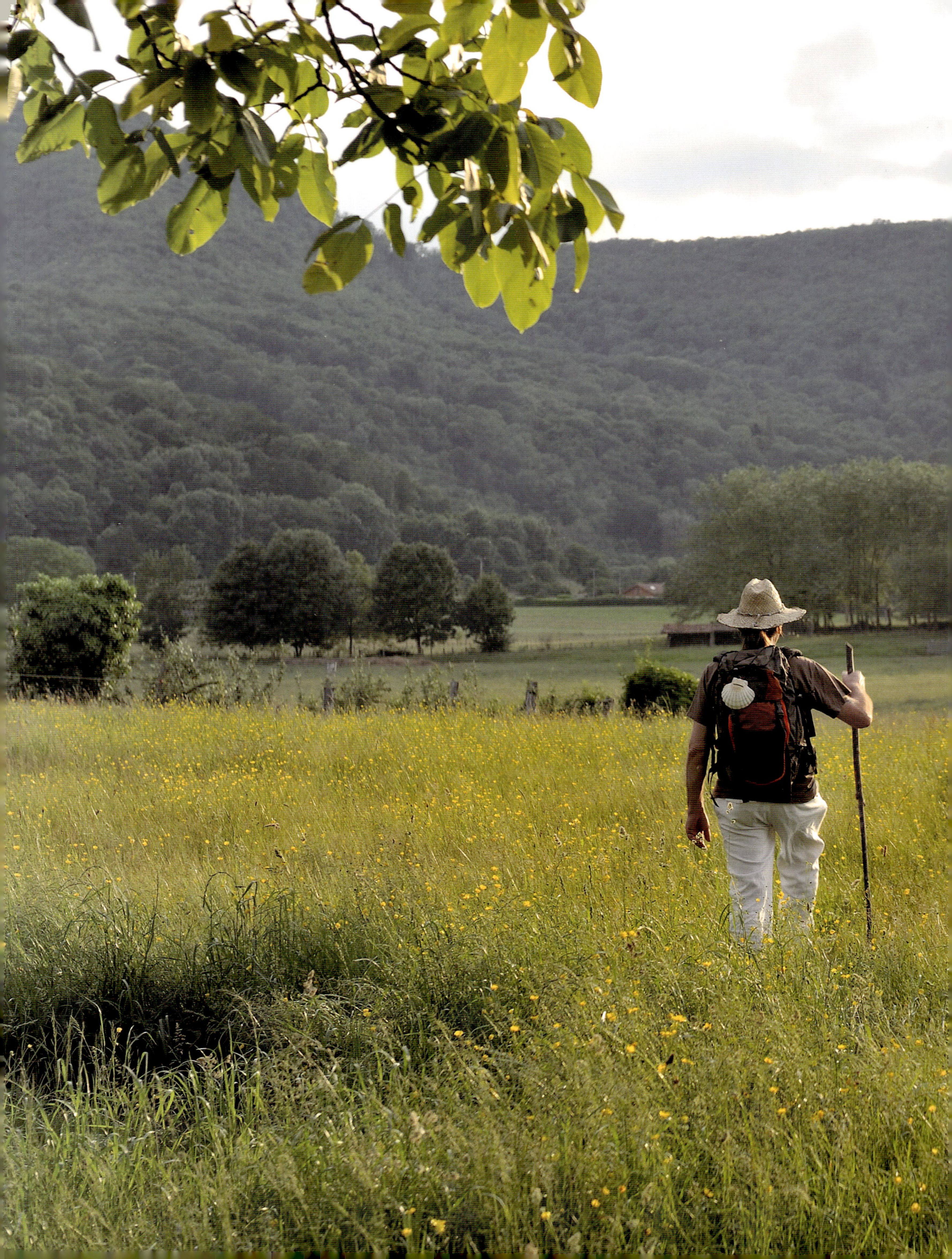

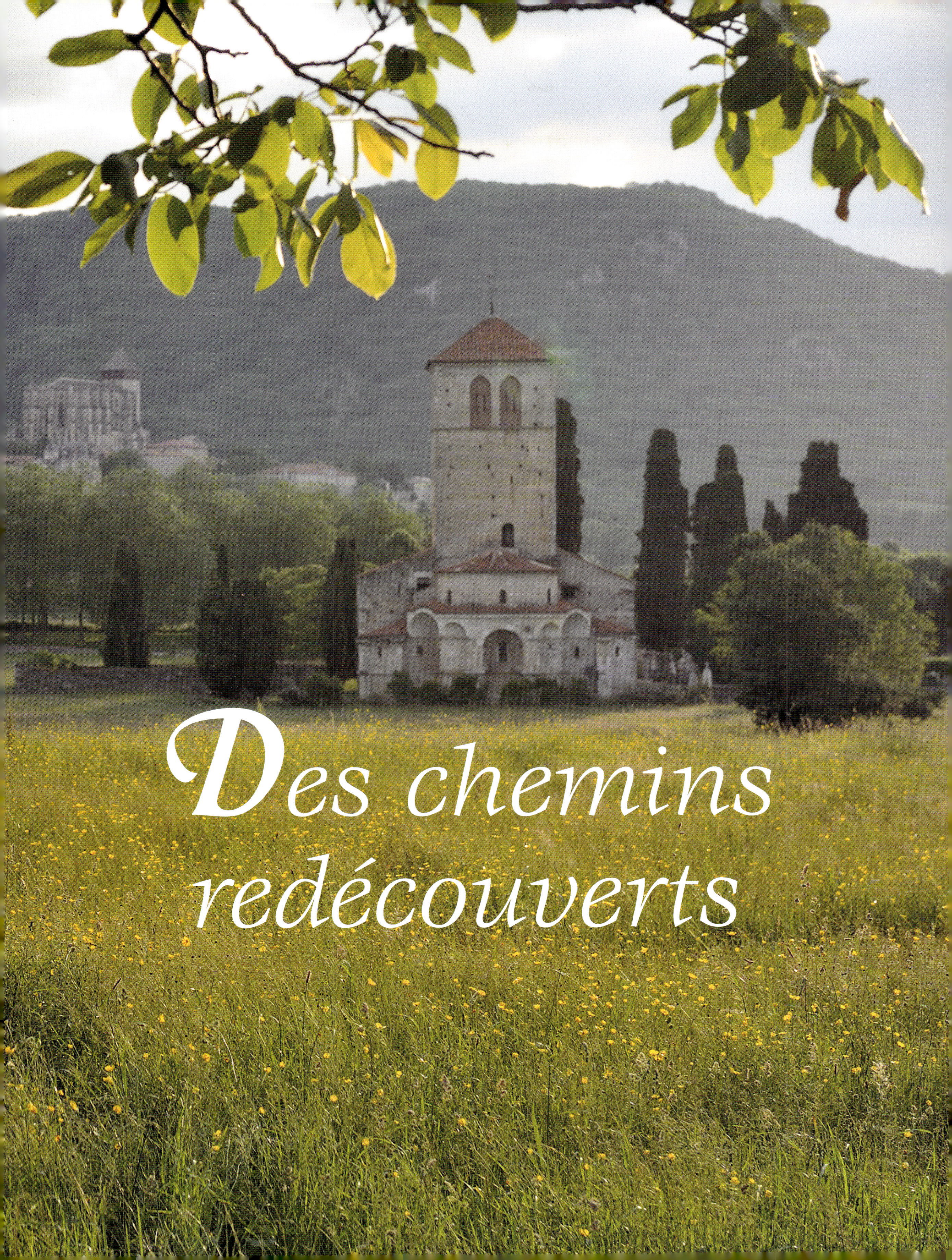
Des chemins
redécouverts

Voies d'hier, chemins d'aujourd'hui

En France, outre les quatre grandes voies qui se rejoignaient toutes en Espagne pour débuter le *camino Francés*, il existait autrefois de nombreuses routes empruntées par les jacquets. Ces dernières années, avec le succès grandissant du pèlerinage, ces anciennes routes sont redécouvertes et proposées aux pèlerins par différentes associations. Il serait inexact d'attribuer une plus ou moins grande importance aux divers chemins qui menaient à Saint-Jacques-de-Compostelle. Tous avaient la même finalité. Voies principales ou chemins de liaison, les pèlerins les empruntaient suivant leur lieu de résidence et en fonction des reliques et corps saints qu'il fallait vénérer tout au long du chemin jusqu'à Puente la Reina, où commençait l'étape espagnole. Chemins d'accès aux voies principales, ces routes dites secondaires étaient en réalité aussi authentiques et essentielles que ces dernières, qui regroupaient les pèlerins, tous en marche vers la même destination.

Les pèlerins arrivaient de partout : de Namur à Vézelay, pour les Flamands et les Allemands, où ils trouvaient la *via Lemovicensis*, de Cluny au Puy-en-Velay, où débutait la *via Podiensis,* et du Mont-Saint-Michel à Saint-Jean-d'Angély, pour les pèlerins d'outre-Manche qui rejoignaient la troisième voie principale, la *via Turonensis*. Enfin, la quatrième voie, la *Tolosana*, accueillait ceux qui arrivaient de Montpellier jusqu'à Oloron-Sainte-Marie, où ils se dirigeaient vers le col du Somport, dernière étape avant l'Espagne. Chemins difficiles et plus exposés que les autres au temps d'Aimery Picaud, les voies dites secondaires suivent à présent les petites routes départementales et communales, où l'apôtre se manifeste au hasard d'une église, sur une simple coquille au coin d'une ruelle, ou à travers le regard figé d'une statuette nichée dans une encoignure. Que de chemins se croisent pour rejoindre les voies principales ! Que de paysages différents, d'aventures risquées au nom de la foi ! Et toujours, hier comme aujourd'hui, ce même besoin de dépassement de soi, cette soif d'infini, ces mystérieux battements de cœur au fur et à mesure que se rapproche le terme de la quête, l'arrivée au rendez-vous que l'on s'est fixé là-bas, au champ de l'étoile, presque aux limites extrêmes de la Terre.

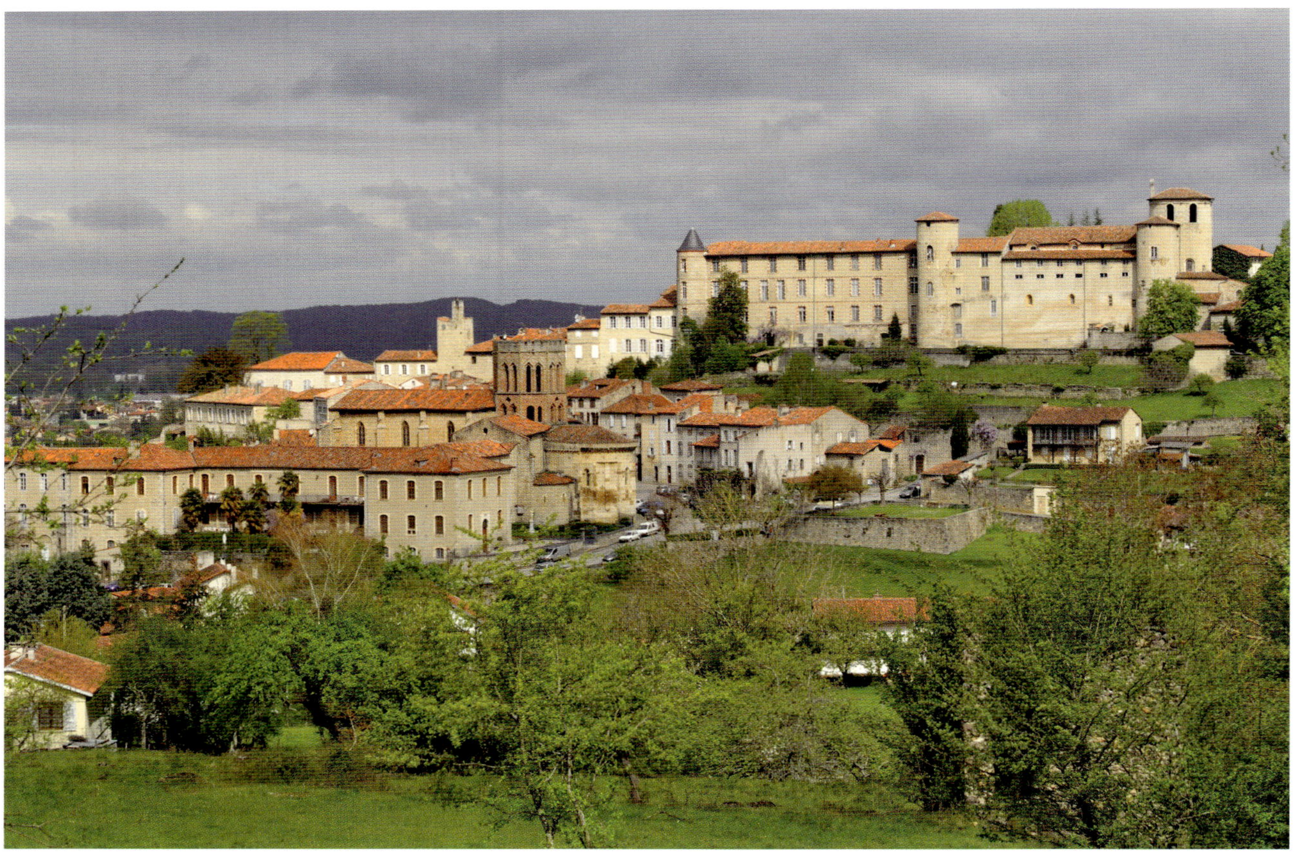

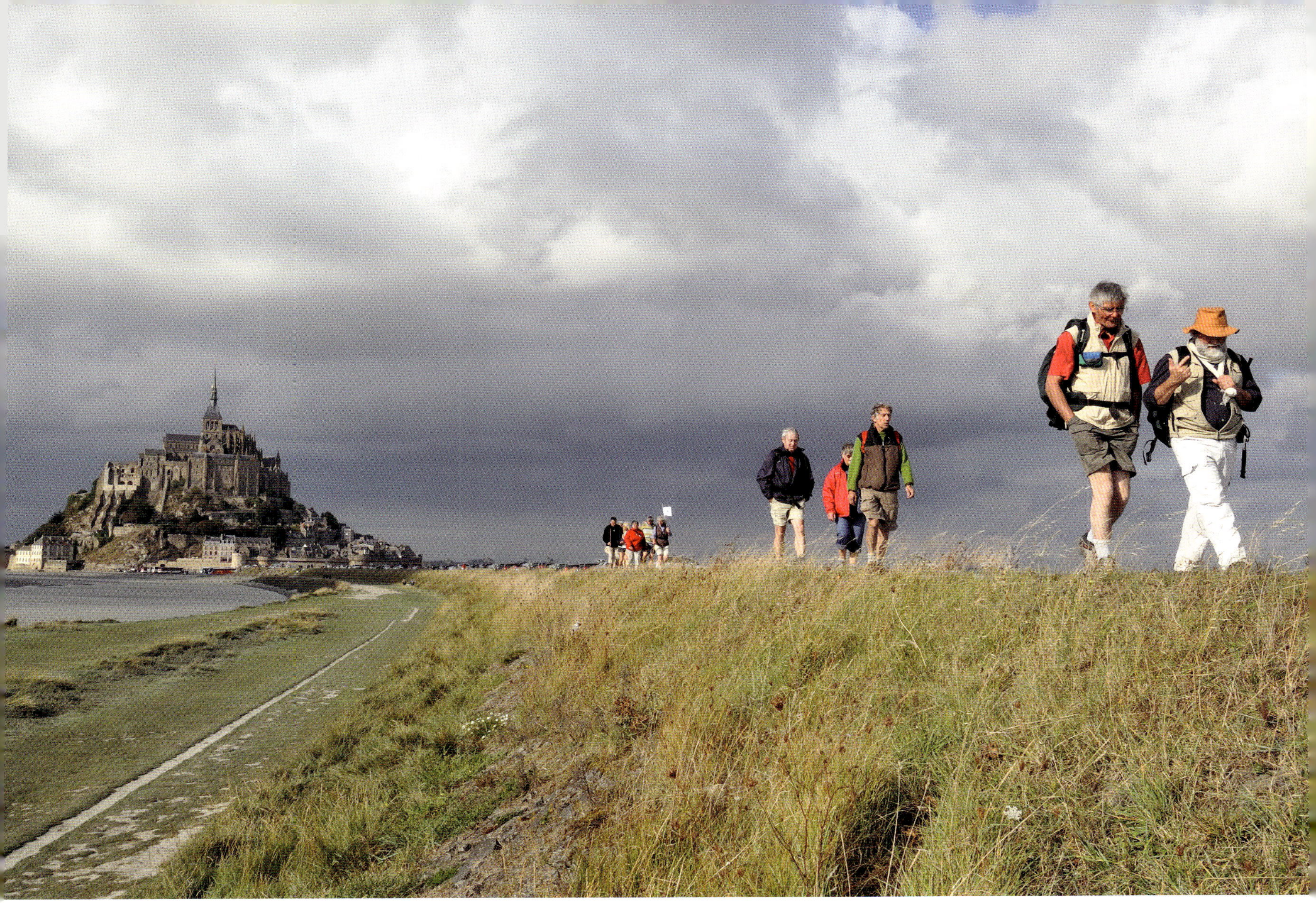

Nombre d'abbayes, d'hôpitaux et de prieurés ont à présent disparu. Mais les pèlerins demeurent, et si Aimery Picaud n'est plus là pour guider leurs pas, d'autres ont pris le relais, peut-être bien, après tout, habités par son énergie d'antan et son réalisme à toute épreuve, jusque dans les moindres détails. Précieuses associations d'aujourd'hui, comme celle des Amis de Saint-Jacques en Rhône-Alpes, de Cluny au Puy-en-Velay, celle du Chemin de Saint-Jacques-de-Compostelle sur la route du Piémont pyrénéen et l'association bretonne des Amis de Saint-Jacques du Mont-Saint-Michel à Saint-Jean-d'Angély. Et combien d'autres encore ! Les marcheurs d'aujourd'hui, grâce à elles, trouvent tous les renseignements nécessaires au bon déroulement de leur quête, et ne sont plus aussi exposés que les anciens aventuriers de Dieu. Pourtant, plusieurs éléments demeurent inchangés : l'esprit de compagnonnage, le goût de l'effort et le besoin de le mettre en commun, de partager avec d'autres ce qu'on a trouvé au cours de l'étape et cet émerveillement de se découvrir différent, libéré des contraintes asservissantes du quotidien. Les pèlerins d'aujourd'hui n'ont plus peur des passeurs brigands, des hordes de loups ni du froid meurtrier sur le bord du chemin. Les associations sont leurs anges gardiens, et les guides détaillés, leur nouveau bréviaire. Mais l'esprit du pèlerinage les habite avec autant de force qu'autrefois, et les derniers kilomètres de l'étape pèsent toujours autant sur les reins et les jambes.

Lorsqu'on regarde sur une carte le maillage fourmillant des routes vers Compostelle, on ne peut que constater l'étonnant équilibre de ces chemins qui convergent tous vers le même point. Aussi importants les uns que les autres, reconnus depuis le début du pèlerinage ou redécouverts plus récemment, ils résonnent toujours du martèlement des milliards de pas de ces pèlerins qui, depuis le IXe siècle, continuent à les emprunter.

DOUBLE PAGE PRÉCÉDENTE : pèlerin arrivant à la basilique Saint-Just de Valcabrère, à Saint-Bertrand-de-Comminges, sur la route du Piémont pyrénéen, variante de la *via Tolosana*. Au fond, la cathédrale Sainte-Marie, massive et puissante comme une forteresse de la foi.

PAGE DE GAUCHE : vue sur Saint-Lizier, en Ariège, sur la route du Piémont pyrénéen, où l'ancienne cathédrale Notre-Dame-de-la-Sède, près du palais des Évêques, est l'illustration de la richesse des prélats entre le XIe et le XIIe siècle.

CI-DESSUS : groupe de pèlerins venus prier au Mont-Saint-Michel à l'occasion de son 1300e anniversaire. Peut-être partent-ils ensuite sur le chemin montois rejoindre Saint-Jean-d'Angély et la *via Turonensis*...

La voie de Cluny

De Cluny au Puy-en-Velay

294 kilomètres

Deux chemins permettaient d'atteindre Le Puy-en-Velay: l'un partait de Lyon, passant par les monts du Lyonnais et le Forez, l'autre venait de Cluny. Tous les deux se rejoignaient à Saint-Georges-Haute-Ville où ils ne faisaient plus qu'un jusqu'au Puy-en-Velay, point de départ de la *via Podiensis*.
La route de Cluny permet au pèlerin d'aujourd'hui d'entrer en plein cœur du Moyen Âge. Longue de 294 kilomètres, elle offre, au gré de ses étapes de 23 kilomètres environ chacune, un éventail de paysages et de découvertes autant historiques qu'artistiques. S'y ajoute la foi lorsque le marcheur s'identifie, presque malgré lui, à ces anciens jacquets dont il découvre la présence à chaque pas.
Il est facile d'imaginer ce qu'ont pu ressentir ces pélerins d'autrefois en découvrant l'antique abbatiale de Cluny. Marchant depuis le nord, l'Allemagne ou quelque autre point de départ, ils se trouvaient bouleversés d'admiration devant cet ensemble majestueux, considéré jusqu'au XVIe siècle, date de la construction de Saint-Pierre de Rome, comme la plus grande église de la chrétienté. Fondée en 909 dans la vallée Noire par le duc d'Aquitaine Guillaume Ier, dit le Pieux, l'abbaye était longue de 187 mètres, avec une voûte en arc brisé qui s'élevait à 30 mètres, la désignant sans conteste comme le plus pur joyau de l'art roman bourguignon. Il n'en subsiste aujourd'hui que le bras sud du grand transept surmonté du clocher de l'Eau bénite, suite au vandalisme des marchands qui la démolirent pierre après pierre entre 1798 et 1823. Cluny était la merveille du Moyen Âge. Intimement liée au sanctuaire du Puy-en-Velay, la grande abbaye bourguignonne avait droit pour son abbé, lorsque ce dernier se rendait au Puy, à une procession solennelle aussi prestigieuse que celle prévue pour le roi ou pour le pape. Avantage révélateur de la puissance de l'abbaye bénédictine qui, forte de l'appui constant de la papauté, ne cessera d'étendre son autorité à travers tout l'Occident. Cluny connut son plein essor dès la fin du Xe siècle, à travers les églises qui se développèrent autour de l'abbaye, de ses hôpitaux et de ses demeures, restaurées pour la plupart.
La sortie de Cluny en direction de Cenves, perchée à 676 mètres d'altitude, permet au pèlerin de contempler les beaux vignobles du Mâconnais, avant d'aborder les forêts de résineux, tapissées de bruyères et de mousses, qui débouchent au col des Écharmeaux. Cette étape paisible regorge de paysages typiques du sud de la

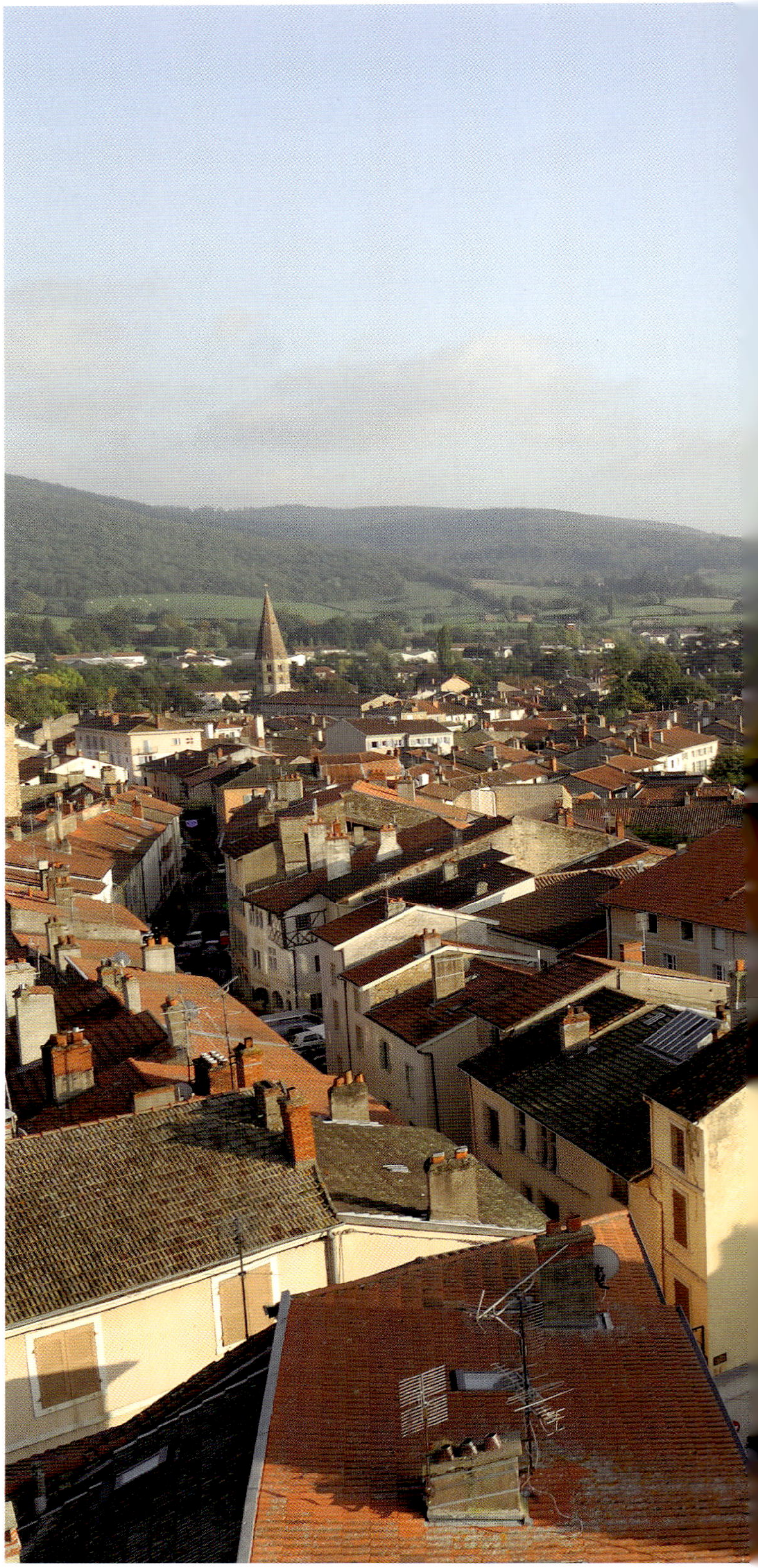

Ci-dessous : le clocher de l'église Notre-Dame, à Cluny, en Saône-et-Loire, depuis le haut de la tour des Fromages (XIIe siècle).

Anciennement appelée tour des Fèves, elle fut rebaptisée au XIXe siècle car une dame y faisait sécher ses fromages.

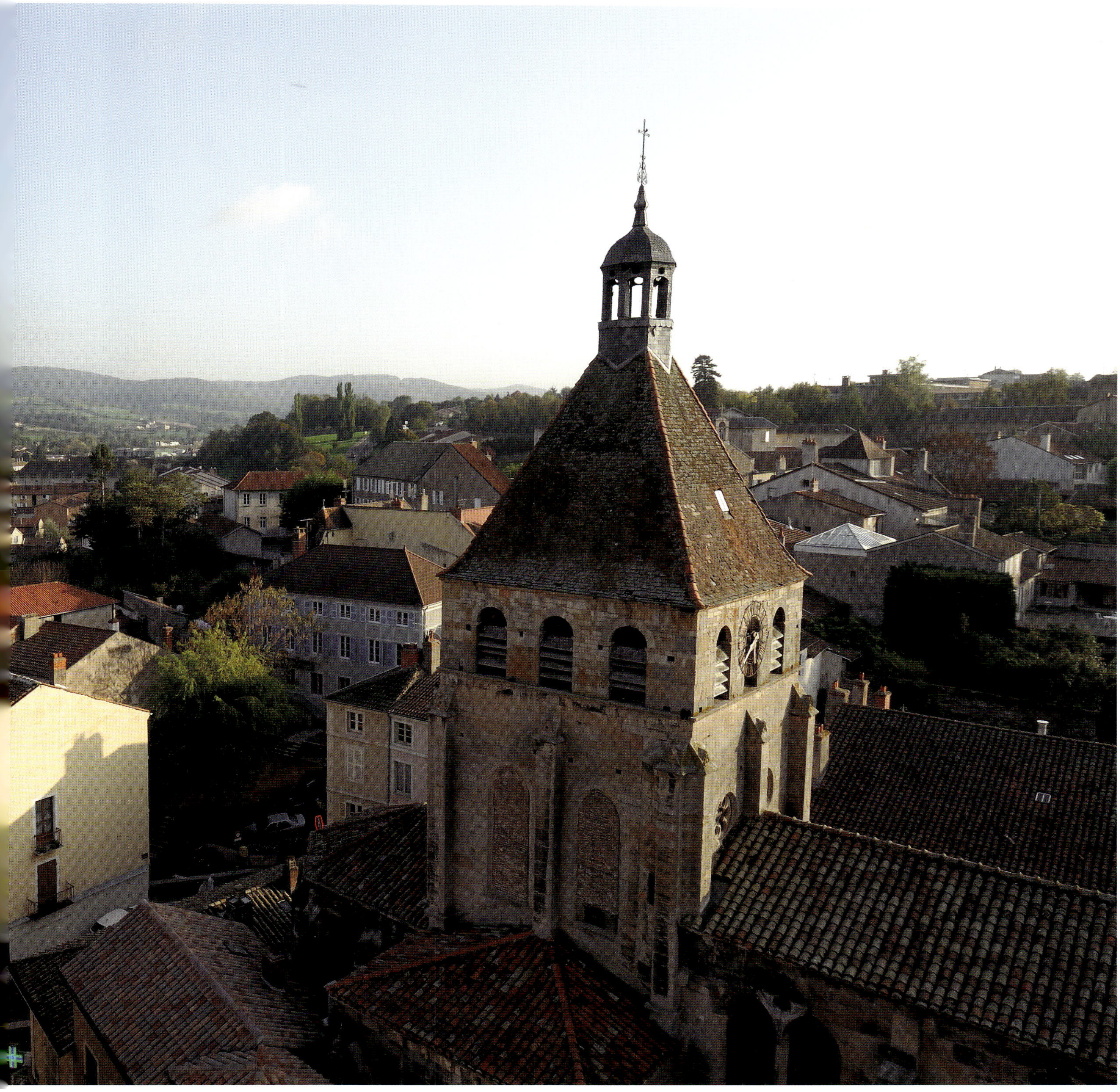

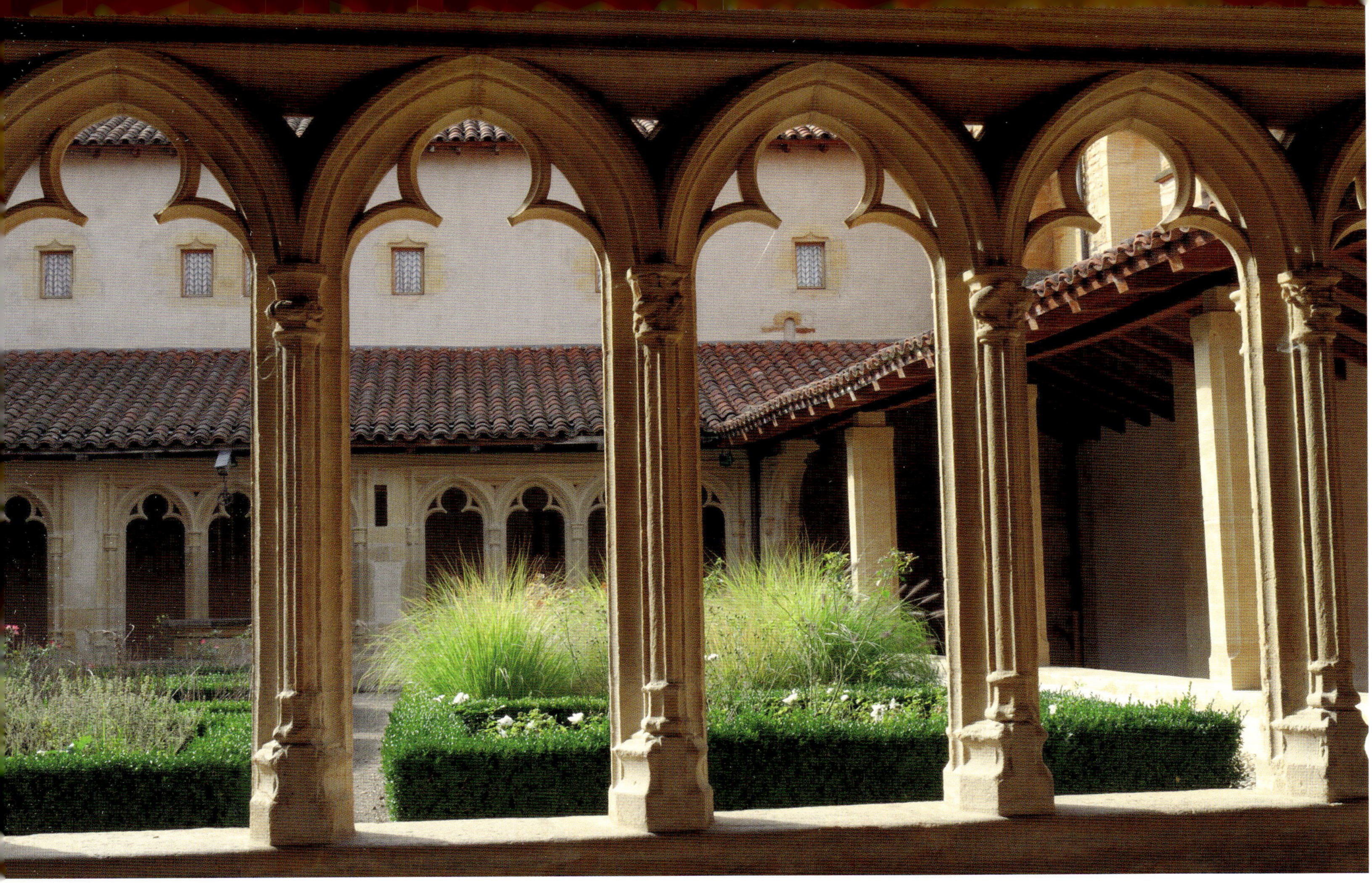

Bourgogne : bois de feuillus et de conifères, pâturages où paissent les bœufs charolais et les moutons, prairies d'élevage de chevaux, vignes produisant des vins blancs réputés, à deux pas des beaujolais rouges et blancs. Le chemin de Saint-Jacques continue, égayé par le passage des cols des Aillets, des Écorbans et de la Bûche, où le pèlerin bénéficie de beaux panoramas sur les monts du Haut-Beaujolais. Les 25 kilomètres suivants lui donnent l'occasion d'admirer à Charlieu, dans l'église Saint-Philibert, une magnifique statue de saint Jacques datant du XVe siècle, en bois sculpté et peint. Belle occasion pour le jacquet de réfléchir à l'époque de grande prospérité de cette belle abbaye bénédictine, fondée vers 875 et rattachée ensuite à Cluny. Charlieu est une cité pleine d'histoire, accrochée à ses maisons en pierre ou à colombages, construites entre le XIIIe et le XVe siècle. Elle charme le marcheur par ses petites rues pittoresques qui conduisent à l'ancien hôtel-Dieu où les jacquets venaient reprendre des forces et se faire soigner.

Mais il faut poursuivre le chemin. À Briennon, la belle église abbatiale de la « Bénisson-Dieu » impose une halte. Parée de sa toiture et de son clocher de 51 mètres en tuiles polychromes vernissées si caractéristiques de l'art bourguignon, elle ramène le jacquet à ce XIIe siècle, date de la fondation de l'abbaye par Albéric, compagnon de saint Bernard. Le Moyen Âge est très présent dans cette contrée. Le pèlerin retrouve cette ambiance à Saint-Haon-le-Châtel, perché sur son piton rocheux et enserré de remparts de porphyre rose, au hasard de ses ruelles où flotte encore l'esprit du comte de Forez retranché dans son château fort. Mais aussi à Saint-Jean-Saint-Maurice, où l'église Saint-Maurice-sur-Loire s'enorgueillit d'un beau « saint Jacques pèlerin », bourdon à la main, en plein cheminement. L'église romane de Montverdun était fort prisée par les anciens jacquets, qui venaient y vénérer les reliques de saint Porcaire et profiter des vertus d'une eau miraculeuse jaillissant d'une source au pied du pic où se trouvait le prieuré. Quant à Montbrison, les pèlerins y accouraient pour adorer les reliques de saint Aubin et surtout celles de saint Jacques le Majeur, deux ossements recueillis dans une bourse d'or et exposés dans la collégiale Notre-Dame. Le chemin longe à présent les gorges de la Loire, se glisse au-dessus de ses méandres, court à travers villages fortifiés et châteaux. Les kilomètres défilent au fur et à mesure que s'éloignent Apinac, Retournac, Vorey-sur-Arzon. Le pèlerin marche toujours, et c'est enfin l'apothéose à l'arrivée au Puy-en-Velay, où la chapelle Saint-Michel d'Aiguilhe se dresse sur son rocher comme la prière pétrifiée de l'évêque Godescalc qui, depuis l'an 962, n'a jamais cessé de monter vers Dieu.

CI-DESSUS : cloître gothique de l'abbaye bénédictine de Charlieu, dans la Loire. L'abbaye, fondée vers 875, fut rattachée à Cluny de 930 environ jusqu'à la fin du XVIIIe siècle.

PAGE DE DROITE : gorges de la Loire, près de Lavoûte-sur-Loire, et le château des comtes de Polignac, dont les tours dominent le fleuve.

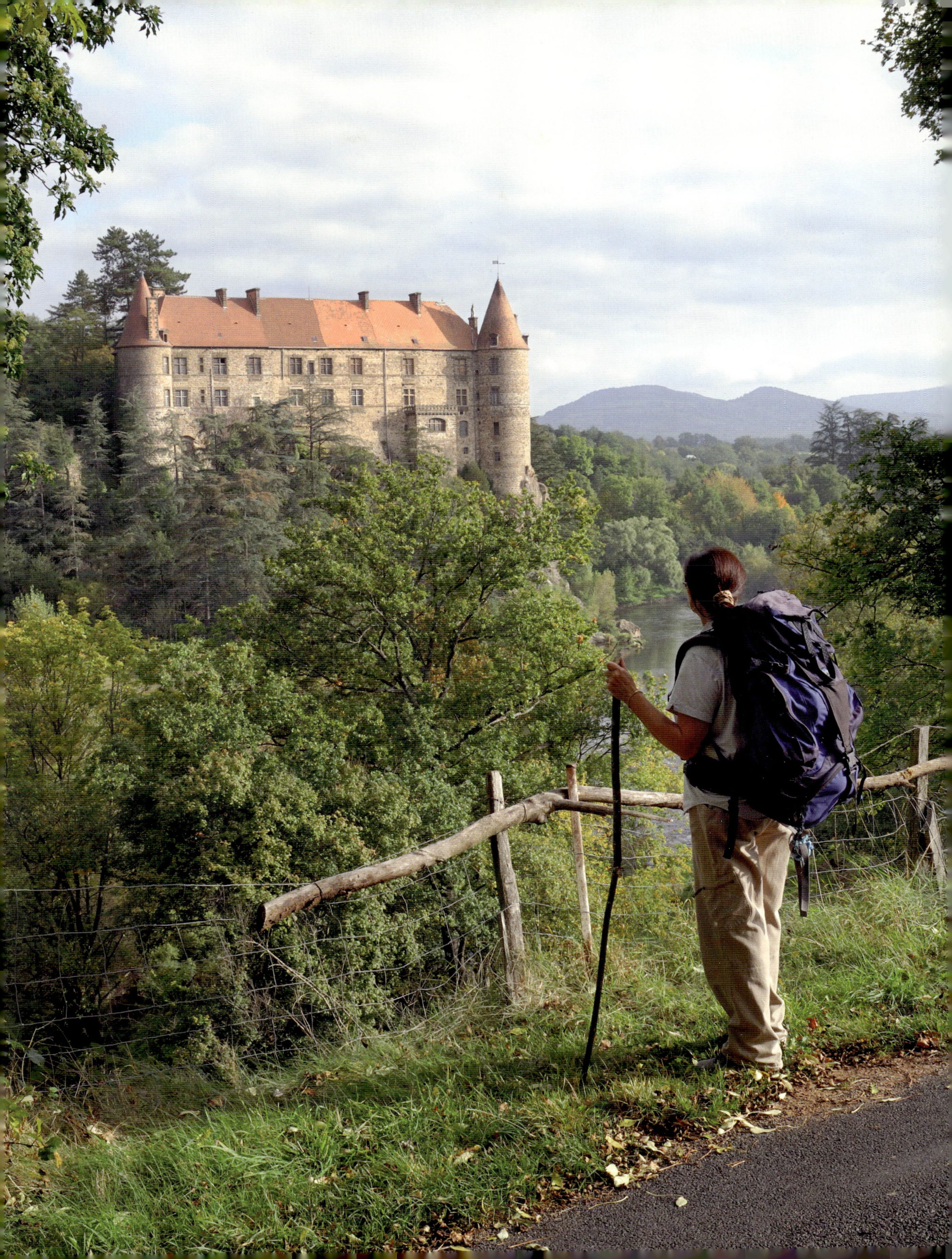

Le chemin montois

Du Mont-Saint-Michel à Saint-Jean-d'Angély

562 kilomètres

Cette route, oubliée par Aimery Picaud dans son *Guide du pèlerin*, n'en a pas moins été un lieu important de rassemblement pour les jacquets qui venaient des quatre coins d'Europe, besace sur le dos et bourdon en main, pour rejoindre la *via Turonensis* à Saint-Jean-d'Angély. Ils se regroupaient au Mont-Saint-Michel, en compagnie de ceux qui venaient adorer l'archange saint Michel, les miquelots, impressionnés soudain par ce qu'ils découvraient rien qu'en levant les yeux vers le ciel : la statue de saint Michel terrassant le dragon de l'Apocalypse au sommet de la tour de la splendide abbaye médiévale, perchée sur son rocher au milieu de la baie immense, tour à tour gagnée et perdue par la mer. Normand ou breton, par la grâce de la rivière Couesnon, dont l'embouchure marqua longtemps la limite officielle entre la Normandie et la Bretagne, le Mont-Saint-Michel offrait aux innombrables jacquets l'accueil, les soins et la nourriture par l'intermédiaire des moines bénédictins établis là au Xe siècle. Encore aujourd'hui, cette « merveille de l'Occident » ne cesse d'exercer une puissante attraction spirituelle sur les pèlerins des temps modernes.

Tout autour du Mont-Saint-Michel, les paroisses de la baie sont étroitement liées à son histoire et à celle des pèlerinages. De même que les routes qu'empruntèrent les

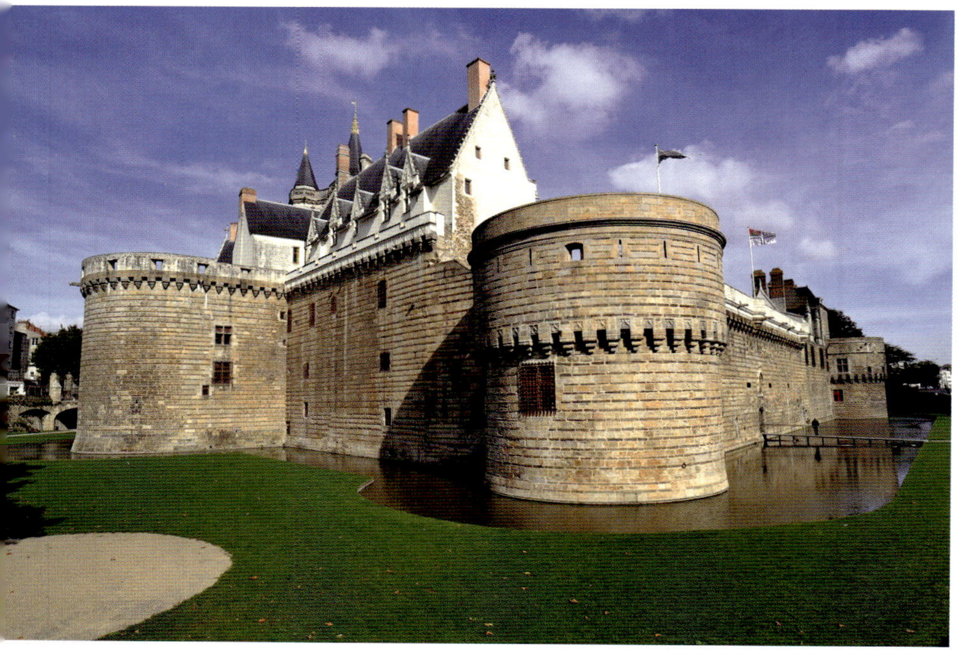

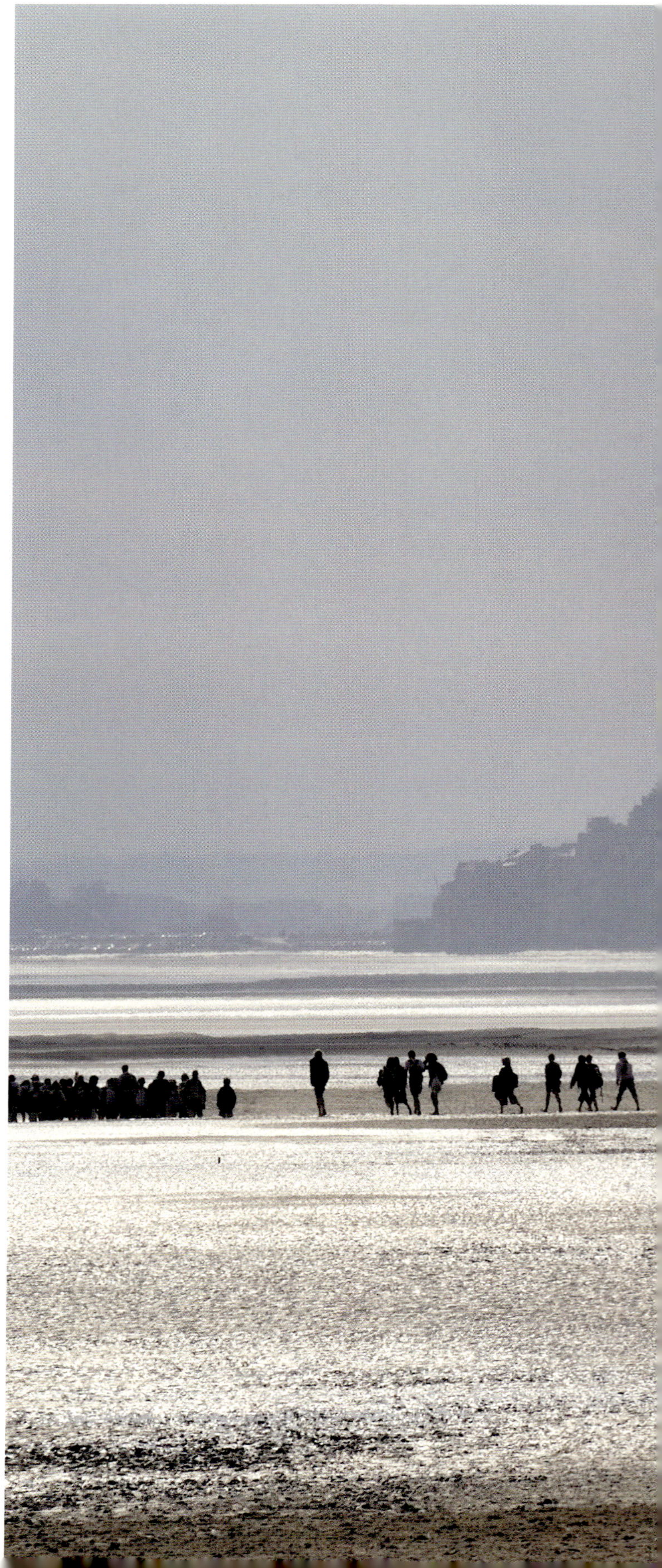

Page de gauche : la tour des Jacobins et la tour du Port du château des ducs de Bretagne, à Nantes.

Ci-dessous : marcheurs et pèlerins au Mont-Saint-Michel, en 2008, lors des célébrations du 13e centenaire du Mont, qui débutèrent par une messe dans l'église abbatiale.

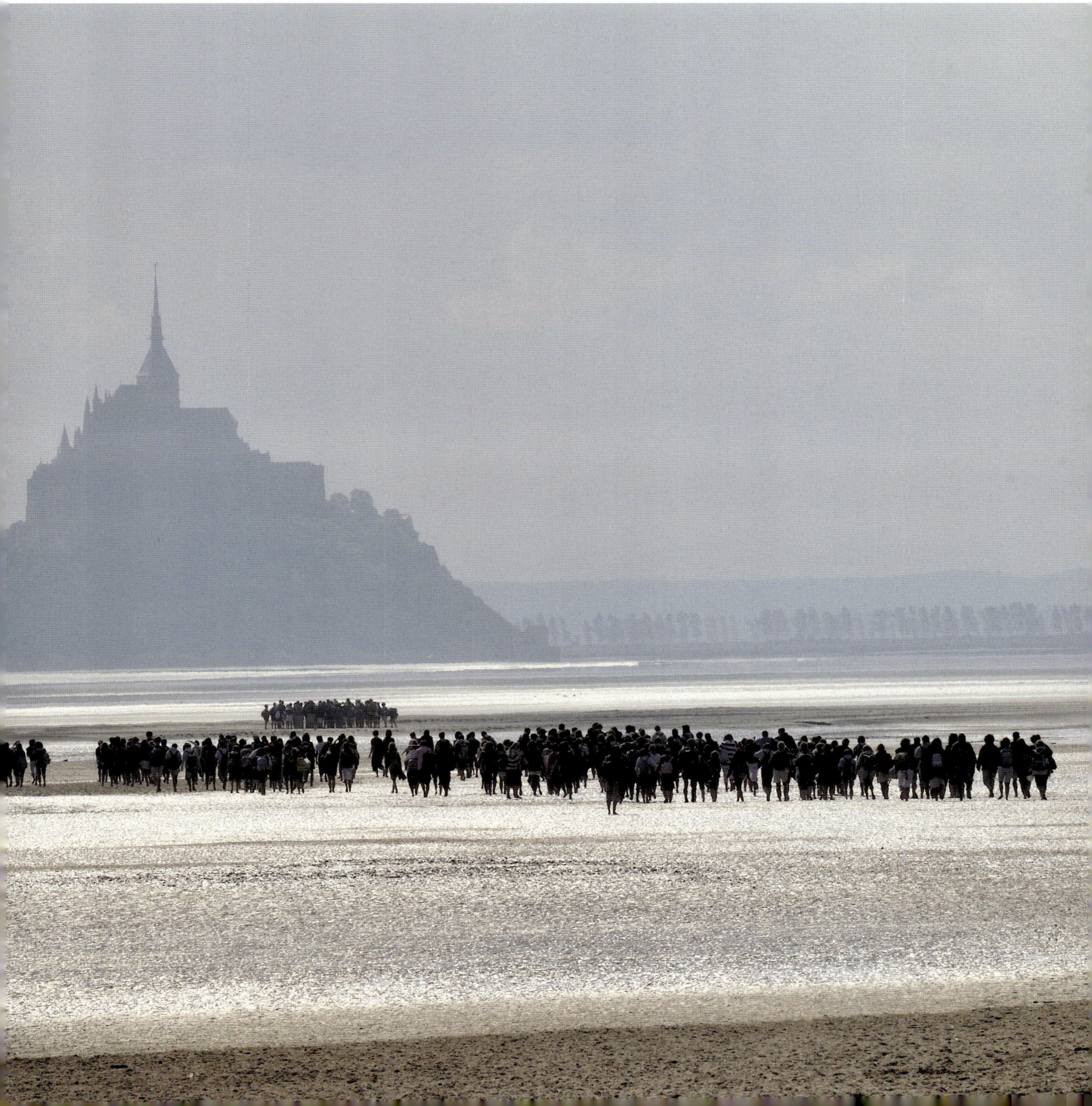

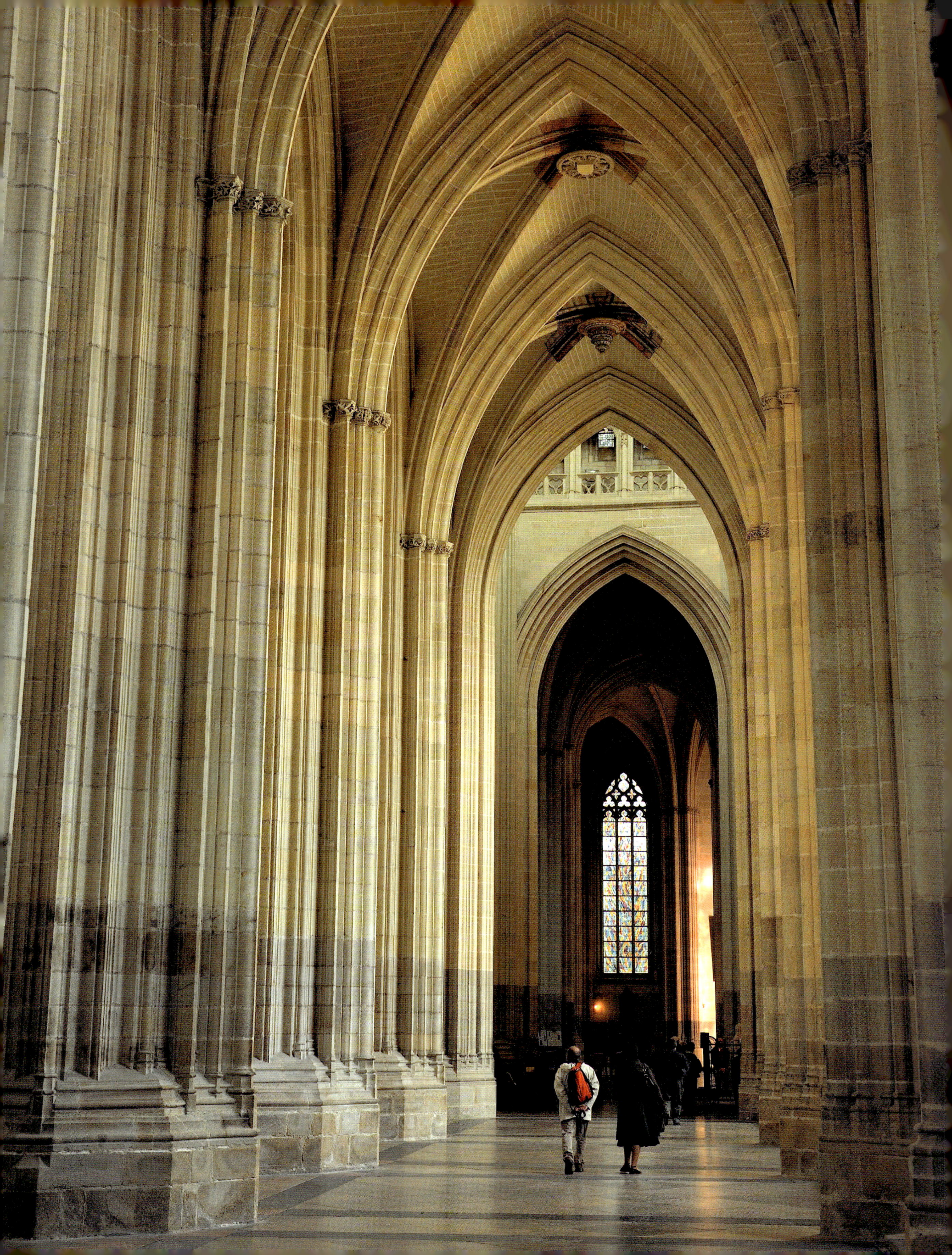

innombrables pèlerins qui gagnaient le Mont pour y rendre un culte à l'archange saint Michel, environ un siècle avant que ne s'affirme celui rendu à saint Jacques. Les chemins montois reliaient le Mont à Saint-Jean-d'Angély en passant par Saint-James, Fougères, Vitré, Angers, Parthenay et Niort, ou bien par Pontorson, Rennes, Redon, Nantes, Montaigu, Surgères. Le culte de l'archange et, plus tard, celui de saint Jacques, attirèrent en outre au XIIIe siècle les fameux « pastoureaux », pour le meilleur d'abord, puisqu'il s'agissait à l'origine de bandes d'enfants pour la plupart bergers et miséreux, pour le pire ensuite, lorsque ces pastoureaux devinrent des hors-la-loi qui répandaient la terreur et le massacre, ce qui donna naissance au proverbe « Les petits gueux vont au Mont-Saint-Michel, les grands vont à Saint-Jacques ».

C'est à Pontorson, dans l'église Notre-Dame, que le marcheur trouve une première représentation du grand protecteur des jacquets. Au XIe siècle, près du Mont, à Saint-James, le prieuré de l'abbaye de Saint-Benoît-de-Beuvron offrait à l'adoration des pèlerins une sainte relique qui les attirait en masse. Antrain, Sens-de-Bretagne, Saint-Médard-sur-Ille sont des chemins creux entrecoupés de bois et de landiers, de belles églises et de prieurés au hasard d'un hameau. Ce sont des étapes balisées par la coquille et plus paisibles que difficiles. Mais voilà que le paysage change. Les chemins creux se font liquides, c'est désormais le territoire de l'eau. Canaux, écluses, chemins de halage, route monotone jusqu'à Rennes où la cité se réclame d'un passé directement lié au culte de l'apôtre, à travers l'évocation d'édifices malheureusement disparus aujourd'hui. Il demeure encore à Saint-Jacques-de-la-Lande une statue moderne au chevet de son église, reconstruite en 1850. Le cheminement continue sur les traces du passé : ancienne maison Saint-Jacques à Redon, calvaires au hasard des landes, chaussée romaine vers le village de Gâvre, puis jusqu'à Blain. Mais le grand apôtre se manifeste peu le long de ce chemin, certainement jalonné à l'époque de lieux d'accueil, de monastères et de prieurés, pour venir en aide à ces jacquets qui ne devaient penser qu'à leur hâte de rejoindre Saint-Jean-d'Angély, où les attendait la *via Turonensis*. Pourtant, l'apôtre est bien là, comme en témoignent les

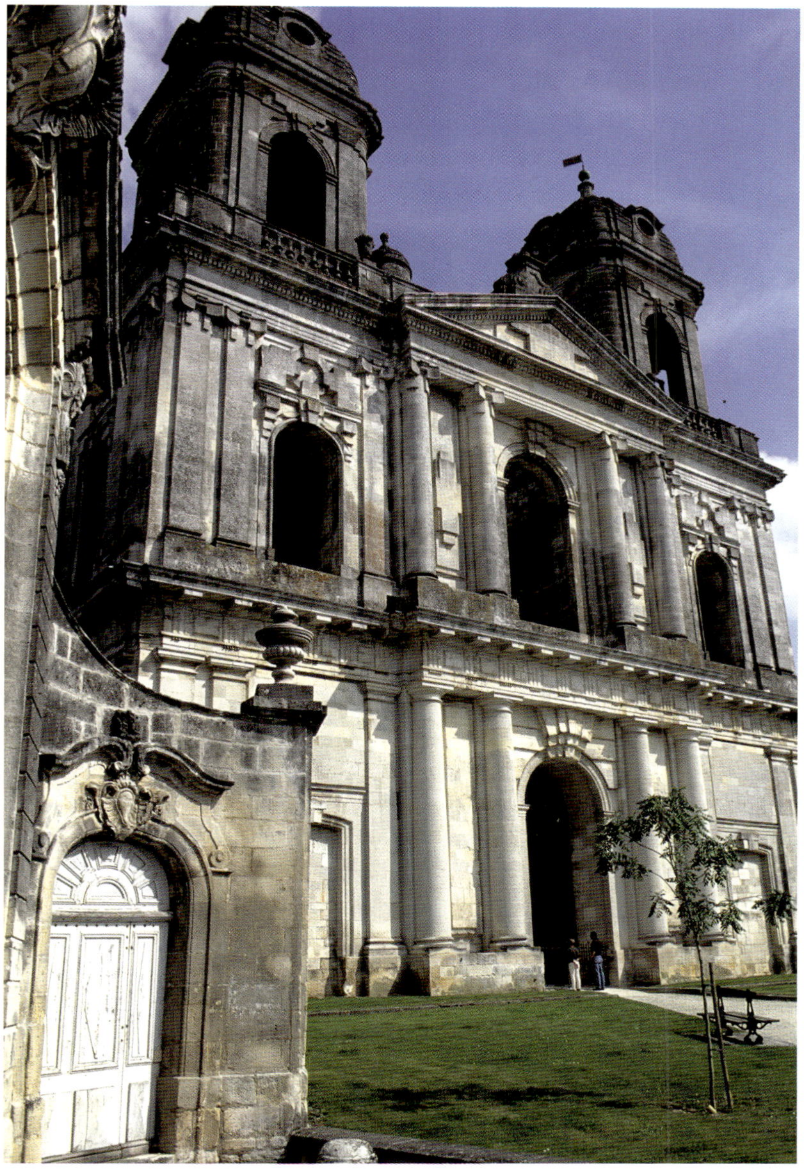

sites jacquaires de Saint-Jacques de Pirmil et de Saint-Jacques de Clisson, à Nantes, qui étaient des hauts lieux du pèlerinage. On le trouve notamment sur l'une des deux bannières de procession conservées à Saint-Jacques de Pirmil, où il apparaît tête nue, vêtu d'une robe et d'une redingote. Il tient de ses deux mains son chapeau et un grand bourdon reposant dans la saignée du bras gauche. Il figure aussi sur une autre bannière de la même église, vêtu cette fois de riches vêtements dorés. Mais, à présent, Saint-Jean-d'Angély n'est plus très loin. Il faut encore rejoindre Montaigu, le long des rives de la Maine, puis, sur les bords de l'Autise, la superbe abbaye de Nieul-sur-l'Autise. Le pèlerin avance toujours et arrive à Surgères, devant sa belle église romane Notre-Dame. La route se poursuit et les pas se succèdent, réguliers et inexorables. La fin se rapproche et les deux tours majestueuses de l'abbaye royale de Saint-Jean-d'Angély apparaissent, marquant la fin d'une des étapes capitales sur le chemin de Saint-Jacques-de-Compostelle.

PAGE DE GAUCHE : intérieur de la cathédrale gothique Saint-Pierre-et-Saint-Paul de Nantes, une des étapes du chemin montois.

EN HAUT : vestiges de l'église bénédictine royale de Saint-Jean-d'Angély, en Charente-Maritime, ville où le chemin montois rejoint la célèbre *via Turonensis*.

La voie de Namur

De Namur à Vézelay

688 kilomètres

À partir du Xe siècle, il était courant de rencontrer des pèlerins flamands et allemands dans les ruelles et devant la basilique de Saint-Jacques-de-Compostelle. Venus du nord de l'Europe, depuis les comtés de Flandre ou du Hainaut et le duché de Brabant, les jacquets quittaient leur demeure, abandonnaient famille et biens pour gagner la lointaine Compostelle, appliquant à la lettre la recommandation du Christ à ses disciples. D'autres, originaires du Danemark, gagnaient Liège pour atteindre Namur en empruntant la vallée de la Meuse, puis de là se séparaient, les uns en direction de Paris, les autres de Vézelay pour rejoindre la *via Lemovicensis*.

Sur la voie de Namur à Vézelay, la nature offre un éventail quasi miraculeux de paysages qui illustrent à merveille les richesses de la région : grandes forêts du massif ardennais, vallonnement des crêtes préardennaises, plaine de Champagne avec la Montagne de Reims en son centre. Et, partout, l'esprit de saint Jacques qui accompagne les marcheurs et que l'on retrouve dans la région des grands lacs champenois (le lac du Der, les lacs de la forêt d'Orient), accroché à une coquille de pierre sur une simple borne, à travers la côte des Bars et les plateaux du Barrois. Étapes à peu près équilibrées d'une vingtaine de kilomètres chacune, émaillées çà et là d'abbayes, d'églises et de prieurés, véritable remontant pour ranimer les forces défaillantes.

CI-DESSOUS : pèlerin traversant la forêt des Ardennes, en Champagne-Ardenne.

PAGE DE DROITE : une pèlerine se reposant devant la cathédrale Notre-Dame de Reims, joyau de l'art gothique dont la façade principale et son revers sont de véritables dentelles de pierre.

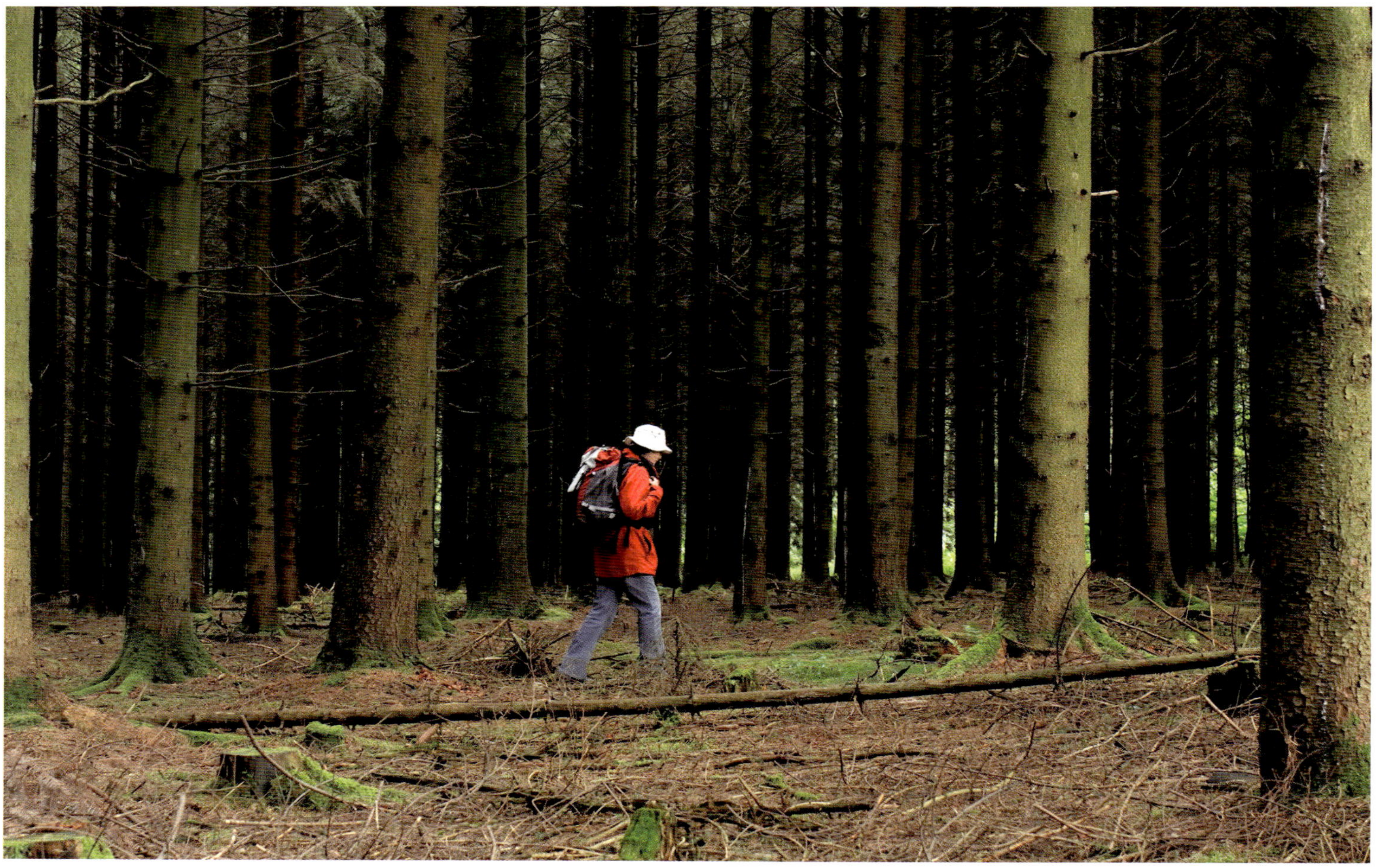

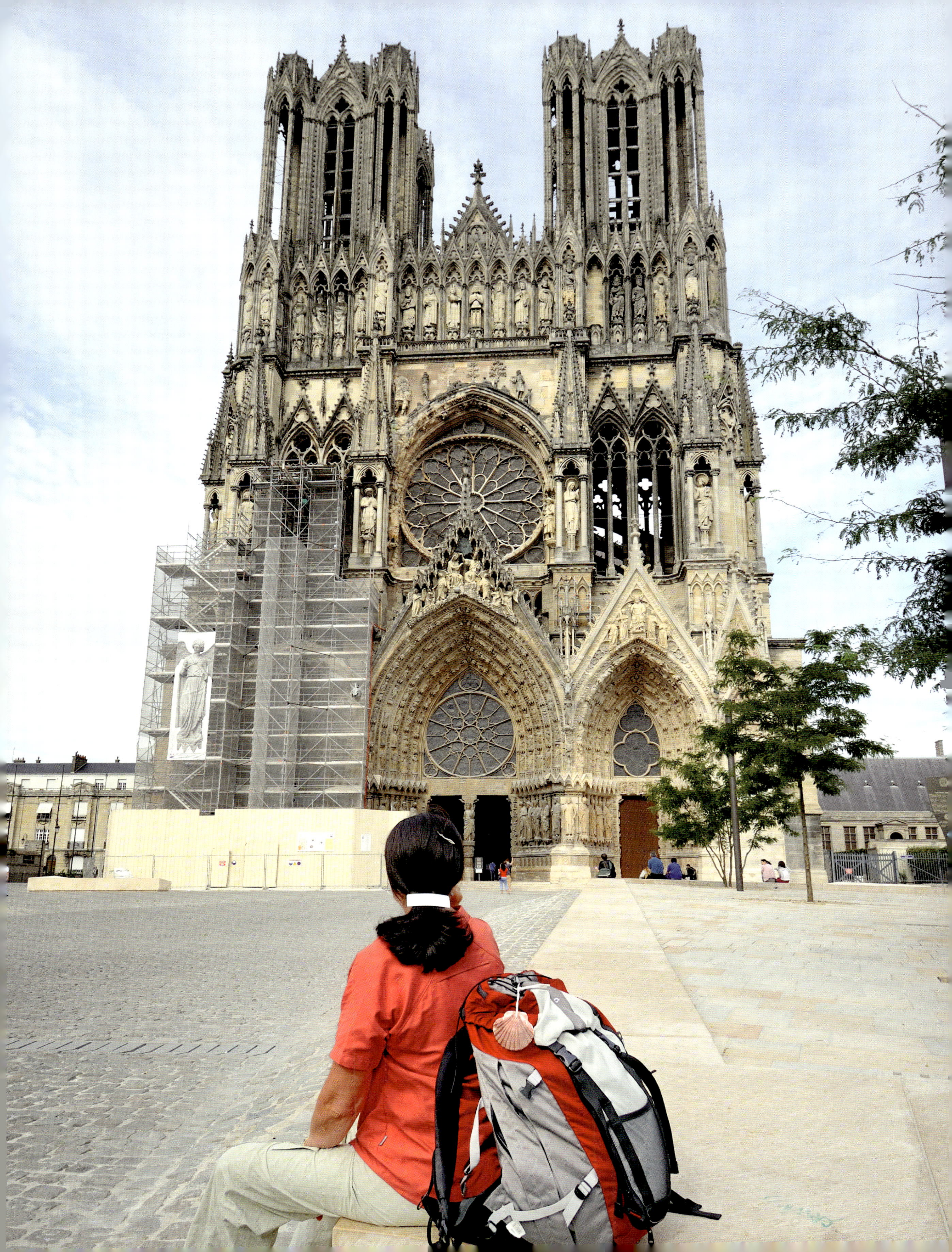

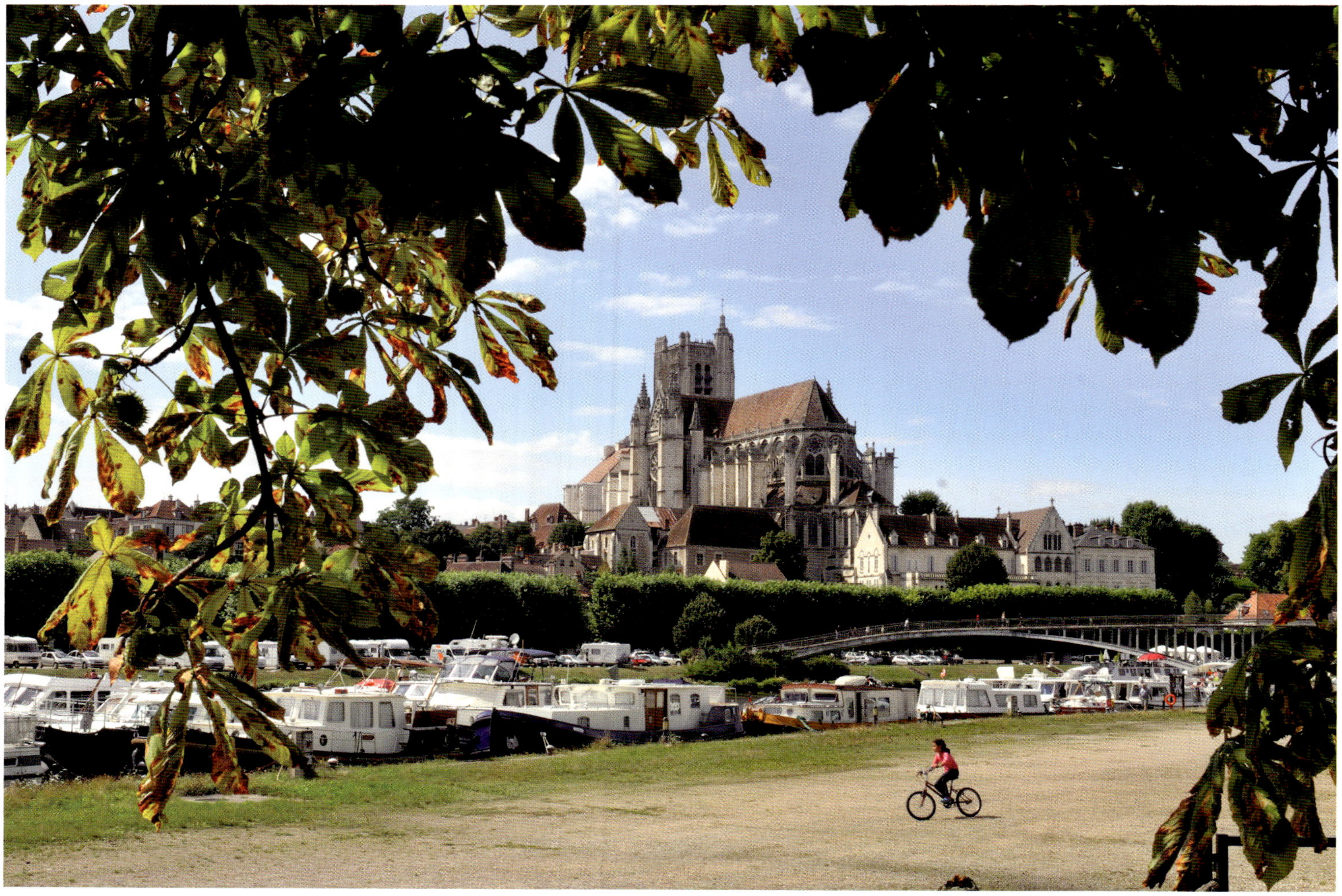

À Namur, prestigieuse cité médiévale, les jacquets de l'époque ont marqué leur passage à divers endroits de la ville. La présence de l'apôtre y est à l'honneur encore aujourd'hui, comme en témoigne un itinéraire balisé de coquilles en bronze au départ de la gare vers la citadelle. Même si le château-forteresse de Philippe Ier de Hainaut, flanqué au nord de sa chapelle Saint-Jacques, n'est plus intact, les pèlerins peuvent admirer le beffroi ou ancienne tour Saint-Jacques, édifié en 1388, qui se trouve être le plus imposant rempart de la ville. Que dire de l'église dédiée à l'apôtre sur le site qui abritait un hospice d'accueil des jacquets ? Tout y parle de lui, surtout deux statues très intéressantes, sculptées au XVIIIe siècle en souvenir de l'ancienne chapelle de l'hospice, qui le montrent, l'une en pèlerin, l'autre, celle de Notre-Dame-du-Pilier, à l'endroit où la Vierge lui serait apparue pour l'enjoindre de continuer sa mission au moment où son courage l'abandonnait. Cette église, bâtie en 1757 par les Frères de la Miséricorde afin de secourir les plus déshérités (dont bon nombre de pèlerins de Saint-Jacques), posséderait sur sa partie droite les fondations d'une chapelle en bois du XIIIe siècle et d'anciennes pierres tombales de pèlerins qui auraient été utilisées pour construire les marches d'accès aux cloches. Les anciens jacquets allaient à Namur pour se recueillir devant les reliques de saint Aubin et celles de la Vraie Croix. Ceux d'aujourd'hui ne manquent pas d'admirer la merveille d'orfèvrerie du milieu du XIIIe siècle, le pied reliquaire de saint Jacques, qui contient un fragment d'os de l'apôtre, trésor conservé jalousement par les sœurs de Notre-Dame de Namur au sein du prieuré Saint-Nicolas d'Oignies.

Le chemin continue jusqu'à Rocroi, où le marcheur franchit la frontière pour se trouver en terre de France. Forêts profondes du massif ardennais, village d'Anseremme, où rôde l'esprit de Charlemagne, citadelle de Rocroi et pâturages verdoyants de la Thiérache ardennaise. Le jacquet n'a d'autre horizon que sa solitude et le rythme de sa marche sur fond de méditation. Mais il sait que Reims l'attend pour mettre ses pas dans ceux des anciens pèlerins, tout

En haut : la cathédrale Saint-Étienne et l'ancien palais épiscopal au bord de l'Yonne, dans la ville d'Auxerre, en Bourgogne.

Page de droite, en haut : « la Colline Inspirée » et le village de Vézelay, aux confins du Morvan, couronné par la merveilleuse basilique de la Madeleine.

Page de droite, en bas : deux pèlerins heureux d'arriver au gîte et de retrouver, à Vézelay, la *via Lemovicensis*.

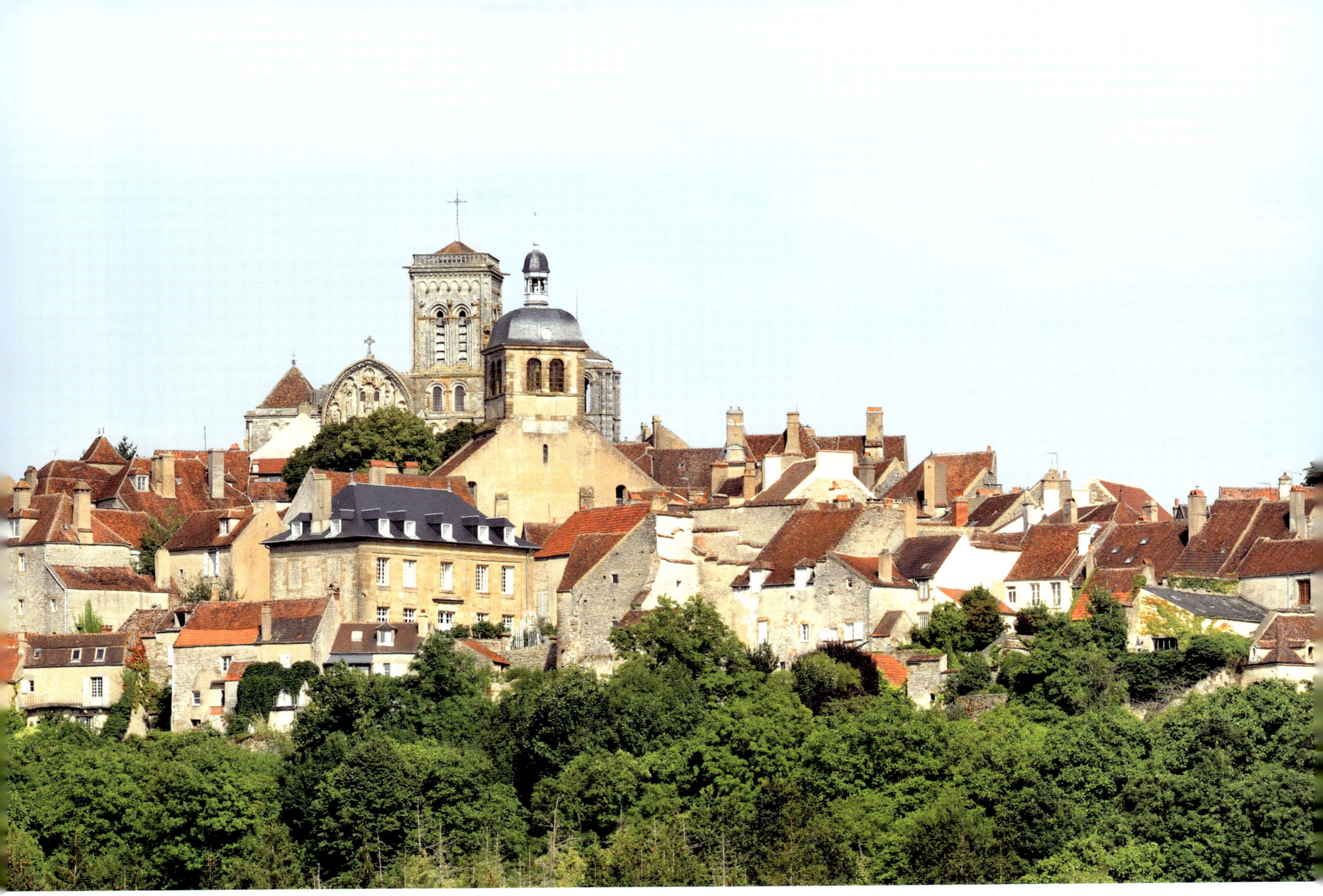

au long de l'itinéraire tracé par le GR 654 qui traverse le centre-ville. Il va admirer la cathédrale Notre-Dame, construite au XIIe siècle, lieu de sacre de la plupart des rois de France. Puis l'église Saint-Jacques et la basilique Saint-Rémi, édifiée à partir de l'an 1007, où il se recueillera devant la châsse du saint Évêque, comme tant d'autres l'ont fait avant lui. Puis, il terminera par Saint-Denis, l'ancienne abbaye royale qui abritait la sainte ampoule avant que la Révolution l'eût emportée dans sa grande vague de destruction.

Les yeux et le cœur encore éblouis, le pèlerin poursuit sa route jusqu'à Châlons-en-Champagne, où la sublime verrière de l'église Notre-Dame-en-Vaux représente saint Jacques le Matamore et la barque de l'apôtre battue par les flots. Puis on continue par Vitry-le-François, Bar-sur-Seine, Tonnerre et Auxerre, en plein cœur du duché de Bourgogne, dont la cathédrale Saint-Étienne ranime son courage au pied du vitrail qui représente saint Jacques en majesté. La récompense est l'arrivée à Vézelay, où communient la lumière sous les hautes voûtes de la basilique et la musique sacrée portée par la voix des moniales. Vézelay est le point de départ de la *via Lemovicensis*.

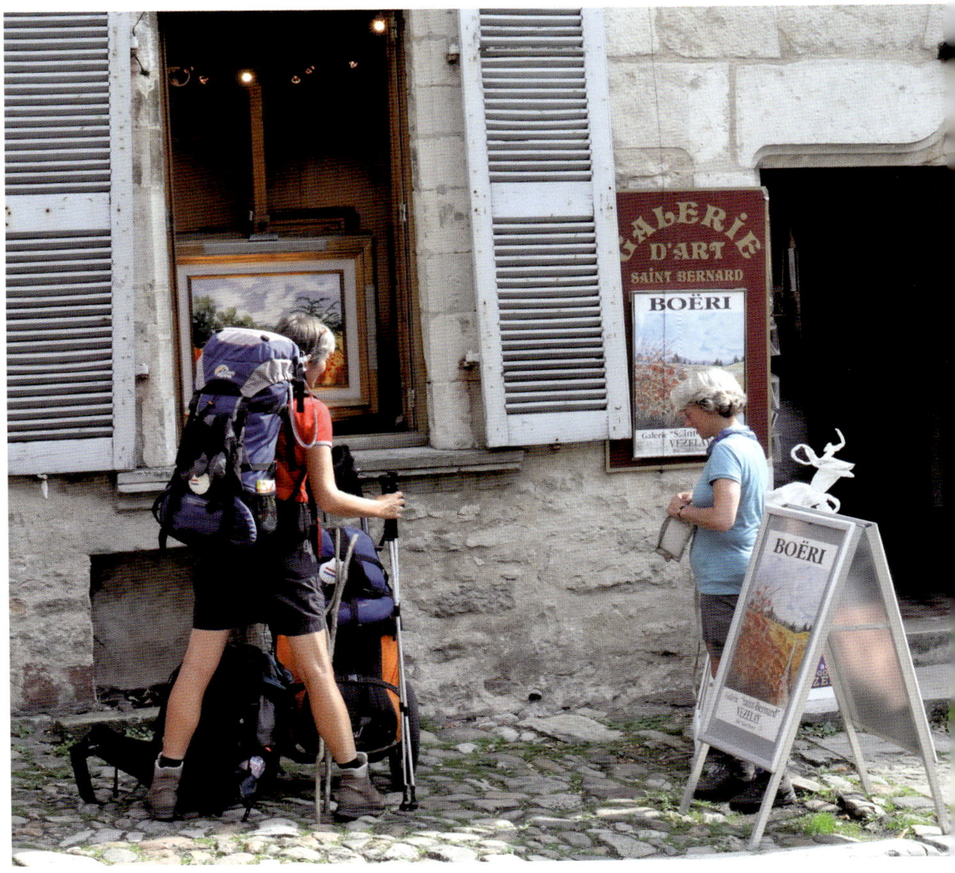

La route du Piémont pyrénéen

De Montpellier à Oloron-Sainte-Marie

557 kilomètres

Le chemin du Piémont pyrénéen, variante de la *via Tolosana*, est tout entier imprégné de l'histoire jacquaire. Il est difficile d'en fixer les étapes, car chaque marcheur d'aujourd'hui peut se laisser tenter par un détour plus ou moins important qui allonge la route, dans le seul but d'aller admirer un des joyaux artistiques qui la jalonnent. Les pèlerins d'autrefois se détournaient volontiers pour avoir le bonheur d'aller se recueillir sur quelque tombeau ou sainte relique. Ce chemin conserve aujourd'hui l'aspect initiatique d'un parcours enfoui en pleine nature, solitaire et retiré, loin des grands axes plus volontiers privilégiés. Choisi entre tous par les amoureux du silence propre à la méditation, il déroule au pied des Pyrénées des paysages fastueux où l'esprit cathare habite encore la roche, murmure en langue d'oc dans le feuillage des forêts, s'accroche aux pierres vénérables des basiliques. Des noms prestigieux se détachent : Montpellier et l'abbaye de Fontcaude, Béziers dans l'Hérault, Carcassonne dans l'Aude, Mirepoix, Vals, Pamiers, Montjoie-en-Couserans, Saint-Lizier et Audressein dans l'Ariège. Puis, en continuant le chemin, Saint-Bertrand-de-Comminges et Valcabrère en Haute-Garonne, enfin c'est Lourdes dans les Hautes-Pyrénées et Oloron-Sainte-Marie dans les Pyrénées-Atlantiques.

Il suffit de se reporter un instant à cette époque du Moyen Âge pour réaliser la difficulté du chemin tel qu'il se présentait aux jacquets armés de leur seul bourdon et de leurs prières, au pied même de la chaîne des Pyrénées. Attaques de brigands et de bêtes sauvages, épuisement de faim, de fatigue et de froid, le spectre de la mort était sans cesse présent à leur esprit, et nombre d'entre eux ne trouvaient le courage de poursuivre la route qu'en invoquant les saints dont ils se proposaient d'aller adorer les reliques. De nos jours, le pèlerin part souvent en touriste, mais sans qu'il y prenne garde,

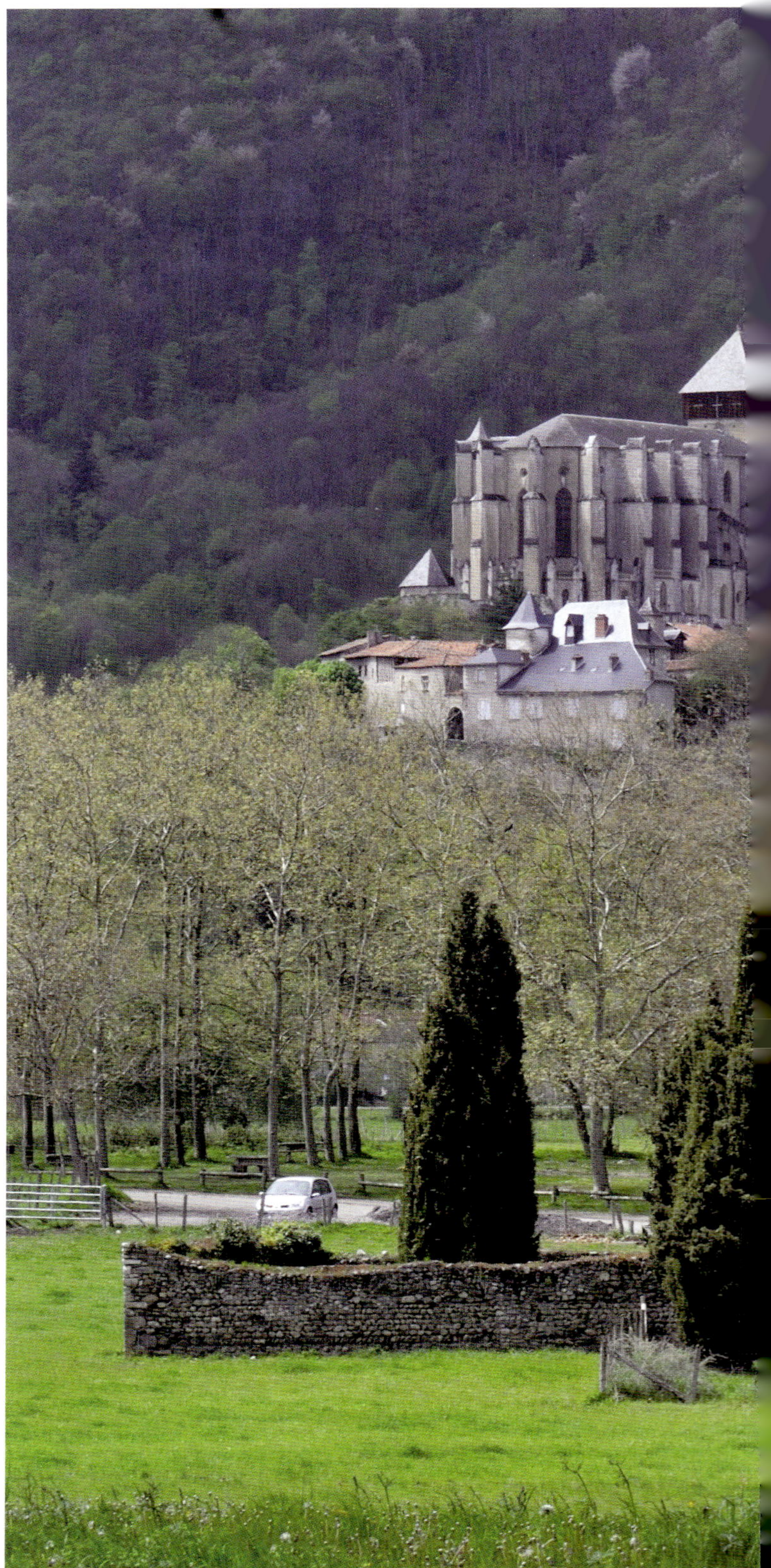

À DROITE : la basilique Saint-Just de Valcabrère, superbe édifice roman des XIe et XIIe siècles, située à l'écart de la ville de Saint-Bertrand-de-Comminges, dans un écrin de cyprès. En arrière-plan, une importante halte sur le chemin de Saint-Jacques, la cathédrale Sainte-Marie, au pied des Pyrénées.

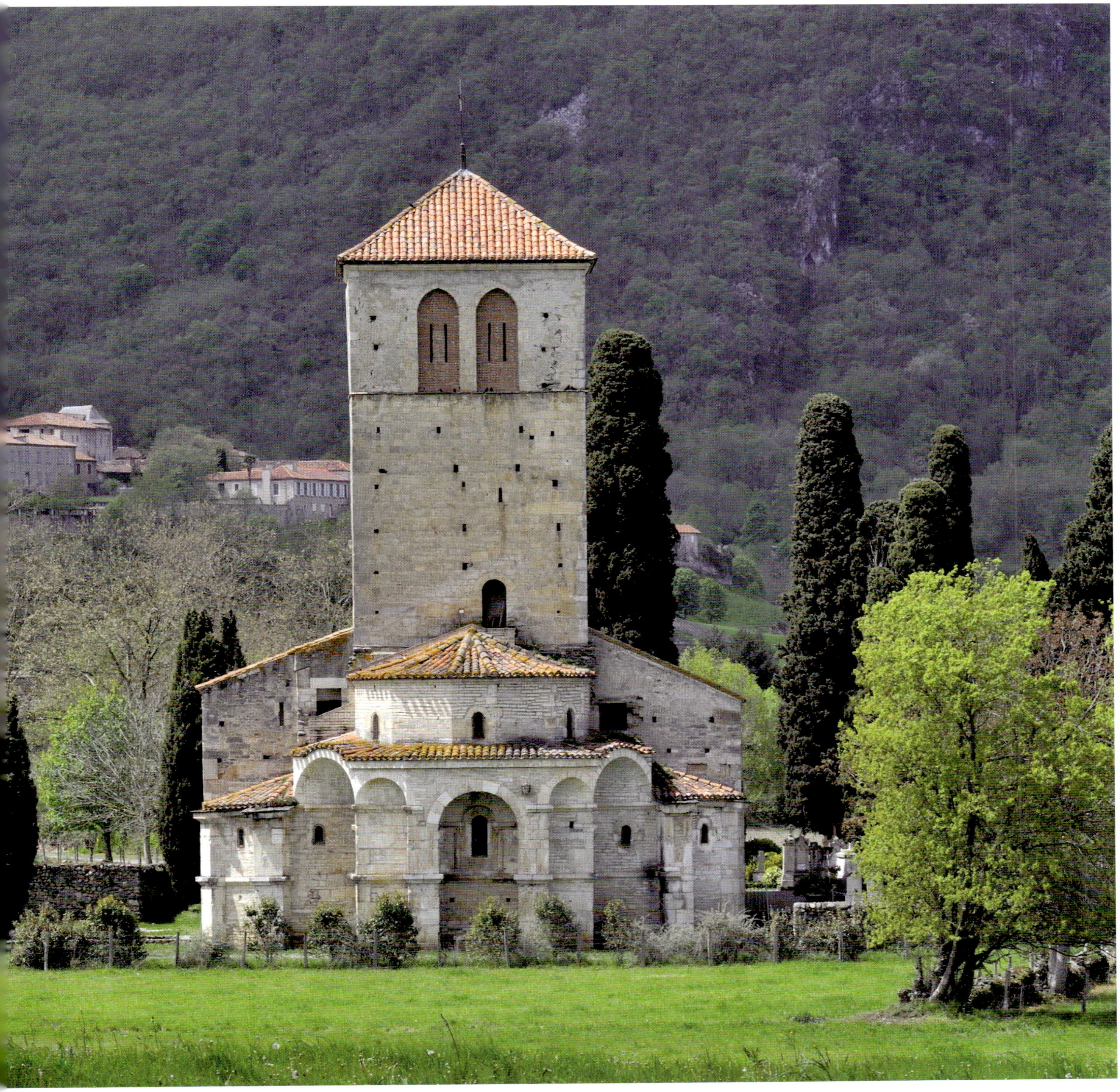

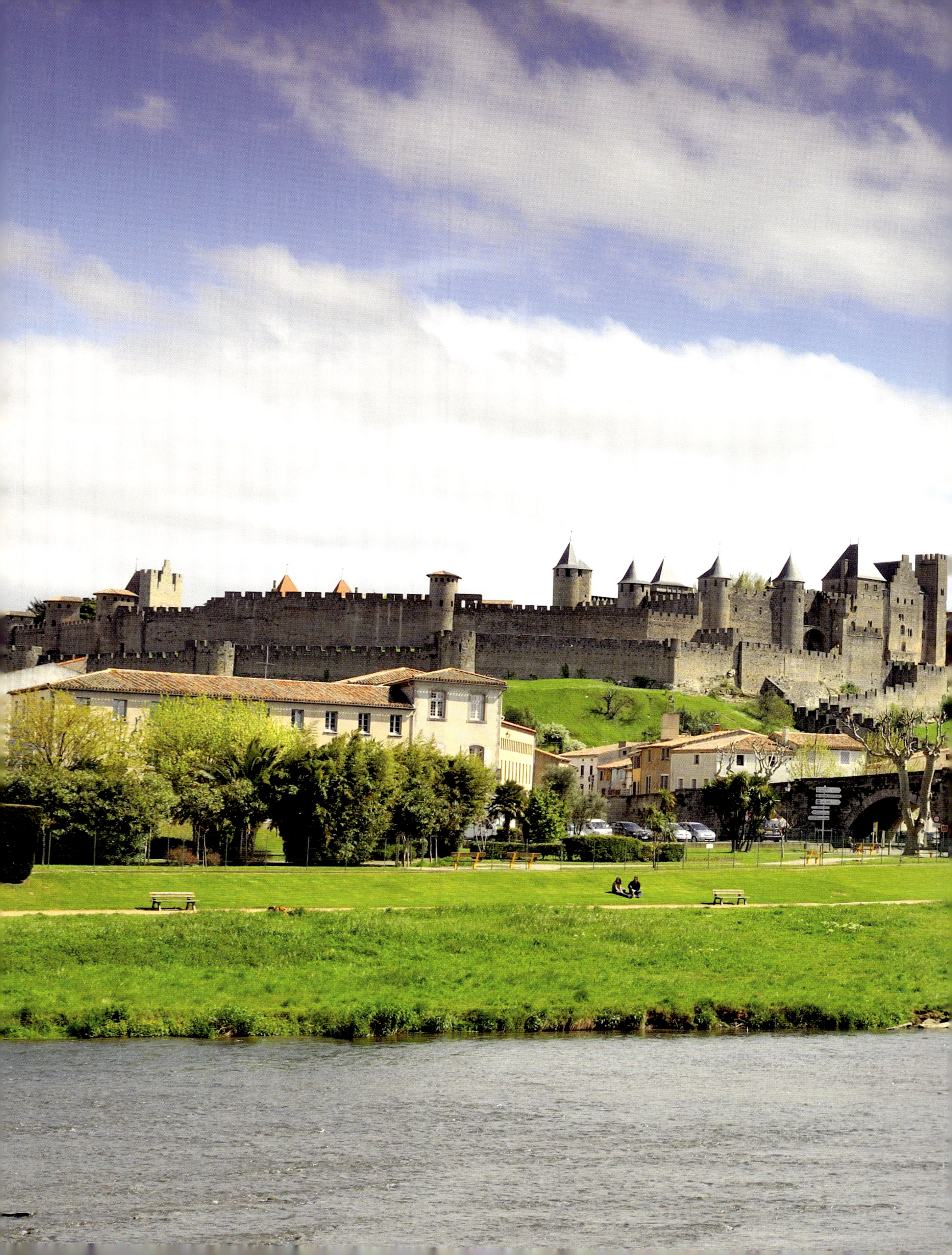

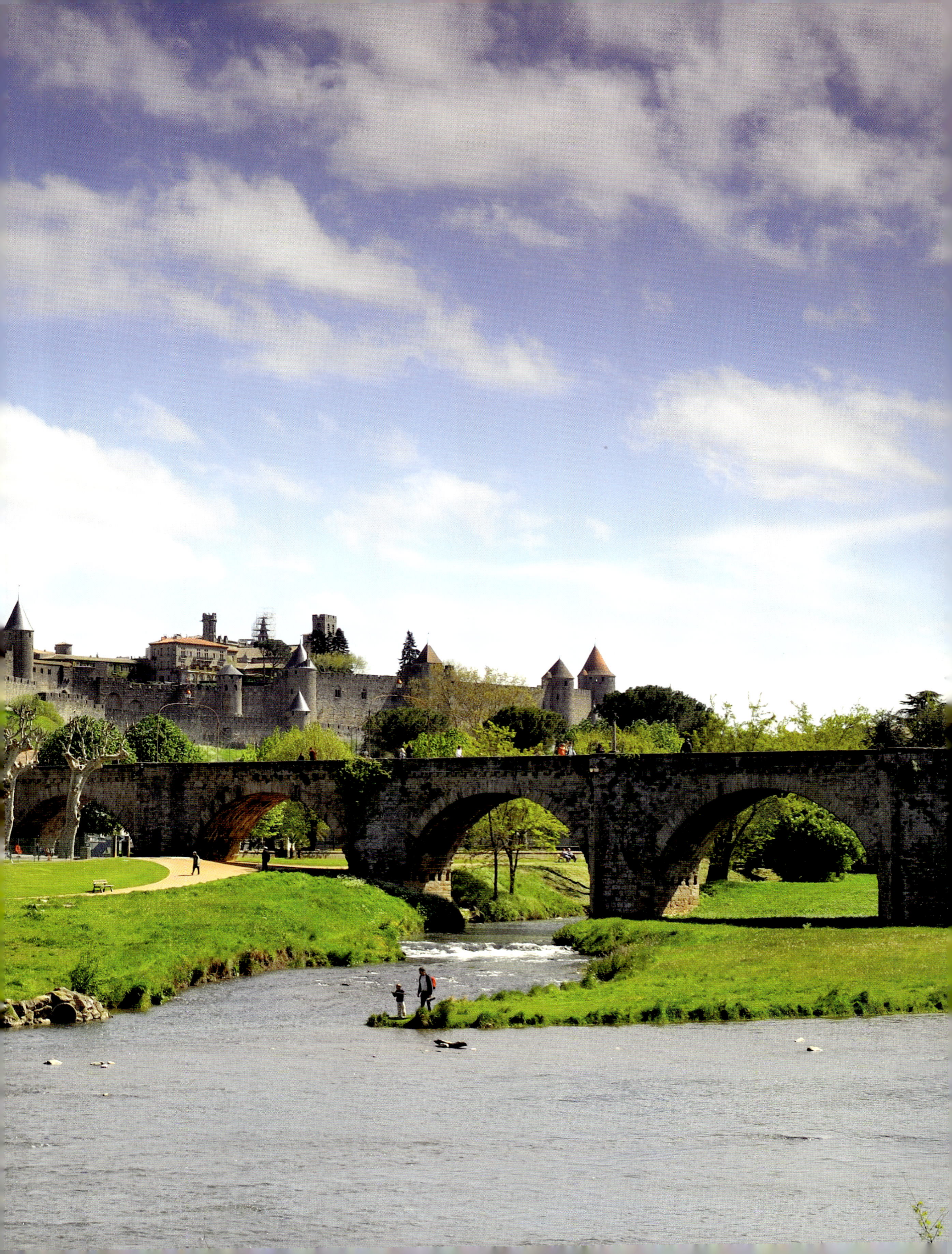

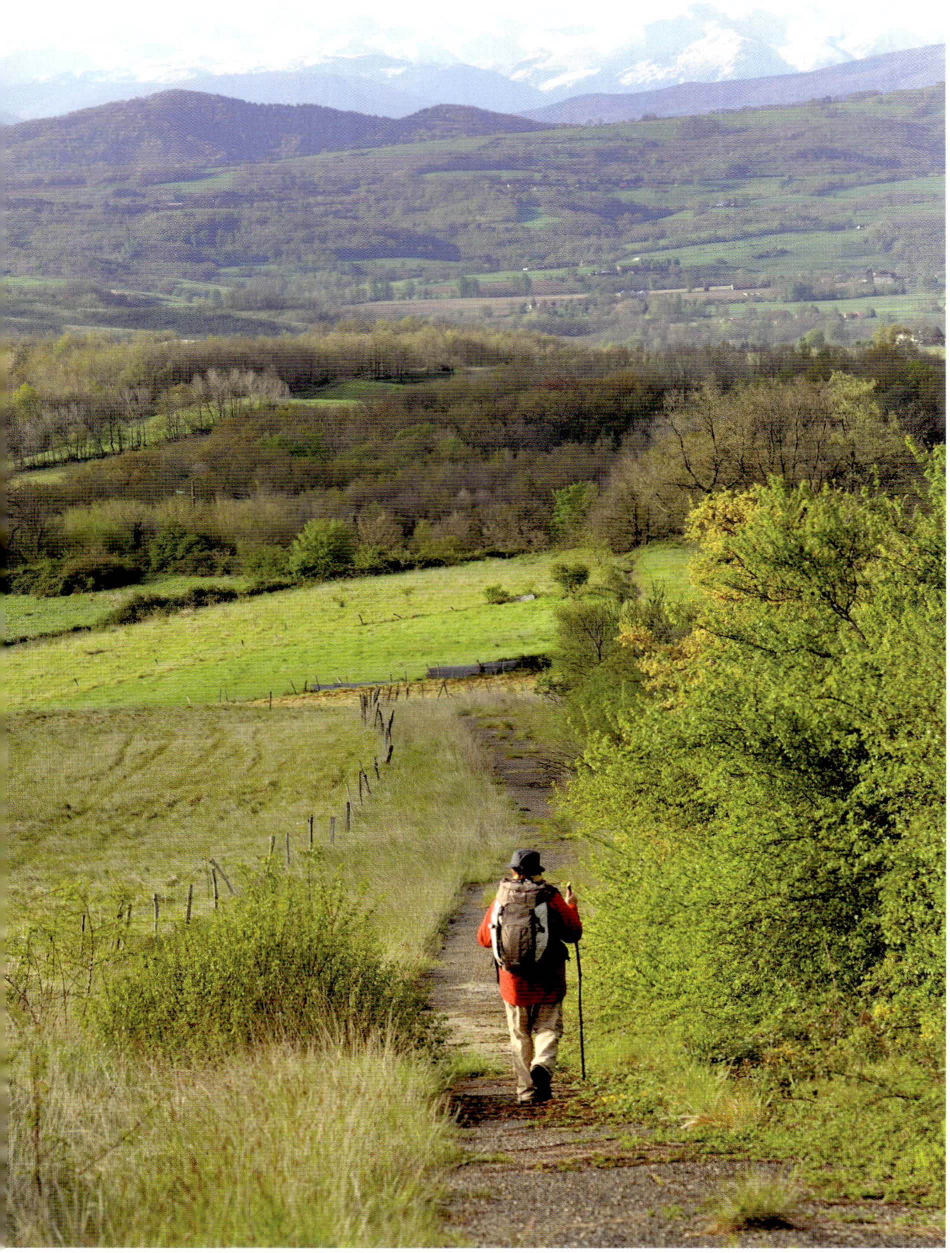

l'histoire des lieux, le cheminement difficile, la solitude et la grandeur du paysage le rattrapent et le transforment. On ne revient jamais identique à ce qu'on était en commençant le chemin de Saint-Jacques.

Au Moyen Âge, en venant de la ville de Montpellier, où ils se recueillaient dans l'église Notre-Dame-des-Tables, les jacquets en route vers Compostelle n'avaient garde de négliger l'injonction d'Aimery Picaud, qui, dans son *Guide du pèlerin*, recommandait d'aller « sur les rives de l'Hérault » vénérer les « corps des bienheureux martyrs Tibère, Modeste et Florence » dans l'église abbatiale du village médiéval de Saint-Thibéry où ils reposaient « dans un très beau sépulcre ». Puis, Béziers les attirait irrésistiblement pour aller faire oraison devant le tombeau de saint Aphrodise, dans la crypte romane de la basilique du même nom, puis dans l'église de la Madeleine et dans la cathédrale Saint-Nazaire. Enfin, en dehors des murs, les jacquets découvraient, merveille de l'art roman, l'église abbatiale du couvent des Augustins, où une magnifique coquille atteste leur passage dans l'actuelle église Saint-Jacques. Tout en ces lieux témoigne du pèlerinage. Les jacquets d'aujourd'hui ne se privent pas de faire un léger détour, malgré leur fatigue, jusqu'à l'abbaye Sainte-Marie de Fontcaude, dont le blason orné d'une coquille met en lumière le lien étroit qui existait entre l'abbaye et le pèlerinage.

La route continue, où alternent des petits villages tranquilles, de somptueuses basiliques révélatrices du pouvoir de certains prieurés, le canal du Midi, ombragé de grands arbres qui filtrent la lumière, Capestang et son imposante collégiale, Homps, Azille et sa chapelle Saint-Jacques, dont la clé de voûte représente l'apôtre, bourdon en main, dans l'église Saint-Julien. Puis c'est l'arrivée à l'abbaye de Rieux-Minervoix, avec la découverte du précieux trésor jacquaire, la sépulture de ce pèlerin du XIIe siècle et l'admirable chevet roman du XIe siècle, merveille de l'abbaye de Caunes. On entre ensuite dans Carcassonne, cité mythique de la célèbre dynastie des Trencavel, par le Pont Vieux, jeté au-dessus de l'Aude. Dans ces remparts chargés d'histoire rôde encore l'ombre du jeune Raymond Roger, vicomte de Carcassonne, que son acharnement à protéger les cathares condamna à mourir dans un cachot de son propre château, à l'issue d'un siège de quinze jours mené par l'illustre Simon de Montfort. Sur Montréal, Fanjeaux et Mirepoix, le chemin se fait velours, comme pour faire oublier la souffrance de ces terres hérétiques, purifiées par le feu des bûchers. Dans les

DOUBLE PAGE PRÉCÉDENTE : la ville médiévale fortifiée de Carcassonne, dans l'Aude, et le Pont Vieux, long de 210 m.

EN HAUT : un marcheur sur le chemin de Compostelle dans les Pyrénées, entre Pamiers et Le Mas-d'Azil, en Ariège.

PAGE DE DROITE : une pèlerine près de la chapelle Notre-Dame-d'Aroumé, entre l'abbaye d'Escaladieu et Bagnères-de-Bigorre, sur la voie du Piémont pyrénéen, dans les Hautes-Pyrénées.

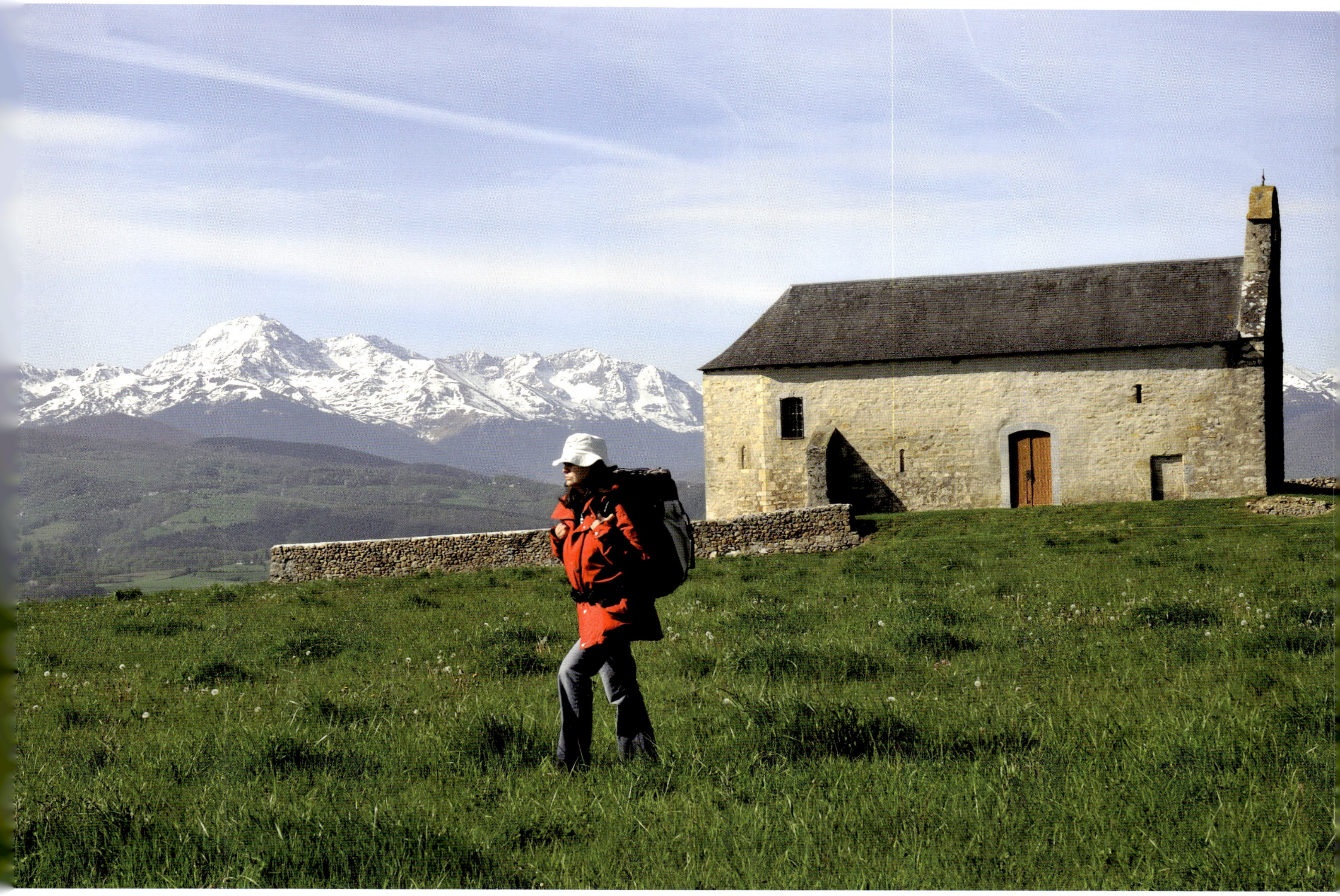

villes de Vals, de Pamiers et et de Saint-Lizier, c'est encore du pèlerinage que nous parlent la chapelle Saint-Jacques, dans l'église romane du Mas-Vieux, Saint-Antonin et l'hospital Saint-Jacques, du XIIIe siècle à Pamiers, les peintures murales figurant saint Jacques pèlerin dans l'église de Tramesaygues à Audressein, ou retraçant la légende du « pendu dépendu » dans la cathédrale Notre-Dame-de-la-Sède, à Saint-Lizier. À présent, le chemin franchit la montagne ariégeoise, que l'on monte par paliers, de village en village, jusqu'au col du Portet d'Aspet, à 1 090 mètres. Et c'est la cathédrale Sainte-Marie de Saint-Bertrand-de-Comminges qui apparaît soudain, comme sortie du *Livre des miracles de saint Bertrand*, écrit vers 1170 par un moine de l'abbaye de l'Escaladieu, et où les jacquets d'autrefois venaient se recueillir sur le tombeau du saint. Dans la basilique Saint-Just de Valcabrère, non loin de là, le passage des pèlerins est authentifié par la découverte en 1983 de la sépulture d'un jacquet avec ses attributs, bourdon, coquille et monnaie datée de 1291-1327.

De Saint-Bertrand-de-Comminges à Bagnères-de-Eigorre, le terrain est plus accidenté. Ce sont les montagnes du Piémont, villages et hameaux isolés des Baronnies, cheminement ardu et solitaire. Jusqu'à Lourdes, où la petite Bernadette fait pour un temps oublier l'apôtre. Enfin, c'est le terme de l'étape fixée, l'arrivée à Oloron-Sainte-Marie. Mais est-on jamais sûr de bien s'arrêter là quand on entend à l'intérieur de nous résonner ce cri de tous les jacquets d'autrefois : « *E ultreïa ! E ultreïa !* » ?

La préparation du voyage

De nos jours, la préparation du voyage se veut plus minutieuse qu'autrefois. On n'entreprend pas le pèlerinage à Saint-Jacques-de-Compostelle mû par son seul désir et sa seule intuition. Une foule de possibilités sont offertes au futur pèlerin, par le biais d'organismes, de guides, de cartes, qui lui faciliteront les choses tout au long du chemin. Voici, en quelques lignes, ce qu'il faut savoir avant de prendre la route : le matériel à emporter (l'équipement vestimentaire et l'indispensable trousse à pharmacie), les règles alimentaires et sanitaires à respecter, les lieux d'hébergement, le découpage kilométrique à établir pour arriver en bonne forme au terme du voyage, enfin, le budget à prévoir.

Les organismes à consulter

Des associations jacquaires existent dans certaines villes traversées par le chemin de Saint-Jacques-de-Compostelle. Les différents offices de tourisme et les Associations des Amis de Saint-Jacques, en France ; les *Asociaciones de Amigos del camino de Santiago* et les *oficios nacionales de turismo,* en Espagne. À Paris, on peut obtenir la crédenciale dans la plupart des associations. En faisant tamponner ce document deux fois par jour à chaque étape, le pèlerin pourra accéder aux différentes infrastructures d'accueil prévues pour le recevoir.
Voici la liste non exhaustive des associations jacquaires ainsi que des Associations régionales des Amis de Saint-Jacques, qu'il est recommandé de contacter avant de faire le pèlerinage :

• Union jacquaire de France
44, rue Henri-Barbusse
75005 Paris
www.union-jacquaire-france.net

• Compostelle 2000
26, rue de Sévigné
75004 Paris
Tél. : 01 43 20 71 66
www.compostelle2000.com

• Association de coopération interrégionale « Les chemins de Saint-Jacques-de-Compostelle »
4, rue Clémence-Isaure
31000 Toulouse
Tél. : 05 62 27 00 05
www.chemins-compostelle.com

• Société des Amis de Saint-Jacques-de-Compostelle
8, rue des Canettes
75006 Paris
Tél. : 01 43 54 32 90
www.compostelle.asso.fr

• Association française des pèlerins de Saint-Jacques-de-Compostelle
38, avenue de la Libération
77130 Montereau

• Confrérie fraternelle des jacquets de France
41, place Charles-de-Gaulle
63400 Chamalières
Tél. : 04 73 36 28 36

• Association Aventure Plein Air
17, rue Brézin
75014 Paris

• Fondation David Parou Saint-Jacques
www.saint-jacques.info

• Fédération espagnole des Associations des Amis du chemin de Saint-Jacques
Calle Ruavieja 3, bajo
26001 Logroño La Rioja
Espagne
Tél. : +34 941 245 674
www.caminosantiago.org

Les Associations francaises des Amis de Saint-Jacques par région

• Association des Amis de Saint-Jacques en Alsace
1, rue de la Chaîne
67140 Andlau
Tél. : 03 88 98 34 63
www.saint-jacques-alsace.org

• Association des Amis de Saint-Jacques en Anjou
45, avenue du 8-mai
49290 Chalonnes-sur-Loire
Tél. : 02 41 78 27 16
www.compostelle-anjou.fr

• Amis de Saint-Jacques-de-Compostelle en Aquitaine
4, rue Blanqui
33110 Le Bouscat
Tél. : 05 56 08 46 18
www.saint-jacques-aquitaine.com

• Association régionale des Amis de Saint-Jacques en Auvergne
67, rue Jean-Giraudoux
03300 Cusset
Tél. : 05 70 98 84 59

• Association bretonne des Amis de Saint-Jacques
BP 45
56273 Ploemeur Cedex
Tél. : 06 80 32 77 93
www.saint-jacques-compostelle-bretagne.fr

• Association région Centre des Amis de Saint-Jacques
12, rue du docteur-Guérin
37000 Tours

• Amis de Saint-Jacques Champagne-Ardennes
20, place Georges-Clemenceau
10370 Villenauxe-la-Grande
Tél. : 03 25 73 13 60

• Association des Amis de Saint-Jacques en Franche-Comté
7, avenue Charles-Siffert
25000 Besançon
Tél. : 03 81 81 98 77

• Les Amis de Saint-Jacques dans le Gers
La Salasse
32700 Lectoure
Tél. : 05 62 68 79 29
www.st-jacques-compostelle-gers.org

• Association des Amis du chemin de Saint-Jacques en Languedoc-Roussillon
7, rue de Théron
34150 Saint-Guilhem-le-Désert
www.chemin-arles-en-lr.com

• Association des Amis de Saint-Jacques en Limousin-Périgord
8, rue de la Constitution
24000 Périgueux
Tél. : 05 53 35 32 72

• Amis de Saint-Jacques-de-Compostelle en région lorraine
6, rue de la République
54200 Toul
Tél. : 03 83 62 98 39

• Les Amis du chemin de Saint-Jacques-de-Compostelle du Nord
298, rue Clemenceau
59139 Wattignies
Tél. : 03 20 97 23 49
www.compostelle-nord.com

• Association normande des Amis de Saint-Jacques
6, allée des Aubépines
50460 Querqueville
Tél. : 02 33 03 35 34
www.chemins-pelerins-normands.org

• Association des Amis de Saint-Jacques en Picardie
7, rue de l'église
80250 Ailly-sur-Noye
Tél. : 03 22 09 45 61

• Association régionale des Amis de Saint-Jacques en Poitou-Charentes
18, rue de Coburg
79000 Niort

• Les Amis de Saint-Jacques en Provence-Alpes-Côte-d'Azur
BP 526
83054 Toulon
Tél. : 04 94 03 35 30

• Association Rhône-Alpes des Amis de Saint-Jacques
30, quai Saint-Antoine
Commanderie des Antonins
69002 Lyon
www.amis-st-jacques.org

• Association des Amis de Saint-Jacques de la voie de Vézelay
Rue Saint-Pierre
89450 Vézelay
Tél. : 03 86 32 38 11
www.amis-saint-jacques-de-compostelle.asso.fr

Le sac à dos du pèlerin

Le matériel à emporter

Il faut partir le plus léger possible car la route sera longue. La règle d'or est de prévoir un sac qui pèse le huitième de son poids. En moyenne, une femme peut supporter un sac de 9 à 10 kilos et un homme jusqu'à 12 kilos. On y mettra un duvet, un matelas en mousse, un morceau de savon, une gourde et un gobelet (à placer dans une poche facile d'accès), un appareil photo, un téléphone portable, une lampe de poche, des lunettes de soleil. Il est commode d'avoir également des sacs plastiques, du papier hygiénique, un carnet, des crayons et un guide touristique, sans oublier les indispensables cartes.

L'équipement vestimentaire

Il convient d'ajouter à ce qui précède un nécessaire de toilette assez léger : une serviette de toilette, un gel douche et du shampooing, des pinces à linge pour faire sécher les affaires au cours de l'étape, un coupe-ongles, des épingles à nourrice et une bonne crème solaire.
Pour ce qui est des vêtements, on prévoit les affaires de nuit, une parka, un poncho, des sous-vêtements en triple exemplaire, de préférence en coton, un pantalon et un short de rechange, un pull-over, des tee-shirts, des paires de chaussettes, des sandales, et surtout des chaussures déjà portées, à semelle souple et bien crantée. À ne pas oublier, le bâton de marche, non seulement utile dans les descentes et dans les montées, indispensable en cas d'attaque de chiens, mais encore indissociable de la silhouette du pèlerin. Avec le chapeau à large bord pour abriter la tête et les yeux par grand ensoleillement.

La trousse à pharmacie

Elle est la dernière touche – mais ô combien primordiale – à ajouter au sac à dos, car la route ne fait pas de cadeaux. Il est prudent d'envisager l'ampoule au talon qui ne demande qu'à s'infecter, la piqûre d'insecte, le coup de soleil à la limite de l'insolation, le dérangement gastrique ou intestinal. Aussi faut-il prévoir des pansements antiseptiques, de la Bétadine, du Nifluril, de la Biafine, de l'Imodium, du paracétamol, et toute la gamme de ces médicaments de base qu'on est si heureux de trouver en cas de besoin. Et, si l'on a le sommeil capricieux, les fameuses boules Quies peuvent être d'une aide appréciable.

Les règles alimentaires et sanitaires

« Un esprit sain, dans un corps sain », telle est la règle fondamentale à observer lorsqu'on veut que le pèlerinage à Saint-Jacques-de-Compostelle soit une totale réussite. Le mental, d'abord, qu'il faut préparer à surmonter les épreuves de la route car il risque d'y en avoir un certain nombre. La pluie, le froid, le soleil écrasant de la terre d'Espagne, tout peut contribuer à saper un moral pas assez motivé. Aussi faut-il tout mettre en œuvre pour conserver un bon équilibre.
Cet équilibre, il dépend avant tout de la forme physique, qui passe par une alimentation appropriée à l'effort fourni. Privilégier les sucres lents le soir, comme les pâtes et le riz, les sucres rapides le matin et le midi, comme les confitures, le chocolat, les céréales, les fruits secs et les fruits frais, sans oublier les légumes, la viande et les laitages.
Ne pas hésiter à beaucoup s'hydrater pour éviter une des causes majeures de la tendinite ; éviter les gros efforts physiques à froid, sans préparation préalable, qui peuvent également provoquer une inflammation du tendon.

Le découpage kilométrique

Lorsqu'on sait que la frontière espagnole est à peu près à mi-chemin entre le point de départ en France et l'arrivée à Compostelle, en Espagne, suivant la route française choisie, on réalise que 1 500 à 1 800 kilomètres à parcourir nécessitent un découpage extrêmement soigné si l'on veut arriver en bonne forme à Compostelle. Vingt à 30 kilomètres par jour semble un rythme normal. Sachant que le randonneur parcourt 5 kilomètres en une heure, il faut compter entre 4 et 6 heures de marche par jour environ. Si on fait le pèlerinage en été, mieux vaut partir tôt le matin et réserver les heures chaudes de la journée à la sieste, à la lessive et aux soins des ampoules et autres menues blessures. Il est néanmoins recommandé de partir sur les chemins à la mi-saison pour éviter la forte affluence de la haute saison et bénéficier d'un temps plus doux.

Les lieux d'hébergement

À chaque type de pèlerin correspond un lieu d'hébergement, du plus luxueux au plus simple. Il est évident que tout dépend du budget et de l'état d'esprit du pèlerin.
En France, le pèlerin marcheur peut s'arrêter pour la nuit dans un hôtel ; dans une chambre d'hôte, c'est-à-dire une chambre chez l'habitant ; dans un gîte d'étape, où l'on dort en dortoir avec possibilité de préparer son repas dans une cuisine ; dans une auberge de jeunesse ; ou bien encore dans une communauté religieuse si le pèlerinage est fait dans une optique essentiellement spirituelle. On peut aussi trouver de quoi dormir pour une somme modique dans un foyer de jeunes travailleurs ; dans un *Bed & Breakfast* ou bien dans un camping. Les prix varient selon la catégorie choisie et, que le pèlerin est en possession ou non de la crédenciale.
En Espagne, le pèlerin randonneur, s'il est fortuné, pourra choisir de s'arrêter dans un *parador*, hôtel de luxe créé dans un monument historique, mais il est évident qu'il n'est plus tout à fait dans l'esprit initial du pèlerinage, où la notion de sacrifice et de dépassement de soi était de rigueur. D'un niveau moins prestigieux, l'*hostal* est un hôtel de confort honorable qu'on trouve dans les petites villes. Le pèlerin peut aussi loger dans une *habitación*, simple chambre, parfois en annexe de l'hôtel ; dans une *pensión*, chez l'habitant ; ou bien encore dans un *mesón*, avec restaurant et hébergement modestes ; enfin dans une *fonda*, qui est un hôtel bas de gamme d'un prix très modique. Le pèlerin qui a parcouru l'étape à pied dans sa totalité et qui est détenteur d'un carnet de pèlerin peut passer la nuit dans un *refugio* ou un *albergue*, type d'hébergement qui lui est particulièrement réservé.
Mais de toute façon, où que ce soit, il est impératif de réserver et d'avoir la courtoisie de décommander en cas d'impossibilité d'arriver à temps à l'étape. D'où l'importance du portable, qui reste le moyen idéal de communiquer et sur lequel il faut veiller avec soin.

Le budget à prévoir

Toute aventure coûte cher et l'argent, de nos jours, est plus que jamais le nerf de la guerre. Auparavant, les jacquets s'en remettaient à Dieu pour accomplir leur pèlerinage, qu'ils faisaient dans des conditions particulièrement difficiles. À présent, on prend davantage d'accommodements avec le ciel, et la carte bleue va de pair avec la crédenciale.
Le budget quotidien est variable selon les besoins, les moyens et la durée du pèlerinage, mais mieux vaut prévoir 15 à 30 euros par jour pour la nourriture et l'hébergement, sachant qu'en Espagne les aires d'accueil sont plus nombreuses et moins chères qu'en France. Le pèlerin peut néanmoins bénéficier, selon les endroits, d'un « prix pèlerin », qui offre des réductions sur le repas, le petit déjeuner et la nuit, sur présentation de son carnet de pèlerin.
À chacun donc, suivant ses besoins, ses exigences, ses moyens. L'essentiel est d'arriver au but.
E Ultreïa ! E Ultreïa !

Bibliographie

Ouvrages

Luc Adrian et Yvon Boëlle, *365 Méditations sur les chemins de Compostelle*, Presses de la Renaissance, Paris, 2006.

Pierre Barret et Jean-Noël Gurgand, *Priez pour nous à Compostelle*, éd. Hachette Littérature, Paris, 1999.

Jean-Claude Bourlès, *le Grand Chemin de Compostelle, Retour à Conques, Passants de Compostelle, Un paysan picard à Saint-Jacques-de-Compostelle,* Petite bibliothèque Payot voyageurs, éd. Payot, Paris.

Thorsten Droste et Joseph S. Martin, *la Route de Compostelle : chemin de Saint-Jacques*, éd. Imprimerie nationale, Paris, 2005.

Patrick Huchet et Yvon Boëlle, *Sur les chemins de Compostelle*, éd. Ouest-France, Rennes, 2002.

Anthony Serex et Léonnard Leroux, *Sacrés Chemins de Saint-Jacques-de-Compostelle*, éd. Déclics, Paris, 2006.

Jeanne Vielliard, *le Guide du pèlerin de Saint-Jacques-de-Compostelle : texte latin du XIIe siècle*, éd. Vrin, Paris, 1997.

Collectif avec la collaboration de Julie Roux, *les Chemins de Saint-Jacques-de-Compostelle*, éd. MSM, Vic-en-Bigorre, 2000.

Guides

Laurent Denis, *Partir à Compostelle : manuel pratique de préparation au voyage*, éd. du Vieux Crayon, Les Sables-d'Olonne, 2006.

Jean-Yves Grégoire et Louis Laborde-Balen, *le Chemin de Saint-Jacques en Espagne : de Saint-Jean-Pied-de-Port à Compostelle*, Rando Éditions, Ibos, 2006.

François Lepère, *Sur le chemin de Compostelle en France : la via Podiensis : Le Puy-en-Velay, Saint-Jean-Pied-de-Port, Saint-Jacques-de-Compostelle*, éd. François Lepère, Paris, 2005.

Jean-Pierre Siréjol et Louis Laborde-Balen, *le Chemin du Puy vers Saint-Jacques-de-Compostelle : du Velay aux Pyrénées*, Rando Éditions, Ibos, 2006.

Cartes

Carte IGN : « Les chemins vers Saint-Jacques-de-Compostelle », carte touristique 922.

Les topo-guides de la Fédération française de la randonnée pédestre, régulièrement remis à jour et gages de sérieux.

Crédit iconographique

Toutes les photographies sont d'Yvon Boëlle (*www.yvon-boelle.com*), sauf :

AKG images : pages 12 (Cameraphoto) ; 15 ; 16-17 (Erich Lessing) ; 18 ; 21 (Erich Lessing) ; 24 ; 27b (Jérôme da Cunha) ; 58-59 (Nimatallah) ; 79 (British Library) ; 84 (Visioars).

Bridgeman Art Library : pages 10-11 ; 27a ; 28-29 (Archives Charmet) ; 54 ; 69 ; 74 (Archives Charmet) ; 82.

Eyedea : page 136 (Jarry-Tripelon/Top).

Kharbine-Tapabor : pages 22 ; 80-81 (IM) ; 83 (Museum Images) ; 85 (Coll. BHVP-Grob) ; 87.